EPICYCLVS I
EPICYCLVS II
EPICYCLVS III
EPICYCLVS IV
EPICYCLVS V
EPICYCLVS VI
EPICYCLVS VII
EPICYCLVS VIII
LINEA MEDIA
GITVDINVM
LVNA FALCATA
LVNA DISECTA
LVNA GIBBOSA
PERIGEVM ECCENTRICI
MOTVS APOGÆI IN ANTECEDENTIA REGVLARITER CIRCA CENTRVM TERRÆ DIEBVS SINGVLIS XI GRAD XIII MIN
TERRÆ SINGVLIS DIEBVS XIII GRAD XI MINVT
CANCER
GEMINI
TAVRVS
ARIES
PISCES
AQVARIVS
CAPRICORNVS
SAGITTARIVS
SCORPIVS
LIBRA
VIRGO
LEO

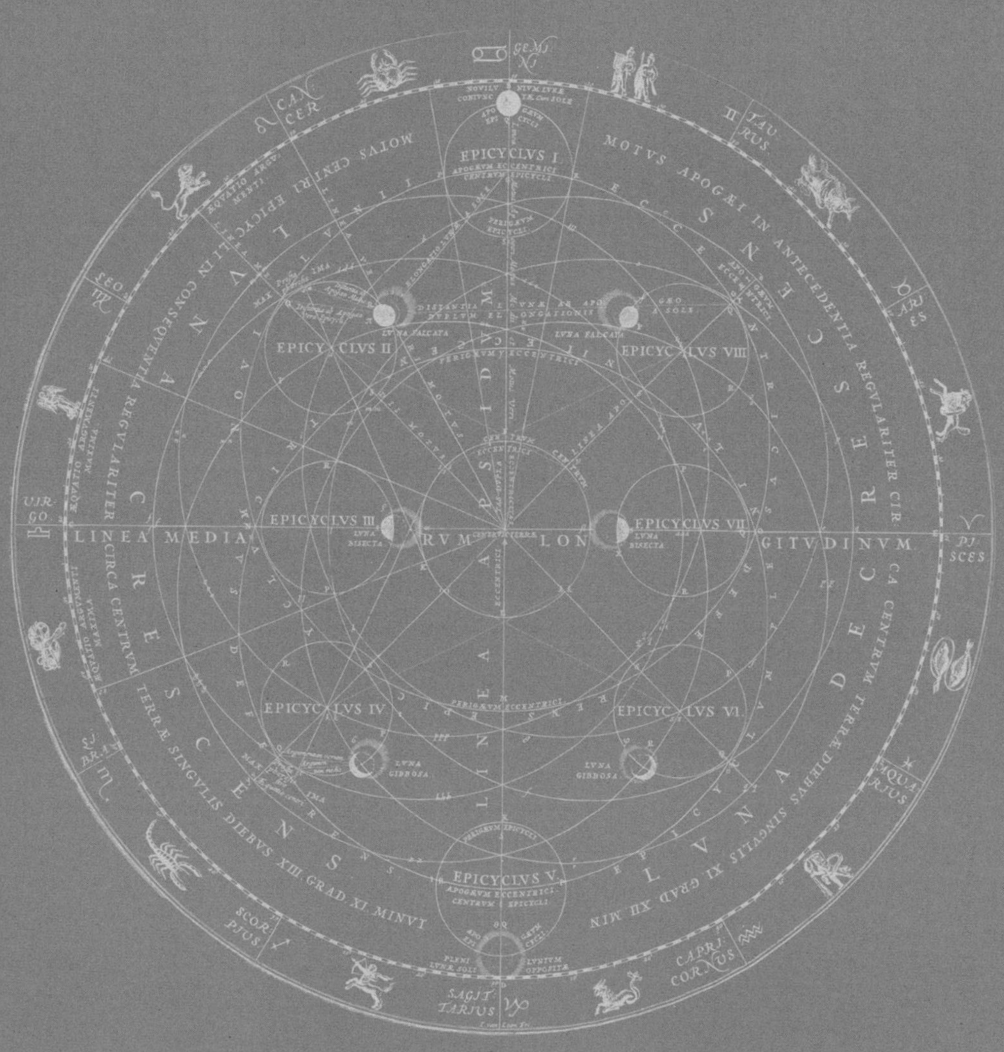

GEMI NI
CAN CER
TAU RUS
ARI ES
PI SCES
AQUA RIUS
CAPRI CORNUS
SAGIT TARIUS
SCOR PIUS
LI BRA
VIR GO
EPICYCLVS I
APOGÆVM ECCENTRICI
EPICYCLVS II
EPICYCLVS III
EPICYCLVS IV
EPICYCLVS V
APOGÆVM ECCENTRICI
EPICYCLVS VI
EPICYCLVS VII
EPICYCLVS VIII
LVNA FALCATA
LVNA FALCATA
LVNA BISECTA
LVNA BISECTA
LVNA GIBBOSA
LVNA GIBBOSA
PERIGÆVM ECCENTRICI
LINEA MEDIA RVM LONGITVDINVM
LINEA APSIDVM
MOTVS APOGÆI IN ANTECEDENTIA REGVLARITER CIRCA CENTRVM TERRÆ DIEBVS SINGVLIS XI GRAD XIII MIN
MOTVS CENTRI EPICYCLI IN CONSEQVENTIA REGVLARITER CIRCA CENTRVM TERRÆ SINGVLIS DIEBVS XIII GRAD XI MINVT
LVNA CRESCENS
LVNA DECRESCENS

GEMINI
CANCER
TAVRUS
ARIES
PISCES
AQVARIVS
CAPRICORNVS
SAGITTARIVS
SCORPIVS
LIBRA
VIRGO
LEO
EPICYCLVS I
APOGEVM ECCENTRICI
CENTRVM EPICYCLI
EPICYCLVS II
EPICYCLVS III
EPICYCLVS IV
EPICYCLVS V
APOGEVM ECCENTRICI
CENTRVM EPICYCLI
EPICYCLVS VI
EPICYCLVS VII
EPICYCLVS VIII
LVNA FALCATA
LVNA FALCATA
LVNA BISECTA
LVNA BISECTA
LVNA GIBBOSA
LVNA GIBBOSA
PERIGEVM ECCENTRICI
PERIGEVM ECCENTRICI
LINEA MEDIARVM LONGITVDINVM
LINEA APSIDVM
LVNA CRESCENS
LVNA DECRESCENS
MOTVS CENTRI EPICYCLI IN CONSEQVENTIA REGVLARITER CIRCA CENTRVM TERRÆ SINGVLIS DIEBVS XIII GRAD XI MINVT
MOTVS APOGÆI IN ANTECEDENTIA REGVLARITER CIRCA CENTRVM TERRÆ DIEBVS SINGVLIS XI GRAD XII MIN

占星自學聖經

自己的命盤自己解，了解一切未知的祕密

喬安娜・瑪婷・沃弗克（Joanna Martine Woolfolk）一著

実瑠茜一譯

THE ONLY ASTROLOGY BOOK YOU'LL EVER NEED

Mystery 35

占星自學聖經：
自己的命盤自己解，了解一切未知的祕密

原書書名　THE ONLY ASTROLOGY BOOK YOU'LL EVER NEED

原書作者　喬安娜・瑪婷・沃弗克（Joanna Martine Woolfolk）
譯　　者　実瑠茜
封面設計　林淑慧
主　　編　劉信宏
總 編 輯　林許文二

出　　版　柿子文化事業有限公司
地　　址　11677 臺北市羅斯福路五段 158 號 2 樓
業務專線　（02）89314903#15
讀者專線　（02）89314903#9
傳　　真　（02）29319207
郵撥帳號　19822651 柿子文化事業有限公司
投稿信箱　editor@persimmonbooks.com.tw
服務信箱　service@persimmonbooks.com.tw

業務行政　鄭淑娟、陳顯中

初版一刷　2021 年 4 月
定　　價　新臺幣 580 元
I S B N　978-986-5496-01-2

THE ONLY ASTROLOGY BOOK YOU'LL EVER NEED
by Joanna Martine Woolfolk
This edition arranged with Rowman & Littlefield Publishing Group

臉書搜尋 60 秒看新世界

～柿子在秋天火紅 文化在書中成熟～

國家圖書館出版品預行編目（CIP）資料

占星自學聖經：自己的命盤自己解，了解一切未知的祕密 /
喬安娜 ・ 瑪婷 ・ 沃弗克（Joanna Martine Woolfolk）著 ; 実瑠茜譯 .
-- 一版 . -- 臺北市 : 柿子文化 , 2021.04
面 ;　公分 . -- (Mystery ; 35)
譯自 : THE ONLY ASTROLOGY BOOK YOU'LL EVER NEED
ISBN 978-986-5496-01-2 (平裝)

1. 占星術

292.22　　110004191

我要把這本書獻給威廉。
他的太陽在巨蟹座，教會了我愛的意義；
他的月亮在處女座，則使我明白工作的意義。

CONTENTS

關於本書

從來沒有一本這樣的占星書。花幾個小時閱讀，將幫助你更了解自己、解讀自己的星盤，同時每年用你的星盤來理解並預測未來的趨勢與機會。

《占星自學聖經》針對多數傳統占星學書籍很少關注的影響——月亮星座、上升星座、行星位置，以及十二宮位的重要性詳細解釋。本書的價值在於它內含大量知識，並且用淺顯易懂的語言進行說明。另外，書中提供了簡易星曆表，它也很容易使用。（在多數情況下，只要在靠近你生日的地方放一把尺，就能查出行星所在的位置。）

《占星自學聖經》於 1982 年首度出版，在占星學領域是一部經典。當時，它不僅是「月讀俱樂部」（Book-of-the-Month Club）[1]、文學公會（Literary Guild）和「一心讀書俱樂部」（One Spirit Book Club）選書，也成為過去二十五年來最暢銷的占星書之一。這次的修訂版包含了幾個部分：每個星座的內心世界，對人際關係、情感需求與慾望的獨到見解，以及「別人眼中的你」。此外，這個版本也囊括了占星學上的最新發現、對二十一世紀的世界大事預測，以及橫跨 1900 至 2100 年的行星星曆表。

---

1 月讀俱樂部成立於 1926 年，是美國全國性讀書俱樂部的始祖。付費會員每個月都可以免費從專業評審團推薦的五本書中選出一本，接著書就會自動寄到家裡。

推薦序

這本書讓你理解占星，還能觸發你的探索之心

以初階書來說，我覺得這本書特別詳細，每一個環節都提到了，像年輕男女最喜歡的星座配對，作者很用心，提到每個星座時，就會把該星座跟其他十一個星座的相處狀況描述一次，雖然簡單，但也容易記，就會留下一個印象，可以變成一種遇到這個星座就可以直覺想起的關鍵模式。

也把每一顆行星跟其他行星的相位做了簡明的描述，一樣是切中要點，容易記憶。整體來說，這本書的「全面性」很強，把占星的歷史跟星盤需要觀察的內容，都先讓讀者有心理準備，有助於之後真正學習占星時的基礎建立。

我覺得最重要的，就是有一章關於占星術語的解釋，如果讀者看了這一章，就可以看懂別人討論星盤的內容跟意思，要做功課也更容易了，如果不懂這些術語，就算有心了解占星，也恐怕會像在看無字天書一樣。

講了硬性的部分，軟性的部分是，這本書還告訴讀者有關占星跟占星學的簡史跟歷史定位，能幫助大家更能認同占星。

好的書不只是能讓人家理解書的內容，還能觸發讀者的探索之心，看到相關資料不會怯步，可以很容易的吸收，對於推廣占星學問來說，這本書是一個福音。

希望占星學能夠進入每個人的世界，因為如果你想了解人性，「占星」真的是非常方便的工具！

天空為限/《誰說算命都是統計學？》、《揭祕十二宮位》作者

占星不求人，自己也能幫自己上課

近三十年來徜徉在西洋神祕學的浩瀚世界的研究中，我最常被問到的問題之一就是：「老師，能否推薦我一本書，能讓我由簡入繁地逐步學習占星知識，只要一本就夠？」

當然，包括占星學在內，神祕學中我所涉獵多年的盧恩符文（Runes）、塔羅（Tarot）、血型（Blood Type）、生命靈數（Numerology）、生肖（Eastern Zodiac），我的確有一些特別喜愛的口袋名單書籍或作者，但在年初收到這本書稿並掃讀完的同時，我想，在占星學領域又多了《占星自學聖經》這本值得推薦的書了，我會定義「它是一本很清楚明白的工具書」。

這句話太重要了！為什麼？因為占星世界實在太複雜，當你搞懂入門的十二星座（太陽星座）是什麼時，下一步會研究的就是上升與月亮，而當流行話題帶出了水逆這名詞時，你可能終於會發現，星球會逆行？自己的星盤還有金木水火土天海冥？似乎也該了解了解，乃至於再下一步的下降星座是什麼？幸運點是什麼？北交點是什麼？宮位？角度？相位？流年？在半暈眩的同時，別擔心，因為這本書提及了前述九成的部分，甚至化繁為簡，提供了非常實用的星曆表，讓你找到月亮上升也不困難。

那麼，占星學有著一長串的相關術語（書中第六部有提及），即便你花個幾年全融會貫通了，還得加上最重要的「人生歷練資料庫」，你得看過很多人的星盤，對照著他們正在進行的人生，唯有這樣，才能協助你判斷剖析出一張精準的星盤，多不容易，是吧？

之所以到今天即便出版過二十餘本著作，我依舊是個神祕學世界裡的學生；而後續的修行在個人，一開始引你進門的知識來源才是關鍵，這本書籍的章節分類清晰明白，且循序漸進，對於占星初階乃至中階的讀者來說，是非常好用的工具書，它甚至能協助你做出對星盤的解析呢！

占星不求人，自己也能幫自己上課，這是我推薦這本書給你的理由。

安格斯／星星教授

開啟多面占星的門窗

本書為美國占星學界歷久彌新的經典巨作之一，作者深入淺出的從各個行星、星座與宮位的基本意涵，進而帶領讀者認識相位的重要性，再以美國脫口秀天后歐普拉女士為範例，步驟式的介紹了如何解讀一張星盤。

認識占星學的起源，並且從神話的角度切入，來了解各個行星與星座的原型，一直是我個人很喜愛的方式。也時常於課堂當中建議我的學生們，研究一張星盤，如果遇到卡關的情況時，可以試著從神話原型的角度來思考，時常能夠獲得不同的想法。而很驚喜的，在本書當中，作者對於這部分有著深入介紹。

最後一章，貼心整理了許多占星學上的專有名詞，加註了原文，讓讀者能夠快速上手，從占星小白迅速進階為達人，以期日後深入研究閱讀其他原文書籍時，更加順暢容易。

身為美國籍占星師的作者 Joanna Martine Woolfolk 女士，詮釋星盤的某些看法，與英國籍占星師略有不同，例如在第三章，作者介紹了太陽星座區間以及星座交界的見解，我個人在做星盤詮釋時，並未採取這樣的解釋方式。但這並不妨礙我透過本書，再一次認識這有意思的面向，我們可以理解為這是以不同的角度，來觀察宏偉的生命特質。

一間房子的窗戶越多、越大，便越有機會看見更多的風景，人生也是如此。《占星自學聖經》就如同一本開了許多扇門窗的書籍，若你是占星初學者，可以藉由本書踏入浩瀚的占星世界，並且擁有豐富的知識。對於已有研究的讀者們，透過本書，亦能夠得到不同的啟發，成為進階的占星愛好者。

艾曼達 Amanda / 專業占星師、塔羅占卜師

一本堪稱為「星象大觀」的書

一直以來，學生請我推薦市面上適合學習占星的書籍，我始終都遲疑未答，實因我心目中最適合引領入門的理想之作，就是我本身在占星領域上的真正啟蒙書，而這本出自於國外的著作早已絕跡江湖了。編排統整極為適於自學探索，涵蓋占星和天文的豐富範圍，實在足以堪稱「星象大觀」，就是這樣的一部占星書，使我念茲在茲。

沒想到多年來的懷想，如今終於有了眉目……

當打開《占星自學聖經》的試閱本，眼睛旋即為之一亮，這本占星翻譯書幾可視為理想範本的同款啊！

本書精選必須認識與了解的內容，曉以通順易懂的文字風格，結構層理易於建構知識系統和形成正確概念，非常適合閱讀式的學習，做為入門和自學的「占星學導論」，確實是完整而詳盡。

誠然，占星學如此浩瀚，在一本書中自不可能深入各種領域，諸如占星學各支系架構、深入的天文星象知識、各式古典技法和占星詮釋細節等等，雖未能涵蓋在其中，然而已屬充足而周到的占星自學全書了，不僅有助於迅速上手，並能建立未來精進的紮實基礎。

《占星自學聖經》是多年來本人唯一推薦的占星書籍，在此也號召占星界齊來共襄盛舉，普及這本好書！

星宿老師 Farris Lin / 占星協會會長

啟發我認知占星學的一本書

1999 年我弄了一個占星網站「飛星網」，2004 年我出了個人第一本占星書籍，因此在這一段時間中，我結緣了很多的占星同好，在彼此交流的過程中，因緣際會的，我收到了很多的國外占星資料的翻譯本。這一次我應邀幫這本書寫序，讀了編輯稿時，滿滿當年的回憶又浮現出來，一種好熟悉的感覺。當年正是受到這些占星資料的啟發，讓我在占星學的基礎認知上，有機會站穩腳步！再一次的閱讀，還是有不同的感想與感觸，經過這十多年，雖然我已經往古典占星的方向涉略，但我的很多概念還是不脫現代占星的影響。

一開始接觸占星時（應該說是 12 星座），我的基本認知還是停留在太陽星座論斷，然而當我真正進入占星這個領域後，才漸漸了解到，原來占星學遠遠不是 12 太陽星座而已，太陽系中的主要行星都有他們管轄的範疇，例如要看愛情，你要看的是金星，看金星星座；看聰明才智時，則是要看水星跟水星星座；除了星座外，原來還有上升星座，這部分是屬於宮位的概念，後天 12 宮位掌管我們人生的 12 種重要領域與層面。另外，行星與行星間還會因為構成特殊角度而有相位關係。真正進入占星的世界後，才會知道原來這門學問是如此的龐大與複雜，遠不是 12 個星座那麼簡單就可以解釋清楚的。

因此，這本書可以說是入門現代占星學最豐富的材料了，他算是將那些認知中只有 12 太陽星座的人引領進入真正占星世界的入門磚。除了對 12 星座的原型有清楚的解說，每個星座對應的屬性、符號徵象、關鍵字詞……等，都有詳細解說，每個星座對應到的數字、身體部位、誕生石、幸運色、幸運花、金屬或是危險，甚或適合的城市，這些在當年閱讀時，就啟發了我的 12 原型概念，以及對於占星魔法學的思考。透過太陽 12 星座的詳細解說，再將其他行星與宮位的概念一一的帶進來，月亮星座、上升星座、水星星座、金星星座……到冥王星座。然後從 12 宮位的解析，將各行星落宮的徵象也一一解說，這幾乎成了後來大部分占星書的基本配置模式。

除此之外，這本書最讓我驚艷的是，它對於解讀星盤的部分。這部分給我的啟發非常豐富，透過其有步驟章法的一步步教導解讀星盤的次序，對於當年還在統合各種概念的我來說，可以說非常有效的讓我能夠找出一條清楚的論斷準則，對於一張星盤要從哪邊開始進行，行星散佈的狀態所代表的含意，星盤切割的不同邊所代表的意義等等，這些都是當年對我啟發深遠的。

而對我來說最為重要的是，這本書讓我第一次有了命主星、守護星的概念，我第一次認識到互容這個飛星的概念，這也是啟發我後來對古典占星興趣的源頭。很多占星的概念，包括推運、合盤等重要觀念，都能在這本書中獲得。此外，這本書也闡述了很有趣的占星歷史，每個星座的神話故事來源，這些種種，對於一個占星初學者來說，可以說幾乎該有的概念與需要了解的內容都包含了。

看了這本書的簡介，這本 1982 年首版的書，它的原文名稱「你只需要這本占星書」，真的確實如此，這本書幾乎將所有初學者該了解的部分，都包括在內了！在 1982 年那個年代就有如此豐沛的占星知識內容，給予後輩的我們來說，真的是非常深厚的奠基。非常不可思議的緣分，這次因為寫序，才發現到，原來當年我已經跟這本書有過連結了，早年時，我便已經默默的受到這本書的啟發了，現在再回來拜讀一次，雖然我的認知已經有更多元的進展，與書中的少許觀念也有點出入，但還是覺得非常感謝，同時也非常佩服這本書的整體架構與豐富內容，即使今日再讀，還是能讓我有很多的啟發。

因此，非常推薦給對占星學有興趣的讀者，想要踏入占星世界的初學者，這本書更是非常好的入門書與工具書，書中對於占星的體系架構得非常完整，內容也非常豐富，是非常值得閱讀的一本占星著作。

再次感恩這本書當年對我的啟發！

戴鵬飛 / FB「宇宙象徵占星社」版主、《高階占星學解盤技巧》作者

開啟占星學那扇對的門

打從年少時期就透過大眾化的星座塔羅等開始接觸神秘學的我，不僅沒有就此敬而遠之，內心深處還總是覺得神秘學不僅止於此，在巨大的好奇心驅使下，只能一路鍥而不捨地透過各種管道來建立自己的占星基礎。很慶幸地，直到今日，占星依舊是我的熱情，不斷帶給我求知的無窮樂趣，也是我在靈性工作上絕佳的輔助工具。

根據自身的經驗，我深深明白，只聽說過星座就以偏概全地以為這就是占星學，其實不只很令人遺憾，也有謬誤的危險。畢竟我們試圖面對與處理的，是宇宙與生命本身的奧秘，這些都不是小事，實在不應該草率淺薄地去對待如此重要而影響深遠的主題。

儘管占星這門古老的知識體系很龐大，但其中最基礎的元素與架構依舊不變。如今能夠透過一本基礎資訊俱足，條例脈絡清晰又合情合理的占星入門書，來打開浩瀚無垠的宇宙知識大門，對占星學開始能有全盤性基本而正確的理解，光是節省有心學習占星的人自行摸索的光陰歲月這一點，便足以嘉許了。不只如此，這本書最大優點是，在闡述占星知識時不會生澀乏味，閱讀起來容易產生共鳴，像是聆聽朋友分享新知心得般，這在入門之初能在無形中幫助學習者消化吸收，從解讀自己的個人星圖開始打下整合解讀星圖的好基礎。

如果你曾經被占星學吸引，卻總覺得不得其門而入，或許這本書就是那扇對的門，讓你能開始經驗與體會生命和宇宙的精彩奧秘。

羅美華 Willow Mystic /
靈魂能量療癒與與靈性占星教師、FB「傾聽宇宙心跳」占星作者

找到了解自己和學習占星的樂趣

一本占星書能成為 25 年來的長銷書，甚至榮登美國亞馬遜網站占星書類的第一名，應該是寫得很有趣、很好笑吧？其實不然！

當你真正翻開本書，透過自己在網路上所得到的命盤資訊，一一查閱時，將會發現，自己意外地處於欲罷不能、點頭如搗蒜的樂趣裡。本書主要的內容雖然有五部，但每一部都可以獨立閱讀，在聊天般的說明下，專業內容裡不時穿插讓人眼睛一亮的重點說明，可見暢銷作家的功力名不虛傳。

本書是以現代占星為基礎進行撰寫的：

第一部包含四個章節，率先由大家所熟知的太陽星座切入，並且快速談及如何從太陽星座看愛情，直接滿足廣大讀者的最基礎需求。當然，每一個太陽星座橫跨一個月，但是相同星座的人肯定會有差異，因此作者也藉由太陽星座的區間與交界，回答了大家心中潛在的疑問，最後還介紹了醫療占星學相關的概念。讀者能從第一部中直接看見「自己（心）」、「愛情（人際）」和「健康（身）」三個面向，得以快速擴張對占星學應用的認知。

第二部包含三個章節，開始介紹月亮星座和上升星座。不論現代占星還是古典占星，太陽、月亮和上升星座絕對是初學者必先掌握的三大天王指標。在此三大重點的引領下，後續理解其他八顆星也就不是太難的事了。

事實上，學習占星學主要就要學會四大重點：行星、星座、宮位和相位。前兩大重點已在第一部與第二部的內容中提及，因此在第三部中，作者以三個章節的篇幅，分別介紹了十二宮位和相位，並且以閱讀自己的命盤和合盤的方式展開練習，幫助讀者快速應用所學。也許有些內容在實際運用上仍有不足，但是對於初學者來說，到此已是功德圓滿了。

你以為上述的內容就足以讓本書走在時代尖端嗎？那就太小看這本書了！

這個書更引人入勝的是，透過第四部的占星學歷史與傳說，與第五部的水瓶時代，將讀者帶入更大的時空背景，清楚呈現占星學的過去與未來。占星學不只是要解決我們現下的問題，也是要引領我們安心地面對未來，做好準備。這兩部的內容，相信會為讀者帶來精神上的驚喜。

最後，不能免俗的是，本書在第六部提供占星學術用詞，並在第七部附上 1900 年至 2100 年的星曆表，供玩家讀者查詢，為內容劃下完美的句點。

本書作者 Joanna 於 1940 年 10 月 3 日出生於南美洲哥倫比亞的波哥大。雖然不知出生時間而無法知道她的上升星座，不過，從她策劃的內容來看，的確展現其天秤太陽和水星對人際關係的重視。同時，她的金星在獅子，與位在天秤的太陽互容，也反應善於說故事的能力（事實上，水星還得日月夾貴）。最終透過天蠍月亮和處女火星的細膩與用心，將本書內容呈現出來。

仔細翻閱的話，本書一開始就會看見太陽天秤座的作者把書獻給先生的一段話，也可以讓我們學習到婚姻或合作關係對天秤座的重要了。事實上，作者的先生是國際知名的作家 William Woolfolk，他的太陽在巨蟹，月亮在處女，他的太陽（巨蟹）和作者的月亮（天蠍）同在水象星座，可見他先生在精神上能給予她溫暖的支持。儘管兩人的太陽都在基本星座，但是月亮都在能和諧互動的陰性星座，可以感知與理解對方的情緒。這也是我在本書內容之外，看見作者間接透露出的美好畫面。

有鑑於讀者可能從現代占星或古典占星等不同的領域切入，仍要提出以下的補充說明。在本書第一部第三章中提及的太陽星座區間與交界的部分，採用的恆星星座已與現今恆星實際位置已有所出入。此外，真正的太陽星座交界，現今已可以透過線上免費軟體測得，任何知道自己出生時間的人，並不需要勉強對號入座。

此外，本書第三章在星座區間的副守護星的部分，採用的是現代占星的看法，而我會更推薦用古典占星的十度區分（Decans）或面（Faces）守護星。事實上，看法可以更為精細，但也相對進階。古典占星和現代占星最大的差別之一在於，現代占星把天王星、海王星、冥王星視為水瓶座、雙魚座、天蠍座的守護星。然而，古典占星並不會這麼做，最多只會把天海冥當成輔助參考星，仍以土星、木星、火星為水瓶座、雙魚座、天蠍座的守護星。不過，古典與現代占星的差異並非在這裡討論的重點。我認為，對於初學者或尚未了解占星學的人來說，在占星學中找到了解自己和學習的樂趣，才是最重要的。更多深度的分析與比較，可以留待深入研究時再處理。

在探索自己命盤的過程裡，我們需要的書絕對不會只有一本，但本書將是初次接觸和學習占星者不可錯過的經典，在此誠懇推薦。

蘇飛雅 / 美國占星協會 (AFA) 認證占星師、ELLE 專欄作家

前言

「我們在特定的時刻、特定的地點出生。就像特定年份釀造的葡萄酒，我們的身上都帶有那一個年份與季節的特質。」

——卡爾・古斯塔夫・榮格（Carl Gustav Jung）

身為占星師越久（到目前正好佔據我人生的一半時間），越發現，我們都想了解自己。

你會問：「我是怎樣的人？」想知道自己為什麼會做這些事、有這些強烈的感受，以及其他人是否也覺得不安。寫信給我的人會問這樣的問題：「我應該找什麼樣的男人？」「為什麼我會對我的工作感到不滿？」或是「我正在跟一個雙子座女人約會，我們在一起會幸福嗎？」他們問我，他們究竟能否找到真愛，以及何時才能不再難過、恐懼，或擺脫沉重的問題。他們會問人生的路該麼走、怎樣才能獲得更多成就感。

因此我一直認為，占星學之所以存在，是為了回答關於「你」的問題。基本上，它就是一門關於你的學問，可以通往你的內心深處。它向你承諾，在體驗人生時，你不需要盲目地做出反應；你可以在有限的範圍內掌控自己的命運，並且在這段過程裡，真正地了解自己。

令人驚奇的是，這門關於星星的學問不斷被賦予新的意義。幾世紀以來，哲學家、神祕主義者與精神導師都持續研究、撰寫、思考並提煉占星學的重要性。它既是這個世界上最古老的科學，也是我們這一代最新的探索主題。一份蓋洛普民意調查（Gallup poll）指出，有百分之三十五的美國成年人相信，他們的人生受到天體位置的影響；而在美國出版的多數報章雜誌都會刊登星座專欄。此外，也有超過十幾所大學將占星學視為正式學科，並納入課程。

儘管人們對星座的興趣激增，普羅大眾都只是略懂皮毛而已。一般人會說：「我對占星學有興趣，卻懂得不多。」當人們試著學習更多占星學相關知識時，他們會遇到一個問題，那就是多數書籍都只涉及某一個層面。如果你想了解自己的太陽星座，有很多書探討這個主題；如果你想了解自己的月亮星座，也可以找到相關書籍。如果你想了解自己的出生圖（birth chart，又稱為「本命星盤」，請參閱 p306 的說明），你就必須找另一本解釋星盤的書來看（它們更不好找）。

不久前，我在跟朋友聊天時無意間提到，我的星盤顯示，我有三顆行星都落入金牛座。

結果她說：「噢，你可以告訴我，我的那三顆行星落在哪裡嗎？」她不曉得每個人的星盤裡都有十顆行星。

但我的朋友怎麼會知道這一點？多數占星學書籍並沒有涉及出生圖的部分。除非你願意耐心地找尋那些藏在書店的神祕學領域或特殊圖書館裡鮮為人知的書籍，不然你要從哪裡獲得這類資訊？任何占星學書籍都只會跟你說，你的太陽星座是牡羊座、雙魚座，或是黃道帶上的其他星座。

這本書告訴你，你必須對占星學全盤了解。你會學到關於太陽星座，還有月亮星座、上升星座、行星與宮位的知識。你將逐漸了解這些要素如何相互影響，進而形塑你的人生。你會明白自己星盤中各種相位的意涵，以及怎麼比較你和另一個人的星盤，藉此了解你們在各方面的契合度，你也將了解占星學的起源與發展。此外，若你有網路，就能在幾秒鐘內取得一張星盤。

不過我還是要說，本書並不是一部百科全書，也沒有囊括過去五千年來的所有占星學智慧；沒有一本書可以做到這一點，即便它是目前版本的二十倍厚也一樣。這是一本淺顯易懂的指南，提供了全面的占星學知識；如果你想知道你星盤裡所有行星的位置，或是你和另一半的太陽星座有多契合，抑或是月亮對你的人生有什麼影響，你都可以在本書中找到答案。

我想強調更重要的一點，那就是占星學無法改變你的人生——只有你自己能這麼做。我們占星師經常因為承諾得太多，或使人們變得過度依賴而深感內疚。占星學不會改變你人生中的高低潮，它能做的是讓你明白，如何面對自己的人生大戲。占星學提供了資訊與指引，最棒的是還有安心感。有時候，一個人尋求的是有用的引導；我知道你將會在本書裡得到很多指點。

我想，你拿起這本書是因為對占星學感興趣，我也希望這只是你探索的開始。占星不斷地進化與更新，一個人很可能會花一輩子的時間來探究它的無數面向。我們將一起深入探索這門迷人且龐雜的學問。我希望這不是你唯一想看的占星書——但你只需要這一本而已。

——喬安娜．瑪婷．沃弗克
康乃狄克州史丹福市
2008 年 6 月

第一部

關於太陽星座

1

太陽星座

當一個男人在宴會上對一個充滿魅力的女人說：「我是獅子座，妳是什麼星座？」時，他不僅以此作為開場白（並表現出獅子座的樣子），也談論關於太陽星座的事。什麼是太陽星座？

從地球上來看，太陽每年繞行地球一次。在這一年裡，太陽會行經黃道帶上的十二個星座（關於黃道帶的詳細說明，請參閱 p365），在每個星座停留約三十天。你出生時太陽所經過的星座，就是你的太陽星座。

太陽是太陽系中影響力最大的行星（即便太陽其實和月亮一樣，都是所謂的「發光體」[2]，占星學仍將它稱為行星）。它帶給我們食物、生命、溫暖與能量，地球上的我們都賴以為生。此外，太陽不只是你星盤（horoscope，請參閱 p392 的說明）裡最重要、影響最全面的一個部分，也在許多方面影響別人對你的看法。太陽在出生圖中的位置，決定了你的個性、獨特風格，以及實現人生目標的決心。

我常把太陽星座比喻成你在人生大戲中被賦予的角色。一個人在出生時，這場戲就開始上演（莎士比亞認為人生如戲）。你是戲裡的主角，你所扮演的角色，就是你的太陽星座。

我也將星盤比喻成你的畫像。太陽星座的特質就如同畫家在畫布上描繪的草稿。他大致勾勒出你的輪廓、身形與體態，同樣地，太陽星座大略刻劃出你的性格。是否經常自我反省？是否很

2　在占星學裡，太陽與月亮被稱為「發光體」。儘管今天我們已經知道月亮本身不會發光，而是反射太陽後散發出光芒，我們依舊將它們並稱為發光體。占星學家認為，這兩個發光體是星盤中最重要、與個人有著密切關係的兩個星體。

容易交到朋友？如何承擔責任？很神經質，還是一個隨和的人？這些問題都可以藉由檢視太陽星座得到答案。

然而，占星師常會聽到這樣的話：「我是摩羯座，但當我閱讀那些關於摩羯座的說明時，我覺得它們描述得並不貼切。」

請記得，太陽星座只是大致描繪出你的樣貌。你的出生圖裡還有月亮與其他行星，它們可能分別落入不同的星座。你是一個獨特且複雜的組合，和其他人都不一樣。單憑太陽星座就試著給出準確的說明，將使你陷入錯誤當中。就像亨利．路易斯．孟肯（H. L. Mencken）[3]曾說：「所有複雜的問題都有一個簡單明瞭卻錯誤的答案。」

唯有檢視完整的出生圖，占星師才能開始掌握一個人的性格全貌。即便如此，還是有一定程度的誤差存在，因為人類不是死板板的雕像。我們每天都會因為遇見的人事物而有點小改變。墜入情網、取得成就、遭逢不幸——每件事都讓我們產生轉變。不過，我們的基本特質依然存在，太陽星座大致涵蓋了這些特質。

占星學是一項研究人性的有趣工具。當你和某個人初次見面時，你完全不了解他，你看到的是他眼睛和頭髮的顏色、衣服的款式，以及他的身高。想進一步認識他，你必須獲得更多資訊。如果你知道對方的太陽星座，就可以把幾片拼圖拼在一起。然而，一旦你開始拼湊複雜的拼圖，就會發現這幅拼圖還少了很多片；太陽星座只是給你某種優勢，使你對一個人有獨特的見解。

當然，了解一個人的太陽星座不僅對輕鬆的社交聚會有幫助，在親密關係裡也能發揮很大的功用。若你的巨蟹座老公不停地叨念、批評，你會知道，他只是在表達自己有多在意你。若你十歲的處女座女兒像個老女人似地，堅持每樣物品都得放在她想要的位置，你會明白，她只是必須確保自己的物品都整齊地擺好。知道雙子座有多散漫、健忘，當你的雙子座伴侶晚了兩天才送你生日禮物，你也比較容易原諒他。最重要的是，了解你的太陽星座，可以讓你更認識自己。

關於十二星座的占星學背景

自從占星學研究最早有文字記載至今，已經有五千年的歷史。在這段時間裡，十二星座被賦予了各自專屬的特性、意涵，以及與其他事物的連結。

耶穌誕生前幾百年，希臘哲學家建構出一套理論，將人類比喻成一個小宇宙——人體是大宇宙的縮影。根據這個概念，自然界的一切都可以在人的身上找到相似之處，因此人類和宇宙相互連結、彼此影響。這個概念被稱為「赫密

3　亨利．路易斯．孟肯，美國記者、諷刺作家、文化評論家，以及美式英語學者。

斯理論」（Hermetic Theory），由此衍生出手相學等占卜術；在手相學中，人類手掌上有許多區塊都對應到太陽系裡的行星名稱[4]。

赫密斯理論也衍生出許多關於十二星座的連結。這些連結有許多都可以追溯到數千年前。當克勞狄烏斯．托勒密（Claudius Ptolemy）[5]將它們記錄在他的完整占星學著作——《占星四書》（*the Tetrabiblos*）[6]裡時，多數已為人所知。其中某些知識則是近代發展出來的，比方說，近兩百五十年來，三顆現代行星才被發現[7]。此後，十二星座又有了新的定義與連結。

每個星座都可說是一本小型百科全書，將十二個星座合在一起，讓我們清楚了解自身的一切（包含身體、心理、情緒），以及周遭的世界。黃道帶宛如複雜精巧的中國套盒（Chinese box）[8]，可以拆開來，並用不同的方式加以檢視。

首先，十二星座有幾種分類方式——兩個、三個、四個或六個星座分成一組。

陰陽屬性

十二星座可依照陰陽屬性分為兩組，其中六個星座是陽性星座，其餘六個星座則是陰性星座。這種分類法稱為「陰陽分類法」。從占星學的角度來看，陽性星座活力充沛、直爽坦率，陰性星座則懂得包容、富有魅力。

早在兩千年前，星座就被賦予陽性與陰性的特質。時至今日，現代占星師試圖避免這種分類所隱含的性別偏見；陽性星座不代表「積極強勢」，陰性星座也不代表「消極軟弱」。從現代觀點來看，陽性星座外向、行動力強，陰性星座則內斂含蓄。

---

4 人的手掌上有一些微微隆起的區域，狀似小山，因此將它們稱為「丘」。西方手相學把這些掌丘分為八類：木星丘、土星丘、太陽丘、太陰丘（月丘）、水星丘、金星丘、第一火星丘、第二火星丘，其名稱都是以太陽系裡的天體來命名。從手相學的角度來看，這八大掌丘分別代表不同的性格面向，一個人的運勢變化也會透過這些掌丘展現出來。

5 克勞狄烏斯．托勒密是一位出生在埃及的希臘裔學者，他是數學家、天文學家、地理學家、占星學家，對拜占庭、伊斯蘭世界與歐洲的科學發展影響甚遠。歷史上關於他的記載不多，其中最著名的莫過於他所提出的「天動說」。

6 《占星四書》是克勞狄烏斯．托勒密四部重要著作之一，內容主要講述關於自然哲學與占星術的學問。由於該書與占星學頗有淵源，許多占星學上的概念都源自於此，至今人們仍廣泛地傳誦、閱讀。

7 這三顆現代行星分別是天王星（1781 年被發現）、海王星（1846 年被發現）和冥王星（1930 年被發現）。

8 中國套盒（Chinesebox）是一種玩具，其概念類似俄羅斯娃娃（nesting doll），由一組形狀相同、大小不同的盒子相互嵌套而成，必須一層層地打開，直到打開最小的那個盒子，才知道裡面到底放了些什麼。「Chinese box」在英文中經常用來比喻神祕或複雜難解的事物。

牡羊座	陽性星座
雙子座	陽性星座
獅子座	陽性星座
天秤座	陽性星座
射手座	陽性星座
水瓶座	陽性星座
金牛座	陰性星座
巨蟹座	陰性星座
處女座	陰性星座
天蠍座	陰性星座
摩羯座	陰性星座
雙魚座	陰性星座

三方星座

十二星座也可分成四組，每組各有三個星座，稱為「三方星座」（triplicity），它們各自代表一種元素。這四大元素分別是火、土、風、水。在占星學裡，每種元素都象徵該組星座的重要特性。

火象星座有三個：牡羊座、獅子座和射手座，他們積極主動、充滿熱情。土象星座有三個：金牛座、處女座和摩羯座，他們講求實際、穩重可靠。風象星座有三個：雙子座、天秤座和水瓶座，他們聰明伶俐、善於溝通。水象星座有三個：巨蟹座、天蠍座和雙魚座，他們情感豐富、直覺敏銳。

四正星座

十二星座也可分成三組，每組各有四個星座，稱為「四正星座」（quadruplicity），它們各自代表一種特質。這三大特質分別是開創、固定和變動。在占星學裡，每種特質都意味著該組星座與外界的互動方式。

開創星座[9]有四個：牡羊座、巨蟹座、天秤座和摩羯座，他們積極進取、開朗外向，是開創者。固定星座有四個：金牛座、獅子座、天蠍座和水瓶座，他們抗拒改變，是完成者，而不是開創者。變動星座有四個：雙子座、處女座、射手座和雙魚座，他們適應力強、善變、懂得變通，能適應不同的環境。

你會發現，十二星座都隸屬於不同的組合。黃道帶上沒有一個星座和另一個星座具備完全相同的陰陽屬性、元素與特質。比方說，牡羊座是陽性星座、火象星座和開創星座，黃道帶上沒有其他星座是同樣的組合。因為每個星座都各自隸屬於獨特的組合，他們都呈現出不同的特性。

舉例來說，牡羊座是陽性星座，代表他們積極主動，而不是被動接受；牡羊座是火象星座，表示他們容易興奮、精力充沛；牡羊座是開創星座，代表他們外向、樂於嘗試新事物。雖然獅子座

9 當太陽行經黃道帶上的四個基本點（cardinal point）時，代表四季的開始——牡羊座是春天的開始；巨蟹座是夏天的開始；天秤座是秋天的開始，摩羯座則是冬天的開始。開創星座又稱為「本位星座」或「基本星座」。

也是陽性星座和火象星座，但與牡羊座不同的是，獅子座是固定星座。因此，儘管獅子座和牡羊座一樣外向、充滿熱情，他們也堅持己見，深信自己才是對的，不願意像牡羊座那樣捨棄不可行的計畫、開始新的嘗試。

對宮

最後，十二星座可分成六組，每組各有兩個星座，稱為「對宮」（polarity，意指「對相星座」）。黃道帶上的每個星座都有各自的對宮，也就是在黃道帶上位於彼此正對面的對相星座。這兩個星座呈現出相反的特性。

牡羊座和天秤座互為對宮。牡羊座象徵自我，其對相星座——天秤座則象徵合作關係。金牛座和天蠍座互為對宮。金牛座象徵個人財富，其對相星座——天蠍座則象徵遺產與共同財富。雙子座和射手座互為對宮。雙子座象徵自我表達，其對相星座——射手座則象徵高層次的人生哲理與廣泛的概念。

巨蟹座和摩羯座互為對宮。巨蟹座象徵家庭生活，其對相星座——摩羯座則象徵公共生活。獅子座和水瓶座互為對宮。獅子座象徵創造力與個人享受，其對相星座——水瓶座則象徵更偉大的希望與理想。處女座和雙魚座互為對宮。處女座象徵努力與自我提升，其對相星座——雙魚座則象徵夢想與自我欺騙。

十二星座都與外界有著某些特殊連結，例如幸運數字、幸運日、幸運色、幸運植物、幸運金屬、幸運石、適合居住的城市等。此外，每個星座都有各自容易犯的錯誤與容易遭遇的危險。

然而，在現代，這些連結多半被當作消遣多過於指引。占星師不會嚴肅地指出，如果你是牡羊座，你只喜歡穿紅色的衣服，並配戴鑽石，或者如果你是處女座，你只喜歡住在波士頓，並在窗台上種植牽牛花。這些與各種顏色、花朵、寶石、地區的連結，純粹只是一種象徵，是隨著漫長歷史衍生出來的產物。

不過，有時試著在生活中融入這些事物，是很有趣的。比方說，我有一個客戶會舉辦「星座」晚宴，他會根據賓客的星座來挑選鮮花擺設、餐桌佈置與食材。我還有一個雙子座的客戶，他最近到澳洲墨爾本旅行，只因為他的星座與這座遙遠的城市有著特殊關聯。他欣喜若狂地寫信給我：「我一下飛機，就知道自己回到了真正的家鄉！」

占星學的魅力在於複雜性；十二星座的各種連結與象徵，正是複雜樣貌的一部分。沒有兩個星座是一樣的，每個星座都獨一無二。它們使我們明白自己是怎樣的人，被什麼事物吸引。

你的太陽星座是什麼？

每個太陽星座的日期在特定年份可能會有一兩天的差異。想確認自己確切的太陽星座是什麼，請在 p407 ～ 408 的太陽星座星曆表中，找出你的出生年份與出生月份，或在網路上取得你的星盤。

牡羊座

（3 月 21 日～4 月 19 日）

陰陽屬性　陽性星座

三方星座（元素）　火象星座

四正星座（特質）　開創星座

牡羊座積極主動、精力充沛、容易興奮、衝動、樂觀，樂於接受改變、嘗試新事物。

守護星　火星：他是古代掌管戰爭、侵略與衝突的神明瑪爾斯（Mars）。在占星學裡，火星的影響象徵勇氣、熱情與競爭。它掌管火與危險，導致災禍與關係緊張。

圖像　公羊：充滿自信、性慾旺盛、能攀登至高處。

專用符號（速記符號）　「♈」這個象形文字描繪的是公羊的羊角和突出的鼻子。此外，它也刻劃出人類臉上的眉毛和鼻子（牡羊座掌管的身體部位）。從象徵意義來看，這個符號是由一條直線將兩條半月形弧線連接起來，代表理想和權力與領導能力有著密不可分的關係。

重要關鍵字　「我是」（I am）

對宮　天秤座：牡羊座是一個以自我為優先的星座。具有牡羊座特質的人會充分展現自己的性格，而且可能會非常自我中心。牡羊座的對相星座——天秤座則象徵合作關係。若天秤座的人沒有志同道合的伴侶，就會覺得自己不完整，他們也會努力為兩個人謀取幸福。

牡羊座掌管的身體部位　頭部：牡羊座的人容易頭痛，頭部與臉部周圍也容易輕微受傷。

幸運日　星期二

幸運數字　1、9

誕生石　鑽石：能帶來愛情、財富，並在新事業中獲得好運。對牡羊座而言，將鑽石配戴在身體左側時特別幸運。

幸運色　紅色：象徵火焰與熱情。

適合居住的城市　義大利佛羅倫斯（Florence）、那不勒斯（Naples）、維洛納（Verona），法國馬賽（Marseilles）

適合居住的國家　英國英格蘭、德國、波蘭

幸運花　天竺葵、忍冬、香豌豆

幸運樹　所有有刺的樹木

幸運金屬　鐵

牡羊座守護的動物　綿羊（尤其是公羊）

容易遭遇的危險　牡羊座的人容易被火燒傷、被銳利物品割傷。他們也容易因為飆車而發生意外，以及捲入危險與暴力事件。

英文簡稱　ARI

你最討人喜歡的特質——勇敢

牡羊座是黃道帶上的第一個星座，這個星座象徵新的開始，它意味著改變，以及突如其來的轉折。你的人生抵達了某個地方，然後朝新的方向邁進；當然，你的人生可說是充滿刺激。

牡羊座的特性是活力充沛、靜不下來。當太陽落入這個星座時，你是一個積極行動派，如果你有新的計畫或想法（某個產業引起你的興趣），會迫不及待地想要嘗試。「現在就給我耐心」這個有趣的小心願，非常能代表牡羊座的態度。

當別人第一次見到你時，他們很快就會覺得，你是一個活潑健談、令人感到興奮的人，他們恐怕很難有插話的機會。如果有人提出某個話題，你會開心地對此高談闊論一番。

作為一個牡羊座，你經常身處風暴中心，莽撞且一意孤行。因為展現權力是你的天性，相反的意見令你感到惱怒，必須排除在外。你是天生的領導者，總是信心十足。從年輕時開始，你就認為自己正往成功的方向邁進，幸好你樂於協助那些面臨危機的人。你是一個熱心的朋友，願意分享自己的想法與建議，而且喜歡請客。你很大氣，完全不在意枝微末節的瑣事，「追求卓越」是你的座右銘。

牡羊座的人不會軟弱消極；其他人或許比較小心謹慎，你卻喜歡冒險。不顧一切使你有活著的感覺。追尋的過程總是比達成目標更讓人興奮。（就像某個牡羊座最近很中肯地說：「想要比得到更好。」）你願意冒險、追尋夢想，下定決心，並以無比熱情追尋這項目標。你極度樂觀，周遭的人因此被你吸引。你的心裡也許埋藏著不安，但沒有人知道這一切。

這不代表你不會感到沮喪或鬱悶。但對牡羊座而言，這種灰心喪志的狀態不會持續一個星期，你是個無可救藥的樂觀主義者。然而，牡羊座確實常誤以為別人輕視或傷害自己，因此感到惱怒。你生性急躁易怒、常幼稚地鬧脾氣，而且容易覺得厭倦。若沒有立刻獲得成功，你往往會失去興趣，並開始找尋新的刺激；所以，那些埋頭苦幹的人通常會比你先取得領先地位。

牡羊座的人做事經常虎頭蛇尾，你極度缺乏耐心；缺少堅持到底的毅力是你的弱點。此外，你在太多地方耗費精力，就像林・拉德納（Ring Lardner）[10]小說裡的男主角，騎上馬，然後同時朝各種方向前進。

對你來說，獨立自主十分重要。如果必須聽從別人的指揮，你可能會變得憤怒、鬱悶。你寧為雞首，不為牛後。你想要主導一切，若無法這麼做，就會選擇離開，並找尋可以充分展現個性與才華的機會。萬一遭遇不可抗力的因素，你會屈服，但絕對不會崩潰；沒有人能擊垮你的衝勁與鬥志，除了你自己以外。

因為牡羊座生來就很自我中心，你

很容易犯這種錯誤。除非你特別關注周遭的人，以及他們內心的感受，不然你很容易就變成一個被寵壞的孩子。

即便多數時候，你很真誠，如果感覺刺激，也會撒個小謊。然而，你不善於說謊，旁人可以徹底看穿你的心思。你有時不夠圓融，但並沒有惡意。射手座也缺乏這種交際手腕，因為他們不知道如何拐彎抹角。對你而言，這樣的不圓滑是源自於衝動，讓你恣意地展現自我。你時常說話不經大腦，想到什麼就說什麼，通常事後都會後悔。

牡羊座的財運不錯，但很難守住自己的錢；你往往過著奢侈的生活、花費總是超出原本的預算，因此借了很多錢。不過，你通常會想辦法還錢，因為你的自尊心很高，不想一直欠別人錢。在友情裡，當對方有需要時，你會慷慨地給予協助，但你希望能因此獲得讚賞，牡羊座很少感到害羞。

你富有創造力、熱心活潑、具備開創精神，同時也自負好強、容易不耐煩。那些和你親近的人會面臨一個重要問題——要如何跟上這樣的步調？

你的內在

你喜歡主導一切，想要全權掌控自己的計畫，不受任何人控制。你有強烈的成功慾望，並給自己很大的壓力。

你的心中充滿了不安，擔心自己要怎麼應付這一切。你討厭無聊，一直在尋求不同的變化，新的人事物能為你帶來刺激。你非常缺乏毅力，你必須學會堅持。你也對無法解決問題的人缺乏耐心，你相信採取行動很重要。你慷慨大方且充滿熱情，儘管有時也會自我懷疑，你也知道，只要你真心想做一件事，一定做得到！

別人眼中的你

你樂觀、富有魅力，周遭的人因此被你吸引——你為他們的生活帶來刺激。你勇於挑戰，令他們很羨慕。無論遭遇什麼問題，你都會讓旁人感覺，你的心裡已經有了答案。此外，你也因為直爽坦率而受人欣賞，不會掩飾自己遇到的困難；但人們不喜歡你的霸道與毒舌，他們害怕與你針鋒相對，因為可能會被你的言語刺傷。

10　林．拉德納，美國體育新聞記者、諷刺小說家。拉德納總共創作了一百三十篇左右的短篇小說，刻劃出許多逼真的美國生活場景與人物肖像，為他在英美文學界贏得崇高的文學聲譽。他被認為是自強納森．史威夫特（Jonathan Swift）以來，最一針見血的諷刺作家，以及美國文學史上繼馬克．吐溫之後，最優秀的幽默作家。

太陽在牡羊座的名人

瑪雅・安傑洛
Maya Angelou
約翰・塞巴斯提安・巴哈
Johann Sebastian Bach
亞歷・鮑德溫
Alec Baldwin
華倫・比提
Warren Beatty
馬龍・白蘭度
Marlon Brando
馬修・鮑德瑞克
Matthew Broderick
查理・卓別林
Charles Chaplin
凱薩・查維斯
Cesar Chavez
湯姆・克蘭西
Tom Clancy
比利・柯林斯
Billy Collins
瓊・克勞馥
Joan Crawford
羅素・克洛
Russell Crowe
克萊倫斯・丹諾
Clarence Darrow
貝蒂・戴維斯
Bette Davis
桃樂絲・黛
Doris Day
丹尼爾・戴・路易斯
Daniel Day-Lewis
伊莎・丹尼森
Isak Dinesen
席琳・狄翁
Celine Dion
大衛・佛洛斯特
David Frost

羅伯特・佛洛斯特
Robert Frost
詹姆斯・葛納
James Garner
約翰・吉爾古德
John Gielgud
亞歷・堅尼斯
Alec Guinness
休・海夫納
Hugh Hefner
比莉・哈樂黛
Billie Holiday
哈利・胡迪尼
Harry Houdini
亨利・詹姆斯
Henry James
湯瑪斯・傑佛遜
Thomas Jefferson
艾爾頓・強
Elton John
綺拉・奈特莉
Keira Knightley
大衛・賴特曼
David Letterman
艾莉・麥克洛
Ali MacGraw
培頓・曼寧
Peyton Manning
尤金・麥卡錫
Eugene McCarthy
史提夫・麥昆
Steve McQueen
安・米勒
Ann Miller
杜德利・摩爾
Dudley Moore
艾迪・墨菲
Eddie Murphy

李奧納德・尼摩伊
Leonard Nimoy
蘿西・歐唐納
Rosie O'Donnell
莎拉・潔西卡・帕克
Sarah Jessica Parker
丹妮卡・派崔克
Danica Patrick
葛雷哥萊・畢克
Gregory Peck
安東尼・柏金斯
Anthony Perkins
瑪麗・碧克馥
Mary Pickford
柯林・鮑爾
Colin Powell
謝爾蓋・拉赫曼尼諾夫
Sergei Rachmaninoff
黛安娜・羅絲
Diana Ross
奧瑪・雪瑞夫
Omar Sharif
史蒂芬・桑德海姆
Stephen Sondheim
愛德華・史泰欽
Edward Steichen

洛・史泰格
Rod Steiger
葛羅莉亞・史坦能
Gloria Steinem
利奧波德・史托考夫斯基
Leopold Stokowski
葛羅莉亞・史旺森
Gloria Swanson
阿圖羅・托斯卡尼尼
Arturo Toscanini
史賓塞・屈賽
Spencer Tracy
彼得・尤斯汀諾夫
Peter Ustinov
路德維希・密斯・凡德羅
Ludwig Mies Van Der Rohe
文森・梵谷
Vincent van Gogh
安德魯・洛伊・韋伯
Andrew Lloyd Webber
桑頓・懷爾德
Thornton Wilder
田納西・威廉斯
Tennessee Williams
佛羅倫茲・齊格菲
Florenz Ziegfeld

柯林・鮑爾

培頓・曼寧

瑪雅・安傑洛

金牛座

（4 月 20 日～ 5 月 20 日）

陰陽屬性　陰性星座

三方星座（元素）　土象星座

四正星座（特質）　固定星座

金牛座安靜、溫柔體貼、富有耐心、穩重可靠、講求實際、意志堅定、固執且抗拒改變。

守護星　金星：她是羅馬神話中掌管美、藝術、歡樂、情感的女神維納斯（Venus）。在占星學裡，金星的影響使人愛好享受，且格外具有創造力。

圖像　公牛：強壯、固執、步伐緩慢、既溫馴又凶猛。

專用符號（速記符號）　「♉」這個象形文字描繪的是公牛的角和頭部。此外，它也刻劃出人類的下巴和喉結（金牛座掌管的身體部位）。從象徵意義來看，這個符號的上半部是由兩條半月形弧線連接而成的杯狀線條，下半部則是太陽的光圈，這個杯狀線條代表物質力量，以及透過意志力（光圈）所獲得的財富。

重要關鍵字　「我有」（I have）

對宮　天蠍座：金牛座象徵金錢與財物。金牛座的人注重財富累積、堅守自己的財產。金牛座的對相星座——天蠍座則象徵遺產與共同財富。他們所擁有的通常是精神層面，而不是物質層面的財富。天蠍座的人會以教學、寫作和療癒的方式來與他人分享這些財富。

金牛座掌管的身體部位　頸部、喉嚨：很多金牛座的人説話聲音都很好聽，也擁有好歌喉。但他們容易感冒、喉嚨發炎、喉嚨痛、罹患甲狀腺疾病。

幸運日　星期五

幸運數字　6、4

誕生石　祖母綠：能避免伴侶欺騙與出軌、確保忠誠、增強記憶力。

幸運色　灰藍、木槿紫：象徵高雅的柔和色彩。

適合居住的城市　愛爾蘭都柏林（Dublin）、瑞士琉森（Lucerne）、德國萊比錫（Leipzig）、美國聖路易（St. Louis）

適合居住的國家　愛爾蘭、瑞士、賽普勒斯（Cyprus）、希臘

幸運花　紫羅蘭、罌粟花

幸運樹　柏樹、蘋果樹

幸運金屬　銅

金牛座守護的動物　牛

容易遭遇的危險　金牛座的人容易捲入因為愛情或金錢所引發的暴力事件。因為固執、佔有慾強，他們經常得罪別人或激怒另一半。

英文簡稱　TAU

你最討人喜歡的特質——可靠

你是人們在緊要關頭仰賴的對象，當其他意志不堅定的人中途放棄時，你依然堅持下去。因為成功最需要的是毅力，你往往能取得成功。

你並非率先投入新領域的領導者，卻紮實耕耘，打下穩固的基礎。你是黃道帶上的第二個星座，會明顯地表現出固執的特性。你最大的優點在於努力不懈、鍥而不捨。你是堅定的實踐者，抱持無比的耐心，堅持到底，直至成功；你生性堅毅，不可阻擋。

金牛座是固定星座，這意味著金牛座的人不喜歡改變。你無法貿然嘗試任何新事物，熟悉的事物令你感到安心自在，不同的做法則使你焦慮不安。你的心態或許可以用這句話作為總結：「若一切都進展得很順利，為什麼要嘗試新事物？」

即便你很少表現出來，所有人都知道你是有脾氣的。就像某位部屬如此形容他的金牛座主管：「沒有人看過他發火，但大家都不曾懷疑他有脾氣。」

一般而言，你溫和而有耐心；你一向如此，只有在遭到反對時（但此時仍要費很大的功夫），才會發怒。

然而，在親切隨和的外表背後，你心中有股怒火正暗自燃燒，你像是一隻在牧場上安靜地吃著草的牛，不想挑戰任何人，但如果有人敢挑戰你，那將是個致命的錯誤。

除非有人故意激怒你，你就像「公牛費迪南」（Ferdinand the Bull）[11]這個溫和的卡通人物一樣（他喜歡坐著聞花香）。你充滿愛心、樂於助人，而且熱愛所有美麗的事物。由金星守護的你（金星是愛與美的化身[12]），生來就極富創造力、對色彩與線條很敏感，能從藝術與音樂中獲得啟發。金牛座的人品味極高，你有敏銳的眼光，可以辨別事物的價值，通常也熱愛蒐藏。事實上，因為金牛座代表物質財富，你是十二星座中的兩個「金錢星座」（money sign）之一（另一個是巨蟹座）。金牛座的人幾乎都很重視金錢與物質財富——這些東西越多越好。

既務實又浪漫，像你這樣的人很少，周遭的人因此深受吸引。作為一個金牛座，土象星座的穩重可靠，再加上金星帶來對美感的偏好，塑造出認真負責、堅定不移的性格，同時你也能欣賞生活中美好的一面。你將一次次地發現，自己既具備藝術眼光，又有達成目標的決心，這是你獲得成功的最大祕訣。

---

11 1938年，迪士尼推出短篇動畫《公牛費迪南》，這部動畫改編自曼羅・里夫（Munro Leaf）的繪本《愛花的牛》，當中的主角是一隻名叫費迪南的公牛。牠不像其他公牛夢想在鬥牛場上贏得勝利，只喜歡安靜地聞著花香，即便站上鬥牛場，也完全不想與鬥牛士拚命。最後費南迪被送回老家，繼續過著愛花的生活。

12 金星的英文和拉丁文是「Venus」，其名稱源自於羅馬神話中掌管愛與美的女神維納斯。

此外，你也努力尋求安全感（安全感是最能代表你的一個詞）。你希望自己的事業、愛情、婚姻與家庭維持穩定不變，讓其他人四處遊玩享樂、亂搞男女關係就好。在家裡是你最開心的時候；你被美麗昂貴的收藏包圍，並且因為另一半的付出感到安心而溫暖。你對自己所愛的人忠心耿耿、堅定不移。

私底下，你多愁善感。你不會用極其昂貴的禮物來表達愛意，因為你不是一個花錢毫無顧忌的人，你很珍惜自己辛苦賺來的血汗錢。儘管你願意聽從內心的聲音，也很難坦率地表達心中的感受，你內向且沉默寡言。

與你相處並不輕鬆。你可能會堅持己見、守口如瓶、小氣吝嗇、疑神疑鬼，而且你生性沉默，會把嫉妒與敵對的情緒隱藏起來。要使你改變很困難，因為你往往很任性，甚至懶惰；雖然你活力充沛，但只會將精力用在自己想做的事情上。

金星突顯出金牛座善於社交的一面。即便你面對陌生人時害羞拘謹，也會是個很棒的男（女）主人，你喜歡宴請你喜愛的人們。也許你無法像獅子座或天秤座的人一樣自在嬉鬧，但你可以在舒適的環境裡享受美食與美酒。你認為應該要善待自己，享受美好的生活。

作為一個金牛座，你不僅理智可靠，心思也細膩敏感、情感豐富，十分討人喜歡。在所有講求實際、看似冷漠的金牛座心裡，其實都住著一個夢想家。

你的內在

你的生活必須井然有序，當一切不受控制時，你就會覺得很焦慮。因為不熟悉的事物令你感到不安，你往往不會做出新的嘗試。你得更樂於改變。對你而言，擁有美麗的事物很重要，你熱愛蒐集的天性也影響到你的人際關係。你對自己重視的人非常忠誠。你有幾個親近的朋友，而不是很多點頭之交。當你身處一段堅定且充滿關愛的感情時，你是最快樂的。你極度敏感，當你被斷然拒絕或遭遇嚴厲的批評時，就會變得十分沮喪。在面對陌生人時，你常感到很不自在。

別人眼中的你

人們覺得你成熟穩重、值得信賴，你也因為心思縝密而受人欣賞。很少人注意到你纖細敏感、很容易受傷。你被視為潮流創造者，深受信任，人們也樂於接受你的藝術與美學觀點。因為你有很好的理財頭腦，人們也會尋求你的財務建議。另一方面，人們對你的自以為是感到不滿；即便你是對的，他們也不明白，為什麼你一定要這麼固執。

太陽在金牛座的名人

阿肯 Akon
安・瑪格麗特 Ann-Margret
佛雷・亞斯坦 Fred Astaire
瑪麗・艾斯特 Mary Astor
伯特・巴特瑞克 Burt Bacharach
史蒂芬・鮑德溫 Stephen Baldwin
賴尼爾・巴利摩 Lionel Barrymore
甘蒂絲・柏根 Candice Bergen
歐文・柏林 Irving Berlin
尤吉・貝拉 Yogi Berra
凱特・布蘭琪 Cate Blanchett
約翰尼斯・布拉姆斯 Johannes Brahms
卡蘿・柏奈特 Carol Burnett
喬治・卡林 George Carlin
雪兒 Cher
喬治・克隆尼 George Clooney
史蒂芬・寇伯特 Stephen Colbert
派瑞・柯莫 Perry Como
賈利・古柏 Gary Cooper
平・克勞斯貝 Bing Crosby
克絲汀・鄧斯特 Kirsten Dunst
亞伯芬尼 Albert Finney
艾拉・費茲傑羅 Ella Fitzgerald
亨利・方達 Henry Fonda
西格蒙・佛洛伊德 Sigmund Freud
瑪莎・葛蘭姆 Martha Graham
尤里西斯・辛普森・葛蘭特 Ulysses S. Grant
威廉・藍道夫・赫斯特
William Randolph Hearst
約瑟夫・海勒 Joseph Heller
奧黛麗・赫本 Audrey Hepburn
凱瑟琳・赫本 Katharine Hepburn
格蘭達・傑克森 Glenda Jackson
珍娜・傑克森 Janet Jackson
瑞基・傑克森 Reggie Jackson
碧安卡・傑格 Bianca Jagger
賈斯培・瓊斯 Jasper Johns
巨石強森 Dwayne “The Rock” Johnson
葛麗絲・瓊斯 Grace Jones
哈波・李 Harper Lee
傑・雷諾 Jay Leno
舒格・雷・倫納德 Sugar Ray Lenard
李奧納多・達文西 Leonardo da Vinci
列勃拉斯 Liberace
安妮塔・盧斯 Anita Loos
喬・路易斯 Joe Louis
卡爾・馬克思 Karl Marx
羅德・麥昆 Rod McKuen
莎莉・麥克琳 Shirley MacLaine
伯納德・瑪拉末 Bernard Malamud
提姆・麥克羅 Tim McGraw
高達・梅爾 Golda Meir
耶胡迪・曼紐因 Yehudi Menuhin
派翠斯・孟塞爾 Patrice Munsel
弗拉基米爾・納博科夫 Vladimir Nabokov
威利・尼爾森 Willie Nelson
傑克・尼克遜 Jack Nicholson
佛羅倫斯・南丁格爾 Florence Nightingale
雷恩・歐尼爾 Ryan O’Neal
艾爾・帕西諾 Al Pacino
伊娃・裴隆 Eva Perón
羅伯塔・彼得斯 Roberta Peters
蜜雪兒・菲佛 Michelle Pfeiffer
艾齊歐・平札 Ezio Pinza
教宗若望・保祿二世 Pope John Paul II
謝爾蓋・普羅高菲夫 Sergei Prokofiev
安東尼・昆恩 Anthony Quinn
伯特蘭・羅素 Bertrand Russell
彼特・席格 Pete Seeger
傑瑞・塞恩菲爾 Jerry Seinfeld

威廉・莎士比亞 William Shakespeare
班傑明・史巴克 Benjamin Spock
詹姆斯・史都華 James Stewart
芭芭拉・史翠珊 Barbra Streisand
彼得・伊里奇・柴可夫斯基 Peter Ilyich Tchaikovsky
秀蘭・鄧波兒 Shirley Temple
烏瑪・舒曼 Uma Thurman
哈利・杜魯門 Harry S. Truman
魯道夫・范倫鐵諾 Rudolph Valentino
奧森・威爾斯 Orson Welles

教宗若望・保祿二世

史蒂芬・寇伯特

奧黛麗・赫本

雙子座

（5 月 21 日～6 月 20 日）

陰陽屬性　陽性星座

三方星座（元素）　風象星座

四正星座（特質）　變動星座

雙子座生性活潑、精力充沛、聰明伶俐、多才多藝，他們多半理性而非感性，而且適應力極強。

守護星　水星：他是古代為眾神傳遞訊息的使者墨丘利（Mercury），它掌管溝通與旅行。水星的影響使人格外機靈且神經質。

圖像　雙胞胎：具有雙重性（duality）與人文特質、多變、善於溝通。

專用符號（速記符號）　「♊」這個象形文字描繪的是雙胞胎的形象。此外，它也刻劃出人類的手臂或肺部（雙子座掌管的身體部位）。從象徵意義來看，這個符號是由上下兩條橫線將兩條直線串連在一起，代表智慧、學識，以及彙整資訊的能力。

重要關鍵字　「我想」（I think）

對宮　射手座：雙子座象徵個人思考與溝通。雙子座的人會努力表達自我，並試圖讓別人接受自己的看法。雙子座的對相星座——射手座則掌管更寬廣的人生哲理與心靈探索。射手座的人害怕與他人建立親密關係，他們不像雙子座非常在意別人的看法。

雙子座掌管的身體部位　手、手臂、肩膀、肺部：雙子座容易手受傷、手臂扭傷，也容易罹患支氣管炎與呼吸道疾病。

幸運日　星期三

幸運數字　5、9

誕生石　瑪瑙：一種五顏六色的珍貴寶石，能使你免於受騙、加強口才（特別是在表達愛意時）。

幸運色　黃色：明亮閃耀，象徵新奇。

適合居住的城市　英國倫敦（London）、美國舊金山（San Francisco）、法國凡爾賽鎮（Versailles）、澳洲墨爾本（Melbourne）

適合居住的國家　美國、英國威爾斯、比利時

幸運花　鈴蘭、薰衣草

幸運樹　堅果植物

幸運金屬　水銀

雙子座守護的動物　色彩鮮豔的鳥類與蝴蝶

容易遭遇的危險　雙子座的人容易在旅行時發生意外（特別是坐飛機時）。他們生性善變，也容易意外激怒別人，但常輕忽其嚴重性。

英文簡稱　GEM

你最討人喜歡的特質——反應敏捷

雙子座的人有很多面向，動作迅速、心思敏捷、口齒伶俐、善於交際，而且腦袋裡充滿了各種新點子。

占星學家把這黃道帶上的第三個星座視為典型的「人性星座」（human sign）[13]，因為它似乎囊括了人類的顯著特點——理解力（雙子是風象星座）、適應力（雙子是變動星座）、溝通能力（雙子由水星守護）。

雙子座的人不會坐下來欣賞沿途的風景。作為一個雙子座，你對一切充滿好奇，必須讓自己置身於忙碌當中。若這個世界是一座舞台，雙子座就必須是這座舞台上的演員。不像獅子座只想成為主角，雙子座想要演出所有的部分，並且擔任導演、製作人和舞台工作人員。

雙重性是你最著名的特徵。你往往想多擁有一些，對於工作、嗜好、伴侶都是如此。你天生閒不下來，總是忙著找尋新點子、嘗試新事物。除非你經常改變生活場景，一切都會變得極為枯燥乏味。雙子座喜歡變化，所以你常留下一連串未完成的工作。你往往在太多計畫上浪費精力，而不是把聰明才智都用在同一項工作上。

雙子座注重溝通，他們一直有與人溝通的迫切需求。你喜歡寫筆記、跟陌生人聊天、瀏覽網頁，回覆電子郵件、即時通訊軟體的訊息與簡訊——電話是你的主要溝通工具。如果人們不喜歡花很多時間講電話，他們就必須學會不把電話號碼告訴你！

你的星座符號應該是個問號才對。你不停地學習並提出各種問題。你喜歡與人交談，這是你受歡迎的最大祕訣。因此，你是出色的交際高手，能激發人們的忠誠與熱情。

你天生具有說服力，甚至可以在格陵蘭賣冰。你心思敏捷，能為任何行為做出解釋、為任何立場辯護、將任何做法合理化。你很喜歡四處蒐集各種資訊、趣聞與八卦，因為你什麼都略懂一點（但並不精通），你非常善於交談。此外，你往往對一切都抱持堅定的信念（但也能立即修正）。你最重視獨立思考，最缺乏的則是堅持到底的毅力。

雙子座的另一個弱點是膚淺，因為你迅速掌握一項概念或對情勢做出判斷，往往只看到表面，而沒有進一步深究。但從另一方面來看，在沒有什麼準備的情況下，你也可以給人們留下美好的第一印象。

你能流暢地寫作、交談，並表達自我，這使你善於交際。你生性多變，能適應各種不同的人，並時常受到戲劇藝

13 占星學家將黃道帶上具有人類形象的星座稱為「人性星座」（雙子座、處女座、水瓶座和射手座前15度），以便與黃道帶上其他具有動物形象的「獸性星座」做區別。一般來說，人性星座較為理性，獸性星座則較容易受到情緒與感官的影響。

術與演出的吸引。在著名的作家和演員當中，太陽雙子的有亞瑟．柯南．道爾男爵（Sir Arthur Conan Doyle）、達許．漢密特（Dashiell Hammett）、莉蓮．海爾曼（Lillian Hellman）、勞倫斯．奧立佛（Laurence Olivier）、瑪麗蓮．夢露（Marilyn Monroe）和茱蒂．嘉蘭（Judy Garland）。

你機智風趣、多才多藝，可以幫助朋友們擺脫困境。有人需要你的建議、指導或說明嗎？你隨時都可以提供協助，周遭的人都被你的熱情所鼓舞；不難發現為什麼你常被朋友與仰慕者包圍，因為和你在一起是如此有趣。也許你確實會對那些心思沒有你敏捷，或跟不上你思考與說話速度的人缺乏耐心，但即便是那些最討厭、難搞的人，也會被你與生俱來的熱情打動。在多數情況下，你都能盡情展現你的魅力（偶爾還會來點小變化）。

人生是一場鬧劇，
事事都如此演繹；
過去我這麼認為，
如今我已然體會。[14]

這段話充分說明了雙子座的人生哲學。你不會浪費時間深究那些負面情緒的由來，你絕對不想與任何人的問題有所牽扯，以致於妨礙到你的自由。雖然你也有憂鬱的一面，具備雙重人格的你，一定會讓自己看起來很開心，這樣才能給人們留下最好的印象。你會努力不讓任何事破壞你玩樂的興致。雙子座擁有廣大的人脈，能獲得有力人士的建議與協助。你的財運不錯，但你往往花錢沒有節制，這反而一直使你有點入不敷出。

你害怕千篇一律、枯燥乏味，你會想盡辦法避免。「改變」是最能代表你的關鍵字，你最重視的則是自由，任何人都無法約束你。對你而言，有趣的地方在於旅行的過程，而不在於抵達某個目的地。你喜歡探索不同的國家，看看世界另一邊的人們是怎麼生活的。你充滿好奇心與想像力，樂於接受不同的觀點。你喜歡追求時髦，總是過著極度奢侈的生活。

純粹從魅力的角度來看，人們都應該至少有一個雙子座的朋友（兩個可能會使你筋疲力竭）。

你的內在

你很快就能對新情勢做出反應，但因為對周遭的環境極為敏感，你通常很神經質。儘管你散發活力、熱情與魅力，你也覺得自己就像是繃緊的彈簧。周遭的人都被你的熱情吸引，你卻已經對某個人或某項計畫感到厭倦。在親密關係裡，你很願意付出，但你也需要屬於自己的時間。你喜歡表演；你會運用機智與幽默，讓自己成為眾所矚目的焦點。

14 這段話出自英國詩人與劇作家約翰．蓋伊（John Gay）。

你喜歡談論八卦，這主要是因為你發現的事很有趣！你不吝惜付出自己的時間；你對朋友很慷慨，用錢也很大方。問題在於，你沒有深入了解別人的內在特質，你往往會藉由他們對你的反應來評斷他們。你表現得好嗎？你迷住他們了嗎？他們也相信你對情感的判斷。他們也明白，當他們尋求你的幫助時，你將予以協助。只有和你最親近的人才知道，你也有憂鬱沮喪的時候。當你被惹惱時，你可能會冷嘲熱諷，有些人會因此覺得你很傲慢。

別人眼中的你

人們喜歡待在你的身邊，因為你很有趣，他們對你的幽默口才感到佩服。即便朋友們都認為你是比較理性的人，

太陽在雙子座的名人

寶拉・阿巴杜 Paula Abdul
提姆・艾倫 Tim Allen
佛朗西斯・李・貝利 F. Lee Bailey
約瑟芬・貝克 Josephine Baker
安妮特・班寧 Annette Bening
梅爾・布蘭克 Mel Blanc
喬治・布希（老布希）George Bush
瑞秋・卡森 Rachel Carson
蘿絲瑪麗・克隆尼 Rosemary Clooney
瓊・柯林斯 Joan Collins
寇特妮・考克斯 Courtney Cox
賈克・庫斯托 Jacques Cousteau
馬里奧・古莫 Mario Cuomo
湯尼・寇帝斯 Tony Curtis
強尼・戴普 Johnny Depp
亞瑟・柯南・道爾 Arthur Conan Doyle
阿爾布雷希特・杜勒 Albrecht Dürer
巴布・狄倫 Bob Dylan
克林・伊斯威特 Clint Eastwood
拉爾夫・沃爾多・愛默生 Ralph Waldo Emerson
道格拉斯・費爾班克斯 Douglas Fairbanks
伊恩・佛萊明 Ian Fleming
艾羅爾・弗林 Errol Flynn
米高・福克斯 Michael J. Fox
茱蒂・嘉蘭 Judy Garland
保羅・高更 Paul Gauguin
盧・蓋瑞格 Lou Gehrig
艾倫・金斯伯格 Allen Ginsberg
班尼・古德曼 Benny Goodman
施特菲・葛拉芙 Steffi Graf
切・格瓦拉 Che Guevara
內森・黑爾 Nathan Hale
馬文・漢立許 Marvin Hamlisch
達許・漢密特 Dashiell Hammett
莉蓮・海爾曼 Lillian Hellman
鮑伯・霍伯 Bob Hope
傑拉爾德・曼利・霍普金斯 Gerard Manley Hopkins
休伯特・韓福瑞 Hubert Humphrey
艾倫・艾澤爾・艾佛森 Allen Iverson
安潔莉娜・裘莉 Angelina Jolie
湯姆・瓊斯 Tom Jones
路易斯・喬丹 Louis Jourdan
約翰・甘迺迪 John F. Kennedy
妮可・基嫚 Nicole Kidman
亨利・季辛吉 Henry Kissinger
安娜・庫妮可娃 Anna Kournikova
藍尼・克羅維茲 Lenny Kravitz
休・羅利 Hugh Laurie
佩姬・李 Peggy Lee
費德里戈・賈西亞・洛爾卡 Federico García Lorca
羅伯特・陸德倫 Robert Ludlum
保羅・麥卡尼 Paul McCartney
麥爾坎・麥道威爾 Malcolm McDowell
賴瑞・麥克穆崔 Larry McMurtry
巴瑞・曼尼洛 Barry Manilow
湯瑪斯・曼 Thomas Mann
迪恩・馬丁 Dean Martin
瑪麗蓮・夢露 Marilyn Monroe
比爾・莫耶斯 Bill Moyers
喬・納瑪斯 Joe Namath
連恩・尼遜 Liam Neeson
喬伊斯・卡蘿・歐茨 Joyce Carol Oates
賈克・奧芬巴哈 Jacques Offenbach
勞倫斯・奧立佛 Laurence Olivier
法蘭克・歐茲 Frank Oz
柯爾・波特 Cole Porter
王子 Prince

亞歷山大・普希金 Alexander Pushkin
貝索・羅斯朋 Basil Rathbone
莎莉・萊德 Sally Ride
瓊・瑞佛斯 Joan Rivers
伊莎貝拉・羅塞里尼 Isabella Rossellini
亨利・盧梭 Henri Rousseau
薩爾曼・魯西迪 Salman Rushdie
薩德侯爵 Marquis de Sade
尚・保羅・沙特 Jean-Paul Sartre
莫里斯・伯納德・桑達克 Maurice Sendak
圖帕克・沙庫爾 Tupac Shakur
布魯克・雪德絲 Brooke Shields
哈麗特・比徹・斯托 Harriet Beecher Stowe
理查・史特勞斯 Richard Strauss
威廉・斯蒂隆 William Styron
凱薩琳・透納 Kathleen Turner
唐納・川普 Donald Trump
理查・華格納 Richard Wagner
肯伊・威斯特 Kanye West
露絲・韋斯特海默 Ruth Westheimer
華特・惠特曼 Walt Whitman
吉恩・懷爾德 Gene Wilder
小漢克・威廉斯 Hank Williams Jr.
維納斯・威廉絲（大威廉絲）Venus Williams
赫爾曼・沃克 Herman Wouk
法蘭克・洛伊・萊特 Frank Lloyd Wright
威廉・巴特勒・葉慈 William Butler Yeats

瑪麗蓮・夢露

約翰・甘迺迪

保羅・麥卡尼

巨蟹座

（6月21日～7月22日）

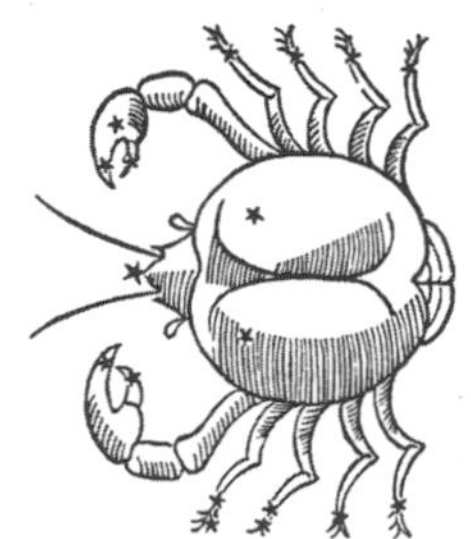

陰陽屬性　陰性星座

三方星座（元素）　水象星座

四正星座（特質）　開創星座

巨蟹座包容力強、心思細膩敏感、充滿想像力、富有同情心、溫柔體貼、情感豐富、頭腦聰明靈活、直覺敏銳。

守護星　月亮：地球的衛星，時而圓，時而缺，對地球磁場有很大的影響。在占星學裡，月亮掌管情感與直覺。

圖像　螃蟹：在堅硬的外殼底下，有著柔軟的身體。只要一有危險跡象，就會趕緊縮回殼內、爬回海裡（牠覺得在那裡比較安全）。

專用符號（速記符號）　「♋」這個象形文字描繪的是螃蟹的鉗子。此外，它也刻劃出人類的胸部（巨蟹座掌管的身體部位）。從象徵意義來看，這個符號是由兩個太陽光圈和兩條新月形弧線連接在一起，這兩個新月代表巨蟹座想累積回憶與財產的渴望，連接至新月的光圈則代表透過情感與想像力所表現出來的力量與能量。

重要關鍵字　「我感覺」（I feel）

對宮　摩羯座：巨蟹座象徵家庭與家庭生活。巨蟹座的人尋求緊密的人際關係，被熟悉與自己所愛的人包圍，是他們最開心的時候。巨蟹座的對相星座──摩羯座則象徵名聲與公眾形象，摩羯座的人很在意自己給別人的印象，他們追求的是外在的權力與成就。

巨蟹座掌管的身體部位　胸部、胃：巨蟹座的人喜歡吃美食，在年歲漸長後，必須與體重奮戰。他們也容易因為緊張、情緒壓力過大而罹患消化道疾病。

幸運日　星期一

幸運數字　3、7

誕生石　珍珠：可以化解厄運、帶來好運，平息爭執、恢復和諧，同時也能使你獲得有力人士的支持。

幸運色　海藻綠、銀色：象徵海水與月亮的閃耀色彩。

適合居住的城市　義大利威尼斯（Venice）、荷蘭阿姆斯特丹（Amsterdam）、美國紐約（New York）、阿爾及利亞阿爾及爾（Algiers）

適合居住的國家　英國蘇格蘭、荷蘭、紐西蘭

幸運花　飛燕草、老鼠

幸運樹　汁液多的樹木

幸運金屬　銀

巨蟹座守護的動物　有殼動物

容易遭遇的危險　巨蟹座的人容易在家裡發生意外，他們的財物也容易失竊。

英文簡稱　CAN

你最討人喜歡的特質——忠誠

沒有人會說，巨蟹座的人很容易了解。或許你看起來溫柔體貼、富有同情心，似乎是個很有耐心的聆聽者。於是，有人詢求你的建議。你卻變得暴躁易怒，感覺好像對任何人的問題都漠不關心，只在意你自己的事。你可能會陷入自怨自艾的狀態，不停地抱怨這個世界如何虧待你；但過了一天之後，你又變得熱心、樂於助人，願意回應別人的任何要求。和其他星座相比，巨蟹座更是充滿了矛盾。雖然你重視安全感勝過一切，你也喜歡冒險；你生性謹慎，但你也是勇敢的開創者，因為你積極進取，會想盡辦法排除萬難。

你不為人知的祕密是什麼？巨蟹座由月亮守護，是水象星座，可以比喻成海水的潮起潮落。巨蟹座宛如潮水，外表看似平靜，內心卻波濤洶湧。然而，你的心思很難被看穿，因為巨蟹座的人往往會築起厚實的心牆，將內心深處的纖細情感隱藏起來。

典型的巨蟹座複雜、脆弱、難以捉摸、喜怒無常，總是需要旁人的支持與鼓勵。你急切地想要被愛，並獲得認可，卻又極度厭惡這樣的自己。察覺埋藏在心中的憤怒，不要讓它破壞你的人際關係，你才能得到情感上的支持，這是巨蟹座必須學會的重要功課。幸好當你獲得你需要的東西時，你會盡全力回報。你對令你安心的人總是忠心耿耿。當你真心喜歡某個人時，沒有任何人可以改變你的想法，你往往看不見對方的缺點。

有個能使你變得更快樂的妙方，那就是敲開你的蟹殼，勇敢地探索各種可能性；一直處於自我封閉的狀態，使你感到恐懼。巨蟹座的恐懼源自於你很難信任別人，你不相信這個世界，或者不相信你自己。最近有個巨蟹座告訴我：「我們從小就被騙了。大人都告訴我們，人生極為艱辛，根本沒有什麼開心的事。」這種觀點的問題在於很難知足。一個人若從一開始就認為這個世界殘酷無情，他很難察覺別人的慷慨與善意，或體會到自己因禍得福。

然而，最矛盾的地方在於，你總是無私地幫助任何需要你協助的人。你最大的影響是在人際關係上；你生來就有這種能力，可以讓別人覺得自己被理解且受到重視，你最討人喜歡的特質就是忠誠。

你經常安靜地沉思、暗自煩惱。人們會對你傾訴心事，你卻不會對他們吐露心聲。你小心翼翼，不想透露太多關於自己的事，總是對自己的祕密守口如瓶。如果你被激怒，不會直接反擊，你會用生悶氣的方式報復對方，這通常很有效，這樣的做法是一種慢性凌遲。

巨蟹座的象徵圖像——螃蟹，有堅硬的外殼保護著脆弱的身體。巨蟹座的人也是如此，他們暴躁易怒，卻有一顆善良的心。在堅強的外表下，纖細敏感，你會為需要幫助的人做出任何犧牲。若有人尋求你的協助，你起初可能會說不，但最後都會答應。人們應該以你做的一切，而不是你所說的話來評斷你。

你的佔有慾很強，所有變成你生命一部分的人都無法再獲得完全的自由。你會努力與許多人——朋友、前任伴侶、事業夥伴、兒時友人保持聯繫。如果你讓任何人走出你的生命，那並非你個人的意願，他們也從未徹底離開，這反映出你對過去的執念。你沉浸在懷舊的氛圍中，過去的人事物一直留存在你的記憶裡，隨著時間過去，它們往往變得更加珍貴。你對你的家庭與家人很忠實，一直抱持著「婚姻永恆不變」的老派觀念，即便這和你的人生經歷相違背。

你很難被騙，因為你能察覺對方行為中的細微差異；事實上，你的直覺非常準。記憶力驚人，再加上觀察力敏銳，使你可以準確預測他人的意圖。

巨蟹座的人就像螃蟹一樣，不會直接接近自己鎖定的目標。觀察螃蟹在沙灘上行走時，會發現牠們的移動方式很特殊——牠是橫著走的；巨蟹座的人從來不會走直線。你走到這邊，然後又走到另一邊，有時還會往完全相反的方向前進，不過，終究會抵達目的地。

若能導向正途，你的纖細敏感將變成一股強大的力量。只要克服害羞易怒的個性，並控制騷動的情緒，具備聰明才智與想像力的你，幾乎做任何事都會成功。你有能力探究自己的內心世界，同時把創意轉變成具體可行的構想。與你常給人的印象相反，你經營事業時十分聰明機靈。你既兢兢業業，又擁有敏銳的觸覺，可以迅速掌握流行品味與最新趨勢；此外，你對人們的評價也很中肯。你具備藝術天分、富有創造力，而且極為睿智，這種商業頭腦和想像力結合在一起，使你擁有健全的財務；巨蟹座有吸引財富的能力，所以被稱為「金錢星座」。

巨蟹座的人堅守自己的財產，他們對所有屬於自己的東西都是如此。對你而言，錢能帶來安全感，但無論累積了多少財富，你從未真正感到安心，在情感上也是如此。巨蟹座永遠都覺得自己得到的愛與認可不夠，你總是需要更多。人們很容易就會愛上像你這樣溫柔、忠實、喜歡保護他人的「月亮之子」。

你的內在

從表面上看來，你冷靜且充滿力量，但心裡往往感到不安、對自己沒有信心。你深信別人都知道自己在做些什麼，而你卻只能靠臨場反應。此外，你凡事都往最壞的方向想。你非常感性，總是感受著周遭的一切；聆聽收音機裡播放的歌曲令你感傷，特定的氣味、花朵或照片都可能會勾起你的回憶。你特別能對其他人感同身受。事實上，你幾乎把朋友們遇到的問題都當成自己的問題。當你和某個人很親近時，你會覺得你應該要協助他。對你來說，和睦相處很重要，任何形式的爭執與衝突都會讓你很沮喪。不過，你絕對不是那種意志不堅的人；你有勇氣貫徹自己的信念，並且擇善固執。你不願意接受改變，也不敢嘗試新事物，但這並不妨礙你做該做的事。

別人眼中的你

你的朋友把你視為大家長——你總是設法解決別人的問題，並確保所有人都很開心。他們喜歡你關心他們，同時也很珍惜你的寶貴建議，但為什麼就算他們聽取你的建議，卻一直不讓你知道？因為他們認為你試圖掌控一切，不想成為你的傀儡；此外，他們也覺得你喜怒無常，上一秒還很在意他們的模樣，下一秒就變得暴躁易怒，使人避之唯恐不及。在工作上，人們認為你很快就可以發現賺錢的機會。

太陽在巨蟹座的名人

亞歷山大大帝 Alexander the Great
路易斯・阿姆斯壯 Louis Armstrong
波莉・伯根 Polly Bergen
英格瑪・柏格曼 Ingmar Bergman
比爾・布拉斯 Bill Blass
大衛・布林克利 David Brinkley
梅爾・布魯克斯 Mel Brooks
尤・伯連納 Yul Brynner
喬治・沃克・布希（小布希）George W. Bush
詹姆斯・賈克奈 James Cagney
皮爾・卡登 Pierre Cardin
芭芭拉・卡德蘭 Barbara Cartland
馬克・夏卡爾 Marc Chagall
高爾・錢平 Gower Champion
約翰・錢思勒 John Chancellor
范・克萊本 Van Cliburn
尚・考克多 Jean Cocteau
比爾・寇斯比 Bill Cosby
湯姆・克魯斯 Tom Cruise
奧莉薇亞・德哈維蘭 Olivia de Havilland
奧斯卡・德拉倫塔 Oscar de la Renta
威爾斯王妃黛安娜 Diana, Princess of Wales
菲莉斯・狄勒 Phyllis Diller
馬蒂・費德曼 Marty Feldman
瑪莉・法蘭西絲・甘迺迪・費雪 M. F. K. Fisher
哈里遜・福特 Harrison Ford
鮑伯・佛西 Bob Fosse
史蒂芬・佛斯特 Stephen Foster
厄爾・史丹利・賈德納 Erle Stanley Gardner
約翰・葛倫 John Glenn
梅爾夫・葛里芬 Merv Griffin
蘇珊・海沃德 Susan Hayward
湯姆・漢克斯 Tom Hanks
納撒尼爾・霍桑 Nathaniel Hawthorne
厄尼斯特・海明威 Ernest Hemingway
阿爾・赫希菲爾德 Al Hirschfeld
茱蒂・哈樂黛 Judy Holliday
蓮娜・荷恩 Lena Horne
安潔莉卡・休斯頓 Anjelica Huston
藍迪・傑克遜 Randy Jackson
德瑞克・吉特 Derek Jeter
芙烈達・卡蘿 Frida Kahlo
法蘭茲・卡夫卡 Franz Kafka
海倫・凱勒 Helen Keller
蘿絲・甘迺迪 Rose Kennedy
安・蘭德斯 Ann Landers
珍妮・李 Janet Leigh
琳賽・羅涵 Lindsay Lohan
珍娜・露露布麗姬妲 Gina Lollobrigida
薛尼・盧梅 Sidney Lumet
陶比・麥奎爾 Tobey Maguire
尼爾森・曼德拉 Nelson Mandela
瑪麗・麥卡錫 Mary McCarthy
喬治・麥高文 George McGovern
馬歇爾・麥克魯漢 Marshall McLuhan
貝絲・梅爾森 Bess Myerson
克利福德・奧德茲 Clifford Odets
喬治・歐威爾 George Orwell
卡蜜拉・帕克・鮑爾斯 Camilla Parker-Bowles
羅斯・裴洛 Ross Perot
威廉王子 Prince William
馬塞爾・普魯斯特 Marcel Proust
吉爾達・瑞德納 Gilda Radner
南西・雷根 Nancy Reagan
埃里希・瑪利亞・雷馬克 Erich Maria Remarque
黛安娜・瑞格 Diana Rigg

傑拉爾多・李維拉 Geraldo Rivera
尼爾森・洛克菲勒 Nelson Rockefeller
金潔・羅傑斯 Ginger Rogers
琳達・朗絲黛 Linda Ronstadt
尚賈克・盧梭 Jean-Jacques Rousseau
法蘭絲瓦・莎岡 Françoise Sagan
安東尼・聖修伯里 Antoine de Saint-Exupéry
喬治・桑 George Sand
卡莉・賽門 Carly Simon
尼爾・賽門 Neil Simon
潔西卡・辛普森 Jessica Simpson
吉米・史密茲 Jimmy Smits
席維斯・史特龍 Sylvester Stallone
芭芭拉・斯坦威克 Barbara Stanwyck
林哥・史達 Ringo Starr
艾薩克・斯特恩 Isaac Stern
派崔克・史都華 Patrick Stewart
歐文・史東 Irving Stone
梅莉・史翠普 Meryl Streep
唐納・蘇德蘭 Donald Sutherland
威廉・梅克比斯・薩克雷 William Makepeace Thackeray
崔拉・夏普 Twyla Tharp
亨利・大衛・梭羅 Henry David Thoreau
邁克・泰森 Mike Tyson
艾比蓋爾・范布倫 Abigail Van Buren
詹姆斯・惠斯勒 James Whistler
艾爾文・布魯克斯・懷特 E. B. White
比利・懷德 Billy Wilder
羅賓・威廉斯 Robin Williams
安德魯・魏斯 Andrew Wyeth

黛安娜王妃

小布希

厄尼斯特・海明威

獅子座

（7 月 23 日～8 月 22 日）

陰陽屬性　陽性星座

三方星座（元素）　火象星座

四正星座（特質）　固定星座

獅子座強而有力、充滿熱情與創造力、豪爽大方、奢侈浪費、自以為是、堅持己見。

守護星　太陽：位於太陽系中心，是一顆劇烈燃燒的恆星，提供我們光亮與熱能。在占星學裡，太陽是影響力最大的行星，它賦予我們生命力與權力。

圖像　獅子：勇猛、尊貴自傲、強勢、具有王者風範，有時有些懶散。

專用符號（速記符號）　「♌」這個象形文字描繪的是人類心臟的兩個瓣膜（心臟是獅子座掌管的身體部位）。它同時也是獅子座的希臘文「Λέω」中的第一個字母。從象徵意義來看，這個符號是由一條新月形弧線將兩個不完整的太陽光圈連接再一起，代表同時從理智與情感中獲得力量。

重要關鍵字　「我將要」（I will）

對宮　水瓶座：獅子座掌管創造力與享受。獅子座的人對於自己可以從生活中獲得什麼抱有期待，他們往往會掌控他人。獅子座的對相星座──水瓶座則象徵希望、願望與更崇高的人類理想。水瓶座的人關注的是更遠大的抱負與人道觀念，在感情裡顯得比較冷淡、漠不關心。

獅子座掌管的身體部位　背部、脊椎、心臟：情緒壓力過大與身體用力過度會使獅子座的人罹患背部與脊椎疾病。

幸運日　星期天

幸運數字　8、9

誕生石　紅寶石：可以避免身體上的傷害、確保忠誠，同時也能帶來心靈上的平靜。

幸運色　金色、橘色：象徵太陽的耀眼色彩。

適合居住的城市　義大利羅馬（Rome）、捷克布拉格（Prague）、敘利亞大馬士革（Damascus）、美國好萊塢市（Hollywood）

適合居住的國家　法國、義大利、羅馬尼亞

幸運花　向日葵、金盞花

幸運樹　柳橙樹，以及所有柑橘類植物

幸運金屬　黃金

獅子座守護的動物　所有貓科動物

容易遭遇的危險　獅子座的人往往說話誇大其辭、喜歡挑戰他人，經常在不知不覺中激怒別人，引發暴力衝突；他們也容易被謠言中傷。

英文簡稱　LEO

你最討人喜歡的特質——熱情

你的忠誠無庸置疑；你忠於自我。所有獅子座的人都擁有自己的王國，這個王國或大或小，它可能是你的家、伴侶、創作，或是你的事業。但不管如何，你都無疑是這個王國的領導者。獅子座的自信總是如影隨形，當其他人在後台等待出場時，你卻享受著眾人的目光。你無論做什麼事都能引人注目——你的一切都很戲劇化，你已經知道自己在人生中要扮演什麼角色；你是所有事物的主宰。

走進室內時，你暗自希望所有人都站起身來，並且吟唱一小段《哈利路亞大合唱》（Hallelujah Chorus）[15]。在聚會上，你很快就可以掌握全場。你活潑風趣、健談，是天生的表演者，能為任何場合增添趣味，你的活力驚人，周遭的人都深受吸引。

太陽星座賦予你出色的表演能力，讓你生來就能吸引人們的注意。因為生性虛榮浮誇、豪爽大方，你很討厭稀鬆平常、單調乏味。若現實生活無法提供你所需要的一切刺激，會試著自己創造。你天生喜歡大張旗鼓、習慣誇張行事；如果你邀請人們到你的城堡來（你覺得自己的家是一座城堡），你會盛情款待他們，你是一個很棒的主人。

或許其他人會妥協於次佳選擇，但獅子座不會這麼做。身為十二星座中最尊貴的星座，獅子座絕對不會認為有什麼東西配不上自己。對你而言，享樂如同呼吸般重要，你想要享受美好的生活，而且從不在乎要付出多少代價。你不擅長討價還價，因為基本上，當你渴望某樣東西時，你會不顧一切地想得到它。

公眾形象對你非常重要。當一個獅子座女人的存款只剩下兩位數時，她還是會想辦法買一件漂亮的新洋裝；當一個獅子座男人的信用卡已經透支時，他還是會預訂城裡最好的餐廳；在十二星座中，獅子座是花錢最不手軟的（天秤座緊追在後）。

你慷慨大方、熱心體貼，很難把別人想得很壞。若受到傷害，很快就會反擊，但也很容易原諒，絕對不會懷恨在心。你十分溫柔開朗，生活充滿樂趣。太陽是你的守護星，你總是為他人的生活帶來溫暖。很顯然，這是你最討人喜歡的特質之一，在很多方面，你都像太陽一樣——活力四射、富有魅力、令人愉快，並持續發光發熱。占星學家將獅子座視為「永遠的孩子」，因為你享受當下，而且不吝於付出關愛。

再也找不到比你更好的朋友了。如果用正確的方式對待你（對你表示恭維），你幾乎願意做任何事，但你期待因此獲得讚美、感謝與崇拜。尊嚴是你

15 《哈利路亞大合唱》是大型神劇《彌賽亞》第二部中的終曲，由德國作曲家韓德爾所作。此段合唱曲極為著名，在眾人齊聲吟唱時，聽眾們都會起立聆聽。

最大的罩門。你要的不是尊敬，而是崇拜；你要的不是奉承，而是恭維，當有人對你讚譽有加時，你會不停地懷疑這些讚美是否發自內心。儘管你很自我中心，你還是需要對周遭的人付出，只要他們會感謝你就好。然而，你自尊心太高，不願意要求別人對你表達感謝，所以常因為自尊受創而暗自痛苦。必須被需要，是你不為人知的祕密。

在工作上，你是負責指揮的那個人。另一個被權力吸引的星座是魔羯座，摩羯座的人穩定地往高處爬，獅子座則單純地認為，自己生來就位高權重。你在工作上最大的優勢，是懂得如何與有力人士融洽相處；你明白社交的重要性，比起獨自活動，你在集團企業裡表現得更好。你是發號施令，而不是接受命令的人，但你往往充滿熱情、使人愉快，其他人不會在意得聽從你的指揮。此外，你也很努力工作，不會要求任何人做得比你多。你不畏懼挑戰，也不會因為衝突而退縮，你會做讓你感到害怕的事，因為對你來說，不這麼做就意味著失敗。你野心勃勃，但不冷酷無情，你只希望成為眾所矚目的焦點。

你最顯著的特點，是不願意受到繁文縟節的束縛。千篇一律的生活很快就變得無趣，同時讓你極不開心。不過，這種情緒不會持續很久，因為你不會一味地忍受。你對自己的好運深信不疑，很快就會從沮喪中振作起來。

很難不喜歡獅子座（雖然也不是不可能）。你確實有時說話誇大其辭、蠻橫霸道；你確實喜歡提供建議，告訴別人怎麼經營他們的人生。就像獅子座的象徵圖像——獅子一樣，你可能很懶散；你喜歡靜靜地享受屬於自己的榮耀，但性格溫暖陽光的你令人很難抗拒，這個世界如果沒有獅子座，會少很多樂趣。

你的內在

你非常情緒化，無論感受到的是歡喜、愛、興奮或絕望，它們都如同電影般誇張。你覺得自己將會在人生中找到並扮演重要的角色。你必須參與這個世界，事實上，你往往會想出一項計畫，將它視為自己的延伸，你深信採取行動的重要性。你對任何問題的直覺反應都是做些什麼，而不是只坐著思考。然而，你極度敏感，你會試圖用虛張聲勢來掩蓋這一點，獲得他人的認可對你十分重要。但你的特別之處在於，即便心裡充滿了不安，還是會不服氣地迎接任何挑戰。在你的內心深處，你需要向自己（而不是別人）證明自己的價值。你會接受任何工作，這樣你就可以說：「我不怕嘗試！」

別人眼中的你

你具有王者風範，在人群中顯得格外出眾；你的自我風格與說話方式，你的笑容與高昂興致，讓人們深受吸引。懷抱雄心壯志的你也令他們著迷，因為這滿足了他們對成功與權力的幻想。他們會被你的活力、熱情，以及主導一切的態度吸引，他們認為你將會居於領導地位。但有些人不喜歡你，因為他們覺得你妄自尊大、愛出鋒頭，就連你在非常嚴肅認真的時候，也是演出來的；他們懷疑你的誠意。其他人則認為你是個喜歡賣弄的人，只是嘴巴上說得好聽而已，還有些人覺得你像寵壞的孩子般無理取鬧。

太陽在獅子座的名人

班・艾佛列克 Ben Affleck
格雷西・艾倫 Gracie Allen
尼爾・阿姆斯壯 Neil Armstrong
露西兒・鮑爾 Lucille Ball
安東尼奧・班德拉斯 Antonio Banderas
貝西伯爵 Count Basie
埃塞爾・巴利摩 Ethel Barrymore
東尼・班奈特 Tony Bennett
賽門・波利瓦 Simon Bolívar
拿破崙・波拿巴 Napoleon Bonaparte
貝瑞・邦茲 Barry Bonds
雷・布萊伯利 Ray Bradbury
戴蒙德・吉姆・布雷迪 Diamond Jim Brady
珊卓・布拉克 Sandra Bullock
克勞斯・范布羅 Claus von Bulow
肯・伯恩斯 Ken Burns
斐代爾・卡斯楚 Fidel Castro
雷蒙・錢德勒 Ramond Chandler
茱莉亞・柴爾德 Julia Child
比爾・柯林頓 Bill Clinton
寶拉・克莉茉 Paula Creamer
居伊・德・莫泊桑 Guy de Maupassant
塞西爾・戴米爾 Cecil B. DeMille
勞勃・狄尼洛 Robert De Niro
伊莉莎白・杜爾 Elizabeth Dole
杜巴利伯爵夫人 Madame du Barry
馬塞爾・杜象 Marcel Duchamp
李奧・杜羅切 Leo Durocher
愛蜜莉亞・艾爾哈特 Amelia Earhart
薩爾達・費茲傑羅 Zelda Fitzgerald
傑瑞・賈西亞 Jerry Garcia
法蘭克・吉福德 Frank Gifford
凱西・李・吉福德 Kathie Lee Gifford
傑夫・高登 Jeff Gordon
阿爾・高爾 Al Gore
梅蘭妮・葛瑞菲斯 Melanie Griffith
瑪塔・哈莉 Mata Hari
亞佛烈德・希區考克 Alfred Hitchcock
達斯汀・霍夫曼 Dustin Hoffman
惠妮・休斯頓 Whitney Houston
約翰・休斯頓 John Huston
阿道斯・赫胥黎 Aldous Huxley
米克・傑格 Mick Jagger
彼得・詹寧斯 Peter Jennings
魔術強森 Magic Johnson
卡爾・榮格 Carl Jung
蓋瑞森・凱勒 Garrison Keillor
法蘭西斯・史考特・凱伊 Francis Scott Key
湯瑪斯・愛德華・勞倫斯 T. E. Lawrence
莫妮卡・陸文斯基 Monica Lewinsky
珍妮佛・羅培茲 Jennifer Lopez
瑪丹娜 Madonna
史提夫・馬丁 Steve Martin
瑪琳・麥高文 Maureen McGovern
赫爾曼・梅爾維爾 Herman Melville
勞勃・米契 Robert Mitchum
貝尼托・墨索里尼 Benito Mussolini
安妮・歐克利 Annie Oakley
巴拉克・歐巴馬 Barack Obama
卡洛爾・歐康納 Carroll O'Connor
賈桂琳・甘迺迪・歐納西斯
Jacqueline Kennedy Onassis
彼得・奧圖 Peter O'Toole
桃樂絲・帕克 Dorothy Parker
麥克斯菲爾德・派瑞許 Maxfield Parrish
西恩・潘 Sean Penn
羅曼・波蘭斯基 Roman Polanski
勞勃・瑞福 Robert Redford
金・羅登貝瑞 Gene Roddenberry
肯尼・羅傑斯 Kenny Rogers

J. K. 羅琳 J. K. Rowling
伊夫・聖羅蘭 Yves Saint Laurent
皮特・山普拉斯 Pete Sampras
阿諾・史瓦辛格 Arnold Schwarzenegger
喬治・蕭伯納 George Bernard Shaw
珀西・比希・雪萊 Percy Bysshe Shelley
凱文・史貝西 Kevin Spacey
丹妮爾・斯蒂爾 Danielle Steel
瑪莎・史都華 Martha Stewart
阿爾弗雷德・丁尼生勳爵 Alfred, Lord Tennyson
里昂・尤里斯 Leon Uris
安迪・沃荷 Andy Warhol
梅・威斯特 Mae West
雪莉・溫特斯 Shelley Winters
奧維爾・萊特 Orville Wright

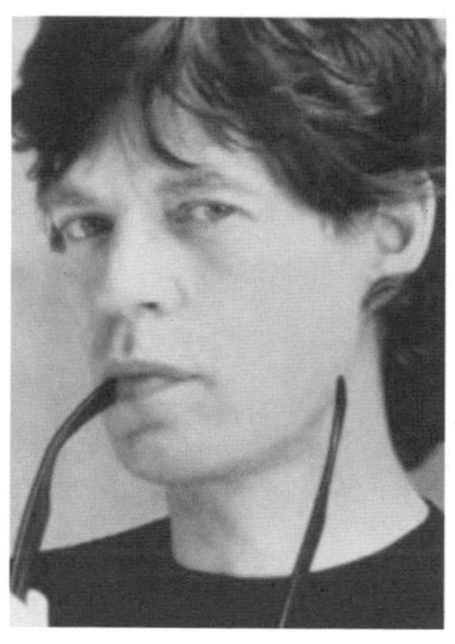
米克・傑格

瑪丹娜

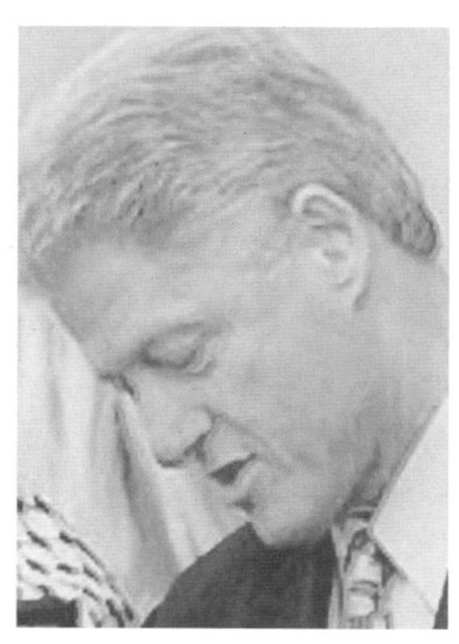
比爾・柯林頓

處女座

（8 月 23 日～9 月 22 日）

陰陽屬性　陰性星座

三方星座（元素）　土象星座

四正星座（特質）　變動星座

處女座謙虛含蓄、務實勤奮、認真嚴謹、求知慾旺盛、具備很好的鑑別與分析能力。

守護星　水星：他是古代掌管溝通與商業貿易的神明墨丘利（Mercury）。在占星學裡，水星掌管理性思考與理解力，同時也使人有容易興奮的傾向。

圖像　處女：象徵純粹的動機、勤奮、個體的勞動服務，以及幫助他人的能力。這位處女通常手持麥穗，代表運用思想與技術來造福（滋養）這個世界。

專用符號（速記符號）　「♍」這個象形文字描繪的是一位處女，因為它刻劃出封閉、未曾被觸碰的人類生殖器官。由此來看，這個符號是由一條直線將兩條曲線連接在一起，其中一條曲線相互交叉，代表智慧和情緒與感受有著密不可分的關係，並且和現實融合在一起。

重要關鍵字　「我分析」（I analyze）

對宮　雙魚座：處女座象徵努力與自我提升。處女座的人是完美主義者，為了找出事情的真相、取得所有有用的資訊，他們會仔細進行分析。處女座的對相星座——雙魚座則象徵幻想與自我欺騙。雙魚座的人容易沉溺於想像、不切實際、思路模糊、自我欺騙，甚至逃避現實。

處女座掌管的身體部位　神經系統、腸道：處女座的人容易罹患因為壓力過大與神經緊繃所導致的疾病；他們特別容易為消化道潰瘍所苦。

幸運日　星期三

幸運數字　5、3

誕生石　藍寶石：能帶來心靈上的平靜，並且避免在旅行時生病、受傷。

幸運色　藏青、灰色：象徵高雅與品味的經典色彩。

適合居住的城市　法國巴黎（Paris）、美國波士頓（Boston）、德國海德堡（Heidelberg）、法國史特拉斯堡（Strasbourg）

適合居住的國家　土耳其、希臘（包含克里特島〔Crete〕）、西印度群島

幸運花　牽牛花、三色堇

幸運樹　堅果植物

幸運金屬　水銀

處女座守護的動物　家裡飼養的小型寵物

容易遭遇的危險　因為喜歡干涉、言辭犀利、態度冷漠，處女座的人有時會激怒別人，引發暴力衝突。

英文簡稱　VIR

你最討人喜歡的特質——嚴謹自律

處女座真正戲劇化的一面在於內心。你或許給人冷靜且具威信的印象，卻能清楚地意識到，自己躁動不安、強烈地想要忙碌起來，不停地進行調整與改善。你僅僅是安靜地坐著，就可能比其他人四處走動更加疲憊。

同時守護處女座和雙子座的水星，往往使這兩個星座的人閒不下來。然而，這種緊張感表現在雙子座身上，是尋求刺激與冒險；表現在處女座身上，則是一直想做到盡善盡美。對處女座來說，把今天就能做完的事拖到明天，或把現在就能完成的事留到晚點才做，都是不可能的。簡而言之，你是個井井有條的人，你所謂的「輕鬆看待」，對多數人來說，感覺像是件苦差事；你不是夢想家，而是實踐者。

你總是努力為混亂帶來秩序。儘管你心裡有滿滿的愛，光是愛一個人無法令你感到快樂；你需要的不只是伴侶、家庭、孩子和朋友。你必須合理化自己的生活，就像一位製作帳目的出色簿記員，隨時都可以計算利益得失。你懷抱雄心壯志，但這不僅是為了錢而已，你想要知道更多，藉此增加知識，並且實際運用這些知識。

你的星座圖像——處女很容易被人誤解。這不代表你是個老古板或缺乏感性，處女代表動機單純。你活著不是為了從他人身上拿走或騙取些什麼；你有更崇高的目的，你希望對人們有所助益。在古代，手持麥穗的處女象徵收成，代表處女座的人會收成自己播下的種子（知識、資訊、技能），讓它們產生實際效益。就像小麥做成的麵包餵養我們的身體，你希望用自己與生俱來的天賦來幫助這個世界。

處女座的特點是聰明伶俐；你擁有絕佳的記憶力、善於分析，而且思慮清晰。你也能敏銳地察覺出他人的動機，人們喜歡在付諸行動前，和你一起檢視他們的計畫，因為你可以找出細微的缺失。邏輯縝密的你能撥開混亂的思緒，迅速鎖定問題、剖析困難點，然後重新調整它們的秩序。因為你相信人生必須理性看待，在解決棘手問題或複雜爭端上，沒有人比得上你。你深信思慮周密將會帶來成功。在掌握事實根據之前，你不願意做決定；你想了解一件事為什麼會這樣發展。你相信的不是中式幸運籤餅（fortune cookie）[16]，而是事實，你不相信經不起嚴格檢驗的模糊概念，或以情感作為判斷依據的人。

但更相信普遍原則與共時性（synchronicity）[17]——因為某種因緣巧

16　幸運籤餅又稱為「幸運餅乾」，是一種由麵粉、糖、香草和奶油製成的風味脆餅，餅乾裡會包裹著印有箴言或隱晦預言的字條，這些字條有時也會印上中國的成語或俗語。在美國、加拿大，幸運餅乾是中餐廳裡常見的餐後甜點，但實際上，在亞洲華人聚居的地區並沒有食用這種食物的習俗，據說它其實是日本人發明的。

合而發生的某件事或產生連結的人，對你會很有幫助。拓展視野、從更寬廣的角度看待事物，同時相信信念的力量，是你重要的人生功課。處女座由水星守護（水星象徵思維與心理感知），而你的觀念造就了你的現實生活；若抱持著負面心態，那處境也將變得負面。

你往往很難面對自己內心深處的情感，因為你總是堅決否認。你會說：「我可以接受另一個人獲得升遷；我可以接受他跟另一個女人約會。」這麼做使你掩蓋了許多你不願意正視的混亂情緒。

此外，你也常見樹不見林。一心追求整齊嚴謹有時侷限了自己的視野，深信邏輯思考也限制了你的想像力，讓你有點缺乏靈感、太依賴既定慣例與做法。你天生傾向回顧與分析，而不是往新的方向邁進，你必須知道每件事為何會如此發展。不過，處女座是變動星座，所以只要找到將新情勢融入日常習慣的方法，你就能輕鬆適應這個改變。你容易把一切複雜化，可能會因此遭遇困難。對處女座而言，沒有任何問題是簡單的，對於每個答案，你都會有所疑問；小題大作是你的專長之一。

你生性害羞拘謹，很難放鬆自己、跟別人閒聊，或跟陌生人打交道。你比較喜歡一對一接觸，此時你可以充分展現你精闢的見解與獨到的看法。這也是人們發現你有多博學多聞、觀察敏銳、迷人風趣的時候。

你學到第一件關於錢的事，就是錢真的很重要。即便你往往會低估自己的財務管理能力，沒有任何人比你更能將花費控制在預算內。你不會被愚蠢的投機活動誘惑，存款也不會多花一分一毫。你雖然想要最好的東西，但很少為此多花錢，而且你天生就很有節制力，不會自我放縱。

你有很強的鑑別力，這可能會使你吹毛求疵。你對一切感到不滿，並且不斷地對周遭的人與情勢進行分析，希望可以找出讓他們變得更好的方法。有時候，你細膩敏感的心思甚至會令你感到很不開心，因為你會更加意識到這個世界的不完美。然而，你很抗拒別人的批評，很少有處女座的人能坦然接受這些批評，或承認自己的錯誤。

你很在意健康，會設法確保自己攝取足夠的維生素，同時定期接受牙齒檢查。但除此之外，你也總是忍不住在其他方面自尋煩惱；因此，你容易罹患因為神經緊繃所導致的疾病，許多處女座都擔心自己會生病。

一段溫暖深厚的感情會使所有處女座的人都展現出最好的一面，因為基本上，你溫柔體貼且忠心耿耿。你會對親人不厭其煩地付出，他們永遠都不必擔

17　共時性的概念是由心理學家榮格所提出，意指無法用因果論解釋的各種「有意義的巧合」，如夢境成真、偶然遇見剛想起的某個朋友等。

18　支票帳戶沒有存摺，但會有支票簿，將開支記錄下來。用戶必須確保支票簿上的記錄正確，讓帳戶裡有足夠的餘額，才不會導致支票跳票的狀況發生。

心，誰要負責讓支票簿保持平衡[18]，或在他們生病時照顧他們。

你的內在

你意志堅強、充滿奉獻精神，為了追求完美，也比任何人都努力工作。你為什麼要這麼做？因為如果無法把每件事都做到極致，你就開始害怕自己會失敗，你對自己太過挑剔。事實上，你實在令人難以理解，你不僅顧忌不熟的人，就連對你所愛的人都有所保留。但你的心裡卻有著十分深刻的感受；情感強烈、極度敏感，是你不為人知的一面。你喜歡照顧別人——為朋友們提供建議、餵食流浪動物、照料生病的植物，但你也必須因此獲得感謝。最重要的是，你希望自己能對身邊的人有所幫助，因為你真的很在意他們。

別人眼中的你

人們都覺得你非常積極能幹。他們相信你可以應付任何工作，也認為你幾乎能理性地分析所有的問題。周遭的人在想為自己的行為找到解釋，或對人際關係感到困惑時，都會尋求你的協助。你可以排定事情的優先順序、在混亂中創造秩序，因此深受重視。因為你既有很好的鑑別力，又坦率直言，人們很相信你對書籍、戲劇與服飾的評價。然而，你不會表露自己的情緒，因此他人常覺得你冷酷傲慢。

太陽在處女座的名人

馬克・安東尼 Marc Antony
亞西爾・阿拉法特 Yasir Arafat
藍斯・阿姆斯壯 Lance Armstrong
洛琳・白考兒 Lauren Bacall
安妮・班克勞馥 Anne Bancroft
英格麗・褒曼 Ingrid Bergman
李奧納德・伯恩斯坦 Leonard Bernstein
賈桂琳・貝茜 Jacqueline Bisset
查爾斯・博耶 Charles Boyer
柯比・布萊恩 Kobe Bryant
席德・西澤 Sid Caesar
約翰・凱吉 John Cage
泰勒・考德威爾 Taylor Caldwell
阿嘉莎・克莉絲蒂 Agatha Christie
克雷格・克萊本 Craig Claiborne
派西・克萊恩 Patsy Cline
孔子 Confucius
史恩・康納萊 Sean Connery
小亨利・康尼克 Harry Connick Jr.
吉米・康諾斯 Jimmy Connors
傑基・庫珀 Jackie Cooper
麥考利・克金 Macaulay Culkin
羅德・達爾 Roald Dahl
卡麥蓉・狄亞 Cameron Diaz
西奧多・德萊塞 Theodore Dreiser
伊莉莎白一世 Queen Elizabeth I
彼得・福克 Peter Falk
葛麗泰・嘉寶 Greta Garbo
李察・吉爾 Richard Gere
約翰・沃夫岡・馮・歌德
Johann Wolfgang von Goethe
休・葛蘭 Hugh Grant
巴迪・哈克特 Buddy Hackett
歐・亨利 O. Henry
費絲・希爾 Faith Hill
傑瑞米・艾朗 Jeremy Irons
克里斯多福・伊薛伍德 Christopher Isherwood
麥可・傑克森 Michael Jackson
傑西・詹姆斯 Jesse James
塞繆爾・詹森 Samuel Johnson
湯米・李・瓊斯 Tommy Lee Jones
米高・基頓 Michael Keaton
金・凱利 Gene Kelly
史蒂芬・金 Stephen King
彼得・勞福德 Peter Lawford
大衛・赫伯特・勞倫斯 D. H. Lawrence
艾倫・傑伊・勒納 Alan Jay Lerner
洛基・馬西亞諾 Rocky Marciano
茱蒂絲・馬丁 Judith Martin
約翰・馬侃 John McCain
佛萊迪・墨裘瑞 Freddie Mercury
摩西奶奶 Grandma Moses
保羅・穆尼 Paul Muni
鮑伯・紐哈特 Bob Newhart
阿諾・帕瑪 Arnold Palmer
伊扎克・帕爾曼 Itzhak Perlman
雷吉斯・菲爾賓 Regis Philbin
雷恩・菲利普 Ryan Phillippe
瑞凡・費尼克斯 River Phoenix
基努・李維 Keanu Reeves
黎安・萊姆絲 LeAnn Rimes
小卡爾・瑞普肯 Cal Ripken Jr.
瑪格麗特・桑格 Margaret Sanger
威廉・薩洛揚 William Saroyan
克勞蒂亞・雪佛 Claudia Schiffer
彼得・塞勒斯 Peter Sellers
查理・辛 Charlie Sheen
厄普頓・辛克萊 Upton Sinclair
奧立佛・史東 Oliver Stone
德蕾莎修女 Mother Teresa

列夫・托爾斯泰 Leo Tolstoy
莉莉・湯姆琳 Lily Tomlin
仙妮亞・唐恩 Shania Twain
喬治・華勒斯 George Wallace
赫伯特・喬治・威爾斯 H. G. Wells

李察・吉爾

德蕾莎修女

藍斯・阿姆斯壯

天秤座

（9月23日～10月22日）

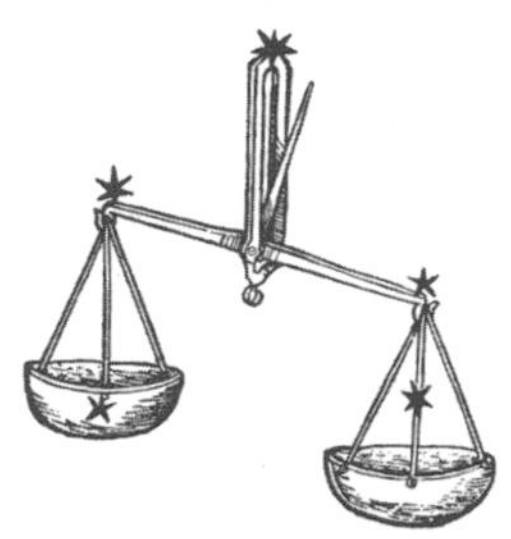

陰陽屬性　陽性星座

三方星座（元素）　風象星座

四正星座（特質）　開創星座

天秤座平靜祥和、充滿藝術家氣息、重視美與和諧、活潑隨和、優雅自信、善於交際、非常喜歡社交。

守護星　金星：她是掌管愛與美的女神維納斯（Venus）。在占星學裡，金星掌管娛樂、藝術、社交活動與穿著打扮。此外，金星的影響也可能使人自我放縱、愛好享受。

圖像　天秤：象徵平衡、均衡、秩序與正義。

專用符號（速記符號）　「♎」這個象形文字描繪的是天秤，這個天秤處於一種完美的平衡。此外，它在古埃及文字中代表日落（日落在當時被視作穿越陰陽兩界的通道）。從象徵意義來看，這個符號的上半部是由兩條橫線將一個新月形弧線連接起來，它們從下半部那條橫線向上升起，代表情感受到理智的約束；下方那條橫線則代表合作關係。

重要關鍵字　「我衡量」（I balance）

對宮　牡羊座：天秤座象徵婚姻與合作關係，能在團體裡發揮作用，是天秤座的人最開心的時候；但被迫獨處時，常會失去內心的平衡，並且變得消極。天秤座的對相星座——牡羊座，則象徵自我、自尊與個人特質。牡羊座的人往往會以自己為優先，自私是他們的負面特質之一。

天秤座掌管的身體部位　下背部、屁股、腎臟：天秤座的人常為下背扭傷與腰部問題所苦，他們也容易腎臟感染。

幸運日　星期五

幸運數字　6、9

誕生石　蛋白石：能帶來財富，使你免於嫉妒與貪婪，並且具備敏銳的洞察力。

幸運色　藍色、薰衣草紫：象徵浪漫、和諧、高雅。

適合居住的城市　奧地利維也納（Vienna）、丹麥哥本哈根（Copenhagen）、美國查爾斯頓（Charleston）、葡萄牙里斯本（Lisbon）

適合居住的國家　緬甸、中國、西藏、阿根廷、日本

幸運花　玫瑰、大波斯菊、繡球花

幸運樹　杏仁樹、柏樹、白蠟樹

幸運金屬　銅

天秤座守護的動物　蛇、蜥蜴

容易遭遇的危險　天秤座的人在面對愛情時，常會引起他人的不滿。因為生性優柔寡斷，再加上有時太輕易對別人表達愛意，天秤座的人不僅會激怒另一半，也會令他們感到失望，他們也往往善變且不忠誠。

英文簡稱　LIB

你最討人喜歡的特質——充滿魅力

天秤座的人容易受到歡迎，因為你具備迷人的魅力與高雅的品味，而且通常也擁有好看的外表。此外，你也讓周遭的人感到備受重視，因為你是很好的聆聽者，懂得如何使對方暢所欲言。你可以輕鬆地安撫生氣的人、帶來歡笑，讓人們覺得自己是世界上最棒的人，你天生就是個萬人迷。

由金星守護的你（金星是愛與美的化身）喜歡任何美好的人事物（包含音樂、藝術與佈置）。你的家裡總是有種優雅的氛圍，而你也喜歡舉辦華麗的宴會。鮮花、香檳、漂亮的衣服與首飾、美麗（且昂貴）的物品，以及舒適的環境，都將你的生活妝點得豐富多彩；你很享受所有金錢可以買到的事物。

你其實很自戀，期待他人的崇拜；在任何場合，你都想成為眾所矚目的焦點，同時也對曾經獲得的所有讚美記得一清二楚。你往往會以貌取人，若對方有一張迷人的面孔，就不會再進一步探究他的性格；因此，你可能很容易被詭計多端的人拐騙。

天秤座象徵合作關係——從心理學的角度來看，這個星座的人都很外向。你把精力都放在與他人融洽相處上；在人際交往上，你會展現出最好的一面。你真正在意的是人本身，無論他們是伴侶、家人、朋友、事業夥伴，還是你宴會上的賓客，人際關係是你的專長，你就是不喜歡獨來獨往，生來就會努力吸引別人。不過，你最關心的是在群體中的你，你會憑直覺應付他人的情緒，沒有人比你更善於理解別人的看法，並將它們納入考量；但很快地，這些外部意見都會消失，或內化成你自己的一部分。

在專業領域裡，你非常擅長與人合作，你能將許多截然不同的人融合成一個和諧的整體。你的朋友與人脈會為你帶來機會；當你和給予你機會的有力人士一起運用創造力與聰明才智時，你的好運就降臨了。

作為一個天秤座，你努力尋求和諧與平衡，當周遭的環境井然有序、寧靜祥和時，是你最開心的時候。和平對你無比珍貴，你往往會想盡辦法避免爭執與摩擦。由於你清楚了解每種立場與可能的走向，你可以平息各種爭端。你天生善於交際，為了避免不愉快，甚至會壓抑自己的真實感受。事實上，你經常不確定真實感受是什麼，因為你會試圖迎合所有人，人們都覺得你優柔寡斷。你似乎總是猶豫不決，不停地衡量風險與報酬，以及各種利弊得失。在你親切、冷靜的外表下，必須苦苦掙扎，才能做出決定。

問題在於，在天秤座的內心深處，他們感到自己並不完整。在你的才華與魅力背後，會覺得自己少了些什麼——完美的伴侶、令人滿足的工作，或能展現自身能力的美好計畫等。所以你常覺得自己「不真實」；你設法給人聰明且成功的印象，但他們很快就會發現，這是一種假象。天秤座最不為人知的祕密，是你的自信如此薄弱；無疑地，你感覺自己不完整，並塑造出虛假的外表，都是源自於你的不安全感。

儘管你具備敏銳的直覺，你也不夠相信它。由於你態度隨和，你很可能沒有將潛能發揮出來。在多數情況下，你不會極力爭取些什麼，除非你應有的權利被剝奪，那會惹毛你。大家都認為天秤座的人很固執，但那是因為你堅持公平原則。你討厭受到不公平對待，並因此對這個世界的不平等感到沮喪。一般而言，你只有在身處危機時才會展現出力量，這是你最勇敢的時候。

你與沉著穩重、尤其是能笑著面對困難的人相處得很融洽。你特別欣賞在藝術、文學、音樂等領域擁有才華的人，即便本身沒有才華，你也常沉浸在對藝術的愛好裡。你把你淵博的知識隱藏在親切隨和的外表下，所以人們往往會因為你興趣廣泛而感到驚訝。天秤座是開創星座，這意味著你是一個開創者；你喜歡各種獨特的人、不同的想法，以及新計畫，同時你也會到任何地方旅行。你充滿熱情與想像力、才華洋溢，你心胸開闊、能獨立思考，並試圖冷靜、理性地評價這個世界。此外，你也有很好的財務頭腦（雖然愛好享受是你的一大弱點）。

事實上，錢通常會從你的指縫中溜走，因為你愛的不是錢，而是錢可以買到的東西。天秤座的人天生喜歡輕鬆，不喜歡辛苦工作，除非別人也這麼做。對美的愛好使許多天秤座從事和藝術、佈置、戲劇與作曲有關的工作，但他們往往抱持業餘心態，享受報償，卻逃避必要的努力。

你是堅定的理想主義者，而且極為浪漫。你溫柔體貼、多愁善感、生性樂觀；你會竭盡所能地取悅他人，魅力是你的強項。

你的內在

你很努力取悅周遭的人，所以他們覺得你很迷人。然而，在和善的外表下，你極度渴望愛與認可。你很難拒絕別人的要求，因此承擔太多工作或責任。為了證明自己人有多好，在沉重的壓力下，你依然保持微笑，但其實已隱藏了許多不滿的情緒。與其盼望他人的肯定，還不如自己花時間建立自尊心。基本上，你會與人們分享自身的力量。你厭惡任何令你不愉快的事物，會設法避免衝突、爭執，或粗俗的行為。如果人生是一齣戲，你總是堅持要有一個美好的結局；試圖維持和平與和諧的問題在於，你很難做出決定。有時候，你害怕自己的一舉一動會導致天崩地裂。若你能放鬆一點，不要對自己那麼嚴苛，你會對自身的成就更加滿足，你已經具備所有開心的條件了。

別人眼中的你

與你在一起時，人們感到備受重

視，因為你似乎總是可以理解他們的想法。人們覺得你溫暖外向，因為你懂得如何讓人暢所欲言，同時他們也認為你特別善於交際。然而，由於你希望獲得他人的認可，你往往會答應他們的要求，這有時會使你顯得軟弱。有些人也覺得你愛慕虛榮、過度在意外表。

太陽在天秤座的名人

茱莉・安德魯斯 Julie Andrews
漢娜・鄂蘭 Hannah Arendt
亞曼・艾桑提 Armand Assante
碧姬・芭杜 Brigitte Bardot
大衛・班・古里昂 David Ben-Gurion
喬伊斯兄弟 Joyce Brothers
阿爾特・包可華 Art Buchwald
楚門・卡波提 Truman Capote
艾爾・凱普 Al Capp
米格爾・德・塞萬提斯 Miguel de Cervantes
雷・查爾斯 Ray Charles
蒙哥馬利・克利夫特 Montgomery Clift
賈姬・考琳絲 Jackie Collins
賽門・柯威爾 Simon Cowell
愛德華・艾斯特林・康明思 e. e. cummings
麥特・戴蒙 Matt Damon
凱瑟琳・丹妮芙 Catherine Deneuve
安吉・迪金森 Angie Dickinson
麥克・道格拉斯 Michael Douglas
威廉・道格拉斯 William O. Douglas
阿爾弗雷德・德瑞克 Alfred Drake
希拉蕊・朵芙 Hilary Duff
愛蓮娜・杜斯 Eleanor Duse
德懷特・艾森豪 Dwight D. Eisenhower
布莉特・艾克蘭 Britt Ekland
湯瑪斯・斯特恩斯・艾略特 T. S. Eliot
威廉・福克納 William Faulkner
嘉莉・費雪 Carrie Fisher
法蘭西斯・史考特・費茲傑羅
F. Scott Fitzgerald
安妮特・弗奈斯洛 Annette Funicello
約翰・肯尼斯・蓋布瑞斯
John Kenneth Galbraith
莫罕達斯・甘地 Mohandas K. Gandhi
喬治・蓋希文 George Gershwin
布萊恩・耿貝爾 Bryant Gumbel
琳達・漢彌頓 Linda Hamilton
海倫・海斯 Helen Hayes
麗塔・海華斯 Rita Hayworth
吉姆・韓森 Jim Henson
弗拉基米爾・霍洛維茲 Vladimir Horowitz
李・艾科卡 Lee Iacocca
胡立歐・伊格雷西亞斯 Julio Iglesias
傑西・傑克遜 Jesse Jackson
唐娜・凱倫 Donna Karan
巴斯特・基頓 Buster Keaton
黛博拉・寇兒 Deborah Kerr
埃維爾・克尼維爾 Evel Knievel
安潔拉・蘭斯貝瑞 Angela Lansbury
雷夫・羅倫 Ralph Lauren
約翰・勒卡雷 John LeCarré
娥蘇拉・勒瑰恩 Ursula K. LeGuin
約翰・藍儂 John Lennon
沃爾特・李普曼 Walter Lippmann
卡蘿・倫芭 Carole Lombard
馬友友 Yo-Yo Ma
米奇・曼托 Mickey Mantle
溫頓・馬沙利斯 Wynton Marsalis
格魯喬・馬克思 Groucho Marx
馬切洛・馬斯楚安尼 Marcello Mastroianni
強尼・馬西斯 Johnny Mathis
沃爾特・馬修 Walter Matthau
約翰・梅爾 John Mayer
馬克・麥奎爾 Mark McGwire
瑪蓮娜・梅寇利 Melina Mercouri
亞瑟・米勒 Arthur Miller
尤・蒙頓 Yves Montand
娜拉・提洛娃 Martina Navratilova
霍雷蕭・納爾遜中將 Admiral Horatio Nelson
路易斯・奈維爾森 Louise Nevelson

尤金・歐尼爾 Eugene O'Neill
葛妮絲・派特洛 Gwyneth Paltrow
盧奇亞諾・帕華洛帝 Luciano Pavarotti
胡安・裴隆 Juan Perón
路克・派瑞 Luke Perry
保羅・帕茲 Paul Potts
馬里奧・普佐 Mario Puzo
克里斯多福・李維 Christopher Reeve
安・萊絲 Anne Rice
凱莉・瑞帕 Kelly Ripa
雷克斯・里德 Rex Reed
提姆・羅賓斯 Tim Robbins
米基・魯尼 Mickey Rooney
愛蓮娜・羅斯福 Eleanor Roosevelt
蘇珊・莎蘭登 Susan Sarandon
喬治・史考特 George C. Scott
保羅・賽門 Paul Simon
艾希莉・辛普森 Ashlee Simpson
威爾・史密斯 Will Smith
安妮卡・索倫斯坦 Annika Sorenstam
布魯斯・史普林斯汀 Bruce Springsteen
關・史蒂芬妮 Gwen Stefani
華萊士・史蒂文斯 Wallace Stevens
史汀 Sting
艾德・蘇利文 Ed Sullivan
柴契爾夫人 Margaret Thatcher
雪莉兒・蒂格絲 Cheryl Tiegs
屠圖大主教 Desmond Tutu
亞瑟小子 Usher
朱塞佩・威爾第 Giuseppe Verdi
班・維林 Ben Vereen
戈爾・維達爾 Gore Vidal
芭芭拉・華特斯 Barbara Walters
雪歌妮・薇佛 Sigourney Weaver
奧斯卡・王爾德 Oscar Wilde
塞雷娜・威廉斯（小威廉絲）Serena Williams
湯瑪斯・沃爾夫 Thomas Wolfe

傑西・傑克遜

芭芭拉・華特斯

賽門・柯威爾

天蠍座

（10 月 23 日～ 11 月 21 日）

陰陽屬性　陰性星座

三方星座（元素）　水象星座

四正星座（特質）　固定星座

天蠍座充滿熱情與想像力、情感豐富、難以捉摸、極端、固執倔強、鍥而不捨。

守護星　冥王星：古代掌管冥府與亡靈的神明普魯托（Pluto）。在占星學裡，冥王星掌管重生的力量，以及生命的開始與結束。

圖像　蠍子：一種神祕的有毒生物，可以毒死敵人。牠們尾巴上的毒刺經常置人於死地。

專用符號（速記符號）　「♏」這個象形文字是由蠍子的毒刺和象徵人體生殖器官的曲線連接在一起（生殖器官是天蠍座掌管的身體部位）。此外，它在古代符號中代表鳳凰（鳳凰象徵永生與重生）。從象徵意義來看，這些曲線與箭頭代表強烈的情感與現實有著密不可分的關係，同時也以達到高層意識（higher consciousness）為目標。

重要關鍵字　「我渴望」（I desire）

對宮　金牛座：天蠍座象徵遺產與繼承。天蠍座的人生來就被賦予了某種使命感與宿命感，與別人分享自己旺盛的生命力，讓他們找到真正的快樂。天蠍座的對相星座——金牛座則象徵個人財富。金牛座的人渴望蒐藏與擁有；他們不會輕易捨棄屬於自己的東西。

天蠍座掌管的身體部位　生殖器：天蠍座的人容易泌尿系統感染、罹患性病。此外，他們也常因為情緒起伏劇烈，導致身心疲憊、健康狀況不佳。

幸運日　星期二

幸運數字　2、4

誕生石　黃玉：可以釋放神祕力量，帶來心靈上的平靜，同時也能避免生病、與人結怨。

幸運色　緋紅、酒紅、褐紅：象徵熱情的鮮豔色彩。

適合居住的城市　英國利物浦（Liverpool）、紐卡索（Newcastle），美國紐澳良（New Orleans）、華盛頓特區（Washington, D.C.）

適合居住的國家　挪威、阿爾及利亞、摩洛哥、大溪地（Tahiti）

幸運花　菊花、杜鵑花

幸運樹　黑刺李、灌木類植物

幸運金屬　鈽

天蠍座守護的動物　昆蟲、甲殼類動物

容易遭遇的危險　深藏不露，又愛吃醋，天蠍座的人容易激怒別人，甚至引發暴力衝突。

英文簡稱　SCO

你最討人喜歡的特質——理想化

這是一個極端的星座。人們會用「既堅強又軟弱」、「既獨立又黏人」、「既熱情又冷漠」來形容天蠍座。很顯然，你充滿矛盾，集最好與最壞於一身。

情感強烈是你的關鍵性格，你做事不會半途而廢。你富有魅力、情感豐富、能發揮強大的力量（你的力量深藏不露）。天蠍座是水象星座，同時也是固定星座，就如同一座深不可測的冰山。你或許看似冷漠，甚至難以親近，但其實內心波濤洶湧。

你有很多不同的面向，當你向眾人展現出平靜、愉快的一面時，你同時也鍥而不捨，意志極為堅強。在解決問題時，你也深具彈性，若受到阻撓，你不會一味地接受挫敗；面對困難時，你極為靈活，會找出很多達成目標的新方法。奇妙的是，懂得變通最能讓你有效地掌控一切。

在十二星座中，天蠍座最常被誤解，因為他們錯綜複雜，總是有不可告人的祕密。你擁有出色的才華，而且深藏不露；你的內心深處盤根錯節、複雜難解。即便看似放鬆，也一直在思考、評估自己的下一步，或思考各種策略；這樣的行為多半必須加以控制，而你就是如此。對天蠍座的人來說，失控是很危險的一件事。沒有什麼比被外在力量弄得七葷八素更糟的了；當你掌控一切時，你會感到安心。天蠍座的進化，是逐漸能積極地主導——在混亂中建立秩序、對他人有所助益，進而滿足那些未被滿足的需求，並且讓周遭的環境變得更適合你。尚未進化的天蠍座則會為了一己之私，試圖操縱他人；因此，你會發現，光明與黑暗兩種能量不停地在你心裡相互對抗。

你必須把你的熱情轉變成正面的人際關係，以及富有意義的工作。你很容易在不值得的地方浪費精力，然後會把感受放在心裡，囚禁它們，有時甚至變成一種傷害。和其他星座的人相比，天蠍座的情感更為強烈；這個星座的負面特質是憂愁、嫉妒、憤恨，甚至報復心重。其正面特質則在於，只要你投入心力，就會堅定不移。天蠍座的活力、衝勁與耐力都無人能及，最重要的是，你追求深刻的人生意義。

你具備哲學思維，可能會對宗教與神祕學感興趣。強大的第六感使你在事情發生前就先感應到，你生來就能理解人心，並發掘人生的奧義。所有的水象星座（巨蟹座、天蠍座、雙魚座）通常都具備通靈能力，但天蠍座會鑽研某些令人畏懼的心靈力量。這個星座象徵出生、性、死亡與重生——它們都是人類所面臨的宇宙奧祕；許多天蠍座的人都是傑出的醫生、科學家與精神領袖，喬納斯．沙克（Jonas Salk）[19]、克里斯蒂安．巴納德（Christiaan Barnard）[20]、瑪麗．居禮（居禮夫人，Marie Curie）和馬丁．路德（Martin Luther）是其中幾個例子。

心思複雜的你很難只看表面，你必須揭露背後的一切。無論你正在研究新事物、學習語言、找尋事實根據，或者只是為了消遣而閱讀，你都會深入了解它們。

你最美好與最糟糕的特質都在人際關係中呈現出來；對天蠍座而言，人際關係通常很複雜。當你覺得自己既慷慨、溫柔親切，又暴躁、難以捉摸時，這並不足為奇；在你心情最陽光時，總是有立刻「變天」的可能。你對朋友忠心耿耿，但也極度愛吃醋、佔有慾很強，你無法容忍自己所愛的任何人對另一個人有所想望。對你來說，往往不是全部擁有，就是一無所有；溫和、克制，當然還有隨意，都不在你的「情緒字典」裡。

你從未忘記別人對你的好，會試著好好地回報對方。相反地，你也不曾忘記他人對你的傷害，會一直等待算帳機會的到來。事實上，多數時候，算帳是不夠的——你想要的是報復，不要傷害任何天蠍座，絕對是明智之舉。你是危險的敵人，因為你與你的象徵圖像一樣詭譎而致命，跟你競爭是很殘酷的，雖然你通常會把這一點隱藏得很好。你會記住各種事實、資訊與姓名，若適當的機會出現，你會毫不遲疑地加以運用。當你察覺對手的弱點時，也會迅速給予致命的一擊。

你適應力強，很快就能將精力用在新的地方，開始完全不同的工作。儘管遭遇失敗，也會試圖扭轉情勢。務實精明的你抱持具體可行的目標，而且在追尋目標時非常專心一致。你善於處理金錢、花錢態度保守，極有可能累積財富。在事業上，往往會先拿出成果，再加以宣告。當對手意識到你的進展時，那已經是無法改變的事實。

你的天性使你屈從於違背理智的執念，會掌控所有讓你這麼做的人。你謹慎且多疑，很難打從心裡相信任何人，但只要你這麼做，就會深刻地愛一個人。有太多占星學家在形容天蠍座時，都忘記強調，這個星座有多和善、慷慨、忠心耿耿，甚至溫柔深情。很多堅守高標準、樂於助人的理想主義者都是天蠍座。

擁有強烈的感受是所有天蠍座的共同點，情感不僅支配你，同時也是你的特點。你對愛情，以及自己投入的每件事——工作、人際關係、理想與嗜好都充滿熱情。你色彩鮮明，沒有任何一個天蠍座的人是平淡柔和的。

你的內在

你有強大的決心與意志力，但無論你看起來多沉著冷靜，心裡總是充滿澎湃的情緒。在多數情況下，你會把精力

19 喬納斯・沙克，美國實驗醫學家、病毒學家，因為發明安全、有效的小兒麻痺疫苗而聞名於世。

20 克里斯蒂安・巴納德，南非外科醫生，全球首例心臟移植手術的實施者。

用在有所助益的活動上，藉此控制這些強烈的情感。你成就非凡，似乎很快就可以獲得某些東西，因為你學會相信自己敏銳的直覺。直覺告訴你，你注定要完成某件重要的事，你不會讓自己在過程中失敗；當你獲得新機會時，會先深入探索，再著手進行。你的內心深處充滿戰鬥精神，如果把這種精神用在正向目標上（這是你永遠的課題），你將會一直是人生的大贏家。然而，你有時會覺得自己宛如殘酷世界裡的孤獨戰士。你是一個複雜的人，有時無法表達心中的感受，但有件事是確定的——當你想要某些東西時，那種渴望會很強烈。

別人眼中的你

或許是因為你深藏不露，使人們很想了解你的想法，你通常是群體裡的領袖；你能感知未來，並洞悉他人的動機。很多人都相信，就連你的玩笑話都隱含某種真意。人們意識到你的性感，把你幻想成他們的戀人。你常被認為過度掌控、太野心勃勃，甚至貪戀權力，但同時也值得信任，因為你絕對不會做出不實的承諾。

太陽在天蠍座的名人

斯皮羅・安格紐 Spiro Agnew
瑪麗・安東尼 Marie Antoinette
愛德・艾斯納 Ed Asner
克里斯蒂安・巴納德 Christiaan Barnard
蘿珊妮・巴爾 Roseanne Barr
莎拉・伯恩哈特 Sarah Bernhardt
艾德溫・布斯 Edwin Booth
查爾斯・布朗森 Charles Bronson
蒂娜・布朗 Tina Brown
李察・波頓 Richard Burton
蘿拉・布希 Laura Bush
阿爾貝・卡繆 Albert Camus
強尼・卡森 Johnny Carson
詹姆斯・卡維爾 James Carville
迪克・卡維特 Dick Cavett
本韋努托・切利尼 Benvenuto Cellini
威爾斯親王查理斯王子
Charles, Prince of Wales
蔣介石 Chiang Kai-shek
約翰・克里斯 John Cleese
麥可・克萊頓 Michael Crichton
希拉蕊・羅德姆・柯林頓
Hillary Rodham Clinton
芭芭拉・庫克 Barbara Cook
彼得・庫克 Peter Cook
史蒂芬・克蘭 Stephen Crane
華特・克朗凱特 Walter Cronkite
瑪麗・居禮（居禮夫人）Marie Curie
羅德尼・丹傑菲爾德 Rodney Dangerfield
波・德瑞克 Bo Derek
丹尼・狄維托 Danny DeVito
李奧納多・狄卡皮歐 Leonardo DiCaprio
費奧多爾・杜斯妥也夫斯基
Feodor Dostoevski
李察・德瑞福斯 Richard Dreyfuss
莎莉・菲爾德 Sally Field
茱蒂・佛斯特 Jodie Foster
菲利克斯・法蘭克福 Felix Frankfurter
英迪拉・甘地 Indira Gandhi
比爾・蓋茲 Bill Gates
琥碧・戈柏 Whoopi Goldberg
蘿絲・高登 Ruth Gordon
比利・葛理翰 Billy Graham
小肯・葛瑞菲 Ken Griffey Jr.
摩斯・哈特 Moss Hart
哈利・漢姆林 Harry Hamlin
歌蒂・韓 Goldie Hawn
雪兒・海特 Shere Hite
鮑伯・霍金斯 Bob Hoskins
洛・赫遜 Rock Hudson
瑪哈莉亞・傑克森 Mahalia Jackson
彼得・傑克森 Peter Jackson
詹姆斯・瓊斯 James Jones
喬治・西蒙・考夫曼 George S. Kaufman
約翰・濟慈 John Keats
葛麗絲・凱莉 Grace Kelly
羅伯特・甘迺迪 Robert Kennedy
賴瑞・金 Larry King
卡爾文・克萊 Calvin Klein
凱文・克萊 Kevin Kline
海蒂・拉瑪 Hedy Lamarr
畢・蘭卡斯特 Burt Lancaster
凱蒂蓮 k.d. lang
芙蘭・雷伯維茲 Fran Lebowitz
費雯・麗 Vivien Leigh
馬丁・路德 Martin Luther
查爾斯・曼森 Charles Manson
約瑟夫・麥卡錫 Joseph McCarthy
瓊妮・密契爾 Joni Mitchell
瑪格麗特・密契爾 Margaret Mitchell

法蘭索瓦・密特朗 François Mitterand
克勞德・莫內 Claude Monet
黛咪・摩兒 Demi Moore
麥克・尼可斯 Mike Nichols
喬治亞・歐姬芙 Georgia O'Keeffe
喬治・巴頓 George Patton
瓦昆・菲尼克斯 Joaquin Phoenix
帕布羅・畢卡索 Pablo Picasso
希薇亞・普拉斯 Sylvia Plath
艾蜜莉・普斯特 Emily Post
艾茲拉・龐德 Ezra Pound
克勞德・雷恩斯 Claude Rains
丹・拉瑟 Dan Rather
安・萊恩金 Ann Reinking
康朵莉莎・萊斯 Condoleeza Rice
茱莉亞・羅勃茲 Julia Roberts
奧古斯特・羅丹 Auguste Rodin
羅伊・羅傑斯 Roy Rogers
威爾・羅傑斯 Will Rogers
西奧多・羅斯福（老羅斯福）
Theodore Roosevelt
赫曼・羅夏克 Hermann Rorschach
梅格・萊恩 Meg Ryan
薇諾娜・瑞德 Winona Ryder
卡爾・薩根 Carl Sagan
喬納斯・沙克 Jonas Salk
馬丁・史柯西斯 Martin Scorsese
瑪麗亞・席萊佛 Maria Shriver
葛麗絲・史立克 Grace Slick
羅伯特・路易斯・史蒂文森
Robert Louis Stevenson
李・史特拉斯伯格 Lee Strasberg
比利・桑德 Billy Sunday
瓊・蘇莎蘭 Joan Sutherland
狄倫・湯瑪斯 Dylan Thomas
列夫・托爾斯泰 Leon Trotsky
泰德・透納 Ted Turner
伏爾泰 Voltaire
寇特・馮內果 Kurt Vonnegut
山姆・沃特斯頓 Sam Waterston
史丹佛・懷特 Stanford White
歐文・威爾森 Owen Wilson

琥碧・戈柏

希拉蕊・羅德姆・柯林頓

茱莉亞・羅勃茲

射手座

（11 月 22 日～ 12 月 21 日）

陰陽屬性　陽性星座

三方星座（元素）　火象星座

四正星座（特質）　變動星座

射手座精力充沛、野心勃勃、慷慨大方、熱愛自由、喜歡尋求挑戰、樂於接受新觀念、勇於探索。

守護星　木星：他是羅馬神話中最重要的神明——天神朱庇特（Jupiter）[21]。在占星學裡，木星象徵幸運、樂觀、擴張與富足。

圖像　弓箭手：象徵直爽坦率、不停追尋、目標崇高，以及對戶外活動的愛好。

專用符號（速記符號）　「♐」這個象形文字描繪的是弓箭手手中隨意瞄準的那支箭。此外，它也刻劃出人類腿部從大腿到膝蓋的部分（這是射手座掌管的身體部位）。從象徵意義來看，這個符號代表擺脱世俗的煩惱與顧慮，轉而追尋更崇高的理想。

重要關鍵字　「我看」（I see）

對宮　雙子座：射手座象徵人生哲理、高等教育與廣泛的概念。發現新點子、探索遙遠的國度，以及沒有被種種責任束縛，是射手座的人最開心的時候。射手座的對相星座——雙子座則象徵自我表達與「一對一」的溝通。雙子座的人非常能言善道、喜歡提供建議，而且他們往往會試圖指引（甚至掌控）別人的人生。

射手座掌管的身體部位　肝臟、臀部、大腿：射手座的人需要大量的戶外運動來維持身體健康。他們的肝臟很敏感，容易飲酒過量、罹患肝炎。

幸運日　星期四

幸運數字　5、7

誕生石　綠松石：能帶來愛情、避免受到傷害，並且使你具備預見未來的能力。

幸運色　紫色：象徵高貴與藝術氣息的比較少見色彩。

適合居住的城市　匈牙利布達佩斯（Budapest）、德國科隆（Cologne）、西班牙托雷多（Toledo）墨西哥阿卡普爾科（Acapulco）

適合居住的國家　西班牙、匈牙利、澳大利亞

幸運花　水仙花、冬青、蒲公英

幸運樹　桑樹、橡樹、白樺樹

幸運金屬　錫

射手座守護的動物　馬

容易遭遇的危險　射手座的人容易遇到火災和爆炸事故（特別是在旅行時）。他們極度渴望自由，也可能會因此激起另一半的嫉妒心與佔有慾。

英文簡稱　SAG

21　羅馬神話中的朱庇特等同於希臘神話中的宙斯。

你最討人喜歡的特質——樂觀

由木星守護的你（木星象徵幸運），人生看似一帆風順。你受到幸運女神的眷顧，彷彿總是掌握了天時與地利；占星師會說，你得到上天的保佑——好運庇護著你。在工作、事業、友情與金錢上，當你需要時，機會的大門就會為你而開。這自然造就了你熱情開朗的性格；雖然你也有憂鬱的時候，但烏雲很快就會散去。你過度關心未來會發生什麼事，以致於擔憂今天出了什麼差錯。你一直相信，在下一個轉彎處，會有某件很棒的事即將發生。

火象星座的熱情、變動星座的躁動不安，與木星的和善結合在一起，使射手座豪爽大方、無法被束縛，獨立自主是你的指導原則。你思想前衛、靜不下來，並急切地想要投入人生戰場——你自由奔放、熱愛冒險，也喜歡接受新觀念與不停的改變。你養成了某種四處遊蕩的習慣，而且不想改掉它，別處的風景總是更加迷人；生性閒不下來、充滿好奇心的你，需要旅行、刺激與打破常規。射手座和其對相星座——雙子座一樣，希望了解更多；但在面對新觀念時，雙子座樂於檢視，射手座則一路追隨。在十二星座中，射手座象徵對知識的追求；他們是哲學家與探險家。

射手座的人很難受到情感上的約束，你不想要糾纏不清，或被任何事束縛，你有要去的地方，不會參與讓自己一直停留在某處的活動。避開情緒使你保持無拘無束的狀態，射手座很少談論自己的感受，他們談論的是他們對這些感受的看法。當射手座的另一半要求更多愛與情感時，他們會一再感到困惑。因為你的一隻眼睛總是望向出口的方向，不接受長久而深刻的關係，你遲早會解開身上的束縛。

然而，友情又是另外一回事，你向來樂於成為別人的朋友——在十二星座中，你是最好的朋友。你和善、熱心、令人愉悅；完全沒有惡意的你，總是在幫助他人。你不會讓對方覺得恩重如山，「無條件助人」是射手座的座右銘。

自由是你最重視的資產。在面臨選擇時，你寧可走困難的路、接受較少的報酬、捨棄安全感，甚至願意做任何事，只要能滿足自己就好。愛好自由是你最重要的特質；你很重視它，也願意給予別人自由。你不會干涉人們對自己的想法或計畫，佔有慾不強，也不愛吃醋。

幽默風趣是你最討人喜歡的特質。活潑開朗的你善於交談、很會說故事，同時也是天生的表演者。許多射手座的人都從事傳播業、電視、寫作與出版工作；這些領域中的射手座名人包含諾爾·寇威爾（Noel Coward）[22]、詹姆斯·瑟伯（JamesThurber）[23]、馬克·吐溫（Mark Twain）、加森·卡寧（Garson Kanin）[24]、威廉·巴克利（William Buckley）[25]和伍迪·艾倫（Woody Allen）。

由木星守護的你特別多才多藝。你擁有廣泛的興趣——音樂、自然、哲學、電腦科技、戲劇、小動物等，而且活力十足，可以同時做很多件事，但缺乏的是持續力。在完成一項計畫前，你就已經跑去迎接下一個挑戰了，其中一個原因是，一直做同一件事令你感到無趣（無聊是你最大的敵人），另一個原因則是，你必須繼續前進，並有所提升。在事業上，你很聰明、充滿想像力、隨時都能接受新事物，並加以運用。但在某件非常重要的事遭遇危機時，你表現得最好。當你面臨贏得勝利的最後機會時，會傾盡全力地扭轉情勢，你相信自己的好運。

你誠實坦率，這使你很容易相處，因為對方不需要花時間弄懂你話語中隱含的深意或弦外之音。你會直接把自己的意思表達出來；當別人問你對他們的選擇、生活方式、另一半、髮型等的看法時，你也很樂意坦白地告訴他們。不過，最棒的地方在於，人們可以相信你說的話；直言不諱的你無意傷人，你只是想要說出真相而已。諷刺的是，你的臉皮很薄，極容易因為對方輕率的舉動或無心的冷落而感到受傷。

要理解射手座時，關鍵字是「可能性」（possibility）。對你而言，受到約束或選擇被限縮，都會讓你十分沮喪。你往往會用你想要的樣子來看待人生（而不是它的真實樣貌），從很多方面來看，你都抗拒長大。當然，你知道如何承擔責任，在面對挫折時，你也很堅強，危機使你展現出最好的一面。擊敗你的是千篇一律的生活，你的心裡有許多偉大的想法，應該從事充滿冒險的工作、打造理想的生活，或幫助這個世界變得更好。於是你開始拖延、讓其他人處理細節、對某項計畫失去興趣，並思考自己為什麼被困在同一個地方。

但在十二星座中，射手座是最討人喜歡的。你確實奢侈浪費，有時甚至很魯莽、缺乏責任感。你的人生確實充滿了遺忘的約定、未遵守的期限，以及沒有完成的計畫。你的情感確實可能很淡薄，而承諾也幾乎等於不存在，但不顧一切正是你有趣的地方；因此，若你誇下海口，所有人都知道你不會兌現這個承諾，你自己也很清楚這一點。你的作風坦蕩，沒有任何祕密；你完全據實以告。開朗迷人、衝動魯莽的你常忙得團團轉，卻也無憂無慮。

你的內在

就像《亂世佳人》裡的郝思嘉一樣，你的座右銘是「明天又是嶄新的一天」。

22　諾爾・寇威爾，英國演員、劇作家、流行音樂作曲家。1943 年，因為影片《與祖國同在》（In Which We Serve）獲得奧斯卡終身成就獎。

23　詹姆斯・瑟伯，美國幽默作家、漫畫家、新聞記者與劇作家，以機智著稱。

24　加森・卡寧，美國作家，戲劇與電影導演。

25　威廉・巴克利，美國媒體人、作家、保守主義政治評論家，政論雜誌《國家評論》（*National Review*）創辦人。

即便在最憂鬱的時候，也相信角落裡總有光亮。你對未來的確很有信心，但卻很討厭任何妨礙你計畫的事；你渴望將生活過得豐富多彩——旅行、認識有趣的人，以及看看那些不曾看過的東西，任何新事物都會激起你的興趣。

事實上，你往往沒有衡量利弊就答應某個提議，只因為它令你興致高昂。雖然你不是一個喜怒無常的人，當容易興奮的你開始感到無聊時，也會變得急躁易怒。你可能會覺得沒有人在意或了解你，幸好你相信自己很特別，因此能度過這一切。

別人眼中的你

人們喜歡你的開朗幽默。不管出了什麼差錯，你隨時都可以樂觀地給予解釋，並預測未來。此外，你也是第一個主動提供協助的人，你的同事與朋友都很感謝你這一點。

人們喜歡你的坦率，儘管他們有時覺得你太過直白、太常說錯話。對某些人而言，你顯得善變、不可靠，在情感上可能也有點過於疏離。一般來說，你被認為獨立自主且難以捉摸。

太陽在射手座的名人

克莉絲汀・阿奎萊拉 Christina Aguilera
路易莎・梅・奧爾科特 Louisa May Alcott
伍迪・艾倫 Woody Allen
克麗絲汀娜・雅柏蓋特 Christina Applegate
珍・奧斯汀 Jane Austen
泰拉・班克斯 Tyra Banks
金・貝辛格 Kim Basinger
路德維希・范・貝多芬 Ludwig van Beethoven
巴斯比・柏克萊 Busby Berkeley
威廉・布雷克 William Blake
肯尼斯・布萊納 Kenneth Branagh
列昂尼德・布里茲涅夫 Leonid Brezhnev
鮑・布里吉 Beau Bridges
傑夫・布里吉 Jeff Bridges
威廉・法蘭克・巴克利 William F. Buckley
霍奇・卡麥可 Hoagy Carmichael
戴爾・卡內基 Dale Carnegie
溫斯頓・邱吉爾 Winston Churchill
迪克・克拉克 Dick Clark
約瑟夫・康拉德 Joseph Conrad
諾爾・寇威爾 Noel Coward
潔美・李・寇蒂斯 Jamie Lee Curtis
麥莉・希拉 Miley Cyrus
小山米・戴維斯 Sammy Davis Jr.
艾蜜莉・狄金生 Emily Dickinson
瓊・狄底翁 Joan Didion
夏爾・戴高樂 Charles de Gaulle
喬・迪馬喬 Joe DiMaggio
華特・迪士尼 Walt Disney
班傑明・迪斯雷利 Benjamin Disraeli
寇克・道格拉斯 Kirk Douglas
帕蒂・杜克 Patty Duke
喬治・艾略特 George Eliot
克里斯・艾芙特 Chris Evert
小道格拉斯・費爾班克斯
Douglas Fairbanks Jr.
珍・芳達 Jane Fonda
琳・芳登 Lynn Fontanne
傑米・福克斯 Jamie Foxx
瑞德・福克斯 Redd Foxx
艾拉・蓋希文 Ira Gershwin
瑪格麗特・漢密爾頓 Margaret Hamilton
艾德・哈里斯 Ed Harris
泰瑞・海契 Teri Hatcher
吉米・漢醉克斯 Jimi Hendrix
艾比・霍夫曼 Abbie Hoffman
凱蒂・荷姆斯 Katie Holmes
傑斯 Jay-Z
鮑里斯・卡洛夫 Boris Karloff
小約翰・甘迺迪 John F. Kennedy Jr.
比莉・珍・金恩（金恩夫人）Billie Jean King
菲奧雷洛・拉瓜迪亞 Fiorello La Guardia
麥斯・勒納 Max Lerner
約翰・馬克維奇 John Malkovich
大衛・馬梅 David Mamet
霍伊・曼德爾 Howie Mandel
瑪麗・馬丁 Mary Martin
哈波・馬克斯 Harpo Marx
瑪格麗特・米德 Margaret Mead
貝蒂・米勒 Bette Midler
約翰・米爾頓 John Milton
凱莉・納辛 Carry Nation
曼迪・帕廷金 Mandy Patinkin
德魯・皮爾森 Drew Pearson
愛迪・琵雅芙 Edith Piaf
布萊德・彼特 Brad Pitt
李察・普瑞爾 Richard Pryor
萊納・瑪利亞・里爾克 Rainer Maria Rilke

愛德華・羅賓森 Edward G. Robinson
莉蓮・羅素 Lillian Russell
威廉・薩菲爾 William Safire
喬治・桑塔亞納 George Santayana
查爾斯・舒茲 Charles Schulz
艾瑞克・賽佛萊德 Eric Sevareid
蓋瑞・桑德林 Garry Shandling
法蘭克・辛納屈 Frank Sinatra
瑪格麗特・蔡斯・史密斯
Margaret Chase Smith
亞歷山大・索忍尼辛 Alexander Solzhenitsyn
布蘭妮・斯皮爾斯 Britney Spears
史蒂芬・史匹柏 Steven Spielberg
雷克斯・史陶特 Rex Stout
強・史都華 Jon Stewart
基佛・蘇德蘭 Kiefer Sutherland
強納森・斯威夫特 Jonathan Swift
麥可・提爾森・湯瑪斯
Michael Tilson Thomas
詹姆斯・瑟伯 James Thurber
亨利・德・土魯斯・羅特列克
Henri de Toulouse-Lautrec
蒂娜・透納 Tina Turner
馬克・吐溫 Mark Twain
西西莉・泰森 Cicely Tyson
麗芙・烏曼 Liv Ullmann
迪克・凡戴克 Dick Van Dyke
吉安尼・凡賽斯 Gianni Versace
威廉・魏格曼 William Wegman
麗貝卡・威斯特 Rebecca West
伊萊・惠特尼 Eli Whitney
約翰・格林里夫・惠蒂爾
John Greenleaf Whittier
安迪・威廉斯 Andy Williams
菲利普・威爾森 Flip Wilson

法蘭克・辛納屈

法蘭克・辛納屈

麥莉・希拉

摩羯座

（12 月 22 日～ 1 月 19 日）

陰陽屬性　陰性星座

三方星座（元素）　土象星座

四正星座（特質）　開創星座

摩羯座含蓄謹慎、富有耐心、懂得運用策略而非蠻力、物慾強烈、意志堅定、嚴謹自律。

守護星　土星：他是羅馬神話中掌管穀物播種與收成的神明薩圖恩（Saturn）。它是古代已知宇宙中最遠的一顆行星，在占星學裡，土星象徵困難、約束、紀律與責任。

圖像　山羊：一種腳步穩健的動物，能以穩當的步伐攀登至高處。山羊會用頭上的羊角衝破重重阻礙。

專用符號（速記符號）　「♑」這個象形文字描繪的是山羊的 V 字形鬍鬚與魚類彎曲的尾巴（在古代，海山羊〔Sea Goat〕是代表摩羯座的符號）。此外，它也刻劃出人類的膝蓋與膝蓋骨（摩羯座掌管的身體部位）。從象徵意義來看，這個符號是兩條直線交會後，再和一條新月形弧線與一個圓圈連接在一起。它代表活力與熱情強化了權力與責任的融合。

重要關鍵字　「我用」（I use）

對宮　巨蟹座：摩羯座掌管名聲、事業與社會地位。摩羯座的人尋求榮譽，以及多數人的認可與讚美，但在人際關係裡，往往表現得很拘謹。摩羯座的對相星座——巨蟹座則象徵家庭與家庭生活，巨蟹座的人安全感來自愛情，以及與伴侶、家人之間的親密關係。

摩羯座掌管的身體部位　骨骼、膝蓋、關節：摩羯座的人通常都擁有美麗的骨架，但他們容易關節僵硬、風濕，以及罹患骨科疾病。

幸運日　星期六

幸運數字　2、8

誕生石　石榴石：能使你受人尊敬與歡迎，並且帶來真愛。

幸運色　深綠、褐色：象徵大自然與土地令人安心的經典色彩。

適合居住的城市　英國牛津（Oxford）、比利時布魯塞爾（Brussels）、加拿大蒙特婁（Montreal），美國波士頓、芝加哥（Chicago）

適合居住的國家　墨西哥、阿富汗、保加利亞、印度

幸運花　康乃馨、常春藤

幸運樹　松樹、榆樹、白楊樹

幸運金屬　鉛

摩羯座守護的動物　山羊與其他有蹄類動物

容易遭遇的危險　摩羯座冷淡、沉默，周遭的人可能會因此心生不滿、耿耿於懷；人們經常會用來翻舊帳的方式來對付摩羯座。

英文簡稱　CAP

你最討人喜歡的特質——穩重

摩羯座野心勃勃；這個星座的人會堅定地追求自己的前途。對成功、金錢、地位、頭銜、權力與愛（雖然你可能沒有察覺）的渴望，是你前進的動力。

摩羯座是土象星座，同時也是開創星座；土象星座務實與開創星座積極進取的特質結合在一起，使他們適合擔任領導者，並擁有權力。在十二星座中，摩羯座與中天（天頂）密切相關。（中天是位於星盤頂端的軸點，象徵卓越的成就。）你是天生的登山者，不甘於在山谷裡緩慢前進，只要能從底部爬上頂峰，你就會鍥而不捨地向上攀爬。摩羯座的象徵圖像是山羊，大家都知道山羊如何越過窒礙難行的地帶，找到自己的立足點（其他人都以為這樣的立足點並不存在）。你一直抱持有任務必須達成的認知；如果無法把山移開，那你至少可以像山羊一樣爬上山頂。

你的守護星——土星象徵限制，這當中也包含了時間。（對古人而言，土星是「時間老人」〔Father Time〕[26]的象徵。）你特別重視時間，這能讓你成為出色的管理者與規劃者。不像有些人不考慮下個月以後的事，你會仔細檢視自己的目標，將它拆解成數個必要步驟，並規劃出一份包括年份的時間表，摩羯座的耐心無與倫比。你的特點之一，是你學會等待自己想要的東西，你願意為了明天的報酬，放棄今日的誘惑。

憂鬱、嚴峻的氛圍經常圍繞著你。土星被稱為「嚴格的老師」（Celestial Taskmaster），因為它象徵責任、紀律與限制；作為「土星之子」，你必須改善某件事，讓它臻於完美。你可能是路易斯．卡洛爾（Lewis Carroll）[27]筆下那首關於勤勞的淘氣小詩——「小鱷魚如何保養牠閃亮的尾巴……」的原型。你對模糊的理論沒有興趣；你希望任何知識都能學以致用。你頭腦靈活，迅速理解各種想法，同時也有強大的專注力；你一絲不苟、有條不紊，而且通常不信任別人對細節的要求。你信守承諾，當你負責一項任務時，會竭盡所能地做到最好。你往往會關注各種細節，以確保所有可能的意外狀況都已經納入考量，這是你掌控一切的方式。

因為你的勤奮，人們有時會忽略你的創造力；然而，你充滿創意，你擅長將它與你的組織能力結合在一起。你會把夢想付諸行動，而且特別容易受到藝術領域與表演藝術的吸引。

你覺得自己是一個務實的人，沒有什麼時間追求享受；從某些方面來看，每個摩羯座的心裡都住著土星這位嚴

26　在西方文化中，時間常被描繪成一位留著鬍子的老人，他穿著長袍（有時背上還有一對翅膀），手裡拿著大鐮刀與沙漏，象徵時光的流逝與死亡的來臨。

27　路易斯．卡洛爾，英國作家、數學家、邏輯學家、攝影家，以兒童文學作品《愛麗絲夢遊仙境》與其續集《愛麗絲鏡中奇緣》聞名於世。〈小鱷魚如何〉是愛麗絲在書裡朗誦的一首短詩。

父。基本上，你認為你只能依靠自己，你的內在小孩則覺得不該如此；擺脫這種想法，並學會愛自己，是你一輩子的功課。你不必像父母一樣約束自身，讓你循規蹈矩，你必須隨興一些。

你的疏離常被人誤解，他們會用「冷酷無情」來形容，但你不是冷漠，而是自給自足。你必須控制並整頓周遭的環境，有時甚至會強力介入他人的人生；對你而言，這不是干涉，而是把事情處理得更好。在含蓄的外表下，你細膩敏感、富有同情心，任何需要肩膀依靠的人需要的就是魔羯座。人們認為你嚴肅陰沉，但其實並非如此，幽默風趣是你最顯著的特點。你也許正經、犀利，但極為有趣，在人們不抱什麼期待時，能使他們爆笑。

就像你看待其他事物的態度一樣，你對金錢也謹慎保守。在你的一生中（通常是在年歲漸長後），你可能會累積財富，因為你知道怎麼穩健投資，你的事業成功源自於費盡心思的準備。凡事總要先踏出那一步，但你也明白，除非你先知道自己要去什麼地方，否則哪裡也去不了。

你或許不會那麼快對情勢做出判斷，但這是一種優勢，因為你不會貿然投入。你會研究、檢視別人做過些什麼，並蒐集所有相關資訊，只有在徹底了解細節後，你才會開始行動。接下來，直到你達成目標前，都不會放棄。

你對模稜兩可感到不自在，尋求確定性的你往往會把事情看得一清二楚。情感上的灰色地帶令你困擾，你會避開它們。對尚未進化的魔羯座來說，只有他們的做事方式才是正確的。摩羯座的人思想保守、愛挑剔，而且只重視成功與權力。

你最在意安全感，這是你最重要的目標；你通常重視物質。你很討厭那些阻撓你的人，你自尊心很高，不會原諒任何貶低或輕視你的人，同樣地，也會回報幫助你的人。天蠍座也會竭盡所能地回報他人，但他們是出自於忠誠與感謝，你則是因為自尊不容許你欠人情。

和其他星座相比，摩羯座的人更容易為了錢與名望而結婚。在多數關係裡，你都必須主導一切，因為當你處於控制地位時，就不會覺得自己容易受到他人權力的影響。

你會不斷地用微妙的方式，來測試那些和你親近的人是否忠誠。你喜歡獨來獨往，卻也非常需要被愛與欣賞。遺憾的是，你不會讓別人知道這件事——事實上，你很擅長隱藏這一點。

在面具下，你還戴著其他面具，可能要花很長一段時間才能發現你的真實面貌。對周遭的人來說，你看似冷淡、對一切漠不關心、難以親近，因為你是如此內斂。然而，難以捉摸使你顯得更有吸引力，你宛如複雜難解的謎題；你的性格中似乎隱藏著某個誘人的祕密。任何關心你、足以穿透你拘謹外表的人，都將獲得豐厚報償；忠誠而深情的你會珍惜並保護你所愛的人，當處境極為艱困時，你也不離不棄。

你的內在

不需要有人說服你，人生是很嚴肅的；你一直都明白這件事。因此，你會不停焦慮地問自己：「我是否盡了我的責任？」「我是否完成了所有該做的事？」「我夠獨立自主嗎？」你知道你有堅定的決心與毅力，可以達成目標。但你也非常想要與人建立情感連結，這樣你才不會覺得距離自己在意的人很遙遠。你擔心自己能否保有所有重要的事物（包括人際關係）；儘管你聰明伶俐、意志堅定，卻也經常感到不安。你的內心充滿矛盾的情緒，需要紀律與秩序；混亂令你抓狂，使你產生自我懷疑（包含懷疑自己的能力）。但也許上天注定要讓你抱有一些懷疑；如果你相信自己的實力，會變得完全無法相處！

別人眼中的你

人們常覺得你生性堅毅，不可阻擋。他們讓你負責主導，是因為你很果斷；大家都知道你十分務實。當周遭的人面臨危機、需要有人做出理性判斷時，他們會尋求你的協助。在人際關係裡，有些朋友會爭相對你傾訴他們遇到的問題，其他人則會避開你，因為他們覺得你太過悲觀。所有人都同意，一旦你下定決心，就很難改變心意。有些人認為，要找出真實的你，必須揭開一層又一層的面具；但多數人都明白，你的冷漠是源自於極度注重隱私。

太陽在摩羯座的名人

穆罕默德・阿里 Muhammad Ali
史蒂夫・艾倫 Steve Allen
馬修・阿諾德 Matthew Arnold
艾薩克・阿西莫夫 Isaac Asimov
瓊・拜雅 Joan Baez
西蒙・波娃 Simone de Beauvoir
羅伯特・布萊 Robert Bly
亨弗萊・鮑嘉 Humphrey Bogart
雷・波格 Ray Bolger
維克多・博格 Victor Borge
大衛・鮑伊 David Bowie
第谷・布拉赫 Tycho Brahe
路易・布萊葉 Louis Braille
洛伊・布里吉 Lloyd Bridges
尼可拉斯・凱吉 Nicolas Cage
艾爾・卡彭 Al Capone
金・凱瑞 Jim Carrey
卡洛斯・卡斯塔尼達 Carlos Castaneda
保羅・塞尚 Paul Cezanne
安東・契訶夫 Anton Chekhov
瑪麗・海金斯・克拉克 Mary Higgins Clark
凱文・科斯納 Kevin Costner
凱蒂・庫瑞克 Katie Couric
泰德・丹森 Ted Danson
艾倫・狄珍妮 Ellen DeGeneres
約翰・丹佛 John Denver
瑪琳・黛德麗 Marlene Dietrich
費・唐娜薇 Faye Dunaway
勞勃・杜瓦 Robert Duvall
班傑明・富蘭克林 Benjamin Franklin
黛安・馮・佛絲登柏格 Diane von Furstenberg
艾娃・嘉德納 Ava Gardner
卡里・紀伯倫 Kahlil Gibran
貝利・高華德 Barry Goldwater
卡萊・葛倫 Cary Grant
奧利佛・哈台 Oliver Hardy
史蒂芬・霍金 Stephen Hawking
康拉德・希爾頓 Conrad Hilton
約翰・埃德加・胡佛 J. Edgar Hoover
安東尼・霍普金斯 Anthony Hopkins
霍華・休斯 Howard Hughes
聖女貞德 Joan of Arc
珍妮絲・賈普林 Janis Joplin
丹尼・凱 Danny Kaye
黛安・基頓 Diane Keaton
約翰・克卜勒 Johann Kepler
方・基墨 Val Kilmer
馬丁・路德・金恩博士 Martin Luther King Jr.
魯德亞德・吉卜林 Rudyard Kipling
葛爾賽・柯克蘭 Gelsey Kirkland
安德烈・柯斯特拉奈茨 Andre Kostelanetz
吉恩・克魯帕 Gene Krupa
法蘭克・藍吉拉 Frank Langella
麥特・勞爾 Matt Lauer
裘德・洛 Jude Law
吉普賽・羅斯・李 Gypsy Rose Lee
羅伯特・愛德華・李 Robert E. Lee
約翰・傳奇 John Legend
奧斯卡・黎凡特 Oscar Levant
莎莉・路易斯 Shari Lewis
傑克・倫敦 Jack London
霍伊・隆恩 Howie Long
毛澤東 Mao Tse-tung
瑞奇・馬丁 Ricky Martin
亨利・馬蒂斯 Henri Matisse
大衛・馬修 Dave Matthews
亨利・米勒 Henry Miller
艾倫・亞歷山大・米恩 A. A. Milne
莫里哀 Moliere
瑪麗・泰勒・摩爾 Mary Tyler Moore

凱特・摩絲 Kate Moss
艾薩克・牛頓爵士 Sir Isaac Newton
理查・米爾豪斯・尼克森 Richard M. Nixon
亞里斯多德・歐納西斯 Aristotle Onassis
桃莉・芭頓 Dolly Parton
路易・巴斯德 Louis Pasteur
埃得加・愛倫・坡 Edgar Allan Poe
艾維斯・普里斯萊 Elvis Presley
尚・皮耶・朗帕爾 Jean-Pierre Rampal
保羅・瑞維爾 Paul Revere
赫蓮娜・魯賓斯坦 Helena Rubinstein
安瓦爾・沙達特 Anwar Sadat
卡爾・桑德柏格 Carl Sandburg
黛安・索耶 Dianne Sawyer
亞伯特・史懷哲 Albert Schweitzer
羅德・塞林 Rod Serling
傑羅姆・大衛・沙林傑 J. D. Salinger
艾爾・史密斯 Al Smith
瑪姬・史密斯 Maggie Smith
西西・史派克 Sissy Spacek
約瑟夫・史達林 Joseph Stalin
洛・史都華 Rod Stewart
阿爾弗雷德・史蒂格利茲 Alfred Stieglitz
麥可・史戴普 Michael Stipe
約翰・羅納德・魯埃爾・托爾金
J. R. R. Tolkien
強・沃特 Jon Voight
丹佐・華盛頓 Denzel Washington
伍德羅・威爾遜 Woodrow Wilson
老虎伍茲 Tiger Woods
洛麗泰・楊 Loretta Young

馬丁・路德・金恩博士

艾維斯・普里斯萊

老虎伍茲

水瓶座

（1月20日～2月18日）

陰陽屬性　陽性星座

三方星座（元素）　風象星座

四正星座（特質）　固定星座

水瓶座堅定自信、獨立自主、思想前衛、善於分析、富有創新精神、創意獨具、好惡分明、堅持己見。

守護星　天王星：他是古希臘神話中第一位掌管宇宙的統治者——天神烏拉諾斯（Uranus）。它是第一顆被發現的現代行星（西元1781年）。在占星學裡，天王星象徵變革、瓦解、出乎意料、打破常規；它掌管創造發明、航空技術與現代科學。

圖像　挑水人：公平、慷慨地將贈禮賜予所有人；象徵創造與生命的贈與。挑水人倒出來的水代表真實，你總是大方地與這個世界分享你所知道的真相。

專用符號（速記符號）　「♒」這個象形文字描繪的是從挑水人的水瓶裡流出來的水。此外，它也刻劃出人類在行進狀態下的腳踝（水瓶座掌管的身體部位）。從象徵意義來看，這個符號的鋸齒狀線條代表電能（electric energy）、普遍思想，以及未來的知識。

重要關鍵字　「我知道」（I know）

對宮　獅子座：水瓶座象徵希望、願望、夢想與友誼。水瓶座的人通常都是理想化的人道主義者，他們關注這個世界上更重大的問題，卻在自己的親密關係裡保持疏離。水瓶座的對相星座——獅子座則象徵愛情、感情與享受。獅子座的人會找尋讓自己快樂的事；他們需要與其他人建立緊密的關係，而且往往會在愛情裡主導一切。

水瓶座掌管的身體部位　循環系統、脛骨、腳踝：水瓶座的人容易腳踝扭傷與骨折，也容易靜脈屈張、動脈硬化。

幸運日　星期三

幸運數字　1、7

誕生石　紫水晶：能帶來忠貞的愛情，並且使你具備預見未來的能力。

幸運色　亮藍：象徵天空的明亮色彩。

適合居住的城市　瑞典斯德哥爾摩（Stockholm）、俄羅斯莫斯科（Moscow）、阿根廷布宜諾斯艾利斯（Buenos Aires）、奧地利薩爾斯堡（Salzburg）

適合居住的國家　俄羅斯、瑞典、衣索比亞

幸運花　蘭花

幸運樹　果樹

幸運金屬　鈾

水瓶座守護的動物　大型鳥類

容易遭遇的危險　水瓶座的人勇於創新、喜歡打破常規，有時甚至有點古怪，因此經常被心胸狹窄的人攻擊。他們也常面臨一些奇特狀況，並且與怪異的人來往。

英文簡稱　AQU

你最討人喜歡的特質——和善

占星學家都很喜歡黃道帶上的第十一個星座，因為水瓶座象徵未來與遠見，有些人則說它象徵占星學。水瓶座的人離經叛道、富有創新精神；他們有些古怪、詼諧、魯莽，不願意隨波逐流，總是走自己的路。你不僅獨樹一格，也標新立異。

獨立思考是你最顯著的特點。水瓶座是固定星座（象徵毅力），同時也是風象星座（象徵智力與溝通），加上受到其守護星——象徵變革的天王星影響，使你自由奔放、思想前衛，卻固執己見。當人們不抱什麼期待時（這與你喜歡打破常規有關），你的頑固就會顯現出來。你可能是為了維護自己的想法、已經決定好的旅程，或不肯捨棄的習慣；不管原因是什麼，總是會有人與固執的你產生衝突，你不願意妥協或退讓。你是一個奇妙的混合體——思想前衛，但想法卻不可改變。你不顧他人的看法，興高采烈地走上新的道路、不受慣例束縛，因為前方有許多更刺激的事等著你去發現。你認為無聊是一種傳染病，會想盡辦法避免。

你的性格中充滿了矛盾。你喜歡與人相處，卻也滿足於獨處的狀態；你熱愛旅行，卻也喜歡輕鬆地待在家裡；你親切外向，但同時也含蓄冷淡。你既具備科學思維，又有藝術天分；在事業上，通常會做兩種不同領域的工作。

你的星座圖象是挑水人，因此水瓶座常被誤以為是水象星座。水瓶座是風象星座，你善於溝通且足智多謀，水瓶座內心的想法最為強烈。倒水人所倒出來的「水」代表真相，你是一個敢說真話的人；你會與人們分享你的觀察、看法與智慧。你喜歡追尋新知、理性、心胸開闊，也擁有寬廣的視野。

即便已經掌握很多資訊，你還是希望了解更多；你一直想知道山的另一邊有什麼。最近有個水瓶座的人說：「發現我沒聽過的事，令我感到懊惱，我必須知道那是什麼！」

你可以做出客觀的判斷，因為你不會讓情緒干擾你。這使你能站在超然的立場，並克服一般人的弱點。你生來就不相信自己的情緒，這不僅迫使你拚命掙脫它的束縛，也可能成為內在矛盾的來源。

當你的自我認同感與你的想法有著密不可分的關係時，問題就產生了。就像另一個風象星座——雙子座一樣，你的自尊心多半建立在你對事物的看法上。當別人不同意你的觀點時，你會把它視作對你個人的一種攻擊；為了反抗，穩定的你會變得任性且桀敖不馴。你故意不承認，你的想法在人際關係或工作上行不通，並且繼續堅持你的做法。

你非常以人為本，喜歡研究並觀察人心；親切外向的你無論到哪裡，都會結交到很多朋友。你可以用簡潔用力的話語作為總結，使人發笑，雖然那些跟你打交道的人很快就會發現，你犀利的言辭能戳破虛假與做作。你極具親和力，卻從未喪失強烈的個性；無論你遇見誰，你還是你——有趣、充滿好奇心與興趣，想知道別人為什麼會做那些事。你能與各種不同的人相處得很融洽（他們來自各行各業），不管他們的身分或地位為何。你絕對不會裝腔作勢，也不會震懾於任何人的財富或頭銜；就算你遇到英國女王，你依然是那個自然的你。你相信所有人都互有關聯，因為我們都是人類。你對人的思維模式深感興趣；最棒的地方在於，你不會任意做出評斷，你認為，每個人都應該有自由變得獨一無二；你很樂意給予他人這樣的自由。對你而言，最根本的自由就是做自己。

由於對人類行為有些了解，你很能包容所有人都有的小毛病與弱點。你是一個人道主義者，關心世界福祉，卻不會全心投入親密關係。你總是帶有某種疏離的特質——一種在情感上的冷漠；你似乎將自己從情緒中抽離出來。然而，這種若即若離的印象是一種假象，在十二星座中，水瓶座象徵友情；你能與人建立長久而緊密的關係。在你看似冷漠的外表下，其實藏著一顆無比忠誠的心，再也找不到比水瓶座更真心的朋友了。完全沒有惡意的你願意提供任何協助，但你絕對不會讓周遭的人變得依賴你，你的愛是沒有條件的。

因為獨立自主是你奉行的準則，為了維護這樣的準則，你甚至會犧牲一段緊密的人際關係。想限制或束縛你是行不通的，如果你覺得自己被綁住了，你會想盡辦法掙脫。此外，水瓶座也象徵對未來的希望與渴望，對你來說，過去已經結束，你想要逃離過去，然後像彼得潘一樣，迎向美好的早晨。你擅長規劃執行方案、計劃旅行與訂立目標，獨特的人事物讓你深感興趣。

作為一個理想主義者，你希望看到每個人都過得幸福；做重要且富有意義的事是你的目標。有許多水瓶座的人從政或投入社會公益活動，這個星座象徵希望與願望，而你正是那種追隨夢想的人。歷史上有不少前衛的水瓶座思想家，例如查爾斯．達爾文（Charles Darwin）、亞伯拉罕．林肯（Abraham Lincoln）、蘇珊．布朗奈爾．安東尼（Susan B. Anthonyl）[28]、湯瑪斯．愛迪生（Thomas Edison）和富蘭克林．德拉諾．羅斯福（小羅斯福，Franklin Delano Roosevelt）。

水瓶座會提出宏大的改善計畫，但你最關心的是產生想法，而不是將它付諸行動。你對辛苦工作沒有興趣。你充滿想像力與創造力，樂於不斷嘗試，但不喜歡枯燥繁瑣的管理與細節。你寧可創造出一套理想化的新計畫，然後讓別人來面對嚴苛的現實；容易自我膨脹、擺出專家姿態，是你的一大弱點。

28　蘇珊．布朗奈爾．安東尼，著名美國人權運動領袖，她在十九世紀美國女性爭取投票權的運動中扮演了關鍵角色。

你非常堅持不要跟任何人一樣，因此你有時會唱反調，只為了顯得與眾不同；在十二星座中，你最離經叛道，人們常覺得你有些古怪。就像你包容他人的過錯一樣，你也理所當然地認為，你的缺點會被忽視。你有時喜歡與人爭辯，這不是因為你有深刻的感受，而是因為你很喜歡腦力活動。你很容易感到無聊，喜歡用言語刺激那些古板無趣的人。

然而，水瓶座是這個世界上最善良的人。隨和、講理、不容易生氣的你絕不會心胸狹窄；你相信「得饒人處且饒人」。你誠實無私、樂於助人，而且最棒的地方在於，永遠都不會無聊。你可以改變任何人的生活，只要你參與其中。

你的內在

你最常問的問題是「為什麼？」你想知道別人為什麼會做那些事。他們的人生吸引著你，因為你希望能藉此深入了解自己的人生。你心裡有滿滿的愛，只要擁有很多有趣的朋友、一段美好的感情、一份令人滿足的工作，以及這個世界變得更好、所有人都過得開心就好。這樣的要求不多，對吧？十分害羞、缺乏自信，是你最不為人知的祕密。你不知道自己在意的人是否也同樣地在意你，所以你拚命讓周遭的人喜歡你。你想與人們分享自己，卻害怕會失去自我，或變成別人眼中的應有樣貌。不過，儘管懷抱著不安全感，你仍舊相信自己是個特別的人。

別人眼中的你

人們常覺得你有點古怪——不一定令人詫異，但肯定生性大膽、獨立，並且用獨特的方式看待事物。你被認為是思想前衛的開創者，你有種淘氣的幽默，能使人感到既驚奇又有趣，他們知道你樂於接受新觀念（尤其是你本身就抱持這些觀念時）。人們會被你的友善與熱情與吸引，但當你的言詞變得尖酸刻薄時，他們很快就會退縮。因為你非常需要個人自由，有時會給人疏離或漠不關心的印象。此外，周遭的人也可能因為你的固執而感到惱怒。

太陽在水瓶座的名人

珍妮佛・安妮斯頓 Jennifer Aniston
蘇珊・布朗奈爾・安東尼 Susan B. Anthony
柯拉蓉・艾奎諾 Corazon Aquino
泰魯拉・班克希德 Tallulah Bankhead
米哈伊爾・巴瑞希尼可夫 Mikhail Baryshnikov
約翰・貝魯西 John Belushi
傑克・班尼 Jack Benny
克莉絲蒂・布琳克莉 Christie Brinkley
湯姆・布羅考 Tom Brokaw
喬治・伯恩斯 George Burns
羅伯特・伯恩斯 Robert Burns
阿龍・伯爾 Aaron Burr
拜倫勳爵（詩人拜倫）Lord Byron
艾迪・康托爾 Eddie Cantor
路易斯・卡洛爾 Lewis Carroll
卡蘿・錢寧 Carol Channing
史塔克・錢寧 Stockard Channing
帕迪・查耶夫斯基 Paddy Chayefsky
娜塔莉・高 Natalie Cole
查爾斯・達爾文 Charles Darwin
安吉拉・戴維斯 Angela Davis
吉娜・戴維斯 Geena Davis
詹姆斯・狄恩 James Dean
尼爾・戴蒙 Neil Diamond
查爾斯・狄更斯 Charles Dickens
麥特・狄倫 Matt Dillon
克麗絲汀・迪奧 Christian Dior
普拉西多・多明哥 Placido Domingo
德瑞博士 Dr. Dre
湯瑪斯・艾爾瓦・愛迪生 Thomas Alva Edison
謝爾蓋・愛森斯坦 Sergei Eisenstein
米亞・法羅 Mia Farrow
法拉・佛西 Farrah Fawcett
費德里柯・費里尼 Federico Fellini
威廉・克勞德・菲爾茲 W. C. Fields
克拉克・蓋博 Clark Gable
莎莎・嘉寶 Zsa Zsa Gabor
菲利浦・葛拉斯 Philip Glass
克里斯多福・蓋斯特 Christopher Guest
傑曼・格里爾 Germaine Greer
贊恩・葛雷 Zane Grey
大衛・李維林・葛里菲斯 D. W. Griffith
約翰・葛里遜 John Grisham
金・哈克曼 Gene Hackman
芭莉絲・希爾頓 Paris Hilton
蘭斯頓・休斯 Langston Hughes
荷莉・杭特 Holly Hunter
維吉尼亞・強生・麥斯特 Virginia Johnson-Masters
麥可・喬丹 Michael Jordan
詹姆斯・喬伊斯 James Joyce
傑洛姆・寇恩 Jerome Kern
艾莉西亞・凱斯 Alicia Keys
娜塔莎・金斯基 Nastassja Kinski
厄莎・姬特 Eartha Kitt
泰德・科佩爾 Ted Koppel
馬里奧・蘭沙 Mario Lanza
希斯・萊傑 Heath Ledger
傑克・李蒙 Jack Lemmon
辛克萊・路易斯 Sinclair Lewis
約瑟夫・李柏曼 Joseph Lieberman
亞伯拉罕・林肯 Abraham Lincoln
查爾斯・林白 Charles Lindbergh
恩斯特・劉別謙 Ernst Lubitsch
艾達・盧皮諾 Ida Lupino
大衛・林區 David Lynch
道格拉斯・麥克阿瑟 Douglas MacArthur
約翰・馬克安諾 John McEnroe
諾曼・梅勒 Norman Mailer
愛德華・馬奈 Edouard Manet
克里斯多福・馬羅 Christopher Marlowe
威廉・薩默塞特・毛姆 W. Somerset Maugham
費里克斯・孟德爾頌 Felix Mendelssohn

卡門・米蘭達 Carmen Miranda
詹姆斯・米契納 James Michener
珍妮・摩露 Jeanne Moreau
托妮・莫里森 Toni Morrison
羅伯特・馬瑟韋爾 Robert Motherwell
沃夫岡・阿瑪迪斯・莫札特
Wolfgang Amadeus Mozart
保羅・紐曼 Paul Newman
傑克・尼克勞斯 Jack Nicklaus
尼克・諾特 Nick Nolte
金・露華 Kim Novak
小野洋子 Yoko Ono
湯瑪斯・潘恩 Thomas Paine
安娜・巴夫洛娃 Anna Pavlova
希尼・約瑟夫・佩雷爾曼 S. J. Perelman
詹姆斯・派克 James Pike
傑克遜・波洛克 Jackson Pollock
李奧汀・普萊斯 Leontyne Price
羅納德・雷根 Ronald Reagan
凡妮莎・蕾格烈芙 Vanessa Redgrave
畢・雷諾斯 Burt Reynolds
傑基・羅賓森 Jackie Robinson
克里斯・洛克 Chris Rock
諾曼・洛克威爾 Norman Rockwell
富蘭克林・德拉諾・羅斯福（小羅斯福）
Franklin Delano Roosevelt
亞瑟・魯賓斯坦 Arthur Rubinstein
貝比・魯斯 Babe Ruth
泰利・沙瓦拉 Telly Savalas
法蘭茲・舒伯特 Franz Schubert
安德列斯・塞戈維亞 Andres Segovia
湯姆・謝立克 Tom Selleck
珍・西摩爾 Jane Seymour
西碧兒・雪柏 Cybill Shepherd
蘇珊・桑塔格 Susan Sontag
葛楚德・史坦 Gertrude Stein
司湯達 Stendhal
喬治・史蒂芬諾伯羅斯
George Stephanopoulos
阿德萊・史蒂文森 Adlai Stevenson
賈斯汀・提姆布萊克 Justin Timberlake
約翰・屈伏塔 John Travolta
法蘭索瓦・楚浮 François Truffaut
拉娜・透納 Lana Turner
芭芭拉・塔克曼 Barbara Tuchman
儒勒・凡爾納 Jules Verne
勞勃・韋納 Robert Wagner
伊迪絲・華頓 Edith Wharton
約翰・威廉斯 John Williams
歐普拉・溫弗蕾 Oprah Winfrey
伊利亞・伍德 Elijah Wood
維吉尼亞・吳爾芙 Virginia Woolf

歐普拉・溫弗蕾

小羅斯福

賈斯汀・提姆布萊克

雙魚座

（2 月 19 日～3 月 20 日）

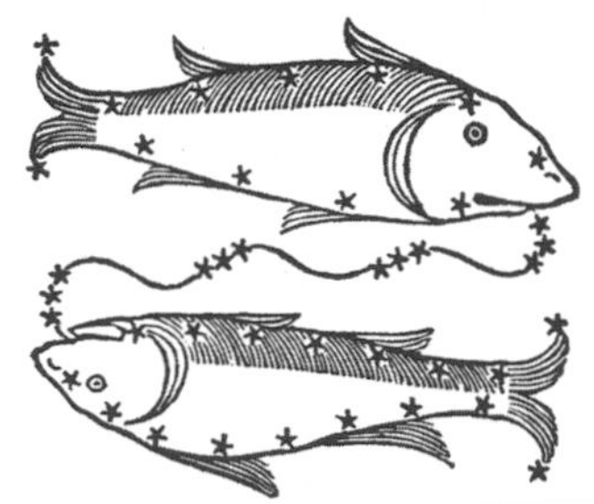

陰陽屬性　陰性星座

三方星座（元素）　水象星座

四正星座（特質）　變動星座

雙魚座包容力強、直覺敏銳、情感豐富、充滿想像力、神祕浪漫、心思細膩敏感、適應力強，而且十分善變。

守護星　海王星：他是古代的海神涅普頓（Neptune）。它是第二顆被發現的現代行星（西元 1846 年）。在占星學裡，海王星象徵幻想、誘惑、祕密與欺騙。

圖像　相連在一起、分別游往不同方向的兩條魚：象徵深藏不露、情緒波動、性格極端，以及內心的渴望相互矛盾。

專用符號（速記符號）　「♓」這個象形文字描繪的是相連在一起的兩條魚。此外，它也刻劃出人類的雙腳（雙魚座掌管的身體部位）。從象徵意義來看，這個符號是由一條橫線將兩條新月形弧線串連在一起，代表情感和高層意識與物質世界有著密不可分的關係，同時也受其限制。

重要關鍵字　「我相信」（I believe）

對宮　處女座：雙魚座象徵夢想與神祕主義。雙魚座的人相信自己的感受與直覺，同時往往會在生活中尋求更多精神價值。雙魚座的對相星座——處女座則象徵努力與勞動服務。處女座的人對事實與真相感興趣；他們講求實際，並且努力追求物質上的成功。

雙魚座掌管的身體部位　腳：雙魚座的人腳型很美，而且雙腳很敏感。不幸的是，他們容易腳痛、拇指外翻、長雞眼。不合腳的鞋子對雙魚座的人傷害特別大。

幸運日　星期五

幸運數字　2、6

誕生石　可以增強神祕力量，帶來心靈上的平靜，同時也能在海上航行時保護你。

幸運色　灰綠、藍綠：象徵海洋的迷人色彩。

適合居住的城市　摩洛哥卡薩布蘭加（Casablanca）、埃及亞歷山卓（Alexandria）、葡萄牙里斯本、西班牙賽維亞（Seville）、愛爾蘭都柏林

適合居住的國家　葡萄牙、撒哈拉沙漠

幸運花　睡蓮、白罌粟、黃水仙

幸運樹　無花果樹、柳樹

幸運金屬　白金

雙魚座守護的動物　魚類

容易遭遇的危險　雙魚座的人非常容易對酒精與藥物成癮。他們也容易捲入離奇事件，並且被精神失常的人吸引。

英文簡稱　PIS

你最討人喜歡的特質——富有同情心

就像黃道帶上的第一個星座——牡羊座象徵新的開始，第十二個星座，同時也是最後一個星座——雙魚座則代表一個循環的結束。它象徵永恆、輪迴與精神上的重生。許多占星學家都說，雙魚座是與心靈世界的連結，而這個星座的人都是「老靈魂」。因為他們認為，雙魚座的人過去曾經歷過很多段人生。

雙魚座擁有某種脫俗的特質。從神祕學的角度來看，你是肉體與靈魂的結合，在物質與精神之間不停地拉扯；你明白在真實世界裡，永遠都不會完全感到自在。

與其他水象星座（巨蟹座和天蠍座）一樣，你能洞悉人心。心思細膩、直覺敏銳的你具備預言能力，甚至可能會投入和神祕學、第六感與通靈術有關的領域。因為你與超自然力量有著緊密的關係，在你知道某些事情之前，就會先感應到它們；這些感受很少是錯的。如果你有某種預感，周遭的人最好多加注意。你深刻的洞察力有一部分源自於你看待事物的方式——你會先用情感理解直覺告訴你的事，然後才用理性思考。

由海王星守護的你（海王星象徵祕密與幻想）古怪多變、難以捉摸。你是水象星座，因此能輕鬆適應周遭變幻莫測的潮流；和其他星座的人相比，你更容易受到環境和那些與你人生有關的人影響。事實上，你特別能理解別人的內心，對他們的歡樂、悲傷，以及遇到的問題感同身受。你對任何受傷的人事物都懷抱同情，無論是生病的植物、挨餓的動物，還是需要幫助的朋友，都在你的身邊找到歸屬。你有時會給予人們安全感與力量（你自己也很需要這些）。

你擁有極為敏銳的直覺、對他人深刻了解，但纖細敏感是你最大的弱點。你太容易受到所有短暫因素，以及某個人的不幸遭遇或求助的影響。「學會說不」是你一輩子的功課，你也可能永遠學不會這一點。

古代占星學家把雙魚座稱為「自我毀滅的傷痛」；你很容易就變成弄垮自己的那個人。你不切實際，而且容易過度放縱，也往往會選錯伴侶。逃避不想面對的事是致命缺點，這或許會使你出現成癮行為。有時候，你的人生可能會充滿麻煩與苦痛，讓你急切地想要逃離，然後你就像從這塊浮冰跳到另一塊浮冰的伊麗莎（Eliza）[29]，不清楚自己要去哪裡。雙魚座的象徵圖像是相連在一起、分別游往不同方向的兩條魚，代表矛盾的情緒與慾望來回拉扯。你得拚命維持穩定，因為平衡與堅定的決心必須和懶惰、困惑與漫不經心對抗。你得建立正面的自我形象，用你的能力與優勢來承擔責任，以免做出糟糕的選擇或自我毀滅。學習成就自我是你的人生課題。

29　伊麗莎是小說《湯姆叔叔的小屋》裡一位逃亡的女黑奴。

當然，你並不缺乏毅力。事實上，為了某個目標或理想，你可以辛苦工作，甚至做出很大的犧牲。在思想上，你充滿好奇心，喜歡探索獨特與隱藏的事物。即便你不切實際，甚至懶惰，當你投入自己非常在意的計畫時，也能完成出色的作品。問題在於，雖然你無私地為別人工作，卻很難約束自己。很少雙魚座的人適合殘酷且競爭激烈的商業界；神祕的雙魚座是詩人與夢想家，作為作家、音樂家或藝術家的你會更加成功。你的想像力極為豐富，常沉溺於幻想；你會努力根據自己的獨特觀點，創造出一個新世界。當你在幻想上投注精力時，你是十二星座中最有創造力的藝術家。皮耶．奧古斯特．雷諾瓦（Pierre-Auguste Renoir）、費德列克．蕭邦（Frederic Chopin）、恩里科．卡魯索（Enrico Caruso）[30]、瓦斯拉夫．尼金斯基（Vaslav Nijinsky）[31]、魯道夫．紐瑞耶夫（Rudolph Nureyev）、伊莉莎白．巴雷特．白朗寧（Elizabeth BarrettBrowning）[32]和埃德娜．聖文森．米萊（Edna St. VincentMillay）[33]都是著名的雙魚座創作者。

因為你既富有同情心，又充滿熱情、善解人意，你對周遭的人有某種獨特的影響力。你或許沒有自信成為一個領導者，但對很多人來說，你絕對是很好的老師、指導者與榜樣。此外，神祕古怪的你也頑皮風趣、很喜歡笑，是個萬人迷。但由於你對自己缺乏信心，比較喜歡獨自工作，你會挑簡單、輕鬆的路走，因此導致失敗；這就是為什麼，許多迷人、才華出眾的雙魚座從未獲得他們應有的位置，

但細膩敏感的你總是可以吸引特定人士。你能享有很高的智慧成就；充滿戲劇性使你顯得更可愛迷人、神祕、令人愉悅。

你也忠心耿耿、慷慨無私，隨時都可以為深陷困難的朋友提供協助。事實上，你往往有某種特殊魔力——當你只關注美好的部分，並且摒棄醜陋與卑鄙時，人們可能就會成為你希望的模樣。你能深入理解他人的內在特質；你不在意膚淺的外表，你看的是一個人的內在靈魂，也就是他的本質。再也找不到比你更纖細敏感、觀察敏銳的人，也沒有人比你更多愁善感、熱心、充滿關愛。

你的內在

你從周遭的一切事物獲取印象與感受，然後樂觀看待，把它們都看成你想要的樣子。這不代表你無法面對現實，

30　恩里科．卡魯索，著名義大利男高音歌唱家，被認為是有史以來最著名的男高音。

31　瓦斯拉夫．尼金斯基，波蘭裔俄羅斯芭蕾舞者與編舞家，以非凡的舞技與對角色刻劃的深度而聞名，在芭蕾舞史上，被譽為「舞蹈之神」。

32　伊莉莎白．巴雷特．白朗寧，英國維多利亞時代最受人尊敬的詩人之一。

33　埃德娜．聖文森．米萊，美國詩人與劇作家。

只是意味著你把人生想成一部超級浪漫、有著美好結局的電影，其中所有人都抱持良善的動機。你的心裡充滿各種感受，當你投入一項創意計畫或一段深厚的感情時，會感到極度快樂。反之亦然——你的悲傷也比多數人更強烈，但你比多數人想的更堅強，即便受到打擊，也會像橡膠製的澡盆玩具般恢復原狀。精力充沛的你會被周遭發生的事吸引；你最大的優點是樂於助人；你隨時都能協助需要幫助的人。

別人眼中的你

每個人都覺得你是一位特別的朋友，因為他們都獲得你的全心關注。他們認為你很熱心，非常關心別人。你也富有社交魅力——活潑風趣，而且總是對新活動很感興趣。人們覺得你充滿藝術家氣息、帶點放蕩不羈，同時也對你細膩敏感的心思印象深刻。他們把你當成知心好友，但弔詭的是，越多人依賴你，他們就覺得你越軟弱。

太陽在雙魚座的名人

愛德華・阿爾比 Edward Albee
馬里奧・安德烈蒂 Mario Andretti
威斯坦・休・奧登 W. H. Auden
譚米・菲・貝克 Tammy Faye Bakker
茱兒・芭莉摩 Drew Barrymore
哈利・貝拉方提 Harry Belafonte
亞歷山大・葛拉罕・貝爾
Alexander Graham Bell
歐薩瑪・賓拉登 Osama bin Laden
爾瑪・邦貝克 Erma Bombeck
伊莉莎白・巴雷特・白朗寧
Elizabeth Barrett Browning
路德・伯班克 Luther Burbank
米高・肯恩 Michael Caine
凱倫・卡本特 Karen Carpenter
恩里科・卡魯索 Enrico Caruso
強尼・凱許 Johnny Cash
愛得加・凱西 Edgar Cayce
賽德・查里斯 Cyd Charisse
費德列克・蕭邦 Frederic Chopin
葛倫・克蘿絲 Glenn Close
寇特・柯本 Kurt Cobain
羅伊・柯恩 Roy Cohn
納京高 Nat King Cole
尼古拉・哥白尼 Nicolaus Copernicus
湯姆・寇特內 Tom Courtenay
辛蒂・克勞馥 Cindy Crawford
比利・克里斯托 Billy Crystal
奧諾雷・杜米埃 Honore Daumier
麥可・戴爾 Michael Dell
吉米・多西 Jimmy Dorsey
勞倫斯・杜瑞爾 Lawrence Durrell
懷特・厄普 Wyatt Earp
亞伯特・愛因斯坦 Albert Einstein
鮑比・費雪 Bobby Fischer
彼得・方達 Peter Fonda
伽利略・伽利萊 Galileo Galilei
露絲・拜德・金斯伯格 Ruth Bader Ginsburg
傑基・葛里森 Jackie Gleason
米哈伊爾・戈巴契夫 Mikhail Gorbachev
凱西・葛雷莫 Kelsey Grammer
塞德里克・哈德威克 Cedric Hardwicke
珍・哈露 Jean Harlow
喬治・哈里森 George Harrison
雷克斯・哈里森 Rex Harrison
派翠西亞・赫斯特 Patricia Hearst
班・赫克特 Ben Hecht
珍妮佛・樂芙・休伊 Jennifer Love Hewitt
溫斯洛・霍默 Winslow Homer
朗・霍華 Ron Howard
維克多・雨果 Victor Hugo
威廉・赫特 William Hurt
亨利克・易卜生 Henrik Ibsen
約翰・厄文 John Irving
史蒂夫・賈伯斯 Steve Jobs
珍妮佛・瓊斯 Jennifer Jones
芭芭拉・喬丹 Barbara Jordan
瓊・邦喬飛 Jon Bon Jovi
基莉・迪・卡娜娃 Kiri Te Kanawa
愛德華・摩爾・甘迺迪 Edward M. Kennedy
傑克・凱魯亞克 Jack Kerouac
林・拉德納 Ring Lardner
史派克・李 Spike Lee
西碧兒・里克 Sybil Leek
傑瑞・路易斯 Jerry Lewis
羅伯・洛 Rob Lowe
詹姆斯・麥迪遜 James Madison
安娜・麥蘭妮 Anna Magnani
加布列爾・賈西亞・馬奎斯
Gabriel García Marquez
米開朗基羅 Michelangelo
埃德娜・聖文森・米萊
Edna St. Vincent Millay
葛倫・米勒 Glenn Miller
莉莎・明妮莉 Liza Minnelli
皮耶・蒙德里安 Piet Mondrian

澤羅・莫斯苔 Zero Mostel
魯伯特・梅鐸 Rupert Murdoch
拉爾夫・納德 Ralph Nader
凱特・尼利根 Kate Nelligan
瓦斯拉夫・尼金斯基 Vaslav Nijinsky
大衛・尼文 David Niven
帕特・尼克森 Pat Nixon
魯道夫・紐瑞耶夫 Rudolph Nureyev
梅爾・奧伯朗 Merle Oberon
「俠客」歐尼爾 Shaquille O'Neal
薛尼・鮑迪 Sidney Poitier
艾登・昆恩 Aidan Quinn
湯尼・藍道 Tony Randall
莎莉・菲傑西・菲拉斐爾 Sally Jessy Raphael
琳恩・蕾格烈芙 Lynn Redgrave
卡爾・雷納 Carl Reiner
羅伯・雷納 Rob Reiner
皮耶・奧古斯特・雷諾瓦
Pierre-Auguste Renoir
米蘭達・李察森 Miranda Richardson
鮑比・里格斯 Bobby Riggs
尼古拉・林姆斯基・高沙可夫
Nicolai Rimsky-Korsakov
菲利普・羅斯 Philip Roth
寇特・羅素 Kurt Russell
威拉德・史考特 Willard Scott
尼爾・西達卡 Neil Sedaka
蘇斯博士 Dr. Seuss
歐文・蕭 Irwin Shaw
黛娜・蕭爾 Dinah Shore
約翰・史坦貝克 John Steinbeck
狄恩・史達威爾 Dean Stockwell
莎朗・史東 Sharon Stone
達里爾・史卓貝瑞 Darryl Strawberry
吉米・史瓦加特 Jimmy Swaggart
伊莉莎白・泰勒 Elizabeth Taylor
詹姆斯・泰勒 James Taylor
艾倫・泰瑞 Ellen Terry
法蘭奇・湯恩 Franchot Tone
湯米・圖恩 Tommy Tune
凱莉・安德伍 Carrie Underwood
約翰・厄普代克 John Updike
葛羅莉亞・范德比 Gloria Vanderbilt
歐文・華萊士 Irving Wallace
厄爾・華倫 Earl Warren
喬治・華盛頓 George Washington
寇特・威爾 Kurt Weill
勞倫斯・威爾克 Lawrence Welk
凡妮莎・威廉斯 Vanessa Williams
布魯斯・威利 Bruce Willis
喬安娜・伍德沃 Joanne Woodward

寇特・柯本

凱莉・安德伍

亞伯特・愛因斯坦

2

從太陽星座看愛情

愛情是我們人生中不可或缺的一部分。在本章裡，你將看到每個太陽星座的基本戀愛特質。因為男人、女人看待愛和性的心態有些不同，我把每個星座都依照性別來做區分。此外，對於那些想知道如何吸引特定星座的人，我也提供了一些訣竅。但請記得，這些說明都是以一個人的太陽星座，而不是他星盤中的其他重要元素為基礎。本章只是給你一點提示，但你不可能完全靠太陽星座來評斷一個人。

假設有個女人剛遇見一個充滿魅力的金牛座男人，他邀請她一起共進晚餐。當然她，必須閱讀關於金牛座戀愛特質的說明，了解一下他是怎樣的人；然而，就算她不喜歡自己讀到的一切，也不該取消這場晚餐約會。這個金牛座男人的星盤包含了其他行星的影響，他不會完全符合這些太陽星座的相關說明。不過，畢竟他是金牛座，他還是會帶有金牛座的基本特質；她必須赴約，然後多認識他一點。

在面對愛情時，你得勇敢冒險。

在之後的章節裡，你會學習怎麼比較你和另一半的星盤，這將使你更深入了解各種行星的影響。當你讀到那一章時，你將對占星學懂得更多。

這樣的初步說明可以視為一種通則，有助於理解每個星座看待愛情的方式。同時，我也針對每個太陽星座提供名為「戀愛組合」的指南，說明該星座如何與其他星座相處。然而，我必須提醒你，這些說明都只是粗略的概述，它們不該大幅影響你的決定，像是跟誰上床、結婚，甚至是跟誰共進晚餐；還有許多要素必須納入考量。

在本章裡，我簡單扼要地說明了每個太陽星座與其他星座的契合度，希望這些資訊不僅有趣，也對你有所助益。

愛情萬歲！

牡羊座的戀愛特質

你和牡羊座女人

如果你愛上一個牡羊座女人，你絕對不會覺得無聊，但你能否駕馭熱情、獨立、堅強的女性？牡羊座女人就是這種人。她熱情奔放、不甘於平淡，彷彿裝滿燃料的火爐，等著被點燃。

無論牡羊座女人想要什麼，她都會得到，當男人遇見像她如此難以抗拒的女人時，他往往會追著她跑。事實上，當她被一個男人吸引時，她會開始一場有趣的遊戲，看看自己可以多快抓住他。對牡羊座女人來說，戀愛令人渾然忘我的部分就在於，悄悄接近對方的那瞬間。挑戰使她沉迷，你表現得越冷淡，她就越想得到你；她要讓你成為她的俘虜。

跟她談戀愛並不輕鬆。她渴望自由，卻也黏人黏得很緊，而且喜歡刺激。她對愛有極大的需求、得到的比自己付出的更多，但沒有男人能掌控她。她講求平等，若對方對她忠誠，她也會以誠相待；若對方不值得信賴，她也會用同樣的方式對待他。基本上，在一段親密關係中，她是很霸道的，你可以選擇接受或離開。如果你選擇留下來，你必須先對她做出讓步，到最後，你可能會發現，自己已經被塑造成她心目中的理想情人。

在愛情裡，她忠心耿耿，但同時也會要求對方對自己完全忠誠。她的嫉妒源自於強烈的佔有慾，她不希望另一半興趣太多，她想要完全佔有對方，否則一切免談。想了解她的基本性格，你得先明白，她的嫉妒有何不同，她吃醋不是因為感到不安（這是多數嫉妒的根本原因），而是因為她必須是你的唯一，若她的伴侶想偷吃，她將大發雷霆。

牡羊座女人會在一段長久的關係裡找到幸福。她喜歡與另一半分享所有美好的事物，帶給對方快樂；她非常溫柔、真情流露，同時也散發性感魅力。每次性接觸（即便是跟同一位伴侶）都是一場征服。

她也是你最忠實的盟友，與你並肩作戰，相信你，並且給你鼓勵。對正往上晉升或努力保持頂尖的男人而言，她是很棒的夥伴。她會帶給他極大的勇氣與決心，她的企圖心非常強烈。

當她覺得自己不被愛時，她可能會變得刻薄且無理取鬧；最重要的是，她不容許被忽視。和一個不開心的牡羊座女人在一起，終將步向毀滅；她希望你能理解並欣賞她的獨特性格。如果你妥善對待並讚美她，這個活潑頑皮、性感迷人的女人將會答應你的任何要求。

你和牡羊座男人

不需要特別強調牡羊座熱情如火，因為他就是這種人，他總是尋求冒險與創新。他營造出刺激的氛圍，只要有他在的地方，就會有刺激的事發生。

你很難抗拒他，在拒絕他之前（即便那只是為了試探），請好好地想一想。你要到哪裡去找像他這樣熱愛冒險、創意十足、充滿活力與男子氣概的伴侶？被牡羊座男人吸引的女人，將享有一場精彩刺激的戀情（通常很短暫）。在愛情裡，他們追求新鮮感、喜歡冒險；對他來說，這個世界宛如一座花園，他不能錯過任何散發迷人香氣的美麗花朵。在冬天來臨前，有太多樂趣可以體驗，他總是渴望新的嘗試；起初異性對他的意義僅止於此。

然而，牡羊座男人也有弱點。他深信「永恆女性」這樣的理想化形象[34]，那將使他徹底愛上她。他不擅長在愛情裡耍小手段，若一個女人表現出天真溫順的樣子，他就不會進一步探究她的性格。一旦他發現自己被對方欺騙、利用，他的困惑很快就會轉變成憤怒。

牡羊座男人會將性幻想付諸行動；在他察覺自己有這種念頭的瞬間，就會開始採取行動。他會直接發動攻勢，這可能比其他巧妙的方法更有效。他從一開始就毫不遲疑，直接向你撲過來；他強勢、野蠻，而且能夠獲勝，他習慣獲勝。在你們第一次約會時，你就會發現，你無法主導一切，他會告訴你，你們什麼時候要去哪裡；你只要放輕鬆，交給他全權處理即可。

他衝動魯莽，熱情難耐，近似瘋狂；他不顧一切，就是想要得到你。這個男人充滿活力與想像力，同時體力也極為旺盛；任何曾經有牡羊座男人在身邊的女人都會告訴你，她度過了一段刺激的時光。

如何吸引牡羊座

不要膽怯；懦弱的人永遠無法贏得牡羊座的心（無論男女）。從一開始就要讓牡羊座的人知道，你有多仰慕他們。如果你誇讚他們，他們絕對不會覺得你很無禮。他們認為那是他們應得的。但請小心一點，不要拚命恭維，如果有不真誠的地方，他們總是可以察覺出來。

牡羊座的人自認是知識份子，所以不要光靠肉體吸引他們。他們喜歡針對戲劇、音樂、政治，甚至是像歷史、藝術或哲學等更深奧的主題進行熱烈討論。當關係剛開始發展時，很適合在約會時一起觀賞運動比賽，（對牡羊座而

34　「永恆女性」（eternal feminine）的概念出自於德國劇作家歌德的《浮士德》，象徵美與救贖。在許多文學家與藝術家眼中，女性都代表永恆，她們從青春美麗的少女成為妻子，主導柴米油鹽的平凡人生，之後又成為母親，引領我們包容充滿苦難的人生。因此，人類世代的延續，生生不息，都是由女性來引導。

言，不可能有其他更好的建議。）他們是狂熱的運動迷。若你不太了解你們觀賞的比賽，讓他們講解給你聽，那將會是件刺激有趣的事。在出席重要約會前，好好地小睡一番。牡羊座不會特別注意時間，你們可能會不停地玩，一路玩到凌晨。當其他人都已經沒力時，牡羊座的人反而越玩越起勁。

一定要把你遇到的問題都告訴牡羊座，他們不吝惜付出自己的時間與金錢，也很樂意給予建議與同情。這麼做還有一個好處，在任何情況下，牡羊座都對自己該做的事深信不疑，你將得到直接且清楚明瞭的回覆，而不是模稜兩可的答案。

請特別注意，絕對不要試圖命令牡羊座；他們不知道如何聽從別人的指揮。如果你想使牡羊座抱持某種想法，你必須讓他們覺得，這種念頭是自然產生的。

牡羊座的各種戀愛組合

牡羊座和牡羊座

這段關係可能充滿了激情，但兩人都不甘居於下風。牡羊座女人往往會主導一切。（這通常是因為霸道的女人和霸道的男人相比，必須更努力才能如其所願。）然而，為了勝過對方，兩人之間的競爭將十分激烈。最後，這種劇烈鬥爭會嚴重影響到閨房情趣，起初前景可期的感情也變得衝突不斷。若兩人都擁有工作以外的興趣，或各自獨立工作，狀況會好一點。當兩人把精力用在其他地方時，這樣的鬥爭反而變得更有趣，也更不具殺傷力。

牡羊座和金牛座

兩人都非常好色，但牡羊座可能會被金牛座緩慢無趣的親熱方式惹惱。金牛座喜歡宅在家裡，而牡羊座絕對不是這種人。牡羊座衝動魯莽，他們追尋自由、喜歡嘗試新事物。金牛座則佔有慾強、愛吃醋，同時也很守舊，他們會把牡羊座獨立自主的需求視作一種拒絕。長期來看，這段關係或許很難經營下去（如果他們堅持得夠久，牡羊座將漸漸開始欣賞金牛座的穩重可靠）。

牡羊座和雙子座

他們不會讓對方覺得無聊，因為兩人都很喜歡說話（這是一場實力差距很小的比賽，但雙子座很可能會獲勝）。他們格外契合，因為雙子座和牡羊座一樣閒不下來，他們總是急著嘗試新事物，在這段關係裡，兩人都不會受到拘束。雙子座夠聰明，足以與牡羊座的控制慾相抗衡。雙子座也許會尋求外在刺激，但不會引起對方的注意。他們在性格上特別契合；牡羊座聰明伶俐、活力充沛，雙子座則心思敏捷、多才多藝。在性愛上，牡羊座可能會扮演主導的角色，而雙子座的樂趣在於變換各種花招，使牡羊座一直處於性致高昂的狀態。種種跡象都顯示，這段感情進展得很順利。

牡羊座和巨蟹座

一開始，兩人都對彼此神魂顛倒，但因為存在許多性格差異而導致激情消退。牡羊座做事不瞻前顧後，巨蟹座則小心翼翼，巨蟹座喜歡待在家裡，牡羊座討厭被綁住，他們對彼此心生不滿，會因為雞毛蒜皮的小事爭吵。

言辭犀利的牡羊往往會傷到巨蟹座脆弱的心；牡羊座越有攻擊性，巨蟹座的防備心就越重。這兩個星座的性格不太契合。當巨蟹座開始嘮叨時，牡羊座就會設法逃跑。

牡羊座和獅子座

兩人都擁有燃燒自我的熱情，也喜歡主導一切。好強的牡羊不甘居於次要地位，尊貴的獅子座則需要有人一直崇拜他。為了解決這個問題，他們通常會讓獅子座扮演皇帝、牡羊座扮演將軍的角色。訣竅在於，不要把對方看得那麼重，這個組合很容易天雷勾動地火，因為他們都既浪漫又熱情。

牡羊座樂觀、對人生抱持開放的態度，獅子座則慷慨大方、心地善良。若兩人都沒有試圖削弱對方的銳氣，並且在控制權上找到妥協方案，這應該會是一段很幸福的關係。

牡羊座和處女座

害羞拘謹的處女座應該會暫時被大膽的牡羊座吸引，但他們對性愛，以及其他各方面都抱持截然不同的看法。牡羊座的激情狂放而直接，處女座的慾望則比較隱晦且深藏不露。對於生活的其他層面，牡羊座的腦袋裡也充滿了各種刺激的新計畫與想法，並堅持自己主導一切。處女座龜毛挑剔，而且希望事情都照自己想要的方式進行。處女座不喜歡牡羊座奢侈浪費，牡羊座則覺得處女座吹毛求疵、冷酷無情。到最後，他們彼此對抗，而不是相親相愛。

牡羊座和天秤座

一開始，這兩個對相星座之間存在著強大的吸引力，因為他們都各自填補了彼此缺少的某些部分。比方說，野蠻的牡羊座會激起天秤座潛在的慾望，他們的感情生活可能會很另類。天秤座很渴望和諧平靜，而牡羊座卻是個行動派，熱愛冒險。他們都喜歡社交、宴客與享樂，但他們忙碌的方式並不相同；到最後，天秤座會想找一個要求沒有那麼高的伴侶，牡羊座則想找一個更仰慕自己的對象。這個組合只適合談戀愛，不適合結婚。

牡羊座和天蠍座

這兩個星座之間可能會燃起熊熊愛

火。他們都重視肉體慾望、活力充沛、充滿熱情，在性愛上，一切應該都很美好；他們無法處理的是情感層面的問題。兩人的個性都很強勢，想要掌控彼此，到最後，天蠍座愛吃醋可能會成為這段感情失敗的原因。牡羊座有許多工作以外的興趣，讓天蠍座很沒有安全感，因此展現出霸道的一面。牡羊座不會聽從天蠍座的指揮，而天蠍座也絕對不會退居次要地位。他們很容易點燃愛火，但感情並不穩定。

牡羊座和射手座

射手座的個性非常適合牡羊座。他們都積極進取、坦率隨興；他們喜歡社交、擁有共同的奢侈嗜好，也懂得享受生活。兩人之間或許會有點小衝突，因為他們都衝動魯莽、有話直說。他們的爭吵可能會很火爆。牡羊座在性愛上強勢、野蠻，對愛玩的射手座而言，這有時並不對他的胃口；不過，他們都有很好的幽默感，也很享受彼此的陪伴。如果他們能在臥房裡和睦相處，他們在其他方面也將如此。

牡羊座和摩羯座

牡羊座喜歡創新與嘗試，可能會使保守的摩羯座感到非常不開心。牡羊座熱情如火、衝動魯莽、靜不下來，摩羯座則是穩定不變、井然有序、講求實際。牡羊座奢侈浪費，摩羯座則重視安全感。奇怪的是，這段感情如果長期發展，卻比短期發展來得好。在性愛上，牡羊座的積極與摩羯座潛藏的熱情不相上下；最後，摩羯座的體力與耐力會贏得牡羊座的尊敬。

牡羊座和水瓶座

他們在性格上十分契合——兩人都積極進取、懷抱雄心壯志、興趣廣泛，而且都同樣渴望性愛冒險。水瓶座堅信自己的想法，有時可能不會讓牡羊座主導一切。兩人都很獨立，但水瓶座更勝過牡羊座；牡羊座有時可能會覺得自己被忽略。

牡羊座覺得水瓶座的人意外地令人興奮，卻也不曾徹底感到安心。不過，只要兩人運用一點小技巧，並試著理解對方，這段感情可以變得更加美好。

牡羊座和雙魚座

牡羊座將讓雙魚座卸下心防，同時也被神祕、性感誘人的雙魚座吸引。勇敢自信的牡羊座加上直覺敏銳、愛幻想的雙魚座，意味著充滿樂趣的組合，他們在性格上彼此互補。

牡羊座自信、活潑，雙魚座則有些害羞且容易受到他人影響；牡羊座喜歡主導一切，而雙魚座希望有人可以依靠。只要牡羊座多花點心思，兩人就能相處得很愉快。

金牛座的戀愛特質

你和金牛座女人

在誘惑的藝術裡，她足以媲美達文西。從她宛如蒙娜麗莎的微笑到性感的眼神，都散發出十足的魅力；然而，她並不輕佻，任何有望贏得她芳心的男人，最好都不要只想隨便玩玩。金牛座女人不是你的一日情人或週末情人，她需要安全感、渴望安定，在她的愛情字典裡，沒有「隨便」這個字。

從很多方面來看，金牛座女人都是思想老派的最佳代表，因為她們忠心耿耿、喜歡保護他人；她們天生充滿母性，總是給予關懷與照顧，並且奉獻一己之力。當她愛上一個人時，也會表現得很直接，愛情使她展現出最好的一面；在親密關係裡，她既不扭捏也不煽情。她溫柔坦率、對自己喜歡的男人真情流露；她會慷慨地付出關愛、給予擁抱，並經常說出親暱的話語。她的性慾很強——事實上，她對生活充滿了熱愛。她第一次發生關係的對象，可能是一個較為年長、品味高雅的男人，他帶她領略美食與美酒，並坐頭等艙去旅行。

金牛座女人是熱情的床伴，同時也是忠誠的伴侶。她能給對方很多，但她的要求也很高；她深信自己付出所有，因此應該獲得應有的回報，想撿便宜的人請不要嘗試。

她喜歡被追求、討好，但這從來不是擄獲她芳心的真正原因。在你認定的關鍵時刻之前，她就已經做出決定。她會事先計畫，因為她認為，像性愛如此重要的事不該完全順其自然，她會先仔細設定好劇本。因為金牛座女人極為細心，她總是細膩地關照對方，當你自認可以贏得她的心時，你恐怕根本沒有這個機會，而她也絕對不會讓你知道。

如果她愛你，任何人都無法改變她的想法。她堅信自己的判斷、了解自己的需求，也相信自己的直覺。金牛座女人是真正的浪漫主義者；她性情溫和、純真穩重、性感、充滿藝術家氣息，而且優雅、有品味。若她喜歡上你，你是很幸運的。

你和金牛座男人

他不會立刻被你迷得神魂顛倒，然後和你一起過著幸福快樂的生活。這不代表他害怕這麼做，只是意味著他不曾有過這種想法。如果他的女人被關在高塔裡，他還比較有可能來到高塔門口，設法要對方放了她；對他來說，這是一件很合理的事。

最重要的是，這個男人理智、腳踏實地、對愛情很務實。他看待感情時深思熟慮，在做出決定前，他會先仔細審視，他不會試圖獲得其他男人爭相追逐的對象。他想要的是能長期滿足自己，而不是那種只有外表好看、很快就會被他丟棄的女人。他重視穩定與安全感。這並不代表，他會拒絕金髮美女的邀約、與她共度快樂的週末。這個世界上確實有許多性感好色、看似輕浮的金牛座男人，喜歡跟女人上床。但當你深入探究時會發現，除非這個男人判定兩人的關係得以持續，他才會想要開始一段感情。在面對自己的感情生活時，他很有耐心。

他很容易察覺別人冷落自己，卻善於隱藏內心的冷漠，多數女人都不會起疑；他或許看似冷漠，卻也很容易卸下堅強的外表。當你初次見到金牛座男人時不一定看得出來，但他會用他特有的方式表達浪漫。他將自己鍾愛的女人當作偶像般崇拜，不像有些男人會試著把某種理想形象加諸在女人身上，他喜歡的是真實的你。

金牛座男人無法像能言善道的雙子座或天秤座一樣，輕易地說出「我愛你」，但他會對你意外地慷慨，這是他表達愛意的方法。當然，他送你的禮物是很貴重的，因為他不會花錢買沒有價值的東西。他是會買一件昂貴首飾，而不是一大堆俗氣的廉價飾品給你的那種男人。

在含蓄的外表下，金牛座男人充滿熱情、極度重視肉體慾望。對他而言，性愛其實是可以分離的。在面對性愛時，他和金牛座女人一樣坦率直接。雖然他覺得不需要變換很多招式，他具備女人夢寐以求的持久力。他旺盛的體力大大彌補了招式的不足。

這個男人理智、感性、意志堅定，值得你依靠。他溫柔體貼、忠心耿耿，而且自然流露出幽默感。對很多在找尋真命天子的女人來說，只要看看金牛座男人就夠了。

如何吸引金牛座

金牛座的人不會貿然嘗試新事物；他們希望所有的一切（包含友情與愛情）都建立在穩固的基礎上。這或許需要耐心與克制，但它們都是金牛座欣賞的特質，因為他們本身就是這樣的人。

我的建議是，你可以先採取行動。金牛座要花很久的時間才能做出決定，若你沒有主動出擊，機會將就此消失。告訴他們，你喜歡待在他們身邊，並且努力逗他們開心。這些安靜隨和的人會被帶給他們歡笑的人吸引，你將發現他們迷人有趣，同時對你深感興趣。你可以在適當的時機、用適當的話語來化解有些乏味的氣氛或中止冗長的談話。如果你要說笑話給金牛座聽，請記得他們的幽默是膚淺粗俗的；有點低級的笑話會戳中他們的笑點。

如果你要給金牛座的人吃東西，讓他們吃好一點。帶他們到可以享用主廚精湛手藝的餐廳用餐，然後在那裡開一瓶好酒。在家裡煮東西給他吃、展現你的廚藝，不要在分量上節省。

若你們的對話開始停滯，可以試試他一定會感興趣的話題——錢。你一定要展示你的珍藏（從郵票、小型象牙雕刻到翡翠，甚至是印有印地安人頭像的一分錢硬幣）[35]。對金牛座而言，這個話題有著無窮的吸引力。

不要自顧自地說個沒完，只要金牛座一打開話匣子，他們就很喜歡說話。不要吝惜對他們的家、車子、衣服、首飾表達你的讚賞，他們有非常好的品味，最重要的是，大方地讚美他們。

金牛座的各種戀愛組合

金牛座和牡羊座

金牛座的反應沒有牡羊座那麼迅速，但他們都對床第之事很感興趣。牡羊座情感豐富，金牛座則注重感官感受。在他們交往的這段時間，他們一定會玩得很開心。但到最後，佔有慾很強的金牛座會激怒脾氣火爆的牡羊座。他們也會為錢爭吵——金牛座通常謹慎保守，而牡羊座卻揮霍無度、不顧後果。做決定時很衝動的牡羊座會惹惱穩定不變的金牛座（金牛座不喜歡突然改變自己的日常習慣）。這段甜蜜的感情恐怕會變成困難重重的婚姻。

金牛座和金牛座

這不是最令人興奮的組合，因為他們都喜歡待在家裡，寧可安全一點，也不要冒險。不過，他們都努力工作，也很愛錢；他們忠心耿耿、溫柔體貼。金牛座女人往往比金牛座男人更多愁善感，但兩人的佔有慾都很強。一切都進展得很順利。因為他們都很直接、露骨地表達自己的性需求，他們在這方面應該不會有什麼問題。無趣會對這段感情造成威脅。在不激發對方佔有慾的情況下，發展工作以外的嗜好與朋友圈，是最適當的解決方法。

金牛座和雙子座

這兩個星座的性格可以說完全截然不同。金牛座時常冷漠、堅持己見、抗拒改變，雙子座則反覆無常、搖擺不定、靜不下來；但這也許就是他們覺得彼此很有魅力的原因（這只會持續一小段時間）。一開始，雙子座會被金牛座的熱情吸引，但天生重視穩定與安全感的金牛座，最後將會被善變的雙子座惹惱。金牛座常常太受制於固有習慣，無法接受雙子座一直需要新的刺激。到最後，

35 這種硬幣是美國造幣局於 1859 至 1909 年生產的一種一美分硬幣，它是由費城鑄幣局首席雕刻師詹姆斯．巴頓．朗艾克（James Barton Longacre）所設計的。

雙子座會覺得金牛座要求太多，因而設想方法逃跑。

金牛座和巨蟹座

他們在一起有很多好處。他們都很愛家、多愁善感、性慾旺盛。金牛座安靜隨和，能有效防止巨蟹座喜怒無常，但有話直說的金牛座有時必須注意，不要忽略巨蟹座的感受。巨蟹座需要有個像金牛座這樣堅強的人可以依靠，他會對金牛座忠心耿耿，並給予金牛座需要的回饋。金牛座對金錢有強烈的企圖心、極度需要安全感，而巨蟹座正好也追求這些目標。類似的興趣與渴望造就出一段和諧的關係。

金牛座和獅子座

獅子座需要有人不停地讚美與吹捧他，而且總是與金牛座相互競爭。金牛座因此一意孤行，同時也變得越來越悶悶不樂。金牛座需要被欣賞，獅子座則需要被崇拜，但他們都無法從彼此身上獲得自己需要的東西。此外，獅子座奢侈浪費，金牛座則過度節儉。金牛座渴望將一切安排得井井有條，獅子座卻想讓自己顯得出眾，這兩者之間存在著根本的衝突。他們在性愛上十分契合，但獅子座認為人生就如同三環馬戲團（three-ring circus）[36]，努力使場面熱鬧非凡，這令金牛座難以忍受，甚至在旁邊看就覺得受不了。

金牛座和處女座

他們一見鍾情。兩人都喜歡宅在家裡，也喜歡探求知識。作為一個團隊，鍥而不捨的金牛座和心思敏銳的處女座是很好的組合。金牛座密切注意兩人的生活開銷，這讓節儉的處女座感到開心；儘管他們的人生觀少了些隨興，但也不太重視這一點。在性愛上，他們或許必須相互適應，因為金牛座更重視肉體慾望，但金牛座可能會喚醒處女座沉睡的熱情。他們在其他方面也都有共同點。

金牛座和天秤座

金牛座覺得天秤座是溫暖、活潑、浪漫的伴侶，天秤座生來就很誘人。穩重可靠的金牛座足以與優柔寡斷的天秤座相抗衡。錢可能會是個問題，因為天秤座不像金牛座對每一塊錢心存敬意，但他們都有強烈的物慾，也喜歡蒐藏美麗的東西。這兩個星座都由金星守護、注重感官感受，但各自以不同的方式展現這種特質。到最後，以善變、漫不經心的態度看待愛情的天秤座可能會令金牛座抓狂，而天秤座也一定會因為金牛座強烈的佔有慾而心生不滿。這對浪漫的組合恐怕不會持續很久。

36　三環馬戲團是指在場地中畫了三個大圓圈的大型馬戲場地，可以同時進行三種不同的表演。

金牛座和天蠍座

這兩個星座互為對宮，但他們比其他對相星座擁有更多共同點；他們都意志堅定、懷抱雄心壯志，也沒有什麼流浪者性格。無論如何，他們都對工作很有毅力。金牛座熱情的性愛特質和天蠍座相比，有過之而無不及——事實上，這段關係中的性愛部分近乎強迫。但天蠍座生性霸道、佔有慾強、愛吃醋，使金牛座心生不滿。這段感情充滿爭吵，而兩人都沒有足夠的忍耐力，讓關係持續下去。

金牛座和射手座

如果金牛座像放風箏一樣，牢牢地抓住風箏的繩子，這段感情也許會成功。他們在肉體上相互吸引，因為在床上放蕩不羈的射手座點燃了金牛座的熱情。但金牛座很難駕馭風流成性、一直在尋求新鮮感的射手座。射手座對性愛，以及其他事情都抱持輕鬆、寬容的心態，金牛座則不僅嚴肅認真，佔有慾也很強，射手座不願意受到別人的控制。他們不會有無聊的時候，但經常爭吵；這兩個人只談戀愛可能會很有趣。

金牛座和摩羯座

對金牛座而言，摩羯座是很強勁的對手，因為在性愛上，他們都單純而直接，他們不常談情說愛，卻常享受健康的性愛。他們抱持相同的目標、結交相同類型的朋友；他們都很愛錢，也需要安全感。摩羯座比金牛座想的更深藏不露一些，但忠誠的摩羯座還是能令金牛座感到安心。此外，金牛座也會被摩羯座突如其來的幽默吸引。長期來看，這段感情前景可期。

金牛座和水瓶座

他們都不可能認同彼此。金牛座謹慎保守、沉默寡言，水瓶座則活潑、喜歡打破常規、勇於創新。金牛座好色且充滿熱情，水瓶座則注重心靈層面。金牛座很難讓水瓶座一直待在家裡，或對美滿的家庭生活感到滿足。在感情裡，水瓶座希望能坦誠相對、表達自我，金牛座則需要的是安全感與自在感。水瓶座無拘無束、喜歡獨來獨往、討厭被綁住，他遲早會從佔有慾很強的金牛座身邊溜走。

金牛座和雙魚座

雙魚座無法完全理解金牛座重視物質的人生觀，但穩重可靠的金牛座可以作為雙魚座的精神支柱，避免他沉溺在自己的幻想裡。辛勤工作的金牛座為懶惰的雙魚座樹立了一個好榜樣。此外，金牛座講求實際、生性隨和，可以幫助雙魚座度過頻繁的情緒起伏。在愛情裡，金牛座很忠實，雙魚座則很仰慕對方。即便對金牛座來說，雙魚座可能有點古怪，但他們在性愛上十分契合。金牛座充滿熱情，雙魚座則注重感官感受，這樣有什麼不好嗎？

雙子座的戀愛特質

你和雙子座女人

當你遇見這個風情萬種的女子時，很可能會對她感到著迷，因為她散發的魔力比梅林（Merlin）[37]還要強大。然而，這個女人的愛情有些隨興，即便當她全心投入或步入婚姻時，她依然既溫和，又熱情得令人窒息。

很多男人都一致認為，雙子座女人雖然很吸引人，但實在太難懂；若你記得她具有雙重性格，就不會那麼困惑了。她需要愛與安全感——被呵護照顧、被滿足，讓她覺得自己是這個世界上最重要的女人，但她更需要的是刺激與新鮮感。這個女人活潑、愛好享受，同時性格也有些不正經。

雙子座會偷偷幻想自己是個慵懶、悶騷的女人；但在現實生活中，她沒有這個耐心，更沒有時間。此外，她遇到的半數男人都不值得她這麼做，他們都太無趣了。她對男人深具鑑賞力，可以找到非常有趣的對象，但若一段感情失去熱情，就會設法逃跑。當愛情離開時，她不會浪費時間思考它去了哪裡，不愉快的經歷很快就會被拋諸腦後。為了重新愛上一個人，她知道自己必須忘記過去的戀情。

在這場誘惑遊戲裡，她有時會顯得很無情，因為在試圖讓你對她神魂顛倒的同時，她也正盤算著，你是否值得她把注意力都放在你身上。在兩人真正發生關係之前，她會先在心裡感受自己的慾望；作為戀人，她的慾火很容易被點燃——她一直對性充滿好奇，迷人的她也總是樂於嘗試新事物。有時她會過度強調生理反應，而不是過程中的感受，基本上，這是因為她沒有太投入，或透露太多自己的情緒。

雙子座女人往往很善變、靜不下來，並經常對自己只能掌控一個男人感到不滿足。她具有雙重性格、生性善變，要的通常比一個男人能給的更多。為了滿足她的所有需求，他必須同時滿足好幾個層面（包含心理、情感與性愛層面），關鍵在於多變。因此，如果你很想成為她生命中的唯一，就成了一個問

37　梅林是英格蘭與威爾斯神話中的傳奇魔法師，他法力強大且充滿睿智，能預知未來與變形，並因為輔佐亞瑟王即位而聞名，留下種種事蹟。

題，你必須擁有很多面向，可以同時在肉體與心靈上吸引她。若你能做到這一點，她就會是你忠實的伴侶與戀人，而且總是魅力十足，你幾乎可以完全信任她。

她往往會認為，自己付出的愛比愛她的人還要多，這種巧妙的控制方式對他不僅是一種恥辱，也會刺激他證明不是這麼一回事。不要對雙子座說的話信以為真，就算她自己相信這些話，它們背後也隱藏了其他動機。

儘管她戴著各種面具，讓人困惑，但當她愛上一個人時，會展現出她的真實性格，並且堅定不移。接下來，可能會變得佔有慾很強，甚至很容易吃醋。

很少有伴侶可以欺騙她，卻不被察覺。但男人怎麼會想要欺騙她？她聰明狂野、活潑風趣，能滿足任何男人。

你和雙子座男人

他是最好的約會對象——心思機敏、迷人、對伴侶深感興趣、慷慨大方，對於兩人要去的地方、觀看的事物有很多充滿創意的想法。跟他約會就像一場永不停歇的娛樂。

女人如同飛蛾撲火般，被他的活潑，以及對生活的熱情吸引；這些女人在他的生命中閃現，然後消失不見。試圖約束他沒有任何好處，你看見花園中那抹閃耀的色彩了嗎？那是一隻活生生的蝴蝶，而不是裝在盒子裡的標本；它只會短暫停留，請盡情享受這樣的時光。

這個由水星守護的男人很喜歡異性，這是他成功掌握女人心的祕訣之一。對於女人該說些什麼、她們的心理如何運作，以及他可以從她們身上學到些什麼，雙子座男人都深感興趣。但他每天都最少要有點樂趣，當一段感情不再有趣時，他也會跟著離開。當一個女人開始認真看待他時，他就會宛如一縷輕煙般消失無蹤。

事實是，承受太多情緒、太認真看待愛情的女人，都會令雙子座男人感到不自在。他覺得性愛很吸引人，因為它可以不斷更新，但愛情終將結束。

然而，奇怪的是，雙子座男人往往會與情感豐富、熱情的女人們有所牽扯。（當然，他通常不會一直跟她們糾纏不清。）那些活得很戲劇化、對情緒的感受性很強的女人，非常吸引雙子座的男人，他似乎希望藉由她們，來發現自己的另一面。

如果你問他，為什麼他身邊的女人一個換過一個，他會告訴你，這是因為他在找尋自我認同、追尋完美的愛情，或某種難以達到的境界。雙子座的象徵圖像是雙胞胎，所以在某種程度上，他會找尋他的雙生靈魂（靈魂伴侶），這個人將使他的個性變得完整，同時讓他的雙重性格消失。

你非常容易掉進這個男人的陷阱裡，他是一個誘惑高手。

很多女人和看似友善、沒有攻擊性、聰明伶俐的雙子座成為朋友，卻發現自己跟他發生了關係，而且還不太確定為什麼會變成這樣。他也可能會表現出一副冷淡、漠不關心、對你不感興趣的樣子，甚至一度跑去追求其他人，等你開始努力吸引他時，就已經太遲了，他已牢牢地拴住你的心。

作為戀人，他充滿想像力與自信、才華洋溢，但他可能不會全心投入，他總是把注意力放在其他地方。跟他談戀愛令人興奮、著迷，但兩人恐怕無法順利度過難關。最初的光芒褪去，火焰開始四處噴濺；即便如此，當濃煙吹進你的眼睛時，你並不後悔，他曾經是如此迷人。

如何吸引雙子座

跟他們應對時，讓自己處於上風。雙子座的人興趣廣泛，但都沒有深入研究——他們什麼都略懂一點，但都不精通。若你非常了解某件事，你將令他們印象深刻。

雙子座喜歡對朋友進行某種智力測驗，如果你通過了測驗，就會受到他們的歡迎。你甚至可以自己選擇測驗的主題；他們對書籍、音樂、藝術、政治都深感興趣。

請注意不要過度保守或墨守成規，那會讓雙子座覺得很無趣，但請坦白說出你對任何事的想法，雙子座欣賞誠實坦率的人，兩人能順暢地交流，即便意見相反，都有助於彼此了解。

不要試著跟他們鬥智，除非你有足夠的資訊支持你的論點。雙子座（無論男女）都會把言語當作武器，雙子座的人喜歡知性談話，卻也喜歡談論八卦。若你知道任何關於知名人士，或是共同朋友的趣聞軼事，他們都願意洗耳恭聽。此外，他們也很喜歡帶給他們歡笑的人。

想送禮物給他們嗎？手環與戒指可以襯托出他們豐富的手部動作。或者給他們某種刺激——書籍、填字遊戲、有趣的電腦軟體、最新版的字典讓他們的大腦忙碌起來。

我要特別提醒的是，雙子座極度地敏感，他們必須相信自己身邊的人。所以絕對不要讓他們有理由懷疑你（即便你確實在敷衍他們），也不要懷疑他們，沒有什麼比不被相信更令雙子座的人感到痛苦。

雙子座的各種戀愛組合

雙子座和牡羊座

這對活潑、精力充沛的組合既可以是好朋友，也可以是很好的伴侶。他們喜歡參與活動、熱愛冒險，也喜歡各種變化。他們喜歡彼此的幽默風趣，也喜歡參加社交活動；牡羊座可能會負責做決定，因為雙子座在這方面並不擅長。他們會在臥房裡玩得很痛快，因為在性愛上，他們都很熱情。霸道的牡羊座會給予雙子座需要的堅定指引，偶爾會離經叛道的雙子座則使牡羊座保持警覺。

雙子座和金牛座

雖然一開始，金牛座會對才華洋溢的雙子座產生反應，雙子座也會被單純、直接的金牛座吸引，這個組合的前景並不樂觀。金牛座想要穩定、井然有序的生活，但雙子座很容易感到無聊，總是在尋求新的嘗試。金牛座對家庭忠心耿耿，雙子座則會接受外界的誘惑；雙子座覺得金牛座的親熱方式有點無趣，同時也因為金牛座試圖加諸限制而心生不滿。愛吃醋、佔有慾很強的金牛座則無法約束雙子座在外頭鬼混，兩人之間的熱情很快就會冷卻。

雙子座和雙子座

你不會找到更多才多藝、活潑迷人的組合，他們絕對不會讓彼此覺得無聊，因為他們對所有事都很感興趣。儘管他們的生活節奏很瘋狂，兩人都不想慢下來。他們迷人、健談，也有很多朋友，他們將會一起舉辦很棒的聚會。對他們來說，性愛是一種有趣的遊戲；然而，他們也很膚淺、反覆無常，而且十分躁動不安。即便兩人都是雙子座，當他們離開臥房時，一切都變得一團混亂。

雙子座和巨蟹座

熱情的巨蟹座滿足了雙子座的生理需求，而歡樂的雙子座則使巨蟹座變得開朗。但很快地，以遊戲心態看待愛情的雙子座就會傷害到過度敏感的巨蟹座；輕浮的雙子座讓巨蟹座很沒有安全感，兩人的感情很可能會因此生變。他們沒有什麼共同點，很難長久維持下去；巨蟹座需要安全感與幸福的家庭，雙子座則討厭被綁住。雙子座對喜怒無常的巨蟹座沒有任何耐心，而且雙子座言辭犀利，太容易刺傷巨蟹座脆弱的自尊心。這段感情注定要走下坡。

雙子座和獅子座

他們很親暱，兩人都非常喜歡對方。熱情奔放的獅子座很適合愛玩的雙子座，雙子座會跟別人打情罵俏，充滿自信的獅子座卻對此視若無睹。不過，雙子座喜歡調侃人，會惹惱威嚴獨具的獅子座，獅子座則可能會要求雙子座更崇拜自己（雙子座不願意這麼做）。在社交上，他們會試圖互搶鋒頭，但他們都樂在其中；他們都很愛笑，在床上也能點燃對方的熱情。他們還能要求些什麼呢？

雙子座和處女座

這兩個星座都由水星守護，而且注重心靈層面。但兩人的相似之處僅止於此；他們從一開始就注定以悲劇收場。處女座覺得雙子座注意力不集中、不成熟，雙子座則覺得處女座古板守舊、令人厭煩。處女座善於分析，對雙子座而言，那感覺像是一種冷漠；雙子座擁有忙碌的社交生活，處女座認為這是膚淺且浪費時間的行為；處女座愛挑剔，雙子座則不圓滑。兩人之間的情感溫度很低，性生活也很快就會變得冷淡，雙子座一定會左顧右盼。

雙子座和天秤座

這兩個風象星座在思想與其他方面都十分契合。他們可以相互啟發，享受一段輕鬆愉快的戀情。他們都不好戰，很可能對每件事都能達成共識。他們都溫柔體貼、愛好玩樂，也喜歡社交、宴客與旅行。在性愛上，他們都很熱情；他們都不愛吃醋，要求也不高，而且雙子座喜歡嘗試新事物，天秤座也可以接受。問題在於，他們都很喜歡花錢。除此之外，這是一個完美的組合。

雙子座和天蠍座

只要兩人能和睦相處，充滿想像力的雙子座和活力充沛的天蠍座會是很好的組合。他們在臥房裡充滿激情，但很快就會發現，性愛不代表一切。天蠍座注重感官感受、充滿熱情、要求很高、愛吃醋、不知變通，雙子座則善變、膚淺、反覆無常、隨遇而安。雙子座喜歡社交，天蠍座則喜歡獨處；天蠍座生性多疑，常因為雙子座以漫不經心的態度看待愛情而感到不安。他們很快就會受不了了。

雙子座和射手座

這兩個星座互為對宮，他們像磁鐵般相互吸引。他們在心靈上特別契合，因為他們都擁有廣泛的興趣。射手座往往更知性，雙子座則更喜歡社交。他們都太過躁動、喜歡與人爭辯，也都需要自由。在性愛上，他們恐怕會感到失望，因為兩人都不真情流露，而且雙子座會很急躁地批評。他們可能會衝動地開始，同時也將衝動地結束這段感情。

雙子座和摩羯座

雙子座隨心所欲、什麼都能接受的態度，會遭到傳統保守、穩重可靠的摩羯座反對。摩羯座擔心安全感的問題，雙子座則煩惱會失去自由。習慣與秩序使摩羯座感到滿足，卻令雙子座抓狂。一直需要新刺激的雙子座無法讓摩羯座感到安心，嚴肅的魔羯座則會破壞雙子座高昂的興致。這不是一段熱烈的感情，但雙子座可以促使摩羯座的潛在慾望逐漸增長。

雙子座和水瓶座

多才多藝的雙子座和勇於創新的水瓶座處得非常好。他們都喜歡新奇的事物、旅行、認識新朋友。因為他們都難以捉摸，一切不可能一直都很順利。但兩人的感情會越來越好，因為水瓶座很喜歡雙子座的機智與高昂的興致。若雙子座有點善變或反覆無常，水瓶座都能理解；如果這段感情必須結束，他們還是會維持朋友關係。在婚姻裡，他們並非充滿熱情，而是溫柔體貼、忠心耿耿的伴侶。

雙子座和雙魚座

兩人的熱情指數很高，但問題也很多。雙魚座情感豐富，太容易被粗心大意的雙子座刺傷。雙子座頑皮、愛開玩笑，雙魚座卻很敏感，凡事都往心裡去。他們都會用自己的方式欺騙對方——雙子座掩蓋真相，雙魚座則不面對現實。雙子座需要自由，而雙魚座卻需要無盡的寵愛。喜歡四處玩樂的雙子座讓雙魚座無法感到安心，並且試圖抓得更緊，到最後，被囚禁的感覺會令雙子座無法呼吸。

巨蟹座的戀愛特質

你和巨蟹座女人

她或許看起來像是多數男人心目中那個夢中情人的形象，但在甜美害羞的外表下，她其實很感性。她的內心深處埋藏了許多情緒，宛如睡美人般，王子用愛喚醒她潛在的慾望。她是一個很好色的女人，愛情使她暗自燃燒的慾望顯露出來。

然而，不要期待她會自己主動，因為她不知道該怎麼做。你必須抓住細微的線索，那是她沒說出口的邀請。她可能正試著與你接觸，你卻沒有收到她發出的訊息。若你錯過了第一次機會，也許是你運氣不好。她的情感太脆弱，無法再次主動向你示好。

和所有的水象星座（巨蟹座、天蠍座、雙魚座）一樣，在一段感情裡，信任的品質對她十分重要。要把自己的心交給對方時，巨蟹座女人非常小心翼翼。她最需要的莫過於愛與安全感，而她對讓她感到安心的人總是忠心耿耿。她的眼裡只有對方；她會牢牢地抓住他，彷彿她真的有雙蟹鉗一般。在愛情裡背叛她，令她傷心欲絕，要花很長一段時間才能原諒。事實上，她不曾原諒——在理智上或許是如此，但在情感上，她從未原諒。

巨蟹座其實會用一種安靜而巧妙的方式跟對方調請，但在第一次見到巨蟹座女人時，你將會發現她有點輕佻。她不虛榮浮誇，而是溫柔、具有豐富內涵；她不僅很浪漫，也深信愛是生命的真諦。她想要與真命天子一起探尋其中的奧祕，這聽起來有些老派，但這正是她的魅力所在——她就是老派，這種特質會使男人們想要保護她。

她總是多愁善感，喜歡蒐藏充滿回憶的紀念品，然後好好地審視它們。她會為舊照片裱框、保留過去的書信，並且與老朋友保持聯繫。她對自己的伴侶和家人很忠實。

溫柔、浪漫嫵媚、甜美誘人、富有同情心、充滿想像力，這個完美的女人可以讓男人永遠都不想離開家。

你和巨蟹座男人

這個感性的男人不會直接向你撲過來。他寧可努力地對你獻殷勤——送花、糖果、香檳給你，帶你一起去很棒的地方。他頂多拐彎抹角地暗示你，這個暗示很容易只被當成黃色笑話。這樣的方式會讓他有台階下，因為他無法忍受被拒絕。

他很容易墜入情網，因為他是個浪漫的夢想家。思緒快速運轉，任何事（一抹記憶裡的香水味、一張熟悉的臉龐，或是穿過水面的霧笛聲[38]），都會使他陷入想像當中。他的腦海裡開始浮現過往的畫面，或幻想關於未來的事。

他可以從很少的素材中建構出所有的浪漫情節；可惜的是，當他變得嫉妒時也是如此。他必須知道他選擇的伴侶總是對自己忠心耿耿。他對另一半極為忠實，同時也會要求對方對自己完全忠誠。任何事都可能會對他所重視的穩定，以及他所需要的安全感造成威脅。

巨蟹座男人十分溫柔體貼，而且絕對不會堅持要有幾個女人圍繞在他身邊。巨蟹座男人會說：「如果你已經找到一個好女人，誰還需要兩個呢？」對他來說，在他「一時性起」時享受閨房之樂是最好不過的。

他想像力極為豐富、情感豐沛、富有同理心；他天生就能理解別人的內心，尤其是他們的痛苦。他可以體察你的情緒，同時意識到你所面臨的問題。他貼心且充滿關愛，願意竭盡所能地取悅他想要的對象。他很會逗人開心，只要你給他一點機會，他就會把你寵壞。

最重要的是，他想要與真命天女一起分享自己的夢想。他很忠實、將自己視作強而有力的保護者，也很認真看待這個角色。他是個非常陽剛的男人，這不代表他肌肉發達、外表粗獷，而是他善解人意，內心也擁有強大的柔性力量。若你是那種喜歡被細心照顧、寵愛的女人，希望伴侶一直對你忠心耿耿，巨蟹座男人絕對很適合你。

如何吸引巨蟹座

巨蟹座的人很容易受到讚美與批評的影響。請清楚地讓他們知道，你有多欣賞他們。沒有什麼比溫暖的認可更容易使他們卸下心防。找出一項優點，發自內心地讚美他們。你喜歡他的穿著

38 霧笛是船隻在霧中航行時使用的一種裝置，會發出響亮而低沉的聲音，向其他船隻發出警告。

嗎？你喜歡她的笑容嗎？還是你喜歡他們能夠專心聆聽？（關於這一點，沒有人比巨蟹座做得更好）請像這樣告訴他們。不要虛情假意，只為了讚美而讚美，巨蟹座的人總是可以分辨，對方的讚賞究竟是發自內心，抑或只是一種甜言蜜語。

向巨蟹座展現你柔軟的一面。你是否對慈善事業感興趣？跟他談談與慈善工作有關的事；或者你喜歡小孩嗎？一定要跟他聊聊這個話題。或者談論正困擾著你的私人問題。然後，巨蟹座就可以展現出他們最好的一面——他們富有同理心，能給你有建設性的建議。金融、政治、體育等領域也令他們深感興趣。

當你們要約會時，你可以設法取得戲劇或某些藝術、文化活動的門票。巨蟹座的人會被浪漫、旋律優美的音樂吸引，他們通常都很喜歡聽音樂會和歌劇。挑選有樂手巡迴演出的餐廳一起用餐，會是一個很棒的巧思。

巨蟹座不會貿然嘗試任何事，基本上，他們在給予承諾時，雖然稱不上怯懦，但也是小心翼翼。他們會試圖避免回答明確地回答「是」或「否」，我要特別提醒的是，他們拖得越久，你們之間就越不可能會有好結果。

真正的巨蟹座遲早會因為某些原因而感到受傷。對他們而言，美好的回憶都停留在過去，他們也會不斷地想起往日的傷痛。能原諒並遺忘的巨蟹座，就像吃素的蛇一樣稀有。

巨蟹座的各種戀愛組合

巨蟹座和牡羊座

一開始，這兩個星座可能宛如乾柴烈火，但這樣的熱情很快就會熄滅。熱愛冒險、左顧右盼的牡羊座會激起巨蟹座的嫉妒心。此外，巨蟹座太容易被言辭犀利、具有攻擊性的牡羊座刺傷。巨蟹座想要安全感與幸福的家庭，牡羊座則需要可以探索新世界的自由。巨蟹座非常想珍惜並保護另一半，牡羊座卻覺得這種態度太讓人窒息。另外，他們都很愛錢，但牡羊座想花掉它，巨蟹座則想把它留下來。兩人之間有太多性格差異的問題。

巨蟹座和金牛座

兩人都需要安全感與穩定感，他們也都溫柔體貼、充滿熱情與關愛。巨蟹座為金牛座古板的性愛模式增添了一點想像力。金牛座的佔有慾很強，正好適合黏人的巨蟹座；他們都有強烈的物慾，也很會賺錢；他們喜歡一起待在家裡。金牛座喜歡被滿足，而巨蟹就是那個滿足他的人；穩重可靠的金牛座也能有效防止巨蟹座喜怒無常。他們各取所需。

巨蟹座和雙子座

巨蟹座會立刻被才華洋溢的雙子座吸引，卻無法在善變、不可靠的雙子座身上找到安全感。基本上，巨蟹座很感性，雙子座則很理性，這使他們很難理解彼此。雖然他們在性愛上十分契合，巨蟹座很難適應愛玩、對愛情滿不在乎的雙子座。佔有慾很強的巨蟹座會試圖綁住雙子座，這令雙子座無法忍受，兩人的感情很快就會進入倒數階段。

巨蟹座和巨蟹座

他們有很多共同點，這正是麻煩所在。他們非常了解彼此，甚至不用嘗試就能相互傷害；兩人都太敏感、要求太高、太過依賴。巨蟹座過度在意自己的情緒——他們都需要大量的關懷、呵護與安心感，討厭對方付出得不夠多。從好的一面來看，他們都很好色，可以激發彼此的性幻想，但這樣遠遠不夠，這段感情不會有什麼進展。

巨蟹座和獅子座

巨蟹座必須習慣獅子座的熱情奔放；除此之外，貼心、堅強、慷慨大方的獅子座正是缺乏安全感的巨蟹座尋求的對象。巨蟹座的直覺敏銳，知道如何駕馭驕傲浮誇的獅子座；獅子座需要大量的恭維與崇拜，才能一直處於心滿意足的狀態。臥房裡的獅子座蠻橫霸道，對巨蟹座而言，他在性愛上有點太過直接。但性格陽光的獅子座能有效防止巨蟹座喜怒無常。

巨蟹座和處女座

巨蟹座看待事物時很感性，處女座則善於分析，但因為他們在性格上十分契合，這一點並不要緊。巨蟹座可能必須讓處女座略為升溫，但在處女座冰冷的外表下，其實藏著一顆熱情的心。他們可以發展出一段自在、貼心、穩固的關係；努力追求財務健全的巨蟹座，能和目標導向的處女座合作無間。巨蟹座能理解處女座的龜毛，而穩重可靠的處女座可以幫助巨蟹座穩定反覆無常的情緒。巨蟹座喜歡依賴，正好適合想保護他人的處女座；兩人都急切地想要取悅對方，這段感情將會進展得很順利。

巨蟹座和天秤座

這個組合重視完全不同的層面——巨蟹座想要無與倫比的愛情，天秤座則尋求完美的知性交流。天秤座無法同理巨蟹座的心情，而疏離、情感淡薄的天秤座令巨蟹座感到不安。對漫不經心的天秤座來說，巨蟹座太喜怒無常、佔有慾太強；他們很難建立真正和諧的性關係，這會惹惱巨蟹座。他們都喜歡美好的家庭生活，但天秤座也需要參加聚會、與其他人相處，以及在外頭享樂。當巨蟹座變得愛挑剔，尤其是針對天秤座的奢侈浪費時，天秤座就會開始找尋其他對象了。

巨蟹座和天蠍座

天蠍座旺盛的熱情會點燃巨蟹座的慾望；因為巨蟹座忠心耿耿，不會激起天蠍座的嫉妒心。佔有慾很強的巨蟹座確實會讓天蠍座感到心安。巨蟹座欣賞天蠍座的強韌，巨蟹座給予的情感承諾則使天蠍座找到安身之所。兩人的直覺都極為敏銳、知道如何取悅對方。他們可以一起建造一座幸福的避風港，讓彼此覺得安心與被愛。這段感情強烈、緊密而深厚。一切都會變得越來越好。

巨蟹座和射手座

開朗外向的射手座能為充滿像力的巨蟹座開啟知性的視野，但不幸的是，在愛情裡，射手座無法一直給予巨蟹座安全感。不忠誠、反覆無常的射手座會激起巨蟹座的嫉妒心，喜歡依賴的巨蟹座則使射手座感到無趣。射手座喜歡四處閒晃，而巨蟹座喜歡待在家裡；巨蟹座黏人黏得很緊，這只會讓射手座急著想要逃跑。此外，坦率直言的射手座會一直傷害到敏感的巨蟹座，他們當朋友比當情人好。

巨蟹座和摩羯座

因為這兩個星座互為對宮，兩人之間一開始存在著強大的性吸引力。如果他們能克服性格上的對立，這將是一個成功的組合。然而，事業導向的魔羯座有太多興趣，無法不斷地給予巨蟹座關心。巨蟹座害羞、敏感、需要關愛，摩羯座則冷漠、霸道、有話直說。巨蟹座會把摩羯座的沉默寡言視作一種冷落，並因此變得愛挑剔、喜怒無常。因著這些差異，這段感情恐怕很難長久。

巨蟹座和水瓶座

巨蟹座的溫暖與熱情會被沉著冷靜的水瓶座澆熄。不停表露濃烈情感、黏膩、令人厭煩的巨蟹座，則使水瓶座覺得備受束縛。心思敏捷、難以捉摸的水瓶座往往會對小心翼翼、猶豫不決的巨蟹座缺乏耐心，而臉皮很薄的巨蟹座很容易因為水瓶座的譏諷而感到受傷。巨蟹座無法理解水瓶座疏離的個性，巨蟹座必須感到安心、與對方關係緊密，水瓶座卻是個獨行俠。他們在性愛上還算契合，但在其他方面都不太適合。

巨蟹座和雙魚座

兩人都溫柔體貼、纖細敏感，能提升彼此的自尊心。雙魚座是充滿想像力的夢想家，巨蟹座則是充滿想像力的實踐者，他們可以一起讓夢想變成真實。雙魚座為巨蟹座的生活增添浪漫的氣氛，巨蟹座則對雙魚座呵護備至（這正好符合雙魚座的需求）。兩人都情感豐富、忠心耿耿，同時也對彼此的心情很敏感。他們將盡情享受閨房之樂，因為他們在性愛上都很熱情；儘管巨蟹座必須主導一切，好色的雙魚座也非常樂意遵從。這是一個很和諧的組合。

獅子座的戀愛特質

你和獅子座女人

她最渴望的是讚美，另一半必須忽略她的缺點（她並不認為自己有任何缺點），只想著她的優點就好。如同掌聲使戲裡的主角顯得出眾，獅子座女人的伴侶對她崇拜有加，會令她覺得自己光彩奪目。若你希望跟她有任何進展，你最好先接受她必須讓自己顯得如此美好，或許之後你們的關係會更穩固務實，但這是必須建立的基礎。

如果你眼裡還有別的女人，最好不要讓她知道；對她而言，她必須是你世界裡的唯一。我只有一個建議，那就是她極度厭惡與其他女人競爭，她對這種競爭不屑於顧，但其實也有點害怕。她不能輸——不參加這場比賽，是避免成為輸家的方法。然而，她的身邊總是圍繞著許多男性追求者，並且不受約束。你很少看到她身旁沒有男伴（通常會有好幾個），因為她明豔動人、散發出女王般的自信，令人目眩神迷。就像其他女人用首飾妝點自己，這些男人使她更有魅力——她很少沒有仰慕者。

多數關於獅子座女人的描述讓她顯得自我中心到無可救藥，說得更精確一點，她強烈地想要自我實現。獅子座女人認為自己天生就很特別，而她必須表達這種感受；幸好在愛情裡，她可以盡情地展現自我。

獅子座女人會毫無保留地把心交給對方，她的感情濃烈、充滿活力且不受約束。她不會隱瞞任何事，但同樣地，她希望自己選擇的伴侶也像她一樣狂熱。儘管獅子座十分好色，那些奇怪的招式並不對她的胃口，她比較喜歡她平時熟悉的方式，藉由熱情投入，讓整段過程更興奮且充滿激情。

獅子座女人擁有圓滿的婚姻，但她的另一半也許會覺得和她一起生活壓力有點大。要服侍一個女王並不輕鬆，而且獅子座女人可能會很霸道。最糟的情況是當獅子座女人跟她可以完全掌控的男人結婚的時候；在這段關係裡，她或許能獲得全然的順服，卻很難得到她所需要的那種深厚濃烈的愛。當獅子座女人覺得自己被虧待時，她會心生不滿，同時變得吹毛求疵。另一方面，有了真誠的伴侶，這個女王就能賜予豐厚的贈禮；若你給了她所需要的愛與崇拜，你將喚醒她心中的柔情，而你也會擁有一個非常棒的伴侶。

你和獅子座男人

他很容易墜入情網，卻發現很難保有這份情感。對他來說，不愛一個人易如反掌。

不要誤以為獅子座男人對愛情漫不經心，他並非如此。事實上，他幾乎是用幻想的方式來看待愛情。對他而言，一段感情不可能曖昧模糊或平淡無奇；它轟轟烈烈、充滿戲劇性。在十二星座中，沒有其他星座可以像獅子座這樣輕易地使你相信，你和他是完美獨特的最佳伴侶。贏得他歡心的女人立刻就成為眾所矚目的焦點；他在她身上投注所有的關愛。擁有一個獅子座情人是令人陶醉的體驗，然後，突然間燈光熄滅、布幕落下，這場戲就結束了（但她不知道為什麼，他也不會解釋）。最有可能的原因是，獅子座愛上的是他自己想像中的人物——一個他在腦海裡描繪出的公主，她美麗可人；當幻想破滅時，獅子座就會騎著白馬轉身離去。

獅子座男人喜歡女人百依百順。但當他聽到別人說自己要求很高時，可能會覺得很驚訝，他根本不認為自己是這樣的人。他覺得自己很貼心、容易相信他人，並且只要求他應有的權利。如果人們告訴他，有時他會對親近的人要求太多，他完全不明白為什麼。說到底，為什麼會有人拒絕他？在討好他的同時，他們自己也會感到開心。作為一個真正的民主派，他相信所有人都是平等的——隨時都可以服侍他。若你覺得這聽起來像是過度自信的人在自討苦吃，請看仔細一點，在獅子座充滿威嚴的外表下，其實藏著一個敏感脆弱、需要安心感與讚美的男人。對他來說，讚美如同食物與飲水般不可或缺。

在兩性關係上，他不會為了「發現新大陸」而挑戰極限。他會小心翼翼地在熟悉的水域航行。從另一方面來看，女人絕對不會因此「沉船」。

如果你順著他的毛摸，獅子座是極為溫柔、令人感到愉悅的伴侶。他堅強體貼、慷慨大方，儘管有時有些揮霍無度，但他通常在事業上很成功。這個男人虛榮浮誇、性格陽光、富有魅力、成就非凡，和他在一起的女人只有一個問題，那就是她必須讓他明白，他吹捧的對象不該只有他自己。

如何吸引獅子座

若你用你的行動、關心，以及無止盡的讚美，來表示你對獅子座的人崇拜得五體投地，你總是能說服他們。如果你真的這麼想，日子會過得很舒服。如果你不這麼想，請假裝一下。獅子座不會懷疑你的誠意，因為他們認為自己就像你說的那樣美好。獅子座的人幾乎不曾覺得這些讚美太過離譜。

另一個方法，那就是讓他們覺得有趣。他們有很好的幽默感，也喜歡有人逗他們開心。（每個國王身邊不都有為他們消煩解悶的弄臣嗎？）

和獅子座一起參加文化活動準沒錯（尤其是帶有預告性質的那種）——陪他出席畫廊的開幕酒會、電影首映會，或某位作者的新書預告會。獅子座男人最受不了的，是女人化濃妝；獅子座女人最受不了的，則是約會對象很小氣。

請記得，獅子座（無論男女）都認為自己配得上最好的東西，他們會坐頭等艙去旅行。若你想使獅子座女人留下深刻的印象，請放膽花錢、預訂最好的貴賓席；不要對著餐廳帳單皺眉頭，也不要忘了準備鮮花、香檳，以及打電話給她。若你想令獅子座男人印象深刻，請在肉舖買最頂級的牛排，同時也不要吝惜準備美酒。如果他帶了瓶好酒來（他將會這麼做），請誇讚他做出的絕佳選擇，接著再讚美這瓶酒的香氣與滋味。然後，秀出你的終極驚喜——冒著火焰的甜點，或是在餐後飲用的白蘭地；記得維持高級的氛圍。

獅子座的各種戀愛組合

獅子座和牡羊座

這兩個星座是十二星座中的超級巨星。他們在床上極為契合，徹底享受性愛的刺激與歡愉，沒有任何組合比得上他們。兩人在生活的其他層面也有相同的好惡。但他們必須用這些共同點來解決一個大問題——兩個自尊心超高的人正面衝突，他們都想扮演主導的角色，他們必須學習一起分享舞台。除此之外，這是一段很愉快的關係。

獅子座和金牛座

金牛座堅持用自己的方式做事，但獅子座卻想掌控一切，兩者嚴重衝突。他們都是固定星座，所以沒有人會讓步。獅子座只會變得更生氣，金牛座也只會變得更固執。節儉的金牛座也對獅子座隨心所欲的花錢習慣感到驚恐。金牛座小心謹慎、深思熟慮，獅子座則豪爽大方、奢侈浪費。固執的金牛座不願意一直給予獅子座崇拜，獅子座則太自我中心，無法給予金牛座所需要的付出。他們都很好色，但獅子座比金牛座熱情很多；兩人之間有太多性格上的衝突。

獅子座和雙子座

他們很快就會走在一起，因為他們有很多共同喜好——多采多姿的社交生活與聚會、觀賞戲劇，以及結交許多朋友。活潑、獨立的雙子座為獅子座的生活增添不少趣味。他們會不斷地尋求變化與樂趣。獅子座覺得雙子座充滿想像力的性愛招式很有趣，但也可能會因為雙子座隨遇而安的愛情觀而變得嫉妒。獅子座的情感比漫不經心的雙子座更強烈。他們在一起很刺激，也很容易激怒對方，但如果雙子座能保持忠誠，這段感情前景可期；若非如此，兩人的戀情將會告吹。

獅子座和巨蟹座

兩人都是浪漫主義者，但以不同的方式呈現——獅子座想要一段愉快、刺激的感情，巨蟹座則希望這段感情充實且富有意義。獅子座不像凡事都更認真看待的巨蟹座過度緊張。巨蟹座需要安全感與平靜，喜歡待在家裡。獅子座則愛熱鬧，喜歡四處玩樂，以及不停地展現自己；喜歡依賴的巨蟹座令獅子座感到開心（這種依賴帶點崇拜）。在愛情裡，獅子座虛榮浮誇，巨蟹座則忠誠、熱情且情感強烈（這是獅子座所喜歡的），這段感情的前景不明。

獅子座和獅子座

當國王和王后在一起時，格外引人注目。這可能是一段聲勢浩大、轟轟烈烈的感情。兩人都浪漫有趣、對生命充滿熱情，而且性慾旺盛。他們最大的問題是，誰要負責主導？獅子座的人很難挪出空間，去容納另一個自尊心和自己一樣高的人，但這正是他們需要面對的；他們不僅想坐在寶座上，也都想握有實際的權力。他們是非常棒的戀人，同時也是有趣的對手。

獅子座和處女座

獅子座會被知性的處女座吸引，但處女座不能理解獅子座戲劇化的性格。在性愛上，冷淡含蓄的處女座無法給予獅子座所需要的熱情。處女座務實謹慎，獅子座則奢侈浪費、揮霍無度。獅子座喜歡過轟轟烈烈的生活，但處女座保守、節儉、吹毛求疵，這會破壞獅子座高昂的興致。處女座也不受控制，獅子座需要大量的恭維，但處女座往往會刺傷他過高的自尊心，兩人都應該另尋對象。

獅子座和天秤座

獅子座充滿創意的一面和天秤座對藝術與美學活動的愛好十分契合。獅子座比天秤座對性愛更有興趣，但獅子座的活潑自信能贏得天秤座的心。天秤座優柔寡斷，因此獅子座自然會扮演主導的角色。兩人不會總是收支平衡，因為他們都奢侈浪費，喜歡在美麗的環境中閃耀。他們為了引起注意，也都會試著超越對方；但在臥房裡，獅子座是主導一切的那個人（獅子座很喜歡這一點）。

獅子座和天蠍座

他們會立刻在性愛上彼此吸引，然而，獅子座覺得愛吃醋、佔有慾很強的天蠍座很難對付。情感強烈、悶騷的天蠍座太容易生氣，獅子座則開朗許多。獅子座認為天蠍座喜怒無常、很難相處，天蠍座則覺得獅子座很做作、喜歡賣弄。天蠍座不懂獅子座需要有個一直崇拜著他的觀眾在身邊；他會掌控，而不是崇拜對方，這不適合尊貴的獅子座。

獅子座和射手座

獅子座會被樂觀外向的射手座吸引，愛好玩樂的射手座也會對豁達開朗的獅子座著迷。他們都熱愛自由、冒險，喜歡認識新朋友。他們都熱情如火；如果有任何人可以讓射手座保持忠誠，那就是獅子座。天生具備領導特質的獅子座會使射手座變得忠心耿耿。獅子座非常傲慢，但充滿自信、豪爽大方的射手座完全樂意讓獅子座走路有風。

獅子座和摩羯座

生性浪漫、豪爽大方的獅子座會受到謹慎務實的摩羯座約束。興致高昂的獅子座喜歡盡情享受，但摩羯座不喜歡太過放縱。兩人都性慾旺盛，卻有著根本上的差異。在親熱時，獅子座需要被誘惑，而摩羯座不能滿足這一點。獅子座會覺得摩羯座吝於付出關愛，因為摩羯座生性含蓄內斂，無法給予獅子座所需要的崇拜。他們都不會退居次要地位，讓對方掌控一切，這段感情根本行不通。

獅子座和水瓶座

雖然兩人之間一開始存在著性吸引力，但經常分析與批評的水瓶座將會動搖獅子座的自信，使他自尊心受挫。獅子座會把水瓶座的疏離視作對自己的拒絕；此外，水瓶座喜歡打破常規、勇於嘗試的愛情觀會惹惱獅子座（獅子座不喜歡走得太遠）。他們都喜歡社交、認識新朋友，但獅子座總是必須成為眾所矚目的焦點，這會讓水瓶座缺乏耐心、暴躁易怒。水瓶座太獨立，無法變成獅子座的忠誠子民。這段感情將就此結束。

獅子座和雙魚座

獅子座虛榮浮誇、蠻橫霸道，雙魚座則神祕脫俗。他們彼此吸引，因為他們是如此不同，但這些差異無法相互契合。積極進取、開朗外向的獅子座不能和常沉溺於幻想的雙魚座和睦相處；獅子座需要被公開讚美，雙魚座則比較喜歡備受呵護的生活，他們都傾向接受勝過給予。獅子座無法容忍雙魚座的過度敏感，以及特殊的性偏好；很快地，獅子座就會開始四處遊蕩。

處女座的戀愛特質

你和處女座女人

她努力壓抑心中的熱情，但內心卻

波濤洶湧。她或許外表看起來很冷靜，有時甚至有些疏離與遙不可及，因為典型的處女座幾乎總是一臉平靜鎮定的模樣。然而，她是最矛盾的星座之一。

基本上，她不相信自己的情緒，同時也對它有點恐懼。對她而言，那宛如一片未知的海域，自己可能會在這片海域漫無目的地漂流。因為如此，男人也許會懷疑，她是否有點冷漠。但她並非如此。只要處女座的心房被打開，她內心深處滿滿的愛就會傾瀉而出。處女座是一個被許多人誤解的星座，尤其處女座女人常被認為是含蓄怯懦、難以捉摸的，這也不是事實。處女座女人確實沉著冷靜，她心中的熱情受到紀律的約束。

處女座是土象星座，和所有的土象星座（金牛座、處女座、摩羯座）一樣，她既保守又好色。處女座女人很喜歡異性，但她非常小心，不要讓自己與他們有太多牽扯。即便她瘋狂地被你吸引，她也會顯得冷淡。她的眼睛和身體可能會說「靠近一點」，但實際舉動卻對你有所防備。首先，她絕對不會表現得很明顯。她知道自己值得男人花很大的功夫追求；此外，她也害怕與錯誤的對象走進一段長期關係。在她跟某個男人結婚或深入交往之前，她會先仔細留意要如何離開。對處女座女人來說，愛上一個人可能要花很長一段時間。她會一步步地走向前來，慢慢流露出纖細敏感的那一面，並學著去相信。

她很挑剔，與其跟一個她不感興趣的男人發生關係，她寧可待在家裡讀一本好書。這不代表，她覺得跟某個人上床無法與閱讀好書相比（有些人會試圖這樣推論），只意味著她想等真命天子出現。當他真的現身時，他將會發現在她冷漠的面孔背後，有一個真心等待的女人，她既溫暖又熱情。同時，她推三阻四的態度也發揮了很好的效果——避免受到爛桃花的打擾。

想確實理解處女座女人的戀愛特質，就必須記得她相信真愛。當她真心愛一個人時，她絕對不會再壓抑心中的熱情。她很喜歡取悅自己的男人；她可能會極度好色，樂於不斷嘗試各種招式，讓整段過程更興奮且充滿情。然而，你不能把她視為理所當然；你必須努力贏得她的心，並且討好、滿足她。如果你能這麼做，你將會擁有一個很棒的伴侶，她會給你一輩子的愛、忠誠與幸福。

你和處女座男人

他給人們的印象是可以確實掌控自己的情緒，但這通常是種偽裝。處女座男人細膩敏感、小心謹慎、懂得包容，絕對不會把你拉進臥房，霸王硬上弓，其中一個原因是，他對女人極為尊重。

因為他覺得很難表達內心深處的情感，他常被熱情活潑的女人吸引，但他也很害怕跟對方爭吵與發脾氣。情感豐富令他感到心煩，但因為他既被這樣的特質吸引，又同時被它干擾，他的感情生活從未像他希望的那樣平順。這個男人的戀愛特質可以用「內向」來形容。

他有時甚至表面上看似遙不可及，但這是他內斂的一種表現。他能清楚意識到兩人內心的界線。處女座男人最後選擇的女人必須符合非常高的標準，他特別不喜歡那些低劣粗俗、散漫馬虎的行為。「一絲不苟」這個詞準確說明了他喜歡的是怎樣的人。

雖然他認為直接表達自己的情感需求並不容易，他還是有辦法讓對方知道自己心中的不滿。他可能要求很高、愛挑毛病，但這證明他很在乎她，若非如此，他才不會費心做這些事。對覺得這樣很煩的女人而言，這是很大的安慰。

對某些女人來說，他或許缺乏浪漫，至少他不會像電影裡的蒙面男子，在月光下騎著馬來到鋪著鵝卵石的庭園內，手裡還拿著玫瑰。女人們絕對不會從陽台看下去，然後發現他邊撥弄著吉他，邊唱著浪漫的情歌。但在我們所居住的現實世界，處女座男人能給的比那些蒙面騎士，或飽受相思之苦的吟遊詩人多很多。比方說，到了寒冷的黎明時分，處女座情人依舊在那裡，他不會到其他地方去唱歌給別人聽。

處女座幻想著改變自己的形象，他想要成為那種說來就來、說走就走，放蕩不羈的享樂主義者。開啟處女座這種想像的女人，將會看見他壓抑已久的慾望傾巢而出；這些慾望全都藏在他的內心深處，而且會隨著時間逐漸增長。作為戀人，他單純、直接、態度認真。若你追尋的是優質，而不是光彩奪目的愛情，處女座男人很適合你。

如何吸引處女座

請記得一個原則：不要試圖抵抗他，表現得含蓄一點。努力保持良好的風度，如果他竟然請你喝健康食品店的飲料，請笑著吞下去。處女座很挑食，也很在意自己的健康，對他們而言，營養成分的重要性僅次於十誡。

除了跟他們談論工作相關的話題，寵物也是很好的聊天主題，處女座的人喜歡小型寵物（尤其是外來品種）。要迅速證明你的文化涵養，處女座會被那些學識與聰明才智勝過自己的人吸引。不要刺探太多他們的隱私；他們很保護自己的私生活，避開吵雜的地方，以及粗俗或帶有冒犯意味的消遣。處女座對他們的好品味感到自豪。

不要因為處女座的擔憂而感到心煩。處女座的人天生容易煩惱。「他們是否會準時出席那場演出？」、「會下雨或下雪嗎？」、「郵件會送來嗎？」他們的擔心永無止境。就算告訴他們，多數他們煩惱的事都不會真的發生也無濟於事，他們還是會一直擔心；面對那些可能會出狀況的事，他們就是會煩惱。

處女座（無論男女）都很喜歡實用的禮物。他們也至少擁有一項特殊嗜好，並在其中投入大量時間與心力。

除非情況特殊，處女座的人不會衝動行事——至少他們盡量不這麼做。他們會仔細計畫，先想好每一步該怎麼走。處女座的人很擅長暗中進行這件事。你只要放輕鬆，好好地享受這一切即可。

處女座的各種戀愛組合

處女座和牡羊座

處女座可能會被大膽的牡羊座吸引，但謹慎行事的處女座很快就會跟活潑有趣的牡羊座相互衝突。兩人很難溝通，因為處女座想彼此討論，牡羊座卻想付諸行動，他們的爭吵恐怕會比床第之事還要激烈。牡羊座覺得處女座很拘謹，處女座則認為牡羊座衝動野蠻；牡羊座喜歡絢爛的社交生活，處女座則喜歡安靜且充滿知性的朋友。此外，牡羊座也會使處女座吹毛求疵、愛叨念的壞習慣表露無遺。這段感情很快就會結束。

處女座和金牛座

處女座善於分析，金牛座則很感性，但金牛座強烈的熱情會激發處女座的慾望。若是如此，他們會擁有愉快的性生活。這兩個星座都很務實、對現有做法感到滿足，他們有許多共同點。兩人都很愛錢、喜歡宅在家裡，同時也努力建構穩固的未來，理性的處女座和堅持不懈的金牛座也是很好的賺錢組合，這段感情的前景再樂觀不過了。

處女座和雙子座

他們因為都對思考很感興趣而相互吸引；他們都有靈活的頭腦，但兩人的共同點僅止於此。在愛情裡，雙子座不僅太衝動，也反覆無常，不適合處女座。雙子座認為處女座古板守舊，處女座則覺得雙子座缺乏責任感，而且很幼稚。雙子座需要可以追尋各種興趣的自由，但處女座很討厭這一點，不僅會不停地叨念，還會試圖掌控一切。雙子座很快就會投入其他人的懷抱。

處女座和巨蟹座

這是一段充滿刺激的感情，因為他們都會激起對方潛在的慾望。巨蟹座不會太強勢，這十分適合處女座。巨蟹座細微的關心也不會被忽略，處女座更是喜歡這一點。巨蟹座溫柔體貼、多愁善感，這令處女座感到安心。此外，他們也很愛錢、喜歡待在家裡；巨蟹座喜歡依賴，正好適合想保護他人的處女座。這段感情的缺點是，兩人往往都吹毛求疵，優點則是他們都能讓彼此好好的卸下心防。

處女座和獅子座

如果處女座無法回應獅子座的熱情，極度重視肉體的他會視作對自己的一種侮辱。生性含蓄被動的處女座使獅子座感到沮喪，同時也會導致爭吵。處女座不會很快就誇讚對方，但獅子座只為了讚美而活。獅子座揮霍無度，處女座則花每一塊錢都很謹慎；他們都很獨立，但獅子座喜怒無常，處女座則非常內向。處女座就是不受霸道的獅子座控制，並總是保持警覺，這段感情的壽命比蜉蝣還要短暫。

處女座和處女座

只要這兩個完美主義者約束自己愛挑毛病的天性，一切都會很順利。事實上，他們都讓對方展現出最好的一面。他們都聰明伶俐、細膩敏感、富有責任心，而且對愛情認真看待。他們也都熱愛思考，絕對不會使彼此感到無趣。兩人都覺得人生中有比性愛更重要的事，他們最後可能只會在床上聊天而已。他們或許會不斷競爭主導者的角色，但他們在其他方面有太多共同點，這件事就顯得不重要了。

處女座和天秤座

對處女座而言，天秤座太輕率膚淺。天秤座很喜歡花錢、參加聚會，以及成為眾所矚目的焦點；處女座愛挑剔，這會讓天秤座覺得他不愛自己。天秤座可能會激起處女座潛藏的慾望，但他們的性格實在差異太大，無法相互契合。處女座會試圖約束並掌控生性外向、善變的天秤座。處女座拘謹、務實，天秤座會視作一種冷落，天秤座很快就會去找尋更愛好玩樂的對象。

處女座和天蠍座

好色的天蠍座會不停慫恿處女座嘗試大膽的性愛冒險。不過，因為天蠍座的佔有慾也很強，而且極度忠誠，這令處女座感到開心；他覺得自己被愛且受到保護。他們也很欣賞對方的頭腦，處女座聰明伶俐、具備很好的邏輯分析能力，天蠍座則富有遠見、觀察敏銳、充滿想像力。兩人有時很難表達自己的真實感受——天蠍座喜怒無常卻深藏不露，處女座則拘謹含蓄。他們可能會因為誰要負責主導而起衝突，但願意妥協的處女座會使天蠍座比較好說話。

處女座和射手座

這兩個星座就像蚱蜢和螞蟻一樣。無拘無束的射手座和辛勤工作的處女座沒有任何共同點。具有賭徒性格的射手座不顧後果，處女座則小心翼翼地建構穩固的未來。兩人都聰明伶俐，但他們的思維模式卻相互衝突。射手座豪爽大方、奢侈浪費，處女座則比較喜歡井然有序、簡單樸實的生活。射手座覺得處女座在性愛上過度拘謹，因此不會在同一間臥室久留。

處女座和摩羯座

這是一個和諧的組合，懷抱雄心壯志、追求成功的摩羯座和抱持完美主義、充滿幹勁的處女座十分契合。他們都勤奮、自律，並懷抱著某種使命感。兩人彼此欣賞，同時因為能取悅對方而深感自豪。他們都需要尊敬與認可（雖然他們都不會承認這一點），而且自然會滿足對方的這種需求。儘管在性愛上，摩羯座通常會扮演主導的角色，和諧的性關係也變成了兩人的共同成就。

處女座和水瓶座

他們都聰明、理性，也往往會從抽象的角度來看待愛情，但兩人的相似之處僅止於此，有很多冒險想法的水瓶座覺得處女座冷漠或反應遲鈍。事實上，兩人都帶有某種疏離的特質——處女座對付出情感小心翼翼，水瓶座的思緒則彷彿遠在天邊。水瓶座對他人、理想，以及改造世界很感興趣，而處女座追求的則是個人成就與財務健全。水瓶座開朗外向、富有遠見與創新精神，處女座則含蓄謹慎，並對個人目標抱持極為務實的態度。這個組合恐怕連朋友都很難當得成。

處女座和雙魚座

對處女座來說，愛情意味著安全感與心靈契合。對雙魚座而言，愛情則是一種令人神魂顛倒，並將自己緊緊包圍住的情緒。一開始，處女座會受到雙魚座的強烈吸引（對相星座經常如此）。處女座覺得喜歡被愛的雙魚座非常有魅力，雙魚座也會被處女座犀利、善於分析的頭腦吸引。然而，這樣的美好很快就幻滅了。深藏不露、不切實際、奢侈浪費的雙魚座使務實、井然有序的處女座感到沮喪。此外，處女座也不可能適應雙魚座的某些性偏好。

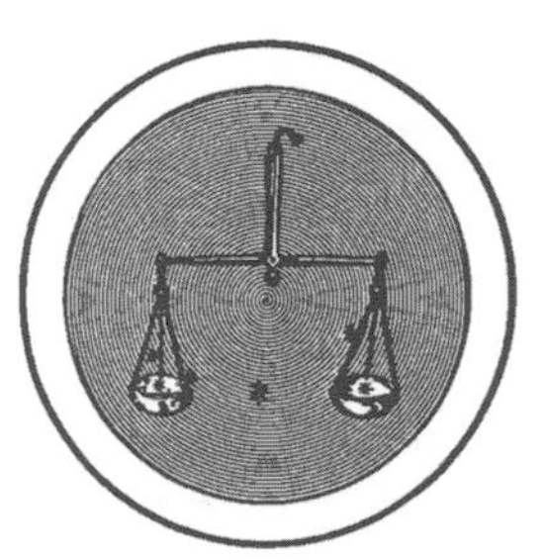

天秤座的戀愛特質

你和天秤座女人

作為真正的「金星之子」，天秤座女人喜歡被愛的感覺。擅長吸引男人的她，將誘惑視為一種藝術。最重要的是，她如同一個演員；她的親熱方式充滿戲劇性，儘管觀眾只有一個。

舞台上只有她一個人，她是眾所矚目的焦點；從很多方面來看，天秤座和獅子座都具備這種明星特質。但獅子座喜歡在空盪盪的舞台上演出，沒有伴奏，也沒有讓她分心的事物，而天秤座則是在自己營造的優美氣氛中展現舞姿的首席舞者；對她來說，環境很重要。天秤座想成為天上最耀眼的星星，獅子座則想成為太陽，照亮整個天空。

天秤座女人的魅力與五感有關。她是充滿創造力的藝術家，懂得美食與美酒，同時也對穿著與佈置有著高雅的品味。她可以為生活帶來美好；她也將這些美感技巧應用在兩性關係上。她會為感情增添浪漫色彩，例如把小禮物與愛的小紙條放進另一半的口袋裡。

不過，天秤座女人有時會覺得演員這個角色的情感需求太高，必須休息一下；這是因為在愛情裡，天秤座其實很懶惰。此外，一旦她滿足了自己的主要需求——把你迷得神魂顛倒，她就開始失去興趣。你必須等她準備好下一次表演，使你再度為她傾倒。

對某些人來說，天秤座女人呈現的似乎是各式各樣的形象，而不是一個整體。她會展現出不同的情緒與細微差異，期待周遭的人能感受到她內心的渴望（即便她沒有表明）。她一直在找尋可以提升她形象的伴侶，但這樣的伴侶只存在於她的鏡子裡。

她希望另一半能提供適當的舞台，讓她可以閃閃發光；她也想要各種浪漫招數——鮮花、香檳，以及充滿驚喜的國外旅遊。這就是為什麼，許多天秤座女人都會被年紀較長、懂得如何取悅女人的男人吸引。除了愛、同情與理解以外，她還希望伴侶對她百依百順；她常吸引這樣的男人，也往往結過不只一次婚。年輕時，她可能會愛上不同類型的人，像是在納齊茲（Natchez）[39]河上遊船工作的英俊撲克選手。但隨著時間過去，她變得挑剔起來；稍縱即逝的戀情不再充滿誘惑力，越來越渴望一段長久的關係。

事實上，多數天秤座女人都喜歡愛多過於性（她們覺得肉體接觸有點骯髒），想用原始的方式吸引她的男人將徒勞無功，她會毫不猶豫地逃跑。

當一段戀情逝去時，她會試著好聚好散。即便是已經分開的情人，仍舊可以是自己的仰慕者，不是嗎？她不想失去任何愛慕者。

你和天秤座男人

天秤座男人太受女人歡迎，因為他對她們極為溫柔；他具備強大的個人魅力、優雅，並擁有細膩的審美觀。由於他如此受到異性關注，他有點被寵壞；如果一個女人沒有迅速引起他的興趣，他就會轉移目標。不斷的練習使他成為風度翩翩的情人；羅傑．摩爾（Sir Roger Moore）[40]和馬切洛．馬斯楚安尼（Marcello Mastroianni）[41]都是典型的天秤座男人。

天秤座男人會花非常多時間與精力經營感情。（請記得，天秤座象徵合作關係。他或許會說，他想要一段穩定而長久的感情，但若是如此，他希望那是

39　納齊茲位於密西西比河畔，是美國密西西比州亞當斯縣的最大城和首府所在地，在美國西南部發展史上扮演重要角色。

40　羅傑．摩爾，著名英國演員，曾於 1973 ～ 1985 年期間，在 007 系列電影中飾演詹姆斯．龐德，被認為是「最符合龐德形象的男演員」。

41　馬切洛．馬斯楚安尼，義大利國寶級演員、威尼斯影展藝術電影展影帝。

一段「完美」的愛情。他是堅定的理想主義者，總是在找尋完美的伴侶——那個欣賞、理解他（甚至崇拜他）的人。他也往往優柔寡斷，試圖在自己已經擁有與不可能擁有的東西之間取得平衡。

天秤座男人會想盡辦法避開不愉快的事物。女人很難挑釁他，因為他絕對不想表現出不講理的樣子。在現實生活中，只要一個人就能挑起爭端，他會竭盡所能地避免成為這樣的人，他寧可不計較。然而，這種事很少發生，在十二星座中，他善於交際，能在你們的需求之間取得完美的平衡。

床第之事是他最喜歡的娛樂；他不僅享受，也很擅長。不過，他喜歡聽到對方稱讚自己的技巧有多好（越常跟他說越好）。天秤座男人很容易被崇拜與讚美感動，而且將會是最充滿想像力的情人。他對女性身體的深入了解與活躍的性幻想，是十分吸引人的組合。如果你希望性愛不只是肉體接觸，天秤座男人很適合你；但如果你想要粗魯一點的男人，請另尋對象。

如何吸引天秤座

天秤座是十二星座中的珍寶——就像你在蒂芙尼（Tiffany）櫥窗裡看到的珠寶，而不是伍爾沃斯（Woolworth）架上的那種。他們生來就是要被崇拜的；他們彬彬有禮、幽默風趣、善於社交。

不用煩惱要跟他們談論什麼話題，天秤座的興趣廣泛（包含戲劇、骨董、佈置），而且非常健談，當然，他們最喜歡的話題是他們自己。你會發現，就算他們看似在談論其他事，其實還是在談論自己的興趣。大方地依照事實根據讚美她們，他們將會被你吸引。

若這麼做有點累人，你可以改聊當前某個具有爭議性的問題。抱持堅定的立場，但不要引戰，或令他感到討厭。天秤座向來都對問題的兩面很感興趣，如果你提出了某個堅定的看法，他們將很樂意告訴你另一方的想法；這不會導致不愉快或爭執（天秤座的人害怕爭吵），但會讓你們的對話更加熱烈。此外，跟天秤座說他們有多聰明，以及你從中學到了多少，絕對不會有錯。

天秤座的人愛好享受，會根據人們去的地方來評斷他人。他們認為，一流人士不會去二流的地方，除非是為了幫助弱勢。氣氛非常重要，不適當的環境會讓人心煩。天秤座不介意要花多少錢，總是覺得只要自己開心就值得了。

若你想討好天秤座的人，請展現出你的品味。不要穿得很邋遢。天秤座喜歡因為自己的約會對象而感到驕傲。如果你邀請天秤座到你家，請確認氣氛是否合宜，不要有嘈雜的音響與俗豔的燈光，晚餐最好很美味（即便你是從高級餐廳訂的也一樣），並且用最好的瓷器與水晶器皿盛裝；有燭光的話更好，優美的音樂也很有幫助。天秤座的人喜歡和諧的聲音。

一般而言，不要對任何事有所保

留，請盡量坦誠。無論你是否批評得太多、太快，天秤座都認為比說得太少、太晚好得多。

天秤座的各種戀愛組合

天秤座和牡羊座

雖然他們很快地被彼此吸引，兩人的關係也很快就會變得緊張。天秤座追求的是平靜與和諧，靜不下來的牡羊座則積極尋求新挑戰，並征服新領域。天秤座覺得牡羊座粗魯、不圓滑，牡羊座則覺得天秤座根本不願意面對現實。牡羊座必須擁有獨立自主的感覺，卻也希望另一半對自己絕對忠誠，因此無法原諒天秤座在給予承諾時優柔寡斷。熱情的牡羊座也會被情感淡薄的天秤座惹惱。肉體上的契合曾經很美好，但是然後呢？

天秤座和金牛座

這個組合都很喜歡音樂與藝術，但沒有什麼其他共同點。金牛座喜歡宅在家裡，這令天秤座感到無聊；天秤座喜歡在社交場合散發耀眼的光芒。天秤座會在奢侈品上花很多錢，金牛座則在財務上小心謹慎。

天秤座不喜歡金牛座的專斷獨行，很快就會對古板的金牛座失去耐心；此外，天秤座生性浪漫、善變，讓金牛座感到嫉妒。他們在性愛上十分契合，但歡愉過後，問題依舊存在。

天秤座和雙子座

愛好享受的天秤座與活潑的雙子座是一個完美的組合，兩人都溫柔、活潑、充滿好奇心。對他們來說，愛情如同永不停歇的旋轉木馬，玩樂確實比激情更不正經，但他們並不在意，只要開心就好，沒有人會用嫉妒或佔有慾破壞美好的時光。兩人往往都優柔寡斷，所以他們會進行很多討論，卻很少行動。不過，他們都知道如何運用個人魅力，讓別人為自己做事。

天秤座和巨蟹座

巨蟹座最後可能會理解天秤座的浪漫天性，但巨蟹座太小心翼翼，無法迫使天秤座做出他所需要的情緒反應。對膚淺的天秤座感到失望的巨蟹座會變得言辭尖刻，他的那雙蟹鉗非常傷人。此外，注重金錢的巨蟹座也會被奢侈浪費的天秤座惹惱。天秤座喜歡精彩的社交生活，待在家則是巨蟹座最開心的時候。兩人之間的問題或許總有一天會解決，但等待通常並不值得。

天秤座和獅子座

愛玩的天秤座和充滿活力與衝勁的獅子座完美地結合在一起。豪爽大方的獅子座會真正點燃天秤座的慾望，兩人愛得熾烈。天秤座確實必須小心處理那些與獅子座自尊心有關的事，但對圓滑的天秤座來說，這不會是問題；若真的發生衝突，天秤座知道怎麼優雅地退讓。他們都愛好享受、喜歡參加聚會；這兩位主角都喜歡為自己打造美麗的家。

天秤座和處女座

對壓抑、極度認真看待愛情的處女座而言，天秤座太過溫柔輕佻。處女座不會展現華而不實的崇拜，但這對天秤座來說，卻是不可或缺。喜歡待在家的處女座討厭天秤座熱愛社交、追求享受。天秤座擁有奢侈的嗜好，處女座則用錢很謹慎（雖然還稱不上小氣）；天秤座覺得處女座很龜毛、愛挑剔、完全不知變通，這段感情無法持久。

天秤座和天秤座

兩人都真情流露、溫暖活潑、善於交際、熱愛美麗的事物，並且喜歡在性愛上取悅彼此。但是，在很大程度上，他們都以遊戲心態在看待愛情；問題在於，兩人都不想面對現實。儘管他們都很迷人、愛好和平、適應力強，兩人所需要的平衡都比對方能給予的還要強。此外，因為他們是如此相像，心中總是潛藏著對無聊的恐懼。如果兩人都可以找到足夠的外在刺激，這將會是一段有趣的關係。

天秤座和天蠍座

一開始，天蠍座強烈的情感使天秤座感到開心，因為天秤座一直在尋求不同形式的關心。但天蠍座也很敏感、喜怒無常、很容易暴怒，這正是天秤座無法忍受的。佔有慾很強的天蠍座會試圖掌控另一半，但天秤座需要分散注意力，不會接受天蠍座的控制。天秤座對性愛抱持輕浮、隨興的態度，會激怒注重感官感受的天蠍座。怒火中燒的天蠍座會變得越來越愛吃醋，要求也越來越高，天秤座只能選擇屈服或離開。

天秤座和射手座

天秤座會受到熱愛冒險的射手座刺激，射手座則會被溫柔迷人的天秤座吸引。他們都極度浪漫，雖然這種特質在天秤座身上更為顯著。天秤座會比反覆無常的射手座更早想要定下來，但他們可以解決這個問題。聰明、迷人的天秤座懂得如何吸引知性的射手座，能輕鬆地讓他保有興趣。這個組合應該會發展出一段自由、愉快、充滿樂趣的關係。

天秤座和摩羯座

天秤座會被性慾很強的魔羯座吸引，但最多就是這樣而已。天秤座需要讚美與關懷，摩羯座卻一直把愛埋藏在心裡。多愁善感、喜歡被愛的天秤座不太能理解講求實際、重視物質的摩羯座。

此外，悠閒懶散的天秤座也會惹惱摩羯座，因為摩羯座認為應該不辭辛苦地工作，並獲得成就。天秤座喜歡社交與夜生活，摩羯座則通常喜歡獨來獨往，只有與少數幾個人相處時，才會覺得自在。這段感情的壽命很短暫。

天秤座和水瓶座

水瓶座大膽、勇於嘗試的親熱方式會喚醒天秤座潛在的慾望。他們也具備構成美好友誼的所有要素——善於社交、對藝術感興趣，甚至是參與公共事務。除了愛情的部分以外，他們也很享受像朋友一般的感覺；心思敏捷的水瓶座喜歡做決定，這會使優柔寡斷的天秤座感到開心。他們擁有美滿的感情，一同享受生活，種種跡象都顯示，這段感情進展得很順利。

天秤座和雙魚座

一開始，他們進展得很順利，因為兩人都溫柔且多愁善感。在某種程度上，他們很相像——他們都想把自己浪漫的想法付諸實現。但雙魚座需要掌控權、安心感與持續的關懷，這很快就會令天秤座感到厭煩、備受限制。天秤座喜歡社交、愛好玩樂，雙魚座則覺得自己被忽視，不停地抱怨與責罵。雙魚座會意識到天秤座的承諾往往並非真心，他的魅力通常也很膚淺。在性愛上，天秤座必須扮演主導的角色，覺得這非常厭煩。

天蠍座的戀愛特質

你和天蠍座女人

懦弱的人永遠無法贏得天蠍座女人的心。這讓一個男人知道，在面對天蠍座女人時，要如何堅持自己的立場。

天蠍座女人很溫柔、情感很豐富，而且要求很高。她對輕浮的調情或一夜情沒有興趣，也不相信與人共享。任何覺得自己只是在談戀愛、無須遵守約定的男人，都最好避免與天蠍座女人有所牽扯。她相信不可改變的規定，它們說明你有很多事不能做。

為什麼另一半可以接受她這麼愛吃醋、佔有慾這麼強？因為她無比迷人，令人難以抗拒——出得廳堂、入得臥房。充滿神祕感的她魅力獨具，舉手投足能使一個男人時而狂喜、時而崩潰。對這個脾氣火爆的女人來說，沒有所謂的「中間地帶」；與其他星座的女人，你可以找出關於是非對錯的折衷方案，但跟她無法這麼做。你必須屈服，並隨遇而安，或勉強接受她永久的情緒震盪。

愛情對她非常重要，而她的魅力足

以吸引任何男人。如果某個男人真的很特別，她願意主動出擊。一旦敏銳的直覺告訴她，這個男人將讓她很幸福，她的發電機就會開始運轉。她的直覺很少是錯的，她可以洞悉人性的奧祕。此外，她也能看穿男人的性幻想，並用各種充滿想像力的招式使他深深著迷。

天蠍座是水象星座，和所有的水象星座（巨蟹座、天蠍座、雙魚座）一樣，這個女人很容易受到他人情緒的影響。她最渴望的是，與一個人堅定、緊密地結合。在愛情裡，她無法忍受冷淡、漫不經心，或被擺在一邊。當她愛上一個人時，是她最脆弱的時候，因為對方可能會在無意間傷害到她。其他女人或許會原諒並遺忘，但當天蠍座女人受到傷害時，她總是會反擊；如果有必要的話，她會毀了對方。

然而，不管你曾經聽說天蠍座有多激情、任性，她對自己選擇的男人都很忠實。她是固定星座，可以一直對另一半忠心耿耿。再也找不到像她這麼堅定的伴侶，若天蠍座女人很愛你，她會傾盡生命保護你。

極度忠誠的她要求的是恆久不變，她的佔有慾很強，但生命中有天蠍座女人存在的多數男人都會告訴你，她們想要的就只有「擁有你」而已。

你和天蠍座男人

女人們會感受到他與生俱來的魅力，性感只是這種魅力的一部分而已。他神祕且充滿力量；他男人味十足、難以捉摸、擾動人心。有些人對天蠍座的評價不好，其中一個原因是，他的性格缺點大多顯現在他的感情生活上。沒有什麼比性愛更能將他的極端天性發揮得淋漓盡致。

他精力充沛、充滿熱情，要誘惑他並不難（如果你只想要這樣的話），困難的是與他建立親密關係，這不是因為他不渴望一段感情；這正是他想要的。他是一個非常敏感的男人，很容易受傷，也常感到孤單與不滿足；問題在於，他的嫉妒與沒有表達出來的憤怒，是很難忍受的。在十二星座中，他的防備心最重；他永遠不會讓你看到他脆弱的一面，也絕對不會讓女人掌控他。只要他想得到一個女人，他可以一直操縱她（如果他選擇這麼做的話）。當他甩掉她時，無論多殘酷無情，若她表現出一絲恨意，都會令他感到驚訝，只有他有懷恨在心的權利。

在面對愛情時，他一直都很清楚，自己想要付出多少代價。若代價太高（不管是在情感上、金錢上，還是在其他方面），他不會討價還價。他會直接離開。

天蠍座男人深藏不露、難以理解，雖然他通常看起來親切隨和、討人喜歡。你表面上看到的，只是他想要你看見的模樣；即便這個男人展現出最友善的樣子，他仍然具有潛在危險。

他知道自己對女人多有吸引力，同時也充分利用這一點。在性愛上，他會謹慎地計畫，雖然不浪費時間，也絕對不會顯得匆忙。他直接、強勢，很少有女人不被他單純的激情吸引，任何與他有親密關係的女人都會完全展現出潛在的慾望。作為情人，他最獨特的地方在於，他確實了解女人的需求；若沒有受到威脅，他會試圖滿足它們。

這個充滿活力與男子氣概的天蠍座男人或許很難應付，但他也會使對方覺得自己是最棒的女人。

如何吸引天蠍座

天蠍座的人通常都難以捉摸，但這裡有幾個通則可以作為參考。

請全神貫注地聆聽天蠍座說話，絕對不要假裝。當你裝模作樣時，天蠍座的人都知道，然後你們甚至還沒有開始就結束了。請記得天蠍座最重要的特質，那就是好奇心；絕對不要跟天蠍座的人說某件事，卻沒有告訴他們來龍去脈；如果你這麼做，他們會覺得你很膚淺或無趣，這兩種人都不會與天蠍座有什麼進展。

他們喜歡從事各種消遣（特別是水上活動）。若你是那種喜歡待在海邊一整天、坐漁船出海、參加滑水課程的人，你與天蠍座將會有很多共同點。天蠍座的人也喜歡各種聚會、社交活動、慈善義賣，以及可以認識成功人士的地方。

如果你們發生爭吵（你不該跟任何天蠍座的人起爭執），請記得尊重他們。天蠍座很認真、自尊心很高，他們認為自己的所有想法都不該被拿來開玩笑，就算態度很友善也一樣。

天蠍座的各種戀愛組合

天蠍座和牡羊座

一開始，兩人之間的吸引力很強烈。在性愛上，牡羊座的想像力更豐富、更樂於嘗試，但慾火中燒的天蠍座也配合得很好；然而，麻煩會在其他地方浮現。他們都很自私，也都想做決定；他們的根本衝突在於，兩人都想掌控一切。生性神祕、憂鬱的天蠍座會令坦率、衝動的牡羊座感到沮喪。牡羊座熱愛自由、外向、輕浮，這會激怒愛吃醋、佔有慾很強的天蠍座。性格差異會破壞性愛上的和諧。

天蠍座和金牛座

在臥房裡，金牛座強大的慾望與持久力可以滿足天蠍座；但在剩下的二十三點五小時裡，這對熱情的組合要做些什麼？他們都很固執，也很愛吃醋，差異在於，金牛座想要像擁有珍貴物品般地擁有另一半，天蠍座則試圖在情感上佔有對方。儘管他們都很喜歡錢，天蠍座很節儉、唾棄懶惰，金牛座則喜歡為了物質享受花錢。天蠍座任性，而金牛座頑固；兩個人都想當船長的結果，可能就是沉船。

天蠍座和雙子座

天蠍座會被活潑的雙子座吸引，充滿好奇心的雙子座則覺得性格複雜的天蠍座很有魅力；此外，雙子座也一度被天蠍座永無止境的性需求吸引。但對情感強烈的天蠍座來說，雙子座太過善變、反覆無常（天蠍座需要的是全心全意地投入）。閒不下來的雙子座很喜歡獨立自主，但天蠍座想要掌控並佔有。基本上，天蠍座喜歡獨來獨往，雙子座則喜歡在社交場合散發耀眼的光芒。他們會共度快樂的時光，但這些歡樂很快就會消失。此時，雙子座會開始設法逃跑。

天蠍座和巨蟹座

這是一個很好的組合，巨蟹座是被動的那一方，但很容易被充滿熱情的天蠍座點燃。閨房之樂有助於平息兩個愛吃醋的人之間的爭執，天蠍座提供力量與保護，這正是黏人、缺乏安全感的巨蟹座所需要的。巨蟹座則溫柔體貼、慷慨大方、忠心耿耿、充滿關愛，這正是天蠍座想要的，兩人的關係十分融洽。

天蠍座和獅子座

天蠍座不會恭維獅子座，或接受獅子座的掌控。天蠍座想激起另一半的慾望，獅子座尋求的則是轟轟烈烈的愛情；他們都充滿熱情，但同時也脾氣很大。熱情如火的獅子座喜歡奢侈鋪張，但天蠍座不喜歡浪費、引人注目。雖然一開始存在著強大的性吸引力，他們都非常易怒。天蠍座的嫉妒或許是導火線；當衝突爆發時，什麼事都可能發生！

天蠍座和處女座

拘謹的處女座很難理解真情流露的天蠍座，不明白那些擔憂與煩惱是怎麼一回事。不過，他們在性格與心靈上都十分契合；兩人都對家人忠心耿耿，也努力追求財務健全。他們都不輕浮、膚淺；兩人心中深刻的情感使這段關係忠實而堅定。他們有非常多共同點，因此天蠍座可能不會在意，處女座的熱情大多表現在思想上，而不是肉體上。

天蠍座和天秤座

天秤座會立刻被難以捉摸的天蠍座吸引（天秤座喜歡到處認識有趣的人）。天蠍座滿足了天秤座對愛的需求，不僅如此，愛吃醋的天蠍座也會讓天秤座感到開心。但天秤座會四處跟別人打情罵俏，天蠍座則極度敏感易怒。情感強烈的天蠍座認真看待愛情與承諾，天秤座則希望有個能提升自身形象的伴侶。天秤座若有似無的態度會令天蠍座感到沮喪，這段關係不可能持續下去。

天蠍座和天蠍座

雖然兩人之間充滿了性吸引力，情

感溫度卻不會一直上升。他們是如此相像，卻對彼此不太了解。兩人都非常愛吃醋，而且要求很高；他們的情感是如此強烈，以致於每場小風雨都很快就變成大風暴。

兩人都陰沉憂鬱，佔有慾也很強，他們都不斷地強迫對方交出主導權。總是有某些事要放手，而那通常是這段感情要結束的時候。

天蠍座和射手座

隨心所欲、不受約束的射手座會使天蠍座感到焦急。天蠍座會掌控一切，但無法讓靜不下來、反覆無常的射手座一直接受控制。射手座認為重點應該放在玩樂與冒險上，天蠍座則需要持續的關愛與安全感。射手座開朗健談、對愛情漫不經心，天蠍座則沉默寡言、深藏不露，同時也很愛吃醋。天蠍座希望射手座能待在家裡，射手座卻想要四處遊蕩，這是一段沒有未來的感情。

天蠍座和摩羯座

天蠍座強烈的熱情都被欣然接受。情緒起伏劇烈的天蠍座往往能使憂鬱內向的魔羯座敞開心胸，他熱情的舉動也為這段溫暖的關係增添樂趣。摩羯座甚至也喜歡天蠍座愛吃醋，因為這令摩羯座感到安心。兩人都懷抱著某種使命感；他們野心勃勃、意志堅定，並認真看待自己的責任。作為一個團隊，他們很有可能獲得財富，這段感情應該會進展得很順利。

天蠍座和水瓶座

這彷彿是火與水的結合。天蠍座的情感需求很高，但對水瓶座而言，就連戀愛也只是拓展視野的另一種方式而已。天蠍座既不能忍受水瓶座的獨立自主，也不能理解他對愛情漫不經心的態度。水瓶座太過冷淡，而且有太多工作以外的興趣，不適合愛吃醋、佔有慾很強的天蠍座。天蠍座會試圖掌控一切，但心思難以捉摸、熱愛自由的水瓶座會使他感到沮喪；天蠍座想待在家裡，水瓶座則希望說走就走；諸如此類，然後就走到了終點。

天蠍座和雙魚座

強韌的天蠍座是優柔寡斷的雙魚座很好的保障，充滿想像力的雙魚座則激發出天蠍座的創造力。雙魚座能給予天蠍座所渴望的愛與付出；兩人都沉醉於閨房之樂，營造出浪漫的氛圍。雙魚座特殊的性偏好會為天蠍座增添情趣，擁有強烈情感需求的兩人十分契合。雙魚座的敏銳直覺與天蠍座的深刻情感結合在一起，讓他們變得格外緊密，這樣的關係得以持續。

射手座的戀愛特質

你和射手座女人

就像所有火象星座（牡羊座、獅子座、射手座）的女人一樣，當她愛上一個人時，是她最活潑的時候。她被戀愛的極度興奮、刺激與熱情所吸引。她以熱情、積極的態度看待人生，而愛情會突顯這些熱烈的情緒。在愛情裡，其他女人也許會呈現飄飄然的狀態，射手座女人則顯得愉悅且活力充沛。

射手座也象徵心靈探索。對她而言，愛情不只是激情，而是一種挑戰。她擁有自由奔放的靈魂，覺得家庭生活很無趣。她是很棒的玩伴，但前提是她認為這個遊戲值得一玩。她不是那種隨遇而安的人，如果她感到不開心，她絕不會屈服、妥協，或試著解決，她會直接離開。

她無法像其他女人那麼認真看待愛情。對她來說，那是人生的一部分，不是開始或結束。如果她找到真正的伴侶，這個男人跟她一樣喜歡體育與戶外活動、熱愛旅行，也討厭被綁在任何地方，這段感情會更加吸引她。愛探索的天性可能會使她在年輕時就有不少性經驗，特別是在充滿異國情調的地方，天雷勾動地火。（比方說，在開往歐洲的火車上幽會、在巴貝多〔Barbado〕的海邊與新情人瘋狂親熱。）

她有時不會意識到與他人產生愛情糾葛的後果。對她而言，人生意味著向未來前進，而每段新戀情都是一次學習的機會。她也沒有考慮到，當一段感情結束時，可能會留下一連串傷痛；若某個舊情人懷恨在心，她會感到非常驚訝。

她喜歡跟男人調情，並且用各種技巧讓對方動心。男人則喜歡她迷人、隨和與開闊的心胸。其他女人或許比較喜歡循規蹈矩，但射手座女人會忍不住四處漫遊，採摘誘人的花朵。然而，當她找到一段偉大的愛情時，就會變得忠心耿耿。她是一個浪漫主義者，會了愛，而不是錢或社會地位而結婚，她想要的是真正的靈魂伴侶。

她最棒的特質是幽默風趣；缺乏幽默感的男人無法引起她的興趣。她不喜歡充滿爭吵、令人窒息的感情，那會使她飽受折磨。她想要能與她一同冒險的伴侶。她喜歡博學多聞、可以在思想上給予啟發、擁有豐富旅行經驗的男人。在性愛上，她不會主導一切。她希望兩人之間的性愛十分浪漫、衝動，而且真誠坦率。

基本上，射手座女人很享受生活，同時也會努力確保她身邊的每個人都是如此。當這個聰明、樂觀、活潑有趣的女人終於與某個幸運的男人定下來時，她將會是他能找到最可愛的伴侶。

你和射手座男人

這個充滿魅力的情人可能不適合作為丈夫。射手座的象徵圖像是弓箭手，他隨時都在追捕獵物。就像法蘭克·辛納屈的那首歌——「不在女孩身邊時，我愛；我愛的是我所接近的女孩。」當他跟你說「我愛你」時，他是極為真心的，但隔天晚上，他也會真誠地跟其他人說同樣的話。不管他相信的是什麼，在那個當下，一切都是真的。

在十二星座中，射手座男人是名符其實的花花公子；這不是因為他極度好色，而是因為對他來說，愛情是一條尚未涉足的道路，充滿冒險。他放蕩不羈、無拘無束，不停地找尋心目中的理想女性。在這段過程中，很多女性仰慕者都忍不住被他真誠、聰明、令人愉悅的親熱方式吸引。射手座男人幽默迷人，被他追求的女人可以享受美好的時光。

比起必須盛裝打扮的大型晚宴，他更可能邀請你在露天咖啡館輕鬆地共進午餐。這並不是因為他不願意花錢，只是因為他向來喜歡從容悠閒，很討厭浮誇做作。

若熟練就能找到竅門，他就是世界上最棒的情人；然而，他不覺得愛情像小說家描寫的那樣。他充滿熱情，但情感並不強烈；他只是全然地享受。令他感到困擾的是，其他人似乎都非常認真地看待愛情，為什麼他們不能像他一樣輕鬆愉快，要求也不高？

他通常對婚姻或長久的關係沒有興趣，他只想為了歡樂而短暫停留。對這個男人而言，快樂不是抱持一個固定的目標，而是遊歷的過程，如果你度過了許多開心的時光，就等於擁有開心的人生！若他認為你是他喜歡的那種女人，請不要害羞。他不會把短暫的戀情看得很重要，如果你認真看待，他是不會理解的。若你不想要隨興的愛情，射手座男人或許不適合你。

如何吸引射手座

射手座的人幾乎對任何事都感興趣，要跟他們開始交談並不難。當他們滔滔不絕地談論自己最喜歡的話題時，他們會覺得善於交談的你很迷人！

詢問他們的工作、朋友、讀過的書，乃至對時事的看法；若你正好喜歡小動物或戶外活動，就已經成功了一半。想了解他們的興趣與窺探只有一線之隔，不要跨越那條界線，射手座會提防任何試圖逼迫他們的人。如果談論寬泛的話題讓氣氛很冷，不用擔心。等你們再熟一些之後，情況會有所改善。你可能會發現，你的問題其實在於，你會試著忽視射手座有時太過直白的問題。當他們逐漸了解你時，他們會希望你與他們分享心事，或尋求他們的建議。

射手座的人喜歡在戶外約會——在

星空下跳舞、參加室外演唱會、在海邊野餐、從事滑雪或帆船運動。他們通常會避免大型聚會或離家太近的地方，因為他們無法忍受行動受到限制，或者被束縛。絕對不要侵犯他們的自由，或因為你的情感需求而介入他們的私生活；你也最好不要太相信他們的承諾，那些話船過水無痕。

好好地享受和射手座在一起的時光，但不要覺得你們已經簽訂了終身契約，因為射手座的人並不這麼認為。然後，當這段感情結束時，不要後悔地回顧，射手座不會這麼做。

射手座的各種戀愛組合

射手座和牡羊座

兩人有共通的性愛模式（他們會充分利用所有機會）。此外，他們都喜歡社交與從事戶外活動，所以相處得很融洽。他們在思想上也十分契合——兩人都擁有廣泛的興趣，也喜歡談論它們。射手座看待問題時較為冷靜，牡羊座則會加入較多的個人情緒；問題在於，他們都很易怒。雖然爭吵會很激烈，但很快就會結束，而且會用有趣的方式合好，這是一個很棒的組合。

射手座和金牛座

金牛座想掌控一切，但射手座不會接受控制；射手座需要冒險與改變，這會令穩定、自律、喜歡待在家裡的金牛座感到惱怒。金牛座喜歡確實可行的做法，射手座卻樂於嘗試任何事。直言不諱的射手座會不加思索地說出自己的想法，這會使金牛座怒火中燒。此外，他們也會面臨金錢方面的問題，因為射手座會在今日投機，金牛座則為了明天累積，這段感情不會持久。

射手座和雙子座

他們都靜不下來、熱愛冒險、愛好玩樂，同時也充滿想像力。在十二星座中，沒有其他對相星座像他們這樣彼此欣賞。兩人會在臥房裡擦出火花，但當火花熄滅時，爭吵就開始了。他們都有聰明的頭腦，但射手座直言不諱、蠻橫霸道，雙子座則喜歡用言語嘲諷。兩人都太過飄泊、不想定下來，最後他們都會向其他興趣與愛好屈服；不過，他們應該會好聚好散。

射手座和巨蟹座

充滿好奇心的射手座會被感性、浪漫、充滿想像力的巨蟹座吸引。但射手座既理性又熱愛冒險，巨蟹座則小心謹慎、情感豐富。他們永遠都無法理解對方。射手座不能給予巨蟹座所需要的穩定與安全感，或容忍巨蟹座的愛吃醋與喜怒無常。坦率直言的射手座甚至會在沒有察覺的情況下，每每傷害到敏感的巨蟹座。當射手座在外頭尋求刺激時，巨蟹座會不停地叨念、抱怨，並試圖抓得更緊。他們還是當朋友比較好。

射手座和獅子座

這對熱情的組合將會一起度過令人興奮的時光。充滿自信的獅子座能激起射手座潛在的慾望，他們的感情生活宛如一場冒險。他們也熱愛旅行、喜歡認識新朋友與陪伴彼此。獅子座和射手座一樣熱愛自由，因此不會有嫉妒或佔有慾的問題；射手座也能巧妙地應付自視甚高的獅子座。這是一段很愉快的關係。

射手座和處女座

害羞、沉默寡言的處女座無法主動出擊，這使射手座覺得處女座過度拘謹。他們都有些學問，所以最後可能會在床上有不少有趣的對話。此外，處女座追求單純與秩序，射手座則尋求新的刺激與嘗試。處女座想要的是一段長久的關係，射手座則必須自由自在地遊蕩。做事草率的射手座會激怒一絲不苟的處女座，當處女座挑剔與批評時，有時是一種在意的表現，但射手座永遠都不會理解這一點，這段感情將會不太順利。

射手座和天秤座

射手座會被隨和、唯美優雅的天秤座吸引，天秤座則會被熱愛冒險的射手座吸引。天秤座比射手座更浪漫；兩人在性愛上則十分和諧愉快。天秤座會包容射手座的嬉鬧，甚至會放慢射手座的步調，因為天秤座知道如何展現性感魅力。天秤座喜歡享受並待在家裡，射手座則比較喜歡戶外生活；不過，天秤座能巧妙地解決這種問題。

射手座和天蠍座

天蠍座會試圖限制射手座的自由，並將他囚禁起來。憂鬱、壓抑的天蠍座就是無法與開朗、熱情、直言不諱的射手座和睦相處。在愛情裡，這是一個不穩定的組合。射手座把性愛當成遊戲，覺得情感強烈、蠻橫霸道的天蠍座太難對付；很快地，射手座就會想要逃離。此外，性急的射手座熱情會迅速冷卻，天蠍座則怒火中燒，直到爆炸為止；這是一個喜怒無常、困難重重的組合。

射手座和射手座

有些占星學家認為，唯一適合射手座的伴侶是另一個射手座。他們確實看似非常合適——兩人都獨立自主、熱愛自由、喜歡四處遊蕩。但這段充滿混亂、刺激與樂趣的關係太難以捉摸，所以不適合他們，他們往往會讓彼此展現出最糟糕的一面。兩人都依然不受約束，而且擁有太多工作以外的興趣，導致他們漸行漸遠。不過，當這段感情結束時，他們還是會保持風度。

射手座和摩羯座

射手座反覆無常、隨遇而安的愛情觀無法滿足摩羯座的需求。兩人都有遠大的志向，但行事風格截然不同。摩羯座想爬上山頂，射手座則想飛越山頂；坦率直言的射手座一定會惹惱敏感的摩羯座。摩羯座拘束、不苟言笑、喜歡獨來獨往，射手座則爽朗大方、熱愛冒險、善於交際。摩羯座用錢謹慎，也很在意外表；射手座則用錢隨興，也不在意外表。兩人都應該另尋對象。

射手座和水瓶座

他們都對生活充滿熱情，同時也富有遠見，他們都不會試著綁住對方。兩人都竭盡所能地將生活過得豐富多彩，對愛情與人生都抱持理想化的態度。水瓶座勇於創新，射手座則喜歡嘗試新事物。在臥房裡，他們充滿樂趣與想像力，甚至可能會發現令「麥斯特與強生」[42]都感到驚訝的事。他們也都很喜歡彼此。儘管兩人可能在情感上較慢變得親密，但長期來看，這段感情前景可期。

射手座和雙魚座

雙魚座會被射手座旺盛的生命力吸引，射手座則會被雙魚座的靈性吸引。然而，射手座需要的是朋友，雙魚座需要的卻是理想情人；兩人都幫不上對方的忙。膽小、喜歡依賴的雙魚座會使生性活潑的射手座變得穩定。情感極為豐富的雙魚座要的不只是床伴，但靜不下來、熱愛自由的射手座要的僅止於此。愉快的性愛會讓這段感情持續一段時間，但之後將會逐漸陷入困境。

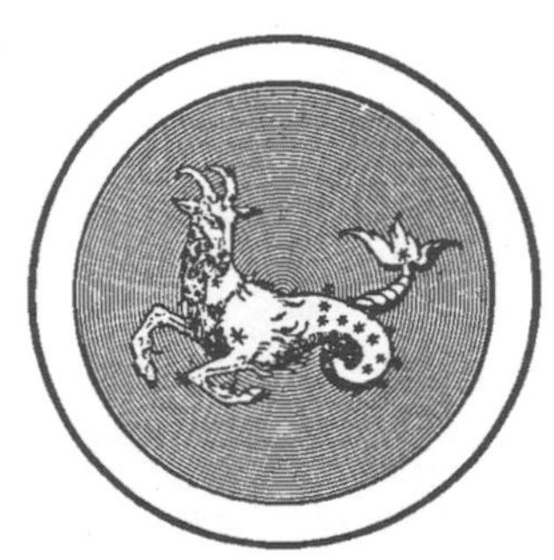

摩羯座的戀愛特質

你和摩羯座女人

即便她可能不會表現出來，這個女人非常在意愛情。在內心深處，她極度浪漫，但她十分內向、拘謹、疏離。有些女人甘於將愛情交給命運，但摩羯座女人會自己決定命運。她挑選男人時很挑剔，是十二星座中最不可能一見鍾情

42　「麥斯特與強生」是由威廉·麥斯特（William Masters）和維吉尼亞·強生（Virginia Johnson）所組成的性學研究所，在 1957 至 1990 年代間，對人類的性行為進行開創性的生理醫學研究。他們不僅研究人類性反應的特質，例如首次發現女性經歷高潮時的生理反應，也致力於性障礙的嶄新診斷與治療方法。

的星座；她不會把時間浪費在無聊的調情上，對她而言，愛情是很嚴肅的一件事。若一個男人不符合她的期待，她會希望他離開；如果某個男人確實引起她的興趣，在靠近他之前，她會先遠遠地觀察。她會花時間慢慢了解他，並且謹慎地評估，投入這段感情會帶來什麼後果。和所有的土象星座（金牛座、處女座、摩羯座）一樣，只有在感到安心時，她潛藏的熱情才會綻放。

對摩羯座女人來說，在愛情裡感到開心很重要。她希望對方能珍惜並理解她，不會讓她失去自信，或要求她交出人生與目標的主導權。然而，她很務實，知道這樣的對象有多難找。

她不會任由任何男人擺佈。摩羯座女人或許看似害羞或溫順，但她如同一顆橡膠球——你可以把球壓凹，但它總是會彈回原本的形狀。她嚴謹自律、思慮清晰，同時也有很好的判斷力。她是最女性化且有品味的女人。瑪琳・黛德麗（Marlene Dietrich）[43]、瑪姬・史密斯（Maggie Smith）[44]、艾娃・嘉德納（Ava Gardner）、費・唐娜薇（Faye Dunaway）[45]和瑪麗・泰勒・摩爾（Mary Tyler Moore）都是典型的摩羯座女人——她們都極為嫵媚，內心卻具備強大的力量。

若你下定決心要贏得摩羯座女人的心，你最好有長期抗戰的心理準備，她不會輕易交出她的心。她期待被追求，並產生戀愛的感覺，沒有花花公子可以跳上她的床。

如果一個男人用性愛來賭氣，他肯定會輸；在正面對決中，這個女人連堅硬的冰川都能克服。

她有時會與年紀比她小的男人有所牽扯；其中一個原因是，她想要在男女關係裡掌控一切。約會時，她會試圖做決定；她會挑選餐廳與娛樂項目，以及取得門票；若你們開始同居，她也會負責分配家務。

在愛情裡，摩羯座女人並沒有特別幸運。也許她們要求太多、太著重自己所渴望的愛與付出，或者她挑選的男人太天真或缺乏經驗。無論原因是什麼，這都太糟糕了，因為除了性感魅力以外，摩羯座女人還有許多優點。她忠實可靠、善於處理金錢，對他人的觀察也很敏銳。她對另一半很有幫助，當處境極為艱困時，她會在身旁支持他。當戰鬥獲勝時，摩羯座女人只會要求共享好處。

她的感情很深刻，而她所帶來的影響也是如此。在那些短暫的戀情結束後，這個悶騷的女人終將為某個愛她、尊重她、珍惜她的男人保留位子；她會給予對方最豐厚的回報——一段長久而深厚的關係。

43 瑪琳・黛德麗，德國演員兼歌手。

44 瑪姬・史密斯，英國電影、電視、舞台劇女演員。

45 費・唐娜薇，著名美國電影演員。

你和摩羯座男人

女人們會被他直接、露骨的態度吸引。對他而言，肉體慾望是愛情不可或缺的一部分，他認為兩者缺一不可。然而，在情感上，戀愛對他來說並不容易，他向來喜歡喜歡獨來獨往；他很難信任別人，在某種程度上，他會避免流露出情感。在工作上，摩羯座男人會為自己的決定全權負責；在愛情裡，他也很難與另一個人分擔責任。

就像摩羯座女人一樣，他的外表非常冷酷，雖然他看似自信滿滿，但他其實需要有個女人能展現她有多喜歡並崇拜他。因為他內向，甚至深藏不露，他通常不會讓別人知道這一點，但它確實存在；給予他需要的鼓勵，他就會緊緊地依靠著你。他是個忠實的情人，不需要也不明白，為何要四處遊蕩。

摩羯座男人其實也具備浪漫的特質（這與一般人的認知不同）。但相比之下，他的自律性——說得更精確一點，為了未來（而不只是現在）做出最好決定的需求更為強烈。他會捨棄浪漫，並找尋對自身目標有所幫助的女人。一般而言，摩羯座男人都在很年輕時，或年歲漸長後才結婚。後者往往更加快樂。當摩羯座男人獲得成功時，他會變得更放鬆，對愛情也不會再那麼小心翼翼；那不再是他往上爬時的負擔。

很少女人有理由抱怨摩羯座的另一半，他潛藏的熱情絕對不難點燃。他或許不是最充滿想像力的伴侶，但他不僅好色，床上功夫也很好，他的性致從未消退。摩羯座男人年紀越大越迷人，性能力也越強；當其他男人只能坐在搖椅上時，摩羯座男人還是會繼續與你共享閨房之樂。他比較喜歡舒服的環境，其他人可能喜歡在光溜溜的地板上，或站在衣櫥裡親熱，但摩羯座喜歡寬敞舒適的床鋪、昏暗的燈光與輕柔的音樂，如果可以的話，旁邊再擺一瓶冰香檳更好。

摩羯座也有感性、詩情畫意的一面，儘管它可能不會馬上顯現出來。這個男人也許不會送你鮮花或情書，但在結婚二十五週年紀念日時，他可能會包下一架飛機，載著你們來到巴黎，讓你們夜晚可以在塞納河畔的燈光下共舞。

如何吸引摩羯座

如果一開始，摩羯座的人看似冷淡，那是因為他們正在評估建立一段新感情的風險。他們很樂意成為你的聽眾，所以不要害怕先開啟談話。想吸引摩羯座，一定要表現得很有趣，因為基本上，他們是那種很憂鬱的人，需要有人提振他們的心情。

他們往往會試圖掩蓋內心的情感，因為他們害怕揭露太多關於自己的事，不要在意這種恐懼毫無根據；這就是他們的感受。即便已經處於最坦率的狀態，魔羯座還是很難捉摸。

摩羯座對藝術、音樂與戲劇深感興趣，並且會被能在思想上啟發他們的人吸引。他們比較喜歡談論嚴肅的話題。當他們在陳述自己的意見時，請你當成第一次聆聽「蓋茲堡演說」（Gettysburg Address）[46] 般地認真聆聽。同時，也不要發表任何獨特或偏激的想法。他們會予以迴避。

送實用的東西給摩羯座作為禮物準沒錯，請確定這個禮物品質優良，而且不花俏或俗氣。摩羯座的人也很重視享受，但他們太在意每一塊錢的價值，因此無法尊敬任何揮霍金錢，只為了留下深刻印象的人。書永遠是很好的選擇（尤其是傳記、心理勵志，以及與投資相關的書籍）。

我的建議是，一定要守時。時間就是金錢——你應該非常明白摩羯座對此有何看法。

摩羯座的各種戀愛組合

摩羯座和牡羊座

他們會像情侶一樣相處，但即便在床上，兩人都會為了金錢、朋友、社交活動，以及誰負責主導一切而爭吵。他們的主要差異在於，除非確定會成功，否則摩羯座不會採取行動，牡羊座則非常衝動、任性。他們很難不吵架，因為兩人都意志堅定、積極進取，而且必須掌控一切。此外，當牡羊座熱烈的情感開始轉向其他更愛好玩樂的人時，摩羯座也會開始感到嫉妒。從性格與情感上來看，這個組合比較適合競技場，而不是家裡。

摩羯座和金牛座

金牛座很欣賞摩羯座堅定的決心，而金牛座的溫柔穩重則會令摩羯座感到開心。金牛座可以跟冷漠、謹慎的摩羯座溝通，並給予他所需要的熱情與鼓勵。兩人都有直接與熱情的一面；感性的金牛座能發掘摩羯座埋藏的浪漫情懷；摩羯座和金牛座都忠心耿耿，所以嫉妒對他們不會是問題。此外，兩人都很重視安全感與金錢，也喜歡待在家裡，這是一個堅定而緊密的組合。

摩羯座和雙子座

摩羯座很難掌控容易激動、輕浮、反覆無常的雙子座。摩羯座所有的耐心都必須拿來對付這個善變、注意力不集中、奢侈浪費的伴侶。摩羯座重視秩序與管理，並以務實果斷的態度來看待人生，雙子座雜亂無章、古怪、神經質，而且心直口快，這通常會讓摩羯座默默

46 蓋茲堡演說是第十六任美國總統亞伯拉罕．林肯最著名的演說，也是美國歷史上最多人引用的政治演說。1863 年 11 月 19 日，在南北戰爭最慘烈的一役——蓋茲堡戰役結束四個半月後，林肯在賓夕法尼亞州蓋茲堡的蓋茲堡國家公墓揭幕式中發表此篇演說，哀悼在這場戰役裡犧牲生命的將士。

覺得不太恰當。他們都不太感性，因此一開始燃起的火苗很快就會熄滅。

摩羯座和巨蟹座

儘管兩人之間存在著性吸引力，卻必須用性愛上的和諧來彌補其他層面的不合。纖細敏感的巨蟹座很討厭摩羯座的霸道。摩羯座不願意容忍巨蟹座永無止境的情感需求，需要溫暖的巨蟹座則會因為摩羯座的冷漠而感到沮喪。他們都害怕被拒絕，但表現方式不同——巨蟹座往往會變得退縮，摩羯座則會變得霸道。這兩個星座互為對宮，涵蓋了所有的對立面。

摩羯座和獅子座

井然有序、有條不紊的摩羯座既不理解，也不認同獅子座的熱情與衝動。摩羯座無法忍受獅子座先做了再說的習慣，外向的獅子座則對深藏不露的摩羯座缺乏耐心。摩羯座太過含蓄，無法給予獅子座所需要的崇拜，而驕傲的獅子座也不會順從霸道的摩羯座。揮霍無度的獅子座愛好享受，摩羯座則重視財務健全勝過一切。此外，他們都想在性愛上扮演主導的角色。這個組合的前景並不樂觀，他們會設法迅速結束這段關係。

摩羯座和處女座

思緒有條不紊的處女座和自律、能辛苦工作的摩羯座十分契合。他們都對自己的家感到自豪；兩人都喜歡有幾個親近的朋友，而不是許多泛泛之交。他們都很欣賞對方的頭腦。這個組合沒有理由不一拍即合，除了在性愛上——處女座很拘謹，含蓄的摩羯座很難激起他潛在的慾望。他們都很難自然表現出溫柔的一面；不過，這只是眾多優點中唯一美中不足的地方。

摩羯座和天秤座

摩羯座會被富有魅力的天秤座吸引，天秤座則會被摩羯座緩慢展現的熱情吸引。但長期來看，天秤座需要的是比摩羯座更能提供刺激、浪漫與美麗事物的伴侶。摩羯座不喜歡參加社交與藝術活動，但天秤座卻非常喜歡參與這些活動。重視責任與紀律的摩羯座覺得天秤座太過輕浮、愛慕虛榮與自我中心，天秤座將變得躁動不安，並開始另尋對象；摩羯座的嫉妒更是如同火上澆油，這段感情將會是一場災難。

摩羯座和天蠍座

性慾旺盛的天蠍座會喚醒摩羯座沉睡的熱情。雖然天蠍座的想像力較為豐富，但摩羯座具備持久力，這會是個愉快的組合。天蠍座佔有慾很強，能帶給摩羯座安全感。作為一個團隊，他們合作無間——摩羯座井然有序，天蠍座天生精明，兩人都很重視紀律與成就。他們都意志堅定，有時脾氣火爆的天蠍座會與固執的摩羯座起衝突。儘管兩人的衝突很劇烈，也會好好地彌補對方。

摩羯座和射手座

摩羯座會受到樂觀的射手座鼓舞，射手座則會被內斂、深藏不露的摩羯座吸引；但摩羯座很快就會被善變、無拘無束的射手座惹惱。摩羯座會意識到，不能指望射手座忠貞不渝，同時也會因為射手座對愛情滿不在乎而感到沮喪。此外，射手座衝動魯莽、花錢隨心所欲，摩羯座則小心謹慎、喜歡待在家裡。這段關係很快就會結束。

摩羯座和摩羯座

摩羯座喜歡跟自己一樣的人，因此他們會相互尊重。兩人都含蓄謹慎、辛勤工作，同時也喜歡存錢；然而，這段關係有時會顯得很無趣。他們在性愛上十分契合，但在其他方面，則會促使對方變得悲觀、憂鬱。兩人都無法放鬆或坦誠相對，作為伴侶，雖然還算可以接受，卻不怎麼有趣；這段感情會在不知不覺中走下坡。

摩羯座和水瓶座

摩羯座覺得水瓶座太難以捉摸，而水瓶座的冷淡也會令摩羯座感到不安。古板的摩羯座很快就會激怒熱愛冒險的水瓶座。水瓶座重視自我表達，摩羯座則重視自律。在某種程度上，水瓶座是個流浪者，而摩羯座卻比較喜歡待在家裡；熱愛自由的水瓶座不會一直留在嚴肅認真的摩羯座身邊。不過，他們應該都很喜歡對方，能將愛情轉變為友情。

摩羯座和雙魚座

摩羯座可以為常沉溺於幻想的雙魚座提供精神支柱，給予他所需要且欣賞的穩定性（摩羯座最喜歡被人欣賞）。在臥房裡，摩羯座會主導一切，雙魚座很樂意配合。雙魚座特殊的性偏好甚至可能會影響原本古板的摩羯座。雙魚座不吝於付出關愛，摩羯座則忠心耿耿；兩人都讓彼此感到安心且備受呵護。雖然性格截然不同，卻能滿足對方的需求。

水瓶座的戀愛特質

你和水瓶座女人

這個聰明、迷人、有趣的女人不需

要刻意吸引男人，她只要展現自己就好。因為水瓶座具有某種特殊魅力，有些占星學家將它稱作「遙遠的誘惑」。和所有的風象星座（雙子座、天秤座、水瓶座）一樣，她的腦袋裡充滿了各種點子，同時也帶有某種疏離的特質。奇怪的是，這反而誘使男人想撩撥她的情緒。

她並非冷酷無情，但也不溫暖活潑、親切外向，她是一個極度浪漫的女人。對水瓶座來說，愛情是一種概念與理想，而不是令人神魂顛倒的情感。事實上，她對情緒小心翼翼，因為它可能會讓她感到困擾、厭煩；她能超脫情緒，理性地面對人生。

水瓶座女人不會對任何男人百依百順，她只聽命於自己。在女權運動展開前，她就已經不受傳統觀念的束縛，這個極為獨立的女人不太在乎外界的看法，她確實難以捉摸。

她的態度有一部分反映在她充滿想像力的性愛模式上，在臥房裡，她通常都勇於創新；她尋求歡樂與新鮮感多過於令人窒息的熱情。無論她看起來有多輕浮、無論她有多喜歡打破常規，男人都必須說服她，她不只是他今晚的目標，他不能只把她當成上床對象。

她期待被追求；在深入了解她之前，男人不該逼她做出決定。對她而言，激情不重要，溝通才是重點；水瓶座女人會先把男人視作一個個體，然後才將他當成床伴。

在婚姻或一段認真的感情裡，她很難無私地付出。她不落俗套，內心的想法非常強烈。她太在意自己的計畫、嗜好、興趣與朋友，因此她的愛往往會分散在許多地方。有人指責她愛的是全人類，而不是一個特定的男人。然而，當她愛上某個男人時，她十分忠實；當她做出承諾時，她會信守諾言。畢竟這關乎榮譽與理想——它們正是這個星座的特點。

有人說水瓶座女人是完美的伴侶，因為她很好相處——寬宏大量、不容易生氣，絕對不會吃醋、不講理、過度情緒化或黏人。她只要求另一半尊重她的隱私，以及不妨礙她追尋廣泛的興趣。想要牢牢地抓住她，反而很快就會失去她。遠方的未知事物特別吸引她；她從不滿足於現狀，那裡有太多東西等著她去發掘，她的伴侶必須與她一起冒險，否則他很快就會被拋下；她將頭也不回，完全沒有察覺這場悲劇。

你和水瓶座男人

他與一個女人的第一次交流必須透過心靈，在接受肉體刺激之前，他得先在思想上受到啟發。對水瓶座來說，心靈交流永遠比肉體接觸更重要；他想跟某個人，而不是跟任何人上床。

給他一點機會，然後他就會墜入情網；他覺得這樣很自然，也令人愉快。但對他而言，愛上一個人與愛一個人是兩件不同的事，後者可能會引發他的內在矛盾。其中一個原因是，水瓶座往往會壓抑自己的情緒。他是一個理性的星座，所以這些情緒會使他有點不安與難為情。此外，愛情代表對他的要求，而他極度需要自主權。愛情也意味著為另一個人挪出空間，就像其他固定星座（金牛座、獅子座和天蠍座）一樣，水瓶座很難適應他人，人們必須適應他。

女人們覺得他很有魅力，但他可能不會在一段關係裡待很久。對他來說，愛情宛如夜間行進的列車，總是會有其他列車經過。不過，水瓶座男人並不是花花公子，他對另一半忠心耿耿（用他自己的方式）。他不會試圖同時操縱很多女人，他相信的是「連續型一夫一妻制」（consecutive monogamy）。即便他結婚了，他也不認為這段關係恆久不變，水瓶座男人是十二星座中最常結婚的。

水瓶座男人不會預期，他可以輕易贏得任何女人的心。他的耐心眾所周知，到最後，某個女人或許會自己提出跟他上床的要求。接著，她會驚訝地發現，她的水瓶座伴侶有多熱情、多想擁有她。當一段感情展開時，他會拚命彌補失去的時光；他的伴侶將會發現，跟他親熱就像是場嘉年華會，永遠都有新刺激。

水瓶座象徵真相；這個男人不會說謊，或虛偽地呈現自己；這當然是一種迷人的特質，雖然在水瓶座身上，有時會帶來意想不到的結果。我所認識的一位年輕女性，在她的另一半身上注意到了這種特質。她一天強迫他好幾次，要他告訴她，那時他對她有何感覺，而他說：「老實說，我現在沒有像今天早上那麼愛你了。」

在愛情裡，水瓶座慷慨大方、寬宏大量。他會努力不要侵犯你的權利或命令你。你們之間的感情包含了許多友情的成分——追求與知識有關的興趣，以及在社交活動上的契合度。他既不自私也不霸道，可能不夠熱情，卻令人驚奇、能給予啟發、心胸開闊，也勇於創新。

不要束縛他。只要這個男人愛上你，他就會乖乖地待著；但他必須知道，自己還是可以逃跑。

如何吸引水瓶座

他們熱愛社交，很容易交到朋友；他們有趣、善於交談，但還是比較喜歡談論重要或有意義的事。不過，如果他們沒有做出任何結論，也不要覺得驚訝。在談論永恆的真理時，有時很難直接切入重點。

水瓶座的人通常都彬彬有禮，卻難以捉摸；這種性格是不可能改變的，尤其是沒有直接受到攻擊時。當有人直接靠近時，他們往往會變得退縮；要讓他們展現出同情心，是很容易的一件事。水瓶座是興趣廣泛的人道主義者，他們看的是大局，而不是小缺點。

他們對各種書籍、藝術或科學深感興趣，多數水瓶座的人都對科學抱持興趣；他們也有各式各樣的嗜好，並且對各種小玩意感興趣。若你無法與水瓶座共享所有興趣，至少不要對他們的興趣廣泛感到嫉妒。他們生來就注定如此。

水瓶座不是那種只吃牛排馬鈴薯的人，他們更喜歡到小餐館享用西式中國菜，水瓶座總是喜歡嘗試不同的事物。

給他們時間了解你、相信你、依靠你。水瓶座的人也許會聽從你的建議，但因為他們太聰明，不會被騙。他們不會一直聽取糟糕的建議；他們會直接避開提供建議的人。

請特別注意，絕對不要因為某個錯誤而對水瓶座叨念。他們會很快地承認，然後就忘記了；一個小錯對他們並不重要，如果你為此不停地嘮叨，他們只會覺得你很奇怪而已。

水瓶座的各種戀愛組合

水瓶座和牡羊座

他們會度過許多歡樂的時光，充滿想像力的水瓶座與強勢的牡羊座十分契合。在性愛上，牡羊座的熱情會激發水瓶座的創意，他們不會試圖綁住對方，因為他們都明白彼此需要自由、冒險，以及工作以外的興趣。兩人都不喜歡受到控制，但牡羊座必須扮演主導的角色；若他們能圓滿地解決這個問題，這段感情絕對前景可期。

水瓶座和金牛座

水瓶座對愛情漫不經心的態度會令極度熱情的金牛座感到困惑，最後激怒他；金牛座想要的不只是玩玩而已。金牛座的嫉妒與佔有慾會使水瓶座感到焦慮，以致於想要逃跑；水瓶座就是喜歡四處遊蕩，金牛座則喜歡待在家裡。兩人都很固執，但以截然不同的方式呈現——水瓶座不願意墨守成規，而金牛座堅持安全感與家庭的價值。水瓶座對人道關懷感興趣，金牛座則把心力都投注在財物與自己身上。諸如此類的事還有很多。

水瓶座和雙子座

雙子座可以接受喜歡嘗試新事物的水瓶座；此外，水瓶座能讓反覆無常的雙子座穩定下來。他們都很欣賞對方敏銳的頭腦，因此會進行關於各種人事物的有趣對話。兩人都渴望陪伴與和睦相處，不要有太多的情緒起伏。他們都喜歡社交，會參加各種工作以外的活動；兩人都不會感到嫉妒或想要獨佔。他們將會是很好的朋友與床伴。

水瓶座和巨蟹座

巨蟹座的佔有慾會讓水瓶座感到憤怒，他不能理解，為什麼巨蟹座不能放鬆一點。水瓶座對愛情隨意且漫不經心，這會使敏感的巨蟹座覺得自己被拒絕與忽略。水瓶座討厭巨蟹座的黏人與愛抱怨，因此感到備受限制（巨蟹座這種行為源自於他一直需要愛的證明）。巨蟹座想要安穩的家，但水瓶座需要的卻是很有彈性的生活。巨蟹座希望水瓶座能留下來，但水瓶座往往很快就會逃跑。

水瓶座和獅子座

在性愛上勇於創新的水瓶座令獅子座感到開心，而水瓶座則會被對生活充滿熱情的獅子座吸引；這兩個對相星座之間的感情通常都虎頭蛇尾。基本上，獅子座重視肉體慾望，而水瓶座注重心靈層面；獅子座無法獲得他所需要的崇拜與配合，水瓶座則討厭獅子座試圖掌控一切。他們對獨立自主有不同的看法——水瓶座覺得它意味著探索新視野的自由，獅子座則認為它代表追求奢侈、多采多姿的生活方式。水瓶座對廣大世界感興趣，獅子座卻只對自己抱持興趣。

水瓶座和處女座

這兩個星座都理性多過於感性，但處女座看的是人生黑暗面，水瓶座則樂觀且充滿想像力。水瓶座需要參與各種社交活動，並擁有廣大的朋友圈，處女座則喜歡安靜地與幾個好友待在一起。兩人的目標截然不同——水瓶座想要盡可能地表現出色，處女座卻希望盡可能地有效率。儘管他們在思想上十分契合，這段感情也不會維持很多年。

水瓶座和天秤座

溫暖、注重感官感受的天秤座會與水瓶座共享閨房之樂。此外，善於交際的天秤座也知道如何對付古怪、固執的水瓶座。他們不僅很欣賞對方的頭腦，也都對音樂、藝術與戲劇深感興趣。兩人都喜歡參加各種聚會、與他人相處，同時也會一起參與好幾項計畫。他們不會為了誰負責主導而爭吵，因為他們都非常注重公平。這應該會是一段美好的感情，但長期來看，某個人必須定下來。

水瓶座和天蠍座

天蠍座的多變與水瓶座的想像力促使兩人的性愛非比尋常。然而，天蠍座的嫉妒與強烈的熱情會讓水瓶座失去興致，天蠍座則會因為水瓶座的難以捉摸而感到沮喪。水瓶座尋求的是可以一同冒險的夥伴，但天蠍座想要的卻是忠誠的伴侶。水瓶座冷漠疏離，而且靜不下來，天蠍座則要求很高、愛挑剔、佔有慾極強。水瓶座會開始在外頭尋找樂趣，也可能會繼續旅行。

水瓶座和射手座

在性愛上，兩人都十分勇於創新。此外，他們在思想上也能相互啟發，因為水瓶座擁有獨特且充滿創意的想法，射手座則樂觀且富有遠見。身為自由主義者的水瓶座可能很自以為是，但這不會令寬容大方的射手座感到困擾。他們都熱愛社交、與他人相處，愛好玩樂、喜歡難以捉摸的事物，以及探索不同的地方。最棒的是，當其中一個人不在家時，另一個人都不會因此吃醋。

水瓶座和摩羯座

這兩個星座都具備強烈的自我意識，但水瓶座渴望自由，摩羯座則想掌控一切。水瓶座對一切事物都有很多意見，不能接受死板摩羯座所提供的建議或命令。水瓶座一直忙個不停，而且喜歡花錢；摩羯座覺得這種行為很輕率，並試圖嚴加控管。摩羯座小心謹慎、堅定向前，無法理解水瓶座的冒險精神。在開始感到無趣、熱情消退之前，兩人可以維持短暫的和諧。

水瓶座和水瓶座

他們彼此欣賞，特別是喜歡對方的幽默風趣。思想前衛、勇於創新的兩人會被新穎、獨特的人事物吸引。他們在性愛上十分契合，同時也都有廣泛的興趣。兩人都會參與各種不同的計畫，也擁有不同類型的朋友。他們有非常多工作以外的活動，可能在一起的時間不多，但他們並不在意。兩人不太會爭吵，因為他們對每件事都能達成共識；他們都理性多過於感性。雖然這段感情並不深刻，他們卻能在彼此身上汲取養分。

水瓶座和雙魚座

水瓶座會被浪漫迷人的雙魚座吸引，雙魚座則會被懷抱崇高理想的水瓶座吸引。注重感官感受、充滿想像力的雙魚座能接受水瓶座想要的一切，他們之間的關係格外親密。然而，當雙魚座越來越堅持要水瓶座證明他的愛有多深時，這段感情就會開始走下坡；優柔寡斷、喜歡依賴的雙魚座需要有個強勢的人可以主導一切。水瓶座則會逃避任何形式的情感需求，當水瓶座覺得自己被雙魚座編織出的巨網囚禁時，就會努力掙脫並逃離。

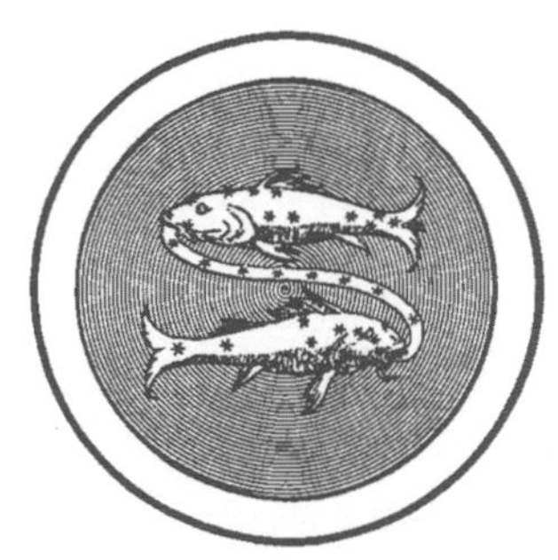

雙魚座的戀愛特質

你和雙魚座女人

雙魚座女人既具備世俗的熱情，也懷抱脫俗的幻想，十分迷人；難怪男人一看到她，就對她深深著迷，並從此魂牽夢縈。

他們或許會試著回想，她為什麼如此吸引人，卻發現她的魅力深不可測。她對付男人的方式很巧妙；她生來就有種能力，可以讓男人們覺得自己充滿男子氣概。她天真無邪、溫柔和善，促使他們變得強壯，並且好好地保護她。

雙魚座女人挑選伴侶時不會衝動。和所有的水象星座（巨蟹座、天蠍座、雙魚座）一樣，她能揭露一個人隱藏在社交面具底下的祕密，同時看穿他的真正動機。她能敏銳地察覺出他人言行中的細微差異，如果發現不太對勁的地方，她會趕快溜走。

雙魚座女人選擇的對象往往會有兩種極端。因為她必須被需要，她會被具有某種情緒障礙的男人吸引；她可以好好地憐惜、疼愛他。她也會愛上另一種性格完全相反的男人——堅決果斷、具備強烈的自我意識，會珍惜、保護她，並給予她所需要的支持與堅定指引。對她而言，愛情是她的精神支柱，能使所有事物閃閃發光。當她擁有幸福的感情時，一切都顯得很美好；當她在愛情裡感到痛苦時，一切都變得不再重要。她最大的需求在於，將自己融入另一個人，與他進行某種近乎神祕的交流，她想進入另一半的內心深處。

和其他星座的女人相比，雙魚座更會把自己變成對方想要的樣子；她是變動星座，適應力非常強。但這個有著千百種面貌的女人依然保有獨特的自我——神祕且難以捉摸，她有某種令人不太理解的吸引力。雙魚座女人的魅力有點太過脫俗，愛幻想是她最真實的一面。最讓男人著迷的是，她能完全表現出她的性幻想，雙魚座女人熟知各種招式，可以提升另一半的性致。

有時候，她的極度溫柔會變成一種依賴，但敏銳的直覺能使她察覺到，對方的忍耐已經到達極限。如果她想要的話，她還是可以設法贏回他的心。然而，她有時會因為另一半缺乏理解而變得過度敏感、易怒；她最需要的是耐心與同理心，她經不起一絲一毫的拒絕。

不過，當對方給予她足夠的愛與關懷時，她嫵媚、感性的一面就會展現出來。她可以把愉快的愛情、充滿激情的性關係，以及深刻的精神交流同時結合在一起。

想取悅這個多變、超凡脫俗的女人，祕訣在於，不吝於付出浪漫，浪漫對她來說不可或缺。

你和雙魚座男人

雙魚座男人擁有獨特的魅力。他吸引女人的祕訣是，他能敏銳察覺，並深入理解她們的內在特質。他總是看到一個女人最好的一面，雙魚座男人是真正的萬人迷，以及永遠的浪漫主義者。

所有的水象星座在情感上都充滿了想像力。巨蟹座用它來打造一個安穩的環境，天蠍座試圖探究人心的奧祕，雙魚座則努力活在浪漫與夢想的世界裡。他常一時興起；若美好片刻得以持續，他就能讓一切（某個女人曾經幻想過的所有東西——美食、美酒、月光、詩歌與熱情）顯得誘人。遺憾的是，當太陽升起時，那首詩不太押韻，而香檳也已經消氣。事後冷靜地想想，你也許會想起自己那時有多傻，以為事情不會是這個樣子。

基本上，他也想要與同一個女人共度快樂的時光，但他生性善變、難以捉摸，使這一切變得不可能，他無法克服內心的矛盾。他比較喜歡高風險的祕密戀情與暗中幽會，已婚女人自然是他的獵物。雙魚座男人容易墜入情網，但因為雙魚座是象徵自我毀滅的星座，他通常會選擇錯誤的對象。他的感情生活往往一團混亂、充滿動盪，在他的一生中，他可能會屢次愛上錯的人；事實上，據說每一個女人的過去都有一個雙魚座男人存在。

在性愛上，他的情感極為豐富，因為他認為那不只是肉體接觸，而是能將浪漫情懷發揮到極致。他的性偏好和雙魚座女人一樣特殊，但他溫柔體貼，不會堅持要照他的方式進行。作為情人，他極度感性、善解人意，也勇於創新。

作為丈夫，他恐怕不是很好的經濟支柱。在工作上，他的問題在於挑輕鬆的路走，不明白「天下沒有白吃的午餐」。但他不會忽視你，也會慷慨地與你分享他的所有。在情感上，他樂於付出；為了自己在意的人，他幾乎願意做任何事。只要他投入一段感情，就不會吝惜付出自己的時間、精力與關愛。

如果你想找的是浪漫貼心、溫和、富有同理心，可以同時滿足肉體需求與精神需求的伴侶，雙魚座男人很適合你。他或許是個愛做夢的人，但他也能讓對的女人夢想成真。

如何吸引雙魚座

你總是可以用與演藝圈、藝術、戲劇、書籍與詩歌有關的談話來引起他們的興趣。還有一種一定能吸引他們的方法，那就是談論關於神祕學、通靈術，以及超自然力量的話題（尤其是任何與輪迴有關的事）。即便是不相信這些事的雙魚座（這樣的人很少），也對談論它們深感興趣。

把你遇到的問題告訴他們。他們通常真誠且富有同理心，是很好的聆聽者，但不要表現出被這些問題擊垮的樣子。儘管雙魚座對失敗者特別同情，他們還是比較喜歡堅強、能給予他人鼓勵，以及抱持明確目標與正面人生觀的人。

用幽默詼諧的方式談論你所面臨的困難，是很好的折衷做法；雙魚座的人很喜歡笑，能一笑置之的你將令他們印象深刻。

問問關於他們熟知的事（雙魚座具備藝術天分，或至少對藝術有很好的鑑賞力，所以朝這個方向進行準沒錯），雙魚座的人很快就會敞開心胸。事實上，你可能很難拿回談話的主導權，因為雙魚座喜歡仔細說明，並侃侃而談。跟他們打招呼時，記得讚美他們的外表與儀態，或反覆稱讚幫他們打理這些事的人，雙魚座的人會盡情享受所有的恭維。

最重要的是，感性一點。請記得他們的生日與所有的紀念日，雙魚座將滿懷感激，他們不會忘記你所做的一切，你將會獲得豐厚的報償。

雙魚座的各種戀愛組合

雙魚座和牡羊座

感性的雙魚座會被熱情的牡羊座吸引，而渴望對另一半傾注關愛的雙魚座會使牡羊座開心。充滿想像力與神祕魅力的雙魚座也會讓牡羊座這個野蠻情人多了些許浪漫與纖細敏感。牡羊座會為雙魚座做決定，甚至戰鬥，這正是雙魚座想要的。任性的牡羊座會掌控一切，但這不一定會讓雙魚座覺得討厭，因為他希望有個人可以依靠；牡羊座的毒舌更令雙魚座感到困擾。想鞏固這段關係需要一些技巧，否則他們將淪為床伴。

雙魚座和金牛座

金牛座堅決果斷，可以為搖擺不定的雙魚座帶來穩定與安全感；此外，金牛座的藝術才華也會提升雙魚座的想像力與創造力。雙魚座則會突顯出金牛座愛好享受，他們會一起打造一個舒適的環境。兩人都極度熱情、感性，雖然雙魚座喜怒無常，而且比金牛座更情感豐富。儘管金牛座的佔有慾使雙魚座感到安心，但金牛座有點太過務實，無法滿足生性浪漫的雙魚座。若他們能解決這個問題，一切都會很順利。

雙魚座和雙子座

雙魚座會被風趣健談的雙子座吸引，雙子座則會被神祕的雙魚座吸引。然而，這個組合就像硝化甘油（Nitroglycerin）般不穩定，很可能會爆炸。雙魚座無法忍受雙子座的輕率與反覆無常，雙子座則不能容忍雙魚座的愛幻想與情緒化。缺乏安全感的雙魚座黏人、佔有慾很強，但雙子座只想為了歡樂而短暫停留。他們都很善變，只是用不同的方式呈現出來；雙魚座缺少方向，雙子座則是方向太多，他們都需要更能主導一切的伴侶。

雙魚座和巨蟹座

雙魚座很喜歡巨蟹座所提出的性需求，因為巨蟹座跟他一樣注重感官感受。這對浪漫的組合能在彼此身上找到熱情與溫柔細膩。如果由巨蟹座做出多數決定，雙魚座也不會在意；在乎安全感、具備良好金錢觀的巨蟹座會為兩人帶來非常穩定的生活。他們都多愁善感，也喜歡待在家裡；忠心耿耿的巨蟹座只對缺乏安全感的雙魚座付出，而雙魚座則把巨蟹座當作偶像般崇拜，這是一個十分契合的組合。

雙魚座和獅子座

經常只想不做的雙魚座會惹惱獅子座，這會使獅子座覺得雙魚座優柔寡斷。他們之間的差異非常大——雙魚座害羞內向、容易受傷，獅子座則傲慢無禮、蠻橫霸道。兩人都很情緒化，但獅子座常勃然大怒，雙魚座則會躲進自己的幻想世界裡，獅子座不會容忍雙魚座的纖細敏感與不切實際。熱愛社交的獅子座需要很多回饋，而雙魚座卻要求獨佔，獅子座喜歡四處遊蕩，雙魚座則不然。這個組合水火不容。

雙魚座和處女座

一開始，處女座會被生性溫柔的雙魚座吸引，但他們的性格完全相反，無法和睦相處。處女座是一個理性的星座，不相信內心的情緒，雙魚座則感性多過於理性。拘謹、愛挑毛病的處女座在性愛上無法獲得滿足；當他開始變得冷淡時，會喚醒雙魚座所有的不安全感。此外，處女座也無法給予雙魚座所需要的浪漫，或增強他的自信。對要求嚴苛的處女座來說，雙魚座太反覆無常，處女座討厭雙魚座喜歡依賴，這段感情很快就會陷入困境。

雙魚座和天秤座

這兩個溫柔體貼、充滿藝術氣息與創造力的人會立刻相互吸引，但天秤座不能滿足尋求情感支持的雙魚座。天秤座想要浪漫與和諧，卻往往會逃避另一半的要求與任何形式的牽扯。他們都愛好享受、喜歡待在舒適的家裡，但雙魚座非常懶得賺錢，天秤座則太會花錢。天秤座有很多工作以外的興趣，覺得自己被雙魚座束縛；肉體上的契合不足以維持一段長久的關係，不過，這段過程可能會很有趣。

雙魚座和天蠍座

雙魚座和天蠍座旗鼓相當（其實不僅如此）。天蠍座會帶給雙魚座深刻、刺激的性愛，給予他珍貴的情感支持，帶領他，並賦予他力量。天蠍座的嫉妒與佔有慾不會令雙魚座感到困擾——事實上，雙魚座反而因此覺得被愛；雙魚座喜歡依賴，這正是天蠍座想要的。兩人之間存在著某種特殊交流，那多半是沒有說出口的情感交流。他們都擁有強烈的情感、直覺敏銳、忠心耿耿，同時也對獨特、神祕的人事物深感興趣，這是一個完美的組合。

雙魚座和射手座

兩人會天雷勾動地火，但和諧的關係僅止於此。雙魚座是充滿想像力的夢想家，而不是實踐者，射手座則喜歡不停地參加各種活動；獨立自主的射手座太愛流浪，無法給予雙魚座所需要的關懷與付出。言辭犀利的射手座會傷害到細膩敏感的雙魚座；雙魚座渴望和射手座變得親近，卻不斷地感到困惑，射手座則會努力掙脫雙魚座沉重的情感需求。雙魚座生性依賴、喜歡待在家裡，但射手座熱愛冒險、閒不下來，不會一直待在家。

雙魚座和摩羯座

這兩個截然不同的人會取悅彼此，摩羯座強勢霸道，這正是雙魚座所需要的。講求實際、意志堅強的摩羯座可以主導一切，並做出決定，讓雙魚座感到安心。雙魚座則為嚴肅古板的摩羯座帶來一絲浪漫的氣息；他不吝於給予關愛與讚美，也令摩羯座感到開心。摩羯座很難表達內心深處的情感，但雙魚座能敏銳地察覺到他的熱情與忠誠。他們不僅在性愛上十分契合，迥異的性格也完美地互補。

雙魚座和水瓶座

想像力豐富的雙魚座會刺激水瓶座嘗試新領域，他們的性愛可能會充滿樂趣，因為兩人都喜歡用完全不同的方式冒險。但水瓶座在情感上較為疏離，對各種觀念與廣大世界感興趣，雙魚座則注重感官滿足。到最後，開朗外向、喜歡社交的水瓶座會開始左顧右盼，這讓雙魚座無法忍受。獨立的水瓶座需要自由，不久後，就會開始討厭雙魚座一直試圖把他關在家裡。

雙魚座和雙魚座

如果人生所有的問題都可以在臥房裡解決，他們會很開心，但他們需要的都是對方所沒有的。兩人都意志薄弱、喜歡依賴，使彼此心力交瘁；他們往往都會陷入自怨自艾的狀態，並突顯出彼此的任性、困惑，以及思緒混亂。他們都很難面對現實，身旁也沒有強勢的夥伴能將他們推往正確的方向，這段感情無處可去。

3

太陽星座的區間與交界

當你翻閱占星學書籍或雜誌時，有時可能會看到「區間」（decanate 或 decan）和「交界」（cusp）這兩個詞，卻不太清楚它們的意思。這兩個占星學術語將太陽星座細分，進一步定義並突顯與太陽星座有關的特質。

每個人都出生在某個星座的區間內，其中有些人也出生在兩個星座的交界。在本章裡，我希望能清楚說明區間與交界在你生命中代表的意義。

什麼是星座區間？

每個星座都可再分成三個部分，每部分都稱為一個「區間」。這個詞源自於希臘文的「dekanoi」，意思是「相隔十天」。希臘人從埃及人那裡取得這個字；埃及人將一年劃分為三百六十天[47]。這一年有裡有十二個月，每個月各有三十天，並進一步分成三個部分，每個部分各有十天。這就是希臘人口中的「dekanoi」。

占星學也將黃道帶劃分成許多區間——黃道帶上有十二個星座，每個星座又細分為三個區間。你可以把這些區間想成房間。比方說，你是雙子座，它是由三個房間（區間）所組成。你出生在雙子座的哪個房間裡呢？

黃道帶是一個 360 度的圓圈；每個區間都佔了其中的 10 度，或者約有十天長，因為太陽每天大約會在黃道帶上移動 1 度（這並不準確，因為不是所有的月份都有三十天）。

某個星座的區間不會改變該星座的

47 埃及人很快就發現，一年三百六十天是不精確的，所以又在一年中額外增加了五天。這五天是節日與假日，不列入平日內。

基本特質，但的確會擷取它的普遍特徵，同時賦予獨特的個性。舉例來說，你出生在雙子座的第二區間，這不會改變你是雙子座的事實。它意味著，你和那些出生在第一或第三區間的雙子座有點不同；你有自己的特點。每個區間都對應天上某個星座；這些星座都帶有神祕的意涵，也為你的星座區間增添獨特性。

最後，每個區間都有一顆特定的守護星，它有時又稱為「副守護星」，因為它不會掌管整個星座。這顆副守護星只會強化該星座的普遍特點，並增加該區間獨有的特點。舉例來說，整個雙子座由水星守護，但出生在第二區間的雙子座同時也由金星守護。副守護星——金星的影響與水星結合在一起，會使出生在第二區間的雙子座變得不像其他星座。接下來，我會大致說明每個星座區間的特點與細微差異。

♈ 牡羊座的三個區間

第一區間（3月21日～3月31日）

關鍵字　啟發（Inspiration）

對應星座　仙女座（Andromeda, the Chained Woman）：她是一個被栓在岩石上的女人——安朵美達。英雄柏修斯（Perseus）鬆開拴住她的鐵鍊，將她救了出來。仙女座象徵愛的力量。

副守護星　火星

火星是你的守護星，同時也是你的副守護星，它讓你更有力量與影響力。你喜歡主導一切，有時會變得太過蠻橫。在與人爭執或意見相左時，你會直接壓制對方。你精力充沛、衝動魯莽，通常也會全心投入各種活動。

你總是抱持堅定的信念，絕對不會做你認為錯的事；你的思慮清晰犀利，能推動計畫完成。你最棒的特質，是可以激發出人們的信心；因為你做事不知道何時該停止，有時會把自己弄得筋疲力竭。與人交談時，你也往往滔滔不絕、口若懸河。

第二區間（4月1日～4月10日）

關鍵字　創新（Innovation）

對應星座　鯨魚座（Cetus, the Whale/Sea Monster）：他是一隻鯨魚或海怪塞特斯，和兩條魚相連在一起，前面還有一隻小羊。鯨魚座象徵一個人的能量會受到愛與想像力的支配。

副守護星　太陽

當太陽落在這個區間時，會增加牡羊座守護星——火星的力量，賦予你尊嚴與活力。在愛情裡，你充滿熱情、容易興奮，總是性致高昂。這裡的太陽意味著熱愛改變。你絕對不會安於現狀，因為你野心勃勃，試圖對這個世界產生深遠的影響。你充滿樂趣且富有魅力，人們通常會聚集在你的身邊。和其他兩個區間相比，你更喜歡追求生活的樂趣。你有奢侈的嗜好，若得不到自己想要的東西時，可能會變得十分蠻橫無理；吃太多美食是你弄垮身體的原因之一。

第三區間（4 月 11 日～ 4 月 19 日）
關鍵字　遠見（Foresight）
對應星座　仙后座（Cassiopeia）：她是坐在寶座上的美麗皇后卡西歐佩亞，象徵良好的判斷力；自古以來，她都在天上為旅人們提供指引。
副守護星　木星

木星的擴張特質與火星（牡羊座的守護星）結合在一起，帶給你開闊的視野，使你喜歡大膽的想法、熱愛旅行。你討厭任何形式的限制，也很重視個人自由。你覺得所謂的「完美人生」，是在工作上發揮創意，同時能主導並掌控一切。冒險精神常把你帶到離家很遠的地方，你喜歡發現新資訊、探索不同領域的知識；也對神祕學很感興趣。你有精明的商業頭腦，並具備強大的第六感，能洞悉人心。你親切、熱心，因此很容易交到朋友，但有時花錢沒有節制。

♉ 金牛座的三個區間

第一區間（4 月 20 日～ 4 月 30 日）
關鍵字　收穫（Acquisition）
對應星座　三角座（Triangulum, the Triangle）：它是一個三角形，這個神祕符號象徵真理與和諧。
副守護星　金星

金星是你的守護星，同時也是你的副守護星，它使你格外和善；儘管你有強烈的好惡，也不會因此傷人。你富有社交魅力，也有很多忠實的朋友；生性善良、充滿同情心的你很容易被利用。你對美與設計有敏銳的眼光，可能也具備音樂才華；當金星落在這個區間時，代表喜歡擁有美麗的東西。一般來說，你對事物的價值判斷很準確，手邊有許多物品最後應該都比你購買它們時值錢。你有時物慾太強、太重視物質，固執、不願意嘗試新領域是你最大的缺點。

第二區間（5 月 1 日～ 5 月 10 日）
關鍵字　評價（Evaluation）
對應星座　波江座（Eridanus, the River Po）：它是一條名為波江的河流，這蜿蜒曲折的河水象徵正義。
副守護星　水星

水星與金星（金牛座的守護星）結合在一起，讓你充滿好奇心，同時也有很好的組織能力。你行事保守，但也具備敏銳的直覺，應該多加利用。因為你是一個意志堅定的員工，可以激發出人們的信任。雖然善於合作，但也需要自主權，以便建立自己的步調，避免分心。你非常聰明，能將複雜的概念變得容易理解。

這裡的水星使你說話與寫作都令人印象深刻，甚至具有說服力。你有時太愛管閒事，也往往會忽略一些小細節。

第三區間（5月11日～5月20日）
關鍵字　決心（Determination）
對應星座　英仙座（Perseus, the Rescuer）：他是英雄柏修斯，鞋子與寶劍上有著翅膀；他殺死了蛇髮女妖梅杜莎（Gorgon Medusa）。英仙座象徵勝利。
副守護星　土星

土星喜歡沉思的特質與象徵和諧的金星（金牛座的守護星）結合在一起，使你有默默努力的決心與毅力。人們覺得你穩重可靠，因為只要你訂立目標，就不會輕易動搖。你有靈活的頭腦與敏銳的觀察力，處理問題時通常會先仔細分析，再採取行動。

你不害怕讓他人知道你心中的看法；你寧可面對困難，也不要逃避或為此擔心。你擁有強烈而深刻的情感，在愛情裡，你忠心耿耿，並對另一半呵護備至。你的缺點之一是太嚴肅，有時會因為別人的話語而感到受傷，因為你凡事都太往心裡去。

Ⅱ 雙子座的三個區間

第一區間（5月21日～5月31日）
關鍵字　機靈（Ingenuity）
對應星座　天兔座（Lepus, the Hare）：牠是一隻野兔，以機智勝過敵人。
副守護星　水星

水星是你的守護星，同時也是你的副守護星，讓你聰明機靈。你喜歡吸收新觀念，並尋求展現自己的機會；你的說話或寫作能力會影響你的人生走向。你的個性很強勢，因為你可以迅速地做出決定，並採取行動。你信奉理性與邏輯思考；會努力不要因為感情用事而使問題變得複雜難解，這並不代表你沒有溫暖的一面。你能與人們建立親密關係，若愛上一個人，往往會徹底投入對方生活中的各種活動。你其實容易緊張、擔憂、為過度煩惱所苦；你試圖巧妙地掌控所有細節，但它們常令你不知所措。

第二區間（6月1日～6月10日）
關鍵字　結合（Union）
對應星座　獵戶座（Orion, the Giant Hunter）：他是高大俊美、力氣驚人的獵人俄里翁；為了紀念他的英勇，俄里翁被放到天上，變成了獵戶座。
副守護星　金星

象徵和諧的金星與水星（雙子座的守護星）結合在一起，賦予你高明的社交技巧。人們會被你的溫暖與熱情吸引。

他人的認可與推崇對你很重要，與人合作時，你通常會表現得比單打獨鬥時好。你具備冒險精神、熱愛旅行，因為你能藉此獲得新體驗；一旦下定決心，就會竭盡所能地達成目標。

分享是你人生的一部分；你不吝惜付出自己的時間、情感與金錢。你充滿性感魅力，同時也會熱情地表達你的愛意；有時喜歡與人爭辯，因為你想維護自己的看法。

第三區間（6月11日～6月20日）
關鍵字　理性（Reason）
對應星座　御夫座（Auriga, the Charioteer）：他是具有蛇足的國王，發明並駕馭四輪馬車，象徵理性。
副守護星　天王星

象徵知識的天王星與水星（雙子座的守護星）結合在一起，使你擁有清晰敏銳的推理能力。

你看待事物的觀點很獨特，人們常會尋求你的建議；知性的你往往會用理智，而不是感情來看待人生。儘管你有許多朋友、談過許多戀愛，在投入感情之前，你必須先用頭腦思考。在工作上，你很務實，會忽視所有你無法實際運用的部分。你既風趣又健談，也總是樂於分享自己的想法；但有時要求太高、蠻橫霸道，因為你期待周遭的人都要符合你的高標準。

♋ 巨蟹座的三個區間

第一區間（6月21日～6月30日）
關鍵字　包容（Receptiveness）
對應星座　小犬座（Canis Minor, the Small Dog）：牠是一隻小狗，象徵理性。
副守護星　月亮

月亮是你的守護星，同時也是你的副守護星，因此你往往包容力很強，對周遭的人也很敏感。你能洞悉人心，人們常尋求你的見解與指引，你可能會成為很棒的老師或指導者。對你來說，理性思考很重要，即便你是一個情感豐富的人，你也能過濾實際資訊，做出適當的決定。對於自己與他人的感受與印象，你都記得非常清楚，但不會記得日常生活中的各種細節。在感情裡，你渴望和諧與安全感；你不喜歡爭執與分歧，任何情緒干擾都令你感到沮喪；你有時太過憂鬱、悲觀。

第二區間（7月1日～7月11日）
關鍵字　強烈（Intensity）
對應星座　大犬座（Canis Major, the Great Dog）：牠是一隻陪伴偉大獵人俄里翁的大狗，象徵勝利。
副守護星　冥王星

象徵強度與深度的冥王星與月亮（巨蟹座的守護星）結合在一起，賦予你強勢但體貼的性格。在三個巨蟹座區間裡，你最神祕，也對無形事物最感興趣；人們會被細膩敏感的你吸引，並常把他們的祕密告訴你。儘管做決定時會受到強烈情感的支配，你也極為睿智。你既小心謹慎又直覺敏銳，能各方蒐集資訊，將它們用在對自己有利的地方。在工作上，你自律、務實，在感情上則正好相反——情感豐富、多愁善感，通常佔有慾也很強。你一旦下定決心，往往會變得過度死板頑固。

第三區間（7 月 12 日～ 7 月 22 日）
關鍵字　同理心（Empathy）
對應星座　南船座（Argo Navis）：它是一艘名為「阿爾戈號」（Argonaut）的神奇冒險船，象徵心靈力量。海神波賽頓（Poseidon）把它放到天上，為南方海上的旅人們提供指引。
副守護星　海王星

象徵精神層面的海王星是你的副守護星，它的能量與月亮（巨蟹座的守護星）結合在一起，突顯出你浪漫而敏感的特質。你可能非常具有藝術天分，並努力在自己周遭創造出美好與和諧；能適應各種不同的人，是你的成功祕訣之一。你多半會成為某種公眾人物，能觸動人們的情緒，並建立緊密的連結。在愛情裡，你有深刻的情感，你對家人與伴侶忠心耿耿、呵護備至，同時也相信他們才是最好的。「謹慎保守」最能形容你面對問題時的態度，即便身處危機，也會尋求平衡。你很容易感到不滿。

♌ 獅子座的三個區間

第一區間（7 月 23 日～ 8 月 1 日）
關鍵字　自我表達（Self-expression）
對應星座　小熊座（Ursa Minor, theSmall Bear）：牠是一隻小熊；小北斗七星（Little Dipper）是小熊座的一部分。小熊座象徵目標與真正的方向。
副守護星　太陽

太陽是你的守護星，同時也是你的副守護星，它對你的有利影響會因此加倍。你生性活潑有趣，喜歡成為眾所矚目的焦點。你具備藝術天分，也會因為說話與展現自我的方式而引來關注。由於你能啟發與激勵他人，很容易成為領導者。一般而言，你不會把感受放在心裡。當你感到開心時，周遭的人都會知道；當你沮喪憂鬱時，通常也會表達自己的心情。在愛情裡，你很衝動，往往未經思考就跟著感覺走，有時可能會一意孤行。

第二區間（8 月 2 日～ 8 月 12 日）
關鍵字　擴張（Expansion）
對應星座　大熊座（Ursa Major, the Great Bear）：牠是一隻大熊；北斗七星（Big Dipper）是大熊座的一部分。大熊座象徵智慧。
副守護星　木星

象徵擴張的木星與太陽（獅子座的守護星）共同掌管這個區間，突顯出你睿智、富有遠見的特質。你生性十分驕傲易怒，善於剖析問題，而且馬上就明白該採取什麼行動，讓你具備某種威信，人們因此深受吸引。儘管你愉悅和善，也很難自我解嘲。你充滿雄心壯志，但這不僅是為了錢而已；你想要知道更多，並藉此增加知識。雖然你可以從事體力勞動，但更喜歡腦力活動。有時候，人們會認為你過度自信、傲慢無禮，但這只是因為你真切地展現心中的熱忱，以及躍躍欲試的心情。

第三區間（8 月 13 日～8 月 22 日）
關鍵字　創造力（Creativity）
對應星座　長蛇座（Hydra, the Water-serpent）：牠是一隻水蛇，象徵腦力與行動。
副守護星　火星

象徵積極進取的火星與太陽（獅子座的守護星）結合，突顯出你的衝動與意志力。你會充滿熱情地投入新計畫，但希望自己的努力能獲得具體成果。千篇一律的生活很快就令你感到無趣；你需要新點子、新刺激與新挑戰，才能維持最佳狀態。你時常精力爆棚，然後又無精打采。在人際關係裡，人們絕對不會懷疑你對他們的看法。你的感情或許會很棘手，因為你想要一段完美的愛情，也可能會對另一半要求太高。你會覺得等待很困難，因為你直言不諱，不喜歡深藏不露的人。你有時有些喜怒無常。

♍ 處女座的三個區間

第一區間（8 月 23 日～9 月 1 日）
關鍵字　分析（Analysis）
對應星座　巨爵座（Crater,the Cup）：它是太陽神阿波羅（Apollo）的酒杯。巨爵座象徵情感付出。
副守護星　水星

象徵心智的水星是你的守護星，同時也是你的副守護星，它使你極為聰明。你理性地看待問題；想找出事情發生的原因，藉此建構出一套更好的制度。你的見解通常被視作某種預言，但它們其實來自敏銳的觀察。你熱情風趣，可以結交到很多朋友，並吸引許多仰慕者；然而，你的標準很高，你期待你所接觸的人都聰明穩重。在愛情裡，你浪漫而忠實，也很容易受到另一半的影響。你的內心充滿了不安，往往會暗自擔心一些小問題。

第二區間（9 月 2 日～9 月 12 日）
關鍵字　效率（Efficiency）
對應星座　武仙座（Hercules）：他是強壯善良、戰勝邪惡的英雄海格力斯。
副守護星　土星

象徵決心的土星與水星（處女座的守護星）結合在一起，為你的性格增添特殊的力量。你在意細節、希望能事先規劃，才不會有任何錯誤出現。儘管你多變、適應力強，多數人都覺得你鍥而不捨、頑強不屈。你堅定不移只是因為追求完美，力求最佳表現。事實上，你太過嚴苛，在不符合自己期望時受不必要的苦。在愛情裡，你溫柔且富有同理心，也會竭盡所能地取悅對方。只要沒人激起你的固執脾氣，你很容易相處。

第三區間（9月13日～9月22日）
關鍵字　鑑別力（Discrimination）
對應星座　牧夫座（Bootes,the Bear Driver）：他是一位古代的牡羊人，每天在北極附近追著大熊座跑。
副守護星　金星

喜歡社交、善於交際的金星與水星（處女座的守護星）結合在一起，代表受人歡迎。渴望被認可是推動你前進的動力，你擅長運用文字，說話與寫作都很有魅力。從你周遭的環境或穿著通常可以看出你的藝術天分，以及對色彩的使用。你有強烈的自我風格與個人形象；在工作上，沉著自信是你的優點，也往往具備交際手腕。因為你不喜歡受到束縛，你會被能自己做主的創意活動吸引。在愛情裡，你大方、貼心，雖然你也需要大量的關懷。

♎ 天秤座的三個區間

第一區間（9月23日～10月2日）
關鍵字　魅力（Magnetism）
對應星座　烏鴉座（Corvus,the Crow）：牠是一隻烏鴉，象徵理想與責任感。
副守護星　金星

金星是你的守護星，同時也是你的副守護星，它會強化你對美與奢侈享受的喜好。你往往擁有奢侈的嗜好，很難守住錢。充滿社交魅力的你會努力對他人產生影響。在很大程度上，你對自己的感受取決於你獲得多少關愛，你通常也會試著透過他人來達成目標。有時候，你會以主動出擊或著手一項計畫的方式來掩飾自己缺乏自信。你天生充滿創造力、樂於接受新觀念、熱愛旅行。在愛情裡，你浪漫且衝動，但往往會選擇接受多過於付出的伴侶。

第二區間（10月3日～10月13日）
關鍵字　耐力（Endurance）
對應星座　半人馬座（Centaurus, the Centaur）：牠是一種半人半馬的神奇生物，象徵人類的雙重性。
副守護星　天王星

象徵聰明才智的天王星掌管這個區間，為浪漫的金星（天秤座的守護星）增添力量。因為你通常安靜而迷人，敏銳的心思常令人們感到驚訝。天秤（天秤座的象徵圖像）也代表雙重性，常讓你覺得自己是兩個不同的人。閃閃發亮的你具備某種獨特的藝術風格，同時也擁有堅定的決心，可以達成目標。你是個獨立自主的人，但也需要愛與陪伴。

你的性格中隱藏著十足的耐力與保守心態；你在社交場合會展現出最好的一面，此時的你活潑而閃耀。

第三區間（10 月 14 日～ 10 月 22 日）
關鍵字　秩序（Order）
對應星座　北冕座（Corona Borealis, the Northern Crown）：它是阿麗雅德妮（Ariadne）的新娘皇冠。基督教天文學家將它稱為「荊棘冠冕」（Crownof Thorns）。北冕座象徵成就。
副守護星　水星

心思敏捷、精力充沛的水星與金星（天秤座的守護星）結合在一起，使你引人注目。你充滿活力、討人喜歡，若從事與人群接觸的工作，這是一個成功的組合；你富有好奇心與主見，也樂於接受新觀念。一般而言，你會聽從你的理智，而不是內心；你喜歡過濾各種資訊，並做出合理、周全的判斷。極度聰明是你的吸引力之一；你充滿性感魅力，喜歡被各式各樣的人關注。你對另一半的深刻情感有時從外表看不出來，雖然你具備寫作能力，卻很難把心裡的感受說出口。

♏ 天蠍座的三個區間

第一區間（10 月 23 日～ 11 月 1 日）
關鍵字　正直（Integrity）
對應星座　巨蛇座（Serpens, the Serpent）：牠是一隻大蛇，象徵力量與神祕學知識。
副守護星　冥王星

冥王星是你的守護星，同時也是你的副守護星，它讓你深具魅力。你忠心耿耿、堅定不移，周遭的人很快就發現他們可以依賴你。你會一直支持你的另一半（若別人遇到同樣的狀況，都會選擇離開）；然而，一旦你選擇放手，就沒有轉圜的餘地。你有先入為主的看法，但同時也具備科學思維，若有事實根據，也會產生新想法。你對神祕事物與神祕學深感興趣，但可能會保守這個祕密。如果你願意，你其實擁有強大的自制力；你有時會放任某些事，因為它們不足以使你想要努力。

第二區間（11 月 2 日～ 11 月 11 日）
關鍵字　重生（Regeneration）
對應星座　豺狼座（Lupus, the Wolf）：牠是一隻野狼，被半人馬座高高舉起。豺狼座象徵奉獻。
副守護星　海王星

細膩敏感的海王星與冥王星（天蠍座的守護星）結合在一起，突顯出你的理想化性格。在工作與愛情上，你通常樂於付出、為人們提供協助。你可能會成為傑出的老師、醫生或醫治者，能啟發並幫助他人。對你來說，在感情裡發現深層的意義很重要；你浪漫且情感強烈，愛情令你感到滿足，並讓你變得完整。只要在愛情裡獲得滿足感，你就能在生活的其他層面發揮真正的潛力。當你不抱什麼期待時，反而會從別人身上得到好運。你沒有耐心，很難等待人生中各種事件緩慢發展。

第三區間（11 月 12 日～ 11 月 21 日）
關鍵字　淨化（Clarification）
對應星座　天鷹座（Aquila,the Eagle）：希臘人認為，老鷹是唯一可以直視太陽的一種生物。天鷹座象徵超越世俗的限制。
副守護星　月亮

感性的月亮與冥王星（天蠍座的守護星）結合在一起，使你充滿吸引力。與人群相處時，你會展現出最好的一面；而且往往會選擇受到大眾矚目的工作。你富有社交魅力、受人歡迎；命運似乎總是讓你不自覺地陷入某些處境或關係，但它們通常都對你非常有利。你有強烈的道德感，不公義的事會激發你的戰鬥精神。你有時可能會很憂鬱，尤其是別人的舉動令你感到沮喪的時候。你很難與人分享內心深處的情緒，但只要吐露心聲，就會誠實坦率、不逃避真相。

♐ 射手座的三個區間

第一區間（11 月 22 日～ 12 月 1 日）
關鍵字　誠實（Honesty）
對應星座　蛇夫座（Ophiuchus, the SerpentHolder）：他是制伏並將大蛇握在手中的孩子。蛇夫座象徵克服逆境。
副守護星　木星

象徵智慧的木星是你的守護星，同時也是你的副守護星，它突顯出你崇高的理想與對知識的熱愛。你尋求冒險與新嘗試；你希望加深對生命的理解，通常對人性也有些了解。人們知道他們可以相信你說的話，因為你坦率且光明磊落；此外，你也能用話語取悅他人。你深信自由的價值——每個人都有權利選擇屬於自己的路。由於你興趣廣泛，也許很難完全投入一段婚姻或感情；情感衝突令你極為痛苦，你會努力與周遭的人和睦相處。在愛情裡，你或許顯得疏離，但其實忠心耿耿。

第二區間（12 月 2 日～ 12 月 11 日）
關鍵字　動力（Drive）
對應星座　天箭座（Sagitta, the Arrow）：海格力斯用這支箭殺死啄食普羅米修斯（Prometheus）的老鷹。天箭座象徵邪惡所帶來的毀滅。
副守護星　火星

象徵企圖心的火星與象徵擴張的木星（射手座的守護星）結合在一起，賦予你勇敢大方的性格。你可以影響並啟發他人，這種能力很少見；你所表現出的善意往往比你想的影響力更大。你的人生通常有個目標；真正重視的是自己的成就。當負責一項工作時，你很可靠、做事縝密而有效率。你有時可能會感到沮喪，但向眾人展現的是幽默、堅強的一面。你極為獨立，儘管會努力不要得罪他人，但還是想用自己的方式做事。

第三區間（12月12日～12月21日）
關鍵字　直覺（Intuition）
對應星座　天壇座（Ara, the Altar）：它是酒神戴奧尼索斯（Dionysus）的祭壇。基督教天文學家稱它為「諾亞的祭壇」（Altar of Noah）。天壇座象徵著團結與勝利。
副守護星　太陽

象徵活力與自尊心的太陽與木星（射手座的守護星）結合在一起，為你增添強大的魅力，迷人的你可以帶給人們歡笑。在你熱愛社交、善於交際的外表下，通常隱藏著非凡的智慧。你直覺敏銳、具備深刻的洞察力，能發現並明白事物的深層意義。你喜歡旅行、認識新朋友，因為你想要擴展自己的體驗。教學或寫作的工作很吸引你；你天生細膩高雅，對美與藝術深感興趣。在愛情裡，你衝動魯莽、充滿熱情；你往往迅速墜入愛河，但這些情感也很快就會消失不見。

♑ 摩羯座的三個區間

第一區間（12月22日～12月31日）
關鍵字　責任（Responsibility）
對應星座　南冕座（Corona Australis, the Southern Crown）：它是眾神的花冠。南冕座象徵對知識的投入。
副守護星　土星

象徵紀律的土星是你的守護星，同時也是你的副守護星，它賦予你嚴肅的外表與承擔責任的能力。你一絲不苟、有條不紊，而且通常不信任別人對細節的要求。當你負責一項任務時，會竭盡所能地做到最好；一旦下定決心，就會意志堅定、鍥而不捨。你的性格有種安靜的力量，周遭的人總是能察覺你的存在。你既細膩又野蠻，知道自己可以走多遠，野心通常是你前進的動力，因為你絕對不會滿足於只擔任別人的下屬。愛情讓你展現出溫柔與真情流露的一面，當受到激勵時，你充滿熱情。

第二區間（1月1日～1月10日）
關鍵字　公平（Fairness）
對應星座　天琴座（Lyra, the Harp）：它是信使神墨丘利用龜殼做成的豎琴。天琴座象徵和諧。
副守護星　金星

象徵愛的金星緩和了土星的嚴苛，使你的性格平靜而溫和，人們會被你的溫暖迷人吸引。這顆金星也意味著你對美與設計感興趣，同時可能具備些許創造力。在工作上，你講求實際、努力不懈。你是一個實踐者，不會浪費寶貴的時間；你喜歡利用獨處的時間閱讀、思考，並探索新事物。因為你擅長寫作，可能會有大量的書信往來；你熱愛旅行。家人、朋友與另一半在你的心裡是最重要的，你會盡力滿足他們的需求。你不願意談論自己的感受；對你而言，愛是一種深刻的情感，不會輕易提及。

第三區間（1 月 11 日～1 月 19 日）
關鍵字　榮耀（Honor）
對應星座　天龍座（Draco,the Dragon）：牠是一隻巨龍，目不轉睛地看守著金蘋果（Golden Apple）。天龍座象徵直覺與觀察。
副守護星　水星

象徵腦力的水星為象徵紀律的土星增添動力。你心思敏捷、懂得變通，能適應各種不同的人與處境。你信守承諾，公平地對待周遭的人，並且尊重他們。朋友與仰慕者都被你的靈性吸引。你是夢想家與理想主義者，但當受到激勵時，也會努力不懈地實踐。金錢與物質享受對你很重要，而你通常很快就能發現賺錢的機會。你懷抱深切的渴望，雖然從外表可能看不出來，你會不斷努力滿足自己的內在需求。

♒ 水瓶座的三個區間

第一區間（1 月 20 日～1 月 29 日）
關鍵字　知識（Knowledge）
對應星座　海豚座（Delphinus, the Dolphin）：牠是一隻海豚，在古代拯救遭遇船難的人。海豚座象徵靈性。
副守護星　天王星

象徵獨創性的天王星是你的守護星，同時也是你的副守護星，它突顯出你敏捷的心思與敏銳的感知。你聰明能幹、容易相處，機智風趣是你在社交與工作上的優勢。你將別人眼中的困難視作挑戰，你的著眼點在於，找出解決方案，以及更快、更好的做法。你對新問題很有興趣，而且需要不停地改變，才不會感到厭倦。你生性溫柔和善，雖然你的另一半可能會因為你的疏離而抱怨；這或許是因為你試圖用邏輯來看待情感上的事。你喜歡分析一個人的行為動機。

第二區間（1 月 30 日～2 月 8 日）
關鍵字　坦率（Frankness）
對應星座　南魚座（PiscisAustrinus, the Southern Fish）：牠是一條魚，象徵知識與心靈富足。這條魚喝的是「智慧之泉」（Fountain of Wisdom）裡的水。
副守護星　水星

多變的水星與天王星（水瓶座的守護星）結合在一起，為你增添生氣與活力。你自然、真誠而溫暖，周遭的人因此深受吸引。你最顯著的特質是直言坦率，人們知道可以信任你說的話，因為你說的都是真心話。水星賦予你出色的語言能力，同時你也可能對文學感興趣；你或許能巧妙風趣地描述某個人或情境。你喜歡探求知識，總是想要了解更多。你希望愛情充滿激情，但太過自給自足的你很難為另一個人神魂顛倒。

第三區間（2月9日～2月18日）
關鍵字　連結（Association）
對應星座　小馬座（Equuleus, the Little Horse）：牠是一隻小馬——飛馬佩加索斯（Pegasus）的弟弟。小馬座象徵忠誠與力量的駕馭。
副守護星　金星

善於交際的金星與天王星（水瓶座的守護星）結合在一起，讓你成為三個區間中最外向的人，你能與人建立長久而緊密的關係；你通常會透過他人在工作上取得成就。你可能具備藝術天分、能盡情妝點周遭的環境，並因此感到自豪。你喜歡信守承諾與守時的人；在自己的生活中，你對細節很謹慎，也往往對他人的散漫有所挑剔。旅行與冒險總是令你感到興奮，因為你是個富有遠見的人。在愛情裡，你溫柔、浪漫，通常有一雙魅惑的眼睛。

♓ 雙魚座的三個區間

第一區間（2月19日～2月29日）
關鍵字　想像力（Imagination）
對應星座　飛馬座（Pegasus, the Winged Horse）：牠是一隻飛馬，身上坐著幸運的騎士——柏修斯。
副守護星　海王星

象徵幻想的海王星是你的守護星，同時也是你的副守護星，它突顯出你的想像力與創造力。你擅長表達內心的想法，你可能會參與藝術或文學創作。你對與你共享人生的人特別敏感；你無法忍受衝突，會竭盡所能地避免令你感到不愉快的事物。你心思敏銳、樂於接受新觀念，也很重視個人成就。你往往必須努力表現出正面積極的樣子，而不是讓負面情緒擊敗你。你或許會為身體病痛所苦，但你十分堅強。因為你有深刻的情感，你的感情可能會充滿爭吵。

第二區間（3月1日～3月10日）
關鍵字　同情心（compassion）
對應星座　天鵝座（Cygnus, the Swan）：天鵝座又稱為「北十字星」（NorthernCross），象徵優雅與美麗。
副守護星　月亮

懂得包容的月亮與象徵精神層面的海王星（雙魚座的守護星）結合在一起，會提升你對他人的覺知。你具備某種神奇的能力，能知道旁人的想法或感受；你可以廣泛運用這種能力。你有在社交圈與廣大世界中成名的潛力，你擁有敏銳的觀察力；你能蒐羅各種概念或藝術形式，再用自己獨特的觀點加以改造。你會在社交場合展現特殊魅力，談話風趣是你的強項之一。你其實很浪漫，而愛情可以使你徹底改變；可惜的是，你很難在愛情裡堅持下去。

第三區間
關鍵字　行動（Action）
對應星座　仙王座（Cepheus, the Monarch）：他是國王克甫斯，他的一隻腳放在小熊座中的北極星（Pole Star）上。仙王座象徵恆久不變。
副守護星　冥王星

象徵權力的冥王星為海王星（雙魚座的守護星）增添力量，突顯出你需要施展的機會。你喜歡幻想，也充滿想像力；如果你能駕馭自己的精力，就可以獲得出色的成就。在思想上，你充滿好奇心，喜歡探索獨特或不為人知的事物；你特別容易受到宗教、心靈或神祕事物的吸引。獨處的時光對你非常重要，你會利用這些時間進行思考與檢視。你有很好的說話或寫作能力，能打動並影響周遭的人。你的情感深刻而強烈，你會先用情感，然後才用理智來理解一切；愛情會影響你的很多決定。

什麼是星座交界？

「交界」是指下一個星座開始的那個點[48]。因此，「牡羊座交界」代表牡羊座的開始。（這個詞源自於拉丁文的「cuspis」，意思是「交點」。）

當一個人說他「出生在星座交界」，指的是他的出生時間落在或靠近某個星座的頭尾。舉例來說，你的生日是 7 月 23 日，你就出生在獅子座交界（獅子座從 7 月 23 日開始）。事實上，根據出生年份的不同，你的出生時間甚至可能會落入巨蟹座的最後 1 度。太陽每年不會在完全相同的時間進入下一個星座，所以太陽星座的日期可能會相差一兩天左右。即便太陽在這一天進入獅子座，那是在幾點鐘發生的事？你是在太陽還在巨蟹座時出生，還是在太陽進入獅子座後出生的？若你的生日靠近某個星座的頭尾，請在 p407 ～ 408 的太陽星座星曆表中查詢。

對於何時出生算是出生在交界，占星學家們看法不一。有些占星學家主張，只有在某個星座的頭兩天或最後兩天出生才算，其他占星學家則認為，在前十天或最後十天裡出生都包含在內。那些出生在交界的人心中總是有個疑問——「我到底是什麼星座？」他們覺得自己彷彿橫跨兩個不同國家的邊境。

在某種程度上，確實如此。如果你出生在交界，會同時受到兩個星座的影響。不過，這很像旅行的人離開一個國家，然後進入另一個國家——你一定會

48　在占星學裡，有兩種交界——星座交界與宮位交界（即宮首），指的是某個星座與宮位開始的那個點。宮位是星盤中的十二個區塊，分別代表不同的人生層面（如事業、婚姻、財富）。在解讀星盤時，占星師會仔細檢視每個宮位的交界，因為落在或靠近宮位交界的行星，比星盤裡其他行星的影響力更大。關於宮位的詳細說明，請參閱第 8 章。

在其中一個國家，不可能同時身處兩地。這當中總是有一個星座影響力較大，那幾乎都是太陽實際落入的星座（也就是你的太陽星座）。

我之所以說「幾乎」，是因為在少數情況下，一張星盤裡可能會有好幾顆行星都落入某個星座，導致那個人更強烈感受到該星座的影響。

比方說，我有個朋友的生日是 12 月 22 日。太陽在他出生的那一天離開射手座，並進入摩羯座。他出生時太陽還在射手座，因此嚴格說來，他是射手座。但太陽再過兩小時就會進入摩羯座，而且他的月亮、水星與土星都在摩羯座。他一直覺得自己像摩羯座，同時也表現得和摩羯座一樣。

很顯然，這是一個不尋常的案例。一般而言，太陽是星盤中影響力最大的行星。就算你出生時，太陽落在某個星座的第 1 度或最後 1 度，它還是你的太陽星座，你會感覺最像這個星座。然而，當時太陽正靠近或離開某個星座，其影響依舊存在。你或許會察覺，自己身上帶有這種混合的元素。如果你出生在星座交界，應該會在接下來的說明裡找到符合自己的描述。

♈ 牡羊座的星座交界

3 月 21 日～ 3 月 25 日出生

你是帶有雙魚座特質的牡羊座。儘管你衝動任性，你同時也渴望平靜與獨處。當別人擾亂或干涉你的計畫時，會感到不滿。你有敏銳的心思，喜歡探究新觀念，並發想出不同的點子，你顯然是一個獨特的個體。你自然會給予人們溫暖與同情，你通常喜歡宴客，也與周遭的人相處得很融洽。在性愛上，你往往充滿熱情。

4 月 15 日～ 4 月 19 日出生

你是帶有金牛座特質的牡羊座。你缺乏耐心、神經質、喜怒無常，但同時也意志堅定，有時甚至非常固執。牡羊座的人做事常虎頭蛇尾，你卻可以對計畫堅持到底。你喜歡主導一切，雜亂無章會使你感到憤怒。

在你的人生中，情緒是影響你的重要因素。人們一直都知道你很坦率，你既浪漫又熱情。你的情感（無論是快樂、愛或憤怒）都很強烈。

♉ 金牛座的星座交界

4 月 20 日～4 月 24 日出生

你是帶有牡羊座特質的金牛座。你意志堅定、信心十足，但同時也活潑獨立。你討厭受到束縛，不管情況如何，都會堅持自己的個性。人們常尋求你的建議；你風格獨具、充滿自信。事實上，有時也會感到不安，但你隱藏得很好；你會用聰明的方法解決問題。然而，在愛情裡，你衝動魯莽且奢侈浪費。

5 月 16 日～5 月 20 日出生

你是帶有雙子座特質的金牛座。你野心勃勃、意志堅強，同時也充滿想像力、聰明伶俐。你擁有迷人的個性，而且富有說服力、和人們合作無間。你通常坦率直言，因為你喜歡戳破謊言與祕密，公開把話說清楚。你不喜歡聽從別人的指揮。除非你投入很多感情，你很容易把話說出口；這時的你常無法表達內心最深層的感受，當你愛上一個人時更是如此。

♊ 雙子座的星座交界

5 月 21 日～5 月 25 日出生

你是帶有金牛座特質的雙子座。你善變、充滿好奇心，同時也很固執，不會輕易改變方向。當周遭的人不符合你的期待，你有時會變得暴躁易怒。不過，你善於交際，也擁有很多朋友。你可能有明顯的藝術天分，但在賺錢方面卻很務實。你面對新情勢的態度是：「我要如何適應？」你通常會給人們留下美好的第一印象。

6 月 16 日～6 月 20 日出生

你是帶有巨蟹座特質的雙子座。你心思機敏、善於溝通，同時也善於分析、謹慎保守。當你給予承諾時，人們知道可以相信你會說到做到。你喜歡被熟悉的人事物包圍，也很重視迷人的外表與儀態。你生性纖細敏感，容易因為對方的粗心大意或自私自利而感到受傷。你不甘於平凡；你想要創造美好的事物，或因才華而聞名。

♋ 巨蟹座的星座交界

6 月 21 日～6 月 25 日出生

你是帶有雙子座特質的巨蟹座。你富有同情心、生性慷慨大方，而且頭腦睿智犀利。你或許因聰明才智而聞名，但那些和你親近的人都知道，你有一顆柔軟的心。有時候，你的理智與情感相互衝突；你不願意承認情緒對你有如此大的影響。你能與各行各業的人相處得很融洽。你需要刺激與改變，若被困在同一個地方太久，你將會心生不滿。

7 月 18 日～7 月 22 日出生

你是帶有獅子座特質的巨蟹座。你敏感且理想化，同時也聰明、富有說服力；你的脾氣可能來得快，去得也快。在工作上，你喜歡用自己的方式做事。你擁有很好的社交技巧，容易跟人們打成一片，但你要花很長的時間才能發展出緊密的關係。對你而言，愛情不是一時衝動；你可能很快就被某個人吸引，但你很小心，因為你害怕被拒絕；你不會讓自己變得太脆弱。

♌ 獅子座的星座交界

7 月 23 日～ 7 月 27 日出生

你是帶有巨蟹座特質的獅子座。你懷抱遠大的志向、充滿創造力，同時也認真勤奮、有條不紊。你希望做出「正確」的選擇，討厭毫無準備、措手不及。腦力活動會使你獲得啟發；你有很好的專注力，並能充分表達自我。你既溫暖又熱情，因此吸引了很多朋友。因為喜歡購買美麗的東西，你常花錢沒有節制。在愛情裡，你也很任性、佔有慾很強。

8 月 18 日～ 8 月 22 日出生

你是帶有處女座特質的獅子座。你擁有強烈的個性與自我風格。富有決心是你最重要的特質之一；為了達成目標或完成某件已經下定決心的事，你會排除萬難。你有高雅的品味，喜歡坐頭等艙去旅行。儘管在分析別人的問題時非常冷靜，你基本上是個容易激動的人。你會先根據情感來做決定，然後再將其合理化。

♍ 處女座的星座交界

8 月 23 日～ 8 月 27 日出生

你是帶有獅子座特質的處女座。你親切和善、穩重可靠，同時也才華洋溢、風格獨具。你樂觀開朗、機智風趣，周遭的人因此深受吸引。你負責的計畫很可能會成功，因為你心思敏捷，而且對細節觀察入微。你有很好的組織能力，所以經常變成主導一切的那個人；你有時會對不負責任的人缺乏耐心。你總是在社交場合散發出耀眼的光芒。在愛情裡，你通常溫暖熱情、忠心耿耿。

9 月 18 日～ 9 月 22 日出生

你是帶有天秤座特質的處女座。你聰明伶俐、觀察敏銳、足智多謀。你天生善於交際，和其他人相處得很好，同時也可以透過他們取得成功。你頭腦靈活，同時也可能有流暢的口才；將社交能力運用在工作上是你的專長。你細膩的審美觀樹立了高標準；你也許會蒐藏美麗的東西，或深受創意活動吸引。在愛情裡，你真誠且情感豐沛，但需要對方大量的關懷與付出。

♎ 天秤座的星座交界

9 月 23 日～ 9 月 27 日出生

你是帶有處女座特質的天秤座。你活潑外向，能讓周遭的人喜歡你。你也很勤奮、對細節觀察入微，但有時工作量會超出你的負荷。對你來說，被人崇拜很重要；你很注意自己的公眾形象，總是努力給人們留下最好的印象。你想要保持情緒穩定，但你往往很興奮，不然就是因為一點小問題而感到沮喪。愛情使你感到滿足，你可能也風情萬種。

10 月 18 日～ 10 月 22 日出生

你是帶有天蠍座特質的天秤座。你充滿個人魅力，而且常試圖掌控情勢，以便主導一切。你知道如何努力工作，為了達成目標，會全心投入。你善於交際；你的感性很吸引人，儘管你有時並沒有察覺這一點。你偶爾會缺乏耐心、急躁易怒，但基本上，你不喜歡爭吵，也願意保持和平。你在社交場合展現出迷人的風采；守時不是你的強項。

♏ 天蠍座的星座交界

10 月 23 日～ 10 月 27 日出生

你是帶有天秤座特質的天蠍座。你優雅迷人、性情溫和，人們因此深受吸引。你可以用聰明、有趣的方式來表達自己的意見。你意志堅強，除非你被惹惱或受到阻撓，你通常不會顯現出來。一般而言，你友善且樂於合作，雖然你更喜歡用自己的步調獨自工作（尤其在任何創意產業裡更是如此）。在愛情裡，你很深情，也往往小心翼翼；但不會輕易投入，因為你害怕受到傷害或被拒絕。

11 月 17 日～ 11 月 21 日出生

你是帶有射手座特質的天蠍座。你細膩敏感、直覺敏銳，也很可能容易緊張。你興趣廣泛，吸引了許多不同類型的朋友。腦力活動會讓你得到啟發；你喜歡參與討論，也總是樂於分享自己的意見。你所愛的人都感受到你的忠誠與熱情，其他人則認為你可以做出冷靜的判斷。事實是，雖然你多愁善感，但如果對你有好處，你也能退後一步，並客觀地看待。

♐ 射手座的星座交界

11 月 22 日～ 11 月 26 日出生

你是帶有天蠍座特質的射手座。你神經質、容易激動、性格活潑有趣，同時也聰明伶俐、多才多藝、富有遠見。你的人生閒不下來，因為你不喜歡獨處，總是讓自己負責很多計畫，並且被人群包圍，有時會弄得你分身乏術。你懂得怎麼發掘優勢，使自己成為眾所矚目的焦點。你擁有強大的心靈力量，可以看穿他人的心思。在愛情裡，你充滿熱情，但也很善變。

12 月 17 日～ 12 月 21 日出生

你是帶有摩羯座特質的射手座。你生性溫和親切，並擁有迷人的儀態。你也懷抱雄心壯志、知道如何承擔責任，而且在工作時會做得很徹底。因為你不僅想像力豐富，也具備強烈的自我意識，你喜歡在不受他人干擾的情況下工作。人們有時會尋求你的建議，因為你心思敏捷，能快速鎖定重點。你生性纖細敏感，可以深刻地愛一個人；但在愛情裡，有時不會做出聰明的決定。

♑ 摩羯座的星座交界

12 月 22 日～ 12 月 26 日出生

你是帶有射手座特質的魔羯座。在你務實、有時顯得冷漠的外表背後，藏著一顆和善慈愛的心。周遭的人自然會依靠正直的你，你不會背叛他們的信任，同時也是個具有同理心的聆聽者。你熱愛冒險、旅行，喜歡探索不同的地方與各種新觀念。即便在做判斷時謹慎保守，你也總是樂於審視不同的觀點；因為觀察力敏銳，你經常察覺別人沒有說出口的訊息。

1 月 15 日～ 1 月 19 日出生

你是帶有水瓶座特質的魔羯座。你很有深度——見解獨到且富有遠見，但你同時也慷慨大方、喜好玩樂、喜歡有人陪伴。你喜歡宴客、享受美好的生活；你是個很棒的主人；你的成功很可能來自與人群接觸的工作。一般而言，你都會往好處想，但當事情出狀況時，你也容易只往壞處想。你忠心耿耿，而且隨時都可以幫助你所愛的人；在愛情裡，往往會屈就自己。

♒ 水瓶座的星座交界

1 月 20 日～ 1 月 24 日出生

你是帶有摩羯座特質的水瓶座。你心思敏捷、多才多藝，足以負責各種不同的計畫。此外，你有很好的記憶力，做事也有條不紊。一般而言，你在可以用自己方式做事的地方工作是最成功的。天生善於交際的你吸引了很多人，大家可能都知道你幽默風趣；有時候，你需要完全的隱私與沉思的時光。你非常獨立自主，會試圖用理智來分析愛情，因為你不喜歡受到情感的折磨。

2 月 14 日～ 2 月 18 日出生

你是帶有雙魚座特質的水瓶座。你迷人、隨和，幾乎能融入任何群體。雖然你可能有許多點頭之交，真正了解你的人卻很少。在你開心的外表下，通常隱藏著更深刻的情感。在工作上，你富有遠見、思想前衛，但同時也小心翼翼。你對生活感到有點厭倦，在沒有仔細研究之前，不會貿然嘗試新事物。沒有什麼比受到不平等對待更令你感到惱怒。你往往擁有奢侈的嗜好，很喜歡花錢。

♓ 雙魚座的星座交界

2 月 19 日～ 2 月 23 日出生

你是帶有水瓶座特質的雙魚座。你天生細膩高雅，同時也具備幽默感，可以感染身邊的人。你有堅定不移的決心、很好的組織能力，通常也很會賺錢。在解決工作上的問題時，你既客觀又犀利。人們常驚訝地發現，你的興趣竟是如此多元。儘管你有強烈的好惡，但也心胸開闊，喜歡隨意發想新點子。你必須改變生活場景，以免變得無趣；你或許很難找到適合的戀愛對象，因為特殊的人才能滿足你。

3月16日～3月20日出生

你是帶有牡羊座特質的雙魚座。你具備敏銳的觀察力，並且被獨特的人或想法吸引。你個性強烈，讓人們印象深刻，在執行自己的計畫時，也會不顧一切困難。簡而言之，你是最有創新精神的人。你已經明白，在不抱什麼期待時，好運反而會降臨。你富有社交魅力，通常會被許多朋友包圍；你輕浮善變，但在愛情裡，可能會熱情地付出。

4

占星與養生

客戶會問占星師一個最重要的問題——「我的星盤說我的健康如何？」身心健康是人類最關心的事。愛情、金錢或事業都是其次，因為沒有健康，我們就無法享受人生。

自古以來，占星學與醫學就緊密地結合在一起。被視為「醫學之父」希臘哲學家與醫生希波克拉底（Hippocrates）曾說：

一個不懂占星學知識的醫生，沒有資格說自己是醫生。

事實上，在十八世紀以前，占星學研究及其與身體之間的關係，都是醫師訓練裡非常重要的一部分。當一個人生病時，他的星盤立刻就會被畫出來；這為醫生提供診斷與治療上的指引，因為星盤會顯示，這個人何時會出現健康危機，以及能用什麼藥物治療。

當然，在二十世紀，西方國家的醫生已經不再利用占星學來治療疾病。然而，占星學還是可以有效地幫助我們維持身體健康。

星座與身體部位

首先，每個星座都掌管了身體的某些部位。兩者的關聯可以追溯到占星學的起源。弔詭的是，某個星座所掌管的身體部位在某種程度上，既是那個人最強壯，同時也是最脆弱的部分。請參閱你自己的星座，看看這種矛盾特性如何顯現在你身上。

行星與你的身體

除了星座掌管身體各個部位以外，

行星也與體內的各種腺體有關。這些腺體分泌荷爾蒙，讓我們的身體持續運作。

占星與飲食

每個星座都需要從某些食物攝取特定的礦物質。你的飲食可能無法滿足這樣的特殊需求。我在每個星座的部分都列出了一些食物，幫助你吃得健康。

占星與你的敏感帶

我們的身體對另一個人的觸碰十分敏感。觸摸所傳遞的特殊訊息比言語更容易理解。每個星座的身體都有某些區域特別敏感，能透過觸摸感受到對方的性暗示。有很多書籍與指南談論性愛，卻很少有人從占星學的角度來探討關於敏感帶的獨特知識。你可以運用占星學，成為一個更美好、更刺激的情人。

十二星座和身體部位與相關疾病之間的關聯源自於赫密斯理論，它是古埃及與希臘的一門哲學，認為人體是整個宇宙的縮影。從牡羊座到雙魚座的十二星座對應到人體，正好是頭部（由牡羊座掌管）到腳部（由雙魚座掌管）。因此，人體內就包含了整個黃道帶。

在你閱讀本章前，我想先說幾句話，你可以用簡單或進階的方式來讀。比方說，你的太陽在牡羊座，一定會閱讀關於牡羊座的部分，發現當中有許多養生建議與健康問題都適用於你，但不只如此。其中一個原因是，現代醫療占星學深信「對宮原則」——對相星座也會影響命主的健康。所以若你是牡羊座，你也應該讀一讀牡羊座的對相星座——天秤座的部分，因為那些指引也與牡羊座有關。

此外，就像我一再強調的，每個人都不單只是某個星座。你或許會發現，你的星盤裡有好幾顆行星都落入太陽星座以外的某個星座；因此，那個星座的部分也適用於你。

還有一個因素也必須納入考量，那就是你的上升星座；在很多方面，上升星座都會影響你的外表與健康。上升星座也是你健康狀況很重要的一部分。

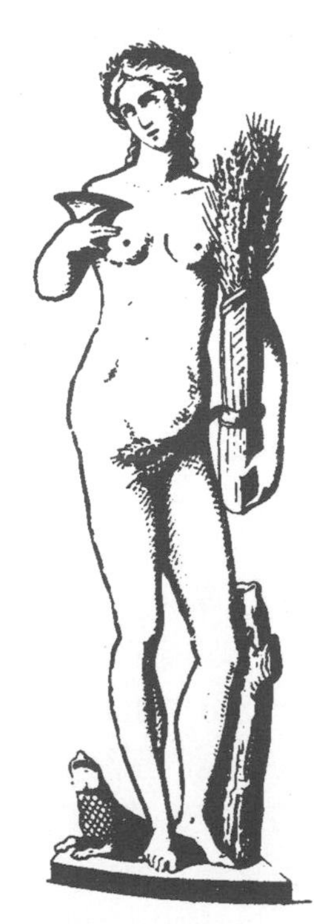

我有個女性客戶，她的太陽星座是天秤座、上升在金牛座，而且還有三顆行星落入金牛座（其中有一顆是土星）。土星通常代表某些脆弱的身體部位。她長期有下背部的問題（她的太陽星座——天秤座掌管腰部）、頭痛（她太陽星座的對宮——牡羊座掌管頭部），以及甲狀腺疾病（她的上升星座——金牛座掌管喉嚨；她還有好幾顆行星都落入金牛座）。如果這位女性閱讀了天秤座、牡羊座和金牛座的所有內容，而不是只讀了天秤座的部分，她將會對自己的健康問題與需求有更深入的理解，並獲得更多運動與保健的相關建議。

我強烈建議你也這麼做。當你更了解自己的星盤時，請再回到本章，進一步閱讀關於你星盤中各個星座的內容。

♈ 牡羊座

牡羊座掌管的身體部位

牡羊座掌管臉和頭部。你往往會注意到牡羊座細緻的臉部輪廓與健康、明亮的頭髮。他們有時臉上有痣或胎記。頭部和思考與感知有關，而牡羊座的人通常都擁有機靈敏銳的頭腦、具備很好的判斷力。

牡羊座容易頭痛（包含偏頭痛、頭部充血，以及鼻竇炎所引起的頭痛）。他們的頭部與臉部周圍也容易輕微受傷，若要從事劇烈運動，必須佩戴頭盔。他們往往會操勞過度、耗費太多精力。牡羊座的人飽受眼睛疲勞所苦，同時也有牙齒方面的問題。牡羊座在興奮或沮喪時，臉通常都會變紅。如果他們發燒了，體溫往往在很短的時間內就會變得很高；不過，他們的復原力很強，很快就能恢復健康。

牡羊座也掌管腎上腺，在面臨壓力與緊急狀況時，這種腺體會將腎上腺素分泌至血液裡。牡羊座的人容易興奮、衝動，其中一個原因可能是，他們的守護星——火星掌管肌肉系統與生殖腺。牡羊座很活躍、有很好的肌肉協調能力，而且在性愛上體力旺盛。

給牡羊座的飲食與養生建議

因為牡羊座通常都很活躍，整天忙個不停，若想維持良好的健康與體能，他們必須均衡飲食。牡羊座需要的組織鹽（cell salt）[49]是磷酸鉀（Potassium Phosphate）。這種礦物質能促進腦細胞生長，並修復肝臟。牡羊座的人往往耗費太多精力，使這種元素被消耗殆盡，必須加以補充。缺乏磷酸鉀會導致心情沮喪。

因此，富含這種礦物質的食物對牡羊座很有幫助，它們包括番茄、豆類（紅

49　人體是由細胞所組成，不同類型的細胞構成不同的身體組織與器官。構成細胞的物質可分為有機物和無機物兩種。前者包含纖維、糖、脂肪和蛋白質，後者則包含水和礦物質，也就是所謂的「組織鹽」（又稱為「細胞鹽」或「生化鹽」）。由於每個星座具備不同的特質、掌管不同的身體部位，缺乏或特別需要補給的組織鹽也不同。根據生化星象學的研究，服用這類組織鹽對各種疾病有一定的療效。

腰豆、白腰豆、皇帝豆）、糙米、扁豆、核桃、橄欖、洋蔥、萵苣、白花椰菜、小黃瓜、菠菜、綠花椰菜、球芽甘藍、小牛肉[50]、旗魚、比目魚、無花果、香蕉、杏桃乾和南瓜。他們的健康飲食也應該包含牛奶（牛奶對牙齒與骨骼有益）。

鹽和酒是牡羊座的兩大敵人，尤其應該避免。攝取太多鹽會影響骨骼與動脈，酒則過度刺激，會對腎臟產生負面影響。牡羊座應該在寧靜祥和的氛圍裡用餐，而且絕對不要狼吞虎嚥，或讓自己處於緊張狀態。他們必須喝很多水，並適度休息與放鬆。

牡羊座的敏感帶

牡羊座的頭部與臉部末梢神經特別敏感，溫柔地撫摸他們的頭髮與頭皮，他們將會愉快地回應。

牡羊座女人喜歡有人梳理並玩弄她的頭髮。若你輕咬牡羊座男人的耳朵，你將給予他明確的性暗示。輕柔地用指尖觸碰他們的嘴唇、親吻他們闔上的眼皮，也會使這個星座的人產生反應。

有一個能讓牡羊座放鬆，並挑起性致的技巧，那就是用指尖沿著他們脖子後方的髮際線下緣，一路撫摸至頭頂。你的手指在移動時，要輕輕地畫小圓圈，同時震動他們的頭皮。動作則要輕柔有力，不斷重複這個動作，直到整個頭部都被按摩到為止。牡羊座的人容易因為神經緊繃而導致頭痛，此一技巧也可以有效緩解這種頭痛。

♉ 金牛座

金牛座掌管的身體部位

金牛座掌管喉嚨和頸部（包含聲帶、上顎與扁桃腺）。金牛座的人通常都有細長、性感的脖子；金牛座女人的喉嚨與鎖骨周圍的肌膚也很誘人。金牛座（無論男女）的說話聲音都很好聽，他們有許多人都是很棒的歌手。金牛座的人味覺敏銳、熱愛美食；年歲漸長後，他們的體重也往往會明顯增加。

金牛座特別容易感冒、咳嗽、喉嚨發炎、喉嚨痛、淋巴結腫大、脖子僵硬，以及頸部周圍輕微受傷。天冷風大時，必須圍上圍巾、注意保暖。金牛座的人容易耳朵痛與扁桃腺發炎；感冒後，似乎很難擺脫喉嚨不舒服的症狀。當金牛座的身體感到疲倦或過度緊張時，通常會開始咳嗽，脖子也會變得僵硬起來，很多人都曾經有過「頸部痙攣」的狀況。

金牛座也掌管甲狀腺，若甲狀腺功能異常，會導致嚴重的體重問題。此外，金牛座的守護星——金星也掌管副甲狀

50　小牛肉是指牛犢的肉，這些牛犢通常生長六至七個月、體重在一百五十公斤以內，生長期間主要用乳製品餵養，其肉色呈淡粉紅色，比一般牛肉顏色淡，肉質細嫩。

腺（parathyroid）；這種腺體會調節體內的鈣質含量。在傳統上，金星還掌管喉嚨、腎臟與腰部。由金星守護的金牛座有時會為背部扭傷所苦，尤其是他們往往缺乏運動。

給金牛座的飲食與養生建議

低脂、低糖、低澱粉的飲食對金牛座的人格外重要，因為他們很多人都必須與體重奮戰。他們通常會吃容易發胖的食物，而且很懶散、不喜歡運動；也可能會為眼睛浮腫、下巴厚實所苦，隨著時間過去，臉也往往會變得更加圓潤。每個金牛座的人都應該養成適度運動與良好的飲食習慣，並嚴格執行。

金牛座需要的組織鹽是硫酸鈉（Sodium Sulphate），它能控制體內水分的多寡。它出現在肝臟、胰臟，以及腎臟所分泌的荷爾蒙裡；這種礦物質失衡會引起腹脹、甲狀腺充血與水腫。金牛座必須攝取含有這種礦物質的食物，它們包括蘆筍、甜菜、菠菜、辣根（horseradish）[51]、瑞士甜菜（Swiss chard）、白花椰菜、小黃瓜、洋蔥、南瓜、蔓越莓和生堅果。在過度放縱後，芹菜可以幫助體內清潔；碳水化合物通常會在金牛座的身上轉變成脂肪，因此應該避免與油膩、難消化的食物一起吃。要使甲狀腺發揮最大的效用，金牛座的人必須攝取富含天然碘的食物，例如魚類和海鮮。其他能讓金牛座保有健康的食物有蛋、肝臟、腰豆、小麥胚芽、新鮮水果和生菜沙拉。他們必須喝很多水，以保持體內清潔。

一般而言，金牛座的人應該照顧好他們的喉嚨、努力不要感冒，冬天時要做好頭部與脖子的保暖，也不要讓異物跑進耳朵裡。對他們來說，走路是很棒的運動，頸部伸展操也非常有幫助。

金牛座的敏感帶

金牛座的喉嚨和頸部特別敏感，溫柔地觸碰、撫摸、親吻這些地方，將會迅速激起他們的慾望。當你為金牛座男人調整領帶時，用指甲在他的喉嚨上輕輕地滑動。溫柔地摩擦金牛座女人的頸部後方，金牛座（無論男女）都喜歡有人親吻、輕咬他們的喉嚨與脖子後方。

這裡有個一定能取悅金牛座的按摩技巧：(1) 當金牛座的人平躺下來時，輕柔地用指尖以畫小圓圈的方式震動他們的耳垂下方。然後，一路撫摸至鎖骨。不斷重複這個動作，直到整個脖子前方都被按摩到為止（氣管周圍要很溫柔）。(2) 當金牛座趴著時，他們喜歡你沿著他們的髮際線，一路撫摸至脊椎頂端，同時用指尖震動他們的肌膚。這會使金牛座的人徹底放鬆，並樂於親熱。

51　辣根又稱為「粉山葵」、「西洋山葵」，具有刺激的香辣味道，可以當作燒烤肉類的佐料，或加入食用色素，作為仿製山葵調料的材料。

Ⅱ 雙子座

雙子座掌管的身體部位

雙子座掌管手、手臂、肩膀和肺部。雙子座的人通常都有一雙美麗的手與手臂。他們靈巧協調，也非常擅長運動與舞蹈。雙子座多才多藝，參與多項計畫、跟各式各樣的人相處，是他們最開心的時候。雙子座的人似乎能常保年輕。

不幸的是，雙子座容易上呼吸道感染、罹患支氣管炎與氣喘。在面臨壓力時，他們可能會呼吸困難，並為過度換氣或氧氣吸入不足所苦。他們也容易扭傷、骨折（特別是手、手臂和肩膀）、撞傷、割傷、抓傷與瘀青。

雙子座掌管神經系統，因此他們容易激動，也有些神經質；他們時而亢奮、時而沮喪，似乎也容易被惹惱。雙子座的守護星——水星一直都與腦部、呼吸，以及整個神經系統有關。它也掌管心理與身體各部位之間的微妙關係，所以雙子座的心理狀態與健康狀況密切相關。緊張、焦慮會讓他們生病。

給雙子座的飲食與養生建議

對雙子座而言，如果他們能放鬆，是再好不過了，這對維持身心健康不可或缺。因為他們太容易緊張，必須花時間舒緩緊繃的神經。咖啡與刺激性食物會讓情況變得更糟，應盡量避免；花草茶可以使心情平靜。雙子座的人常吃得很匆忙，同時也對垃圾食物成癮。想維持良好的體能與高昂的興致，必須好好地吃飯；許多雙子座的身體無法一下子承受大量的食物，少量多餐會很有幫助。

雙子座需要的組織鹽是氯化鉀（Potassium Chloride），它能促進血液、器官與身體組織中的纖維蛋白（fibrin）[52]生成。缺乏這種礦物質會導致血栓與循環方面的問題。氯化鉀也可以讓肺部與支氣管保持暢通。富含這種礦物質的食物包括蘆筍、青豆、番茄、芹菜、紅蘿蔔、菠菜、柳橙、桃子、李子、杏桃、野米（wild rice）[53]對雙子座的神經系統有益的食物則包含葡萄柚、杏仁、烤魚、貝類、葡萄汁、蘋果和葡萄乾。萵苣和白花椰菜有助於抑制支氣管炎。雙子座的人必須攝取鈣質，以保有健康的骨骼；

52 纖維蛋白是一種產生於肝臟，幫助傷口癒合的凝血物質。

牛奶、白脫牛奶（buttermilk）[54]和茅屋起司是很棒的鈣質來源。

雙子座應該在嚴寒的天氣裡保護好胸部，而且絕對不要抽煙。抽煙不僅損害肺部，也會造成上肢血液循環不良的問題。雙子座必須練習深呼吸或做瑜珈，幫助他們放鬆、調整呼吸，同時也應該藉由打網球與乒乓球來鍛鍊手臂。

雙子座的敏感帶

雙子座的手和手臂對性刺激十分敏感。輕柔地親吻、觸碰，以及用指尖摩擦這些地方，會使雙子座的背部狂喜地顫抖。雙子座女人喜歡有人親吻她的手；溫柔地撫摸雙子座男人的手（特別是手掌和指縫），會讓他們產生反應。試著輕吻雙子座的手臂內側（從他們的指尖一路親到腋下），以此作為前戲。

令雙子座覺得格外刺激的按摩技巧，是用雙手抓住他們的腰。兩隻手分別以不同的方向輕輕地扭捏（動作要輕柔有力），一路捏到雙子座的手臂，然後再重複這個動作。還有一個能使雙子座放鬆的方法，那就是沿著他們的手臂內側（從手掌到腋下），用指尖以畫圓圈的方式震動他們的肌膚。

♋ 巨蟹座

巨蟹座掌管的身體部位

巨蟹座掌管胸部和胃。這些部位一直都象徵著母愛與養育，而巨蟹座的人則具有對他人呵護備至、黏人的特點。巨蟹座女人通常都有美麗的胸部曲線，她們的胸部肌膚光滑細嫩；巨蟹座男人則有結實的胸膛與平坦的腹部。但當巨蟹座的人年歲漸長後，這一切都會改變，因為他們往往得與體重奮戰，很難甩掉多餘的體重。

緊張、焦慮與情緒壓力是巨蟹座生病的主因。他們的腸胃很脆弱、有消化方面的問題，容易腹部脹痛與反胃，罹患胃炎、消化道潰瘍與膽囊疾病。他們的身體並不強健（特別是小時候），有很多人都為上呼吸道感染，如支氣管炎所苦。作為水象星座，巨蟹座往往會飲酒過量，但他們對酒精的耐受度不佳；喝酒會使他們的腸胃問題惡化、體重增加，同時導致水分滯留在身體組織內。

此外，巨蟹座的守護星——月亮也掌管胸部與消化道，讓他們的這些部位更為敏感。

---

53 野米又稱為「印地安稻」或「水燕麥」，主要種植在加拿大與北美的淺水沼澤裡，曾是印地安人的主食。野米生長在無汙染的環境中，不施肥也不用農藥，富含多種微量元素，營養價值極高，不僅被認定為超級食物之一，同時也被譽為「穀物界的魚子醬」。

54 白脫牛奶是製造奶油時所產出的的液態乳品，比牛奶略濃，常用於烘焙。因為脂肪含量少、熱量低，卻有很高的營養價值，是蛋白質、維生素 B_{12}、鈣、鉀、磷、微量元素等的來源。此外，白脫牛奶通常會添加乳酸菌培養，帶點酸味，與優酪乳有些類似。

給巨蟹座的飲食與養生建議

對巨蟹座的人來說，食物代表安全感，當他們情緒低落時，他們會尋求甜食（糖果、冰淇淋、蛋糕）的慰藉，讓自己覺得好過一點。這是一種惡性循環，因為過量的甜食會使他們的腸胃變得更糟。若想保有健康的消化系統，並控制體重，巨蟹座必須特別注意飲食。

巨蟹座需要的組織鹽是氟化鈣（Calcium Fluoride），它會和體內的蛋白（albumen）與油脂結合在一起，維持彈性結締組織的健康。它同時也是牙齒琺瑯質、手指甲、骨骼與眼球水晶體的重要成分。缺乏這種礦物質會造成靜脈屈張、牙齦萎縮、脊椎彎曲、眼睛疾病與白內障。

含有氟化鈣的食物包括蛋黃、全黑麥、優格、甜菜、西洋菜、魚類和牡蠣。當飲食裡缺少鈣質時，巨蟹座的人容易罹患皮膚疾病，他們必須攝取牛奶、起司、羽衣甘藍、萵苣和番茄，這些食物都富含鈣質；秋葵也含有鈣質，有助於緩解胃炎。巨蟹座每天都應該吃新鮮蔬果和精瘦蛋白質（lean protein）[55]，澱粉、糖和鹽則要避免。澱粉和糖會導致便祕，鹽則會引起水腫。巨蟹座的人必須避開辛辣、重口味的食物，並且少吃辣椒醬和辣根。

巨蟹座應該在舒適的環境中用餐（不要在餐桌上爭吵或激烈爭論），飯後散步可以幫助消化，同時帶來心靈平靜。在溫暖的雨裡或海邊散步是很棒的一件事，因為濕潤的空氣讓肺部得到舒緩。如果巨蟹座的人生病了，躺在自己家的床上會復原得比較快。

巨蟹座的敏感帶

多數人的胸部都很敏感，但巨蟹座的人更是如此。用嘴巴和手撫弄巨蟹座（無論男女）的乳頭，他們很快就會產生反應。輕柔地撫摸、親吻、囓咬這個地方，將提升巨蟹座的性致。用手觸摸巨蟹座男人的胸毛，光是這麼做就能點燃他的熱情。撫摸並親吻巨蟹座女人的胸部能使她獲得歡愉。

充滿挑逗地愛撫巨蟹座的胸部——先將兩根手指放在巨蟹座的鎖骨（頸部下方那塊突出的骨頭）上，輕柔地按壓並震動胸部肌膚。再用一根手指的指尖觸碰兩個乳頭。用指腹溫柔地撫摸乳暈（乳頭周圍的粉紅色部分）。最後，再用指甲觸碰他們的胸部肌膚。這個按摩技巧會迅速挑起所有巨蟹座的慾望。

♌ 獅子座

獅子座掌管的身體部位

獅子座掌管背部、脊椎和心臟，心

55　精瘦蛋白質是指脂肪量較低的蛋白質，如魚肉、雞肉、瘦牛肉、豆腐、堅果等。

臟與熱情有關，背部則與勇氣有關，獅子座的人正好展現出這些特質。他們心胸開闊、對他人全心付出，同時也把生活過得豐富多彩。獅子座擁有強健的體質、柔軟且具彈性的脊椎，以及很好的協調能力。他們通常都是傑出的舞者與運動員。

獅子座的人非常想要表現出眾，他們往往會把自己逼得太緊，因此操勞過度、備感焦慮。他們的上背部比其他部位更容易感到疲倦。他們也容易感受到心臟周圍的壓力與疼痛。在受到驚嚇時，獅子座的心臟會彷彿要跳進他們的喉嚨裡一般。他們通常都可以感覺到頭部的脈搏跳動；年歲漸長後，獅子座的人可能會出現心臟方面的問題，但他們往往很長壽。

獅子座的守護星——太陽總是與背部、脊椎和心臟有關。此外，它也會影響脾臟與全身的活力。近年來，占星學家開始認為它也掌管胸腺（thymus），這種腺體會在孩童發育時分泌促進生長的荷爾蒙。科學研究則將胸腺與免疫力連結在一起，因此，獅子座象徵成長、活力與良好的健康。獅子座的人不容易生病，就算生病了，也恢復得很快；一般來說，獅子座都過著健康的生活。然而，年歲漸長後，他們必須學會放慢步調，以避免心臟病發的風險。

給獅子座的飲食與養生建議

獅子座的人享受美好的生活，吃得好也是其中一部分，他們喜歡品嘗美食與美酒。幸運的是，年輕的獅子座有強壯的腸胃與良好的血液循環，也能保持健康，因為他們很活躍。然而，時間會改變一切，獅子座必須學會正確飲食，少吃油膩的食物。

獅子座需要的組織鹽是磷酸鎂（Magnesium Phosphate），它使運動神經處於最佳狀態，同時對骨骼生長也不可或缺。它能促進血纖維蛋白生成、消化酶分泌，並維持血流暢通。含有這種重要元素的食物包括全小麥與全黑麥製品、杏仁、核桃、葵花籽、無花果、檸檬、蘋果、桃子、椰子、米、海鮮、甜菜、蘆筍、蘿蔓和蛋黃。幫助血液循環、具備造血功能的食物，則包含牛肉、羊肉、家禽肉、肝臟、新鮮水果、綠葉生菜、起司、全脂牛奶和優格。富含鐵質的食物，例如菠菜、葡萄乾和椰棗，都對獅子座的人有益；李子、梨子和柳橙可以減少心臟負擔。

獅子座應該透過簡單的伸展運動，照顧好他們的背部；他們必須學會如何彎腰與舉起雙手，而且絕對不要提太重的東西。建立良好姿勢、適度休息與放鬆、享受短暫的日光浴，對他們很有幫助。獅子座的人通常都有一頭濃密閃亮的頭髮，若他們保持清潔，並好好地保養，應該能持續一輩子。

獅子座的敏感帶

大範圍地撫摸獅子座的背部和脊

椎，會刺激他們的性慾，令他們感到興奮。在沐浴時用絲瓜絡擦拭獅子座的背部，可以作為簡單、愉快的前戲。沿著脊椎緩緩地往下，在背部下緣停頓一下，然後來到腰部兩側與肋骨的位置。持續這個動作，直到獅子座的肌膚變得紅潤。當獅子座在臥房裡趴著時，在他們背部撒些爽身粉（此時，他們仍舊處於沐浴時的興奮狀態）。用手或軟毛刷將爽身粉抹勻（特別留意脊椎和背部下緣）。獅子座會迫不及待地將你推倒。

因為背部很容易變得緊繃，而背部按摩的技巧能使獅子座放鬆，並且平靜下來──將手掌根部放在獅子座的上背部（大拇指直接放在脊椎上）。用掌根畫圓圈（直徑約六英吋）的方式震動他們的肌膚，同時沿著肩胛骨一路撫摸至背部下緣。不斷重複這個動作，直到整個背部都被按摩到為止。

若發現這讓獅子座放鬆到睡著，你可以充滿挑逗地刺激他們的背部。在肩膀到屁股的位置用指尖輕輕地畫線，或用指甲碰觸他們的肌膚。接著，一路撫摸至股溝，他們很快就會醒過來了。

♍ 處女座

處女座掌管的身體部位

處女座掌管神經系統和腸道。腸道吸收食物中的養分，同樣地，處女座的人吸收知識，然後加以應用。他們的神經細膩脆弱，這使他們具備敏銳的直覺與很好的鑑別能力。

和巨蟹座一樣，神經緊繃、焦慮與情緒壓力是處女座最大的敵人。當事情出狀況時，他們往往會把麻煩轉嫁到自己身上，然後這些問題馬上就反映在身體上（通常都變成消化道疾病）。處女座的消化系統很敏感，他們飽受消化不良、腹部脹痛、消化道潰瘍、肝區不適、結腸炎，以及腸道方面的問題所苦。此外，他們的皮膚也常因為緊張而起紅疹。處女座的人對自己的健康感到憂心，他們往往擔心自己會生病。

處女座的守護星──水星掌管腦部與神經系統，也掌管心理與身體機能之間的關係。這讓處女座更容易將心理壓力與沮喪的情緒轉變成身體上的疾病。

給處女座的飲食與養生建議

處女座的人必須照顧好他們敏感的消化系統，適當飲食對維持良好的健康與體能不可或缺。此外，他們應該避免辛辣、重口味、油炸、充滿醬料或肉汁的食物。

處女座需要的組織鹽是硫酸鉀

（Potassium Sulphate），它能調節體內的脂肪含量、將氧氣帶到細胞內，並幫助肌肉收縮這種礦物質讓皮膚毛孔保持暢通。飲食中缺乏硫酸鉀會造成頭皮屑、掉髮、濕疹、粉刺，以及皮膚乾燥脫皮。缺少這種礦物質也會導致極度疲勞與便祕。處女座的人需要富含硫酸鉀的食物，這些食物包括綠葉蔬菜（苦苣、菊苣、蘿蔓）、全麥、全穀麵包、小麥胚芽油、燕麥、杏仁、起司、柳橙、香蕉、檸檬、瘦牛肉和羊肉。容易消化的食物則有玉米麵包、優格、糙米、蛋和茅屋起司（cottage cheese）。香瓜、蘋果、梨子和木瓜對處女座特別有益，檸檬汁則能緩解皮疹與頭皮屑。他們應該用蜂蜜來取代糖。花草茶可以緩解腸胃不適。處女座的人很喜歡吃巧克力，但不幸的是，巧克力會使他們的皮膚變差，並引起腸胃不適。他們對藥物的耐受度不佳，因此只能遵照醫生的指示服藥。

適度的陽光、和緩的運動與放鬆對處女座很重要。雖然容易自尋煩惱的處女座很難不擔心，但這麼做能幫助他們適時擺脫這一切。

處女座的敏感帶

作為前戲，歡樂、親密地一起沐浴就能取悅處女座，其中一個原因是，處女座非常愛乾淨。沐浴時，溫柔地用海綿、肥皂與溫水清洗處女座的肚子；處女座的整個肚子都對充滿挑逗的觸碰、撫摸與親吻很敏感。他們也很喜歡用溫水沖洗這個地方的感覺，手持式蓮蓬頭可以巧妙地做到這一點。

當處女座的人躺在床上時，很容易用這種按摩方式激起他們的慾望：(1) 先緩慢且輕柔地撫摸他們的腹部（從胸部下方一路至腿部根部）。用指尖覆蓋這整個區域。(2) 用指尖在他們肚臍到生殖器的位置溫柔地觸摸，同時畫線。重複同樣的動作，但這次只用指甲觸碰他們的肌膚。(3) 用指尖在他們的肚子上以畫大圓圈的方式撫摸並移動（圓圈要越畫越小，直到來到他們的肚臍邊緣為止）。此時，處女座已經成為你的俘虜。

♎ 天秤座

天秤座掌管的身體部位

天秤座掌管腰部（包含下背部和腰椎）、屁股和腎臟。天秤座女人通常都有美麗的腰部與臀部曲線，天秤座男人則擁有強壯結實的背部。一般來說，天秤座的人都有良好的健康，儘管有些人在青少年時很嬌弱，成年後，他們就會變得較為強健。

天秤座的守護星——金星掌管皮膚、頭髮和血管，同時也掌管喉嚨、腰部和腎臟。天秤座的人往往擁有細緻（但有些敏感）的肌膚、好看的外貌與美麗的骨架。有任務在身時，他們的體能總是處於最佳狀態，儘管他們通常比較晚起床。天秤座的下背部往往很脆弱，在過度操勞時，這是他們最先感到不舒服的部位。他們也容易皮膚起紅疹，以及罹患腎臟疾病。冬天時，他們可能會因為血液循環不良而飽受手腳冰冷所苦。

從很多方面來看，他們的健康狀況受到環境與人際關係的影響。任何紛亂、爭執或分歧都會令天秤座的人不開心，並且影響他們的工作能力或表現。

給天秤座的飲食與養生建議

平衡——均衡飲食、工作與休閒之間的平衡，以及人際關係中的平衡，是天秤座維持身心健康的關鍵。

天秤座需要的組織鹽是磷酸鈉（Sodium Phosphate），它能讓體內酸鹼平衡，同時避免身體消耗過多養分。對天秤座的人而言，維持適當的酸鹼平衡很重要，因為體內環境過酸會影響腎功能。從皮膚狀況就可以看出，是否需要補充磷酸鈉；當缺乏這種礦物質時，皮膚就會發黃、暗沉。草莓、蘋果、葡萄乾、杏仁、蘆筍、豌豆、玉米、紅蘿蔔、菠菜、甜菜、蘿蔔、番茄、小麥、糙米和燕麥片，都是很好的磷酸鈉來源。

高蛋白、低脂、低糖飲食，盡量少吃產酸食物，能使天秤座保持在最佳狀態。他們應該吃大量的烤魚、海鮮和家禽肉（不要吃太多牛肉或豬肉）、低脂起司、優格、大量新鮮蔬果、綠葉生菜和全穀麵包。

天秤座的皮膚很敏感，睡眠不足、吃太油膩、喝太多香檳，都會立刻反映在皮膚上。若想維持體內清潔、排除毒素，他們必須喝很多水，並且避免酒精與碳酸飲料，因為它們對腎臟不好。在嘗試新的清潔用品時也要小心，有很多都會引起皮疹或爆痘。和緩的運動（尤其是背部運動）可以鍛鍊下背部，並讓身體保持柔軟，良好的姿勢會使天秤座不再背痛。

一般來說，天秤座的人應該努力讓自己被美麗的事物、舒服的音樂與和氣的人包圍。雖然這對每個人都是很好的建議，但對天秤座尤其重要。

天秤座的敏感帶

如果你想與天秤座的人變得更親密，試著在你們一起散步或跳舞時，悄悄地撫摸他們的下背部，他們的背部下緣和屁股十分敏感。當你們的關係進展到一起沐浴或淋浴時，你可以特別用海綿或毛巾輕柔地擦拭天秤座的下背部和屁股，並以溫水沖洗這些地方，直到他們的肌膚變得紅潤。

天秤座（無論男女）都特別喜歡有人搓揉、撫摸、拍打，以及輕捏他們的屁股。這裡有個一定能挑起天秤座性致的按摩技巧：(1) 當天秤座趴著時，先用雙手輕輕地抓住他們兩邊的屁股，然後以畫圓圈的方式移動。(2) 用指尖觸碰他們的肌膚、上下撫摸他們的屁股。(3) 重複同樣的動作，但這次只用指甲進行觸摸。(4) 將兩手各四根手指的指尖輕輕地放在他們的屁股上（一次一根手指）。

快速、輕柔地移動，這樣所有指尖都能迅速地觸碰到他們的肌膚。把你的手放在適當的位置，使指尖落在他們的股溝上；此時，天秤座的慾望將會被激起。

♏ 天蠍座

天蠍座掌管的身體部位

天蠍座掌管性器官。從象徵意義來看，這個部位代表孕育生命的力量，而天蠍座的人通常都精力充沛、充滿想像力。他們性慾旺盛、充滿熱情、佔有慾強，而且做事不會半途而廢；健全的性生活對他們的身心健康不可或缺。天蠍座甚至會用性愛來宣洩心中的憤怒；他們會把性當成一種武器。在性愛上遭遇挫敗，或壓抑內心強烈的情感，會讓他們變得冷酷無情、喜怒無常。

天蠍座的人容易性器官感染或罹患相關疾病。生殖器上起紅疹、膀胱炎、泌尿道疾病與性病，都是天蠍座最容易得到的疾病。

此外，天蠍座的人往往會因為情緒困擾而導致健康狀況不佳。情感強烈的他們會因為被傷害或羞辱而感到鬱悶、憂愁（這通常都是他們自己的想像）。他們似乎無法休息與放鬆，因此飽受身心疲憊所苦。

天蠍座的守護星——冥王星掌管細胞生成與生殖機能，因此天蠍座和性與重生力量的關係獲得強化。一般而言，天蠍座的人都擁有強健而性感的身體，以及很好的復原力（雖然某些占星學家曾說，和其他星座的人相比，天蠍座的死亡較為猛烈且出乎意料）。據說天蠍座的人年輕時看起來比較老，當他們年老時則正好相反。

給天蠍座的飲食與養生建議

對天蠍座來說，想維持體能與正面積極的人生觀，健康飲食很重要。遭遇問題時，他們往往會飲酒過量、忘記吃東西，這反而使他們更無精打采、不開心，身體也更不舒服。天蠍座的人有酒精耐受度的問題；和其他星座相比，酒精會對天蠍座的皮膚與外表會造成最直接且最負面的影響。它不僅對身體有毒害，也讓他們的情緒起伏更加劇烈，多數天蠍座都不知道如何拒絕別人為自己倒酒。

天蠍座需要的組織鹽是硫酸鈣（Calcium Sulphate），它是修復身體組織、抵抗傳染病入侵的主要因子。鼻子、嘴巴、喉嚨、食道、生殖器官與消化道都需要這種礦物質，以維持正常運作。缺乏硫酸鈣使他們容易感冒、鼻竇炎與皮疹永遠不會痊癒，甚至導致不孕。富含這種礦物質的食物包括蘆筍、羽衣甘藍、白花椰菜、蘿蔔、洋蔥、歐防風（parsnip）[56]、西洋菜、番茄、無花果、洋李乾、黑莓和椰子。

天蠍座的人也必須攝取含有鈣質的食物，例如牛奶、起司、優格和茅屋起司。他們應該多攝取蛋白質、新鮮蔬果和全穀麵包。

以下這些食物對天蠍座特別有益：魚類、海鮮、生菜沙拉、甜菜、苦苣、蘿蔓、球芽甘藍、朝鮮薊（artichoke）[57]、扁豆、小麥胚芽、杏仁、核桃、柑橘、莓果、蘋果、香蕉和鳳梨。他們不能吃得太豐盛，晚餐也要吃少一點。對他們來說，喝瓶裝礦泉水通常比喝普通自來水好的多。

一般而言，天蠍座的人都需要休息、娛樂、運動與寧靜的環境。作為一個水象星座，海上旅行、到海邊度假、泡熱水澡都對他們很有幫助。

天蠍座的敏感帶

每個人的生殖器都很敏感，但對天蠍座的人來說，生殖器是性能量特別集中的地方。天蠍座生來就性慾旺盛，觸碰他們的生殖器如同火上澆油；即便只是輕輕地撫弄，都會讓他們火山爆發。

幾乎怎樣觸碰、撫摸都可以，除非你弄痛他們。以下愛撫技巧能成功激起他們的性慾：

用指尖或指甲輕柔地從其中一個膝蓋往上撫摸至大腿（穿過生殖器），然後再由另一隻大腿往下撫摸至膝蓋上方。然後以反方向重複這個動作，但這次將觸碰距離縮短幾英吋。持續縮短撫摸距離，直到你只離他們的生殖器幾英吋為止。

因為他們預期自己會很興奮，用手或嘴巴撫弄生殖器都必須非常緩慢，而你也不該總是按照標準流程進行。用指尖逗弄天蠍座的人會使他們性致高昂。

♐ 射手座

射手座掌管的身體部位

射手座掌管肝臟、臀部和大腿。在人體部位中，臀部和大腿代表個人意志與行動能力；多數射手座的人都很活躍，他們熱愛自由，享受新鮮空氣、溫暖陽

56 歐防風又稱為「防風草根」、「歐洲蘿蔔」、「芹菜蘿蔔」，外表像白色的胡蘿蔔，葉子與根部皆可食用。歐防風帶有強烈的茴香味，在馬鈴薯普及前，曾經是歐洲人的主食。

57 朝鮮薊又稱為「菜薊」、「洋薊」，生長在地中海沿岸，是薊屬植物尚未成熟的花苞，花蕾與薊心皆可食用，能減輕飯後的腹部飽脹感，在歐洲被譽為「蔬菜之王」。

光與美好的戶外。他們必須從事體能活動，若運動不足，他們將會失去活力、變得不健康。

射手座（無論男女）往往擁有修長、勻稱的雙腿。射手座的人優雅協調、發育良好，而且經常踏著輕鬆愉快的步伐。事實上，走路是他們最喜歡的運動與放鬆方式。即便年輕時很瘦，年歲漸長後，他們往往有變胖的傾向。不幸的是，射手座女人似乎都胖在臀部和大腿上。射手座的臀部和大腿容易受傷與罹患疾病；當射手座的人面臨壓力時，大腿是他們最先感到疲倦且變得脆弱的部位。他們通常有臀部和大腿慢性疼痛的問題，同時這些地方也非常容易骨折、扭傷與瘀青。他們容易罹患坐骨神經痛、痛風、臀部相關疾病，有時也容易跛腳。

射手座的守護星——木星掌管肝臟。此外，近來占星學家發現，木星也會影響腦下垂體。腦下垂體被稱為「主腺體」，負責調節荷爾蒙分泌與身體的生長。射手座的肝臟往往活躍而敏感，如果飲酒過量，立刻就會受到影響。他們也容易罹患肝炎。

不過，只要稍微注意一下，他們就能活得既健康又長壽。和其他星座的人相比，射手座有更多人活到八十歲以上。

給射手座的飲食與養生建議

對忙個不停的射手座而言，適當飲食很重要。高油、高澱粉的飲食與酒精會對射手座敏感的肝臟造成額外的負擔，使他們更難維持良好的體能。

射手座需要的組織鹽是二氧化矽（Silica），它能強化神經系統、讓腦部結締組織保持健康，並防止手指、腿部和雙腳發麻。缺乏這種礦物質會導致頭髮稀疏、皮膚暗沉、牙齦萎縮與皰疹。最好的二氧化矽來源包括蔬果皮、生菜沙拉、青椒、無花果、洋李乾、草莓、梨子、蘋果、馬鈴薯、燕麥、穀殼、全穀麥片和蛋黃。特別不適合射手座的食物有脂肪、肉汁、鮮奶油、奶油、糖果和巧克力。為了避免對肝臟與皮膚造成損害（皮膚會因為酒精的影響而老化、變得粗糙），他們應該盡量少喝酒精飲料。想維持理想體重，射手座的人必須攝取高蛋白飲食，其中包含大量的烤家禽肉、魚肉、新鮮蔬果（如球芽甘藍、甜菜、番茄、蘆筍、李子、櫻桃、柳橙和檸檬）、蛋、脫脂牛奶、優格、糙米和全麥。

射手座一直需要新的心理刺激，這使他們工作過度、玩樂過度。射手座的人比一般人更需要運動與休閒，但適度才是關鍵。他們應該避免風吹日曬的猛烈影響——長水泡，因為他們的皮膚相當嬌嫩脆弱。

我給射手座的其他建議是，他們必須喝大量不含雜質的純水、避免抽煙（抽煙會讓血管收縮）、少量多餐（一天四餐），走路、騎車或從事運動時，也要特別小心；射手座的人經常臀部與大腿受傷。

一般來說，射手座都健康、樂觀，生病後也復原得很快；他們到老依然保有美貌、容光煥發。

射手座的敏感帶

射手座的臀部和大腿特別敏感，他們喜歡被撫摸、觸碰這些地方。射手座（無論男女）都喜歡有人沿著他們的大腿內側和臀部周圍親吻、輕咬，並溫柔地撫弄。試著用溫熱的護膚油按摩射手座的大腿，他們的慾望一定會被激起。以畫圓圈的方式撫摸他們的臀部，並垂直撫摸他們的大腿。

還有另一種愛撫技巧，那就是用大拇指探索射手座的大腿內側，同時以其他四根手指觸摸他們的大腿外側。往上朝生殖器的方向撫摸，然後用手掌觸摸大腿內側。改用指尖或指甲觸碰他們的肌膚，沿著大腿內側向上撫摸，這樣當你的指尖觸碰他們的大腿時，指節的部分就會摩擦他們的生殖器。此時，射手座的人將變得性致高昂。

♑ 摩羯座

摩羯座掌管的身體部位

摩羯座掌管牙齒、骨骼、膝蓋和關節。摩羯座的人通常都擁有美麗的骨架與優雅的儀態；摩羯座女人往往輪廓深邃，因此十分上相。摩羯座（無論男女）都具備強健的體質、活力充沛、耐力十足，經得起壓力與疾病的考驗；年歲漸長後，他們的健康狀況似乎會變得比較好。與獅子座和射手座一樣，摩羯座的人通常都很長壽。

然而，摩羯座的骨骼、膝蓋和關節很容易骨折、撞傷、割傷與瘀青。他們的膝蓋比其他部位更容易感到疲倦，許多摩羯座的人都抱怨，他們膝蓋痠軟無力、全身骨頭痠痛，因此感到困擾。摩羯座最容易關節僵硬、神經痛，以及罹患風濕、關節炎與骨科疾病。

摩羯座的守護星——土星掌管膽囊、脾臟、骨骼、皮膚與牙齒。摩羯座的人通常都擁有好看的牙齒，但他們必須仔細照顧、勤看牙醫；另外，他們的皮膚往往乾燥、敏感。摩羯座經常自我反省，並且感到憂鬱沮喪。負面情緒可能會導致他們莫名疼痛、健康狀況不佳，擔心會消耗他們的精神與體力；酒精往往會給摩羯座的人帶來麻煩。

給摩羯座的飲食與養生建議

摩羯座必須攝取高鈣、高蛋白飲食，讓骨骼、皮膚與牙齒得以維持最佳狀態。摩羯座的人往往工作過度、忘記吃飯，然後又一口氣吃太多。摩羯座應該盡量少吃辛辣與重口味的食物（雖然他們很喜歡這類食物），因為它們會引起腸胃不適。憂鬱的魔羯座常藉酒澆愁，但他們對酒精的耐受度不佳。

摩羯座需要的組織鹽是磷酸鈣

（Calcium Phosphate），它是骨骼生成與組成最重要的元素。缺乏磷酸鈣會導致佝僂症（rickets）[58]、骨骼畸形、脊椎彎曲、牙齒疾病與關節疼痛。富含這種礦物質的食物包括柳橙、檸檬、無花果、芹菜、包心菜、羽衣甘藍、蒲公英葉、菠菜、綠花椰菜、玉米、豌豆、馬鈴薯、核桃、杏仁、全麥、燕麥和糙米。摩羯座的人每天都應該吃生菜沙拉、新鮮蔬果、精瘦蛋白質、魚類、蛋和全穀麵包；他們需要含有大量鈣質的食物，例如起司、白脫牛奶和優格。摩羯座往往執著於對食物的好惡，經常每天都吃一樣的東西。他們應該試著在飲食中加入不同的蔬果、肉類和魚類。

他們會因為皮膚乾燥、發癢而感到困擾（特別是在冬天時）。杏桃油、芝麻油和杏仁油有舒緩與滋潤的效果，喝大量的水也能使皮膚保持明亮豐潤。吃巧克力和精緻糖對摩羯座的皮膚很不好。他們絕對不能在做日光浴時曬過頭，因為皮膚很快就會乾裂、暗沉。

我給摩羯座的其他建議是，在濕冷的天氣裡，他們必須做好保暖工作。若他們讓自己被繽紛的顏色、鮮花、舒緩的音樂與和氣的人們包圍，心情應該會跟著開朗起來。他們必須努力維持良好的姿勢、坐姿端正，走路時也要放慢腳步。舒服的熱水澡、適度運動、在鄉間漫步，都令摩羯座感到十分輕鬆、愉悅。

摩羯座的敏感帶

摩羯座的膝蓋特別敏感，若你輕柔地摩擦、觸碰、撫摸、親吻摩羯座的膝蓋周圍，沉睡的熱情立刻就會被喚醒。

從背部下緣開始愛撫，將會激起摩羯座（無論男女）的慾望。用指尖或指甲觸碰他們的肌膚。從下背部往下，一路撫摸至屁股、大腿後側，然後到膝蓋後方。重複同樣的動作，但這次縮短觸碰的距離。持續縮短撫摸距離，直到集中在膝蓋後側為止。你也可以用舌頭和嘴唇緩慢地在他們膝蓋周圍的肌膚上畫小圓圈，這會讓摩羯座的人火山爆發！

♒ 水瓶座

水瓶座掌管的身體部位

水瓶座掌管循環系統、小腿、脛骨和腳踝。小腿代表積極行動，而水瓶座的人具備思想前衛、富有遠見的特性；他們通常都健康強壯，擁有勻稱的雙腿、纖細的腳踝，以及很好的協調能力。水瓶座往往在思想上非常活躍——其活躍程度勝過身體，如果不注意，他們可能會有些微變胖的傾向。他們的健康狀況常突然變差，然後又迅速好轉；水瓶座的人生病沒有明確的原因。

58 佝僂症是一種發生在兒童時期的疾病，由於體內缺乏鈣質，影響骨骼發育，導致骨密度不足，加上下肢的骨骼隨著體重增加，因而出現彎曲、變形的異常症狀。

水瓶座的小腿和腳踝非常敏感。他們的腳踝有時會腫脹，帶來一些問題。他們容易靜脈屈張、小腿抽筋。水瓶座的小腿、脛骨和腳踝比其他部位更常骨折、扭傷、割傷與瘀青。他們飽受血液循環不良、動脈硬化、貧血與低血壓所苦；寒冷的天氣對水瓶座特別難受，他們容易凍傷。

水瓶座的守護星——天王星掌管循環系統與松果體。松果體位於腦部深處的核心位置，我們目前還不清楚它的確切功能與用途[59]。古人將松果體稱為「靈魂之座」，並認為它是人類的「第三隻眼」。因此，水瓶座和獨特概念與神祕知識有關。

給水瓶座的飲食與養生建議

水瓶座需要健康飲食，以維持活力與理想體重。水瓶座的人喜歡埋首於各種計畫與活動，以致於吃飯時間太少，無法均衡飲食。他們有吃零食的習慣，而且常在匆忙中吃錯東西。

水瓶座需要的組織鹽是氯化鈉（Sodium Chloride），也就是常見的食鹽，但這並不代表水瓶座的人應該在食物裡加很多鹽，這麼做只會造成水腫、腎臟疾病、動脈硬化，以及因為血液循環不良所帶來的問題。另一方面，血液裡缺乏氯化鈉會導致脫水。水瓶座必須吃正確的食物，從中攝取天然的氯化鈉。這些食物包括海水魚、龍蝦、鮪魚、蛤蜊、牡蠣、菠菜、蘿蔔、芹菜、包心菜、萵苣、玉米、蘿蔓、南瓜類（squash）、扁豆、杏仁、山核桃（pecan）、核桃、蘋果、桃子、梨子、檸檬和柳橙。水瓶座的人應該少吃容易發胖的食物，多攝取蛋白質、新鮮蔬果和全穀麵包，富含維生素C的水果能維持腿部血管的健康。其他對水瓶座有益的食物包括雞肉、小牛肉、甜菜、綠花椰菜、紅蘿蔔、胡椒、番茄、草莓、鳳梨、石榴、無花果、椰棗、糙米、蕎麥、全麥、優格和天然起司。

想舒緩緊張情緒、重振精神，運動與呼吸新鮮空氣對水瓶座很重要。然而，在做任何可能會讓小腿和腳踝受傷的事時，他們都必須格外小心。快走是很棒的運動，因為它能促進腿部的血液循環。即便匆忙，水瓶座的人也不該奔跑；他們很可能會因此絆倒。抬腿可以消除腿部與腳踝的浮腫，睡午覺也能使他們保有活力。他們必須少喝咖啡，那會令他們變得緊張。

水瓶座往往在年輕時就有一頭灰白的頭髮，但不用擔心，這只是代表他們比較早熟而已！

---

59 1960年代，人類得知松果體會製造褪黑激素，人體的生理時鐘就是由松果體建立的。白天曬到太陽時，松果體會分泌俗稱「幸福荷爾蒙」的血清素；晚上陽光減少時，則會分泌「睡眠荷爾蒙」褪黑激素。從醫學的觀點來看，生物的松果體具有特殊感光的功能，是通往更高感知的視窗。但當代人類的松果體不斷退化、縮小，因此不像動物具備預知天災的能力。

水瓶座的敏感帶

水瓶座的小腿和腳踝特別敏感，摩擦、觸碰、撫摸或親吻這些地方，將會明顯激起他們的慾望。不經意地撫摸水瓶座的腳踝，然後往上移動至小腿，看看他們有多快產生反應。當水瓶座斜躺在浴缸裡時，他們喜歡有人用海綿刷洗他們的小腿和腳踝。

充滿挑逗地愛撫水瓶座，以此作為前戲。用指尖或指甲溫柔地撫摸，從腳踝開始，在腳踝骨周圍緩慢地畫圈，一路撫摸至小腿，直到你觸碰到他們的膝蓋為止。他們的小腿後側格外敏感，親熱時，任何接觸小腿和腳踝的姿勢都會令水瓶座的人感到更愉悅。

♓ 雙魚座

雙魚掌管的身體部位

雙魚座掌管腳、腳趾和黏膜組織，雙魚座的人通常都擁有美麗、勻稱的雙腳，他們很多人都成為出色的舞者；另外，他們的嗅覺與味覺格外敏銳。一般而言，雙魚座的身體並不強健，雙魚座的人往往體質虛弱，很難抵抗疾病，他們容易感冒、水腫、罹患鼻竇炎。雙魚座生性細膩敏感、情感豐富，經常因為情緒而導致疾病。

對雙魚座的人來說，腳通常是麻煩的來源，他們很難從事必須長時間站立的工作。許多雙魚座都飽受雞眼、拇指外翻所苦，對他們而言，不合腳的鞋子特別令人困擾，因為雙魚座的腳很敏感，似乎找不到真正適合他們的鞋子。他們往往一有機會就會把鞋子脫掉，穿著拖鞋或赤腳走路。雙魚座的人容易罹患香港腳，以及其他黴菌感染；痛風常侵襲他們的腳趾；雙魚座也經常瘀青、踢傷或腳趾骨折。

雙魚座的守護星——海王星掌管神經系統（特別是丘腦〔thalamus〕的部分），丘腦會接收來自感覺器官的刺激，同時也將刺激傳遞出去。雙魚座的人對周遭的刺激格外敏感；他們十分細膩，常投入音樂、藝術、戲劇與創作。不幸的是，他們容易受到酒精與藥物的傷害。

給雙魚座的飲食與養生建議

雙魚座喜歡多采多姿的生活，這通常包含放縱飲食與晚睡晚起。他們要維持健康的關鍵在於，建立適度保養身體的習慣。只要稍微注意一下——均衡飲食、適度運動與休息，雙魚座的人就會感受到自己比實際年齡年輕，而且到老依然保有美貌。

雙魚座需要的組織鹽是磷酸鐵（Ferrum Phosphate），也就是鐵質。人體需要鐵質來製造血液中的血紅素。血紅素是紅血球裡的重要成分，負責將氧氣從肺部輸送到身體細胞內。缺乏鐵質會導致貧血、低血壓、發炎、內分泌失調與心律不整。富含鐵質的食物包括肝臟、瘦牛肉、羊肉、羊肉、蛋黃、牡蠣、腰子、全穀麥片、大麥、乾豆類、甜菜葉、菠菜、洋蔥、萵苣、葡萄乾、椰棗、洋李乾、杏桃、桃子、葡萄、蘋果、檸檬和柳橙。高蛋白、低脂、低糖飲食能使雙魚座的身體運作良好；烤過的瘦肉、雞肉、魚肉、天然起司、優格和堅果都是很棒的蛋白質來源。他們必須少吃食鹽，因為這麼做會引起水腫（雙魚座有時容易水腫）；咖啡會過度刺激雙魚座，應該盡量少喝。雙魚座的人格外容易受到酒精的影響，讓他們老得比其他星座更快；要特別注意的是，雙魚座只能遵照醫生的指示服藥。

為了維持體能，雙魚座的人必須大量休息（他們往往體力不好）。游泳與舞蹈都是很好的運動，能使他們既健康又容光煥發。他們應該特別照顧自己的腳，穿舒適、合腳的鞋子。在睡前泡個溫暖的足浴將幫助放鬆，並提升睡眠品質。他們絕對不能在雙腳濕答答時四處走動，或穿著濕透的泳衣坐在沙灘上。

雙魚座的敏感帶

雙魚座的腳對愛撫特別敏感。根據反射療法的理論，腳是人體的縮影——腳上的不同區域都對應到不同的身體部位。因此，觸摸、按摩與治療這些區域，能刺激並治療整個身體；若這個理論屬實，對雙魚座應該更是如此。

想使雙魚座的人放鬆，同時提升性致，你可以按摩他們的雙腳。這裡有一個放鬆技巧：(1) 抓住兩腳各五根腳趾，並將它們往前，再往後彎曲。重複這個動作十次。(2) 用大拇指和其他手指推揉、摩擦他們的腳底。揉捏腳部頂端（力道較小）。(3) 輕輕地揉捏他們的阿基里斯腱。(4) 用雙手抓住他們的腳，輕輕地扭捏（從腳趾附近開始，往上捏至腳踝）。

最好的愛撫方式，是先將他們的腳浸泡在帶有香氣的溫水裡。接著，用護膚乳液塗滿腳和腳趾（特別留意腳底和趾縫）。然後，只用指尖或指甲溫柔地撫摸他們的腳跟和腳背，用指尖在腳踝骨周圍輕柔地畫圈，移動至腳部頂端，再往下到腳趾的位置。如果你用指腹摩擦雙魚座的腳趾，你將給予他們非常明確的性暗示。

雙魚座的人常用他們的腳來提升對方的性致。雙魚座女人會用前腳掌溫柔地撫弄另一半的生殖器，雙魚座男人則會用腳摩擦另一半的陰部。

第二部

較不為人知的影響

5

月亮星座

「每個人都是一顆月亮，有著未曾示人的陰暗面。」

——西碧兒·里克[60]

在你的星盤中，月亮位置的重要性僅次於太陽。太陽星座是你外表最顯而易見的部分，那是別人眼裡的你，月亮星座則是你眼中的自己。

在占星學裡，月亮代表情緒、直覺與潛意識。太陽象徵你的意志，月亮則象徵你的本能反應。二十世紀初最著名的占星師伊凡潔琳·亞當斯（Evangeline Adams）在她的書中說，太陽象徵一個人的個性（individuality），月亮象徵他的性格（personality）。其他占星師則將太陽的影響定義為主要力量，月亮的影響則是一種潛意識的能量。從本質上來看，月亮代表你未經思考時做出的反應。

這兩類影響的區別，和之後西格蒙·佛洛伊德所提出的「自我」（ego）與「本我」（id）理論有異曲同工之妙[61]。根據佛洛伊德的說法，自我代表一個人的意

60　西碧兒·里克，英國占星師、神祕學作家，自稱是通靈者。她寫了許多和神祕學與深奧主題有關的書，並被 BBC 譽為「英國最著名的女巫」。

61　佛洛伊德認為，一個人的人格包含了三個部分：本我、自我、超我（superego）。本我是人格結構中與生俱來的部分，代表人類的基本需求與慾望，如飢餓、性慾等，這些需求必須立刻被滿足。自我是個體出生後，在現實環境中由本我逐漸分化出來的，若本我的各種需求不能獲得滿足，就必須遷就現實的限制。超我則是人格結構中的道德部分，是個體在接受社會規範的教養後形成的，其中包含自我理想與良心，用來約束原始衝動、達成崇高的目標，同時使人格臻於完美。

識（在占星學裡，太陽象徵意識），本我則代表他的潛意識（月亮）。從很多方面來看，月亮特質是你一直隱藏的部分。人類通常不認可本能行為，我們覺得那是未開化、原始、野蠻的。因此在某種程度上，月亮特質使你覺得困擾。它是你的內心深處，令你鬱悶、恐懼、感受到憎恨與嫉妒，並懷抱著你經常連自己都不願意承認的幻想。

當然，月亮對你性格的影響不只如此，它也讓你可以同時感受並表達愉悅與歡樂，以及對情緒刺激做出反應。它使你享受生活中細微的感官體驗，像是花朵的香氣、雨後的青草氣味，以及舒服的熱水澡。因為月亮掌管五感（視覺、聽覺、味覺、嗅覺與觸覺），它與你對周遭環境的反應有著密不可分的關係。

在占星學裡，月亮可以有非常深奧的意涵。月亮代表幼兒期、童年、夢想、回憶與往事。這些關鍵詞都可以歸結到你的內心深處。就像占星師藍迪斯．奈特．格林（Landis Knight Green）所說：「月亮是潛意識的起點。」你的月亮特質時常在夢中顯現（這些夢包含你在認真生活時擱置一旁的幻想，以及清醒時仍縈繞心頭的夢境）。

因為月亮掌管情緒，它會影響你對其他人的包容力與別人對你的看法。所以，顯然在愛情裡，月亮是極為關鍵的一項因素；當某個女人的月亮星座正好和另一半的太陽星座相同時，意味著這段關係將穩固而持久。舉例來說，如果這個女人的月亮在天蠍座，她的另一半則是一個太陽天蠍的人，他們有很高的機會能維持一段長久的關係，因為兩人對彼此都有深刻的了解。

許多人問我：「為什麼太陽在同一個星座的兩個人會如此不同？」在回答這個問題時，我通常會反問：「這兩個人的月亮星座是什麼？」

讓我們來看一下兩位著名的射手座藝人——伍迪．艾倫和貝蒂．米勒。他們的生日都是12月1日（伍迪．艾倫在1935年，貝蒂．米勒則在1944年出生）。在他們身上，我們都看到很強的射手座特質——坦率幽默、直言不諱、獨立自主。伍迪．艾倫帶著嘲諷意味的詼諧風格深受知識分子的歡迎。他是一個獨立製片的導演，不僅編劇、製作、執導，同時也在他自己的電影裡擔綱主演。貝蒂．米勒起初在下曼哈頓區（lower Manhattan）的澡堂進行喜劇演出（觀眾多半都是同性戀），那樣的生活令人抓狂。作為喜劇演員、歌手與劇場演員的她，在電影中躍升為主角（她總是扮演那種有點稀奇古怪、離經叛道的角色）。這兩位藝人都打破限制，透過幽默展現他們前衛的思想。

讓我們進一步檢視：伍迪．艾倫的月亮在水瓶座。他表現出月亮水瓶的桀敖不馴、思想不受約束（月亮水瓶的人喜歡用自己的方式生活）。他的政治觀點、作品與私人生活都前衛激進且具有爭議性。他電影裡的角色並非充滿熱情；這些角色嚴厲批判人類的處境，卻不牽動觀眾的情緒，他也顯露出月亮水瓶在情感上的疏離。他們提供的是水瓶座特有的思想刺激，戳中人們的笑點。月亮水瓶的人可以冷靜地中止某些關係，社會大眾從伍迪・艾倫私底下和女人之間不斷上演的肥皂劇目睹了這一點。

貝蒂・米勒的月亮在巨蟹座，我們在她身上看到情感豐富的特質。她在作品中傳遞大量的情感，而性格中也流露出某種巨蟹座特有的脆弱。她所扮演的那些女人看起來神采奕奕、討人喜歡，而且喜歡主動關懷周遭的人（這是巨蟹座的特點）。作為歌手，貝蒂・米勒錄製了很多膾炙人口、具有強烈情緒感染力的歌曲，其中包含《你是我羽翼下的風》（*The Wind Beneath My Wings*）；這首歌表達的是愛的支持（這是月亮巨蟹的特質）。私底下，她擁有穩定而長久的婚姻（月亮巨蟹的她總是保持低調）。

自從有歷史以來，月亮就一直被人們研究、尊敬與崇拜；在許多古文明裡，月神（通常都是女神）都和太陽神一起統治這個世界。在某些宗教中，月亮的力量甚至比太陽還要強大，因為它賜予智慧與靈性知識（spiritual knowledge）。羅馬人有一個祭拜月亮的節日，其名稱一直流傳到現代。（雖然我們現在叫它「星期一〔Monday〕，而不是「月亮之日」〔Moon Day〕。）

時至今日，科學家仍舊透過植物、潮汐、情緒、月經、生殖力、生物節律與犯罪，來研究月亮的影響力。占星學家也不斷發現，月亮如何巧妙地影響我們的日常生活。

你星盤中的月亮會對你的太陽星座造成影響；它帶給你新的力量與動機，同時也為你的太陽星座加入一些特別的元素。太陽星座和月亮星座的特質會緊密地融合在一起。就像在婚姻裡，有時截然不同的特質會各自提供不同的優點，共同形塑彼此契合的關係。但有時對立的特質會相互抵觸，導致衝突。

若你覺得自己一直處於矛盾狀態——如同兩個不同的人相互拉扯，占星學可以幫助你。請檢視你的太陽星座和月亮星座。認識這兩個星座的正面與負面特質，並試著在自己身上找出這些特質。你或許會發現，當你對那些驅動自己的力量有更深刻的了解時，就會學著不要對自己那麼嚴苛，以及緩和那些看似混亂的矛盾與衝突。另一方面，如果你的太陽與月亮在同一個星座，你可能會發現在你的性格裡，那個星座的特性會加倍強烈。

「認識你自己。」（Know thyself.）這是古希臘人刻在德爾菲（Delphi）神廟上的一句話。數千年來，人類拚命想達成這個理想，而這正是占星學可以教我們的事。

你的月亮星座是什麼？

想知道你的月亮星座，請在 p409 ～ 449 的月亮星座星曆表中，找出你的出生年份與出生月份。

♈ 月亮在牡羊座

月亮在牡羊座會對你的太陽星座產生這樣的影響：

- 月亮牡羊的光明面：更加的精力充沛、樂觀、積極進取、樂於接受改變、理想化。
- 月亮牡羊的黑暗面：更衝動魯莽、蠻橫霸道、堅持己見、自負、缺乏耐心。

牡羊座是一個積極主動、熱情如火的星座，但月亮冷靜且被動。這樣的差異會令感官變得細膩敏銳，卻也使人變得神經質。如果你的月亮在牡羊座，你很容易激動，對周遭世界的感知極為迅速，而且你對它們一刻都不曾懷疑。因此，你往往對自己的看法十分篤定，不喜歡別人質疑或反駁你。耐心不是你的強項，你不會耗費精力研究細節，寧可直接投入，再看看會發生什麼事。

當月亮落入精力充沛的牡羊座時，它讓你變得活潑迷人，同時也能使周遭的人依照你的意願行事。你非常喜歡說話；你涉獵廣泛且深入，幾乎什麼話題都可以聊。然而，你的專注力很短暫；即便你充滿熱情與活力，不能持續認真執行常令你無法達成目標。但你很快就能重整旗鼓，繼續嘗試新事物，然後讓舊計畫無疾而終。不過，若你下定決心，將會把自己逼到極限。

你在社交場合極為出眾，既能提高興致，也能娛樂大家，任何聚會都少不了機智風趣的月亮牡羊。此外，當你對一個人很有好感時，也會表現得慷慨大方。你不吝惜付出自己的時間、關懷，甚至金錢。然而，當月亮牡羊的人覺得自己被冷落或不被重視時，你會生悶氣，並板起臉來抱怨這個世界如何虧待你。

從好的方面來看，你對生命充滿熱情。你基本上生性樂觀，除非你的太陽在水象星座（巨蟹座、天蠍座、雙魚座），你不會一直耿耿於懷。痛恨被限制是你最顯著的特點，你會為了自己的目標不顧一切。因為你討厭旁人給予建議，你很少願意聽從別人的意見，這樣顯然有其壞處。但當必須立刻做出決定時，沒有人比你更果斷、強勢。你在壓力下表現得最好，就像消防員一樣，能迅速掌握緊急狀況。

在情感關係裡，你不喜歡受人控制或被綁住，你必須是主導一切的那個人。在愛情裡，你需要自由，而你卻不會給對方自由。你堅持成為對方關注的焦點。你希望對方充滿熱情，同時也希望這段感情總是既刺激又浪漫。如果一段戀情漸趨平凡，你很快就會心生不滿，並變得躁動不安。

牡羊座象徵人生轉折，月亮牡羊的人生常會面臨突如其來的轉變。他們通常都掌握權力，並且在商業界與政治界取得成功。作為一個月亮牡羊的人，你情感生活的本質是熱愛追逐。你把人生視為一場偉大的追尋；你會莽撞地從他人身上尋求成功、愛與關注。事實上，追逐的過程遠比報償本身更令人滿足。獲得報償絕對沒有渴望並奮力追尋來得刺激。

無論你的太陽星座是什麼，月亮牡羊都使你充滿自信與冒險精神。若你的太陽在火象星座（牡羊座、獅子座、射手座），月亮牡羊會突顯你的衝動，並提升你掌控他人的能力；你充滿活力與衝勁。若你的太陽在風象星座（雙子座、天秤座、水瓶座），月亮牡羊會讓你更聰明機靈，同時也更具有說服力。若你的太陽在土象星座（金牛座、處女座、摩羯座），月亮牡羊會突顯你的領導能力，使你更正面積極。若你的太陽在水象星座（巨蟹座、天蠍座、雙魚座），月亮牡羊則會突顯你強烈的情感與想像力，你更有能力創造出更出色的作品。

不管你的太陽星座是什麼，月亮牡羊都讓你心思敏捷、直言不諱，而且無法受人束縛。

♉ 月亮在金牛座

月亮在金牛座會對你的太陽星座產生這樣的影響：

- 月亮金牛的光明面：更值得信賴、意志堅定、溫暖深情、充滿藝術家氣息。
- 月亮金牛的黑暗面：固執死板、過度謹慎、受制於習慣、佔有慾強。

月亮在金牛座是它最好的位置（從占星學的角度來看，這是月亮的強勢位）。穩重可靠的金牛座會使原本善變、反覆無常的月亮變得穩固。月亮落入這個位置使你具備強大的專注力；你把生活當成工作來處理——一切都井然有序。儘管其他人讓自己的生活變得複雜，當你遇到問題時，你會尋求最有效的解決方法，即便心裡覺得很痛苦，也能處理得很好。

金牛座也使月亮安靜、喜歡沉思的特質表現出來。在下結論之前，你會先仔細思考從周遭接收到的訊息。月亮在金牛座的你不會很快就抱持定見，反而相當敏感。你需要花一段時間才能做出決定——你必須對一切都很有把握，但只要做了決定，就不可能改變心意。月亮牡羊的人也是如此，但差異在於，他們很快就會做出決定。當月亮落入金牛座時，你會慢慢吸收各種資訊；一旦下定決心，你就會努力不懈、鍥而不捨。

金牛座象徵世俗的財物，月亮在金牛座代表一個人很有本事，可以累積物質財富。作為一個月亮金牛的人，你的情緒問題也比其他月亮星座的人來得少。這可能是因為金牛座正面、務實，同時也富有耐心、認真負責、有條不紊。難怪歷史上有不少月亮金牛的人都留下了成就；威廉・莎士比亞、卡爾・馬克思、約翰・米爾頓[62]是其中幾個例子。

金牛座由金星守護（金星象徵愛與藝術），當月亮落入這個愛美的星座時，你會擁有敏銳的審美觀。你浪漫、儀態高雅，通常也展現出獨特的穿著風格。注重感官感受的月亮在金牛座，意味著熱愛物質享受；你喜歡寧靜的環境、舒適的家居，以及美食的歡愉。雖然善於社交，你不喜歡大型聚會與吵鬧的大型團體；你心目中的美好夜晚，是在家裡與四個好友一起享用燭光晚餐。

在愛情裡，月亮金牛非常專一，擁有一段堅定緊密的感情，是他們最開心的時候。儘管有時他們看起來不是這樣（當他們的太陽落入輕浮或性慾旺盛的星座時更是如此），月亮金牛的人其實很渴望一段忠誠的感情。與你所愛的人分享歡樂與溫暖的家，同時對方也對你付出關愛，會提升你的安全感。你想要的是真正的靈魂伴侶，當你找到他時，會開心地定下來。

從另一方面來看，月亮金牛的人往往在不愉快的感情或婚姻裡待得太久；因為你需要安全感，並且抗拒改變，你不嘗試新事物，而是勉強接受現狀。

無論你的太陽星座是什麼，月亮金牛都讓你充滿耐心與決心。若你的太陽在土象星座（金牛座、處女座、摩羯座），具備毅力與穩定性的月亮金牛會強化你的耐力。若你的太陽在水象星座（巨蟹座、天蠍座、雙魚座），月亮金牛會提升你的個人魅力，同時也讓充滿想像力與創造力的你更有力量，能夠堅持到底。若你的太陽在風象星座（雙子座、天秤座、水瓶座），月亮金牛會給予你堅定的決心，使你變得更務實、更喜歡賺錢。若你的太陽在火象星座（牡羊座、獅子座、射手座），月亮金牛則賦予體力旺盛、熱情如火的你強大的力量，也讓你能贏得眾人的歡迎。

不管你的太陽星座是什麼，月亮金牛都會帶給你十足的耐力，同時使你謹慎保守、細膩感性、需要愛與安全感。

♊ 月亮在雙子座

月亮在雙子座會對你的太陽星座產生這樣的影響：

- **月亮雙子的光明面：更活潑迷人、機智風趣、多才多藝。**
- **月亮雙子的黑暗面：更雜亂無章、反覆無常、膚淺、狡猾、喜歡操縱別人。**

當月亮落入活潑、靜不下來的雙子座時，它會變得更善變、反覆無常。雖然這不會讓所有月亮雙子的人都反反覆覆、瘋狂而輕浮，但幾乎都意味著頭腦靈活、充滿想像力與創造力，而且喜歡探求知識。當月亮落入這個位置時，你對外界的感知極為敏銳、迅速，能快速

62 約翰．米爾頓，英國詩人與思想家，他以《舊約聖經》中的創世紀為基礎，創作出史詩《失樂園》，因此聞名於世。

過濾資訊，並做出判斷。因為雙子座象徵心智，你的決定通常都是理性多過於感性；這不代表你無情，只是你對刺激的直覺反應就是理性看待。

你學得很快、可能擁有很高的智商，同時也善於批判，因為你既擅長分析又能言善道。當月亮落入善於溝通的雙子座時，你通常很健談，也充滿個人魅力；你活潑迷人，周遭的人都深受吸引；與你交談往往會突然離題，聊起完全不相干的事情來。事實上，月亮雙子的人天生閒不下來，一直需要新的刺激。如果你被迫待在室內、獨處或閒置時，會很不開心，必須試著挪出一段時間出去走走，並接觸人群。

月亮雙子使你非常容易受到周遭環境改變的影響，出色的說話與寫作技巧讓許多月亮雙子的人都成了作家、老師與記者。在月亮雙子的名人裡，約翰．濟慈[63]、魯德亞德．吉卜林、傑克．倫敦[64]和喬治．蕭伯納只是其中幾個例子而已。

作為一個月亮雙子的人，你總是用理智來評價自己的感受。你通常會仔細剖析你的情緒，分析自己為什麼會這樣想、那樣做。在具備這種特質的月亮雙子當中，最著名的莫過於西格蒙．佛洛伊德了。此外，佛洛伊德的太陽在金牛座、上升在天蠍座，這讓他毅力過人、見解獨到。

你心思機敏、活力充沛，當你發現新事物或新觀點時，很可能也會跟著改變想法。另一半不能相信你的承諾，但豁達的人生觀使你成為迷人的伴侶。在情感關係裡，月亮雙子展現出自由奔放的靈魂，你討厭被他人的想法與情緒影響，拚命想保持獨立自主。

同時，你也渴望「完美」的愛情，這種愛情當然不存在。如果你未來的另一半很難懂或難以捉摸，這一點將特別吸引你。月亮雙子的人很神經質，你很容易感到不滿，有時顯得暴躁易怒；另一方面，你機智風趣，也有很棒的幽默感。當你心情好時，與你相處是一件很快樂的事。

你的能力有時會受到阻礙，因為你對很多事都很快就失去興趣，變得虎頭蛇尾。你喜歡旅行、遇見不同的人，也熱愛改變；在工作上，多才多藝、受人歡迎是你最棒的特質；與冷靜務實的人合作時，你會表現得非常好。要做出最終決定對你是一種折磨；你需要一位堅決、果斷的夥伴。

無論你的太陽星座是什麼，月亮雙子知性與多變的特質都會在你身上顯現出來。若你的太陽在風象星座（雙子座、天秤座、水瓶座），月亮雙子會突顯你敏銳的心思，你也十分擅長自我表達。若你的太陽在水象星座（巨蟹座、天蠍座、雙魚座），聰明機靈的月亮雙子會

63　約翰．濟慈，十九世紀的著名英國浪漫派詩人。
64　傑克．倫敦，二十世紀初的著名美國社會主義作家。

讓你的情感變得更敏銳；你有強大的創造力與很好的研究能力。若你的太陽在土象星座（金牛座、處女座、摩羯座），月亮雙子使你心思敏捷，這與努力不懈的太陽星座是一個很好的組合。你的太陽在火象星座（牡羊座、獅子座、射手座），月亮雙子則讓你聰明伶俐，加上充滿熱情與冒險精神，這代表你具備出色的領導能力。

不管你的太陽星座是什麼，月亮雙子都會賦予你機智的頭腦、獨立的靈魂，令你充滿想像力。

♋ 月亮在巨蟹座

月亮在巨蟹座會對你的太陽星座產生這樣的影響：

- **月亮巨蟹的光明面：更充滿想像力、富有同情心、喜歡保護他人、忠心耿耿、頑強不屈。**
- **月亮巨蟹的黑暗面：更喜怒無常、容易自怨自艾、佔有慾強、愛挑剔叨念。**

月亮在巨蟹座是它最自然的位置，因為巨蟹座正是月亮所守護的星座。在這裡，月亮最好的特質——忠心耿耿、富有耐心、纖細敏感，都會展現出來。如果你的月亮在巨蟹座，你會有強烈的情感；你會透過內心的感受，而不是理智來看待這個世界。然而，你不會坦率表達自己的感受，有時周遭的人很難理解你對他們有何看法。

一般來說，你都是被動接受，而不是積極主動。你會先記住你的印象、反應，以及你所獲得的資訊，直到哪天它們能派上用場為止。月亮巨蟹的人通常在藝術或文學領域表現傑出；尚．保羅．沙特、詩人拜倫和埃塞爾．巴利摩[65]都是典型且著名的月亮巨蟹。充滿想像力與創造力的你，在建立自己的步調、不成為時間的奴隸時表現得最好。

任何人事物留給你的印象都會成為不可磨滅的印記。你擁有絕佳的記憶力；月亮巨蟹的人通常都從事需要出色記憶力的工作，例如歷史學家、老師、演員與作家。在這些職業當中，著名的月亮巨蟹有富蘭克林．德拉諾．羅斯福、班傑明．史巴克[66]、亨弗萊．鮑嘉和哈里遜．福特。

事實上，你溫柔且細膩敏感。你也許看似強勢、野蠻（尤其是當你的太陽落入火象星座〔牡羊座、獅子座、射手座〕時更是如此），但其實你很脆弱，也很容易受傷。你往往會把感受都悶在心裡，事實上，你喜怒無常、敏感易怒，而且時常自怨自艾。儘管你比其他月亮星座容易有更大的情緒波動，但你的高

65　埃塞爾．巴利摩，美國舞台劇與廣播女演員。

66　班傑明．史巴克，著名的美國小兒科醫生，他是第一位透過研究精神分析來理解孩童需求的小兒科醫生。

低潮都不會持續很久；若讓你一個人靜一靜，你心頭的烏雲很快就會散去。巨蟹座最顯著的特點，是一直處於情緒起伏的狀態，再加上月亮的陰晴圓缺也會導致劇烈的情緒波動，你有時會感到心力交瘁。

在深厚堅定的關係裡，你會展現出最好的一面；只可惜，你通常必須先經歷不愉快的感情，才能獲得所需要的安全感與滿足感。即便情感是你強大的動力來源，你也對它們感到恐懼；你生來就不相信愛情；你覺得自己不值得另一個人的付出。

你通常會在一段有害的關係裡待得太久，因為在你的內心深處，不相信自己可以再找到另一段感情。此外，你也認為，孤單一個人比死去更慘。月亮巨蟹的人年輕時，往往都必須面臨情感的試煉。

你通常對另一半的佔有慾很強，而且你會巧妙地令對方感到內疚，這通常是為了測試他對你的愛有多深。不過，你最討人喜歡的特質就是忠心耿耿、充滿奉獻精神。

無論你的太陽星座是什麼，月亮巨蟹情感豐富與充滿創造力的特質都會在你的身上顯現出來。若你的太陽在水象星座（巨蟹座、天蠍座、雙魚座），月亮巨蟹會突顯你強烈而深刻的情感；你具備敏銳的直覺，你的創作也很有吸引力。若你的太陽在土象星座（金牛座、處女座、摩羯座），月亮巨蟹使你忠心耿耿，並擁有強烈的熱情；這個組合讓你能滿足社會大眾的想像力。若你的太陽在風象星座（雙子座、天秤座、水瓶座），月亮巨蟹會令知性的你變得迷人而大膽；你能觸動其他人的情緒。若你的太陽在火象星座（牡羊座、獅子座、射手座），月亮巨蟹則引領你將精力與熱情用在創作上，具備戲劇與表演方面的才華。

不管你的太陽星座是什麼，月亮巨蟹都賦予你想像力與敏感的心思、強大的個人魅力，以及浪漫貼心的個性。

♌ 月亮在獅子座

月亮在獅子座會對你的太陽星座產生這樣的影響：

- **月亮獅子的光明面：更熱情奔放、充滿創造力、活潑有趣、愛好玩樂、心胸寬大。**
- **月亮獅子的黑暗面：更任性、自我中心、自以為是、蠻橫霸道。**

當月亮落入富有魅力、虛榮浮誇的獅子座時，它的力量正面且強大，甚至其陰暗面也沒有落入其他星座時那麼負面。對月亮而言，獅子座是一個很棒的位置，因為它帶給月亮很大的溫暖與穩定性，它也賦予一個人理想化的特質。

如果你的月亮在獅子座，你會有強烈的情感，人們可以用心打動你。當你投入感情時，會學得既快又精準。但若一件事物無法引起你的好感，你就沒有興趣進一步探索。你對周遭世界的感知是以情感為基礎，想讓你改變心意，必須先改變你的感受。

不願意被他人束縛，是你最顯著的特點。你通常極為聰明，也樂於接受新觀念，但你無法認同心胸狹窄的人。你喜歡成為眾所矚目的焦點，也喜歡扮演接觸大眾的角色。你極富表現力，而且特別容易受到戲劇、音樂、繪畫與藝術的吸引。在某種程度上，可以說你和所有的月亮獅子一樣，都具備「愛現」的性格；你有很棒的幽默感與強大的個人魅力，與你相處是件很有趣的事。你的身上帶有某種刺激感，如果沒有發生什麼有趣的事，你會試圖自己創造。你真誠坦率、非常善於交際，可以提振旁人的心情。

月亮獅子的人在集團企業裡會表現得很好，因為他們能激發出人們最好的表現。你對問題的直覺反應是勇敢面對，而不是為此悶悶不樂。你是一個天生的領導者，常覺得自己肩負著某種使命。你有時可能會變得蠻橫霸道（你是下達命令，而不是聽從命令的那個人），但其實你充滿熱情、讓人感到愉悅，別人很容易就會原諒你。你活力充沛且極為樂觀，周遭的人因此深受吸引。

愛慕虛榮是你的一大弱點；你無法抗拒那些對你花言巧語的人。你總是需要有個觀眾在身邊，同時也熱愛受人矚目的感覺。此外，也必須說你可能會意外獲得許多關注，因為月亮獅子使你更討人喜歡。

你喜歡享受生活——美食、美酒與迷人的穿著。你是一個很棒的主人，喜歡舉辦華麗的宴會。除非金牛座或摩羯座在你的星盤中特別突顯，月亮獅子總是請客的那個人，幸好你的財力通常足以支撐你的奢侈嗜好。

在愛情裡，你極度浪漫，但不能讓你散發光芒的人絕對無法激發出你的浪漫情懷。你需要一個可以讓你展現最佳優勢，並保有美好形象的伴侶。你往往會將你的戀愛對象當作偶像崇拜，過度美化對方的優點（這一切可能根本沒有事實根據）；當另一半不符合你的期待時，你會感到很失望。這不只是因為你對愛情認真看待，也是因為伴侶一直都是你自身的延伸；如果他不是個美好的人，這對你的自尊心是一種莫大的傷害。此外，儘管你愛吃醋、佔有慾很強，你本身卻有些輕浮、帶點流浪者性格，因為你需要每個人都崇拜你，他人的關注令你沉迷。

無論你的太陽星座是什麼，月亮獅子溫暖、充滿活力與個人魅力特質都會在你身上顯現出來。若你的太陽在火象星座（牡羊座、獅子座、射手座），月亮獅子會突顯你的創造力與領導能力。若你的太陽在風象星座（雙子座、天秤座、水瓶座），月亮獅子會使外向的你更活潑迷人。若你的太陽在土象星座（金牛座、處女座、摩羯座），月亮獅子會讓你的熱情更加強烈，同時具備很好的賺錢能力。若你的太陽在水象星座（巨蟹座、天蠍座、雙魚座），月亮獅子則會提升你原本就很強大的情緒感染力。

不管你的太陽星座是什麼，月亮獅子都會帶給你尊嚴，並賦予你溫柔外向的性格與領導能力。

♍ 月亮在處女座

月亮在處女座會對你的太陽星座產生這樣的影響：

- **月亮處女的光明面：更聰明伶俐、一絲不苟、勤奮、認真負責、堅定不移。**
- **月亮處女的黑暗面：更愛挑剔、神經質、冷漠、喜歡與人爭辯、擔心自己會生病。**

處女座讓月亮的波動性變得穩定。處女座也象徵聰明與務實，使這顆月亮變得更善於分析。如果你的月亮在處女座，會具備很好的鑑別能力；你探求知識不僅是為了學習，你懂得如何學以致用。你對於從周遭接收到的訊息所做出的直覺反應，是分析你的所見所聞；你小心翼翼地過濾各種資訊，同時也往往會質疑所有別人告訴你的事。月亮處女的人有時非常多疑，他們甚至不相信自己親眼所見。你喜歡討論並探究別人的看法與觀念，儘管你本身已經有先入為主且根深蒂固的想法。不過，你並沒有很固執，一旦證明你是錯的，就不會再堅持己見。你喜歡追尋真理，並也深信，在假象被揭露後，會留下真理。

沒有人可以說你盲目樂觀、只看到這個世界美好的一面。這不代表你很陰沉或悲觀，只是意味著你如實面對人生。這種務實的態度使你有很好的商業頭腦，也善於處理金錢；你看重的是長期收益，而不是立即的報酬。你很在意安全感，以及為老年預做準備。

作為一個月亮處女的人，你做每件事時都多了些完美主義與專業精神。你處理問題時有條不紊，會找出那些必須做的事，然後按部就班地執行。但你往往擔憂事情會出錯，因此試圖將所有可能的意外狀況都納入考量。你認為，有太多工作都是因為沒有再加把勁而前功盡棄，所以你不會放過自己，也常對他人吹毛求疵。

你信奉邏輯思考，與那些注意力不集中或思考不合邏輯的人相處，令你感到沮喪。你覺得這種人只屬於迪士尼樂園，不屬於現實世界。看人很有眼光的你會慎選朋友，同時也會嚴格挑選你要參加的文化活動，對所有事幾乎都抱持批判的態度。任何經驗都對你有意義，你總是會從中學到些什麼。

人們有時會覺得月亮處女的女人不溫柔，因為她們通常做事縝密、有效率且井然有序（多數人都不會把這些特質與「女性化」連結在一起）。月亮落入這個星座的人（無論男女）都很拘謹，他們會避免讓自己多愁善感，因此常被誤以為很冷漠。確實有些不成熟的人氣量狹小，把別人批評得體無完膚，但月亮處女的人通常都充滿關愛且樂於付出；務實的他們值得依靠。處女座象徵勞動服務，月亮處女則希望對他人有所助益。

在面對愛情時，月亮處女的人不太有自信。你可能會覺得理想的伴侶應該要聰明講理、整潔美麗，但有多少人能跟自己的複製品結婚？事實上，你總是被與你很不一樣的人吸引，這些人更感性、熱情、不愛算計，也更容易表達自己的感受。在一段感情裡，月亮處女所扮演的角色就如同愛挑剔，卻又充滿關愛的父母。月亮處女的人會下意識地對憤怒與脆弱感到恐懼，他們往往會幻想，自己的感情生活平靜、穩定，而且都在你的掌控中。

無論你的太陽星座是什麼，月亮處女認真謹慎的特質都會在你的身上顯現出來。若你的太陽在土象星座（金牛座、處女座、摩羯座），月亮處女會讓你變得更務實勤奮，同時也十分重視金錢。若你的太陽在火象星座（牡羊座、獅子座、射手座），月亮處女會給予你體力與耐力，以支撐你源源不絕的創意，對政治人物與演員來說，這是一個很棒的組合。若你的太陽在風象星座（雙子座、天秤座、水瓶座），月亮處女會使你的頭腦更為敏銳，並具備創作才華。若你的太陽在水象星座（巨蟹座、天蠍座、雙魚座），月亮處女則讓你的情感面向變得更寬廣，因為你既具有主觀感受，又冷靜務實，這種人很少見。

不管你的太陽星座是什麼，月亮處女都會賦予你敏銳的心思、強大的判斷力，使你聰明、細心地看待人生。

♎ 月亮在天秤座

月亮在天秤座會對你的太陽星座產生這樣的影響：

- 月亮天秤的光明面：更溫和迷人、充滿創造力、適應力強、善於交際。
- 月亮天秤的黑暗面：更優柔寡斷、任性輕率、依賴他人。

當月亮落入象徵美感的天秤座時，它會變得更浪漫而迷人。如果你的月亮在天秤座，你會對美與藝術有敏銳的鑑賞力，以及具備其他月亮星座都無法比擬的藝術眼光。你也對周遭的人與環境很敏感，你真正重視的是那些讓生活更美好、愉悅的體驗。你厭惡低劣粗俗的事物或衝突。你對任何令你不愉快的事物的直覺反應就是拒絕，若不可能這麼做時，至少盡量美化它。你會努力打造一個寧靜舒適的環境，並讓自己被美麗的事物包圍。如果可能的話，你的房間裡會一直佈滿鮮花，同時播放著輕柔的音樂。

因為你喜歡美麗的事物，很樂意花錢（有時是花別人的錢）購買吸引你的東西。你是那種一走進店裡，馬上就會發現好物件的人（它正好適合搭配你衣櫥裡的衣服）；對你而言，固定儀式與擺設和物品本身一樣重要。舉例來說，將菜餚盛裝在美麗瓷器與水晶器皿內，桌上鋪著刺繡桌巾、擺著鮮花與蠟燭，和食物本身的味道同等重要。

當月亮落入象徵平衡的天秤座時，

它使你心胸開闊、能獨立思考，並試圖冷靜、理性地評價這個世界。月亮天秤也賦予你強大的個人魅力，讓你更受人歡迎。你善於理解別人的看法（儘管你絕對不會忽視自身利益）。在多數情況下，你都令人愉悅、性情溫和、容易相處。天秤座象徵合作關係，作為一個月亮天秤的人，你會在這段關係中發揮很大的作用。你的命運通常與某個有力人士密切相關，而你在年輕時就與對方建立連結；在很大程度上，你的成就取決於他人。

基本上，你是用理智，而不是用感情談戀愛，你的情感特質是謹慎衡量，甚至有點心機。想成為你的另一半，必須具備某些特質，像是美麗的外表與優雅的儀態。這不代表你很冷漠，但對你來說，愛情是美感享受多過於激情；你會試圖從每段親密關係中創造出美麗的事物（如果有需要，你可以自行想像）。

在你終於和某個心靈契合的人定下來之前，你可能會先經歷幾段感情或婚姻（對你而言，心靈契合比性愛上的契合更有必要）。當你有一段美滿的婚姻時，會感到心滿意足，因為它滿足了你對安全感與安心感的需求，同時你也非常樂於與對方分享一切。

無論你的太陽星座是什麼，月亮天秤細膩優雅的特質都會在你身上顯現出來。若你的太陽在風象星座（雙子座、天秤座、水瓶座），月亮天秤會突顯你敏銳的心思，使你更能贏得別人的好感。若你的太陽在土象星座（金牛座、處女座、摩羯座），月亮天秤會賦予創造力與堅定的決心，對企業家與公眾人物來說，這是一個成功的組合。若你的太陽在水象星座（巨蟹座、天蠍座、雙魚座），月亮天秤會突顯你直覺敏銳、充滿想像力的那一面，同時讓你更均衡、理性。若你的太陽在火象星座（牡羊座、獅子座、射手座），月亮天秤則會提升你的個人魅力與才華，並幫助你將獨特的想法成功地付諸實踐。

不管你的太陽星座是什麼，月亮天秤都使你優雅自信、受人歡迎、生性公正，而且具備藝術眼光。

♏ 月亮在天蠍座

月亮在天蠍座會對你的太陽星座產生這樣的影響：

- 月亮天蠍的光明面：更充滿想像力、情感豐富、理想化、野心勃勃、意志堅定。
- 月亮天蠍的黑暗面：更加的固執倔強、深藏不露、愛吃醋、蠻橫霸道、憤恨不平。

天蠍座象徵死亡與重生，以及極端的情緒。天蠍座的影響突顯了月亮的感性力量，同時也展現出它強勢的一面。如果月亮在天蠍座，你會具有靈性與強的情感，你的一舉一動都深受影響。

你很擅長隱藏自己的真實感受，月亮在天蠍座是它較為困難的位置之一，儘管你有強烈的熱情，你通常會否認那是你前進的動力。你往往不認同自己內心的情緒（如憤怒或嫉妒），所以總是把你的反應藏在平靜愜意的外表下。你有強大的自制力，若一段經驗變得痛苦，你會斬斷自己的情緒（其實就是斬斷你的痛苦），而不會繼續受苦。你特別害怕任何形式的拒絕。

因為你能讓自己變得麻木，這使你覺得一切都在你的掌控中，但你的靈魂也緩慢地走向毀滅。當月亮落入天蠍時，找出它真正的潛在智慧與自我控制能力，通常是一個困難的課題。基本上，你必須學會在情感上放手，並好好地感受自己的痛苦，藉由這樣的經驗來擴展愛人的能力。

月亮天蠍的人具備強大的意志力與敏銳的觀察力；你的判斷精明且準確，同時也擁有絕佳的記憶力（對你而言，這是幸運，也是不幸）。它通常對你的工作有很大的幫助，卻也讓你在情感上受到傷害，因此感到鬱悶。有些月亮天蠍的人永遠不會遺忘，總是等待著報復機會的到來。這不一定代表你殘酷無情、報復心重，但任何時候，你都能立刻想起令你自尊心受挫的回憶——你記得對方說了些什麼，以及那時的你有多難受。

你的毅力與決心使你能克服各種困難，而不幸的是，月亮落入這個位置會比其他月亮星座遇到更多阻礙。在月亮天蠍的人生中，通常都有不為人知的傷痛或困擾，那往往與家庭或健康問題有關。月亮落入這個位置會導致一個人躲進自己的幻想世界裡，雖然有些層次較高的月亮天蠍會透過通靈術，來做對人類有幫助的事。

儘管你總是充滿激情，你的性慾可能會在其他領域，像是創作或需要犧牲自我的工作中得到昇華。工作對你很重要，因為藉由努力工作，你可以充分地展現自己。你抱持很高的標準，在你所有的作品裡，都能看出你對自身技藝的自豪。你往往懷抱雄心壯志，並具備強大的執行力，當你的太陽或上升在土象星座（金牛座、處女座、摩羯座）時更是如此。

你甚至沒有察覺自己的性感魅力，就吸引了許多異性。這通常會讓你的感情生活困難重重；很多月亮天蠍的人都不只結過一次婚。害怕受人控制是你感情問題的核心，在情感上處於弱勢對典型的天蠍座而言，跟死去沒有什麼兩樣，因為這種不安全的狀態意味著你任人擺佈。你幾乎不可能完全信任一個人，也要花很長的時間才能全心全意地投入。極度需要安全感是你不為人知的祕密，而且在某種程度上，你永遠都覺得自己所獲得的安全感不夠。

無論你的太陽星座是什麼，月亮天蠍都會使你具備毅力與強烈的情感。若你的太陽在水象星座（巨蟹座、天蠍座、雙魚座），月亮天蠍會讓你精力充沛、充滿創造力，一旦你下定決心，就能把夢想變成真實。若你的太陽在土象星座（金牛座、處女座、摩羯座），月亮天蠍會突顯你的管理、領導與掌權能力。

若你的太陽在風象星座（雙子座、天秤座、水瓶座），月亮天蠍會令你極度聰明，同時具有迷倒眾人的魅力。若你的太陽在火象星座（牡羊座、獅子座、射手座），月亮天蠍則會突顯你的活力、個人魅力與對成功的渴望。

不管你的太陽星座是什麼，月亮天蠍都會賦予你強大的內在自信，使你性感迷人，並且對周遭的人深具影響力。

♐ 月亮在射手座

月亮在射手座會對你的太陽星座產生這樣的影響：

- 月亮射手的光明面：更熱愛冒險、樂觀熱情、真誠、心胸開闊。
- 月亮射手的黑暗面：更躁動不安、奢侈浪費、粗心大意、缺乏責任感、不受約束。

當月亮落入射手座時，它會散發出這個位置獨有的閃耀光芒。射手座象徵高等教育與寬廣的視野。在這裡，月亮失去了被動性。如果你的月亮在射手座，它會讓你心思敏捷、具備深刻的洞察力，而且行動迅速，能立即將事情完成。你思慮清晰，可以快速明確地過濾你所接收到的資訊。

你是那種抱持遠大目標、不怕失敗，勇敢地朝目標邁進的人；很少聽信有多少潛在困難與危險，也不會先看一項計畫是否不切實際或行不通。充滿熱情與活力的你會大膽執行，通常都能達成目標。敏銳的判斷力是成功的原因之一，當月亮落入這個富有遠見的星座時，你會比其他月亮星座的人看得更遠。

作為一個月亮射手的人，你喜歡開放空間、旅行、變換環境與認識新朋友。適應力強是你最迷人的特徵之一；你能適應不同性格的人，以及陌生、不熟悉的地方。你對新嘗試的直覺反應是探索，並進一步了解，對你來說，你總是樂於拓展自己的視野。你對賺錢沒有太大的興趣，事實上，錢不會在你的口袋或帳戶裡待很久，你認為，錢就是為了換來快樂，你想要享受人生。

你有時可能會輕率魯莽、不顧後果；因為你相信自己很幸運，你往往任由命運擺佈。你樂觀地相信宿命；危險之處在於，你可能會太過冒險。然而，挫折不會讓你沮喪很久；在重振精神後，你又會再次懷抱雄心壯志。因為你既迷人又親切，你可以結交到很多朋友；你機智風趣、活潑幽默。你愉悅和善，周遭的人因此深受吸引。你最討人喜歡的特質，是能發掘人們最好的一面；你會真誠坦率地提出批評，使人較容易接受。

與月亮落入其他火象星座（月亮牡羊和月亮獅子）的人不同的是，月亮射手並沒有性慾旺盛、充滿激情，你把愛情視為一場冒險。你喜歡墜入情網時的興奮與刺激，卻不想沉浸在強烈的情感裡，不久後，你的另一半可能會開始抱怨你的疏離與遙不可及。對你而言，關注外在勝過內在的人才是完美的靈魂伴侶，到最後，這段感情會變得更像友情。此外，你也風流成性，不願意被某個人或某個地方綁住。你需要大量的個人空間與自主權，這不一定代表，你是個很糟糕的結婚對象（你其實是很棒的伴侶），只是意味著你抱持某種隨遇而安的愛情觀。你覺得人生充滿各種改變與變化，而愛情也是如此。

無論你的太陽星座是什麼，月亮射手樂觀開朗的特質都會在你身上顯現出來。若你的太陽在火象星座（牡羊座、獅子座、射手座），月亮射手會突顯你的自信，以及熱愛冒險、勇於嘗試的精神。若你的太陽在風象星座（雙子座、天秤座、水瓶座），月亮射手會賦予你活力、熱情、敏銳的心思與出色的業務能力。若你的太陽在土象星座（金牛座、處女座、摩羯座），月亮射手會讓你將基本的務實面與創新的崇高願景結合在一起，對政治界與法律界的人來說，這是個很棒的位置。若你的太陽在水象星座（巨蟹座、天蠍座、雙魚座），精力充沛、具備哲學視野的月亮射手會激發出你情感豐富、充滿想像力的那一面。

不管你的太陽星座是什麼，月亮射手都會使你熱愛學習、生性博愛，並且能獨立思考。

♑ 月亮在摩羯座

月亮在摩羯座會對你的太陽星座產生這樣的影響：

- **月亮魔羯的光明面：更意志堅定、認真負責、嚴謹自律、富有耐心、全心投入。**
- **月亮魔羯的黑暗面：更死板、悲觀、堅持己見、重視物質、過度在意細節。**

摩羯座既可以穩定又能限制月亮的波動性。月亮代表一個人性格中情感豐富、充滿同情心的那一面，而摩羯座則是一個冷漠、內斂的星座。月亮在這個位置的人必須克服自己的複雜性格，才能找到他們一直尋求的快樂。

如果你的月亮在摩羯座，它會使你心思機敏，同時極度渴望學習。然而，你對模糊的理論沒有興趣，你希望能學以致用。湯瑪斯．愛迪生就是運用這種能力的其中一個例子（他的月亮在摩羯座、太陽在水瓶座）。在愛迪生身上，我們看到水瓶座勇於創新、富有遠見、喜歡追尋真理的特質，但他著眼點在於，讓他的新嘗試變得有所助益，並且將它們應用到日常生活裡。他發明的電報、留聲機、電燈與活動攝影機改變了我們的生活方式。

另一個月亮摩羯的例子是金．凱利（他的太陽落在獅子座與處女座的交界）。在他身上，我們看到獅子座的熱情與創造力、處女座的敬業精神；他把自身的舞蹈知識實際應用在電影動作編排上，展現月亮摩羯特質。在這段過程中，他推出了一種全新類型的音樂喜劇，同時也改變這類電影的拍攝方式。

如果你的月亮在摩羯座，它會使你

有條不紊、充滿雄心壯志，你通常是個出色的員工。自給自足、有些孤僻的你懷抱著責任感，總是不停地想著某項你必須完成的任務。你意志堅定，但有時你的專一會變成某種執念。你把希望都寄託在某項計畫上、將所有精力都用在同一個地方，若失敗了，你可能會極度消沉。當然，因著堅定的信念，多數月亮摩羯的人都獲得成功，也往往對世界產生深遠的影響。拿破崙．波拿巴、喬治．華盛頓和亞伯拉罕．林肯的月亮都在摩羯座。當月亮摩羯的太陽或上升落入開創星座（牡羊座、巨蟹座、天秤座、摩羯座）時，他們的領導能力會特別強。

金錢對你很重要，與其說它可以用來買東西，不如說它為你換來在商業界、政治界、金融界與上流社會的地位，讓你發光發熱。你擁有迷人的儀態，也能認識對的人。只有和你最親近的人才知道，你總是為孤獨與不安全感所苦；你通常會不動聲色地說笑，藉此掩蓋這一切。害怕被拋棄，或你所愛的人不再愛你，是你不為人知的恐懼；你很難表達內心最深層的感受，因此別人可能會覺得你很冷漠或心機重。對許多在情感領域遭遇困難的月亮摩羯而言，權力是一種補償。

月亮摩羯往往無法在年輕時找到真愛。含蓄謹慎的你通常會把感受放在心裡，你需要很大的安心感，才能將它們釋放出來。你也很難完全信任一個人，但到了某個時間點（通常在你過了三十歲以後），你會找到能使你全心全意投入的那個人，於是你的感情就可以持續下去。當你在情感關係裡感到安心時，可能一輩子都不會改變。你忠心耿耿、堅定不移、慷慨大方、樂於付出；事實上，你付出的往往比得到的更多。月亮摩羯的女人在對待朋友與另一半時更是如此。

無論你的太陽星座是什麼，月亮摩羯堅定不移、無私奉獻的特質都會在你身上顯現出來。若你的太陽在土象星座（金牛座、處女座、摩羯座），月亮摩羯會突顯你的執行力與獲得豐厚報償的能力；你擁有深藏不露的性格。若你的太陽在水象星座（巨蟹座、天蠍座、雙魚座），月亮摩羯會讓充滿創造力的你活力充沛且深具影響力，在吸引財富與名聲上，這是一個很棒的位置。若你的太陽在風象星座（雙子座、天秤座、水瓶座），月亮摩羯會為睿智的你帶來力量與強烈的情感，促使你培養廣泛的興趣，對從事傳播業、電視與出版工作的人來說，這是一個很好的組合。若你的太陽在火象星座（牡羊座、獅子座、射手座），月亮摩羯則讓你能掌握權力、充滿自信；你的個性很迷人。

不管你的太陽星座是什麼，月亮摩羯都會賦予你野心、毅力、強烈的性格，以及追求卓越的本能。

♒ 月亮在水瓶座

月亮在水瓶座會對你的太陽星座產生這

樣的影響：

- 月亮水瓶的光明面：更理想化、充滿創造力、寬宏大量、崇尚博愛精神、思想前衛。
- 月亮水瓶的黑暗面：更難以捉摸、冷漠、執拗、堅持己見。

月亮在水瓶座是它最有利的位置，因為在這裡，月亮帶來了細膩與敏銳的感知。水瓶座象徵理性思考與博愛精神，當月亮落入這個星座時，它使你具備清晰的邏輯，同時也會考量他人的利益。如果你的月亮在水瓶座，它會讓你理性、直覺敏銳、充滿想像力。你對事物的覺察全面且準確，對從外界接收到的訊息所做出的直覺反應，是用科學方法與開放的態度面對，並試著從人的觀點來理解它們。月亮在這個位置的人沒有極端的性格，你既不會太感性，也不會太理性；你愛幻想，但並不古怪。

月亮水瓶的人有很好的表達能力；你活力充沛、風趣健談，與你相處是件很愉快的事，和善的你會吸引各式各樣的人。事實上，你開朗外向、善於交際，並且對別人遭遇的問題很感興趣。然而，與月亮落入水象星座（月亮巨蟹、月亮天蠍、月亮雙魚）的人不同的是，你絕對不會因為投入很多感情而改變自己的生活，你會在人際關係中取得平衡。

月亮水瓶的人熱愛思考，對新觀念、人生哲理、高深的學問很有興趣。你喜歡科學、數學，也喜歡藝術、音樂與文學。我要再次強調，你不是一個極端的人。你十八般武藝樣樣精通，因為你興趣多元、涉獵廣泛，也與各種不同的人產生連結。

水瓶座象徵關於未來的知識，作為一個月亮水瓶的人，你對未知與即將發生的事懷抱著興趣。許多月亮水瓶的人似乎能洞悉並預知未來；另一方面，你並沒有特別務實。可以說儘管你有寬廣的視野，卻同時也目光短淺；你通常會從宏觀的角度來看待事物，但要耗時費力地將某個概念變成現實時，你很可能會轉身離開，去找尋新的點子。月亮水瓶的人常被說是「雷聲大雨點小」。你對獨特的人事物最感興趣。

在感情裡，月亮水瓶的人宛如花蝴蝶一般，為了汲取不同的經驗，在花叢裡飛來飛去。你往往對愛情感到有些矛盾，儘管你極度浪漫，也很害怕被另一個人束縛。你不能忍受佔有慾很強、愛吃醋的伴侶，也常被心有所屬的人吸引。你會下意識地選擇那些躲避你的人，對方對你越沒有興趣，就對他越感興趣。年輕時，你會花很多時間思考你想要什麼，而不是「你覺得你想要什麼」，不停地在熱情與冷靜之間擺盪。

你在情感投入與獨立自主之間尋求微妙的平衡，而許多月亮水瓶的人都經歷過幾段無法獲得滿足的感情。當你真的結婚時（通常在你年歲漸長後），你們的夫妻關係很快就會變得像朋友一樣。對你而言，維繫一段感情最重要的方法就是溝通。一般來說，月亮水瓶的男人在心理上會比月亮水瓶的女人輕鬆，這顯然是因為我們的社會還是比較能接受男人理性且疏離。

無論你的太陽星座是什麼，月亮水瓶都使你聰明伶俐、充滿獨特個性。若你的太陽在風象星座（雙子座、天秤座、水瓶座），月亮水瓶會突顯你強大的心理素質，以及與不同類型的人相處的能力，對傳播領域的人而言，這是一個成功的組合。若你的太陽在火象星座（牡羊座、獅子座、射手座），月亮水瓶會讓活力充沛的你充滿親和力與想像力，對公眾人物來說，這是一個很棒的組合。若你的太陽在土象星座（金牛座、處女座、摩羯座），月亮水瓶會賦予務實的你創新與創作的能力，對表演藝術家而言，這是一個很棒的位置。若你的太陽在水象星座（巨蟹座、天蠍座、雙魚座），月亮水瓶則會突顯你的想像力與洞悉未來的能力；你非常善於自我表達。

不管你的太陽星座是什麼，月亮水瓶都使你能獨立思考、啟發他人、具有說服力，同時總是喜歡打破常規。

♓ 月亮在雙魚座

月亮在雙魚座會對你的太陽星座產生這樣的影響：

- 月亮雙魚的光明面：更富有同情心、纖細敏感、充滿關愛、忠心耿耿。
- 月亮雙魚的黑暗面：優柔寡斷、不知滿足、深藏不露、思路模糊、容易感到迷惘。

雙魚座與月亮之間有著某種自然的關聯——雙魚座象徵內心深處的情感，月亮則代表本能情緒反應，有時也代表埋藏在你心中的夢想。雙魚座也象徵傷痛與自我毀滅，如果你的月亮在雙魚座，會擁有深刻的情感，而且生來就能理解他人的處境。

月亮在這個位置的人特別會遭遇某種風險，那就是他們對外界的感知並沒有準確反映出這個世界的真實樣貌，他們會用極度浪漫的方式來看待事物。你對刺激的直覺反應是，用自己想要的樣子來解讀。你樂觀得無可救藥；你既是夢想家，也是詩人；你扭曲了現實。你的浪漫情懷不一定能從外表看出來，因為你會努力藏好這個部分。然而，即便是最務實的人，當他的月亮落入雙魚座時，他都會想躲進想像的世界裡。

作為一個月亮雙魚的人，你具備藝術天分、熱愛美與藝術；很多月亮雙魚的人都有演戲、寫作、作曲或繪畫方面的才華。觀點獨特、充滿想像力的你，能在創意領域充分展現自我；你透過情緒與感官，而不是理智來看待事物。你的直覺極度敏銳，有時甚至可以透視人心；你似乎能揭開分隔真實世界與心靈世界的神祕面紗，並明白別人無法理解的事。

不幸的是，在真實世界裡，你過得並不輕鬆，往往會被自己的情緒擊敗。即便你看似自信、一切都在你的掌控中（當你的太陽在火象星座〔牡羊座、獅子座、射手座〕時更是如此），你會任由那些意志堅強、有明確意見的人帶你走上不適合你的道路。

儘管你可以不辭辛苦、無私地為別人工作，還是很難嚴格地約束自己。要做出最終決定會令你感到矛盾與焦慮，你很可能會選擇逃避嚴苛的現實與責任。有時候，人們覺得你容易受騙，但那只是你的情感特質使你顯得如此。你很容易被不肖之徒利用感情；占星學家普遍認為，月亮雙魚的人生來就喜歡幫助他人。事實上，你是藉由這種方式來讓自己獲得自由。

在愛情裡，你也寧可相信幻覺，而不願意相信現實。你渴望的是狂野的激情，那令你神魂顛倒。當你感受到你整個人被狂喜包圍時，那就是你最開心的時候。你對戀愛成癮；為了體驗這種虛幻的激情，許多月亮雙魚身邊的戀愛對象一個換過一個（這是一種逃避心理）。你是個浪漫主義者，為了取悅另一半，你願意做任何事，即便你沒有得到同等的回報也一樣，這是你的天性使然。同時，你脆弱且喜歡依賴，為了避免受到傷害，你會築起厚實的心牆。不過，只要你不再扮演被害者的角色，就能保有一段真誠愉悅、溫暖深厚的感情。

無論你的太陽星座是什麼，月亮雙魚細膩敏感、充滿想像力與創造力的特質都會影響你的性格。若你的太陽在水象星座（巨蟹座、天蠍座、雙魚座），月亮雙魚會突顯你敏銳的直覺與靈性，並賦予你獨特的藝術天分。若你的太陽在土象星座（金牛座、處女座、摩羯座），你會將堅定的決心與月亮雙魚敏銳的觀察力與理想主義結合在一起，對從事政治與人道工作的人而言，這是一個很棒的位置。若你的太陽在風象星座（雙子座、天秤座、水瓶座），月亮雙魚會讓言辭犀利的你能洞悉未來、觸動他人的情緒。若你的太陽在火象星座（牡羊座、獅子座、射手座），月亮雙魚則會使活力充沛的你更有深度；這個組合會使你充滿群眾魅力。

不管太陽星座是什麼，月亮雙魚都會令你富有同情心、充滿藝術家氣息，你的作品也能給人們留下深刻的印象。

6 上升星座的影響力

你的上升點（Ascendant）或上升星座（Rising sign）是你星盤中非常重要的一部分（這兩個詞可以互換使用）。它反映出你的外在，同時在很大程度上決定了外界對你的看法。

在說明上升星座時，「外在」這個詞很重要，因為這個星座代表你的外在性格。從現代觀點來看，它是你表現出來的形象；它通常是外界對你的第一印象。許多占星師都認為，上升星座比太陽星座更直接顯露出你是怎樣的人。上升星座被比喻成一間房子的大門，它首先映入訪客的眼簾，他們必須先穿過玄關，才能看見屋內的樣貌。

身為一位占星師，我發現一個人投射在外的性格，幾乎都是太陽星座和上升星座的完美結合，這個組合造就了你對這個世界的影響。月亮星座則是性格中更為隱密的部分；儘管它的影響很全面，人們通常是「感覺」到月亮星座對你的影響，而不是直接看到它。

你的上升星座是指你出生時，在東方地平線上升起的那個星座。當你出生時，你不再是一個胎兒；你變成了一個獨立、完整的人。因此，在這個時間點升起的星座，象徵你生而為人的初體驗，那是你成為獨立個體的時刻。它代表你如何面對周遭的人，以及你與他們之間的特殊互動模式。它也代表你處理事情、應付人生新課題的方式。從很多方面來看，它使你相信自己處理得很好，在踏入陌生的情感領域時，也不會受到傷害。

上升星座象徵你的「自我」——自我覺察、自信與個人利益。從很多方面來看，它代表你的目的與目標，是你創造力的核心。在某種程度上，這個星座也影響了你的外在特徵與習性，它是你的面具。就像任何面具一樣，它隱藏了你的真面目，但它比較可能只是你真實性格的一部分。它是你最容易、自然向他人展現的面貌。

上升星座到底是什麼？簡單來說，它是指你出生時，在東方地平線上升起的那個星座。要了解這是什麼意思，請試著把地球想成一個在較大圓圈中央的小圓圈。這個大圓圈代表天空，也就是圍繞著我們的天球。在你出生的時刻，作為新生兒的你躺在這個小圓圈（地球）裡，環顧四周的天空。如果你從地球的東方地平線向天球的邊緣畫一條線，這條線就會標示出你確切的上升度數（某些異能人士宣稱，他們確實能看到每個人的這條線）。你星盤中的上升星座總是可以畫成這樣：

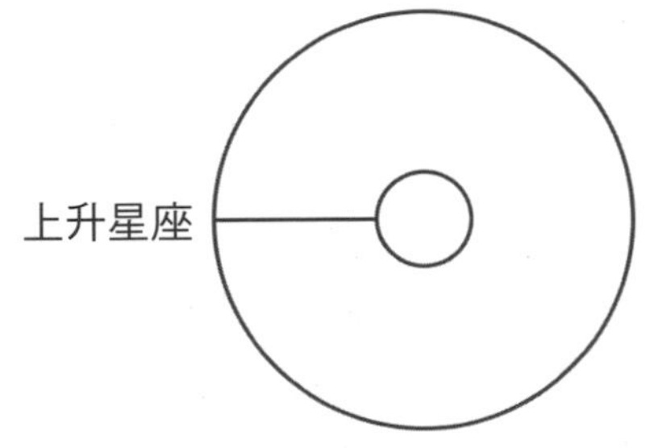

當一個外行人說他是某個星座時，他指的是太陽星座（太陽在他出生時正行經這個星座）。然而，當某些占星師說到一個人出生時的星座，他們指的是上升星座。在早期，人們認為上升星座比太陽星座更重要，但從二十世紀以來，這樣的觀點已不復存在。不過，多數占星師都覺得，上升軸線是星盤裡最關鍵的重點，因為只要它確定之後，就能針對星盤進行很多其他的運算。有一件事是確定的，那就是除非能確認星盤中的上升點，不然對那張星盤的解讀都是有限的；它絕對不會是一張專屬於個人的星盤。

若你知道你出生的約略時間，p450的上升星座星曆表應該可以讓你輕鬆找出自己的上升星座[67]。

在閱讀關於上升星座的說明時，請記得，那並非你的全貌。你是一個混合體，上升星座只是你性格的一部分而已。唯有好好地檢視自己，你才能明白，哪一部分符合你的太陽星座、月亮星座與上升星座。

你的上升星座是什麼？

想算出你的上升星座，請參閱p450的上升星座星曆表。

補充說明：本書裡的上升星座星曆表簡單明瞭，你可以透過它，迅速確認自己的上升星座。然而，要分析你的星盤，你確實得知道你確切的上升度數。不用電腦計算上升度數時，必須進行一些數學運算。

首先，你得知道精確的出生時間，以及出生地的經緯度。接著，你必須把你的出生時間轉換成格林威治標準時間（這個時間是以本初子午線通過的英國

67　如果你不知道自己的出生地點與時間，還是有可能找出你的上升星座。一個稱職的占星師會用你人生中的重大事件作為指標，以此「校正」你的星盤，進而確認你的出生時間。

隔林威治鎮來命名，是國際認定的標準時間）。然後，你必須再把格林威治標準時間轉換為格林威治恆星時（sidereal time）（恆星時是根據地球自轉的恆星週期來計算的；一個恆星日〔sidereal day〕約比二十四小時短四分鐘）。

這些步驟很複雜，需要好幾次的數學運算。如果你對這部分感興趣，有一些很棒的書可以幫助你仔細計算；當然，現在我們會讓電腦進行運算。

♈ 上升牡羊

上升在牡羊座是一個非常強勢的位置。如果你是上升牡羊的人，你熱愛冒險、具備開創精神。你喜歡扮演主導的角色（即便是在一個小圈子裡）。比方說，在朋友圈中，你會試圖決定你們要見面的地點、前往的餐廳或觀賞的電影。上升牡羊的孩子在他的兄弟姊妹裡，是最自我中心且無理取鬧的。

作為一個上升牡羊的人，你有強烈的好惡，而且一定會毫不遲疑地將它們展現出來。你誠實坦率，無法接受謊言、詐騙與詭計多端；你總是直截了當地表達心裡的想法，再看看會發生什麼事。你的熱情具有感染力；你不是思想家，而是積極的實踐者。你活潑外向、溫暖友善、慷慨大方；你喜歡被人們注意到。

上升牡羊有時會製造麻煩，你並不是故意的（事實正好相反），但你喜歡捨棄陳舊保守的方式，嘗試更新穎、直接，甚至有些魯莽的做法。無論遭遇什麼問題，你都會竭盡所能地解決。對你而言，困難就是要努力克服的。然而，若無法排除阻礙，你也不會耗費力氣。你很快就會失去興趣，並開始找尋新的挑戰與刺激。你或許是個開拓者，但如果中途卡住，你會轉身離開，然後另闢新局。

牡羊座象徵開始；你最擅長的就是開始一項工作。你充滿熱情與活力。只要掌握了某個想法，就不會一直等待所有技術全部就位。上升牡羊容易發生意外，因為你衝動魯莽、貿然行動，你往往不會瞻前顧後。你容易絆倒、撞到東西，或割傷自己；比起其他部位，你的臉與頭部更容易受傷。

作為一個上升牡羊的人，你可能會擁有閃耀的笑容、迅速移動的犀利眼光、金色或淡紅色的頭髮或皮膚、健壯的體格，以及敏捷的腳步。

牡羊座的守護星——火星在你的星盤中非常突顯。火星的影響使你具備強大的意志力與耐力、旺盛的性慾，同時也渴望獲得成就與認可。它也帶來緊張、壓力與衝突，讓人自私自利、急躁易怒，並且容易被火燒傷、被銳利物品割傷。

♉ 上升金牛

上升金牛的人堅定不移、生性冷靜。若你的上升在金牛座，通常都安靜隨和。你也擁有迷人的儀態與出色的藝術天分，因為金牛座由金星守護（金星象徵愛與美）。你希望在自己的生活中創造出美好與和諧，而許多上升金牛的人都具備寫作、作曲與佈置方面的才華。

上升金牛不會把自己的想法強加在別人身上。但另一方面，只要你下定決心（在經過謹慎考慮後），很少改變心意；你堅持己見，而且十分固執倔強。你也很守舊，儘管這一開始並不明顯，但從一些小地方可以看得出來——你可能每天都吃一樣的早餐；如果你喜歡某個顏色（也許是藍色或粉紅色系，它們都是金牛座的專屬顏色），可能會重複穿這個顏色的衣服，家裡的擺設也全是這個顏色。一直用同樣的方式做事，帶給你某種穩定感；對你來說，這是一種基本需求。

上升金牛的人被認為很懶惰，但不盡然如此。你的確熱愛物質享受、雅致奢華與安逸舒適。但你可以，確實也很努力工作（特別是能獲得可觀報酬或你所愛的人認可時）。意志堅定、鍥而不捨的你抱持無比的耐心，堅持到底，直至成功。

金牛座象徵金錢與物質財富，這兩者對你都極為重要。你往往會擔心你的未來是否穩定——是否足以溫飽、能否付得出明年的租金？這些恐懼與擔憂不一定有事實根據。事實上，雖然你年輕時可能必須拚命賺錢，隨著時間過去，上升金牛往往會累積一筆財富。「擁有」有時會變成一種痴迷——你渴望擁有；一旦得到某樣東西，就會小心翼翼地守護。萬一失去了它，那會令你心碎；你永遠無法接受東西破了、碎了、壞了、弄丟或被偷了。

同樣地，在感情裡，你通常也佔有慾很強、愛吃醋，儘管你很擅長隱藏這一點。愛慕虛榮是你的弱點之一；你很少原諒嘲笑你的人。對你而言，要面對競爭是很困難的一件事，你或許會試圖假裝，那些報酬與你的能力不相配。

作為一個上升金牛的人，你往往擁有特別漂亮的臉蛋、圓圓的大眼睛與明亮的肌膚。你的脖子通常短而粗，同時也給人體型壯碩的印象；變胖是你會面臨的問題（尤其是在年歲漸長後）。

金牛座的守護星——金星在你的星盤中非常突顯。金星的影響使你優雅迷人、熱愛藝術與享受、喜歡打扮、具備社交意識；它也讓你過度放縱、膚淺、嫉妒、自負。

♊ 上升雙子

一直動來動去，是周遭的人對你的第一印象——你的手勢很多，眼睛東看西看；你不會安靜地坐在椅子上。你生性靜不下來，這意味著你渴望遠方的事物；你需要改變與變化，同時也常對現狀感到不滿。雙子座象徵雙重性，這在上升雙子的生活中顯而易見。你可能會既開心又難過、既滿足又不滿。當然，或許很多人都是如此，但對你而言，你的不滿是有明確原因的——你覺得自己還沒有發揮潛能。你意識到，即將有某個體驗讓你獲得真正的滿足。你討厭被束縛，因為那可能會阻礙你追尋這一切。

用字精準是上升雙子最顯著的特點；對你來說，應該要用文字明確表達心中的想法。你見多識廣、幽默風趣、心思敏捷，上升雙子的人往往會藉由社交技巧（而不是意志力）取得一席之地。你很喜歡身邊有個觀眾。你多半會成為作家與演員，並且在演藝圈、電視圈、新聞界與文學界獲得成功。

作為一個上升雙子的人，你天生容易興奮，對任何刺激都反應很快，可以很快想出任何問題的答案，但你也很容易沮喪。你會充滿熱情與活力地投入某項計畫，然後擔憂事情會出錯（你通常會說出自己的煩惱）、某個人會不喜歡你，以及每件事要花多久時間。不過，你極為多變，很快就能重振精神，找回興趣。你會竭盡所能地保持忙碌；若不是為了工作，就是為了工作以外的嗜好。你喜歡任何有趣、能吸引你注意的事物，例如猜謎、遊戲、書籍與電腦等。

上升雙子生性冷靜。即便你喜歡與人相處，而且顯得親切迷人，你都是理性，而不是感性的。你面對情感與人際關係的態度，就像面對資訊與數字一樣——它們都是可以被分析的。你也往往很自負，因為基本上，你知道自己比別人優秀。你喜歡遇見各種不同的人與情境；你旅行、換工作、搬家，通常也不只結過一次婚。你生來就具有戲劇性，懂得如何讓所有體驗變得更加精彩。

作為一個上升雙子的人，你通常都擁有小巧的五官、深邃的輪廓、炯炯有神的眼睛、親切的笑容，以及美麗的手與手臂（你的手勢豐富而生動）。你動作敏捷，到老依然保有年輕的外貌。

雙子座的守護星——水星在你的星盤中非常突顯。水星的影響使你聰明伶俐、感知敏銳、具備外語能力，以及說話與寫作技巧。它也讓你自大、現實、愛冷嘲熱諷、雜亂無章。

♋ 上升巨蟹

若你的上升在巨蟹座，你會對周遭的人所發出的情感訊號十分敏感，你能深刻洞察他人的動機。你深藏不露，有時很難看穿，但其實你溫柔體貼、充滿關愛、樂於付出。你適應力強，可以適應各式各樣的人，儘管你無法立刻與他們變成朋友，你要花一段時間才能和某個人真正變得親近。

上升巨蟹往往喜怒無常，人們有時或許會覺得你不懂得包容。有時候，你缺乏耐心、暴躁易怒；周遭的人說話必須特別小心，以免傷了你的心。你太過敏感，有時沒有人惹你，你卻生起氣來；然而，正是這種細膩敏感讓你顯得與眾不同。你擁有敏銳的感知，同時也充滿了想像力；許多上升巨蟹的人都是極為出色的作家、詩人與畫家。

因為你對他人的微妙動機如此敏感，你能掌握他們的感受與想法。你會各方蒐集意見與看法；聰明務實、富有遠見的你可以將這些資訊都為你所用。此外，上升巨蟹也小心謹慎、善於處理金錢，而且天生具有商業頭腦。你知道怎麼聰明投資，以及從何處獲得最佳收益。雖然你通常得靠自己努力往上爬，隨著時間過去，你很可能會累積出可觀的物質財富。

你不愛出鋒頭，但也希望人們認可你的能力；上升巨蟹可能很難得到喝采與掌聲，所以往往會為自己感到難過。你抱怨這個世界不欣賞你，但這樣的抱怨通常是為了安慰自己，事實正好相反；作為一個上升巨蟹的人，你會面臨重重阻礙（特別是在年輕時）。不過，當你跨越困難，並取得成功時（上升巨蟹很有毅力），會變得更堅強、更有自信。

如果你的上升在巨蟹座，可能會擁有圓潤且表情豐富的臉、灰亮的眼睛，以及修長的雙腿與手臂，走起路來有點搖搖晃晃。你的身體中段最為厚實；年歲漸長後，也很容易變胖。

巨蟹座的守護星——月亮在你的星盤中非常突顯。月亮的影響使你和善、充滿想像力、富有同情心、擁有深刻的情感、能珍惜並保護你所愛的人，同時也具備絕佳的記憶力。它也讓你懶惰、被動、邋遢、善變、躁動不安。

♌ 上升獅子

上升獅子象徵尊貴的性格、崇高的理想與強大的個人魅力。若你的上升在獅子座，你和善仁慈、豪爽大方。你認為，心胸狹窄、小氣吝嗇、吹毛求疵會貶低自己的身分。因為你寬宏大量，很難把別人想得很壞。你與塞繆爾．詹森博士（Dr. SamuelJohnson）[68]口中的愛爾蘭人——「很公平，絕對不會彼此稱讚」完全相反。當然，這個世界不會總是符合某個人的期待，而上升獅子會因為他人氣量狹小、刻薄而感到困惑，甚至受傷。此時，你就會擺出威嚴的姿態，讓對方知道你有多蔑視他們。

上升獅子的人具備強烈的表現慾。你喜歡大肆鋪張，像是用昂貴高雅的擺設佈置家裡、穿著引人注目的衣服，或舉辦華麗的晚宴等。對沒有那麼浮誇的人而言，你也許顯得喜歡賣弄、炫耀，而且奢侈浪費。但你不只是為了引起注意而已；你覺得人生非同小可，渴望追求卓越非凡。周遭的人因此深受吸引，同時它也為你帶來權力與影響力。

上升獅子的財運、事業運與人緣似乎都很好。即便你沒有特別努力工作，你也往往能藉由他人的提拔而獲得成功。你的財富與名聲不請自來。你善於統領，可以激發出人們最好的表現；扮

68 塞繆爾．詹森博士，英國歷史上最著名的文人之一，集文評家、詩人、散文家與傳記家於一身。詹森博士前半生名聲不顯，直到他花了九年時間獨力編纂出《詹森字典》，為他贏得了聲譽及博士的頭銜。在 1928 年《牛津英語辭典》出版之前，《詹森字典》一直都是最具權威的英語字典。

演領導者的角色，是你最開心的時候。事實上，如果人們沒有讓你擔任這樣的角色，你會感到很受傷。當你沒有得到應有的對待時，你可能會變得自大傲慢、喜怒無常。獅子座象徵自尊心，所以上升獅子的人都自視甚高；你充滿自信，並且對自己抱持堅定的信念。

你很討人喜歡，這有一部分是因為你明確地讓大家知道，人生很有趣。你有很好的幽默感（補充說明：上升獅子特別喜歡小孩，容易把他們寵壞）。

作為一個上升獅子的人，你通常頭又大又圓、頭髮濃密閃亮、牙齒整齊潔白、笑容燦爛、儀態高雅。年歲漸長之後，你多半會因為繼承一筆遺產而獲益。無論你選擇走哪一條路，前途往往是一片光明。

獅子座的守護星——太陽在你的星盤中非常突顯。太陽的影響使你溫暖熱情、慷慨大方、勇氣十足、能充滿創意地表達自我。它也讓你自我中心、傲慢自負、現實、自命不凡。

♍ 上升處女

上升處女的人善於分析，雖然情感豐富的程度取決於你星盤裡的其他要素，你通常都用理智看待這個世界。這並不代表你冷漠無感，其實正好相反，因為上升處女擁有深刻而溫暖的情感，也十分關心周遭的人。

然而，邏輯思考的過程最令你感到滿足。你喜歡細膩地過濾實際資訊、找出真相，並建立秩序。上升處女的人對自己的看法很堅持，但並非不知變通，在仔細審視相反的意見後，都不會改變心意。對你來說，對別人忽略的事一無所知，是很嚴重的錯誤。有時候，你的缺點在於無法客觀地看待事物；你往往拘泥小節、忽視大局。你會放大枝微末節，然後因為其他人沒有察覺其重要性而感到憤恨不平。

工作對你很重要，你的一生通常成就豐碩。你往往內心充滿矛盾，既希望事情輕而易舉，又必須全憑一己之力達成目標。掌控一切（包含你自己）讓你感到安心；因此，多數上升處女的人都是透過自身的努力（而不是靠他人）有所收穫。

你極為優雅迷人，有時不容易親近。你冷漠、害羞（有時掩飾得很好），任何人想和你變得親密，都必須突破這一切；你很難表露自己的情感，雖然你的內心總是波濤洶湧。有些上升處女的人小時候身體不太好，幸好你長大之後，健康狀況也跟著好轉。配偶多半會為你帶來財富；年歲漸長後，上升處女通常會在國外擁有財產，你的成功往往與離家很遠的地方有關。

作為一個上升處女的人，你通常都擁有美麗的鵝蛋臉、咕嚕嚕轉的眼睛，以及看似柔弱，但其實非常強壯的身體。

處女座的守護星——水星在你的星盤中非常突顯。水星的影響使你聰明理性、具備敏銳的感知與觀察力，並擁有科學與寫作方面的才華。但它也讓你龜毛、愛挑毛病、神經質、容易擔心、喜歡嘲諷他人。

♎ 上升天秤

上升在天秤座是最和諧且令人愉快的位置。如果你是上升天秤的人，你天生優雅迷人、沉著自信。你極度熱愛社交，喜歡與他人相處時的歡樂氣氛。上升天秤會盡情享受歡笑，以及聚會、度假等美好時光。你生性愉悅、親切，同時也對未來充滿希望。不管今天有多沮喪，上升天秤的人都會幻想著美好的明天，並期待它的到來。

當然，你並非總是如此。你的問題在於，很容易感到灰心、失望（尤其是被鬱悶消沉的人感染時）；天秤座象徵平衡，但要讓上升天秤失衡並不難，不過，你基本上還是開心、樂觀的。你生來就有很強的正義感，沒有什麼比看到不公義的事沒有獲得糾正更使你生氣的了。殘暴、殺戮、爭鬥令你非常難過；對你來說，人生應該平靜而滿足，但最重要的是，必須公平。

上升天秤的人細膩整潔，而且具備很好的鑑別能力。你很清高，人們有時很難發現你的疏離，即便你與他們相處得十分融洽，它還是一直存在。你喜歡藝術創作，然而，有時你的藝術天分並沒有得到發揮，因為你不喜歡辛苦工作，只想挑輕鬆的路走。你不需要尋求關注，但你自然會成為眾所矚目的焦點。你不用拚命追求成功，合作夥伴、伴侶或好友常為上升天秤帶來好運。

你喜歡旅行、認識新朋友，以及參與新計畫。你會開心地投入能提供刺激與娛樂的產業。問題是你沒有什麼毅力，所以許多事都無法完成。此外，你也很難下定決心。你會仔細衡量，並且在不同選擇之間搖擺不定。就算你最後做出決定，你也還在猶豫。在這些思量背後，隱藏著你的恐懼——害怕承擔風險。

單身時，你不會感到快樂；你喜歡處於已婚狀態（這不一定代表，你會與同一個人維持婚姻關係）。在這段過程中，上升天秤的人可能會透過配偶獲得金錢與物質財富。一般而言，你不會有很多孩子，但你會因為他們而感到非常愉快。

作為一個上升天秤的人，你往往擁有漂亮的臉蛋、美麗且對稱的骨架，以及閃耀的笑容，你的身材通常渾圓或凹凸有致（雖然不一定很胖）。

天秤座的守護星——金星在你的星盤中非常突顯。金星的影響使你美麗迷人、生性浪漫、善於社交，同時也對藝術、音樂與佈置有很好的鑑賞力；它也讓你膚淺、善妒、懶惰、意志薄弱、依賴他人。

♏ 上升天蠍

若你的上升在天蠍座，你做每件事

都用盡全力，不會半途而廢。上升天蠍的人情感強烈，內心總是波濤洶湧。你的決心與意志力極為強大。儘管你有時被視作獨行俠，還是可以與人合作（其實是領導他人）。你極具說服力、積極追尋自己的目標，同時也能讓周遭的人追求相同的目標。

聰明伶俐、充滿想像力與創造力、足智多謀的你，似乎有源源不絕的點子與建議。在冷漠的面孔背後，你的腦袋總是轉個不停。你必須了解事情如何運作，仔細剖析、研究，然後再重新整頓。從藝術的角度來看也是如此；如果你的上升在天蠍座，可以創造出充滿想像力的出色作品。

作為一個上升天蠍的人，能在幕後掌控一切，是你最開心的時候。你往往神祕、含蓄，而且會迴避眾人的目光，因為你不可能不被注意到。若你有點霸道，那是一種微妙的心理控制。有些人會說，他們對上升天蠍深深著迷；你的確了解別人在想些什麼，這多半是因為你具備敏銳的觀察力。你風趣健談、充滿魅力，但觀察敏銳的人很快就會發現，其實多數時候，都是另一個人在說話。你通常會安靜地觀察、注視、等待，以便記住那些將來能派上用場的資訊。

上升天蠍的人被認為暴躁易怒，他們確實如此，當你被惹惱時，可能會顯得殘酷而尖銳，你往往會運用各種武器，例如譏諷或利用一個人的恐懼等。在盛怒之下，上升天蠍必須是取得勝利的那個人；之後，你會對自己造成的傷害感到懊悔，雖然要你承認這一點非常難。

天蠍座象徵隱藏的激情；在上升天蠍的一生中，他們通常至少有過一段祕密戀情，同時也不只結過一次婚。占星學家注意到一種奇怪的現象——上升天蠍常會因為死亡而失去第一個配偶。和其他上升星座的人相比，上升天蠍似乎會遭遇更多財務困難與挫折，但到最後，他們才是最成功的。

作為一個上升天蠍的人，你往往擁有深邃的輪廓、尖挺的鼻子，以及迷人的大眼睛。你的眉毛通常都烏黑濃密，身體靈活、動作敏捷。

天蠍座的守護星——冥王星在你的星盤中非常突顯。冥王星的影響使你擁有強烈的情感與使命感、具備堅定的毅力與決心、充滿想像力，並且能成功地展開新方向。它也讓你冷酷神祕、善妒多疑。

♐ 上升射手

上升在射手座使你獨立自主、熱愛自由；你無法容忍被老舊的觀念、難相處的伴侶或枯燥的工作束縛；你思想前衛、對未來充滿希望。此外，你也靜不下來，急切地想要投入人生戰場，隨時都可以接受新挑戰。

有時候，缺乏耐心的你會被誤解。對周遭的人細膩敏感、需要自由，都是你性格的一部分。你給予人們自由，也絕對不會試圖約束或限制他們；基本上，上升射手是崇尚博愛精神的理想主義者，對不公義的事極度關心。就個人層面而言，你誠實坦率、慷慨大方，當你遇到自私自利、冷酷無情的人時，很容易感到受傷；你確實對別人期待太多。

你能結交到許多朋友，因為你非常樂於接受新觀念與新的人事物。你喜歡與人們進行熱烈的討論，彼此交換意見（上升射手的人被認為很直率；人們一直都知道你對他們的看法）。你充滿想像力、富有遠見、思慮清晰，同時也對研究深感興趣。你熱愛旅行，藉此探索不同的地方，看看這些地方的人怎麼生活。你通常會大量閱讀、收看新聞、訂閱期刊、透過電腦吸收最新資訊，以及跟朋友談論時事。你比較喜歡簡單的生活，不要有太多責任或束縛。你很喜歡錢，但你真正重視的是它所換來的自主權。你害怕若自己太認真看待成功，人生就會變得無趣。

你的問題在於，衝動魯莽、做事不考慮後果。對你來說，採取行動、設法解決問題才是最重要的事；你有時不會停下來思考，這些舉動將造成什麼影響。婚姻不是你人生中最重要的事，上升射手往往會跟錯誤的對象結婚（至少一次）、陷入不愉快的感情，讓他們必須加以擺脫。旅行是你很重要的人生主題；當你在國外時，好運不時會圍繞著你；很多上升射手的人都會在另一個國家度過晚年。

作為一個上升射手的人，你通常都擁有寬廣的額頭、明亮有神的眼睛、愉快的臉龐，以及親切的笑容。你常大幅度揮動手與手臂，身體強而靈活。

射手座的守護星——木星在你的星盤中非常突顯。木星的影響使你慷慨真誠、態度親切，並帶給你好運、愉悅的心情，以及寬廣的視野。它也讓你自負、任性、投機、躁動不安、缺乏耐心、奢侈浪費。

♑ 上升摩羯

如果你的上升在摩羯座，你往往生性嚴肅；你不一定很憂鬱，但絕對不輕浮。小心謹慎的你在深入了解之前，不願意輕易投入；面對陌生人時，你通常安靜、含蓄，甚至有點害羞。不過，只要你敞開心胸，就會變得親切和善、溫暖活潑、情感豐沛。

上升摩羯的人擁有強烈的個性、具備強大的決心與意志力，同時也勤奮地追尋自己的目標。這些目標（金錢、名聲、地位）往往是為了讓你的家人過更好的生活；對你而言，你必須覺得人生富有意義。自尊心很高的你穩重可靠，但有時候，當你努力達成目標後，你還是不會感到開心，你覺得少了些什麼，於是繼續尋找。

你頭腦靈活、心思敏捷、有很好的專注力。你可以找出有用的資訊、發現計畫裡的瑕疵，並事先仔細規劃。人們有時可能會指責你太愛算計，因為在開始一項計畫前，你會先衡量所有利弊得失。若對手有什麼弱點，你也很快就能察覺，而且會充分利用這一點。你往往會關注各種細節，以確保所有可能的意外狀況都已經納入考量。這是你掌控一切的方式——你不希望在遭逢壞運時措手不及。上升摩羯容易自尋煩惱，年輕時，為生活擔心；年老時，對死亡感到憂慮；中年時，則是為了能否取得成功而擔憂。

上升摩羯的人有時很難表達心裡的感受，即便那些強烈的情感確實存在。你很深情，對另一半忠心耿耿、呵護備至；你也會竭盡所能地幫助他人。然而，你時常為憤恨與嫉妒所苦（你會隱藏這些情緒）；在你的內心深處，永遠不會真正原諒那個傷害你的人。

你的成就多半來自自己的努力，而不是他人的影響。儘管上升摩羯似乎會從婚姻中獲益，你本身的努力才是使你有所收穫的主要原因。上升摩羯經常與兄弟姊妹相互競爭，或與他們的父親存在某種分歧。

作為一個上升摩羯的人，你往往擁有小巧的臉蛋、深邃的眼睛、美麗的笑容，以及好看的牙齒。你有強壯的雙腳，通常喜歡走路或慢跑。

摩羯座的守護星——土星在你的星盤中非常突顯；土星的影響使你嚴謹自律、節儉、富有耐心、懷抱雄心壯志、意志堅定、耐力十足。它也讓你固執己見、自私自利、憂鬱悲觀、冷漠疏離，同時也容易遇到困難。

♒ 上升水瓶

如果你的上升在水瓶座，通常很容易交到朋友。你心思機敏、活潑開朗、誠實坦率；你善於交談且充滿創意，這使你說出來的話語生動有趣。聰明伶俐、富有魅力的你特別適合領導者的角色。

你抱持崇高的理想，只希望全世界的人都過得幸福、和諧就好，即便只是衝突的想法，也會令你感到難過。你想要看見人類最美好的樣子，並且對未來充滿希望。

雖然人們覺得你公平、寬容，你也生性頑固不知變通；這多半是因為你對沒有遠見或崇高思想的人缺乏耐心。上升水瓶的人新穎、思想前衛，但你也和金牛座或摩羯座一樣固執。你所堅持的想法可說是非常獨特，多數人的選擇不是接受這個社會原本的樣貌，就是試圖改善它，而你卻希望建構一個理想中的新社會。

你常無法包容別人的短處；你可以同時頑皮地說笑與嘲諷，極度敏銳的觀察力讓你發現那些能拿來取笑的缺點。

你的性格中充滿了矛盾，你喜歡與人相處，卻也十分滿足於獨處的狀態；你熱愛旅行，卻也喜歡輕鬆地待在家裡。你親切外向，但有時也含蓄、憂鬱。你既具備科學思維，又有藝術天分。在事業上，你通常會做兩種不同領域的工作。上升水瓶很容易成名，但通常也很容易失去名聲，你往往會遭遇意想不到的成功與挫敗。當幸運女神對你微笑時，背後通常都有黑暗的一面。比方說，許多上升水瓶的人繼承了一筆錢，但其中牽扯的法律糾葛往往帶來更多麻煩。

上升水瓶充滿冒險精神，喜歡探索不同的地方，雖然你通常很快就會失去興致，並感到無趣。上升水瓶的人往往會在年輕時結婚，並從另一半身上獲得滿足；即便你多半在中年時就過著寬裕的生活，還是覺得自己賺得不夠多。朋友對你的事業與個人事務很有幫助。

上升水瓶的你，通常都有寬廣的額頭、細緻的臉部輪廓，以及左顧右盼的迷人眼睛，而且多半又高又瘦。

水瓶座的守護星——天王星在你的星盤中非常突顯。天王星的影響使你親切和善、獨立自主、痛恨被限制、具有獨創性與改革精神，而且多才多藝。它也讓你桀敖不馴、古怪荒謬、處世不圓滑、難以捉摸。

♓ 上升雙魚

若你的上升在雙魚座，你具備出色的藝術天分，必須加以發揮；你對生活充滿幻想，同時也非常浪漫。你想擁有完美的人生，但因為人生並非如此，所以你選擇無視自己不想看到的事物。很多上升雙魚的人深信，只有他們注定對人生感到幻滅；有時候，旁人也會感受到你埋藏在心裡的這種悲傷。你常常覺得自己生不逢時，並且受到過去的強烈吸引。

基本上，你對他人懷抱著無比的善意；你通常善於交際、喜歡宴客，也很享受友誼的溫暖。你喜歡享受美好的生活，特別是品嘗美食與美酒、穿著漂亮的衣服，以及到各地旅行。在聚會上，上升雙魚顯得活潑開朗、能言善道（你有時話太多）；你喜歡在一群人面前演出，擅長模仿使許多上升雙魚的人從事戲劇工作。

「多愁善感」這個詞很適合用來形容你，細膩敏感的你很容易被悲傷的故事、不開心的人，以及流浪動物觸動情緒。你的性格也很善變，有時會感到憂鬱沮喪；擔心與想像出來的恐懼向你襲來，有時甚至會把你擊垮。

私底下，你往往雜亂無章，有點漫不經心，總是弄丟或忘記自己的東西。不過，在工作上，你博學多聞、充滿創造力；當你在團體中工作時，也相當自律（尤其是參與藝術相關計畫時）。此外，你從事和旅行與寫作有關的工作也會很成功。上升雙魚的人經常搬家。

上升雙魚年輕時的對手往往會在之後變成重要的朋友。你的第一段婚姻有時可能會因為姻親與其他親戚而遭遇麻煩。作為一個上升雙魚的人，你或許很喜歡小孩；你的孩子通常會為你帶來快樂，並令你感到自豪。

如果你的上升在雙魚座，你往往擁有明亮的大眼睛與性感的嘴巴，你可能會有一頭捲髮與好看的雙腳。

雙魚座的守護星——海王星在你的星盤中非常突顯。海王星的影響使你直覺敏銳、纖細敏感、富有同情心、充滿想像力與創造力，並對宗教與神祕學深感興趣。它也讓你擔憂、困惑、猶豫不決、思路模糊、漫不經心、自我欺騙。

7

行星如何影響你的命運

我們今天所知道的太陽系，是由地球、太陽、月亮，以及其他八顆規律且精準地繞著太陽公轉的行星所組成。這樣的規律性使我們明白，每天睡醒後，早晨一樣會準時到來。它不僅影響了晝夜長短、四季、年份，我們的人生也受其影響。這種「一致性法則」（《哥倫比亞百科全書》是如此說明的）讓地球上的我們能精確地計算出，某顆行星在任何特定時間，曾經或將會落在什麼位置。

太陽系裡的每一顆星體都以不同的速率、在不同的軌道上運行，這些行星的位置幾乎可說是有無數種組合。在你出生的那一刻，太陽、月亮與行星在天上形成特定的排列方式。在四百三十二萬年內，不會再出現一模一樣的排列方式。這意味著，在你出生後的四百三十二萬年裡，不會有另一個人的星盤與你完全相同。即便到了那時，這個人也絕對不會跟你一模一樣，因為這當中的遺傳與環境因素也截然不同。

或許有人會問：「那雙胞胎呢？他們的星盤不會完全相同嗎？」答案是不會。因為上升點每四分鐘就會移動 1 度。這代表出生間隔只有四分鐘的雙胞胎，上升點也可能落在不同的星座（其中一人在某個星座的最後 1 度出生，另一個人則在下一個星座的第 1 度出生）。就算是同一個上升星座只相差 1 度，也會產生差異。當上升點改變時，整張星盤都會跟著改變。這樣的改變確實很細微，而兩張星盤也確實很類似，但雙胞胎本來就很相像。

那在同一秒鐘（也許是在同一家醫院）出生的人呢？在相同時刻出生的人稱為「靈魂雙胞胎」（astral-twins）或「時間雙胞胎」（time-twins）。對於「時間雙胞胎」的人生模式，占星師與科學家目前做了很多研究。

根據文獻記載，這些「時間雙胞胎」的人生模式離奇地相似。其中有許多案例都在同一時間結婚，孩子的數目與性別也都相同；他們也在同一時間離婚、旅行、換工作、搬家。還有許多案例都在同一時間、因為同樣的原因死亡。

很顯然，這種「時間雙胞胎」極為罕見。幾乎沒有任何人可以複製你星盤中太陽、月亮與行星的獨特排列方式。你的太陽星座可能是金牛座或天蠍座，但你也許與另一個金牛座或天蠍座的人天差地遠。就像沒有其他人的指紋跟你一樣，你的星盤也是獨一無二的。如果想更深入了解占星學知識，就必須知道你（或其他人）星盤裡各個行星的位置。

在占星學裡，每顆行星都具有特定的影響，它們分別掌管你性格或人生觀中的某一個部分。比方說，水星與你的心靈樣貌有關，金星則掌管你的戀愛特質，這些行星所在的星座，決定了你如何展現性格的不同面向。若你的水星在雙子座，你往往非常能言善道且心思機敏。若你的水星在摩羯座，你則善於處理細節，同時也會謹慎地事先規劃。若你的金星在獅子座，除非獲得另一半的大量關注，不然你不會開心。若你的金星在水瓶座，你則認為在一段關係裡，能自由表達意見是最重要的一件事。

接下來，我會大致介紹每顆行星的能量與影響，以及當它們落入十二星座時，這些影響分別代表什麼意義。p453 ～ 472 的行星星曆表將會告訴你，你星盤裡的各個行星到底在什麼位置。

★

補充說明

1977 年 11 月 1 日，查爾斯·科瓦爾（Charles Kowal）發現了一顆彗星或小行星（asteroid）（雖然目前尚未決定它屬於何者，它通常都被稱為小行星）；占星學會一直對它很感興趣。這顆小天體被命名為「凱龍星」（Chiron）。在希臘神話裡，凱龍是一隻睿智的半人馬，他是一位老師與醫治者。凱龍星的直徑有一百至四百英哩，其軌道位於土星與天王星之間。

凱龍星在占星學上的意義仍有待觀察。一般而言，占星學家認為它象徵精神上的重生，以及尋求富有意義的工作。有些占星師把它與天蠍座和射手座連結在一起，其他占星師則將它與處女座連結再一起。有一群人成立了一個名為「凱龍星研究協會」（the Association for Studying Chiron）的團體，這個協會認為凱龍星並沒有守護任何星座，用他們的話來說，這顆星體的本質是「特立獨行」（maverick）。現在很多占星師（與占星專用軟體）都會在星盤中標出凱龍星的位置，當他們在進行星盤解讀時，也會包含凱龍星的部分。

1989 年 8 月，有項關於海王星衛星——崔頓（Triton）的發現。從探測船「航海家二號」（Voyager 2）傳回地球的資料使許多天文學家相信，崔頓可能曾是繞著太陽公轉的一顆行星，後來被海王星的引力捕獲，成為它的衛星之一[69]。

根據過往的預測，長久以來有很多

占星學家相信，太陽系裡將會發現更多行星。

其中一個主流理論是，還有兩顆行星——阿波羅小行星（theplanet Apollo）[70]和祝融星（the planetVulcan）尚未被發現。據說阿波羅星是金牛座真正的守護星（目前金牛座和天秤座都由金星守護），而祝融星則是處女座真正的守護星（目前處女座和雙子座都由水星守護）。

天文學家其實一直在找尋太陽系裡的其他兩顆行星。其中一顆行星名為「祝融星」，它被認為很靠近太陽（介於水星與太陽之間）[71]。另一顆行星被稱為「X 行星」（Planet X）[72]，天文學家們試圖在冥王星以外的地方找尋它的存在。那裡有某個星體正對天王星施加引力作用，但位於天王星以外的冥王星體積實在太小，不足以影響巨大天王星的運行軌道。事實上，1998 年 4 月，當他們似乎找到了第十顆行星時，科學界為之振奮，結果它只是一顆繞行太陽的彗星，令它們大失所望。

當一顆新行星被發現，並將它與十二星座中的某個星座連結在一起時，那個星座的樣貌就會緩慢地發生改變。舉例來說，在十八世紀末以前（當時天王星還沒有被發現），水瓶座的守護星是土星。此時的水瓶座更為拘束、冷靜、憂鬱、務實；我們現在所知的水瓶座則聰明、新穎、思想前衛、讓人興奮。從占星學的角度來看宇宙的偉大計畫，某個星座真正的守護星會使它展現出真正的特性。

當然，這些久遠的預測極有可能不會成真，太陽系裡的行星數目依然與今日相同。只有時間能證明一切。

69　崔頓是海王星十四顆衛星中最大的一顆，它與其他太陽系行星的不同之處在於，它運行的軌道是一種「逆行軌道」。（多數衛星公轉的方向與所繞行星的自轉方向一致，但崔頓繞海王星公轉的軌道卻與海王星的自轉方向相反。）這代表它們在太陽系裡並非同時形成；崔頓可能是在運行過程中被海王星的引力捕獲，進而成為它的衛星之一。

70　阿波羅星是 1932 年發現的一顆小行星，曾經一度遺失，直到 1973 年才再度被發現。

71　十九世紀時，天文學家發現水星的軌道與他們的預測存在著誤差，因此認為在太陽與水星之間應該還有一顆行星，這顆行星的引力改變了水星的運行軌跡。曾經成功預測並發現海王星的法國天文學家勒維耶（LeVerrier）以羅馬神話中的火神為它命名，故祝融星又稱為「火神星」。然而，天文學界一直努力找尋這顆假想中的行星，卻總是徒勞無功。直到愛因斯坦提出廣義相對論之後，我們才明白，祝融星其實根本不存在，只是因為過去的天文學家不懂廣義相對論，才會錯誤計算水星的軌道。

72　天文學家將假想的海王星外天體稱為「X 行星」或「海外行星」。自從 1846 年海王星被發現以來，就不斷有人猜想，在海王星軌道外側還有其他行星存在。冥王星正是在搜尋「X 行星」時被發現的。從 1930 年冥王星被發現，到 2006 年它被降格為矮行星前的這段期間，主要的假想行星不是太陽系的第九顆行星，而是第十顆行星。

水星

據說水星讓人生變得容易理解，因為它象徵理解力。水星的能量如何在你的性格中展現出來呢？

你能輕易地與陌生人攀談，還是你只對朋友敞開心胸？你是那種立刻收拾行囊、匆忙踏上旅途的人，還是你比較喜歡晚上安靜地待在家裡，聽聽音樂、看看自己最愛的書？你喜歡在一群人面前說話，還是寧可在自己的客廳裡說故事？你會抓住某個想法，堅持將它付諸實現，還是同時進行很多項計畫？檢視你的星盤，並找出水星的位置（水星象徵心智），你就可以開始回答這些問題。

從人類發現水星這顆很難被看見的行星開始，它就一直和「快速」、「敏捷」連結在一起。在古代神話中，墨丘利（Mercury）是為眾神傳遞訊息的使者。他年輕俊美、迅疾如風，因為他的腳上有著一雙翅膀。他掌管溝通、商業貿易，以及所有需要嫻熟技巧的事。他不僅口齒伶俐，也發明了音樂、數學與天文學。在羅馬時代，墨丘利也成了「小偷之神」，因為他是個狡猾、詭計多端的騙子。

在占星學裡，水星象徵腦力、心智活動與溝通。

由於水星的軌道非常靠近太陽，在你的星盤裡，它絕對不會離太陽很遠。它不是落在你的太陽星座，就是落在這個星座前後一個星座。

你的水星在什麼星座？

想知道你出生的那一天，水星落在什麼星座，請參閱 p453 ～ 456 的水星星曆表。

水星在牡羊座

對水星而言，這是一個強勢的位置，因為牡羊座會為聰明伶俐的你帶來光彩與衝勁。若你的水星在牡羊座，你往往機智風趣、直言不諱、創意獨具。你言辭犀利；你冷嘲熱諷的口吻時而有趣，時而傷人。你用詞十分生動，而且會在言談中加入許多俚語，你會誇大其辭。水星牡羊令你缺乏耐心、急著把事情做完，同時也想用自己的方式做事。你喜歡與人爭辯、處世不圓滑。熱愛演說與寫作的你可能會在文學界變得很活

☿ 從天文學的角度來看水星

水星是太陽系裡第二小的行星（只有冥王星比它更小），同時也是最靠近太陽的行星（距離太陽約三千六百萬英哩）。水星的直徑約有三千英哩（地球的直徑則約有八千英哩）。水星的運行速度非常快，每八十八天就能繞太陽一圈，不像地球要花三百六十五又四分之一天，才能繞太陽一圈。

因為水星離太陽太近，不容易透過望遠鏡觀測；當水星最靠近地球時，它介於地球與太陽之間，所以無法被看見。只有在日落後或日出前不久，我們才能看到這顆行星，因此在白天進行的觀測中，很難看見它的身影。水星的軌道很靠近我們的地平線，地球的大氣層也會遮蔽我們的視野。

不過，近年來的太空探測船讓我們更了解這顆行星。在二十世紀後半以前，天文學家認為水星不會像地球一樣自轉。但我們現在知道，水星確實會自轉，自轉週期為五十九天。因此，它每自轉三圈就會繞行太陽兩圈，這導致了一個很少見的現象——兩個水星年裡只有三個水星日！「水手十號」（Mariner 10）在 1975 年拍攝的照片顯示，水星表面與月球表面很類似（都佈滿了隕石坑），周圍的磁場則使其不受強烈太陽風[73]的侵襲。

3、4 月時，水星在夜晚出現，9、10 月時則在早晨出現。古希臘人把它視作兩顆不同的星體，並將後者命名為「阿波羅」、前者命名為「墨丘利」。在埃及，人們也認為它是兩顆不同的星星——賽特（Set）和荷魯斯（Horus），它們被稱為「睿智之星」（star of thought）。

它掌管你的感知、邏輯思考、理解力、記憶力，以及說話與寫作的能力。它反映出你觀看、聆聽、理解事物，以及吸收資訊的方式。日常行程、短期旅行與各種交通工具都在它的管轄範圍內。此外，它也掌管手、手指、手掌與神經系統的運作。

當水星在一個人的星盤中特別突顯時，他通常聰明機靈、口齒伶俐、活潑風趣、很會說故事；他可能有很好的記憶力與辯論能力、心思敏捷、容易興奮。

水星也掌管聲音；受到水星強力影響的人會在演說、歌唱、戲劇等方面取得成功。水星保護旅行者，同時也有利於教育與研究；大至神經系統與溝通能力，小至書寫、寫字時所使用的筆、透過電腦所進行的溝通，以及貨物運送、訊息傳遞，都是它的管轄範圍。

水星的負面影響往往使人狡猾、愛挑剔、喜歡嘲諷及與人爭辯。水星的負面能量展現在謊言、欺騙，以及某些犯罪，例如：詐欺與偽造。

73　太陽風是指從太陽表面向太空發散的帶電粒子流，其主要成分是質子與電子（由其他恆星所發散的帶電粒子流則稱為「恆星風」）。

躍；即便你本身不是職業作家，你也喜歡與作家交談、參加文學聚會。問題在於，你太衝動魯莽、做事欠缺規劃；不過，你的運氣很好，一開始的決定通常都是對的。水星牡羊的人飽受頭痛所苦（在吵雜的環境中更是如此）。

水星在金牛座

作為一個水星金牛的人，在沒有完全準備好之前，你絕對不會開始一項計畫。你務實穩重、心態積極。你的頭腦有些死板——你確信自己的看法是最明智的；你不太需要別人的意見。你擁有絕佳的記憶力與敏銳的觀察力，但往往不會專心聆聽。因為你不會改變心意，那何必聽其他人要說些什麼？你也往往會反覆重申自己的想法（只是換句話說），這通常是為了確保所有人都已經掌握重點。儘管你善於交際、儀態高雅、充滿魅力，在面對陌生人時，還是有點害羞。對你來說，坐在鬆軟的椅子上讀一本書，比在人潮眾多的集會上被團團包圍自在得多。你大量閱讀，但種種經驗教會了你重要的人生課題。水星金牛會提升你處理金錢的能力，對事物有獨到的眼光，許多水星金牛的人都是很成功的古董與藝術品商人。

水星在雙子座

如果你的水星在雙子座，你很難被約束；你生性善變，往往會因為聽說某些消息而迅速改變看法，你通常擁有不只一份工作，或者同時進行好幾項計畫。心思極為敏捷、多才多藝，並對廣大世界深感興趣的你多半注重心靈層面。你必須掌握各種實際資訊；你想要了解更多。你擅長語言與數學，喜歡閱讀、研究、旅行，並且告訴新朋友你的想法。然而，由於你的興趣非常廣泛，對事物的了解往往很粗淺。你什麼都略懂一點，但有時並不精通。你很聰明，足以隱藏這一點，同時給人們留下見多識廣的印象。還有一個問題是，你缺少堅持到底的毅力；有時候，你的生活明顯缺乏秩序。你可能會成為很棒的辯論家、演說家或演員，你也擁有很多朋友，因為你有很好的幽默感，能感染身邊的人。許多受歡迎的電視採訪記者，他們的水星都在雙子座。

水星在巨蟹座

作為水星在這個位置的人，你對他人的看法很敏感。你具備強大的第六感，同時也能從你的周遭掌握各種訊號。你認為，若我們只仰賴自己的眼睛，我們看到的東西將會很少。你很多變，可以適應各種不同的人，這並不代表你不會固執己見。你的心胸其實有點狹窄，但除非人們跟你一樣敏銳，才能察覺這一點；從表面上看來，你還是充滿社交魅力。你總是抱持強烈的個人觀點——你喜歡從自己的角度來談論各種重大事件。水星巨蟹的人不僅有很好的記憶力，也充滿詩意與想像力；他們都是很成功的老師、學者、歷史學家與作家。你或許會從房地產中獲利，並從母親的家族繼承財產。你有時會因為莫名的恐懼（例如害怕搭飛機）而感到困擾。

水星在獅子座

水星獅子會賦予你口才與領導能力。如果你是水星在這個位置的人，你會富有社交魅力。你是一個出色的管理者，知道如何指揮與掌控。你確實傲慢自負、說話誇大其辭，若一切沒有照你的意思發展，你火爆的脾氣可能會被點燃。但基本上，你心地善良、性格陽光，所以人們通常都會原諒你。你豪爽大方，雖然你寧可玩樂，也不要工作，你想成功的決心也很強。你充滿熱情，有時甚至會因為太投入一項計畫而忽略其他事。水星獅子的人熱愛戲劇與表演藝術；展現自己是他們最開心的時候；你討厭枯燥乏味的工作；創意領域很吸引你。

水星在處女座

水星落入這個位置讓你善於分析。你對事實感興趣；在做出決定前，你必須先對那個問題全盤了解，同時掌握所有資訊，以便進行分析。一旦你有了自己的看法，你就會深信不疑。在那之後，你會預期真實情況與這些想法相符。你無法容忍那些草率思考的人；你不太能理解人們的缺點。在情感上的疏離使你成為傑出的老師、研究人員、科學家或記者。你學得很快，而且往往能記住篇幅很長的資料；你的缺點在於，急著承擔太多工作或計畫；你讓自己筋疲力竭，有時甚至會變得緊張且吹毛求疵。作為一個水星處女的人，你非常擅長手工藝。

水星在天秤座

水星象徵理性思考，天秤座則象徵平衡。如果你的水星在這個位置，你喜歡列出所有利弊得失、檢視問題的正反兩面、衡量所有因素，藉此進行比較。因為你想做出完美的選擇。然而，即便你已經做出決定，心意也不堅決。你喜歡採取觀望的態度。事實上，你直覺敏銳，常很快就能了解一切。但接下來，你往往會訴諸理性，因而走錯方向。你親切和善、富有同理心；你很喜歡社交。因為你不希望引起爭論，就算心裡並不認同，在表面上，你還是會贊同別人的意見。在合作關係裡，水星天秤的人在創意與腦力工作上表現得最好。若你與意志堅強、可以帶領你的人合作，會格外成功；當你獨自一人時，可能會變得懶惰。

水星在天蠍座

作為一個水星天蠍的人，你會追根究柢；你必須深入探究，以便發掘真相。你對隱藏的事物特別感興趣——你多半會走進醫學、科學、宗教與神祕學的領域。水星天蠍尤其適合從事調查工作，因為你對自己的追求鍥而不捨，而且沒有任何事能逃過你敏銳的眼光；你很難被騙，因此深感自豪。此外，你也固執倔強、堅持己見，除非你自己想改變心意，否則別人無法讓你改變想法。你認為，其他人的「論證」都只是將他們的看法。換句話說，不會聽取任何人的意見；獨自工作、從事研究比與人合作更適合你。你也許喜怒無常；當水星天蠍的人被惹惱時，他們通常會冷嘲熱諷，但你的情緒智商其實很高。你會為了看似無望的目標拚命努力，或為了你所愛的人犧牲自己的時間與精力。

水星在射手座

若你的水星在這個位置，你聰明伶俐、心思敏捷、開朗直率。你很重視表達意見的自由，不能忍受任何人審查你的言論。你靜不下來、充滿好奇心、總是尋求刺激。你可能會頻繁地換工作，或嘗試不同的計畫；你的工作經常有旅行的機會。水星射手的人從未停止學習，你會一輩子持續進修；你喜歡閱讀、探索新觀念，以及進一步了解他人。你行動迅速，能立刻掌握各種概念，但你往往缺乏專注力。有些人覺得你太坦率直言，但這是由於射手座誠實的天性使然。你絕對不會刻意欺騙或掩蓋真相；如果你處世不圓滑，那是因為你說話不經大腦。你有時會覺得，要為了一份工作努力不懈，是很困難的一件事。

水星在摩羯座

若你的水星在摩羯座，你通常小心謹慎、井然有序、富有耐心、懷抱雄心壯志。你不僅擅長處理細節，也絕對不會忽視大局，做決定時，極度理性。你信奉邏輯思考，以及逐步穩定前進，你的心中總是有個暗自追求的目標。水星摩羯常會晉升至領導階層，因為他們是如此可靠且具有權威感。（即便在很小的時候，水星在這個位置的人也明顯具備這種特質。）問題在於，與人相處時，你專斷獨行，往往也對別人的缺點或輕浮的舉動感到不滿。對水星摩羯的人而言，人生很嚴肅；你總是看到黑暗的那一面，儘管你還是能不動聲色地說笑。

水星在水瓶座

水星落入水瓶座意味著聰明敏銳、心思細膩、充滿好奇心且勇於創新。作為水星在這個位置的人，你對周遭的人深感興趣，同時也能對人性做出很好的判斷。你喜歡分析人們的性格與行為動機，觀察力極為敏銳的你可以準確地預測出，某個人在某個情況下，會做出什麼反應。你非常喜歡在公共場合（公車、火車、機場與餐廳裡）觀察別人，你心胸開闊且有些疏離，水瓶座喜歡追尋真理，這就是你的思維模式，你喜歡知性地談論哲學、玄學，以及人類的未來；你或許已經讀過許多偉大思想家的經典作品。你特別適合在先進產業——科學界、發明界、電子業與電視圈工作。你有時可能顯得有些古怪，因為你思想前衛，也喜歡語出驚人。

水星在雙魚座

雙魚座象徵心靈啟示；水星落入這個星座使你心思細膩、直覺敏銳。你的思維模式帶有某種神祕感。你不會根據邏輯思考做出結論；你似乎會靈光一閃，或有某種突如其來的感覺，它們並不是以先前的實際資訊或狀況為基礎。有時候，你會先發表自己的看法，結果事後證明你是對的。作為一個水星雙魚座的人，你充滿想像力與創造力，但往往缺乏自信，有時顯得有些怯懦或迷惘。你能理解人們的缺點、小毛病，以及他們做出的蠢事，並深表同情。在你看來，每個人（包含騙子在內）都有屬於自己的真理。因為你對環境十分敏感，當周遭有任何人或任何事令你心煩或感到不悅時，就無法工作或冷靜地思考。「心不在焉的教授」這樣的形象很適合用來形容水星雙魚的人。

金星

金星象徵愛與歡樂，它掌管你表達愛與享受美好事物的能力。此外，金星也賦予你強大的吸引力，使你更加性感誘人。

藉由檢視你星盤中的金星位置，你可以回答這樣的問題：「你會吸引什麼樣的伴侶？」「你是否嫵媚動人？」「你在愛情裡找到快樂，還是經常感到沮喪？」「你的創造力展現在什麼地方？」

在古代神話中，維納斯（Venus）是掌管愛與情感的女神，是她教會凡人誘惑的藝術。她掌控人心的能力無人能及；她會偷走一個人的理智，就連那些聰明人也不例外；風姿綽約的她走到哪裡，花兒就開到哪裡。這位女神也很任性、喜怒無常，有時甚至居心叵測、不懷好意。

♀ 從天文學的角度來看金星

金星是從太陽算起的第二顆行星（距離太陽約六千七百萬多英哩），長久以來，它一直被稱為地球的「姊妹星」，因為它的大小、質量、密度都與地球非常類似；它也是距離我們最近的一顆行星。金星的軌道介於地球與太陽之間，它幾乎是一個完美的圓形。

金星的公轉週期約兩百二十五天。與水星一樣，這顆行星有時在早晨，有時在夜晚出現。在古代，天文學家認為它是兩顆不同的星星，分別宣告早晨的到來與黃昏的結束。

儘管金星離我們很近，因為它的四周被不可穿透的雲團包圍，在 1960 年代早期以前，其表面樣貌依然是一個謎。此後，太空探測船傳回來的資料顯示，金星跟地球一樣具有堅硬的外殼，表面被火山、山丘與隕石坑覆蓋。最近研究金星的太空探測船是 1990 ～ 1994 年的「麥哲倫號」（Magellan）。根據分析，金星外圍厚重的雲層是由二氧化碳與硫酸所組成。這些雲團將陽光反射出去，使金星在天上顯得如此耀眼。這顆行星柔和、明亮的美麗模樣一直深深吸引著世人。

當金星在你的星盤中特別突顯時，你通常是令人愉快的朋友，非常容易相處。金星也使命主對美與設計具備精準的眼光，並且懂得打扮，讓自己顯得更迷人。此外，金星的影響也可能使人更重視舒適、享受勝過自律。極度自戀、缺乏意志力的人星盤裡都有一顆受剋[74]的金星。

金星的軌道一直都離太陽很近。在你的星盤裡，它不是落在你的太陽星座，就是落在這個星座前後兩個星座。

在占星學裡，金星掌管愛情、感情、友情、美、藝術、佈置、穿著打扮、社交技巧與和諧的關係。這顆行星掌管美好的情緒；它最棒的贈禮就是喜悅。可以說，金星讓生活變得美妙。

星盤裡的金星顯示你如何與異性相處，是否受人歡迎、容易交到朋友，以及擁有什麼藝術愛好。它不僅掌管你愛人，以及與他人分享的能力，也影響你對禮物、花朵、化妝品與藝術品的選擇。作為一顆象徵歡樂的行星，它代表你喜歡什麼樣的娛樂，以及如何使用金錢。

你的金星在什麼星座？

想知道你出生的那一天，金星在什麼星座，請參閱 p457 ～ p460 的金星星曆表。

金星在牡羊座

金星落入這個位置會賦予你熱情、衝動的戀愛特質。你是那種一見鍾情，而且未經思考，就跟著感覺走的人；你極度感性，當你在某個人身上投入感情時，是你覺得自己最完整的時候。雖然

74　當一顆行星受到刑剋時，它的負面能量會被突顯出來。

一開始吸引你的是外貌，要維繫一段感情，你也必須與對方心靈契合；外表邋遢或舉止粗俗、招搖都令你倒盡胃口。作為一個金星牡羊的人，因為你熱情且真情流露，你會結交到很多朋友。你喜歡送禮物給你所愛的人，給他們意外的驚喜。金星牡羊既感性又野蠻，你的情緒很容易被觸動，但你也要求很高，甚至有點自私。人們不該期待你定下來，並安靜地待在家裡。你太輕浮、躁動不安，同時也對愛情過度迷戀。

金星在金牛座

金星金牛的你，溫柔浪漫，但不會太快付出自己的感情。一段糟糕的感情會讓你很難受，所以你會慢慢挑選合適的對象；這一切全憑感覺，而不是理性思考。你的戀愛特質是好色、直接。對你來說，愛情裡不可能沒有性。你對另一半真情流露、慷慨大方（有時會太過頭）。你的熱情令人窒息，會竭盡所能地讓一個人屬於你。對於朋友，你隨時都可以，也樂於提供協助，但在建立友誼時，同樣小心翼翼。金星落入這個位置會帶來財運；你有時會因為婚姻或遺產繼承而獲益。金星金牛具備敏銳的藝術眼光，同時也對音樂很感興趣；此外，你也喜歡吃美食，必須與體重奮戰。

金星在雙子座

如果你的金星在雙子座，在你與某個人發展出感情前，你們得先在思想上相互契合。基本上，你抱持隨遇而安的愛情觀；強烈、沉重的情感承諾如同枷鎖將你束縛。由於你的興趣非常廣泛——文學、音樂、旅行、探索不同的地方（與認識新朋友），你無法只以伴侶為生活重心，這使你顯得有些冷漠。你的反覆無常有時會讓你在感情或婚姻裡遭遇困難，但你很快就會振作起來。即便你的伴侶感到沮喪，他也不會對你生氣很久，因為你實在太迷人風趣。你喜歡與人相處，不僅擁有許多朋友，也往往有不只一位情人（金星對雙子座施加了最迷人的影響）。此外，金星落入這個位置也使人花錢隨心所欲、對錢滿不在乎。

金星在巨蟹座

作為一個金星巨蟹的人，你很浪漫且纖細敏感。對你來說，被愛幾乎比任何事都還要重要，雖然你常會用拘謹的外表來掩蓋這一點。不過，你並非一味盲目，以致於沒有仔細思考，這段感情的未來是否穩固。比方說，若你是個男人，在有可靠收入來源之前，也許不會跟對方求婚；若你是個女人，會先確定自己最後不會變得和他一樣窮，或必須拚命資助他。在愛情裡，你寧可被追求，也不要自己採取主動。某個人追求你，代表他很想得到你，這令你感到安心，一旦你覺得安心，就會變得感性且真情流露。你具備很棒的口才，同時也極度多愁善感。你會為了另一半的生日大肆慶祝，也會記得你們初次見面的紀念日。金星落入這個位置意味著對家人忠心耿耿；金星巨蟹很喜歡待在家裡，通常也喜歡下廚。

金星在獅子座

金星獅子就算沒有做任何事，也能使周遭的人展現出溫暖的一面。你是如此充滿魅力、令人難以抗拒，所以大受歡迎。你極度大方，總是買昂貴的禮物送給你所愛的人，並且在別人面前把他們捧上天；當然，你也需要對方的大量關注與熱情付出。在愛情裡，你必須一直是主導一切的那個人。「全世界都是我的舞台」這句話描述的就是你的情感特質；沒有人可以像金星獅子的人這樣激烈爭吵。你顯然對戲劇深感興趣，而且你多半具備傑出的創造力。你也喜歡擁有美好的事物——金錢、衣服、首飾與毛皮大衣。儘管你自我放縱、追求享受，你還是能為了讓某個人快樂而做出很大的犧牲。

金星在處女座

如果你的金星在處女座，往往會對愛情小心翼翼。有時候，為了避免投入一段感情，你會故意挑對方的小毛病，並且小題大作，將它們當成很大的性格瑕疵。你會努力壓抑內心的情感，因為你害怕自己的感情會被不值得的人糟蹋。在愛情裡，你希望對方能對你另眼看待；但弔詭的是，你常把心交給不懂得欣賞你的人。（由於某種原因，金星落入這個位置會促使醜聞發生。）金星處女的人有很多優點。你聰明伶俐、心思細膩、忠心耿耿且富有同情心；你通常是充滿想像力的作家與老師。你有很好的商業頭腦；雖然話不多，卻也幽默風趣。許多傑出的政府領導人與人道主義者金星都在處女座，他們將自己的愛奉獻給全世界。

金星在天秤座

你很喜歡戀愛的感覺；然而，你浪漫多過於感性。你不看重愛情所蘊含的深意，任何粗俗露骨的事都會讓你感到厭惡；對你而言，愛對方的靈魂才是真愛。但這並不代表你很純潔，事實上，你太容易墜入情網，而且往往同時擁有不只一段感情。然而，金星天秤的伴侶必須遵循所有正確的儀式與招數——香檳營造出的浪漫氛圍、親密的燭光晚餐、為你而寫的深情詩篇，以及美麗的禮物，還有會融化你的心。你認為迷人的儀態很重要，不符合你期待的人會立刻被你忽視，不管他們擁有什麼樣的內在特質。金星天秤可能會對任何擅自行動的人很冷淡。金星落入這個位置意味著具備出色的藝術天分，或設計與佈置方面的才華。在合作關係或婚姻裡（你有時會把兩者結合在一起），會因為投入創意計畫而取得成功。金星天秤的人熱愛物質享受與奢侈品，容易花錢沒有節制。

金星在天蠍座

若你的金星在天蠍座，會全心全意地愛一個人，你擁有強烈而深刻的情感。你的性生活充滿激情且真情流露；在愛情裡，性愛層面會被突顯出來，但你也很注重精神層面。你非常想要完整地擁有對方，使他全然臣服於你。可以預見的是，這會導致激烈的衝突，因為任何人都很難承受這樣的佔有慾。你對他人的冷落十分敏感，可能會因此勃然大怒；如果某個人沒有回應你的感情，你甚至會懷恨在心（不過，如果你的太陽在天秤座或射手座，這種嫉妒心會變得比較輕微）。金星天蠍的人往往會因為婚姻或事業合作而獲利；你具備強大的想像力，而且多半從事藝術創作。

金星在射手座

金星射手會帶著冒險精神開始一段感情，你喜歡在愛情裡享受刺激，就像你生活中尋求消遣一樣。一開始，你總是極度浪漫；作為一個金星射手的人，你的感情似乎不曾平淡無奇。然而，你無法一直維持這樣的情緒，所以絕對不會為了另一個人完全犧牲自己的自由。你想要的是不可能得到的東西——完美的愛情，即便你真能找到完美的對象，也會因為被對方擁有而變得退縮。你的心態是如此矛盾，難怪最後你會讓你的伴侶感到困惑。基本上，金星射手活潑外向、充滿想像力。你通常會結交到深具影響力的朋友，同時也覺得，與朋友相處比與另一半相處輕鬆得多；其中一個原因是，友情的要求沒有那麼高。在外國或離家很遠的地方進行創意計畫能為你帶來好運。

金星在摩羯座

凡事都很謹慎的金星摩羯對愛情也同樣小心翼翼。有時候，人們也許會認為你冷酷無情、愛算計，因為你相信「愛上富有的人與愛上貧窮的人一樣容易」。事實上，這句話起初可能就是某個金星摩羯的人說的。但這並非事情的全貌，在愛情裡，你忠心耿耿、穩重可靠；就算你結婚時並不富裕，也會努力提供另一半安全感（這當中也包含了物質享受）。你或許不會花言巧語、流露熱情，但還是能表達出自己真正的意思。在性愛上，你熱情而直接，但在情感上，你依然保持冷靜，兩者之間有著天壤之別。你可以在性愛上投入，卻同時在情感上疏離。金星落入這個位置意味著佔有慾強、愛吃醋，以及害怕被拒絕；一旦被冷落，金星摩羯的反應就是徹底冷淡。

金星在水瓶座

金星在水瓶座會使人特別和善、充滿關愛。你雖然很仁慈、樂善好施，卻不是一個情感豐富的人。在理智上，你用一種疏離的態度看待愛情；對你來說，個人自由是最重要的，任何關係都必須讓你自由地追尋各種興趣與嗜好、認識新朋友，並且交遊廣闊。你無法忍受另一半吃醋；當對方表現得情緒化時，你會直接轉身離開。你深信公平與坦率的重要性。作為一個金星水瓶的人，你很可能擁有柏拉圖式的關係，因為性愛對你更像是情感束縛。你非常受歡迎，可以吸引很多仰慕者，但往往會選擇把自己的個人魅力運用在更重要、更恆久的事情上，而不只是用來談情說愛。水瓶座象徵希望與願望，金星落入這個位置通常會使你獲得夢想中的事物（雖然要等到中年以後）。

金星在雙魚座

作為一個金星雙魚的人，通常都擁有溫暖的情感，也能深刻地付出。在愛情裡，你溫柔和善、極度敏感，而且善變。你無意反覆無常，只是愛上一個人的感覺如此美好，同時被愛也令你覺得完整。不幸的是，你往往會選錯對象，他們一味地接受你的情感，卻不會給予回報。金星雙魚經常因為祕密戀情而帶來傷痛，你看待愛情向來全憑直覺，而不是邏輯思考。金星在雙魚座是最犧牲自我，或最重視親人快樂與否的位置。你能真正同理他人所遭遇的問題。金星也代表充滿想像力與創造力、具備藝術天分，這有助於你將自己的感受透過寫作、表演或音樂表現出來。此外，金星雙魚的人也十分慷慨大方，因此錢通常會從他們的指縫中溜走。

火星

火星象徵體力。它掌管性慾，使你積極強勢，火星是驅策你行動的行星。

你的兩性關係是否熱情、激烈、充滿爭吵？你很快就會發飆，還是會先怒火中燒，然後再爆發出來？與人發生衝突時，你會冷漠地蔑視，還是表現出怒氣？你的意志是否堅強？競爭是否會激發出你的鬥志？想深入了解這股果斷的力量，必須檢視你星盤裡的火星位置。

在古代，火星激發人們的想像力，因為顏色火紅，火星一直被稱為「火焰之星」。它是以羅馬神話中的戰神瑪爾斯（Mars）來命名。「瑪爾斯」的意思是「閃耀與燃燒」，他是戰士，在爭鬥中顯得鬥志高昂。具有攻擊性、喜歡爭吵的他總是毫不猶豫地加入戰局。

在占星學裡，火星掌管活力、勇氣、獲勝的決心，以及將想法付諸行動的能力。這顆行星象徵力量、熱情、慾望、野心與性慾。你的性衝動是火星的主要管轄範圍，因為它掌管性器官。你星盤中的火星位置顯示，什麼事會激起你的熱情，以及你能否照自己的方式做事。此外，它也可以看出你具備何種耐力，以及你有多容易發生意外。

火星的影響也會帶來憤怒、爭執、緊張、衝突、破壞與意外。它掌管熱能、火、地震、暴力事件與戰爭；火星的負面能量可能會使人突然受傷或生病。

當火星在你的星盤中特別突顯時，你是一個行動派，精力旺盛、體格健壯；你通常積極進取、動作迅速，而且討厭被指使。

火星的能量可能會讓你喜歡與人爭辯、爭吵，做事不顧後果，以及在兩性關係裡遭遇許多分歧。你或許是個強勢的領導者，熱愛冒險、具備開創精神，但也可能衝動魯莽、急躁易怒、缺乏耐心；端看你如何運用火星的能量。

火星的最高境界，是賦予你無與倫比的精力與堅強的意志，你可以積極地加以運用。

你的火星在什麼星座？

想知道你出生的那一天，火星在什麼星座，請參閱 p461 ～ p462 的火星星曆表。

火星在牡羊座

火星在牡羊座是它最自然的位置（牡羊座正是火星所守護的星座），會突顯出你的充沛活力與耀眼才華。作為一個火星牡羊的人，你充滿自信且具備堅強的性格；周遭的人總是知道你對一件事的看法，因為你會明確地告訴他們。你誠實、勇敢，但另一方面，你也可能直言不諱、好戰、處世不圓滑；熱情如火的你很快就會被點燃。在性愛上，你主動、強勢，並積極追求自己想要的東西（無論那是長期伴侶，或只是一夜情的對象）。許多火星牡羊的人都在大公司工作或從政，因為火星在這個位置的人有很強烈的成功慾望。你可以用你的想法吸引他人，你朝氣蓬勃的外表將能持續一輩子。

火星在金牛座

若你的火星在金牛座，通常會因為意志堅定、鍥而不捨而取得勝利，緩慢而穩定的行動驅使你邁向成功。對你而言，成功意味著獲得金錢、物質財富，以及真愛。你會在性愛上耗費很多精力；好色的你熱情而直接。在愛情裡，你會試圖掌控並擁有一切，生性強硬的你或許也會變得極度固執。你往往會遇到各種困難，因為你不願意正視別人的想法。

♂ 從天文學的角度來看火星

當我們從太陽出發時，火星是地球軌道外側的第一顆行星。它是從太陽算起的第四顆行星（距離太陽約一億四千一百二十五萬英哩）。火星的直徑約有四千兩百英哩，大小約為地球的一半。它與地球一樣會自轉，而且白天長度跟地球非常接近（約二十四小時又三十七點五分）。然而，一個火星年（它繞太陽公轉的時間）有六百八十七天，近乎地球年的兩倍。

我們透過望遠鏡很清楚地看見火星，也注意到火星上的隕石坑與岩石地形。1976 年，當「維京一號」（Viking 1）登陸火星時，證實這顆行星地表貧脊荒涼、佈滿了岩石。我們也在火星上發現巨大的火山（其中一座火山高超過十五英哩、寬三百五十英哩），以及長兩千英哩的峽谷。這顆行星的兩極都有白色的極冠（很像地球的南、北極），我們認為這兩個極冠是由水冰與乾冰所組成。1996 年，科學家分析從火星帶回來的岩石，並宣佈其中藏有貌似細菌的微生物化石（三十六億多年前，這種微生物可能曾經在火星上生活過）。科學家們不斷爭論，它是否是火星原始生命的遺跡。

對地球上的一般觀測者而言，火星最顯著、美麗的特徵就是它的顏色。它散發出紅棕色光芒，在天上十分耀眼。太空探測船傳回來的資料顯示，火星表面佈滿了氧化鐵，這使它成為一顆紅色的星球。這顆行星四周的天空也帶點粉紅色，最有可能的原因是，火星的空氣中充滿被強風吹起的沙塵微粒。每十五年，火星都會變成除了金星以外，最靠近地球的行星。此時，閃耀著紅色光芒的火星看起來甚至比天上其他星星都還要明亮。

由於你具備強大的毅力，幾乎能創造出所有你想像得到的事物。有時候，你容易感到沮喪或發脾氣，這會破壞你的好心情。在你的一生中，通常可以累積財富，但也會大肆揮霍。

火星在雙子座

火星在雙子座會促進活躍的腦力活動。你聰明伶俐、頭腦靈活，能迅速掌握各種概念，並提出新點子；你敏銳、務實，很快就可以做出結論。問題在於，你缺乏意志力；你猶豫不決、搖擺不定，遲遲不付諸行動。在與一個人真正發生關係之前，你會先在心裡感受自己的慾望；你很享受兩人親熱的過程，同時你的慾望也很容易被挑起。然而，只要一段感情失去熱情、趨於平淡，你就會設法逃跑；你往往有過好幾段戀愛與婚姻。火星雙子的人能藉由文字與言語的力量來激勵並領導他人。你的聲音通常很有磁性，而且深具說服力。

火星在巨蟹座

火星的能量在巨蟹座變得微弱。你擁有強大的意志力，但從來不會直接表現出來；你會如同潮水般持續襲擊，直到消弭反對力量為止。每一波浪潮累積起來的效果驚人。在性愛上，月亮巨蟹很感性，不僅注重感官感受，同時也很細膩；你的親熱方式是一種訴諸直覺的藝術。但你的熱情取決於另一半的態度。如果對方反應遲鈍或興趣缺缺，他也許會發現，你的熱情稍縱即逝。然而，作為火星在這個位置的人，你會緊抓著一段令你不愉快的關係，你頂多變得緊張易怒而已。你常需要宣洩自己被壓抑的情緒，通常情感豐富、視野廣闊。

火星在獅子座

在獅子座，火星的熱情會被突顯出來，星盤中有火星在這個位置，你絕對非比尋常。你會訂立偉大的計畫，並積極地付諸行動；沒人可以像你這樣吸引人們的關愛。此外，你的性慾也極為旺盛，熱情、衝動的你會擁有美滿的性生活，因為你精力充沛。在愛情裡，你必須掌控一切，獲得大量關注，但也溫柔體貼、情感豐沛。你比較喜歡在舒適、奢華的環境裡親熱。在工作上，你充滿創意，有時也蠻橫霸道，甚至有點高高在上。火星獅子的人會用自己的角度來看待各種事件；你絕對不會只是默默地觀察。你在從事投機買賣與賭博時會很幸運，也常會結交到深具影響力的朋友。

火星在處女座

作為一個火星處女的人，你是個出色的員工；你會用系統化的方法取得最好的表現。你野心勃勃，而且有些驕傲，雖然有時從外表看不出來。你的意志極為堅強，在做決定時，你能將自己的情緒抽離。在工作上，你精明、善於算計，同時也有默默努力的決心，你不信任那些只想處理大問題的人，因為在某種程度上，這種人似乎永遠都做不出任何有用的結論。在性愛上，火星處女或許看似冷淡，但你其實讓床第之事變得更美好；你既想要肉體上的狂喜，也想要心理上的刺激，你會努力壓抑心中強烈的熱情。火星處女的人通常會在必須掌控情緒的工作（例如政治人物、心理學家與調查人員）上取得成功。在將計畫付諸行動時，你必須注意不要拘泥細節。

火星在天秤座

當火星落入天秤座時，這顆行星的能量似乎不太穩定。在性愛上，你衝動魯莽、注重感官感受，會花很多心力建立情感關係。但你對親熱有些慵懶，往往要由對方發動攻勢，而不是你主動出擊。你很理想化，也有細膩的審美觀，任何粗俗的事物都會使你倒盡胃口。你比較喜歡跟溫文儒雅、經驗豐富的對象發生關係，但容易擁有不美滿的性生活。火星落入這個位置會賦予你獨特的藝術或文學天分，你的創作兼具美與平衡，能給大眾留下美好的印象。火星天秤的人深信公平競爭的價值；在採取行動前，你總是會先謹慎地衡量利弊得失。

火星在天蠍座

當火星落入天蠍座時，毅力與強烈的情感會被突顯出來。作為一個火星天蠍的人，你睿智、堅毅；力量多半展現在你的努力不懈、鍥而不捨，而不是積極行動上。你做事很有秩序，總是朝著某個目標前進；你不會做出無謂的舉動，或耗費不必要的精力。你的性慾強烈而深刻，但有時也很感性——以憤怒、嫉妒、受傷與不滿的情緒表現出來。雖然在感情裡，可能會顯得冷酷無情，你通常只是易怒且喜歡與人爭吵。火星落入這個位置會提升你的想像力與創造力，你總是能打動身旁的觀眾。你常會被與危險或死亡有關的職業或場景吸引。

火星在射手座

在射手座，火星會展現出它耀眼的光芒，它會使你勇敢大膽、獨立自主。你衝勁十足，卻也容易分心；你會被新計畫吸引，而你稍縱即逝的熱情也將轉移至此。這不代表你沒有完成任何事，因為你可以在很短的時間內，就拿出很棒的成果。生性開朗、充滿熱情、注重感官感受、愛探索的你可能談過好幾次戀愛，你覺得情感承諾對你是一種束縛。一段關係會迅速展開，然後又迅速結束，你往往衝動魯莽。你在演說與寫作時機智風趣，能取悅他人；你總是給人們留下美好的第一印象。

火星在摩羯座

火星落入摩羯座代表力量與能量受到控制，在必要時才會加以運用。作為火星在這個位置的人，你富有魅力、狂熱且威嚴獨具。你頑固且具有耐力。遇到阻礙時，你會執意克服它們。你宜動宜靜。在性愛上，你熱情而直接，但在愛情裡，你也很有自制力。你有時熱情、性感，甚至浪漫，有時則冷淡、漠不關心。你通常會把精力用在能讓你表現得最好的地方；年輕時，火蠍摩羯常會與較為年長的人有一段祕密戀情。到了人生的某個時間點，強烈的野心往往會使火星摩羯的人受到大眾矚目。

火星在水瓶座

在水瓶座，火星的能量會展現在心靈層面上。你的動作很迅速，但在採取行動前，必須先好好思考。你通常很外向，同時也會參與各種不同的計畫；你具備改革精神，或者會為了思想自由而奮戰。你有些神經質且難以捉摸；你會在獨自行動與參與團體活動之間掙扎。在性愛上，你也充滿矛盾；你心中強烈的慾望有時不會表現出來，你會試著理性地看待一段關係，並且不停地在熱情與冷靜之間擺盪。你承認自己的性慾，卻不想被它捆綁，有時候，這會導致你擁有好幾段感情（往往是同時），因此你都無法全心投入。作為一個火星水瓶的人，你能敏銳地洞察人性。

火星在雙魚座

雙魚是一個情感豐富的星座；火星雙魚讓你可以激起人們的情緒，並掌握它們。若你的火星在這個位置，你可能會具備強大的想像力。許多藝術家、作家與演員的火星都在雙魚座。你對周遭的環境極為敏感；你會先記住你的印象，然後讓它們在適當的時機派上用場。你會毫無怨言地為他人承擔責任。在性愛上，你的情感非常強烈，你注重感官感受，而且極度熱情。在親熱時，你會試圖全心投入，因為這樣可以使你和另一半變得更加親近；在愛情裡，你或許會感到失望。在你的一生中，你會結交到深具影響力的朋友，同時因為這些人脈而獲得金錢收益。

木星

木星象徵幸運、成功、樂觀與慷慨。它為人生帶來歡樂。

你是一個大方的人嗎？你是否藉由好友取得成功？你能否將想法轉變成收益？當你最需要好運時，幸運女神是否會站在你這邊？如果你的答案都是肯定的，代表木星在你的星盤中相位良好。你星盤裡的木星位置顯示你會在什麼地方找到好運與機會。這顆仁慈的行星可以看出，你在何處最有拓展空間，以及在哪些領域收穫最為豐碩。

木星一直和「擴張」與「富足」連結在一起。在神話中，朱庇特（Jupiter）是天神，同時也是眾神之王。親切和善、無所不能的他象徵榮耀、善意與智慧。

在占星學裡，木星被稱為「大幸運」（Greater Fortune），金星則被稱為「小幸運」（Lesser Fortune）。木星掌管健康、快樂、好運、世俗的財物、崇高的地位，以及誠信、知識、高等教育與寬廣的視野；其影響使人願意投入生活，並累積不同的經驗。木星給予的是哲學層面的智慧，而不是水星所賦予的靈活技巧。

你星盤中的木星位置顯示你有多親切外向、能否吸引財富，以及從事什麼工作最幸運。木星代表那些你能輕易獲得的美好事物；它象徵「白吃的午餐」。據說當木星幫助你時，你絕對不會被擊垮。你常會發現，木星的能量在最後一刻向你伸出援手；然而，除非你好好地利用木星的餽贈，不浪費它們，否則它們很快就會消失。

當木星在你的星盤裡特別突顯時，你通常很和善、樂觀開朗、心胸開闊、受人歡迎，而且能在工作與事業上取得成功。（有趣的是，你可能會發現那些立刻跟你打成一片的人，木星都落在你的太陽星座。）

木星也可能過猶不及，因為它會使你懶惰、愛好享受、奢侈浪費、揮霍金錢，以及盲目樂觀。若一切得來全不費工夫，你永遠都不會變得堅強，或獲得心靈成長。

木星象徵祝福，我們必須學會聰明地運用這些祝福。

你的木星在什麼星座？

想知道你出生的那一天，木星在什麼星座，請參閱 p463 ～ p466 的木星星曆表。

木星在牡羊座

當你在工作上可以自己作主時，幸運會跟隨著你。當你必須聽從別人的命令時，性急、獨立自主的你會感到不滿，同時也會試圖改變這種情況。你充滿熱情與自信，是天生的領導者，能經營各種公司、團體、組織與社交場所。你擁有獨特的想法，依靠自己的意見與能力會讓你更快取得進展。你或許有點霸道，有時花錢也相當奢侈。木星落入這個位置使你能說服有力人士，並在工作上獲得他們的幫助。木星牡羊常會在政治、軍事、科學與文學界取得很高的地位。當太陽行經牡羊座、獅子座和射手座時，是你一年中最幸運的時候。此外，太陽在這些星座的人也可能會為你帶來財務收益。

木星在金牛座

木星在金牛座是非常和諧的位置；金牛座是十二星座中的金錢星座，而木星則會帶來富足。你會在財務相關領域（例如銀行業、股票與債券）取得成功，投資也很可能會獲得報酬。你處理金錢的方式很保守；對你來說，安全感極為重要。（但如果你的木星受到刑剋，或者金星在你的星盤裡特別突顯，你將會在奢侈品上花太多錢。）作為一個木星金牛的人，你對美與藝術有獨到的眼光。你往往會蒐集畫作、雕刻、珠寶與古董，它們通常都會增值；在這個星座，木星會賦予你悅耳的聲音與出色的藝術天分。木星金牛若在家工作（像是寫作、室內設計與藝術收藏），也會取得成功。木星金牛的人往往會跟很棒的對象結婚；你常會藉由異性獲得工作機會。當太陽行經金牛座、處女座和摩羯座時，是你一年中最幸運的時候。

木星在雙子座

如果你的木星在雙子座，你會充滿冒險精神且勇於冒險。儘管你不一定會尋求賺錢的機會，通常也會透過朋友與人脈獲得這些機會。你在知識界工作，例如教學、演講、外交與法律相關工作上表現得最好。你在航空產業也會有很好的表現。雙子座象徵溝通；若你的木星在雙子座，會在與溝通有關的事業（像是表演、出版、雜誌寫作、電視採訪或評論）上獲得財務收益。作為一個木星雙子的人，你聰明、多變，往往會因為不同職業而變得出名；到了人生的某個時間點，你幾乎一定會轉換跑道。當太陽行經雙子座、天秤座和水瓶座時，是你一年中最幸運的時候。

木星在巨蟹座

這是木星最幸運的位置之一。作為一個木星巨蟹的人，你擁有很棒的性格；你和善、樂觀、風趣，你無論到何處都受人歡迎，這會為你帶來許多機會。巨蟹座是一個能守住錢的星座；木星在這個星座的人在投資、房地產、股市與遺產繼承方面都很幸運。你充滿想像力、富有同情心，同時也在創意活動上表現得很好。古老的東西對你有種特殊吸引力；你會在古董生意與博物館工作上取得成功。任何和美食與美酒有關的事物也會為你帶來好運；你多半是出色的廚師、餐廳老闆或食譜作家。到了中年時，你或許會獲得足夠的物質財富，能確保晚年過得平靜、安穩。你會成為很棒的父母，而你的孩子也會對你有很大的幫助。當太陽行經巨蟹座、天蠍座和雙魚座時，是你一年中最幸運的時候。

木星在獅子座

木星在獅子座會讓你特別有公眾魅力。若你是木星在這個位置的人，非常適合從事電視、電影、戲劇、廣告、公關與政治相關工作。你會透過領導他人充分發揮潛能，如果你被迫處於最低位階，你會感到極不開心。你懷抱雄心壯志，同時也喜歡誇張地展現自己；在能善用這種能力的地方，例如時尚界、演藝圈，以及強力銷售（high-powered selling）工作，你注定會成功。問題在於，這樣的成功或許來得太過容易。此時，木星獅子的人可能會變得自負且貪戀權力。幸好這種事不常發生，因為木

♃ 從天文學的角度來看木星

太陽系裡的第五顆行星是木星（距離太陽約四億八千三百五十萬英哩）。它是太陽系中最大的行星，質量是地球的三百多倍，直徑則約有八萬九千英哩。木星是如此巨大，它在容納地球與其它太陽系行星之後，還剩下很多空間。在某些時候（每十三個月左右），閃耀著白色光芒的木星是天上最明亮的一顆星星。

木星的公轉週期略少於十二年。它與地球一樣會自轉，而且以這麼大的行星來說，它實在轉得很快。一個木星日只有九小時又五十點五分。因為自轉速度非常快，木星的赤道上有一個明顯可見的突起。

天文學家很早以前就注意到，太陽系行星之間的距離遵循著某個次序或公式（稱為「波德定律」〔Bode's Law〕）[75]。水星、金星、地球與火星都依循這個次序。然而，火星與木星的間隔龐大，所以天文學家一直在這個空間裡找尋某顆「消失的行星」。1801 年 1 月 1 日，一顆直徑約有四百八十五英哩的小行星[76]在這裡被發現。此後，這個區域又發現了數以萬計的小行星，現在被稱為「小行星帶」（asteroidbelt）。有一種理論認為，它們是太陽系中某顆古老行星被撞擊後的碎片。另一種理論則認為，這些小行星未來將會組成一顆較大的行星[77]。

1973 年，「先鋒十號」（Pioneer 10）發現木星所發出的熱能，約是它從太陽吸收的兩倍。可見它的內部也能產生熱能；它其實是一個小太陽。著名天文學家卡爾．薩根（Carl Sagan）把木星稱為「失敗的恆星」，意指木星與太陽是由相同的元素（氫和氦）所構成，但它卻不像太陽一樣擁有自己的行星。不過，有一種理論認為，木星可能曾經是我們這個星系的中心，同時也是火星、金星、地球，以及那顆消失的行星（現在的小行星帶）的起源。

1979 年，航海家一號和航海家二號傳回來的照片讓我們對木星有了新發現——它的四周有由塵粒所組成的環帶。（在接下來的十年裡，航海家二號也發現了天王星與海王星周圍的環帶。）1995 年 12 月，太空船「伽利略號」（Galileo）在航行六年後登陸木星。這艘探測船傳回數千張熾熱的木星大氣層與十六顆衛星的清晰照片，直到它以高速衝進木星的大氣層，並被極高的溫度（華氏 3400 度）燒毀、蒸發為止。

75　目前的天文學界多半認為波德定律純屬巧合。

76　即穀神星（Ceres）。

77　太陽系中絕大部分的小行星都是原始太陽星雲的星子，這些星雲在太陽形成初期就已經存在。星子會相互碰撞，合併成大行星，或者碰撞成碎片與殘骸拋灑出去。因為木星巨大的質量產生了引力擾動，現在這些星子大多停留在火星與木星之間。

星會使你活力充沛、熱心、充滿個人魅力。周遭的人會想要為你做些什麼，你也常因為深具影響力的朋友而獲益。當太陽行經獅子座、射手座和牡羊座時，是你一年中最幸運的時候。

木星在處女座

當木星落入務實的處女座時，你可以因為某個嗜好或娛樂而取得成功。很多木星處女一開始都只是經營小本生意，然後建立起自己的王國。如果木星在這個位置，你會聰明伶俐、善於分析，而且努力不懈，找出能獲得最大收益的穩當方法。在探求知識時，木星的能量會包圍著你，但木星處女與木星落入其他聰明星座時的差異在於，處女座擁有極為豐富的常識。你也擅長處理細節，會按部就班地拿出最好的表現。你可能會是很成功的老師、會計人員、文學評論家、記者或時事評論員。你能掌握各種實際資訊，且系統化地運用它們，藉以獲得科學、醫學與太空科技領域的工作。當太陽行經金牛座、處女座和摩羯座時，是你一年中最幸運的時候。

木星在天秤座

木星落入這個星座使你性格迷人、富有魅力。你的藝術天分，以及對美與和諧的細膩眼光會為你帶來好運；你多半是才華洋溢的音樂家、畫家、室內設計師、服裝設計師或藝術收藏家。你能展現自己的才華，並結交到身居高位的朋友。喜歡宴客的你可以營造出輕鬆愉快的氛圍，因此贏得了許多夥伴。和木星在其他位置的人相比，你更能從婚姻中獲益；婚姻通常會為你帶來社會地位與財富，有時也會讓你有進入商業界的機會。木星天秤的人與人合作時是最成功的；你絕對不要獨自創業。公正、不偏頗的你可能會成為傑出的法官、律師或外交官。當太陽行經雙子座、天秤座和水瓶座時，是你一年中最幸運的時候。

木星在天蠍座

木星天蠍會大幅增強你的意志力與個人魅力，如果你的木星在這個位置，往往會在藝術創作上取得成功，很多木星天蠍的人都擅長找出隱藏的資訊。這也許會讓你成為出色的精神科醫生、研究人員、政治人物，或政府單位的保全人員。對異性的強大吸引力會為你帶來好運。你往往會藉由兩性關係獲得工作與賺錢的機會。天蠍座象徵死亡與重生，而木星落入這個星座會提升其醫療與手術技術。對關於錢的事很精明，多半也很容易因為投資而獲得好的報酬。在一生中，有時會因為遺產繼承而獲益。當太陽行經巨蟹座、天蠍座和雙魚座時，是你一年中最幸運的時候。

木星在射手座

木星是射手座的守護星，因此這顆

行星擴張、慷慨大方的特質會被突顯出來。木星落入這個位置使你喜歡享受生活；你花錢隨心所欲，幸好你的財運通常很好。和其他位置相比，木星在這裡會帶來更多成功。作為一個木星射手的人，你能將腦袋裡的點子變成錢；你懷抱雄心壯志，同時也會因此獲利。此外，你通常會跟很棒的對象結婚，而且多半會繼承一筆錢。不過，木星射手不會讓你變得愚昧無知或重視物質；若你的工作不符合你的天職，你往往會選擇放棄薪資優渥的職位。極度聰明的你對政府、法律、外交相關職業，以及文學與哲學領域深感興趣。當太陽行經牡羊座、獅子座和射手座時，是你一年中最幸運的時候。

木星在摩羯座

在意志堅強、重視物質的摩羯座，木星的能量會透過野心展現出來。作為木星在這個位置的人，你會透過努力工作與強大的意志力向上晉升。摩羯座是土象星座，所以在某種程度上，木星的影響對土地相關產業——採礦、營造、土地開發、房地產與石油產業有利。你的成功並非曇花一現，你會逐步取得成功，但長期來看，你會達到巔峰，因為你是個嚴謹自律的人。木星魔羯會賦予你很好的商業頭腦；你很精明，而且通常會保守地處理你的財務。人們或許會發現，奇妙的是，你既節儉又奢侈。你可能會省小錢花大錢，這對你的事業很有幫助——你會謹守預算，但在必要時，也不會害怕花錢。當太陽行經金牛座、處女座和摩羯座時，是你一年中最幸運的時候。

木星在水瓶座

木星水瓶會使你充滿魅力，結交到許多朋友。你通常會因為朋友與意想不到的機會而找到好運。水瓶座也象徵未來，作為木星在這個位置的人，你往往會在現代職業（電視、電腦、電子、航空與太空產業）上取得成功。如果某項活動只是為了賺錢，你很快就會感到無趣。在需要寬廣視野的地方，你通常會獲得最好的工作機會。此外，你也具備特殊的音樂天分；很多木星水瓶的人都在音樂界變得很出名。木星落入這個星座最棒的好處是，會為周遭的人帶來好運。你對人性很敏銳，同時也抱持理想化的態度。當太陽行經雙子座、天秤座和水瓶座時，是一年中最幸運的時候。

木星在雙魚座

木星在這裡很強勢，因為它讓你能對人們訴諸情感。直接與人群接觸，特別是涉及大量情緒的工作，會為你帶來成功，若你從事療癒相關工作更是如此。木星也會突顯出你的想像力、智慧，以及崇高的理想。一般而言，當你的工作與助人有關時，會表現得最好。在政治界、慈善機構，或從事社會與宗教工作時，木星雙魚的人往往會脫穎而出；與海上旅行有關的工作會為你的人生帶來其他機會。你也善於對待小動物，這可能會使你成為很棒的獸醫；你多半會因為養馬、養牛，或飼養觀賞用貓狗而獲利。此外，木星雙魚通常會賦予你潛藏的野心；你極度討人喜歡、受人歡迎，因此能獲得好運。當太陽行經巨蟹座、天蠍座和雙魚座時，是你一年中最幸運的時候。

土星

土星象徵責任與努力工作的敬業精神。在它的影響下，一個人會因為試煉與阻礙而變得堅強。據說土星會約束我們，直到我們學會自我約束為止。

你能否堅持到底，直到將任務完成？你是否有時覺得問題重重，或總是遭遇困難？人們覺得你很固執嗎？你是否有時感到孤獨、沮喪？若你的答案是肯定的，那你已經在生命裡感受到土星的存在。

這顆行星是以羅馬神話中的巨人神薩圖恩（Saturn）來命名（薩圖恩是朱庇特、涅普頓和普魯托的父親）。土星也是「時間老人」的象徵，它讓一切事物終結。在占星學裡，土星象徵勤奮、自我控制與限制。耐心、穩定性、成熟度、現實性都在它的管轄範圍內。它會帶來嚴峻的考驗，使你感到備受限制。

土星被稱為「嚴格的老師」，因為它教導我們必須學會的人生課題。在宇宙的偉大計畫中，土星不會給予我們無法應付的任務。在土星的影響下，我們藉由克服種種困難與阻礙來獲得成就。有時候，努力本身就是報償，因為透過努力，可以變得堅強。到最後，土星教給我們的一切會跟著我們一輩子。

你星盤裡的土星位置顯示你如何承擔責任、是否嚴謹自律，以及將會遇到什麼樣的耽擱與反對。

當土星在星盤中特別突顯時，你通常都很可靠、值得信賴且富有耐心。土星賦予你耐力、毅力與韌性，讓你得以發揮潛能。土星會將報償延遲，直到你付出足夠的努力為止。它給予你等待的能力，並且使人性臻於完美。這顆行星象徵堅決、勇敢與正直。

很多人都因為土星帶來負擔而逃避接受，但其實無須對它感到害怕。如果你回顧過去，或許會發現，自己因為克服各種阻礙而變得更有耐力，同時也獲得了滿足。

土星的負面影響則可能讓人野心過大、心機重、自私、孤僻、壓抑、痛苦。這樣的負面影響與不知變通、冷酷無情、悲觀、缺乏幽默感連結在一起。此外，土星也代表疾病、殘廢與不幸。然而，請記得，土星只是星盤裡的諸多要素之一；土星的影響顯然很重要，但它的能量不一定是最強大的。

從象徵意義來看，土星掌管我們的命運。我們都無法逃離命運，而且必須為自己所獲得的一切付出代價。

你的土星在什麼星座？

想知道你出生的那一天，土星在什麼星座，請參閱 p467 ～ p469 的土星星曆表。

土星在牡羊座

土星會給象徵企圖心的牡羊座帶來延遲，使你感到困惑。若你是一個土星牡羊的人，你可能會一下子很堅強，一下子卻又優柔寡斷、猶豫不決。這不是一個輕鬆的位置，因為你必須一直設法克服種種阻礙；你多半能獲得成功，但也會感到挫折、沮喪。土星牡羊讓你意志堅定、野心勃勃，同時也會提升你掌控他人的能力。從負面角度來看，土星牡羊可能會固執己見、專斷獨行，有時也很孤僻、暴躁。一般而言，你會在年輕時遭逢人生最艱困的時候，你會因此變得堅強，年歲漸長後，對你會很有幫助。你遇到的困難會一年比一年少，而且變得越來越成功。土星在這個位置的人往往會為頭痛與牙齒方面的問題所苦。

土星在金牛座

在金牛座，土星固執、頑強不屈的特質會被突顯出來。土星落入這個位置使你能幹、意志堅強，同時也能認真地承擔責任。你近乎死板頑固，往往會努力累積財富，因為在你的內心深處，你害怕自己將會變得孤苦無依。不幸的是，土星金牛代表你的財務狀況並不寬裕；錢通常來得很慢，而且會逐漸消失。你往往會花費很大的心力存錢，投資股票、債券與房地產（你覺得你必須擁有這些東西）。因此，人們有時會認為你重視物質、自私自利。然而，一旦你獲得物質享受（通常在年歲漸長後），就會對那些需要幫助的人很慷慨，因為你明白何謂貧乏。土星落入這個位置讓你容易感冒、喉嚨痛、罹患甲狀腺疾病。

土星在雙子座

土星在雙子座是一個很好的位置。這個星座聰明、多變的特質會被土星突顯出來；這顆行星的穩定性使頭腦敏銳的你更多了深刻的理解力。你或許也喜歡冷嘲熱諷、生性多疑，甚至冷酷無情，

♄ 從天文學的角度來看土星

在十八世紀末以前，土星是太陽系裡最遠的行星。它是從太陽算起的第六顆行星，距離太陽八億八千七百英哩，幾乎是木星與太陽距離的兩倍。土星是一顆巨大的行星（大小僅次於木星），它的赤道直徑約有七萬五千多英哩。土星的運行速度非常緩慢，要花二十九年半才能繞太陽一圈。以這麼大的行星來說，它的自轉速度很快；一個土星日只有十小時又十四分。

對地球上的一般觀測者而言，與耀眼的木星相比，散發淡黃色光芒的土星顯得相當黯淡。在古代，土星被視作最無趣的行星，因為它既沒有火星的紅色光芒，也不如木星閃耀或金星柔和、明亮。古人對土星興趣缺缺，是對它的一種誤解。我們直到最近才發現，土星其實有好幾種顏色，它的表面上有著黃色、金褐色與紅棕色的紋路。因為土星擁有引人注目的環帶[78]，它現在被認為是最有趣的一顆行星。

1610 年，伽利略首次透過望遠鏡看到這些環繞在土星赤道周圍的環帶，它們的顏色或亮或暗，十分雄偉壯觀。1969 年以前，天文學家認為土星只有三條環帶，結果在這一年裡發現了第四條環帶，不久後又發現了第五與第六條環帶。接下來，到了 1980 年 11 月，美國的太空探測船「航海家一號」抵達土星，並傳回許多天文奇觀的照片，完全顛覆我們的想像——土星四周不只有六條，而是有數千條不同的小環帶，宛如一張寬十七萬英哩的黑膠唱片上的螺旋紋路。這些照片顯示，環帶中還有更細的環帶，像是巨大池塘裡泛起的漣漪。這些環帶是由大量冰粒所構成，它們大小不一，其中有些如同雪球，也有幾個冰塊龐大如山。在最大的環帶當中，有一條被稱為「F 環」，它是由數條長五百英哩的冰環相互糾結而成，彷彿一條巨大的辮子。

1981 年 8 月，當航海家二號抵達土星時，發現土星大氣層的溫度竟然比太陽日冕[79]高了三百倍！這是我們在太陽系裡偵測到最高溫的地方。2004 年 6 月，太空船「卡西尼號」（Cassini）將抵達土星，並開始繞著土星運行（為期四年[80]）。我們的太空探測船持續傳回關於這顆壯觀行星的資料，供天文學家研究，這些資料複雜且震懾人心（有位天文學家這麼形容）。

78　天文學家曾經以為，土星的環帶在太陽系裡是獨一無二的，但我們現在知道，土星並不是唯一擁有環帶的行星。1979 年，航海家一號和航海家二號抵達木星，它們傳回來的資料顯示，木星周圍有由塵粒所組成的環帶。1986 年，航海家二號在天王星四周發現九條深色環帶。1989 年，航海家二號又發現海王星也有五條環帶。

79　日冕是指環繞太陽周圍的電漿光環，其他恆星的此種外圍光環則稱為「冕」或「星冕」；日冕層的溫度可高達數百萬度。太陽的日冕向外太空延伸數百萬公里，在日全蝕時很容易看到，平常也可以透過日冕儀觀測。

80　卡西尼號於 1997 年 10 月 15 日發射升空，並於 2004 年 7 月初抵達土星。自進入土星軌道後，卡西尼號就持續研究土星，直到 2017 年 9 月 15 日衝進土星大氣層焚毀為止。

但你更有可能既天資聰穎又求知若渴。有些土星雙子的人會經歷難熬的童年時光，那令你感到孤獨或悲傷。在進修時，你也許會很辛苦。年歲漸長後，你可能會在旅行時遇到困難。不過，土星會賦予你很好的財務頭腦與音樂才華；當你從事既需要聰明才智，也需要耐心的工作時，你會取得成功。土星雙子的人容易罹患胸部與肺部疾病。

土星在巨蟹座

土星會讓這個黏人、情感豐富的星座變得過度依賴。作為土星巨蟹，你喜歡在飲食與其他感官享受上過度放縱，但也使你精明且具備毅力，堅持地完成任務。你也懷抱雄心壯志、努力尋求物質財富，以便讓生活更加安定。土星所帶來的阻礙會令你缺乏自信與安全感。年輕時或許會面臨親子關係的問題（特別是與母親之間）；很多土星巨蟹在很年輕時就必須承擔家庭責任。為了獲得安穩的生活與精神支柱，土星巨蟹往往會跟較為年長的對象結婚。土星會賦予你很好的商業頭腦，儘管在與親人往來時，你必須小心謹慎。土星巨蟹的負面影響使你有憂鬱，甚至自怨自艾的傾向。你容易有消化與腸胃方面的問題，如果不注意的話，可能會變得很胖。

土星在獅子座

象徵限制的土星與象徵擴張的獅子座無法相互融合。土星獅子可能會讓你的情感冷卻，並且在愛情裡感到失望。不過，土星在這個位置還是有許多優點——你意志堅強、充滿自信、值得信賴，你善於統領他人與承擔責任。作為一個土星獅子的人，你知道如何吸引眾人的注意。選擇朋友時，你通常很冷靜且善於分析，雖然你很擅長隱藏這一點。你害怕顯得平庸，同時也會將羨慕與嫉妒的心情埋藏起來，因為這是你永遠都不會承認的弱點。即便你努力給人們留下深刻的印象，你也往往對別人的讚美心存懷疑，而且不喜歡受到過度關注。在工作上，你通常會爬到很高的位置，但土星獅子往往會使你從高處墜落。土星在這個位置的人容易罹患高血壓與心臟疾病。

土星在處女座

象徵責任的土星與嚴謹自律的處女座會一起發揮很好的效果。土星落入這個位置會突顯處女座的聰明與務實。你井然有序、有條不紊；為了達成目標，願意辛苦工作。對你而言，理論與實踐同等重要，你會立刻學以致用。土星確實會讓你面臨重重阻礙；年輕時，你通常必須面對失望、傷痛，或虛弱的身體。你可能會拘泥細節，當別人與你看法不同時，也會變得有點霸道。雖然土星給了你智慧，你卻不一定擁有開闊的視野；你太常負面思考，並對未知——那些你無法歸類與掌控的事感到恐懼。從好的方面來看，土星賦予你賺錢的能力（特別是在房地產上）。土星在這個位置的人容易腸胃不適與消化道潰瘍。

土星在天秤座

這是土星最有利的位置。作為一個土星天秤的人，你擁有良好的判斷力，同時也能給人們留下好印象；你知道何時該強勢、何時該圓滑。儘管土星會帶來一些感情上的失望與傷痛，你往往會從穩定的婚姻中獲益；然而，在找到幸福之前，你可能會離婚。年輕時的戀情也許會成為你一生的最愛，但最後以分離收場。土星天秤可能會使你壓抑與人分享，以及和另一個人變得親近的慾望，因此導致孤獨。對政治人物與從事藝術活動的人來說，這通常是一個很棒的位置。據說如果你的土星在天秤座，只會在做不該做的事時遇到麻煩。土星天秤的人容易背部受傷、罹患腎臟疾病。

土星在天蠍座

在這個神祕、充滿熱情的星座，土星很強勢，它會讓你既細膩又有力量。作為土星在這個位置的人，你理解人們的行為動機，這使你得以掌控他人。你通常會把這種掌控力隱藏在親切和善的外表下。然而，土星會以情緒困擾的形式（有時是醜聞）帶給你阻礙。你往往會被祕密戀情吸引，這將為你帶來麻煩或傷痛；在獲得權力後，你有時會因為八卦與謠言而從高處墜落。年輕時，你通常會面臨健康問題，但你將度過難關，而且往往會很長壽。土星落入這個位置會賦予你很好的執行力，同時讓你對目標堅定不移。意志堅強的你也許會變得不知變通，一旦下定決心，你就會堅持到底。你很容易暗自憂慮，但通常會不動聲色地說笑，藉此得到舒緩。土星天蠍的人可能很早就失去親人。

土星在射手座

在射手座，土星會將成功延遲，直到你變得有耐心，並學會堅持。你也許會在年輕時遭逢逆境，而且往往必須長期努力，才能得到應有的報償。不過，在年歲漸長後，你會獲得智慧、寬廣的視野與深刻的理解，使你成為一位領導者。土星讓你具備哲學思維；你通常能正視自己遇到的問題，因為你相信終究會有好結果。土星落入這個位置能使你在法律、政治、寫作與外國事務上取得成功。然而，土星會突顯射手座的不圓滑與憤世嫉俗，可能會因為自己的輕率言論而導致名譽受損。土星射手的你，既需要秩序與安全感，也渴望尋求冒險與挑戰，因此感到矛盾。土星在這個位置的人臀部和大腿容易受傷。

土星在摩羯座

土星是摩羯座的守護星，所以它在這裡能量很強；土星的正面與負面特質都會在你身上突顯出來。你獨立自主、懷抱雄心壯志、堅定不移、全心投入，但你也可能專斷獨行、蠻橫霸道，有時讓人們覺得你很自私、刻薄。土星會使你遭遇許多困難，而你在年輕時就學會自給自足，你想要自己完成所有事。從一隻母熊身邊奪走牠的孩子，還比從土星摩羯的人手上搶走他的工作容易。此外，你會用吃力不討好的方式做事；你不會聽取別人的建議；不過，你確實會從經驗中學習。當你還是個孩子時，你或許膽小自卑，但在年歲漸長後，你會獲得某種威信。在你的一生中，你會一直感到孤獨，而且無法與人分享內心的感受；你多半容易憂鬱，但通常也幽默風趣，可以不動聲色地說笑。一般而言，你會結交到忠心的朋友，但土星摩羯往往會令你在愛情裡感到失望。土星在這個位置的人容易關節與膝蓋疼痛。

土星在水瓶座

在崇尚博愛精神的水瓶座，土星嚴謹自律、值得信賴的特質會被突顯出來。作為一個土星水瓶的人，你善於處理人際關係，同時也能吸引大眾關注，你多半會因為這種能力而在政治界與演藝界獲得名聲。土星水瓶讓你更理性、創意十足，並具備學習與研究的能力。就像土星落入其他固定星座（金牛座、獅子座和天蠍座）一樣，你可能會在年輕時遭遇各種困難，但你往往能因此獲得智慧，並且變得成熟，這對你往後的人生很有幫助。你喜歡主導一切；因為你擅長操縱人心，可以使周遭的人依照你的意願行事；你可能既固執又狡猾。儘管土星會讓你汲汲營營地想成為領導者，但你也懂得如何避免冒犯他人；你機智風趣，雖然你對自主權的需求有時會導致你過著孤獨的生活。土星在這個位置的人小腿和腳踝容易受傷。

土星在雙魚座

土星落入神祕的雙魚座使你不渴望物質上的成功。在人生中，你獲得的是智慧與洞察力。你能將生動的想像力運用在創作上；你直覺敏銳、富有同理心，讓人們深受吸引。然而，和土星在其他位置的人相比，你對這個世界的殘酷與苦難更為敏感。土星常帶來失望與損失——它會強迫你為他人做出犧牲，或要求你接受較低的位階，即便你的能力在這之上；你終究可以改變這一切，但必須先變得勇敢且意志堅強。雙魚座象徵自我毀滅；當你學會不讓自己不開心時，就擁有最強大的力量。你對哲學與神祕學深感興趣。土星在這個位置的人容易罹患與腳部有關的疾病。

天王星

天王星象徵變革與獨創性，以及生命中的各種驚奇。天王星會帶來各種機會與意外事件，使人震驚、覺醒，並徹底改革。它能讓人展現天賦、創造出新的事物（無論是藝術或科學領域）。

你是否常沒來由地做某件事？你是否會被某種特殊行業，或某些奇特、有趣的人吸引？你是否覺得自己的想法比周遭的人更有創意？你是否對現代科學，以及這個世界上的最新發現抱持興趣？你是否因為驚人的發言或獨特的性格而變得出名？星盤裡天王星能量很強的人對這些問題的答案將會是肯定的。如果想了解要如何充分運用自身的獨創性與獨特的自我表達方式，知道你星盤中的天王星落入什麼星座，是很重要的一件事。

古人不知道天王星的存在，因為它直到 1781 年才被發現。天王星是三顆現代行星之一，同時也是第一顆透過望遠鏡發現的行星。1781 年 3 月 13 日，在英國巴斯（Bath），皇室天文學家威廉．赫雪爾爵士（Sir William Herschel）發現了一顆他以為是彗星的星體。經過一年的仔細觀測，他證明這顆天體是太陽系裡的一顆新行星。

為了紀念英國國王喬治三世（King George III），赫雪爾將它命名為「喬治之星」（Georgium Sidus），但這個名字從未被普遍使用。它曾經一度被稱作「赫雪爾」，最後改稱為「烏拉諾斯」（Uranus，天王星）。（「Herschel」中的字母「H」仍舊包含在天王星的專用符號「♅」裡。）

烏拉諾斯是羅馬神話中第一位掌管宇宙的統治者。在占星學裡，象徵未來的天王星被和現代科學、創造發明、電力、人道關懷運動與革命連結在一起。它象徵突如其來的動盪與意外事件。所有新穎、獨特、另類、不尋常的事物都在它的管轄範圍內。

天王星和你的內在意志與神祕力量有關；在某種程度上，它的能量與火星有些類似。差異在於，天王星的能量被埋藏在性格裡，那是一種潛在動機，會在人的一生中顯現出來。就像傑出占星師伊凡潔琳．亞當斯所說明的，某個人即便身體上有殘缺，也可以強而有力；另一個人則可能精力無窮，卻漫無目的地浪費精力。第一個人的星盤裡有一顆強勢的天王星與一顆受剋的火星，第二

♅ 從天文學的角度來看天王星

天王星是從太陽算起的第七顆行星（距離太陽約十七億八千四百八十萬英哩）。天王星的直徑約有三萬兩千英哩，是地球的四倍大。它繞太陽公轉的軌道幾乎是一個完美的圓形；它要花八十四年又七天才能繞太陽一圈。然而，它的自轉速度很快——天王星上的一天只有十小時四十九分[81]。這意味著一個天王星年裡有六萬八千個天王星日！

天王星的自轉軸極度傾斜——只差 8 度就呈水平狀態[82]，也就是說，它其實是躺著轉的。因此，太陽會先照射其中一個極點，再照射另一個極點（取決於天王星位於軌道何處），沒有被太陽照到的那個極點會處於永夜狀態。當南極有陽光時，北極就會陷入黑夜，反之亦然，這樣的晝夜期間會持續二十一個地球年。此外，天王星的自轉方向也與態樣戲裡的其他行星相反。在天王星上，太陽會從西邊升起、東邊落下。這些不尋常特點正好符合它在占星學中的古怪形象。天王星被稱為「太陽系的害群之馬」。

1986 年 1 月，航海家二號抵達天王星時，它拍到十顆新衛星（衛星總數來到十五顆[83]），以及兩條新的外圍環帶（使環帶總數來到十一條[84]）的照片。航海家二號也發現，天王星的磁尾[85]從它後方延伸至太空中數百萬英哩，並且因為天王星的自轉而被扭曲、斜向一側，狀似拔瓶塞的螺旋式開瓶器。

個人則有一顆強而有力的火星與一顆弱勢的天王星。

你星盤中的天王星位置顯示你是否勇於創新、喜歡打破常規，以及是否會被奇特的想法吸引。它可以看出你具備什麼樣的天賦，是否會在工作、旅行與人際關係上遇到特殊狀況，以及是否容易遭遇戲劇性事件。

當天王星在你的星盤裡特別突顯時，你通常足智多謀、獨立自主。你的穿著打扮也許很特殊；你會創造出自己的獨特風格、發明新鮮的小玩意，人們可能會因為你獨特的想法而深受吸引；你甚至具備通靈能力。天王星是幻想家背後的指引力量，此外，天王星的影響往往也使人行為古怪、魯莽、倔強、不受約束。他可能會因為桀敖不馴、舉止唐突、心思難以捉摸而很難相處。

81　此數字可能有誤（天王星的自轉週期應為十七小時十四分）。

82　此數字可能有誤（天王星的自轉軸傾角約 97 度）。

83　天王星的已知衛星共有二十七顆。

84　目前發現的天王星環帶共有十三條。

85　磁層中背陽處尾巴狀的結構稱為「磁尾」，是由於太陽風將束縛在行星磁層裡的電漿吹走所致。磁尾可以延伸到行星後方非常遠的地方——地球的磁尾一直延伸到月球軌道以外，而木星的磁尾則一直延伸到土星軌道以外。磁尾裡的電漿會不斷旋轉，在抵達磁尾終端後，再回流到行星。

除了對你個人的意義以外，天王星也是占星學中影響整個世代的三顆行星之一。

三顆現代行星——天王星、海王星與冥王星因為距離太陽非常遙遠，它們在黃道帶上移動的速度十分緩慢。它們會在每個星座停留很長的時間——天王星要花七年通過一個星座；海王星要花十四年，冥王星則要花十三至三十二年。因此占星學家認為，這些行星不僅影響個人，也會對整個世代造成影響。

天王星是在工業革命的時代（現代的開端）第一次被發現的。這顆行星在黃道帶上的運行正好與科學上的新發現一致。比方說，1996～2003年，天王星行經水瓶座（天王星是水瓶座的守護星）。水瓶座代表電波、外太空、言論自由與遠距溝通。在天王星過境期間，電腦與微米科技（micro technology）主導了我們生活的每一個層面，影響我們如何溝通、做生意，以及儲存資訊。事實上，現在整個世界都依靠晶片運作；科學家說，電腦已經徹底改變人類的思維模式。天王星是我們身處的新時代——水瓶時代（Age of Aquarius，請參閱第13章）。

天王星為我們的生活帶來改變，讓我們面臨不同的狀況、認識不同的人。它的贈禮總是突如其來、稍縱即逝，你必須馬上把握機會，好好地利用它們。天王星所要傳遞的訊息是，順應改變、不要對未來感到恐懼。

你的天王星在什麼星座？

想知道你出生的那一天，天王星在什麼星座，請參閱p470的天王星星曆表。

天王星在牡羊座

天王星落入積極進取的牡羊座讓你創意十足、勇於創新。你必須主導一切，並獲得機會；你將會掌管他人的人生。你可能會坦率直言，因為你覺得自己懂得比別人多。你希望能清楚理解一切事物，不要因為困惑、思緒混亂而受害。你會立刻試著把想法付諸行動，並且對現有的做法沒有什麼耐心，你認為那些不願意冒險的人通常都很可憐。你常展現出獨一無二、專屬於你的穿著風格。你容易換工作或搬家，同時也喜歡旅行。

天王星在金牛座

對天王星而言，這是一個非常強勢的位置，它會使你的決心與意志力更加強大。天王星金牛會幫助你藉由耐心與同心協力取得成果。

你想要建設、對人們產生助益，以及有所成就；你財運很好，尤其是財產會隨著時間增值。你常會瘋狂地想擁有不同的東西與新事物，而天王星有時會給你意想不到的發現。從你的穿著與擺設風格可以明顯看出，你喜歡明亮的顏色與活潑的圖案。天王星金牛通常意味著美滿的婚姻。

天王星在雙子座

在雙子座，天王星會透過你的想法來展現它的能量。你聰明伶俐且充滿想像力；你富有魅力，周遭的人因此深受吸引，同時你也能說服人們接受你的看法。在從事腦力活動時，你擁有強大的力量；你對獨特的想法、靈異現象，以及無法解釋的事件深感興趣。天王星雙子會讓你急切地想要藉由演說與寫作來展現自我，並創造出令人驚豔的作品。即便是在普通的對話，像是電話或書信裡，你也獨特而迷人，同時也能看出你的幽默口才。你熱愛旅行、可以輕鬆學會外語，並具備音樂天分。

天王星在巨蟹座

在巨蟹座，天王星的能量使你對周遭的人極為敏感。你擁有強大的想像力，以及近似通靈的潛意識。你敏銳的直覺值得信賴；你的獨到見解來自突如其來的感受；你通常會因為與他人偶遇而獲得機會。此外，天王星巨蟹也會讓家庭活動，例如美食烹煮、古董蒐集與室內設計更為成功。你多半有些古怪、難以捉摸，而且充滿藝術家氣息。

天王星在獅子座

在象徵擴張的獅子座，天王星會發揮巨大的影響力。作為天王星在這個位置的人，你的個性很強勢，同時也會透過領導他人來表現自我。你渴望成為英雄。創意十足的你腦袋裡總是充滿了各種新點子，但你不甘於只將這些想法付諸實行。你必須展現自己；你想要獲得人們的讚美與關注。天王星落入這個位置常會因為戀情而帶來意想不到的機會。此外，在你尋求不同的享受時，天王星也會把你帶到很遠的地方。你在賭博時通常會很幸運（特別是體育活動相關的賭博）。你有時會給人太獨立、愛反抗的印象。

天王星在處女座

在處女座，天王星會賦予你分析並運用實際資訊的能力，天王星處女也使你能將直覺與判斷力巧妙地結合在一起。你非常想要把這個世界變得更好；在將想法付諸實現時，希望能完全自主，而且會反抗固有做法，以及他人所加諸的各種限制。因為你格外獨立，人們有時會認為你有點古怪；此外，天王星也會讓你在突然改變工作狀況時（通常是更換員工或搬遷到新的地方）獲得好運。天王星處女的人對食物與健康有不少獨特的想法，你總是第一個知道瘦身或抗老化飲食的最新資訊。

天王星在天秤座

在象徵和諧的天秤座，天王星會透過合作關係來展現它的能量。作為天王星在這個位置的人，你會被獨特的人際關係吸引，所以人們常覺得你選擇朋友或伴侶的方式很另類。天王星會使你藉由這些人際關係得到好運，同時你也會從外國人身上獲得很多機會。天王星落入這個位置往往會讓人迅速開始一段感情或婚姻，然後又突然結束。天秤座是一個充滿藝術氣息的星座，而天王星會賦予你獨特的風格與想像力。你對藝術與佈置有著特殊的品味，你展現自己或穿著的方式充滿魅力，天王星讓你可以給人們留下深刻的第一印象。

天王星在天蠍座

天王星在情感強烈的天蠍座，是一個強勢的位置。你充滿性感魅力，有時就像明星一般。你擁有敏銳的頭腦，同時也具備強大的專注力與忍耐力，因此能克服各種艱鉅的阻礙。天王星會使你在對自己的處境或相處的人靈光一閃時獲得好運。在你的一生中，你的財務狀況可能會發生非比尋常的翻轉，你通常會因為伴侶的財富或遺產繼承而獲益。有時候，人們也許會覺得你聰明機靈、深藏不露、固執己見。

天王星在射手座

在熱愛自由的射手座，天王星會展現出它的冒險與開創精神。你十分獨立自主，而且會反抗任何過度組織化的事物。你有時躁動不安且不顧後果，你自信、勇敢，也常抱持另類觀點。即便不見得刻意追求，天王星也會讓你在從事投資與投機買賣時更加好運。在旅行時，意想不到的事件或新認識的朋友往往會為你帶來機會。天王星落入這個位置也使你富有遠見、見解獨到，同時也常能預知某些重要的事何時會發生。

天王星在摩羯座

在嚴謹自律的摩羯座，天王星的能量會展現在建設性的努力上。你有強烈的成功慾望；你想要獲得權力，同時也很難接受別人的掌控。天王星落入這個位置意味著在工作或事業上發生意外的改變，能察覺未來的趨勢，並且朝更賺錢的方向前進。天王星會給予你打破舊有觀念的自信。你強勢卻也體貼，可以統領他人，也可能蠻橫霸道；你總是充滿戰鬥精神。不過，天王星會讓摩羯座變得較不嚴肅，並令你機智風趣。

天王星在水瓶座

天王星是水瓶座的守護星，因此水瓶座創意十足、勇於創新的特質會被突顯出來。你擁有天分，同時也能影響廣大的人群；你思想前衛，周遭的人會被你獨特的想法吸引。你是一個奇妙的混合體——信奉思想與言論自由，卻又深信只有你才是對的。天王星會造成你生命中意外的轉折，你或許一直為了某個目標努力，結果成功卻來自你未曾想過的地方。在工作上，朋友與同事會帶給你好運。作為一個天王星水瓶的人，你的幽默中常帶著些許諷刺。

天王星在雙魚座

在纖細敏感的雙魚座，天王星的能量會變得細膩且感性。你可以理解並傳達他人的想法，而且會將這種能力展現在創作上。天王星使你能洞察人心、揭露祕密與未知的事物，具備靈性覺知，你多半會認真鑽研哲學、宗教、占星學與神祕學。在工作事業上，直覺會告訴你何時該採取行動，並提醒人們何時最樂於接受你的想法。然而，天王星落入這個位置不代表意志堅強，你有時必須與世隔，並且為自己的心靈充電。

海王星

海王星象徵祕密與幻想；它的力量源自於想像力。海王星代表你夢想中的生活與你的神祕特質，象徵誘惑。

你是否對生活充滿幻想？是否曾經有人告訴你，你魅力獨具？你是否對他人的苦難深表同情？你是否對神祕學與靈異現象很感興趣？若你的答案都是肯定的，表示海王星對你的人生有著強大的影響。任何具備藝術眼光、對心靈層面的事感興趣，或曾經經歷無法解釋的奇特事件的人，都感受到了海王星的能量。了解這顆行星在你星盤裡的位置，將會幫助你明白它對你的各種影響。

海王星是以羅馬神話中的海神涅普頓（Neptune）來命名。涅普頓掌管海洋、河川、溪流、噴泉與所有埋藏在水面下的東西。在占星學裡，海王星象徵靈性與理想主義；潛意識、深藏的記憶、直覺與深刻的洞察力都在它的管轄範圍內。

海王星的正面影響代表夢想、幻想、魅力、神祕事物與藝術想像力，其負面影響則是欺騙、詐欺、偽造、背叛與困惑。海王星掌管各式各樣的人類活動（從電影、戲劇、舞蹈與詩歌，到醫院與監獄等機構、催眠、麻醉、毒物與藥物成癮）。

這顆行星在你星盤裡的位置會顯示，你抱持什麼樣的理想與目標、有多愛幻想、通靈能力有多強，以及你是否富有魅力，使人們深受吸引。海王星的影響會帶來深刻的理解、第六感與創造力。不像天王星的能量那樣強大且突如其來，海王星的能量較為隱晦、脫俗，同時也能啟發人心。

許多占星學家都說，海王星會讓人與高層意識產生連結。當這顆行星在一個人的星盤中特別突顯時，他可能會投入與神祕學、靈異現象，或解夢有關的事。當海王星受到刑剋時，命主會無法分辨幻想與現實；他也許會藉由酒精或藥物來逃避人生中遇到的問題，甚至表現出犯罪傾向。

就像其他兩顆現代行星一樣，海王星對整個世代也有著強大的影響。因為海王星在黃道帶上移動的速度非常緩慢，它會在每個星座停留約十四年。當海王星在 1846 年被發現時，人們又再度對通靈術抱持興趣；催眠變成了一種新療法，麻醉技術也首次作為一般用途。十年後，西格蒙．佛洛伊德出生了；在佛洛伊德的一生中，他所提出的潛意識理論與心理分析的新學問，不僅徹底改變心理疾病的治療方法，也改變了人類看待自己的方式。

整個 1960 年代，海王星都待在天蠍座。這段期間，我們看到了毒品文化的興起。1970 年代至 1984 年，海王星行經射手座，此時人們對所謂「新世紀」（New Age）[86] 的主題——輪迴、能量引導，以及對深層意義的追尋興趣大增。1985 ～ 1998 年，當海王星在摩羯座時，毒品變成了一種國際交易，許多政體也因為宗教與意識形態的問題而興起與衰落。1998 ～ 2012 年，海王星行經水瓶座，其負面影響是無政府狀態可能會增加，但從較樂觀的角度來看，各國之間的情誼將變得更加深厚，全世界的人也會變得更為他人著想。有趣的是，海王星在水瓶座的最後一年（2012 年），是瑪雅曆法預言的「世界末日」。很多占星學家與精神導師都曾經預測，這意味著全球人類的「意識」都將發生改變，我們也會開始著重烏托邦社會的建構。

由於海王星會影響整個世代，你與同一個時代的人都具有共同的海王星特質。海王星所在的星座決定了你們這個世代創造歷史的方式。在進入另一個新時代後，歷史學家將更清楚理解海王星所帶來的影響。

請記得，在 2011 年之前，我們尚未觀測到海王星在黃道帶上走完一圈。因為這顆行星需要近一百六十五年才能繞太陽一圈，而我們在 1846 年才發現它。當然，即便過去人類不知道海王星的存在，我們仍一直感受到它的影響。到了 2011 年，我們終於看到海王星通過黃道帶上的十二個星座。

海王星的最高境界象徵完美。它代表你無私的理想、精神追求，以及不可能實現的夢想。

86　「新世紀」又稱為「新紀元」，1888 年，海倫娜．布拉瓦茨基（HelenaBlavatsky）在她的著作《祕密學說》中首次提出這個概念。其靈性尋求不僅結合東方神祕學，以及瑪雅、印加與古印第安人的傳說，也納入世界各大宗教的靈感，以「運動」取代「宗教」，甚至結合外星人、磁場、能量、宇宙星系等概念，來詮釋心理學、生態學與天文學。根據新世紀的理論，萬物（包含人）都有神性，而宇宙是一個整體，質能可以互換，天象與人事也密切相關。

Ψ 從天文學的角度來看海王星

海王星是三顆現代行星中第二個被發現的，這項成就被認為是數學上的勝利。在 1791 年天王星首次被發現後，天文學家注意到，這顆行星往往會偏離他們估算出的軌道。這種詭異行徑讓某些人相信，還有另一顆消失的行星會對天王星施加引力作用。

最後，這顆未知行星的位置分別被兩個天文學的學生計算出來。1845 年 10 月，英國劍橋大學的約翰・柯西・亞當斯（John Couch Adams）將它發現某顆未知行星的資料交給皇室天文學家。這位皇室天文學家予以忽視，因為他自己也正在研究如何解釋天王星的運行軌道。1846 年 6 月，法國巴黎的奧本・尚・約瑟夫・勒維耶（Urbain Jean Joseph LeVerrier）也聲稱它發現了這顆未知行星。勒維耶也遭到忽視。最後，在那一年 9 月，勒維耶把它的資料交給了德國柏林天文台台長約翰・戈特弗里德・伽勒（Johann Gottfried Galle）。伽勒將望遠鏡指向那個位置，並發現了一顆行星；這顆行星與勒維耶所說的位置只相差 1 度。亞當斯和勒維耶都接連因為發現了海王星而獲得認可，兩人也因此成了莫逆之間。

海王星是太陽系裡的第八顆行星，距離太陽約二十七億九千五百七十萬英哩，是地球與太陽距離的三十倍。這顆行星無法用肉眼看見，甚至也很難用望遠鏡辨認出來，因為天上有超過二十萬顆星星比海王星更亮。

1989 年 8 月，當航海家二號抵達海王星時，這艘太空船已經航行了十二年，但它的發現並沒有令科學家失望。其中一項發現是海王星有五條環帶（土星、木星、天王星也有環帶）。航海家二號也發現了六顆新衛星（使衛星總數來到八顆）[87]。在這些衛星當中，崔頓以一種不尋常的方式（與海王星的自轉方向相反）繞著海王星公轉。這讓天文學家相信，崔頓可能曾經是繞著太陽公轉的一顆小行星，後來因為太靠近海王星，被海王星的引力捕獲，成為它的衛星之一。

由於海王星會影響整個世代，回頭檢視它對一整個時代的影響，是很有趣的一件事。（補充說明：關於海王星與冥王星行經每個星座的時間，你會發現，有時某個星座會出現兩個以上的時間。這是因為海王星與冥王星會逆行一段時間；它們會進入下一個星座、再退回前一個星座，然後終於一直待在下一個星座（關於逆行的詳細說明，請參閱 p398）。

87　海王星的已知衛星共有十四顆。

你的海王星在什麼星座？

想知道你出生的那一天，海王星在什麼星座，請參閱 p471 的海王星星曆表。接下來，在針對海王星落入不同星座進行說明時，我也提供了它行經每個星座的時間。

海王星在牡羊座（1861/62～1874/75）

海王星會為積極進取的牡羊座帶來改革精神與崇高的理想。海王星牡羊的人支持政治、醫學與科學的新做法，這些做法將會讓很多人的生活變得更好。他們既是理想主義者，同時也是革命者。當海王星停留在牡羊座時，那是一段動盪的時期。達爾文所提出的《進化論》動搖了我們長久以來對人類歷史的看法；美國南北戰爭（American Civil War）是為了爭取平等人權而戰。在這段期間，紅十字會成立，他們特別重視對病患與窮人的關懷；這時成立的神智學協會（Theosophical Society）則使哲學與通靈術重新受到歡迎。海王星牡羊會賦予生動的想像力，使海王星牡羊的人對未來直覺敏銳。

海王星在金牛座（1874/75～1887/89 年）

海王星落入金牛座會讓人更深刻地明白，什麼是人生中真正重要的事。海王星金牛的人會被藝術與精神追求吸引，有些人甚至具備通靈能力；這些人可以實際運用他們對神祕學的興趣（有時還能從中獲利）。

當海王星在金牛座時，隨著美國工業主義的擴展，人們又再度對神祕學感到興趣。在這段期間，卡爾．馬克思的著作使人們對財富分配懷抱新的理想。就個人層面而言，海王星落入這個位置意味著獲得特殊收入來源。愛情與婚姻會為你帶來快樂與內在智慧；然而，他們可能會有因為欺騙或詐欺而蒙受財務損失的風險。

海王星在雙子座（1887/89～1901/02 年）

在雙子座，海王星會賦予聰明才智、想像力與創造力。海王星雙子的人在與人溝通和展現自我時充滿魅力。他們多半給大眾留下不可磨滅的印象。海王星落入這個位置會刺激新的科學與機械發明。當海王星停留在雙子座時，亨利．福特（Henry Ford）將汽車加以改良，而萊特兄弟（Wright brothers）也建造出第一架飛機的原型（雙子座掌管航空與交通運輸）。

在科學上，關於相對論的實驗為亞伯特．愛因斯坦劃時代的理論奠定了基礎。就個人層面而言，海王星雙子的人觀察敏銳、足智多謀、多才多藝；他們往往會結交到獨特的朋友，並且抱持不切實際的想法。

海王星在巨蟹座（1901/02～1914/16年）

在情感豐富的巨蟹座，海王星會讓人具有靈性，同時懷抱崇高的理想。海王星巨蟹的人細膩敏感、富有同情心。他們通常很重視家庭與家人，並抱持著老派的觀念。不過，海王星也使人努力尋求改變與創新，讓這個世界變得更好。當海王星停留在巨蟹座時，美國的社會抗爭運動對西方文明造成影響。此外，當海王星行經這個充滿想像力的星座時，西格蒙．佛洛伊德對潛意識進行探索，卡爾．榮格則建構出集體潛意識的理論。就個人層面而言，海王星落入這個位置令人更愛好享受。到了人生的某個時間點，海王星巨蟹的人可能會在家裡或與親人一同經歷一次奇特的遭遇。

海王星在獅子座（1914/15～1928/29年）

在尊貴的獅子座，海王星會賦予強大的勇氣與領導能力。海王星獅子的人慷慨大方、威嚴獨具、野心勃勃。他們懷抱遠大的志向，同時也能將夢想變成現實。許多有理想的國家元首與政治領袖海王星都在獅子座（例如約翰．甘迺迪和羅伯特．甘迺迪）。此外，獅子座也掌管戲劇；在海王星行經獅子座期間，我們看到電影產業興起，並且在演藝界佔有主導地位。1920年代，廣播成了人們每天的娛樂來源。這同時也是「咆哮的20年代」（Roaring Twenties）[88]，華麗而絢爛（獅子座是一個喜歡賣弄的星座）。就個人層面而言，海王星在這個位置的人往往自負且注重感官感受。

海王星在處女座（1928/29～1942/43年）

象徵精神層面的海王星落入務實的處女座，使人們能服務他人。海王星處女的人不甘於現狀，而且對一般人普遍接受的慣例感到不滿。很多在海王星行經處女座時（此時是經濟大蕭條〔Great Depression〕與第二次世界大戰爆發的混亂年代）出生的人，如今都積極參與公民運動、女權運動，以及關注環境議題。當海王星行經象徵健康的處女座時，盤尼西林療法變得普及，化療也開始被採用。就個人層面而言，海王星處女的人具備深刻的洞察力與通靈能力，他們應該要對這樣的能力更有信心。海王星落入這個位置有時會讓人容易吹毛求疵，並感到困惑。

---

88 「咆哮的20年代」是指1920年代，在這段期間，歐美國家的經濟持續繁榮，擁有獨特的文化優勢。有人說，此時是「歷史上最多彩的年代」——以爵士樂為代表的新藝術誕生，嶄新而自信的現代女性面孔出現，以及裝置藝術也達到巔峰。在這個時期，財富快速增長使許多家庭變得富裕，人們開始進入消費社會，過去被視為高檔消費品的汽車、收音機、化學製品、電影等，都開始成為普通受薪階級消費得起的商品。

海王星在天秤座（1942/43～1955/57年）

海王星落入浪漫的天秤座會將愛與理想主義突顯出來。那些在海王星行經天秤座時出生的人被稱為「愛的世代」（love generation）。海王星天秤的人尋求平衡與和諧，他們非常在意這個世界的不公義。許多在海王星行經天秤座早期出生的人，都在1960年代的反戰運動中變得很活躍。海王星天秤的人深信四海一家，也會與不平等對抗。當海王星行經這個象徵和平的星座時，聯合國成立。此外，天秤座也象徵合作關係與婚姻；在這段期間，人們對婚姻的價值有不同的探討，導致離婚與在愛情裡追尋幸福的人增加。就個人層面而言，海王星落入這個位置會帶來強大的異性吸引力，有時也會使人缺乏決心與意志力。

海王星在天蠍座（1955/57～1970年）

在天蠍座中，海王星的影響會展現在強烈而深刻的情感上。海王星天蠍的人會被大眾沒有注意到的事物吸引，同時也想將真相揭露出來。在接下來的幾年裡，這個世代會繼續爭取更開放、透明的政府治理，並消除那些無情的利益追求者對環境所造成的隱患。海王星天蠍的人十分擅長創新、發明，也對科學、醫學與遺傳學感興趣。當海王星行經這個星座時，與性有關的禁忌被打破，人們也重新對超自然力量感到興趣。就個人層面而言，在象徵精神重生的這個星座，海王星會帶來敏銳的靈性覺知，以及對神祕學的興趣。

海王星在射手座（1970～1984年）

在無私的射手座，海王星會產生振奮人心的影響。占星學家很重視在海王星行經射手座時出生的這個世代，因為射手座象徵高等教育、人生哲理與自由。海王星射手的人有很好的頭腦與遠大的目標、具備人道精神，而當這些年輕人長大成人時，我們期盼能看到新的哲學家、賢者與人道領袖。海王星落入這個位置讓人渴望自由與真理，同時也富有遠見。在改善第三世界國家的生活條件，以及在醫學與科學上取得新進展上，海王星射手的人將會扮演重要角色。當海王星行經這個象徵旅行與擴張的星座時，有更多人藉由旅行、研究與全球資訊網（World Wide Web）接觸外國文化。

海王星在摩羯座（1984/85～1998年）

在嚴謹自律的摩羯座，海王星的能量務實而具體。海王星摩羯的人生性仔細、認真嚴謹，他們一旦訂立目標，就具備強大的勇氣。在海王星行經摩羯座時出生的世代將會善用上一代的點子與想法（特別是在科學、化學與醫學方面）。海王星落入這個位置使人對地球萬物——水、樹木、石油、礦物等自然資源產生新的創意；這些人將會找出既可以有效運用，也能保存並補足地球資源的方法。

海王星在水瓶座（1998～2012年）

在崇尚博愛精神的水瓶座，海王星的能量會讓人懷抱崇高的理想，並關懷社會正義。海王星水瓶的人很關心弱勢族群的福祉。這個世代富有遠見，而且會將這些想法付諸實行。作為革命者，他們不會推翻、摧毀舊體制，而會為了美好的未來創建新制度。海王星落入這個位置被占星學家稱為「良心的火焰」（the flame of conscience）。在海王星行經水瓶座時出生的世代將會帶來獨特的意外發現，以此造福人類。

海王星在雙魚座（2012～2026年）

海王星是雙魚座的守護星，所以雙魚座的特質——靈性與創造力會在這個時代出生的人身上突顯出來。海王星雙魚的人能深刻理解人生的意義。強大的心靈力量使他們富有同情心。占星學家認為，在海王星行經雙魚座時出生的這個世代可能會開啟自我實現的重要時期。他們的優勢將為世界帶來祥和與平靜。海王星落入這個位置讓人不重視物質，因此海王星雙魚的人一定會探索人心，並根據發現發展出一套新哲學。

冥王星

冥王星具有某種令人敬畏的能量，至今我們依然覺得這種能量非常難以理解。直到1930年，冥王星才被發現，占星學家們仍持續研究這顆行星在占星學上的影響。可以確定的是，無論冥王星出現在你星盤裡的什麼位置，你的人生都會發生顯著的改變，甚至可能是徹底的轉變。如果你曾經在某些不可思議的時刻，突然用全新的角度看待自己的人生，並決定改變一切，你已經感受到冥王星的能量。冥王星會揭露埋藏在你潛意識裡的事物、釋放你的潛在力量，同時讓被壓抑的能量爆發出來。

冥王星是以羅馬神話中掌管冥府與

亡靈的神明普魯托（Pluto）來命名。它原本被稱作「X行星」，後來一位英國小女孩寫信給首次發現冥王星的羅威爾天文台（Lowell Observatory），建議將它取名為「普魯托」（冥王星）。這個新名字獲得了天文台的採納。

這顆行星恰如其名，因為在占星學裡，冥王星代表死亡與重生。它象徵重生的力量——破壞、毀滅，然後徹底轉變。代表冥王星的關鍵字是「清除」（elimination）；它會將一切一筆勾銷。

我們可以在世界大事與歷史洪流中感受到冥王星的巨大能量。它影響了多數人類，以及大型團體與組織；大眾媒體與大型企業集團都在它的管轄範圍內。此外，冥王星也掌管自然界的毀滅力量，例如地震與火山爆發。其負面影響展現在暴亂、示威活動、轟炸、謀殺與大規模恐怖攻擊上。

冥王星的能量被比喻成核分裂（nuclear fission），既毀滅又創造。冥王星的影響有正負兩面，就如同一枚硬幣的兩面，雖然相反，卻互有關聯。

冥王星不僅對整個世代有著強大的影響，也對你具有個人意義，它掌管各種人生階段的開始與結束。若你的人生發生了戲劇性轉變，比方說，你一直努力達成某項目標，卻看見它失敗或終止，然後另一個全新的方向出現在你的眼前，冥王星可能在你的星盤裡特別突顯。那些必須離開家鄉、在國外重新開始，或因為某個關鍵人物去世，人生發生重大轉變的人都受到冥王星的影響。具有冥王星特質的人極度想要掌控，而且通常會爬到很高的位置。出色的政治人物、政府官員、醫學研究員與考古人員都受到冥王星的影響；為了掃除未來的障礙，這顆行星會揭露過去的祕密。

即便是最溫文儒雅的人，都會感受到冥王星的能量如暗潮洶湧，不受控制。其強大的負面能量可能會使某些人變得奸詐狡猾、冷酷無情，甚至犯罪。在抱持崇高理想的領導者與殘暴的獨裁者身上，都可以看到冥王星的能量。

冥王星代表人類所能做出最高尚與最卑微的事。雖然有些占星學家認為，冥王星的能量太神祕難解，現在人類還無法正確地分析，但這顆行星仍會持續掌管那些埋藏在我們內心深處且尚未完全理解的衝動。

你的冥王星在什麼星座？

想知道你出生的那天，冥王星在什麼星座，請參閱p472冥王星星曆表。

三顆現代行星在它們被發現的那段時期，都曾經預示了許多未來發生的事件。以冥王星來說，就在它被發現的三個月前，美國股市大崩盤，開啟了全球經濟大蕭條的時代。在接下來的十年裡，我們看到幫派與犯罪集團的興起。在這十年內，以阿道夫．希特勒（Adolf Hitler）為首的邪惡勢力崛起，最後讓整個世界陷入戰爭。二十世紀後期，當冥王星行經天蠍座時（天蠍座象徵性、死

♇ 從天文學的角度來看冥王星

1914 年，美國天文學家帕西瓦爾·羅威爾（Percival Lowell）開始計算海王星以外某顆未知行星的位置。（兩年後，他就去世了。）為了解釋天王星軌道所受到的干擾，他正在找尋某顆行星（後來稱為「X 行星」）。然而，直到 1930 年 2 月 18 日，冥王星才真正被發現。發現它的人是克萊德·威廉·湯博（Clyde W. Tombaugh），他以羅威爾的推算為基礎，經過多年的研究，最後在羅威爾天文台（1894 年由帕西瓦爾·羅威爾所設立）的巨大望遠鏡拍攝的照片中辨認出冥王星。這項發現是數學上的輝煌成就，因為冥王星與太陽的距離極為遙遠，而且體積很小，天上有超過一千五百萬顆星星比它亮，它在其中只是一個小光點而已。

冥王星是太陽系裡的第九顆行星，距離太陽三十六億八千萬英哩。冥王星與地球的距離，約是地球與太陽距離的五十倍。冥王星的直徑約有一千四百四十英哩，不到地球寬度的五分之一，大小也不及水星的一半。因為冥王星距離太陽如此遙遠，它所獲得的陽光相當少。不過，太陽的光芒實在太亮，冥王星上的中午依然比地球上滿月的夜晚亮六百倍。

冥王星的運行軌道很詭異。太陽系中其他行星繞太陽公轉的軌道都接近圓形，而且大致在黃道面上。然而，冥王星的軌道卻高度傾斜，以致於在某些時候，它比海王星更靠近地球。1989 年，冥王星行經近日點（在軌道上最接近太陽的那一點），直到 1999 年為止，它都不是太陽系最遠的行星（這與一般人的認知不同）。1979 ～ 1999 年間，海王星成了離太陽最遠的行星。在這之後，以及往後的兩百二十八年，海王星又重新成為從太陽算起的第八顆行星，而冥王星則是第九顆行星。

說到冥王星的軌道就必須知道，它要花近兩百五十個地球年才能繞太陽一圈。這意味著，冥王星在每個星座都會停留很多年。（由於它的行徑詭異，這段時間短則十三年，長則三十二年。）

2006 年 1 月，美國國家航空暨太空總署（National Aeronautics and Space Administration，簡稱 NASA）發射了太空探測船「新視野號」（New Horizons），預計在 2015 年 7 月抵達冥王星。同時，在 2001 年，冥王星的行星地位爆發爭議。它一度被改為小行星，但很快又恢復為行星。接下來，到了 2006 年 8 月，國際天文學聯合會（International Astronomical Union，簡稱 IAU）將冥王星降格為「矮行星」。根據他們所頒佈的新標準，行星必須清空其軌道附近的所有天體。然而，冥王星的軌道卻穿越「古柏帶」（Kuiper Belt）[89] 內小行星的冰質殘骸，因此被歸類為矮行星。

儘管對天文學家來說，冥王星可能是一顆矮行星，它在占星學上還是享有同樣重要的地位。冥王星仍舊代表深刻的心理轉變，以及人生階段（與歷史事件）的開始與結束。

89 古柏帶又譯為「庫柏帶」，是指海王星軌道外側的天體密集圓盤狀區域。古柏帶和位於火星與木星之間的小行星帶類似，但其寬度比小行星帶寬了二十倍。與小行星帶一樣，它主要包含小天體或太陽系形成時的遺跡。雖然多數小行星主要是由岩石與金屬所構成，古柏帶天體多半是由冷凍的揮發成分，如甲烷、氨與水所組成。目前冥王星也被認為是古柏帶的一部分。

亡與重生），我們則看到愛滋病毒的猖獗與基因工程的興起。

由於冥王星才被發現沒多久，占星學家沒有很多時間研究，並提煉關於這顆行星的知識。在時間提供適當的視角之前，要看出某顆行星對一個時代有何影響，有時並不容易。因為冥王星在1930年才被發現，我們只記錄了它行經黃道帶上六個星座的過程。目前，冥王星正行經第七個星座——摩羯座，它會一直在這裡待到2024年。接著，讓我們來看看冥王星在1800年代至二十一世紀的前幾年，對我們產生了哪些影響。

冥王星在牡羊座（1822/23～1851/53年）

在這個熱愛冒險的星座，冥王星開啟了美國大規模的西部拓荒。美國建造了第一條鐵路。在這段時期，人類大膽探索偏遠地區，世界因此變得更加遼闊；列強藉由獲取殖民地來爭奪霸權。特別值得注意的是，由牡羊座掌管的英國就是在冥王星行經牡羊座期間取得優勢地位，成為「日不落帝國」。當冥王星在牡羊座時，這顆行星賦予個人勇氣、自信與強烈的個性；魯莽、自負則是它對個人所產生的負面影響。

冥王星在金牛座（1851/53～1882/84年）

在象徵財富的金牛座，冥王星帶來動盪。美國因為奴隸問題（一個人是否應該成為其他人的財產）而發生殘酷內戰。全世界的富人剝削窮人；童工被大量使用，窮人則過著悲慘困苦的生活。在這段時期，卡爾．馬克思以消除階級制度與財富平均分配為基礎，建構出他的革命性理論。

資本主義最後戰勝了殘存的封建制度，並席捲了整個世界。當冥王星在金牛座時，這顆行星會賦予冥王星金牛的人決心與耐力。而且，冥王星在這個位置的人會尋求穩定的生活，他們往往執著於物質的提升。

冥王星在雙子座（1882/84～1912/14年）

當冥王星停留在象徵溝通的雙子座時，它徹底改變了人們接收資訊的方式。報紙正是在這段時期變得普及。重現聲音與影像的留聲機與攝影技術被大眾廣泛使用。人們創造出第一部電影，一個新產業因此興起（電影在海王星行經掌管戲劇的獅子座時蓬勃發展）。由於雙子座掌管電波，電報、收音機與電話在冥王星行經雙子座期間相繼出現並不足為奇。

此時也產生了兩種新的旅行方式——乘坐飛機與汽車，而這也徹底改變了我們的世界。

當冥王星在雙子座時，它使冥王星雙子的人靜不下來、勇於創新，同時尋求改變、擺脫舊有限制。

冥王星在巨蟹座（1912/14～1937/39 年）

當冥王星狂暴地行經象徵家庭的巨蟹座時，它為美國人的家庭生活帶來巨變。數百萬人離開鄉村，到城市裡定居。第一次世界大戰讓許多人喪失生命，以及奉行軍國主義、聲稱能帶領國家重返榮耀的納粹德國引發第二次世界大戰，則可以看到冥王星巨蟹的負面影響。我們的國家與生活方式（這些都是巨蟹座所重視的）都受到了威脅。1930 年代，當冥王星行經掌管農業的巨蟹座時，發生嚴重乾旱，農場工人被迫離開他們的土地。此外，在與大企業激烈對抗的過程中，我們也看到產業工會的興起。當冥王星在巨蟹座時，這顆行星會賦予個人強烈的情感，以及豐富的想像力與創造力。從負面角度來看，它會使人對他人的好運感到深刻的不滿。

冥王星在獅子座（1937/39～1956/58 年）

在冥王星行經獅子座期間，美國加入第二次世界大戰，並幫助協約國打敗德國與日本。此外，獅子座也是一個寬宏大量的星座（美國在戰後提供戰敗國金錢與援助，協助他們進行重建）。1945 年 10 月 24 日，聯合國成立，每個國家都能在這裡發表他們的看法，並試圖消弭與其他國家之間的差異。韓戰則是為了讓一個國家免於侵略。冥王星落入獅子座也代表濫用權力；此時，人們的工作與生活受到新興的麥卡錫主義（McCarthyism）[90] 破壞。當冥王星在獅子座時，一個人對權力的熱愛、控制慾與自吹自擂會被突顯出來，但它也會賦予冥王星獅子的人強大自尊心，以及排除萬難的堅強意志。他們往往自私、傲慢、注重感官享受。在冥王星行經獅子座期間出生的這個世代，開啟了奉行享樂原則的時代，同時媒體也極度強調個人崇拜。

冥王星在處女座（1956/58～1971/72 年）

在冥王星行經象徵為他人服務的處女座期間，甘迺迪與詹森政府積極投入社會福利計畫。這是推行「偉大社會」（Great Society）[91] 的時代，此時爭取公民權益有成；1960 年代中期，也有女權運動興起。冥王星落入這個象徵健康的星座使人們開始注意到食品添加物的毒害、重視全人醫療（holistic medicine）[92]，並關注環境汙染的問題。此外，處女座也象徵務實，能有效運用自己所獲得的實

90 麥卡錫主義是指 1950 年代初，由美國參議員約瑟夫．麥卡錫（Joseph McCarthy）所挑起的全國性反共運動。他在任職參議員期間，大肆渲染共產黨滲透政府與輿論界，促使成立「眾議院非美活動調查委員會」（The House Un-American Activities Committee），在政府部門與文藝界煽動人們互相揭發，許多著名人士都遭到懷疑與迫害。

際資訊。在冥王星行經處女座期間，美國與蘇聯這兩個超級大國積極投入太空探索。1969 年，人類在月球上踏出了第一步。美國因為約翰．甘迺迪、羅伯特．甘迺迪和馬丁．路德．金恩博士被暗殺而陷入混亂，則可以看到冥王星的負面影響。東南亞被永無止境的越戰撕裂，它不僅造成巨大的傷亡與痛苦，也導致整個國家在情感上的對立。當冥王星在處女座時，這顆行星讓人善於分析；受到它影響的人追求完美，但也生性多疑，隨時都可以挑別人的毛病。

冥王星在天秤座（1971/72 ～ 1983/84 年）

在冥王星行經天秤座早期，令人痛苦的越戰終於結束。從更宏觀的角度來看，兩大敵對強國——美國與中華人民共和國之間的關係漸趨和平、友好。此外，冥王星天秤也意味著關心法律問題與消除不公義的事。揭露水門事件的驚人腐敗，最後為政府帶來新秩序，同時也恢復了國會與行政部門之間的制衡力量。因此，《資訊自由法》（Freedom of Information Act，簡稱 FOIA）獲得通過。天秤座強調平等；在冥王星行經天秤座期間，我們看到平權法案通過、平權修正案（Equal Rights Amendment）[93]得到支持，同時同性戀者也享有更多平等的權利。天秤座也代表愛好享受，而 1980 年代早期正好開啟了一段奢華與賣弄的時代。當冥王星在天秤座時，這顆行星使人非常想要尋求和諧與合作。在親密關係中帶來意想不到的問題與紛擾是其負面影響。

冥王星在天蠍座（1983/84 ～ 1995 年）

冥王星進入天蠍座時的狀況，正好與喬治．歐威爾（George Orwell）[94]在

91　偉大社會又譯為「大社會」，是指前美國總統林登．詹森於 1964 年所提出並推動的一系列政策。1964 年 3 月 7 日，詹森首次公開提出「偉大社會」的概念，接著隔年 1 月，正式在國情咨文中提出建設「偉大社會」的施政綱領，並向國會提出教育、醫療、環境保護、維護民權等八十三項特別立法建議。在詹森任內，美國國會總共通過四百五十三項立法，實現了「偉大社會」的主要目標，特別是其中的一系列民權法案，大幅改善美國少數族群的政治權益。亞洲移民得以大量進入美國，並獲得較為公平的發展機會，也歸功於詹森的政策改革。

92　全人醫療又稱為「整全醫療」或「整體醫療」，是指將人視為一個整體進行醫療，而不是局部處理一個器官或系統；傳統中醫、自然療法與順勢療法都可以算是全人醫療。

93　平權修正案是美國憲法的一項修正案，由女權運動人士發起，希望藉此禁止性別歧視。1921 年，這項修正案在美國國會首次提出，引發廣泛討論。隨著 1960 年代第二波女權主義的興起，此案得到越來越多人的支持。由眾議員於 1971 年重新提出後，美國國會已經於 1972 年正式通過，並發回各州等待批准。若美國憲法要加入這項修正案，必須獲得全美各州四分之三（三十八州）的批准，但當時只有三十五州支持。直到 2020 年 1 月，維吉尼亞州才通過此案，成為批准這項修正案的第三十八州

他的著名著作《1984》裡對極權政府與個人權利喪失的預測相符。冥王星在天蠍座的能量極為強大（冥王星是天蠍座的守護星），而這是一個充滿混亂與變革的時代。在這段時期，柏林圍牆倒塌；蘇聯解體，並成立獨立國家國協；伊朗變得好戰而保守；南斯拉夫（Yugoslavia）因為塞爾維亞人與克羅埃西亞人相互衝突而分裂。在冥王星行經象徵毀滅的天蠍座期間，恐怖主義充斥全球。國際毒品交易增加則可以看出天蠍座與冥府之間的連結。天蠍座掌管出生、性、死亡與重生；在冥王星行經天蠍座期間，試管嬰兒、代理孕母、複製動物，以及各種基因工程相繼出現。愛滋病毒變得猖獗，突顯出性與死亡的主題。冥王星天蠍會賦予個人敏銳的頭腦與堅強的意志；這些人充滿熱情與想像力，而且具備通靈能力。為了用自己的方式做事，他們可能會變得冷酷無情。

冥王星在射手座（1995～2007/08年）

冥王星行經射手座的時間較短（只有十三年），其影響也沒有那麼沉重。射手座象徵開放知識（open knowledge）[95]與真理；在千禧年之前的那幾年被視作「資訊時代」（Information Age）。電視幾乎在活動真正進行前就先報導完整細節；網路讓我們在數秒鐘內就能獲得資訊；傳記層出不窮，使人們變得沒有祕密。我們看到某位美國總統因為婚外情曝光而遭到彈劾（最後獲判無罪）；這段感情被完整地揭露出來。此外，射手座也代表外國與遙遠的地方。藉由電腦與網路，冥王星改變了人們對距離的看法。網路交易可以在數秒鐘內進行，零售業者直接透過電腦把商品賣給大眾，而電子郵件也能迅速將地球兩端的人連結在一起。我們滿懷希望，相信二十一世紀的頭十年會在哲學、宗教、教育、外國事務方面（這些都是射手座的影響範圍）出現新的價值觀。歐洲已經加入了共同市場[96]。冥王星射手帶來深刻的理解與殷切的盼望。其負面影響是想法極端且不切實際，但這段時期的熱情與樂觀應該會讓各地的人們都感到振奮。

冥王星在摩羯座（2008/09～2024年）

由於摩羯座象徵目標與紀律，冥王星落入這個位置會將責任感與敬業精神突顯出來。摩羯座也代表政府治理與長期安定，而冥王星或許會帶來新的世界秩序。個別國家可能會加入世界政府（world government）的體系，以獲

94　喬治・歐威爾，英國左翼作家、新聞記者與社會評論家。
95　開放知識是指任何人都可以自由存取、使用、修改（最多只需標明出處）的知識。
96　歐洲共同市場是歐盟的前身。

得更大的穩定性。占星學家們特別關注 2012 年，因為瑪雅曆法將這一年標記為世界末日。許多心靈運動（spiritual movement）都認為，這是對「意識」轉變的一種隱喻——此時，人類會抱持更有靈性的價值觀。從占星學的角度來看，冥王星摩羯讓我們對戰爭結束懷抱希望。

當冥王星進入下一個星座——水瓶座時，我們將身處水瓶時代（請參閱第 13 章的相關內容）。冥王星將會更突顯水瓶座熱愛自由與崇尚博愛精神的特質。這時應該會出現目前仍難以想像的科學發現，因為水瓶座象徵科學與關於未來的知識。

當冥王星進入雙魚座時，人類也許終於完全理解冥王星的能量，更明白生命的意義。雙魚座代表一個循環的結束，是向上攀升前的最後一步。此時，人類可能已經提升至更崇高的境界。

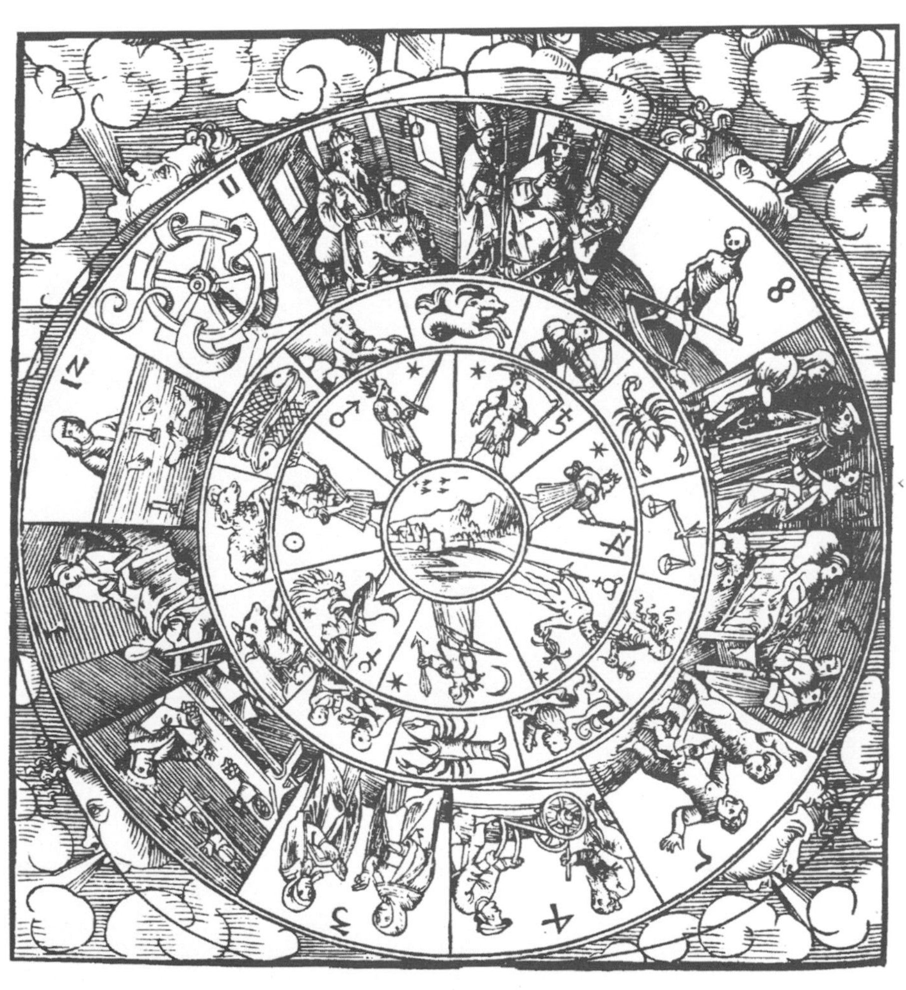

第三部

理解占星學

8

十二宮位

早在巴比倫時代，占星學家就將人生劃分為不同的範疇。他們了解到，人生這趟旅程是由各種工作、活動、目標、希望、夢想、情感與人際關係所構成。巴比倫占星學家為十二種不同的人生範疇命名，其名稱一直流傳至今。這十二個區塊稱為「宮位」。

最近，我看到宮位的新定義——「存在場域」（existential arena）。這只是一種時髦的說法；每個宮位都各自代表你人生的不同層面與其功用。比方說，這些宮位象徵一個人的家庭生活、個人財富、婚姻、事業等。

你的星盤（你的性格地圖）就是由這十二個宮位所組成。本章從第一宮開始，針對星盤中的所有宮位進行說明。在畫出你的星盤後（請參閱第 9 章的相關說明），你就會更清楚明白，這些宮位在你的人生裡代表什麼意義。

第一宮

這是象徵自我的宮位（命宮）。它是你星盤中最個人、影響力也最大的宮位，因為它是你的象徵，代表你的性情、脾氣、風格、習性、外在行為與好惡。第一宮顯示出你如何向周遭的人展現自己，以及外界對你的看法；它通常意味著你的外貌，尤其是你的頭部與臉部特徵。這個宮位有時也稱為「個人利益的宮位」，它代表你想在人生中獲得什麼，以及要如何達成這個目標。這個宮位開始的地方，是你星盤裡最關鍵的重點，因為它決定了其他十一個宮位的走向。在占星學裡，第一宮被視作一枚巨大的鏡片，從中可以檢視並解讀星盤的其餘部分。

第二宮

這是象徵金錢與財物的宮位（財帛宮）。它和你的擁有與獲得、收入，以及財務前景有關。它代表的是動產，也就是你在人生的過程中能動用的財產。第二宮也顯示出你對錢財的感受，意味著你喜歡被什麼樣的事物包圍。在某種程度上，它代表你賺錢與處理金錢的能力，第二宮通常也顯示，什麼可能是你的收入來源。

第三宮

這是象徵溝通的宮位（溝通宮）。第三宮與三個主要層面——自我表達、家族連結、日常行程的現況有關。這個宮位掌管你思考、說話與寫作的方式，邏輯思考、記憶力、手部靈巧度都在它的管轄範圍內。第三宮通常代表你受過怎樣的早期教育，以及研究與學習的能力。它也會影響你和兄弟姊妹、叔伯阿姨、堂（表）兄弟姊妹與鄰居之間的關係。短期旅行（特別是到外地出差或進修），以及這類旅行所搭乘的交通工具，都由第三宮掌管。

第四宮

這是象徵家庭的宮位（田宅宮）。第四宮掌管你過去、現在與未來的家庭生活，它代表你小時候的家庭狀況，以及與父母之間的關係。你從前世帶來的事物，都在它的管轄範圍內。你目前的家庭事務，像是房產與土地所有權，都受其影響。它也掌管你的晚年生活，以及那時你所尋求的安全感。第四宮是你星盤中較為神祕的宮位之一，因為它代表你一直小心保護、不想受到外界干擾的地方——那是你實際上，也是情感上的家。

第五宮

這是象徵性愛的宮位（子女宮）。第五宮掌管你所有的興趣與充滿創意的自我表達方式。你的性愛特質（你內心對創造最根本的渴望）是它的主要管轄範圍。這個宮位掌管孩子，以及你從他們身上所獲得的快樂。第五宮也和假日、娛樂、消遣與藝術有關。它掌管愛情、新的人生嘗試、投機買賣與賭博。這個宮位展現出你的藝術天分，同時也顯示你享受生活的能力。你小時候的寵物與玩伴也屬於它的管轄範圍，因為它掌管所有使你自然投入感情的事物；這個宮位代表你的內心。

第六宮

這是象徵勞務與健康的宮位（奴僕宮）。它代表為他人服務，意味著你必須幫助別人，並且對這個世界有所助益。在過去，它掌管一個人對奴僕與社會底層者的態度。在現代，這個宮位掌管你和同事、部屬與上司之間的關係。第六宮也和你的健康狀況（特別是因為擔憂或煩惱所導致的疾病）有關。它通常代表你的體質是否強健，以及容易罹患什麼樣的疾病。

第七宮

這是象徵合作關係與婚姻的宮位（夫妻宮）。就個人層面而言，它和你所選擇的人生伴侶——你的丈夫或妻子有關。它通常意味著你將會擁有怎樣的婚姻，以及你是否可能會離婚或再婚。這是代表合作關係的宮位（這些合作關係不只是在婚姻裡，也包含在工作、商業往來、法律事務與政治上）。它涵蓋了結盟、簽約以及合作雙方所產生的質疑或糾紛。第七宮和你能否與他人一起和睦工作有關。矛盾的是，它也掌管占星師所謂的「公開敵人」，他們往往是你在事業上或專業領域內的對手。第七宮是第一宮的對宮；為了追尋共同的目標，你必須與周遭的人協調。

第八宮

這是象徵死亡與重生的宮位（疾厄宮）。第八宮是你星盤中的三個神祕宮位之一（另外兩個是第四宮和第十二宮），同時也是其中一個最難理解的宮位。這個宮位有時也稱為「靈性轉變（spiritual transformation）的宮位」，它掌管生命的能量，和性愛、出生、死亡與來世有關。這個宮位和遺產，以及你從死去的親人身上繼承的事物（包含物質層面與精神層面）。屬於伴侶的金錢，以及稅金與債務，也在它的管轄範圍內。第八宮可能會顯示出與你的死亡有關的訊息，雖然確切時間始終是一個謎。此外，手術也由這個宮位掌管，因為它和重生有關。它代表心靈力量，以及關於神祕學的研究與知識。

第九宮

這是象徵心靈探索與長途旅行的宮位（遷移宮）。第九宮可以想成第三宮的延伸——學習、旅行與各種腦力活動，都在這個宮位裡擴展到更廣的層面。它是代表高我（higher mind）[97]的宮位，高等教育與針對深奧主題的研究都在它的管轄範圍內，身體與心靈的長途旅行都由這個宮位掌管，它和實際到國外旅行，以及從其他國家獲得商業利益有關。這個宮位掌管語言學習，以及與外國人的相遇（他們可以拓展你的視野與思維）。第九宮掌管公開發表，因此它代表出版與文學作品。

97　高我是指內心的神聖意識，當一個人根據這個內在指引生活時，就會獲得平靜與智慧。

第十宮

這是象徵事業與公眾形象的宮位（事業宮）。第十宮的對宮（第四宮）掌管家庭，它則掌管所有家庭以外的事──你的職業、社會地位，以及你的公眾聲望。這個宮位被稱為「企圖心、抱負與成就的宮位」。它也顯示別人對你有什麼樣的評價。第十宮反映出你的形象，它表現在你的權力、位階與名譽上。它是你的能力展現，意味著你如何承擔責任，以及透過努力能取得什麼成就。這個宮位對物質上的成功有著很大的影響。

第十一宮

這是象徵友誼、希望與願望的宮位（福德宮）。不像對宮（第五宮）關注立即的快樂，第十一宮和長遠的夢想、目標與知性愉悅（intellectual pleasure）有關。這個宮位掌管與你的工作、職業或家庭有關的團體或組織，你所隸屬的社團、協會或政治組織都在它的管轄範圍內。這個宮位通常代表那些對你最有益處，並能幫助你達成人生目標的朋友。第十一宮反映出你能否快樂地與他人相處，從最高層次來看，它意味著所有人都一起和睦地工作，而且每個人都可以充分展現自己的獨特個性。這個宮位代表理想與願景。

第十二宮

這是象徵祕密、傷痛與自我毀滅的宮位（玄祕宮）。它是所有宮位中的最後一宮，代表一個循環的結束，同時也是最神祕的一個宮位。這個宮位不一定陰沉、負面，但它確實顯示出你人生中的種種限制（這當中包含了你所做出的自我毀滅行為）。這個宮位掌管意外、麻煩、失望與果報。它也掌管無形的力量、隱藏的敵人、避難所、醫院與監獄。十二宮被稱為「業力的宮位」、「心靈債務的宮位」，因為一個人的作為所換來的報償與懲罰都在它的管轄範圍內。此外，它也和心靈力量，以及能否發掘出生命的意義有關。

在星盤中，星盤總是可以畫成這樣：

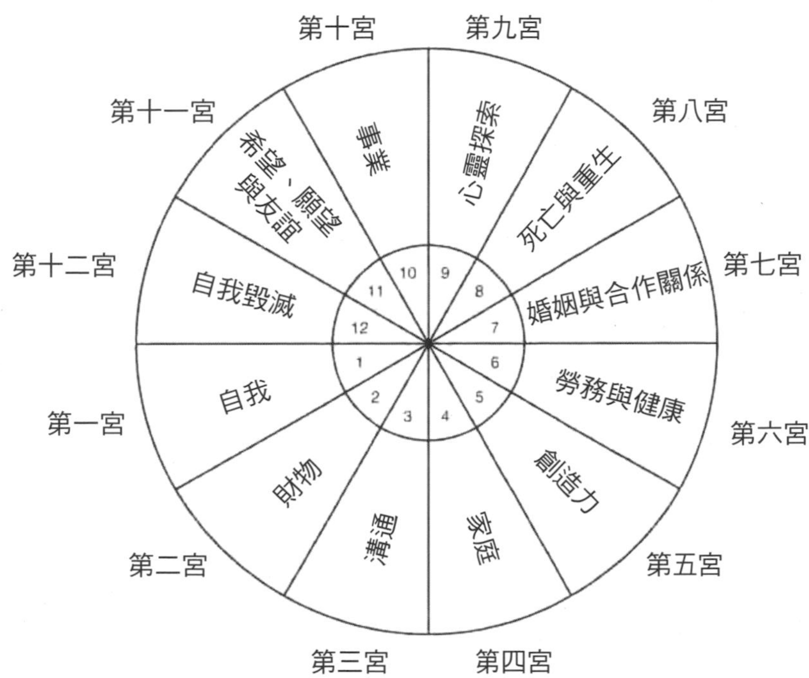

每個宮位的主宰

你或許已經發現，這十二個宮位和十二星座很類似，兩者之間也存在著某種關聯。第一宮和第一個星座（牡羊座）有共同的特質；第二宮和第二個星座（金牛座）有共同的特質，以此類推。對應到某個宮位的星座，稱為該宮位的「自然主宰」（natural ruler）。

宮位	自然主宰	宮位	自然主宰
第一宮（命宮）	牡羊座	第七宮（夫妻宮）	天秤座
第二宮（財帛宮）	金牛座	第八宮（疾厄宮）	天蠍座
第三宮（溝通宮）	雙子座	第九宮（遷移宮）	射手座
第四宮（田宅宮）	巨蟹座	第十宮（事業宮）	摩羯座
第五宮（子女宮）	獅子座	第十一宮（福德宮）	水瓶座
第六宮（奴僕宮）	處女座	第十二宮（玄祕宮）	雙魚座

宮位類型

在占星學裡，可以將三個或四個宮位分成一組。這樣的分類具有特殊意義，能幫助我們通盤了解宮位與人生之間的關係。

宮位三分法

1. 角宮（Angular House）[98]

它們標示出星盤中的四個「軸點」（angle，即四個基本點），所以稱為「角宮」。請參閱 p325 以後的內容。

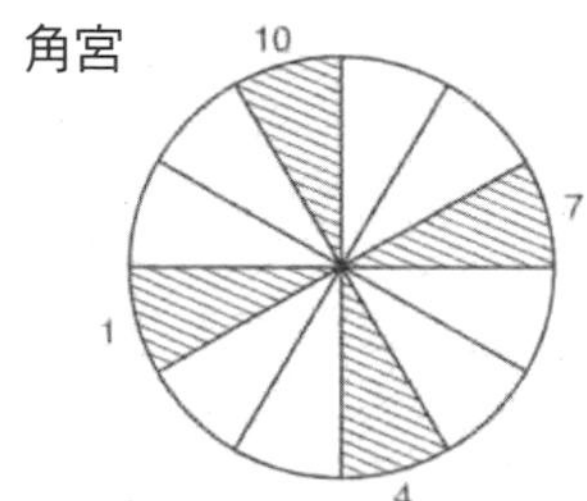

這些宮位分別是第一、四、七、十宮；這些宮位裡的行星意味著你將獲得某種顯著的成就。

第一宮（象徵自我與個性）
第四宮（象徵家庭與晚年）
第七宮（象徵婚姻或合作關係上的好運）
第十宮（象徵事業上的名譽與位階）

2. 續宮（Succedent House）[99]

它們「接續」在角宮之後，所以稱為「續宮」。

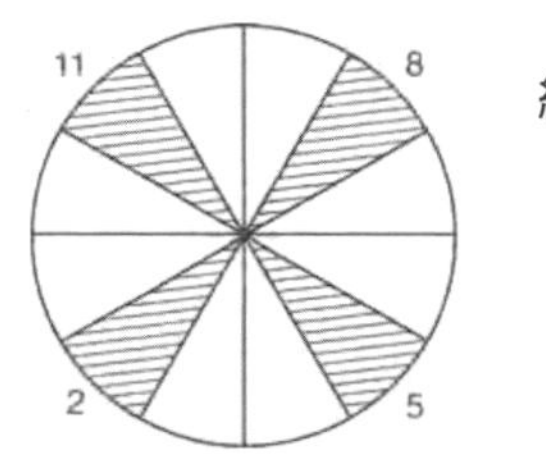

這些宮位分別是第二、五、八、十一宮；這些宮位裡的行星意味著你具備穩定性與意志力，而且堅定不移。

第二宮（象徵財務）
第五宮（象徵創造力）
第八宮（象徵重生）
第十一宮（象徵希望）

3. 降宮（Cadent House）[100]

它們從角宮和續宮上落下，所以稱為「降宮」。「cadent」這個字源自於拉丁文的「cadere」，意思是「落下」。

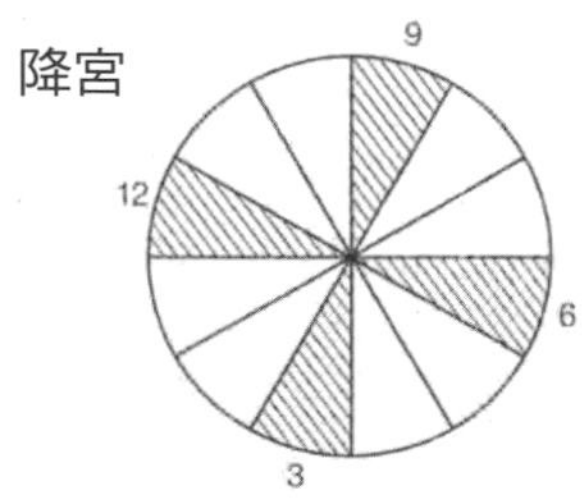

這些宮位分別是第三、六、九、

98 角宮又稱為「起始宮」、「始宮」、「本位宮」或「開創宮位」。
99 續宮又稱為「固定宮位」。
100 降宮又稱為「果宮」、「終止宮」或「變動宮位」。

十二宮；這些宮位裡的行星意味著你頭腦靈活、能傳達自己的想法。

第三宮（象徵日常溝通）
第六宮（象徵就業）
第九宮（象徵心靈探索）
第十二宮（象徵潛意識）

宮位四分法

1. 象徵生活的宮位

這些宮位分別是代表活力與生命力的第一宮、代表子女與創造力的第五宮，以及代表知識與信念的第九宮。

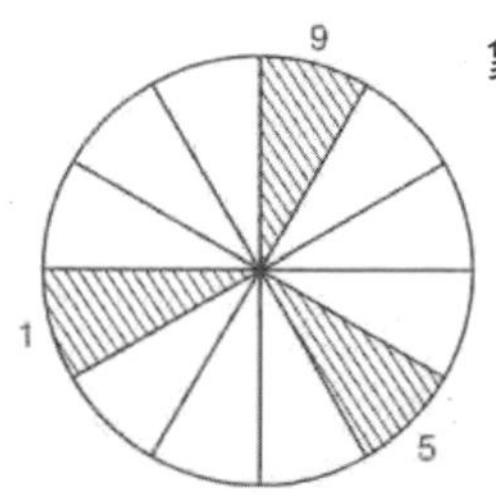

象徵生活的宮位

2. 象徵財富的宮位

這些宮位分別是代表個人財富的第二宮、代表工作與就業的第六宮，以及代表事業與公眾地位的第十宮。

象徵財富的宮位

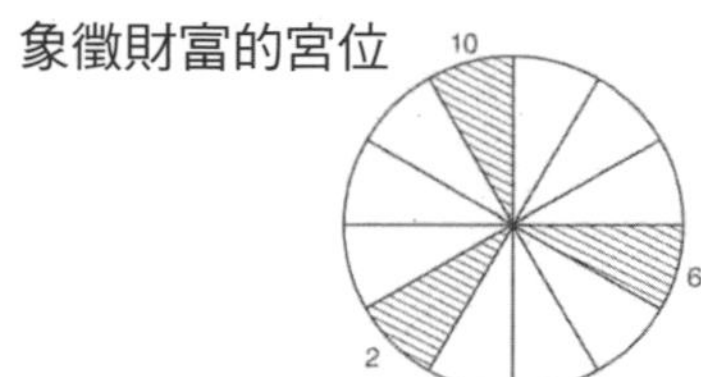

3. 象徵人際關係的宮位

這些宮位分別是代表親人與鄰居的第三宮、代表婚姻與合作關係的第七宮，以及代表朋友與團體組織的第十一宮。

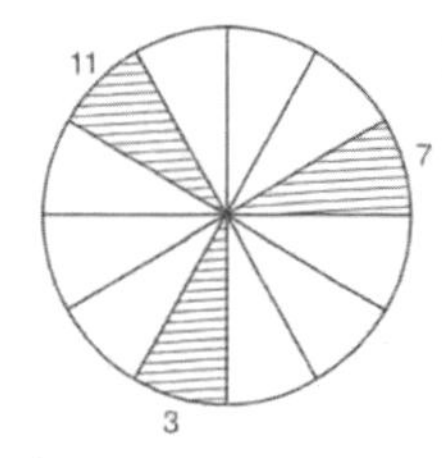

象徵人際關係的宮位

4. 象徵結束的宮位

這些宮位分別是代表晚年的第四宮、代表死亡與重生的第八宮，以及代表心靈報償與債務的第十二宮。

象徵結束的宮位

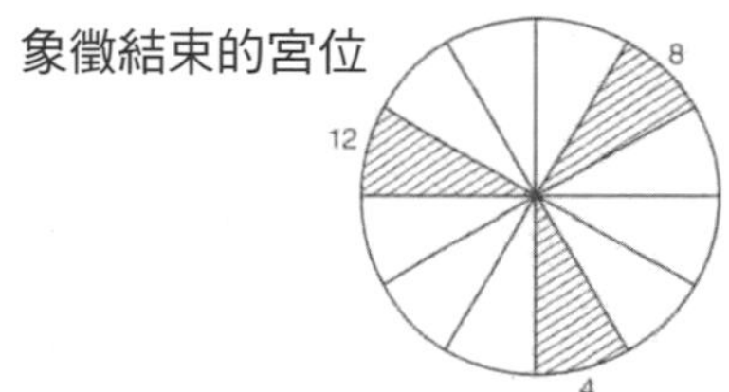

宮位裡的行星

當占星師在解讀你的星盤時，會以你星盤宮位裡落入的行星作為指標。任何有一顆以上行星的宮位，都會因為它們的存在而以某些方式被突顯與強化。舉例來說，當象徵幸運的木星落入第二宮（財帛宮）時，意味著賺錢較為輕鬆；當木星落入第七宮（夫妻宮）時，則代表你可能會透過婚姻或合作關係獲益。當象徵自信的火星落入第三宮（溝通宮）時，意味著你有敏銳的心思，能與人有效地溝通；當火星落入第八宮（疾厄宮）

時，則代表你具備強大的意志力與強烈的熱情，同時也對神祕學感興趣。當象徵愛與美的金星落入第一宮（命宮）時，會突顯你美麗的外表、細膩的審美觀，以及泰然自若的態度；當金星落入第四宮（田宅宮）時，則意味著你很可能有一個美麗舒適的家，且享有快樂的童年。

每個宮位裡的每顆行星都具有特殊意義，以下概述將為你提供有用的指引。然而，想把這些說明套用在你身上，必須先畫出自己的星盤。關於如何繪製星盤的部分，會在下一章中解說。只要確立宮位，找出哪些行星落入哪些宮位，以下說明就能幫助你解讀自己的星盤。

第一宮（命宮）

太陽在第一宮（太陽象徵生命力與個性）

你意志堅強、具備強烈的自我意識、喜歡備受關注。你是一個獨立自主的人，擁有很好的領導能力。優點：體質強健、慷慨大方、充滿自信、威嚴獨具。缺點：自負、專斷獨行。

月亮在第一宮（月亮象徵情感與直覺）

展現自我的方式很有創意，而且對周遭的人直覺敏銳。家庭與家人對你意義重大，也會懷念自己的童年時光。渴望被欣賞與崇拜，也想變得出名。優點：懂得包容、浪漫、充滿好奇心。缺點：過度敏感、喜怒無常、有浪費精力的傾向。

水星在第一宮（水星象徵心智）

你有敏銳的頭腦、充滿好奇心、風趣幽默，而且需要腦力上的挑戰；你熱愛旅行、喜歡與人交談。你通常足智多謀，也有很好的模仿能力。優點：積極進取、適應力強、擅長寫作與演說。缺點：躁動不安、優柔寡斷、太在意自己。

金星在第一宮（金星象徵愛與歡樂）

你溫柔嫵媚，通常也長得很好看。你擁有迷人的儀態，喜歡有人陪伴。外表對你很重要，你往往會在自己身上花太多錢。優點：生性開朗、富有同情心、充滿藝術家氣息。缺點：懶惰、自戀、太愛好奢侈享受。

火星在第一宮（火星象徵活力與自信）

你獨立自主、衝動魯莽，不喜歡聽取別人的建議。你會活力充沛、充滿自信地投入新計畫，同時也能努力工作。你性慾旺盛，對床第之事充滿熱情。優點：身體強壯、勇敢、堅定自信。缺點：不體貼、蠻橫霸道、咄咄逼人，容易發生意外。

木星在第一宮（木星象徵幸運與擴張）

你活潑開朗、善於社交。你生性樂觀、能激發出自信，也往往不吝惜付出自己的時間與精力。你的運氣很好，事情最後通常都有圓滿的結局。優點：和善、令人愉悅、心胸開闊、豪爽大方。缺點：任性、容易受騙，也很容易變胖。在愛情裡，你有時並不忠誠。

土星在第一宮
（土星象徵紀律與限制）

你具備很好的組織能力、能自我約束、鍥而不捨。你富有耐心、有點害羞；你的心裡其實很緊張（你會努力壓抑這一點），而你也希望自己的才華與作品能獲得認可。優點：認真勤奮、有很強的耐力與責任感。缺點：深藏不露、固執、守舊、害怕新的開始。

天王星在第一宮
（天王星象徵變革與獨創性）

你勇於創新，同時也可能會培養出特殊興趣或嗜好。你的人生常會出現突如其來的新開始。你容易興奮、能獨立思考，你或許會堅持用自己的方式做事。優點：直覺敏銳、創意獨具。缺點：固執、不體貼、舉止古怪。

海王星在第一宮
（海王星象徵靈性與幻想）

你細膩敏感、充滿想像力，可以將這樣的特質運用在藝術創作上。你往往心不在焉，因為你喜歡幻想；你愛好享受，有時也很懶惰；你會花很多時間待在海邊。優點：富有遠見、理想化、對周遭的人很敏感。缺點：善變、愛拖延、意志薄弱、不曾感到滿足。

冥王星在第一宮
（冥王星象徵轉變）

你具備強烈的性格、富有魅力，你也會尋求冒險。年輕時，你學會自給自足，而且通常喜歡獨來獨往。優點：意志堅強、鍥而不捨、有自我轉變的潛力。缺點：難以捉摸、冷酷無情、報復心重。

第二宮（財帛宮）

太陽在第二宮
（太陽象徵生命力與個性）

你需要安全感，通常也能吸引財富，但這些錢財會在你的生命裡快速地來來去去。你喜歡把錢花在奢侈品上；隨著時間過去，你的很多財產都會增值，你經常因為有力人士而獲益。優點：慷慨大方、意志堅強、鍥而不捨、在理財方面充滿創意。缺點：貪心、佔有慾強、喜歡賣弄、財物變成身分與地位的象徵。

月亮在第二宮
（月亮象徵情感與直覺）

你可以發揮想像力，用充滿創意的方式、透過公眾場合賺錢——將商品銷售給社會大眾、公開露面等。你的財務狀況不太穩定；你有時謹慎、節儉，有時則草率、浪費。優點：你能迅速察覺，並把握賺錢的機會；你重視安全感，能事先規劃未來。缺點：貪心、奢侈浪費的你花錢很情緒化，往往也很輕率。

水星在第二宮（水星象徵心智）

你能以知識工作——寫作、教學、演講，或任何傳播工作維生。你喜歡把錢花在旅行、進修，以及那些讓生活變得更舒適的小玩意上；你的收入來源有時不只一個。優點：對賺錢的機會很敏銳、善於議價、具備出色的業務能力。缺點：花錢隨心所欲、不切實際、容易受騙，財物也容易失竊。

金星在第二宮（金星象徵愛與歡樂）

你往往會透過社交關係、婚姻或藝術活動取得成功。與人合作創業能夠獲利。你喜歡把錢花在衣服、首飾、穿著打扮與享受上。優點：慷慨大方、處理財務時公正誠實、能用美麗的事物（如服飾、佈置、畫廊等）營利。缺點：鋪張浪費、愛好享受與奢侈品、花錢沒有節制。

火星在第二宮（火星象徵活力與自信）

你有很好的賺錢能力，會透過自己的努力與競爭力獲取收益。金錢對你很重要，你也會積極地追求；你經常面臨財務危機，但很快就能度過。優點：做事有效率、對新的賺錢想法很積極，而且通常都擁有自己的事業。缺點：花錢衝動、鋪張浪費、粗心大意，容易因為火災或做事匆忙草率而造成損失。

木星在第二宮（木星象徵幸運與擴張）

你通常能輕鬆地賺錢，同時也善於處理財務。你豪爽大方，周遭的人因此深受吸引，你也常從社交關係中獲益。你將變得富裕，或瘋狂地花光所有賺來的錢——這必須視你星盤裡的其他要素而定；旅行或旅遊產業是你的另一項財富來源。優點：誠實坦率、慷慨大方、對新的賺錢想法富有遠見。缺點：注重物質、漫不經心，往往會因為法律糾葛而蒙受損失。

土星在第二宮（土星象徵紀律與限制）

你汲汲營營地追求物質享受，通常也會做出長期財務規劃。你精明、節儉，對自己的投資小心翼翼；你寧可購買藍籌股（blue-chip stock）[101]，也不要採取投機的做法。錢不會快速地流進來；獲利緩慢而穩定，你也必須付出相當大的努力。優點：講求實際、辛勤工作、努力不懈。缺點：小氣吝嗇；在獲取金錢時，你可能會遇到阻礙或延遲的情況。

101　「藍籌」一詞源自西方賭場。在賭場裡，有三種顏色的籌碼，其中藍色籌碼最值錢，紅色籌碼次之，白色籌碼最差。後來投資人把這些術語套用到股票上，用以區別上市公司。藍籌股又稱為績優股，是指擁有較高商譽、財務穩定，在該產業經驗豐富、具有舉足輕重地位的公司。一般而言，藍籌股的投資風險較低，他們通常無論景氣好壞，都有能力配發股息給投資人。

天王星在第二宮（天王星象徵變革與獨創性）

你往往有特殊收入來源，或者會突然獲得賺錢的機會。長期來看，你的財務狀況可能非常不穩定。若你的星盤裡沒有對立的能量，你整體上還是可以賺到錢；能從古董、古玩與收藏品獲利。優點：勇於創新、足智多謀、具備獨特的鑑賞力。缺點：你會突然蒙受損失、金錢往來不穩定，與朋友之間有財務方面的問題。

海王星在第二宮（海王星象徵靈性與幻想）

你擁有敏銳的直覺，並且對賺錢的方法充滿想像力。比較有邏輯的人會說，你處理財務的方式缺乏效率；在購買東西時，你通常更在意它們的美學價值（它們對你代表的意涵），而不是實際價值。優點：對需要幫助的人很慷慨，能透過創作獲取收益；不在意物質。缺點：懶惰、花錢隨心所欲，或對錢滿不在乎，太容易被利用或受騙。

冥王星在第二宮（冥王星象徵轉變）

你對金錢的態度很大膽、不害怕冒險。你喜歡分散投資，在你的一生中，可能也會數次改變收入來源；你往往對自己的財物很執著。優點：足智多謀、具備獨特的賺錢天分、努力能獲得高報酬。缺點：自私、揮霍、有不擇手段的傾向。

第三宮（溝通宮）

太陽在第三宮（太陽象徵生命力與個性）

你頭腦靈活、充滿創造力，同時也必須將自己的想法表達出來。你或許會在教學、寫作或演說上取得成功，出色的自我表達能力通常會使你成為圈子裡的領導者。優點：生性開朗、口齒伶俐，也具備很好的學習能力。缺點：雜亂無章、傲慢、容易與親人起爭執。

月亮在第三宮（月亮象徵情感與直覺）

你通常很感性，而且想像力豐富。你不喜歡千篇一律的生活，常參加短期旅行。你有很好的記憶力、時常改變看法；當你從事與人群接觸的工作，或在公眾場合露面時，會給人們留下美好的印象。優點：充滿好奇心、有很好的判斷力；書寫關於自己或家人的事時，令人印象深刻。缺點：善變、喜怒無常、有干涉他人生活的傾向。

水星在第三宮（水星象徵心智）

你靈活多變，可以應付各式各樣的人與計畫。你很務實，處理細節時也很有效率。你機智風趣、能流暢地自我表達，周遭的人因此深受吸引。優點：聰明伶俐、充滿好奇心、注重邏輯思考、善於交際。缺點：容易緊張、煩惱，優柔寡斷；往往會與親人起爭執。

金星在第三宮
（金星象徵愛與歡樂）

你充滿藝術家氣息、天生具有品味；你的想法很有吸引力，因此贏得人們的關注。你的社交活動可能也包含不少旅行。也許會因為旅行或與人通信而產生戀情。優點：生性開朗、充滿創造力、說話與寫作都具有說服力。缺點：膚淺、懶得動腦、太容易受到情緒的影響。

火星在第三宮
（火星象徵活力與自信）

你積極進取、意志堅定；往往會坦白說出自己的想法。你喜歡主導一切，而且通常能用自己的方式做事，因為你深具說服力。你容易開車開得太快，或在旅行時遇到麻煩。優點：頭腦靈活、有很多新點子、可以用充滿創意的方式表達自我。缺點：喜歡與人爭辯（特別是跟親人）、容易因為法律糾紛而蒙受損失。

木星在第三宮
（木星象徵幸運與擴張）

你樂觀開朗，也喜歡用各種與知識有關的興趣讓自己保持忙碌。你不會滿足於一知半解，想要知道更多。對你而言，旅行既是享受，也能獲益良多。優點：充滿好奇心、樂於嘗試新事物、能跟他人分享自己的想法、與親人之間有良好的關係。缺點：躁動不安、魯莽、不切實際。

土星在第三宮
（土星象徵紀律與限制）

你認真務實；你想要學習，以便學以致用。你具備敏銳的觀察力，而且寧可面對實際狀況，也不要紙上談兵。有時會拖延，因為你等著做出正確的決定。在進修時，你可能會遭遇困難或阻礙。優點：深思熟慮、嚴謹自律、努力不懈。缺點：容易悲觀、與親人疏遠。

天王星在第三宮
（天王星象徵變革與獨創性）

你獨立自主、勇於創新，同時也喜歡走自己的路，而不是追隨別人的腳步。你經常突然去旅行。有時候，你說話與寫作的方式創意獨具。優點：心思敏捷、多才多藝、充滿創造力。缺點：躁動不安、因為另類的想法與親人起爭執、在旅行時容易發生意外。

海王星在第三宮
（海王星象徵靈性與幻想）

你心思細膩敏感、充滿想像力，同時也對周遭的人直覺敏銳。你非常想要對人生有進一步的了解，因此對神祕學深感興趣。你很喜歡幻想。優點：理想化、直覺敏銳、充滿藝術家氣息。缺點：不知滿足、可能會低估自己的能力、與親人之間關係混亂。

冥王星在第三宮
（冥王星象徵轉變）

你擁有敏銳的頭腦，而且也想盡可

能地學習。你說話與寫作的風格很強烈，使你能常充滿創意地表達。旅行會為你開啟新體驗，它有時也代表你生命中的重要轉折點。優點：充滿好奇心、有很好的專注力、想法創意獨具。缺點：多疑，想操縱、掌控他人。

第四宮（田宅宮）

太陽在第四宮（太陽象徵生命力與個性）

你對自己的家庭與家人感到自豪；從年輕時開始，就非常想要建立自己的根基。你的父母中至少有一人對你產生了決定性影響；在某些情況下，你必須想盡辦法獨立。在你生命的最後，一切都將很順利。優點：你或許會因為遺產繼承而獲益。缺點：容易感到不安。

月亮在第四宮（月亮象徵情感與直覺）

你對你的家人呵護備至，同時也可能會成為疼愛孩子的父母。在你的一生中，你將會經常搬家，而且你喜歡住在水邊。在晚年，你或許會獲得社會大眾的認可。優點：在處理房地產或家族財產時很精明。缺點：不願意面對現實。

水星在第四宮（水星象徵心智）

家通常是你學習或工作的地方，你所從事的工作也可能會讓你搬家。父母與童年激起了你的求知慾；在晚年，依然頭腦靈活，而且在全世界都有朋友。優點：面對家人與作為父母時，你都很理性。缺點：躁動不安、很難定下來。

金星在第四宮（金星象徵愛與歡樂）

家往往是你的展示空間；你喜歡讓自己被美麗的事物包圍。你通常擁有美好的童年回憶，同時可能很依戀你的母親。在你生命的最後，一切都將很平和。優點：能促進家庭關係和諧。缺點：你會花很多錢添購家裡的東西。

火星在第四宮（火星象徵活力與自信）

你非常渴望擁有自己的家，以便自立門戶。童年時，你或許與父母處於不和狀態（特別是跟你的父親）。在晚年，你將會很活躍，而且絕對不會為了要有地方住而依賴別人。優點：積極地在家裡賺錢。缺點：家庭關係充滿爭吵。

木星在第四宮（木星象徵幸運與擴張）

你在家裡通常會覺得快樂、自在，你也對你的家人感到自豪。小時候，你可能會覺得父母深愛著自己，因此感到安心，而你也會從他們身上繼承一些事物（在精神或物質層面）。你的晚年應該會過得很舒服。優點：你會在你出生的城市或國家取得物質上的成功。缺點：奢侈浪費，在處理家庭事務或作為父母時過度慷慨。

土星在第四宮
（土星象徵紀律與限制）

你很在意家人，也對他們很忠實。你可能從很小的時候就開始承擔責任。土星落入第四宮有時意味著很早就失去父親，當那些在小時候照顧你的人年老時，你也會照顧他們。你會為了能安穩度過晚年而謹慎地規劃，而且可能會獨自終老。優點：可以從房地產中獲益。缺點：很難對家庭成員表達自己的感受。

天王星在第四宮
（天王星象徵變革與獨創性）

你不是一個喜歡待在家裡的人，需要一定程度的自主權。你擁有跟朋友們不一樣的童年，或者你的父母曾經從事特殊職業。你的人生可能會突然發生翻轉，也會在你目前無法想像的環境裡度過晚年。優點：擅長在家中宴客。缺點：你或許會破壞家人之間的關係。

海王星在第四宮
（海王星象徵靈性與幻想）

可能在心裡描繪出家庭生活的理想樣貌，而對真實情況略有不滿。家裡也許有不可告人的祕密，你可能會在遙遠之地度過晚年。優點：可能會成為有想像力、能給孩子啟發的父母。缺點：容易對家庭事務感到困惑、產生誤解。

冥王星在第四宮
（冥王星象徵轉變）

你對家庭事務極為關心，在家裡也想要掌控一切。你的父母或許對你造成深遠的影響，但你可能永遠無法消除對童年的那份複雜情緒。在晚年，你也許會過著與世隔絕的生活，並進行某項重要計畫。優點：對家庭懷抱著責任感。缺點：可能很早就失去父母或監護人。

第五宮（財帛宮）

太陽在第五宮
（太陽象徵生命力與個性）

你精力充沛、充滿創造力、喜歡享受美好的生活。你對藝術、戲劇與體育很感興趣，也喜歡與人相處。你或許談過很多次戀愛，而且花錢隨心所欲。優點：能從孩子身上得到快樂。缺點：因為自尊心阻礙感情的發展。

月亮在第五宮
（月亮象徵情感與直覺）

在面對愛情時，你很衝動；往往會聽從內心的聲音，而不是理智的判斷。你追求生活享受；大家可能都知道你的某一段戀情；你也許有個孩子會變得出名。優點：浪漫、充滿想像力與創造力。缺點：對另一半與孩子佔有慾很強且保護過度。

水星在第五宮（水星象徵心智）

你喜歡改變、認識新朋友，可能也談過好幾次戀愛。你的伴侶必須一直在思想上吸引你，否則你會開始感到無趣。你會以戲劇性的方式展現自我，同時也可能具備藝術天分。優點：能與社會大眾溝通。缺點：對親人吹毛求疵。

金星在第五宮
（金星象徵愛與歡樂）

你喜歡社交，而且也是眾所矚目的焦點。你會吸引許多追求者，通常也談過很多次戀愛。你喜歡創作，對孩子也很溫柔。優點：能在藝術界與演藝界獲得成功。缺點：自我放縱、太貪戀掌聲。

火星在第五宮
（火星象徵活力與自信）

在愛情裡，你衝動魯莽，有時甚至對房第之事極度缺乏耐心。你喜歡競爭（在愛情、運動與社交方面），而且必須成為贏家。你充滿個人魅力，人們因此深受吸引。優點：具備領導能力。缺點：因為自尊心與親人起衝突。

木星在第五宮
（木星象徵幸運與擴張）

你喜歡從事各種消遣（特別是體育活動與戲劇）。若你的星盤中沒有對立的能量，從事投機買賣時會很幸運；你有時對感情態度輕率。優點：孩子會為你帶來快樂。缺點：奢侈浪費，有時會因為賭博而蒙受損失。

土星在第五宮
（土星象徵紀律與限制）

因為你嚴謹自律、認真看待人生，常不容許自己放鬆與玩樂。你對你所愛的人抱持強烈的情感，但你也必須獲得他們的尊敬；你或許會對孩子很嚴格。你人生中那些不愉快的時光教會了你某個課題。優點：對親人懷抱著責任感。缺點：害怕在愛情裡付出太多。

天王星在第五宮
（天王星象徵變革與獨創性）

你很容易突然陷入熱戀，又突然結束這段感情。你可能會先訂婚，接著又取消婚約；在性愛上，你喜歡創新與嘗試。優點：在充滿創意的表達方式上勇於創新。缺點：你或許會與孩子疏遠。

海王星在第五宮
（海王星象徵靈性與幻想）

你愛好奢侈享受（有時會太過頭），也非常喜歡戲劇或電影。你會為性愛增添些許幻想；你可能談過不只一次不倫戀，這些戀情為你帶來傷痛。優點：具備藝術天分（特別是在表演方面）。缺點：容易因為賭博或詐騙而蒙受損失。

冥王星在第五宮
（冥王星象徵轉變）

你衝動魯莽、充滿熱情，同時也會順從內心的渴望與指引。在認真投入前，你會誇大愛情的重要性；你擁有出色的藝術才華。優點：對親人懷抱著責任感。缺點：對過去的戀情耿耿於懷。

第六宮（奴僕宮）

太陽在第六宮
（太陽象徵生命力與個性）

你對自己的工作感到自豪，同時也有很好的組織能力；你必須受到賞識。你的身體通常很健康、復原能力很強，雖然也容易出現一些煩人的毛病。優點：解決問題時很有效率。缺點：可能很龜毛，讓人很難為你工作。

月亮在第六宮
（月亮象徵情感與直覺）

在找到真正適合自己的事物前，你或許會頻繁地換工作。工作上的不愉快可能會對你的健康產生負面影響，你特別容易有腸胃方面的問題。優點：在工作上，直覺敏銳、充滿想像力。缺點：對自己應負的責任優柔寡斷、反覆無常。

水星在第六宮（水星象徵心智）

在某種程度上，你是個完美主義者，以致於日常生活中的問題都令你難以承受。你對飲食與健康保健深感興趣，通常也十分了解最新的相關資訊。你容易緊張，也可能有腸胃或呼吸道方面的問題。優點：務實、做事有效率（尤其是從事寫作或傳播工作時）。缺點：容易為了工作與健康煩惱。

金星在第六宮
（金星象徵愛與歡樂）

你會努力尋求和工作夥伴之間的和諧與良好關係；你不喜歡辛苦或粗重的體力勞動。你的健康狀況良好，雖然有過度飲食的傾向。優點：工作場合或許會帶來戀情。缺點：往往很懶惰，讓別人去做繁瑣的雜事。

火星在第六宮
（火星象徵活力與自信）

在工作上，你的目標是有所成就。克制內心的衝動，會使你做事更有效率。你會逼自己拚命工作，並期待他人也有同樣的表現。你活力充沛，但容易不小心發生意外。優點：能創造出新的工作方法。缺點：有時心胸狹窄、喜歡與同事爭辯。

木星在第六宮
（木星象徵幸運與擴張）

你往往會在工作上取得成功，同時也能與事業夥伴和睦相處。你忠實可靠，而木星通常會帶來金錢報償；你熱愛美食，往往會因此變胖。優點：工作能帶來旅行與拓展的機會。缺點：因為過度放縱而導致健康問題。

土星在第六宮
（土星象徵紀律與限制）

你是一個可靠且認真負責的員工，對自己要求嚴苛，你可能會因為工作過度或疏於照顧而導致健康狀況不佳。優點：受到同事與事業夥伴的景仰。缺點：無法接受有超出自己控制的困難與限制存在。

天王星在第六宮（天王星象徵變革與獨創性）

在工作上，你會想出新方法或獨特的點子。你有點古怪、缺乏耐心，有時目標達成率不如那些仔細、嚴謹自律的員工。你容易罹患很難診斷或治療的疾病。優點：能改善、更新或簡化舊有的想法。缺點：無法持續投入與產出。

海王星在第六宮（海王星象徵靈性與幻想）

你對工作抱持崇高的理想，同時也對周遭環境與工作夥伴很敏感。你可能很難找到令自己開心、自在的環境。你容易罹患奇怪的疾病；藥物對你的傷害特別大，必須遵照醫生的指示服藥。優點：想幫助不幸的人。缺點：容易懶散、整天無所事事。

冥王星在第六宮（冥王星象徵轉變）

你有很好的專注力，而且堅持要看到成果，往往會過度操勞。你對醫療保健很感興趣，有時也具備療癒能力。優點：你所從事的工作可以給予人們啟發。缺點：工作壓力常會耗盡你的體力。

第七宮（夫妻宮）

太陽在第七宮（太陽象徵生命力與個性）

你將會在婚姻與合作關係裡取得成功；這兩者應該都會為你帶來物質、金錢與社會收益（social benefit）[102]。你或許不會在年輕時結婚；你的配偶可能很有名或品德高尚；在婚姻裡，性愛對你很重要。優點：你受人歡迎，同時也懂得如何吸引人們的注意。缺點：在愛情裡，有時會因為你想掌控一切而起衝突。

月亮在第七宮（月亮象徵情感與直覺）

在感情與婚姻裡，安全感對你非常重要。你或許會跟父母很像的人結婚，你的配偶會對你呵護備至。到了人生的某個時間點，你可能會變得深受大眾歡迎。優點：在合作關係裡很熱情，在婚姻裡則很感性。缺點：在愛情裡很善變；也許會離婚。

水星在第七宮（水星象徵心智）

在婚姻與合作關係裡，你追求的是思想上的契合。你也許會跟活潑健談的人結婚；會與另一半熱烈地交談；在法律、文學或傳播領域上的事業合作對你有利。優點：善於交際、能適應各種不同的人。缺點：會因為爭執而導致關係緊張。

---

102 社會收益是指某項經濟行為為整個社會帶來的收益。

金星在第七宮
（金星象徵愛與歡樂）

在婚姻與合作關係裡，你都會尋求和諧與圓滿。你溫柔浪漫，深受異性歡迎；到了人生的某個時間點，你可能會藉由伴侶或合作夥伴獲得名望或財務收益。你往往會在年輕時結婚，也可能擁有一次以上的婚姻。優點：你是天生的和事佬。缺點：如果他人沒有主動對你示好，你會感到不滿。

火星在第七宮
（火星象徵活力與自信）

你極度獨立自主，而且不會在婚姻與合作關係裡放棄這一點。你會衝動地開始一段感情；你通常都是積極主動的那個人。火星落入第七宮意味著你或許不只結過一次婚，或者婚姻、事業合作可能會因為伴侶或合作夥伴去世而終止。優點：在婚姻裡很熱情（包含性愛上）。缺點：感情裡充滿爭吵，也許很早就會離婚。

木星在第七宮
（木星象徵幸運與擴張）

你會在婚姻與合作關係裡取得成功，同時也可能獲得權力與名望。木星落入第七宮通常意味著你會結兩次婚，其中一位伴侶也許很富有或深具影響力。在你的一生中，你的對手常會變成朋友，衝突最後也會迎來有利結局。優點：法律合作往往會帶來豐厚獲利。缺點：過度慷慨、相信不該相信的人。

土星在第七宮
（土星象徵紀律與限制）

你對婚姻與合作關係都小心翼翼；你可能會遲遲不投入，直到你覺得有把握為止。你通常會跟已經喪偶或比你年長的人結婚；若你的星盤裡沒有對立的能量，你會藉由婚姻獲得金錢或社會收益。優點：你會認真看待自己對他人的承諾。缺點：你或許會面臨法律方面的問題，並因此遭遇挫折。

天王星在第七宮
（天王星象徵變革與獨創性）

你的合作關係或婚姻也許會突然產生。你會被獨特的人所吸引，而且可能會跟能在思想上啟發你的人結婚；作為一個團隊，你會吸引對方的關注。然而，天王星落入第七宮，意味著你或許會突然離婚又再婚。優點：可以透過配偶達成目標。缺點：你對獨立自主的需求，可能會導致婚姻破裂，或讓另一半感到嫉妒。

海王星在第七宮
（海王星象徵靈性與幻想）

在婚姻與合作關係裡，你追求的是心靈契合、共同的人生目標，或共同的藝術眼光與宗教觀。然而，你對另一半懷抱不切實際的渴望或困惑，這也許會使你在婚後陷入不倫戀。優點：心思細膩敏感、會熱情回應伴侶的需求。缺點：太容易動搖或感到沮喪。

冥王星在第七宮
（冥王星象徵轉變）

在感情裡，你既熱情又強勢。你會在婚姻裡尋求滿足感，而且在情感上有很高的要求。冥王星落入第七宮意味著你可能會偷偷結婚或私奔；事業合作或許會很成功。優點：憑直覺就能知道另一半的需求。缺點：在感情裡很情緒化、愛吃醋、充滿爭執。

第八宮（疾厄宮）

太陽在第八宮
（太陽象徵生命力與個性）

你很豁達，同時也擁有深刻的見解；你會努力追求自我提升。你可能會因為遺產繼承或另一半的財富而獲益，你也許會在生命快結束時或死後獲得名聲。優點：對自己肩負的責任感到自豪。缺點：可能很早就失去父親或丈夫。

月亮在第八宮
（月亮象徵情感與直覺）

你極度敏感且具備療癒能力，你擁有強大的自我暗示力。對關於死亡與來世的問題深感興趣，很可能也具備通靈能力。在性愛上，你極為熱情。你的財務狀況也許會因為婚姻或遺產繼承變得不穩定。優點：能為他人提供心靈指引。缺點：可能很早就失去母親或妻子。

水星在第八宮（水星象徵心智）

你具備敏銳的頭腦；你會尋求表達自身見解的方法，你有很好的研究與分析能力。你會透過周遭的人或配偶獲得金錢，但也許會遇到保險或法律方面的問題。優點：能看穿他人的動機。缺點：可能很早就失去某位親人。

金星在第八宮
（金星象徵愛與歡樂）

在性愛上，你會熱情地投入，並在其中找尋滿足感。你也許會從某個親人或配偶身上繼承一筆錢，或者因為某位親友的事業發展而獲益。當你去世時，一切將會很平和。優點：兩性關係通常很和諧。缺點：散漫且不肯承擔責任。

火星在第八宮
（火星象徵活力與自信）

你對生命充滿熱情，性慾也很強。你對神祕學、醫學與各種療法深感興趣。家人之間可能意見相左，或為了遺產而起爭執。優點：你是傑出且深具影響力的研究者。缺點：因為另一半奢侈浪費，你必須保護自己不受到財務損失。

木星在第八宮
（木星象徵幸運與擴張）

你往往對生命與死亡抱持健康、樂觀的態度，你的性慾也很旺盛。你可能會因為婚姻或遺產繼承而獲得財務收益。木星落入這個宮位意味著當你死去時，一切將平靜祥和。優點：你的人生觀可以給予他人啟發。缺點：你或許會浪費別人的錢。

土星在第八宮
（土星象徵紀律與限制）

你會為他人承擔責任，而且可能會與他們的財務有所牽扯。在性愛上，你往往會有點壓抑，或很難真情流露。土星落入第八宮通常意味著你會很長壽。優點：為了保護親人，你會謹慎地存錢。缺點：因為財產或遺產繼承相關的事遭遇困難。

天王星在第八宮
（天王星象徵變革與獨創性）

你對生命與死亡抱持獨特看法，同時也可能對神祕學感興趣。你的性偏好或與他人的性關係也許很另類；你可能會突然獲得意外之財。優點：對他人懷抱著責任感。缺點：有因為商業交易而蒙受損失的風險。

海王星在第八宮
（海王星象徵靈性與幻想）

在某種程度上，你是個富有遠見的人，希望能賦予你的人生更深刻的意義；你也許具備通靈能力或強大的第六感。你與配偶共有的資金會帶來混亂或麻煩。優點：抱持崇高的理想，想幫助需要幫助的人。缺點：在兩性關係裡，你可能會感到失望或受騙。

冥王星在第八宮
（冥王星象徵轉變）

你對獲得成就有強烈的渴望，同時也必須分析自己在做些什麼。你的性愛特質是充滿熱情、喜歡主導一切。冥王星落入這個宮位，意味著你的死將會引起社會大眾的關注。優點：睿智、獨立自主。缺點：容易發展出不健康的執念。

第九宮（遷移宮）

太陽在第九宮
（太陽象徵生命力與個性）

你喜歡探索不同的地方與各種新觀念；你信守承諾，也往往有些理想化；你或許會花很多時間出國旅行。優點：相信進修的重要性，並且持續深造。缺點：你可能會對自己的想法太過狂熱。

月亮在第九宮
（月亮象徵情感與直覺）

你的心思細膩敏感、充滿想像力，能鑽研各種哲學思想。你會被未知事物吸引；在工作上，你也許會探究歷史或過去的事。在職涯的某個時間點，你可能會因為姻親或另一半的其他親戚而獲益。優點：在旅行時，你會有很多快樂的體驗。缺點：有沉溺於幻想、思路模糊、不切實際的傾向。

水星在第九宮（水星象徵心智）

你頭腦敏銳、適應力強，可以很快與新朋友建立和諧的關係。你天生喜歡探索，想對一切事物有進一步的了解；中年時，你或許會為了工作與健康大量旅行。優點：心智早熟。缺點：往往愛管閒事、太輕易許下承諾。

金星在第九宮
（金星象徵愛與歡樂）

你能理解並親切對待各種出身背景的人。你樂於接受新觀念，也勇於嘗試新事物。你可能會獲得某種榮譽；你也許會在國外結婚或嫁給外國人。優點：抱持崇高理想。缺點：渴望得不到的東西。

火星在第九宮
（火星象徵活力與自信）

你能獨立思考、樂於改變，同時也熱愛旅行與冒險。你會為自己的信念而戰。你會尋求各種體驗，因為你想將生活過得豐富多彩。優點：將透過高等教育獲得榮譽或財務收益。缺點：對自己的想法太過狂熱、固執。

木星在第九宮
（木星象徵幸運與擴張）

你有堅定的原則，樂觀且熱愛冒險。旅行與進修會為你打開新的大門，也可能會帶來金錢收益；你擁有出色的語言能力，或者能充分地展現自我。優點：陌生的人事物會為你帶來成功。缺點：或許很傲慢、自以為是。

土星在第九宮
（土星象徵紀律與限制）

你深思熟慮，並渴望學習，會認真鑽研關於哲學與宗教信仰的問題。與外國人（特別是那些較為年長的人）接觸，對你很有幫助。優點：抱持理想化原則。缺點：在進修時會遭遇限制或困難。

天王星在第九宮
（天王星象徵變革與獨創性）

你能獨立思考，希望在思想上拓展自己的視野。你可能會對特殊學科感興趣或抱持另類看法；你也許會突然有旅行機會，或在國外經歷刺激的事。優點：熱愛冒險、樂於嘗試新事物。缺點：往往桀敖不馴。

海王星在第九宮
（海王星象徵靈性與幻想）

你對人生的奧祕（也許是關於神祕學或哲學的問題）深感興趣。你充滿想像力、見解獨到，同時也可能成為很好的老師或顧問。出國旅行時，或許會遇到困難或阻礙。優點：富有遠見、理想化。缺點：往往對自己的生活感到不滿。

冥王星在第九宮
（冥王星象徵轉變）

你急切地想發掘真相，同時也可能讓一切變得更好。你對他國文化，以及各種宗教與哲學極感興趣。旅行與外國人或許會對你產生深遠的影響。優點：渴望對一切事物有更深刻的了解。缺點：會試圖將自己的想法強加在別人身上。

第十宮（事業宮）

太陽在第十宮
（太陽象徵生命力與個性）

你擁有強烈的自我意識與成功慾望，你或許會取得成功，但最可能是在中年的時候。若你重視工作與野心多過於其他事，也許會導致感情、婚姻等方面的問題。優點：具備領導與影響他人的能力。缺點：有時傲慢且專斷獨行。

月亮在第十宮（月亮象徵情感與直覺）

你會在工作、專業或社交活動上與人群接觸，而且可能沒有什麼私生活。你也許會在中年時換工作；月亮落入這個宮位，意味著透過女人或家族裡的女性成員獲得工作上的好處。優點：憑直覺就能知道社會大眾的需求。缺點：有捲入公開醜聞的風險。

水星在第十宮（水星象徵心智）

你可以有效運用實際資訊，同時也能適應各式各樣的人。你的工作應該能使你在思想上獲得啟發，因為你有寫作或溝通方面的才華；你的工作經常有旅行的機會。優點：可以與權威人士相處得很融洽。缺點：工作上充滿變數，或遭遇意想不到的紛擾。

金星在第十宮（金星象徵愛與歡樂）

你能運用自己的魅力與外交手腕來追尋興趣，你可能會從事藝術創作、文化工作，或創造美麗的事物；你也許會受到大眾的歡迎。優點：合作關係（有可能是婚姻）應該會讓你的工作有所提升。缺點：有因為女人感到失望或捲入醜聞的風險。

火星在第十宮（火星象徵活力與自信）

在工作上，你積極進取、活力充沛，而且可能會掌控他人。你野心勃勃、喜歡競爭，同時也努力尋求獨立自主或擺脫干擾；自信與執行力應該會使你獲得晉升。優點：你寧可處理實際遇到的問題，而不是紙上談兵。缺點：你或許會因為無法實現目標而感到沮喪。

木星在第十宮（木星象徵幸運與擴張）

你渴望有所成就，同時也可能在工作上取得很好的成果。你充滿自信、善於交際，能與人們融洽相處。木星落入這個宮位通常會讓你獲得大眾的推崇或好評。優點：可以贏得有力人士的好感。缺點：有傲慢、滿不在乎的傾向。

土星在第十宮（土星象徵紀律與限制）

你野心勃勃、獨立自主，很可能會取得成功。你具備耐力與毅力，能一步步地達成目標。在晚年，你也許會身居高位，但那將是一個孤獨的地方。優點：嚴謹自律、認真負責。缺點：自私自利，容易名譽受損或蒙受恥辱。

天王星在第十宮（天王星象徵變革與獨創性）

你是那種獨立自主的人，不想受到別人的干涉。你的做事方式很獨特，甚至另類，將因此獲得成功；你的職涯往往會出現突如其來的改變或翻轉。優點：創意獨具、勇於創新。缺點：很難與權威人士融洽相處。

海王星在第十宮
（海王星象徵靈性與幻想）

你懷抱遠大的志向，同時也可能充滿創造力。豐富的想像力與敏銳的直覺對你的工作很有幫助。海王星落入這個宮位意味著從事特殊職業，或用不同的名號取得成功。優點：理想化、注重精神層面。缺點：你或許會因為方向太多而感到困惑。

冥王星在第十宮
（冥王星象徵轉變）

強烈性格會對你的工作造成顯著影響；你通常具備出色的商業能力，也懂得如何贏得他人的支持。在你的一生中，可能會獲得某種權力與自主權。優點：強而有力、活力充沛。缺點：往往會因為意想不到的轉折而失去名聲。

第十一宮（福德宮）

太陽在第十一宮
（太陽象徵生命力與個性）

你受人歡迎，能結交到很多朋友，並維繫這些友誼。你通常會因為他們的信任與支持而獲益；你抱持遠大的目標，同時也因為樂觀，能吸引周遭的人與你一起努力。優點：理想化、充滿創造力。缺點：往往蠻橫霸道。

月亮在第十一宮
（月亮象徵情感與直覺）

你富有社交魅力、舉止從容，因此吸引了許多仰慕者。到了人生的某個時間點，你的目標或身邊的朋友也許會改變；你擅長在家裡宴客。優點：與人相處時直覺敏銳。缺點：你可能會遇到不可靠的朋友或被捲入醜聞中（其實非你所為）。

水星在第十一宮（水星象徵心智）

你應該有很多朋友，因為你可以適應各式各樣的人；你的友誼通常是以思想上的契合為基礎。你喜歡社交，也常參加各種團體、協會與社團。優點：擅長思考如何達成目標。缺點：有不切實際或憤世嫉俗的傾向。

金星在第十一宮
（金星象徵愛與歡樂）

你善於交際、喜歡與人相處，通常也擁有許多朋友。你或許會因為你的人脈而獲得金錢與社會收益，你會跟在某個團體或社團裡認識的人結婚。優點：圓滑、具備交際手腕。缺點：你可能會把友情與愛情搞混。

火星在第十一宮
（火星象徵活力與自信）

你積極參與朋友之間的活動，通常也是社交圈中的領導者。你的人際關係很可能是以相互幫助為基礎；你有明確的人生目標，並且積極地追尋。優點：

樂於助人，或對他人有責任感。缺點：你也許喜歡與人爭辯、爭吵。

木星在第十一宮
（木星象徵幸運與擴張）

你受人歡迎；人脈會為你帶來快樂與好運。你懷抱崇高的理想，而且可能會達成目標。你知道怎麼和重要人士與名人融洽相處，能因為他們的影響力而獲益。優點：樂於合作、對朋友慷慨大方。缺點：你會依賴不可靠或總是利用他人的朋友。

土星在第十一宮
（土星象徵紀律與限制）

你有幾個真正親近的朋友（你們的友誼很長久），而不是許多泛泛之交。你懷抱遠大的志向，但經常必須處理日常瑣事所導致的困難與延遲；年輕時練就的自制力會為你往後的人生帶來自由。優點：有達成目標的決心。缺點：你會因為不肖之徒或自私自利的人而受害。

天王星在第十一宮
（天王星象徵變革與獨創性）

你常突然交到朋友或墜入情網。你會被具有特殊興趣、來自不同行業的人吸引；你或許會投入神祕學研究。你的理想與目標非比尋常，人們也往往覺得你的性格很獨特。優點：在追尋目標時，態度積極且勇於創新。缺點：因為與朋友疏遠而感到難過。

海王星在第十一宮
（海王星象徵靈性與幻想）

你會被充滿藝術家氣息、纖細敏感的人吸引，也可能與他們成為朋友，因為你們擁有共同的目標。你往往理想化、富有同情心、喜歡幫助別人。你也許會參加某個人道組織，或抱持遠大目標的團體。優點：對他人的需求很敏銳。缺點：因為朋友不忠實或不可靠而受苦。

冥王星在第十一宮
（冥王星象徵轉變）

你是朋友生命中的重要力量，會深入參與他們的人生。在某種程度上，你是一個改革者，希望能讓任何狀況變得更好；你非常認真看待自己的目標，甚至可能具備強迫性格。優點：對朋友忠心耿耿。缺點：容易與朋友分離，或因為朋友去世而感到傷痛。

第十二宮（玄祕宮）

太陽在第十二宮
（太陽象徵生命力與個性）

你喜歡安靜地獨處，並享受沉思的時光。你不願意談論或很難表達內心的感受；你身邊只有幾個和你親近的人；你的成功來得比較晚。優點：擁有深刻的靈性理解（spiritual understanding）。缺點：往往過著孤獨或與世隔絕的生活。

月亮在第十二宮
（月亮象徵情感與直覺）

你心思細膩敏感，同時也對周遭的人很敏銳。你太容易感到受傷；會隱藏自己真實的感受。為了重振精神，你常必須將自己抽離，並安靜地思考。優點：充滿想像力與創造力。缺點：你經常覺得不安；也許會因為母親或家人而感到失望。

水星在第十二宮（水星象徵心智）

你通常深思熟慮、自我關注、見解獨到；你會獨自或暗中解決問題。你會擔心無關緊要的小事，同時也可能十分害羞。優點：你是一個擁有敏銳直覺的調查人員或研究者。缺點：容易被謠言中傷。

金星在第十二宮（金星象徵愛與歡樂）

你情感豐富、纖細敏感，能真心、無私地付出。當你過著與世隔絕、不被打擾的生活時，是你最滿足的時候；或許會陷入祕密戀情。優點：充滿藝術家氣息與對創作的渴望。缺點：你可能會擁有不愉快的婚姻或兩性關係。

火星在第十二宮（火星象徵活力與自信）

你會把心中強烈而深刻的情感隱藏起來，不讓旁人知道；你具備強大的直覺力，可以好好地運用在人際關係上。在性愛上，雖然你有強烈的慾望，卻很壓抑。優點：擁有活躍的想像力。缺點：也許會被隱藏的敵人傷害。

木星在第十二宮（木星象徵幸運與擴張）

你往往注重精神層面，或者擁有能激勵人心的宗教或哲學信仰。你會在幫助別人或對人們有益的工作上取得成功；你對醫學或社會工作最感興趣。在離群索居時，也能產生可以啟發他人的想法。優點：富有同情心、樂善好施。缺點：不切實際、太依賴他人。

土星在第十二宮（土星象徵紀律與限制）

你很拘謹，甚至有點孤僻；會因為謹慎或恐懼而畫地自限。你覺得很難與人分享你的感受；你的心裡也許隱藏著不為人知的傷痛。優點：獨自工作、離群索居時能獲得成功。缺點：年歲漸長後，你可能會感到孤獨。

天王星在第十二宮（天王星象徵變革與獨創性）

你的直覺極為敏銳，甚至可能具備通靈能力，同時也會被特殊宗教或玄學吸引。你必須獨自與他人加諸在你身上的種種限制對抗。你也許會在人生的某段時間裡，在國外或奇特的地方度過一個人的時光。優點：富有同情心、崇尚博愛精神。缺點：容易遭遇突如其來的不幸。

海王星在第十二宮（海王星象徵靈性與幻想）

你心思細膩敏感、具有深度，也可

能擁有出色的藝術才華。你喜歡在安靜的環境中工作與生活，這樣可以進行創作或沉思；你或許有些神祕脫俗。優點：和善、樂於助人。缺點：對人生的嚴酷考驗感到恐懼。

冥王星在第十二宮（冥王星象徵轉變）

你求知若渴，想要深入鑽研哲學問題。在你的人生中，可能會有一段祕密性關係。你是一個內向的人，不會輕易分享自己的感受。優點：具備強大的想像力。缺點：你也許會將憤怒或不滿的情緒隱藏起來。

9

如何解讀你的星盤

在本章裡，擬將逐步學習如何解讀你的出生圖或星盤。「出生圖」和「星盤」這兩個詞在這裡是可以互換使用的，雖然它們並不完全相同。星盤只是一種描繪天空樣貌（特別是我們稱為「黃道帶」的那一部分）的圖表。星盤可以根據任何特定時刻繪製，例如創立一家新公司時。出生圖則是指出生那一刻的星盤。當一個人說到「我的星盤」時，他指的是描繪他出生時黃道帶樣貌的那張圖表。

不久前，繪製星盤仍是一段耗時費工的過程。這當中涉及許多複雜的數學運算，因此人們通常都仰賴專業占星師的協助。幸好我們現在活在資訊時代，每個人都可以透過電腦取得精確且完整詳盡的星盤。

畫一張星盤很簡單，解讀星盤則較為複雜。星盤中充滿各種細節，每一個細節都有其意涵，將這些複雜意涵組合起來是一門藝術。這與醫生或治療師的診斷過程很類似。除了大量的占星學知識以外，這種綜合判斷還需要敏銳的觀察力、善解人意的心、深刻的洞察力，以及某種「第六感」（靈光一閃）。就像找尋好的治療師一樣，要找到占星師提供深刻精闢、富有同理心與啟發性的解讀，可能會有些困難。

但這並不代表，你無法解讀自己的星盤。你可以藉由一些簡單的練習，從中獲得很多資訊。本章將介紹一些簡單的工具，讓你開始刻劃出自己的大致樣貌。請先從自己的星盤開始看起（你的星盤是最吸引人的）。很快地，你就會蒐集到許多關於你的才能、長處、喜好、弱點、需求，以及其他祕密的資訊。

在這整章裡，我都會透過星盤範例來說明每一項練習。我選用歐普拉・溫弗蕾的星盤作為範例（歐普拉是一位充滿個人魅力的談話節目主持人與媒體界的超級名人，她引起了社會大眾的熱烈迴響）。

什麼是出生圖（本命星盤）？

就像你的指紋、血型與基因密碼（genetic code）[103] 在你出生的那一刻就確定好了一樣，在你出生時，出生圖就已經刻劃完成；它是一幅複雜的肖像。

什麼是出生圖？它是描繪你出生時黃道帶樣貌的圖表。就如同我先前說明過的，你可以想像，作為新生兒的你躺在地球這個小圓圈裡，環顧四周圍繞著你的天球。

時至今日，星盤會畫成一個圓形。但你會發現，在古老的占星學書籍裡，星盤都是正方形。圓形的星盤更容易使用，也更一目瞭然。

每張星盤都被劃分為十二個區塊，就像一塊大餅被切成十二片：

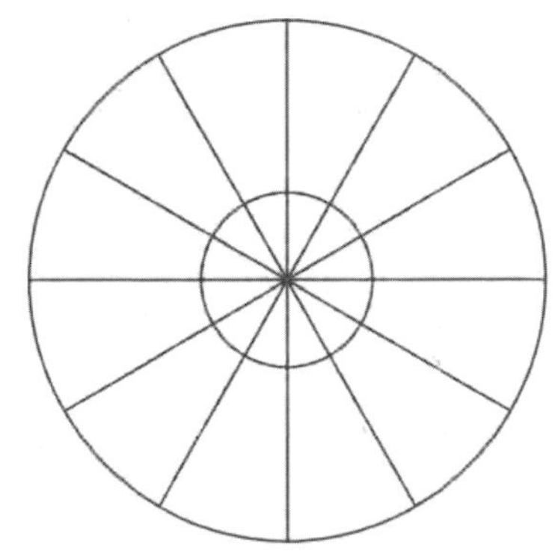

星盤中的這十二個區塊各自代表一個宮位（這部分已經在前一章說明過）。其中看起來像是輪胎幅條的線條，則稱為「宮首」。宮首指的是某個宮位開始的那個點。

星盤裡的宮位總是以同樣的形式呈現。第一宮開始於 9 點鐘方向，然後其他宮位以逆時針方向依序排列——第二宮開始於 8 點鐘方向；第三宮開始於 7 點鐘方向，以此類推。這就是宮位在星盤中的樣子：

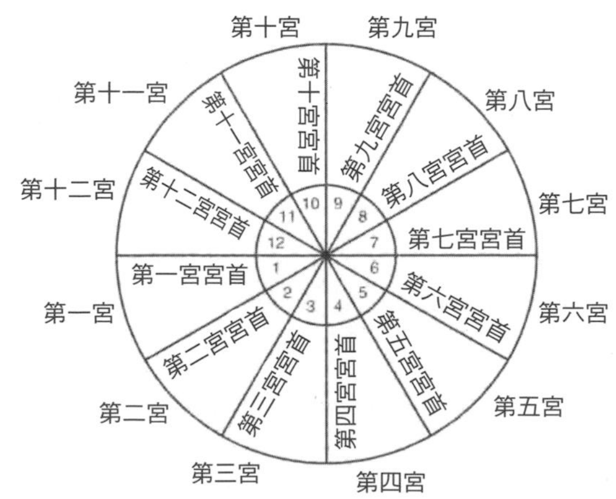

103 即基因序列。

一般來說，星盤裡使用的是符號，而不是文字。如果你看的是電腦繪製的星盤，你將會看到星座、行星、相位都以符號表示。每個星座的專用符號如下：

牡羊座 ♈　天秤座 ♎
金牛座 ♉　天蠍座 ♏
雙子座 ♊　射手座 ♐
巨蟹座 ♋　摩羯座 ♑
獅子座 ♌　水瓶座 ♒
處女座 ♍　雙魚座 ♓

每顆行星的專用符號如下：

太陽 ☉　木星 ♃
月亮 ☽　土星 ♄
水星 ☿　天王星 ♅
金星 ♀　海王星 ♆
火星 ♂　冥王星 ♇⯓

歐普拉．溫弗蕾的星盤

1954年1月29日，中央標準時間（CST）上午4點30分
出生於美國密西西比州柯希亞斯柯（Kosciusko）
北緯33度03分，西經89度35分
上升在射手座29度

太陽在水瓶座9度（第二宮）
月亮在射手座4度（第十一宮）
水星在水瓶座19度（第二宮）
金星在水瓶座8度（第二宮）
火星在天蠍座23度（第十一宮）
木星在雙子座16度逆行（第六宮）
土星在天蠍座9度（第十宮）
天王星在巨蟹座20度逆行（第七宮）
海王星在天秤座26度逆行（第十宮）
冥王星在獅子座24度逆行（第八宮）

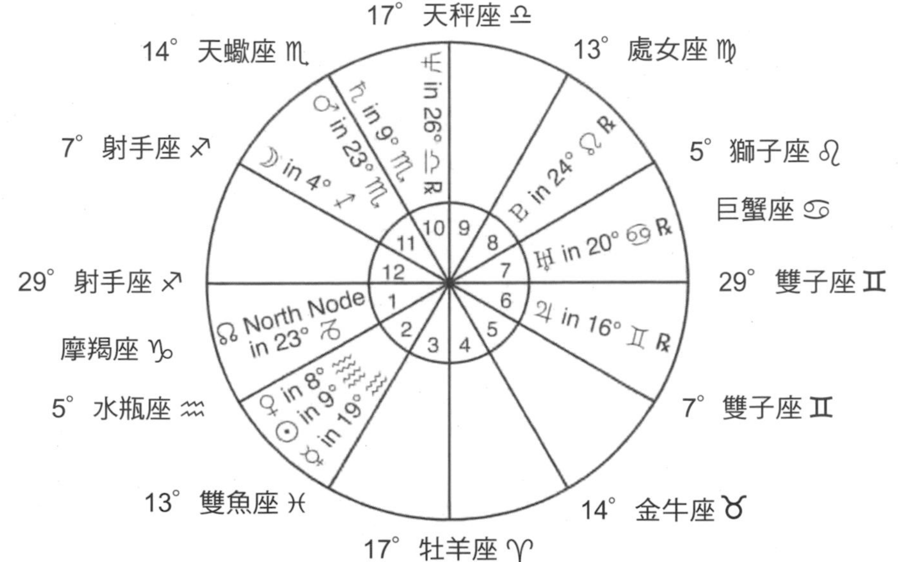

解讀

現在你已經有自己的星盤。然後呢？

你會看到，星盤是由三個要素——行星、星座與宮位所組成。行星代表各種不同的能量；星座代表這些行星的能量如何發揮作用；宮位則代表它們在哪些地方產生影響。

想開始解讀，必須先列出你的行星、星座與宮位。請在「行星」[104]的那一欄填入你的太陽、月亮與行星，接著將它們所在的星座填入第二欄（「落入星座」），再將它們所在的宮位填入第三欄（「落入宮位」）。這時，你將會發現，回到第 8 章，並閱讀關於行星所在宮位的說明，是很有幫助的。

舉例來說，歐普拉．溫弗蕾的太陽在她的第二宮。在 p287，我們會讀到她需要安全感，以及能吸引財富，但這些錢財會在她的生命裡快速地來來去去。她會因為有力人士而獲益，財產通常也會增值。她慷慨大方、具備強大的意志力與毅力，但同時也可能佔有慾很強、喜歡賣弄。當你閱讀這些說明時，你必須在第三欄的宮位下方記錄一些關鍵字。比方說，我會在歐普拉的星盤裡寫下以下內容：

行星	落入星座	落入宮位
太陽	水瓶座	第二宮
		需要安全感。能吸引財富，但這些錢財來去匆匆。會因為有力人士而獲益。財產會增值。意志堅強、鍥而不捨、佔有慾強。

當你仔細讀完這十顆行星所在宮位的相關說明，並做完筆記後，請回到第 7 章，並閱讀關於行星所在星座的說明。這一次，你必須在第二欄內寫下筆記。比方說，在這個項目中，我會寫下以下內容：

行星	落入星座	落入宮位
太陽	水瓶座	第二宮
	能獨立思考。喜歡吸收新觀念、熱愛學習。友善、善於溝通。富有遠見、崇尚博愛精神。總是在找尋答案的理想主義者。能與各種性格的人相處。喜歡唱反調、與眾不同；可能喜歡與人爭辯。	

104 為了方便起見，太陽與月亮這兩顆發光體也稱為行星。

請針對你星盤中的每顆行星進行這個流程，在「落入星座」與「落入宮位」內寫下筆記。當你完成時，請看一下這份列表。你將發現自己獲得了很多資訊。你可以把這些資訊組合起來，用它們準確地描述一個人。

這是進行綜合判斷——學習如何解讀星盤的開始。它不僅有趣，也會使你對他人的觀察更敏銳、對自己的理解更深刻。這件事做得越多，你就會變得越擅長。

星盤範例

在歐普拉·溫弗蕾的星盤裡，行星、星座與宮位的列表看起來像這樣：

上升在射手

需要自由與自主權。無法容忍被束縛。思想前衛、靜不下來，隨時都可以接受新挑戰。崇尚博愛精神的理想主義者，對不公義的事極度關心。能結交到許多朋友。樂於接受新觀念、喜歡與人們交換意見。誠實坦率、衝動魯莽、自我放縱（在食物與金錢方面），可能會在愛情裡做出錯誤的選擇。

要素關鍵字

行星	落入星座	落入宮位
太陽	**水瓶座** 能獨立思考。喜歡吸收新觀念、熱愛學習。友善、善於溝通。富有遠見、崇尚博愛精神。總是在找尋答案的理想主義者。能與各種性格的人相處。喜歡唱反調、與眾不同；可能喜歡與人爭辯。	**第二宮** 需要安全感。能吸引財富，但這些錢財來去匆匆。會因為有力人士而獲益。財產會增值。意志堅強、鍥而不捨、佔有慾強。

行星	落入星座	落入宮位
月亮	**射手座** 熱愛冒險、熱情、真誠、心胸開闊。擁有寬廣的視野。喜歡學習高深的學問。抱持遠大的目標，並大膽地朝目標邁進。機智風趣。具備出色的業務能力，適應力強。能發掘人們最好的一面。需要個人空間與自主權。	**第十一宮** 富有社交魅力，因此吸引了許多仰慕者。目標與身邊的朋友可能會隨著時間而改變。擅長宴客，與人相處時直覺敏銳。可能會遇到不可靠的朋友，或被捲入醜聞中。
水星	**水瓶座** 充滿好奇心、勇於創新，同時也對周遭的人與他們的行為動機深感興趣。喜歡談論關於哲學、玄學等思想靈性問題，以及人類未來的話題。思想前衛，特別適合在先進產業，例如科學界與電視圈工作。喜歡語出驚人。	**第二宮** 能以寫作、演講，或任何傳播工作維生。會把錢花在旅行、進修上；收入來源不只一個。對賺錢的機會很敏銳；可能不切實際且容易受騙。
金星	**水瓶座** 仁慈、樂善好施。和善、充滿關愛。愛情必須能容許她自由地追尋自己的興趣與嗜好、認識新朋友，並且交遊廣闊。非常受歡迎，但往往會把個人魅力運用在更重要的事上，而不只是用來談情說愛。會實現自己的夢想（通常是在年歲漸長後）。	**第二宮** 會透過社交關係取得成功。與人合作創業能夠獲利。慷慨大方、公正，能用美麗的東西（如服飾、佈置）吸引財富。往往過於鋪張浪費、花錢沒有節制。
火星	**天蠍座** 睿智、堅毅。擁有強烈的情感，以及強大的毅力與決心。做事很有秩序，總是朝著某個目標前進。性慾旺盛，同時也充滿創造力。會被危險事物或與死亡相關的議題吸引。能打動身旁的觀眾。	**第十一宮** 積極參與各種團體、事業與朋友之間的活動，是其社交圈中的領導者。人際關係是以相互幫助為基礎，對他人有責任感。有明確的目標，並積極地追尋。可能喜歡與人爭辯、爭吵。

行星	落入星座	落入宮位
木星	**雙子座** 充滿冒險精神、勇於冒險。會透過朋友與人脈獲得賺錢的機會。在知識工作，例如教學、演講上表現得最好，而且會在傳播業（像是表演、出版、電視採訪或評論）上獲得財務收益。聰明、多變，會因為不同職業而變得出名。	**第六宮** 忠實可靠，一起與事業夥伴取得成功。透過勞務工作獲得成就與財務收益。工作能帶來旅行與拓展的機會。熱愛美食，往往會因此變胖，以及因為過度放縱而導致健康問題。
土星	**天蠍座** 意志堅強。既細膩又有力量；在親切的外表下，隱藏著某種掌控力。能理解人們的行為動機。具備很好的執行力、對目標堅定不移。阻礙會以情緒困擾與醜聞的形式出現。祕密戀情或許會帶來麻煩或傷痛。可能很早就失去親人。	**第十宮** 野心勃勃、獨立自主、嚴謹自律、認真負責。具備耐力與毅力，能達成目標、獲得成功。將身居高位，但那可能是個孤獨的地方。容易名譽受損。
天王星	**巨蟹座** 對周遭的人極為敏感。獨到的見解來自突如其來的感受。敏銳的直覺值得信賴。擁有強大的想像力。會因為與他人偶遇而獲得機會。充滿藝術家氣息；也許有些古怪、難以捉摸。	**第七宮** 會被獨特的人吸引；合作關係或婚姻可能會突然產生。擁有形同婚姻的特殊同居關係；兩人也許很快就會分開，或一直沒有結婚。可以透過伴侶達成目標。對獨立自主的需求可能會導致婚姻破裂，或擾亂結婚計畫。
海王星	**天秤座** 會將愛與理想主義突顯出來；深信四海一家，也會與不平等對抗。非常在意這個世界的不公義。擁有強大的異性吸引力；可能會對婚姻抱持另類或不切實際的看法。	**第十宮** 懷抱遠大的志向。理想化、注重精神層面。充滿創造力。從事特殊職業；豐富的想像力與敏銳的直覺對工作很有幫助。可能會因為方向太多而感到困惑。

行星	落入星座	落入宮位
冥王星	**獅子座** 熱愛權力、控制慾強，擁有強大的自尊心與排除萬難的堅強意志。也許很傲慢、注重感官享受。往往會在媒體上強調個人崇拜。	**第八宮** 充滿熱情、喜歡主導一切。對獲得成就有強烈的渴望。必須分析自己在做些什麼。將會經歷某種結束或死亡（或類似死亡的經驗），並創造一個新的開始。

達成目標的強大力量是歐普拉星盤中最顯著的主題。她的行星與它們所在的位置都一再顯示，她充滿動力、毅力、決心，同時也會充分利用機會。很顯然，在宛如肥皂劇的人生裡，她必須如此。她是一位出身貧寒的黑人女性，也是一個私生女（她出生在美國種族歧視與種族隔離很嚴重的地方）。幼年時，歐普拉由外婆撫養（她的外婆以幫人洗衣維生），她們住在一個沒有室內廁所的農場上。作為一個孩子，她沒有玩具、鞋子或從商店買來的衣服，她的家裡也沒有電話、電視，只能吃農場上種植的食物。然而，她已經成為世界上最富有、最具影響力且最著名的女性。

歐普拉的太陽星座是水瓶座，她的水星與金星也在水瓶座，而這顆金星幾乎與她的太陽精準合相。因此，水瓶座懷抱遠大目標、重視新觀念與學習，以及崇尚博愛精神的特質被放大了三倍。歐普拉的太陽與金星合相，意味著她非常討人喜歡——她真誠而溫暖，說話也發自內心。歐普拉在電視、電影、雜誌與媒體工作上所做的一切，都可以明顯看出水瓶座的睿智。但金星與太陽合相也代表愛是一個強大的主題——她喜歡學習、了解他人、不吝於付出人道關懷，同時也熱愛表演（特別是用觀眾們喜歡的方式）。

她的水星在水瓶座（水星象徵溝通與思考模式），顯示她獨立自主、充滿好奇心、興趣廣泛，而且十分擅長溝通。她對新觀念的喜好與溝通能力，也被木星雙子（木星象徵幸運與祝福，雙子座則象徵溝通）突顯出來。在很小的時候，歐普拉的外婆教她讀書；她曾經說，書對她的影響最為深遠。「當我沒有朋友時，還有書本陪著我。它們為我打開一扇窗，帶來各種可能性。」這句話體現出她月亮射手（射手座象徵可能性）與木星雙子的特質（木星象徵擴張，雙子座則象徵想法與寫作）。三歲時，歐普拉在他們教會的信眾面前朗誦；教會裡的女士們把她稱作「最會說話的孩子」與「一流演說家」。

歐普拉在很多事業領域（電視、電影、戲劇、書籍與雜誌出版）都很成功，但它們全都與溝通有關。從她 1984 年在芝加哥擔任談話節目主持人開始，歐普拉的節目贏得了無數支持者。《歐普拉·溫弗蕾秀》（The Oprah Winfrey Show）曾經在一百二十二個國家播放。《歐普拉讀書俱樂部》（Oprah's Book Club）已經成為全世界推廣閱讀最有力的工具，更不用說創造出許多一夕之間爆紅的暢銷書。2000 年，歐普拉推出了一本名為《歐普拉》的雜誌（*O, The Oprah Magazine*）。就像她在傳播界的其他計畫一樣，立刻取得了巨大的成功。這本雜誌著重心理勵志類的文章，用歐普拉的說法，就是「幫助讀者活出最美好的人生」（她的太陽在水瓶座、月亮在射手座）。有些人批評歐普拉和她的電視節目與雜誌「自負、愛說教、信奉新世紀價值、自我陶醉」。有趣的是，它們正好是水瓶座的負面特質（歐普拉的太陽、水星與金星都在水瓶座）。

從一開始，歐普拉的向上攀爬與自我發掘就源自於她喜歡與人溝通的性格。這也使她藉由他人得到機會、樂於嘗試與冒險（尤其是那些她完全不了解的事），並因此獲益。高中時，她名列優等生榮譽名單、獲選為學生會主席、加入辯論隊、參加學校的話劇演出，同時也是他們教會裡的重要演講者。高年級時，她被選為「最受歡迎的女孩」，並為自己贏得了就讀大學的獎學金。此外，她也很快就在一家小型地方電台找到朗讀新聞的兼職工作。這讓她在大二時進入電視台，並且負責一段五分鐘的固定節目。

她被認定擅長播音工作，因此獲得不少機會（一開始是新聞播報員，接著是採訪記者）。她不僅抓住了這些機會，也做得很好。漸漸地，歐普拉為自己找到一席之地，成功因此變得更巨大。土星天蠍一再突顯她的勇於冒險、努力不懈、鍥而不捨。早些年，人們形容她「性格溫暖陽光，能使人敞開心胸」，同時也說她是個「多才多藝的女人」。（這對一個太陽、水星與金星在水瓶座，木星在雙子座，上升和月亮在射手座，以及海王星在天秤座〔第十宮〕的人來說，是很貼切的描述。）

一張星盤中最有趣的部分在於其黑暗面——歐普拉星盤裡的另一個主題是掙扎、痛苦、分離與死亡（這包含字面意義與象徵意義）。既象徵黑暗與轉變，也象徵權力與深刻體驗的冥王星落入她的第八宮（疾厄宮）。歐普拉曾經談起她從九歲開始被性侵的經驗（先是被表哥，之後則是被叔叔）。這樣的性侵持續多年，而歐普拉一直把這個可怕的祕密藏在心裡。

十四歲時，歐普拉懷孕了；她對父親與繼母隱瞞這個事實，並生下一個早產兒。這個孩子在兩週後死去（她的土星在天蠍座，冥王星則在第八宮）。青少年時，歐普拉選擇自我毀滅——說謊、吸毒、濫交、離家出走。她的母親本來要把她送到收容叛逆少女的管教所，但當時管教所無法馬上提供房間給她。歐普拉還記得那時的自己心想：「我是一個聰明的女孩。我怎麼會變成這樣？」

她被送回父親身邊同住，此時她的基本信念（太陽在水瓶座）與決心（火星與土星在天蠍座）發揮作用，將她年輕的生命導向正途。

歐普拉的童年與家庭生活充滿衝突與紛擾（象徵獨立自主，也象徵衝突的牡羊座落在歐普拉的第四宮〔田宅宮〕宮首）。她先是被外婆撫養，因為她十八歲的母親無法照顧她。六歲時，歐普拉被送回母親身邊同住。在接下來的幾年內，她的母親又生下了兩個私生子（她同母異父的手足）。八歲時，歐普拉被送到她的父親維農（Vernon）與繼母身邊。整個青少年時期，歐普拉都在她的母親與父親之間來來去去。這不僅使她缺乏安全感，父母對她的期待也充滿矛盾。她的母親長時間工作、不在家，不在意她的學習狀況，但她的父親對教育與管教十分堅持。在歐普拉的星盤中，她的月亮（月亮代表一個人與母親的關係）落入射手座，意味著她與母親之間的疏離。歐普拉的土星（土星代表一個人與父親的關係）則落入天蠍座，顯示出她與某個強勢、主導一切的人關係緊密。在歐普拉的人生裡，父親的掌控是她獲得救贖的關鍵因素。

因著水瓶座與射手座的坦率，歐普拉曾經在節目與雜誌中分享她內心的黑暗面——對自己隱藏被性侵的經驗感到羞愧與內疚；年輕時跟對她很糟的男人在一起；她的體重問題，以及很難喜歡自己。她說，她的痛苦多半來自對他人看法的憂慮。

歐普拉星盤裡的另一個主題是金錢。社會大眾對她的認知，都著重她的明星魅力、媒體曝光、影響力與人道關懷；然而，她的星盤明確顯示出大量的金錢。有三顆行星（太陽、水星與金星）落入她的財帛宮，再加上冥王星、海王星與土星也落入與金錢相關宮位，意味著與財務收益有關的龐大主題。事實上，歐普拉是個億萬富翁（當她在三十歲與芝加哥電視台的談話節目簽訂合約時，已經成了百萬富翁）。

有趣的是，她不只把錢花在自己身上，以及房地產等地方。她也創立了兩個大型慈善組織——歐普拉．溫弗蕾基金會（Oprah Winfrey Foundation）與「天使網路」（Angel Network）；她自己就捐了超過六億元美金給這兩個組織，而它們每年都能募得數百萬元美金。她的人道關懷幫助了全世界的人（她的太陽、水星與金星在水瓶座，月亮在射手座；海王星在第十宮，月亮與火星則在第十一宮）；她捐款給學校、圖書館與醫院，在南非為貧窮孩童成立教育與醫療中心，並且協助美國修改法律（1993年，柯林頓總統簽署「歐普拉法案」〔Oprah Bill〕，保護孩童不再受到性侵）。

歐普拉說：「你會變成自己相信的樣子——不是你希望或想要，而是你真的這麼相信。」她的太陽在水瓶座、月亮與上升在射手座，似乎讓她打從心底相信，自己很特別（她曾經這樣告訴她的幼稚園老師），以及她將飛越全世界（八歲時，她跟自己的母親這麼說）。

星盤中要檢視的其他要素

四大元素比例

一張星盤裡有十顆行星（請記得，太陽與月亮也稱為行星），每顆行星都落入了某個星座。根據所屬元素，十二星座可初步分為四組。這四大元素分別是火、土、風、水。

火象星座　牡羊座、獅子座、射手座
土象星座　金牛座、處女座、摩羯座
風象星座　雙子座、天秤座、水瓶座
水象星座　巨蟹座、天蠍座、雙魚座

這四大元素在星盤中到底代表了些什麼？

火元素	積極進取、充滿熱情、活力充沛。需要展現自我。衝動魯莽、主動出擊。開朗外向。
土元素	講求實際、穩重可靠。勤奮、富有耐心。重視安全感。意志堅強，能致力於長期目標。
風元素	聰明伶俐、善於溝通。注重心靈層面。能迅速理解各種想法。說話或寫作令人印象深刻。從理性的角度看待事物。
水元素	情感豐富、直覺敏銳、富有同情心。對周遭的人與環境很敏感。充滿想像力與創造力。擁有深藏不露的性格。

我們必須檢視星盤裡哪些元素較強、較弱，或缺乏哪些元素。在這張星盤中，土元素是否比火元素多？水元素是否比風元素更為突顯？是否有某個元素最顯著，或欠缺某個元素？四大元素是否平均分佈？要找出答案，你得計算你星盤裡四大元素的所佔比例。這非常簡單，你只要分別計算落入火象、土象、水象與風象星座的行星數目即可。

請計算你星盤中的四大元素比例，

並注意哪些元素最突顯、最不明顯，以及那些元素完全沒有出現。

- 若星盤缺少火元素：命主可能很難將想法付諸行動。他通常不會積極地展現自己，而是等待外在環境或他人的驅動。
- 若星盤缺少土元素：命主可能不切實際，也很難守住自己的錢。他通常無法辛勤工作；若努力要很久才能看到成果時，他往往會變得沒有耐心。
- 若星盤缺少風元素：命主可能很難表達出自己真正的意思，因而導致溝通不良或誤解。他可能對抽象的概念或知識探求不太感興趣。
- 若星盤缺少水元素：命主可能很自私或自我中心，對別人的感受不太敏感。他可能也很難表達自己的情緒，因此把感受都放在心裡。

想一看，就大致可以了解一個人的性格，四大元素比例是簡單而有用的一種方法。

三大特質比例

就像確認星盤裡有哪些顯著元素一樣，你也必須看看星盤中有哪些顯著特質。根據其特質所屬元素，十二星座可初步分為三組。這四大特質分別是開創、固定、變動。

開創星座 牡羊座、巨蟹座、天秤座、摩羯座

固定星座 金牛座、獅子座、天蠍座、水瓶座

變動星座 雙子座、處女座、射手座、雙魚座

這三大特質在星盤中代表了些什麼？就像你得出你星盤的四大元素比例一樣，計算其中的開創、固定與變動星座的數目，並寫下三大特質的所佔比例。

特質	關鍵字
開創	樂於改變。著重行動。試圖改變環境。將自我投射在周遭的環境上。
固定	抗拒改變。專心致志。不會輕易動搖。試圖根據個人意願來塑造環境。
變動	善變且懂得變通。重視心靈探索。著重腦力活動。能適應不同的環境。

若星盤裡的開創特質比例高，命主可能躁動不安、缺乏耐心或蠻橫霸道。若星盤裡的開創特質太少，命主則可能缺乏企圖心。若星盤中的固定特質比例高，命主可能固執死板、霸道或害怕改變。若星盤中的固定特質太少，命主則可能耐力或穩定性不足。若星盤裡的變動特質比例高，命主可能不可靠、搖擺不定，或無法承擔責任。若星盤裡的變動特質太少，命主則可能缺乏適應力。

星盤範例

讓我們將歐普拉．溫弗蕾的星盤中的各種元素相加。結果如下：
兩顆行星落入火象星座
零顆行星落入土象星座
五顆行星落入風象星座
三顆行星落入水象星座
因此，她星盤的四大元素比例是：

火 2 土 0 風 5 水 3

（因為每張星盤裡都有十顆行星，相加後所得總數永遠必須是「10」。某些頂尖占星師，如查爾斯．傑恩〔Charles Jayne〕主張，太陽與月亮的權重應該加倍，因為它們在星盤裡的影響是如此重要。如果你這麼做，太陽與月亮都會算成「2」，其他行星則算成「1」；所以總數應該是「12」。）
歐普拉星盤的風元素比例最高（風元素象徵善於溝通、聰明伶俐、足智多謀、說話令人印象深刻），水元素次之（水元素象徵情感豐富、直覺敏銳、細膩敏感、對他人富有同理心。她也有兩顆行星落在影響力很大的月亮（位於火象星座），這代表她的活力、熱情、情感勇氣，以及展現自我的需求。她沒有行星落入土象星座，顯示她較不偏重安全感的追尋，而是重視新觀念的探索。她的星盤表明，她在這個世界的工作才是她真正「安穩的家」。
若太陽與月亮的權重加倍，她的四大元素比例看起來則像這樣：

火 3 土 0 風 6 水 3

在這樣的條件下，歐普拉的風元素比例依然最高，水元素與火元素則次之。

你的星盤是哪一型？

著名的美國占星師馬克．艾德蒙．瓊斯（Marc Edmund Jones）在他的著作《星盤解讀指南》中，提出了有趣的性格指南。瓊斯所建構出的七種性格類型，完全是以星盤裡行星的排列方式為基礎。

在進行這種星盤分析時，你只會檢視星盤的大致樣貌。首先，請畫一個空白的圓圈，並將它劃分成十二個區塊。現在，根據你星盤裡行星出現的位置，在這張空白星盤中畫下大圓點；總共應該有十個圓點。

比方說，歐普拉．溫弗蕾的星盤看起來像這樣：

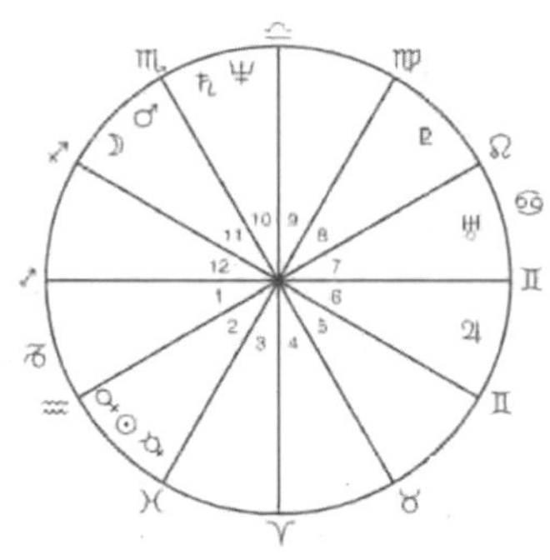

其行星排列方式如下：

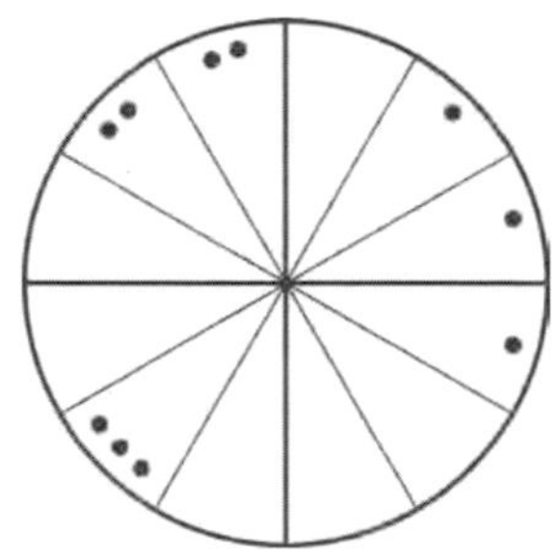

檢視你星盤裡行星的排列方式，並在以下七種類型中找出最符合的一種。

散落型

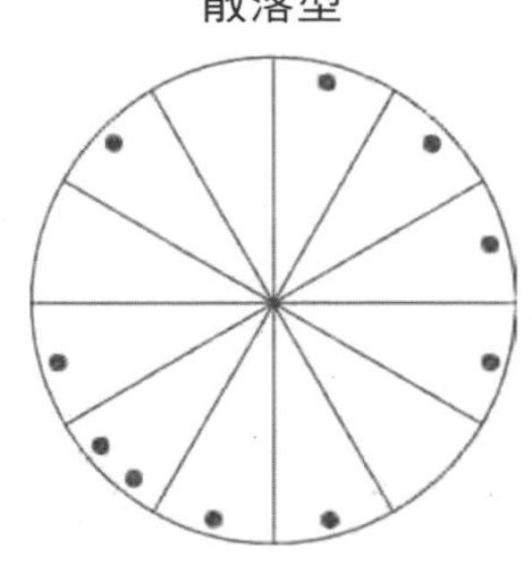

在這類星盤裡，行星落入許多星座，平均散佈在十二個區塊內。這種類型的人興趣多元、涉獵廣泛，而且可能精通好幾個領域。問題在於，他們的精力有時會被分散。

擴展型

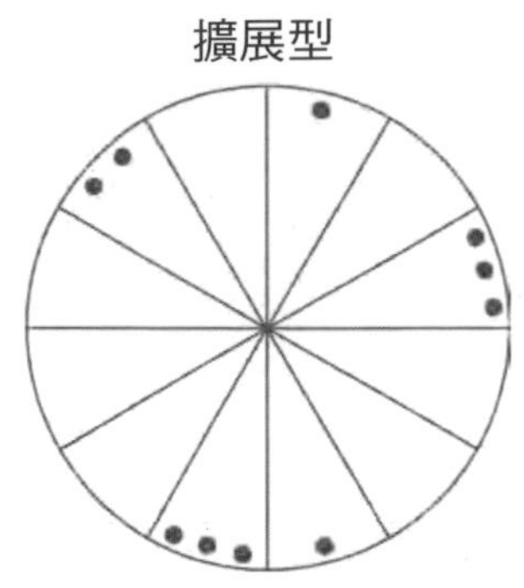

這類星盤與散落型很類似，但關鍵差異在於，其中至少有一組星群（stellium）存在（星群是指三顆以上的行星落入同一個星座）。擴展型的人十分獨特，不願意受到他人或傳統的束縛。他們通常都擁有特殊的品味與興趣，不會聽從別人的指揮。

集團型

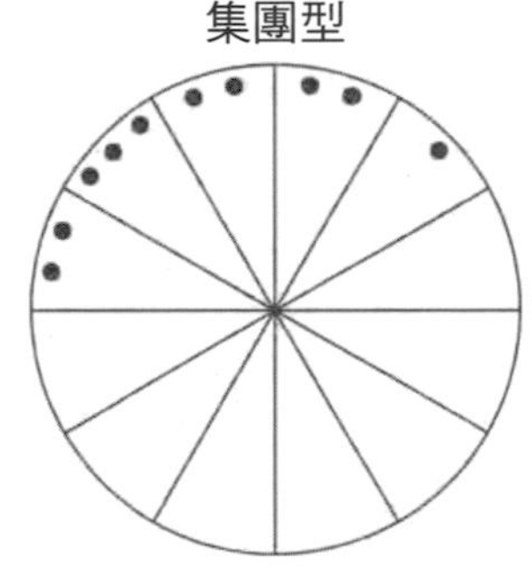

在這類星盤裡，行星緊密地聚集在少數幾個星座。此外，這些星座都必須順序連貫。它是七種類型中最少見的一種。這種人是某方面的專家——他們的工作或興趣都圍繞著某件事或某個觀點打轉。集團型的人專心從事某個項目時表現得最好；他們會成為該領域的高手。

星盤範例

比方說，在歐普拉．溫弗蕾的星盤中，各種特質加總結果如下：
兩顆行星落入開創星座
六顆行星落入固定星座
兩顆行星落入變動星座
因此，她星盤的三大特質比例是：

開創 2
固定 6
變動 2

在這裡，我們會發現，固定特質的比例最高（固定特質代表專心致志，試圖根據個人意願來塑造環境）。她特別著重她想成就的事，並將自己的力量轉換成實際目標。她星盤的開創與變動特質比例次高（各有兩顆行星落入），意味著她也樂於改變、勇於開創、喜歡進行心靈探索，並且能順應潮流。
若太陽與月亮的權重加倍，她的三大特質比例看起來則像這樣：

開創 2
固定 7
變動 3

在這樣的條件下，固定特質的比例依然最高，突顯出歐普拉的毅力與頑強的意志。現在，變動特質的比例（變動特質象徵心靈探索）則超過了開創特質。

火車頭型

這種類型很容易察覺，因為它看起來就像一列火車。在這類星盤裡，行星落入許多星座；這些星座都順序連貫。星盤中的火車頭（火車頭是指以順時針方向帶領其他行星的那顆行星）通常非常突顯，同時也是最強勢宮位之一。火車頭型的人會積極處理問題，並且想出很多對策。佔有主導地位的行星與宮位通常代表這個人擅長的領域。

碗型

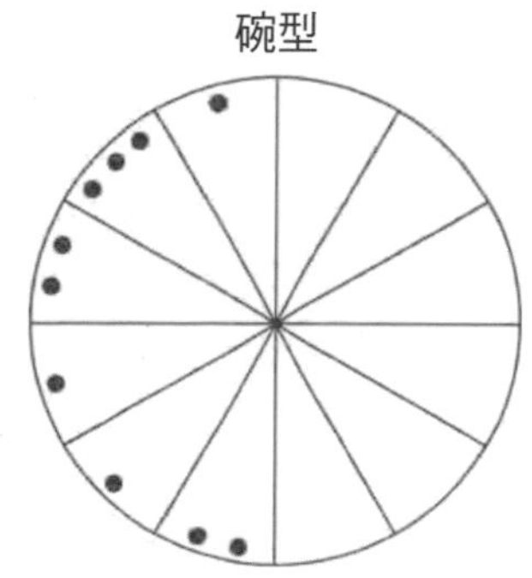

在這類星盤裡，十顆行星分別落入六個順序連貫的星座，形成一個碗狀的

半圓。碗型的人往往深沉內斂、思慮周密；這些人會從人生經驗中學習並獲益。如果行星完全集中在星盤的上、下半部，或左（如上圖所示）、右半部，他們的個性會很強勢。

水桶型

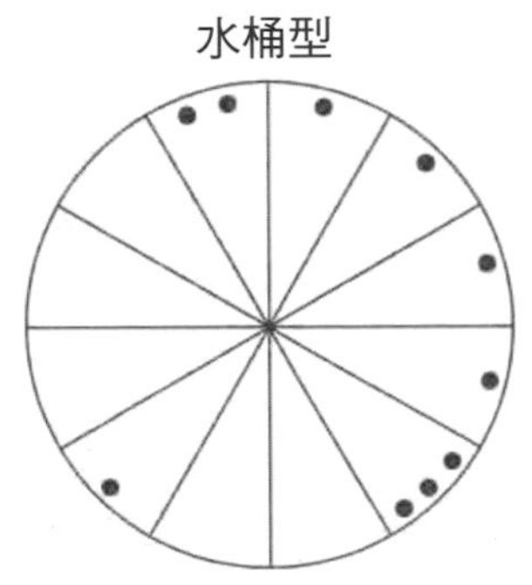

在這類星盤裡，有八或九顆行星落入其中一個半圓內，剩下的那一或兩顆行星則落入另一個半圓中。這第十顆行星如同提桶的把手，它被稱為「孤星」（singleton）。水桶型的人往往在追尋目標時專心一致；他們會把精力集中在同一個地方。這顆孤星通常代表他們追尋的方向或目標。

翹翹板型

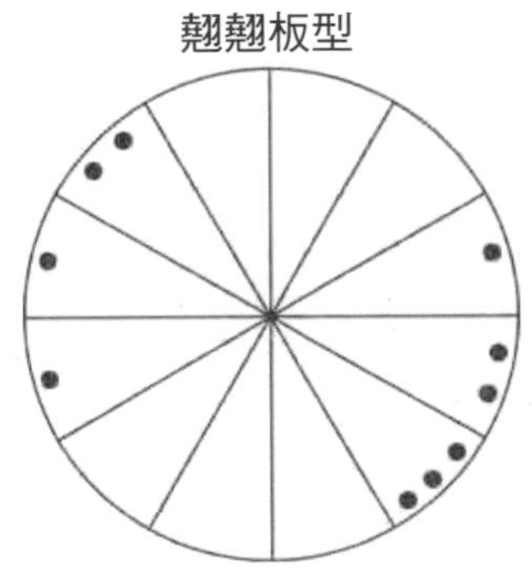

在這類星盤裡，有幾顆行星落入星盤某一側的星座內（這些星座順序連貫），同時也有幾顆行星落入其對面的星座。兩組星群之間有一些空白的區域。在翹翹板的兩邊，都至少要有兩個星座沒有行星落入。翹翹板型的人總是能看到問題的兩面。在做決定時，他們會把相反的看法與意見納入考慮，並加以衡量。就像某位占星師所說，他們「從截然不同的角度看待人生」。

你星盤的哪一個部分很強？

在檢視星盤中行星的排列方式時，還要思考另一件事，那就是這些行星出現在星盤的什麼位置。星盤的不同部分都具有特定的意涵。

想進行這項星盤分析，你只需要畫有大圓點的星盤（這些圓點代表星盤裡的行星）。檢視這些圓點的分佈，並注意星盤的哪個部分包含最多圓點。首先，星盤的圓圈被劃分為兩半——左、右半部與上、下半部。

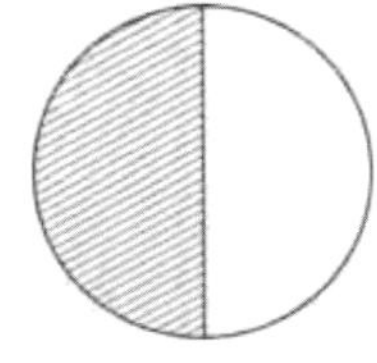

星盤的左半部稱為「東半球」[105]，代表一個人對世界的影響。對有許多行星落入星盤這一側的人來說，他們的關鍵字是「造就情勢」。這些人的性格能對周遭環境造成深遠的影響。

星盤範例

歐普拉·溫弗蕾的星盤（p307）最接近擴展型。她極為獨特，在童年時就顯得出眾。她明顯著重對特殊品味、興趣與計畫的追尋。她的星盤也很像水桶型，但以她的情況來說，「孤星」（把手）的部分不只是一顆行星，而是三顆行星落入水瓶座。因此，她目標導向、專心致志的特質被放大了三倍，同時她也致力於水瓶座對知識、新觀念與人道關懷的追求。

檢視不同類型的星盤不僅有趣，也可以獲得很多資訊。只要稍微練習，你很快就能一眼看出一張星盤屬於哪種類型。

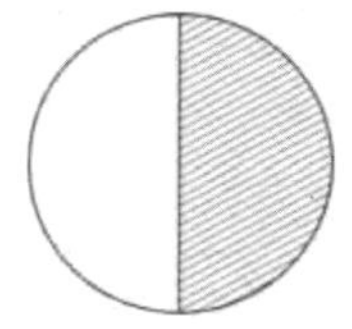

星盤的右半部稱為「西半球」，代表世界對一個人的影響。對有很多行星落入星盤這一側的人而言，他們的關鍵字是「被情勢左右」。這些人受到周遭環境與生命中出現的人影響；每段經歷都會變成他們性格的一部分。

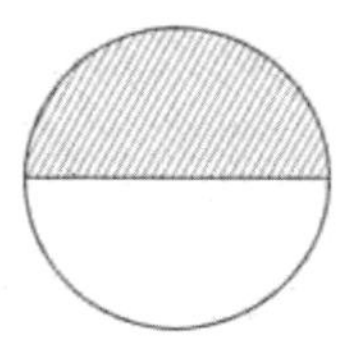

星盤的上半部稱為「南半球」，突顯社交與公共生活，其關鍵字是「外在目標」。有許多行星落入星盤上半部的人往往特別注重職涯發展。他們通常會參加各種團體，與廣大世界產生連結；大眾的認可令他們感到滿足。

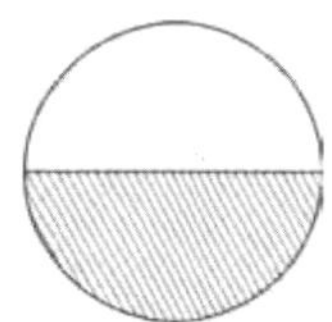

星盤的下半部稱為「北半球」，突顯自我與家庭，其關鍵字是「內在目標」。有很多行星落入星盤下半部的人對個人追求與享受、內心懷抱的目標，以及滿足感格外感興趣。這不代表他們沒有成就，而是代表滿足自己是他們前進的主要動力。

星盤還有另一種劃分方式——分為四個象限。

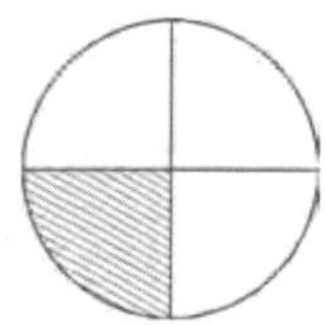

星盤的第一象限包含第一、二、三宮。有許多行星落入這個象限的人，個

105 你會發現，在星盤裡，東、西、南、北的方向與實際地圖正好相反。這是因為繪製星盤的人會往天上看，而繪製地圖的人則會往地上看。

星盤範例

在歐普拉．溫弗蕾的星盤中，多數行星（七顆）都落入左半球，右半球內只有三顆行星，這清楚地顯示出，她會依照自己的喜好來造就情勢。遭遇困難時，她會立刻採取行動，以扭轉情勢，而不是讓環境影響她。她也能抓住機會，使自己的希望得以實現。

歐普拉的星盤有六顆行星落入象徵外在目標的上半球，其他四顆行星則落入象徵內在目標的下半球。她注重公共生活、事業成就，同時致力於影響廣大世界、贏得大眾的認可。然而，她有四顆行星落入下半球（並非無足輕重），顯示她經常自我反省，並且因為達成內在目標而感到心滿意足。

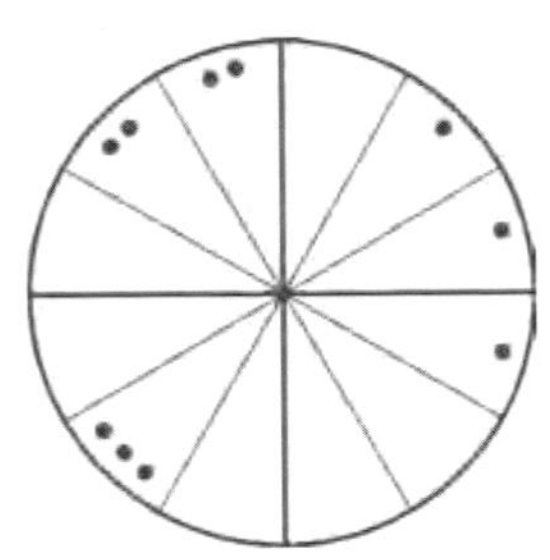

性強烈且極為獨特。他們特別積極、有自信。年輕時，通常會發展出某種性格，這種性格往後將對世界產生深遠影響。

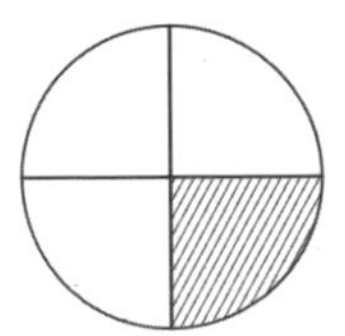

星盤的第二象限包含第四、五、六宮。有很多行星落入這個象限的人注重人際關係；他們需要陪伴，才能感到和諧與滿足。

年輕時，他們通常會發展出與他人融洽相處的能力；年歲漸長後，他們的人脈可能會為他們帶來滿足感。

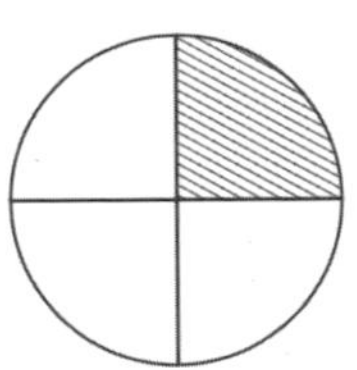

星盤的第三象限包含第七、八、九宮。有許多行星落入這個象限的人活潑外向、懷抱雄心壯志，但必須與人合作，才能達成目標。他們能適應各種不同的人與情境。

年輕時，他們通常會發展出很好的交際手腕與合作能力；人際關係可能會為他們帶來事業上的成就。

星盤範例

歐普拉的星盤有四顆行星落入第四象限、三顆行星落入第一象限。強勢的第四象限顯示出她的雄心壯志與獨立自主；她是一個自我導向的人，從年輕時就靠自己努力，而且意志堅定。歐普拉星盤的第一象限內有三顆行星（彼此緊密合相），再次突顯她個性強烈、極為獨特；她積極主動且充滿自信。

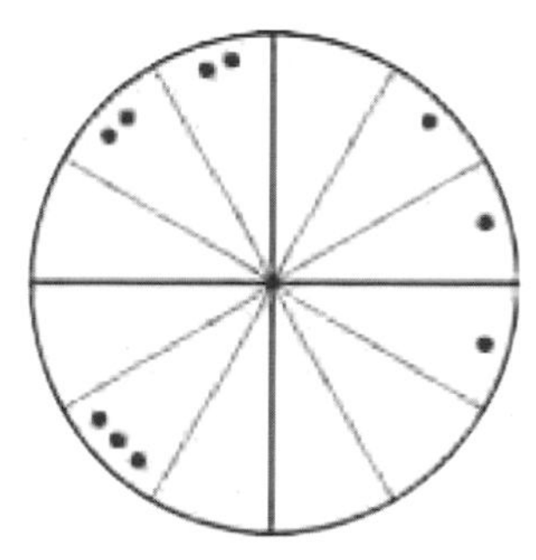

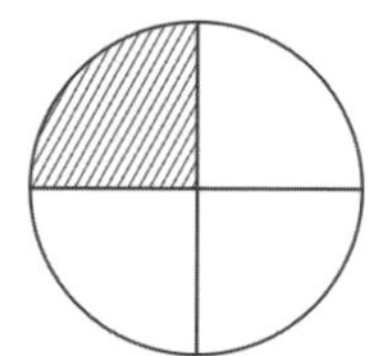

星盤的第四象限包含第十、十一、十二宮。有很多行星落入這個象限的人最野心勃勃且獨立自主；他們走自己的路，並透過自身的努力（而不是靠他人）有所收穫。年輕時，他們通常已經學會靠自己；年歲漸長後，這樣的自給自足或許會為他們帶來成功。

你的命主星

每張星盤都有它的命主星，很容易就能找到，只要看一下代表第一宮的星座即可。這個星座的守護星，就是這張星盤的命主星。舉例來說，若處女座落入你的第一宮，你的命主星就是水星。若射手座落入你的第一宮，你的命主星則是木星。現在請特別注意，你的命主星落入哪一個星座與宮位。它所在的位置會對你的人生產生非常大的影響，同時在很大程度上左右你的性格。

請務必找出你的命主星，並確認它在你星盤中的位置，這是解讀星盤時的重要線索。

你太陽星座的守護星

在星盤中，太陽星座的守護星非常重要。這顆行星被稱為太陽的「支配星」（dispositor），它會強化你星盤裡的太陽能量。舉例來說，若你的太陽星座是天秤座，你就應該檢視金星（天秤座的守護星）的所在位置，看看它對你有什麼影響。檢視你太陽的守護星，同時了解它在你星盤裡造成的影響，是很有幫助的一件事。

星盤範例

在歐普拉·溫弗蕾的星盤裡，射手座落入第一宮，因此她的命主星是木星。木星象徵擴張與自由，其影響可以從她獨立自主的形象與展現自我的需求上明顯看出。她喜歡探索，也想要「飛翔」（這是她八歲時的願望）。木星象徵幸運；歐普拉總是因為掌握天時與地利而獲益，人們也意外發現她的才華，並提供她表現的機會。歐普拉的木星落在象徵溝通和與人相處的雙子座，以及象徵運用才能的第六宮，著重將工作完成，以及造福世界——這正好與她的職業生涯相符。此外，第六宮也代表消化與運用食物，木星落入這個宮位意味著有體重增加的問題。

特別說明：有時候，星盤中會有「被劫奪星座」（intercepted sign）。這是指某個星座完全包含在某個宮位內（一種因為出生地經緯度所產生的現象）。歐普拉的第一宮就含有一個被劫奪星座。她的第一宮開始於射手座 29 度，接著摩羯座完全被包含在內，然後這個宮位結束於水瓶座。因為對宮相互映照，歐普拉的第七宮也含有一個被劫奪星座——巨蟹座（摩羯座的對相星座）。有被劫奪星座在內的宮位具備某種複雜性；據說這些星座的特性很難被發揮出來，命主必須更努力展現它們的特質。歐普拉第一宮裡的摩羯座顯示出想要控制與獲得權力的慾望，當然也包含了執行力。摩羯座的守護星——土星象徵紀律與辛苦工作，而在某種程度上，它算是歐普拉星盤的副守護星。她辛勤工作、懷抱強烈的熱情，以及必須克服種種困難（在事業與個人生活上），都展現出她第一宮裡這顆土星的能量。在歐普拉的第七宮，被劫奪的巨蟹座則顯示，她在工作上發揮照顧能力勝過在婚姻或母親的角色上。象徵獨特性的天王星落入巨蟹座，也指出了歐普拉在這方面的不尋常。

你月亮星座的守護星

就像你檢視你太陽星座的守護星一樣，你也必須檢視你月亮星座的守護星。舉例來說，若你的月亮在牡羊座，火星（牡羊座的守護星）就會在你的星盤中扮演重要角色。

如你所知，月亮代表一個人的情感生活，以及性格中被隱藏的部分。月亮守護星的所在位置會突顯你對他人有何種情感影響。

請務必找出你月亮星座的守護星。你將會發現，明白這顆行星如何驅動你，是一件很有趣的事。

星盤範例

在歐普拉 · 溫弗蕾的星盤中，她的太陽星座是水瓶座，因此這顆太陽的支配星（守護星）是天王星。歐普拉的天王星落入她的第七宮（夫妻宮）。天王星這顆迷人的行星象徵與眾不同、不受束縛，以及擁有自由奔放的靈魂與特殊才華；它也代表意外事件與突然瓦解。在青少年時期，歐普拉曾經懷孕並生下一個孩子，這個孩子的夭折正意味著母親身分的崩解（母愛是巨蟹座的天性）。歐普拉不曾跟她的戀愛對象結婚；年輕時被已婚男人強暴，讓她一度想要自殺。歐普拉和史戴門 · 葛蘭姆（Stedman Graham）[106]三十四年形同婚姻的同居關係，也沒有變成法定婚姻關係。歐普拉的天王星反而使她熱愛教育、能與各行各業的人產生連結，並且對這個世界傾注人道關懷。在她2007年推出的電視節目《愛心大手筆》（Oprah's Big Give）裡，有十名參賽者捐贈大筆金錢給需要幫助的陌生人。

星盤裡的四個基本點

占星師首先會檢視星盤中的四個軸點。這四個軸點是星盤裡最重要的四個點，它們代表活動、力量與優勢。在占星學裡，它們有時被稱為「敞開的大門」，因為在這些位置的行星可以自由地發揮作用、不受阻礙。這四個軸點（基本點）分別是：

星盤範例

在歐普拉·溫弗蕾的星盤裡，她的月亮星座是射手座，因此這顆月亮的守護星是木星。木星同時也是歐普拉的命主星（請參閱319的相關內容），加倍突顯了這顆行星的擴張力。月亮代表一個人對他人的情感影響，而歐普拉的談話節目與戲劇作品都充滿了情感。她與人們產生連結，當他們在節目中訴說自己的人生故事時，她也和他們一起落淚。她出版的雜誌一再強調，相信一個人與生俱來的直覺，以及對是非的判斷。木星象徵誇大；全世界有無數人聆聽她激勵人心的話語、觀看她的節目，甚至受惠於她所經營的慈善事業，這正是木星的影響。

106 史戴門·葛蘭姆，美國教育家、作家、實業家、演說家與播音員，是歐普拉·溫弗蕾的長期事業夥伴與人生伴侶。兩人曾於1992年11月訂婚，但最後決定維持「精神結合」的關係。

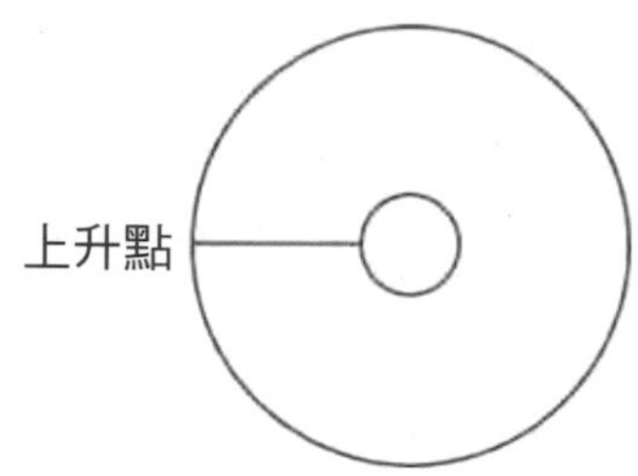

1. 上升點（Ascendant）

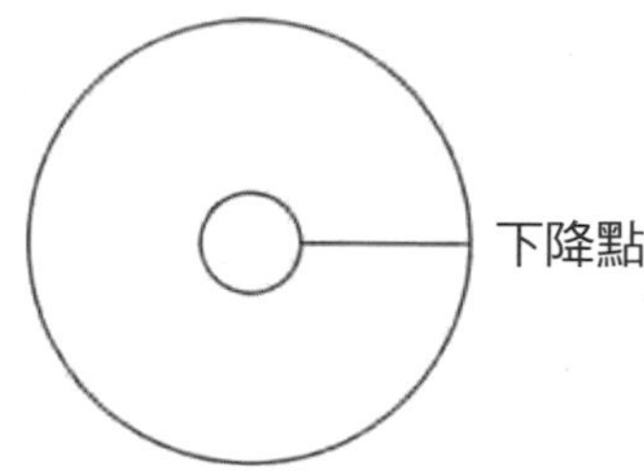

2. 下降點（Descendant）

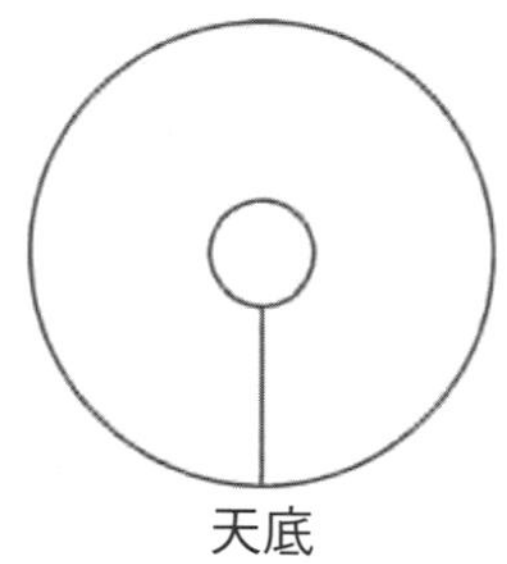

3. 天 底（Nadir〔 又 稱 為「Imum Coeli」，這個字在拉丁文裡，意思是「天空的最低點」，在星盤中常縮寫為「I.C.」。〕

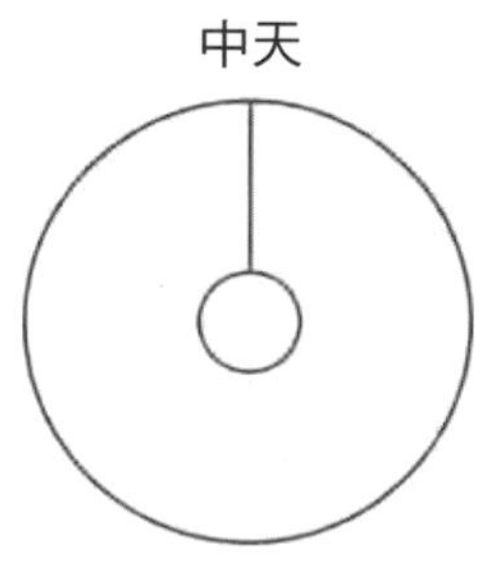

4. 中天（Midheaven〔又稱為「Medium Coeli，這個字在拉丁文裡，意思是「天空的中點，在星盤中常縮寫為「M.C.」。〕

將上升點與下降點連接起來的那條線稱為「地平線」（Horizon）。

將天底與中天（天頂）連接起來的那條線則稱為「子午線」（Meridian）。

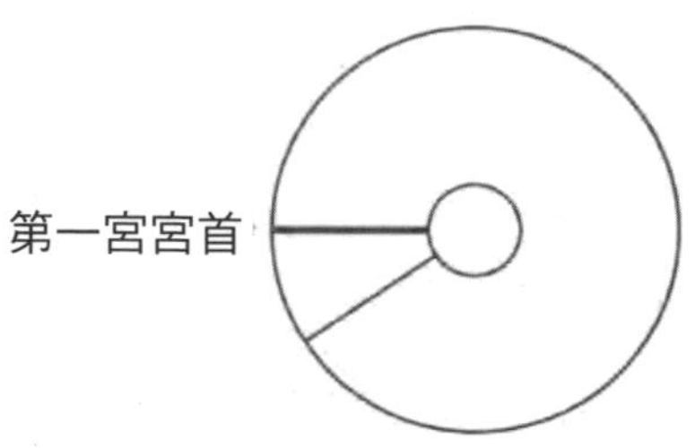

在星盤中，上升軸線標示出第一宮宮首的位置。

天底軸線標示出第四宮宮首位置。

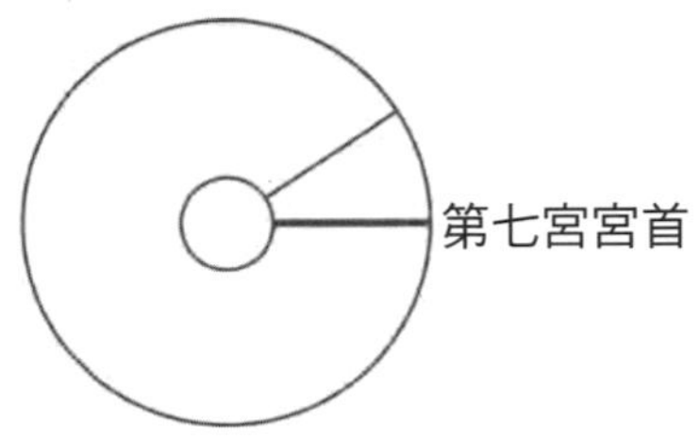

下降軸線標示出第七宮宮首位置。

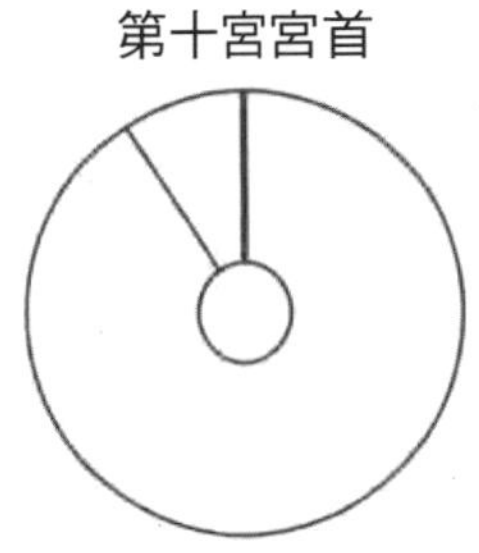

中天（天頂）軸線標示出第十宮宮首的位置。

如果你星盤裡的行星落在或靠近第一、第四、第七、第十宮（這四個宮位稱為「角宮」）的宮首，它們的能量極為強大。

星盤範例

在歐普拉·溫弗蕾的星盤中，她的中天（天頂，即第四個軸點／第十宮宮首）被兩顆行星——海王星與土星佔據。此外，也有一顆行星落入她的下降點（即第三個軸點／第七宮宮首）。

位於歐普拉中天（天頂）的第一顆行星是海王星，它代表充滿想像力與創造力、追尋夢想、渴望將理想付諸行動，以及對周遭的人施展魅力。第十宮是事業宮，而這顆海王星落在象徵平等與友好關係的天秤座，這使她具備群眾魅力，同時也能依照自己的理想原則建立穩固的事業。位於她中天（天頂）的第二顆行星是土星，它代表動力、紀律、與他人同心協力，以及跨越阻礙的能力。這顆土星落在象徵毅力、韌性與強大控制力的天蠍座；土星與天蠍座的這些特質也確立了歐普拉的職涯方向。

其他被行星佔據的基本點是下降點（歐普拉的天王星落入第七宮〔夫妻宮〕）。象徵獨特性與特殊天賦的天王星顯示，她擁有忠實且長久的人際關係，這些關係對她的工作與個人生活都很有幫助。第七宮裡的天王星也突顯出獨特、深具影響力的人為她提供機會，以及她能與大眾建立互動關係。

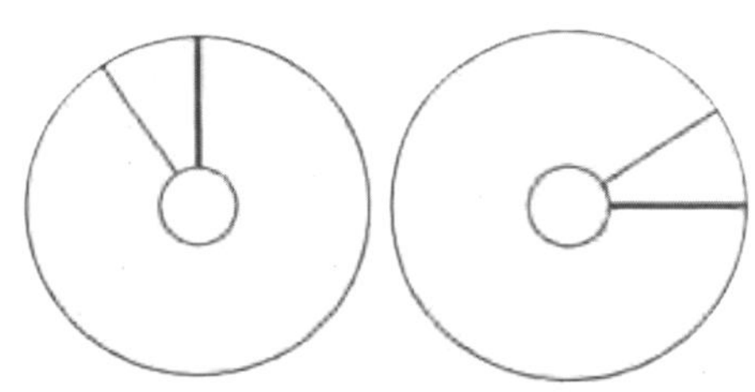

落在上升點或第一宮的行星代表性格優勢（自我的力量），落在下降點（上升點對面）或第七宮的行星，則代表透過人際關係、合作關係與婚姻所獲得的優勢（與他人聯合所產生的力量）。

落在天底或第四宮的行星，代表一個人藉由自己的起點（從祖先身上繼承的事物）所獲得的優勢。第四宮是一個神祕的宮位，所以落入這個位置的行星象徵一個人行為背後的潛在動機。落入這個宮位的行星也顯示出晚年的可能樣貌。落在中天（即天頂，天底對面）或第十宮的行星，代表來自大眾或外界（地位與企圖心）的優勢。落入第十宮的行星則象徵一個人行為背後的明顯動機。

請確認你星盤裡的四個基本點，藉此找出其中最突顯且最活躍的行星。

你是否有任何行星落入它們的管轄範圍內？

在占星學裡，每顆行星都有它自然守護的星座，例如火星守護牡羊座。若你的星盤中有行星落入它所守護的星座（管轄範圍），它的能量會很強，而且可以完全展現它的特質。比方說，當火星落入牡羊座時，它會顯得精力充沛、積極主動、充滿自信。

如果你的星盤裡有一顆以上的行星落入其管轄範圍內，請進一步探究它們具備什麼樣的能量，同時將它們所在的宮位也納入考量。問問自己，這些行星擁有何種能量，以及它們落入什麼宮位。思考這兩個問題的原因是，當某顆行星落入它所守護的星座時，這顆行星就有力量推動它所在宮位掌管的事務。

舉例來說，在你的星盤中，象徵幸運的木星落入射手座（木星掌管象徵高等教育的射手座），以及第二宮（財帛宮）。你可能從事運用高深知識的工作，例如教學、寫作、法律或出版工作；收入優渥、財務寬裕。

星盤範例

歐普拉．溫弗蕾的星盤裡沒有任何行星落入它們的管轄範圍內。

你是否有任何行星處於互融狀態？

互融是指某兩顆行星分別落入彼此所守護的星座。或許你會把這種現象想成「造訪對方的家」。舉例來說，在你的星盤中，金星落入由木星守護的射手座，木星落入由金星守護的天秤座，這顆金星與木星即處於互融狀態。這是一個非常積極正向的位置，因為兩顆行星強化了彼此的能量。它們會相互合作，突顯彼此的影響。

請分析你的星盤，看看是否有任何行星處於互融狀態。在星盤裡，它們代表幸運與力量。

星盤範例

歐普拉·溫弗蕾的星盤裡沒有任何行星處於互融狀態。

你的龍頭與龍尾在哪裡？

你的星盤中有兩個月交點（Lunar Node）——北交點☊和南交點☋。它們不是行星，但分別代表你必須發展的正面特質，以及必須擺脫的負面特質。在古典占星學裡，北交點被稱為「龍頭」，南交點則稱為「龍尾」；它們象徵著一隻天上的龍。一個人出生時，帶著今生要學習的正面特質「這顆頭」先落地，並且拖著要擺脫的負面特質「這條尾巴」。在電腦繪製的星盤裡，只會出現北交點（顯示為☊），它代表你必須發展的特質、運用的天賦；你的人生目的與必須掌握的人生課題。你的南交點位於你北交點的對宮，顯示出你必須擺脫的負面與有害行為模式。

以下概述月交點所在位置所代表的意義：

北交點在第一宮

勇敢大膽、具備毅力與企圖心、精力充沛、活潑迷人、坦率隨興、非常受人歡迎。

南交點在第七宮

優柔寡斷、愛算計、缺乏毅力、太努力取悅他人、面對感情的態度很膚淺、把合作夥伴當成對手。

北交點在第二宮

堅決果斷、努力不懈、務實穩重、認真負責、具備賺錢能力、能給予他人安全感。

南交點在第八宮

喜歡操縱別人、過度掌控、心機重、情緒極端、追尋禁忌、容易發生不正當性行為。

北交點在第三宮

充滿好奇心與想像力、聰明伶俐、心思機敏、善於溝通、樂觀開朗、能巧妙地處理人際關係、擁有很好的口才。

南交點在第九宮

傲慢、自以為是、懷抱道德優越感、偽善、無法承認自己的弱點。

北交點在第四宮

堅強、忠實、照顧他人、注重並熱愛家庭、對他人的感受有深刻的理解。

南交點在第十宮

小氣吝嗇、孤僻、暴躁、咄咄逼人、滿腹牢騷、自負、貪戀權力、極度渴望成功。

北交點在第五宮

性情溫和、充滿自信與熱情、富有創造力、善於自我表達、具備社交技巧與領導能力。

南交點在第十一宮

自卑、太想要被喜歡、舉止古怪、對友情期待太高、覺得不被理解、自我孤立。

北交點在第六宮

勤奮、能與他人一同合作、抱持高標準、善於處理細節、希望能服務他人、注意健康。

南交點在第十二宮

桀敖不馴、逃避現實、容易成癮與出現自我毀滅行為、有陷入祕密戀情的傾向。

北交點在第七宮

擅長與人合作、能建立和諧的關係、充滿魅力、善於交際、富有創造力、樂於合作並投入心力。

南交點在第一宮

自私、自戀、缺乏耐心、極度需要自由、可能會因為輕率的舉動而傷人。

北交點在第八宮

思慮深刻、善於分析、能提供明智的建議、無所畏懼、能保守祕密、擁有強大的療癒力、全心投入。

南交點在第二宮

固執、貪心、貪吃、重視物質、喜歡賣弄、往往會用不正當的手法賺錢。

北交點在第九宮

勇敢、理想化、可以達成長期的目標、信守承諾、努力接受高等教育、熱愛旅行。

南交點在第三宮

抱持知識份子的傲慢、自以為無所不知、喜歡嘲諷及與人爭辯、膚淺、善變。

北交點在第十宮

正直可靠、懷抱責任感、勤奮地實踐目標、努力往上爬、能獲得權力。

南交點在第四宮

喜怒無常、行為幼稚、過度依賴、害怕改變、心胸狹窄、有點霸道。

北交點在第十一宮

坦率無私、懂得包容、能建立深刻的友誼、值得信賴、具備改革精神、擔任團隊領導者。

南交點在第五宮

需要持續的關注、蠻橫霸道、言過其實、喜歡自吹自擂、懶散、追求享受。

北交點在第十二宮

忠心耿耿、照顧他人、注重精神層面、對周遭的人很敏感、能深刻地愛一個人、擁護弱勢族群、熱愛全人類。

南交點在第六宮

龜毛、愛挑毛病、令人心煩的完美主義者、喜歡與人爭辯、害怕被拒絕。

星盤範例

在歐普拉．溫弗蕾的星盤中，她的北交點（龍頭）落入第一宮，這意味著她此生擁有強烈的性格——具備勇氣、膽識與個人魅力。她的人生課題是，展現出強大的自我，同時不要害怕自己的野心。她的南交點（龍尾）則落入第七宮，這代表她必須停止努力取悅他人、在感情裡變得可靠、避免與合作夥伴競爭，以及學會做出明確的決定。

10

相位與合盤：深入檢視你的星盤

星盤中的相位

星盤分析是現代占星學的基礎。在二十一世紀，占星師比較不偏重占卜與預測，而是著重人心的探索。他們希望藉由占星學研究，揭露出人類性格的不同面向。

當你開始對星盤有更深入的了解時，你將會開始熟悉占星學裡另一個非常重要的部分，那就是「相位」。占星師們認為，相位研究是掌握星盤全貌時不可或缺的一部分。相位不是一項新研究，但當他們研究得更多時，也賦予它們更深、更複雜的意涵。

想進行相位計算，你不僅必須知道你星盤中的各個行星落入什麼星座，還必須知道它們的度數。舉例來說，在我的星盤裡，木星落入金牛座（第一宮）。精確來說，在第一宮內，這顆木星落在金牛座 14 度。

若你想進行這個研究，你可以用你的出生年份，在星曆表（ephemeris，列出那一年中每一天太陽、月亮與行星位置的年曆）或行星星曆表（Table of Planets）。你可以在專賣占星學刊物的書店找到這類出版品。

不過，還是使用電腦簡單多了。時至今日，占星師、老師、學生與普羅大眾都用電腦來繪製星盤。任何占星軟體都將提供你星盤中所有行星的確切角度，並計算出這些行星之間的相位。除了為你進行每一項運算以外，電腦也能避免計算時常會發生的人為錯誤。

借助電腦費用較為低廉，而且通常只需要一兩天就能畫出你的星盤。如果你有網路，便可以輕易在占星網站上免費取得自己的星盤。你也可以購買占星專用軟體，它能讓你畫出更複雜的星盤，同時針對你的星盤提供深度分析。

相位是什麼？

相位（aspect）是指兩顆行星之間的關係，完全以它們在星盤裡的相隔角度為基礎。請記得，星盤這個圓圈共有360度。圓圈內的行星會依據彼此之間的相隔角度，形成各種不同的關係。

相位可分為主要相位（影響力最大）與次要相位（影響力較小）。這些主要相位是克勞狄烏斯・托勒密在西元前二世紀所分類的。在現代占星學理，它們仍舊被認定是星盤中影響力最大的相位。

這些主要相位與其影響如下：

相位名稱	間隔角度	符號	意涵
合相	0度 兩顆行星落入同一個星座的同一度數（容許度〔orb〕[107]在10度內）。	☌	影響力最大的相位。它通常會帶來有利影響，但不必然是如此。若行星之間有其他困難相位存在，合相可能會強化它們的影響力。合相代表兩顆行星會造成強大的影響，同時也是星盤中的焦點。
三分相	120度 兩顆行星相隔120度（容許度在前後9度內）。	△	最和諧且有利的相位。會帶來優勢與舒適感。唯一的問題是，若一個人的星盤裡有太多組三分相，可能會使他變得軟弱與懶惰。
對分相	180度 兩顆行星相隔180度（容許度在前後9度內）。	☍	不和諧的相位。對分相會帶來緊張、壓力、不合或分離。和古代占星相比，很多現代占星師對於對分相的看法沒有那麼負面。他們認為，對分相所帶來的挑戰也會使人成長、獲得成就。
六分相	60度 兩顆行星相隔60度（容許度在6前後度內）。	*	和諧且有利的相位。六分相會帶來機會。與三分相不同的是，六分相要求命主付出努力，才能獲得它所帶來的好處。

107 容許度是指相位的角距容許度數——在容許度的範圍內，該相位就算成立。然而，每位占星師所使用的容許度都不盡相同，有些占星師會根據相位影響力的大小或行星的不同，給予不同的容許度。

相位名稱	間隔角度	符號	意涵
四分相	90 度 兩顆行星相隔 90 度（容許度在前後 9 度內）。	□	緊張且具有挑戰性的相位。四分相會造成阻礙，並教導重要課題。這種相位通常代表一個人可以藉由克服困難而變得堅強。

十七世紀初，被譽為現代占星學之父的著名天文學家約翰尼斯·克卜勒（Johannes Kepler），以及法國數學家尚·巴蒂斯特·莫林（Jean-Baptiste Morin）首次提出次要相位。這些次要相位與其影響如下：

相位名稱	間隔角度	符號	意涵
補十二分相	150 度 兩顆行星相隔 150 度（容許度在前後 2 度內）。	⚻	起初被歸類為輕微不利的相位，但現代占星師往往認為它的影響難以預測，而且它的影響力比原本想的更大。有些占星師將補十二分相與健康問題連結在一起，其他占星師則認為，它會帶來「獨特的智慧」。
八分相	45 度 兩顆行星相隔 45 度（容許度在前後 2 度內）。	∠	輕微不利的相位。它會帶來緊張，導致各種事件發生，但它的影響力比四分相小得多。
補八分相	135 度 兩顆行星相隔 135 度（容許度在前後 2 度內）。	⚼	輕微不利的相位。其影響與八分相很類似。
十二分相	30 度 兩顆行星相隔 30 度（容許多在前後 2 度內）。	⚺	輕微有利的相位。它會帶來機會，但影響力比六分相小得多。

相位的意涵

在解讀星盤時，占星師會計算哪些行星與其他行星形成相位。在托勒密的時代，相位被想成一顆行星「看著」另一顆行星；「aspect」這個字的古老涵義是「看」或「掃視」。時至今日，這依然是看待相位的好方法。比方說，太陽與木星在你的星盤裡形成相位，你可能會問自己：「這顆太陽是否友善地看著木星（有利相位），或者它並不友善（不利相位）呢？」

讓我們進一步檢視這個例子。若你星盤中的太陽落在雙子座 15 度、木星落在水瓶座 15 度，它們之間會形成一個三分相。太陽三分木星是一種非常好的相位，它們之間的和諧關係遠比你星盤裡的其他不利相位重要。這種相位往往使你心胸開闊、慷慨大方、受人歡迎，同時有力人士很可能也會幫助你。若星盤中的太陽落在金牛座 10 度、木星落在天蠍座 10 度，它們之間會形成一個對分相。太陽對分木星意味著粗心大意、奢侈浪費。你很可能會遇到財務問題，需要跟別人借錢；也許經常做出錯誤的判斷，或受到壞建議的影響；也可能具有賭徒性格，但幸運女神不會站在你這邊。

我要再次強調，你必須記得，星盤裡的各個相位都會對你發揮作用。你星盤中的種種影響——太陽星座、月亮星座、上升星座、行星、宮位、相位，以及許多其他要素，都形塑了獨一無二、無可取代的你。

接下來，我會大致介紹每顆行星可能會與其他行星形成哪些相位，以及這些相位所代表的意義。

☉太陽的相位

太陽與月亮

有利相位：人格健全、能適應他人。通常都擁有和諧的家庭生活、能在工作上獲得晉升。

不利相位：自我衝突、懷抱著不安全感。行為充滿矛盾、情緒過度敏感。

合相：固執、任性。有時性格偏頗、積習難改。

太陽與水星

太陽與水星的相隔角度永遠都在 28 度以內，因此若它們在你的星盤裡形成相位，那只會是合相。

合相：如果太陽與水星的相隔角度小於或等於 5 度，命主往往固執死板、堅持己見。

太陽與金星

因為太陽與金星的相隔角度永遠不會超過 48 度，這兩顆行星之間唯一的重要相位是合相。

合相：這是一種非常和諧的相位，使人善於社交、迷人、熱心。

太陽與火星

有利相位：堅定自信、積極進取、活力充沛。

不利相位：有好戰、固執、喜歡與人爭吵的傾向。缺乏持續力；行為輕率、盲目冒險。

合相：辛勤工作、充滿熱情。閒不下來、熱愛冒險。

太陽與木星

有利相位：慷慨樂觀、受人歡迎。能帶來好運。

不利相位：有奢侈浪費、揮霍無度的傾向。命主可能自以為是、蠻橫霸道、懶散。

合相：幽默風趣、具備文化涵養。

太陽與土星

有利相位：井然有序、具有很好的專注力、能鍥而不捨。常靠自己努力獲得成功。

不利相位：代表困難與失望。命主必須克服各種阻礙與缺乏自信的感覺。

合相：嚴肅認真、懷抱著使命感；在獨力奮鬥者的星盤中，常會看到這種相位。

太陽與天王星

有利相位：擁有領導能力與強烈的企圖心。能啟發他人、想法出眾。

不利相位：舉止古怪、魯莽。處於緊張狀態；夫妻可能會分居。

合相：獨立自主、富有創新精神。有固執己見的傾向。可能抱持著優越感。

太陽與海王星

有利相位：想像力豐富、具備藝術潛力。能用充滿創意的方式表達自我。

不利相位：思路模糊、情緒紊亂。容易受騙、遭到背叛。

合相：擁有強大的藝術表達能力與細膩的審美觀。

太陽與冥王星

有利相位：擁有強烈的個性、充滿自信。能用新想法重新開始。

不利相位：有自私、冷淡，甚至出現反社會行為的傾向。

合相：自負。可能懷抱權力情結；專斷獨行。

☽月亮的相位

月亮與水星

有利相位：具備敏銳的判斷力。風趣健談、令人愉快。

不利相位：生性瘋狂、容易興奮。命主容易感到緊張、焦慮。

合相：聰明、敏感、充滿想像力。

月亮與金星

有利相位：溫柔體貼、隨遇而安。喜歡美麗的事物、具備藝術天分。

不利相位：輕率任性、喜怒無常。在愛情裡感到失望。

合相：親切平和。愛好享受、具備藝術眼光。

月亮與火星

有利相位：活力充沛、足智多謀。動作迅速、能讓計畫如期展開。擁有良好的健康。

不利相位：喜怒無常、任性、易怒、喜歡與人爭辯。有健康方面的問題。

合相：活潑、勇敢。具備強大的專注力。

月亮與木星

有利相位：和善樂觀。有很好的商業能力。命主喜歡旅行、參加文學活動。

不利相位：財務判斷力不佳。懶惰、很難達成目標。

合相：慷慨大方、喜歡保護他人。命主需要改變與新挑戰。或許有愛慕虛榮的傾向。

月亮與土星

有利相位：野心勃勃、善於交際。生性保守、富有耐心，在處理問題時非常仔細。

不利相位：害羞、缺乏自信。面臨金錢方面的問題。在第一段婚姻裡可能會遭遇困難。

合相：節儉。完美主義者（可能有些過度挑剔）。這種相位會帶來穩定的情緒。

月亮與天王星

有利相位：直覺敏銳。樂於改變，並對未來抱持開放態度。命主會透過改變帶來好運。

不利相位：太過善變、任性、喜怒無常；容易神經緊繃。

合相：性格極為獨特。人們可能會覺得命主有些古怪、不尋常——不循規蹈矩或接受限制。

月亮與海王星

有利相位：擁有強大的想像力、對神祕學深感興趣。命主有強烈的藝術創作需求。

不利相位：不切實際、有自我欺騙的風險。容易被狡猾的人騙，有感情方面的問題。

合相：熱心且富有同情心。喜歡離群索居。

月亮與冥王星

有利相位：命主的人生充滿改變。有強烈的情感，具備敏銳的商業能力。

不利相位：情緒極端、很愛吃醋。這種相位或許會帶來不愉快的改變。

合相：衝動魯莽。改變往往突如其來，而命主也常做出輕率的舉動。

☿水星的相位

水星與金星

有利相位：開朗、無拘無束。充滿藝術家氣息。命主往往喜歡參加文學與創意活動。

不利相位：這兩顆行星不會形成很不利的相位，它們頂多意味著沒有將藝術才華展現出來。

合相：具備言談魅力。能在腦力活動，以及對美與藝術愛好之間取得平衡。

水星與火星

有利相位：生性勇敢。頭腦靈活且務實。擁有文學方面的才華。與人辯論時富有說服力。

不利相位：愛挑毛病、特別易怒。命主可能很好戰、喜歡與人爭辯。

合相：可能非常知性。機智風趣、善於表達。具備演說與寫作方面的才華。

水星與木星

有利相位：頭腦靈活、擁有寬廣的視野。有很好的判斷力與幽默感。命主不喜歡處理細節。

不利相位：生性多疑、容易判斷錯誤。命主或許言行輕率、不避諱醜聞。

合相：比一般人聰明。樂觀、喜歡幫助別人。

水星與土星

有利相位：嚴謹自律、心思縝密、有很好的專注力。認真、務實。

不利相位：命主可能很死板、嚴守紀律、害怕改變。直率魯莽。

合相：命主做事有條不紊、富有耐心，同時也可能很固執。具備強大的耐力。容易感到沮喪。

水星與天王星

有利相位：聰明伶俐、富有創新精

神。能獨立思考、充滿自信。

不利相位：堅持己見、粗魯無禮。有浪費精力的傾向。命主或許會感到困惑、不滿足。

合相：有進行科學思考的能力。可能有些古怪、固執，但同時也是個天才。

水星與海王星

有利相位：充滿創造力。具備藝術想像力與表演能力，能洞悉未來。

不利相位：心機重；命主往往會欺騙他人。思路模糊、很難集中注意力。

合相：生性衝動，但也極富創造力。命主對神祕學與精神層面的事深感興趣。

水星與冥王星

有利相位：命主善變、懂得變通、閒不下來，容易突然改變想法。

不利相位：思考不合邏輯。容易神經緊繃，命主往往會在思考如何行動之前就急著投入。

合相：擁有敏銳的頭腦，但容易神經緊繃。命主通常能藉由寫作帶來改變。

♀金星的相位

金星與火星

有利相位：容易展現出溫暖與關懷。浪漫且充滿熱情。

不利相位：衝動魯莽、喜歡與人爭吵；在兩性關係上遭遇困難與壓力。過度敏感，感到不滿足。

合相：樂觀、感性。在迷人與野蠻之間取得很好的平衡。

金星與木星

有利相位：代表和諧的關係，容易展現出心中的愛。這種相位也會帶來很好的財運。

不利相位：太多矯揉造作、虛情假意。談過很多次戀愛，因為極端的情緒而感到不開心。可能有體重方面的問題。

合相：充滿性感魅力。命主很迷人，而且十分受人歡迎。

金星與土星

有利相位：在事業合作上帶來積極影響。在愛情裡，認真而忠實。

不利相位：在感情與婚姻裡感到失望，或與另一半不合。有孑然一身的傾向；年輕時，婚姻或許會被延遲。

合相：懷抱強烈的責任感。在挑選伴侶時謹慎保守。對某個人的感情有時會因為個人志向而被犧牲或獲得昇華。

金星與天王星

有利相位：浪漫、充滿藝術家氣息。對愛與性有獨特的看法，人們因此深受吸引。可能非常多愁善感。

不利相位：在感情裡太喜歡打破常規；有感官失衡的現象。或許會因為選擇伴侶而感到不開心。

合相：往往很情緒化、容易激動。命主或許會從事藝術創作，生性感性。

金星與海王星

有利相位：創造力特別豐富，對神祕學深感興趣。命主具備強大的藝術潛力，但需要堅定的指引。

不利相位：在愛情裡感到失望，有時也會受到傷害；很難做出決定。

合相：敏感、和善。展現出藝術天分。容易神經緊繃、對愛情感到幻滅。

金星與冥王星

有利相位：生性熱情。感情生活常因為突如其來的改變而受益。有很好的財務管理能力。

不利相位：在愛情裡面臨挫折、情感破裂。性慾旺盛，但會在性愛上遭遇困難。

合相：情感強烈而深刻，命主往往會暗中墜入情網。代表在處理財務時十分精明。

♂ 火星的相位

火星與木星

有利相位：擁有強大的意志力、積極樂觀、能激發出自信；有很好的領導潛力。

不利相位：過度熱情、魯莽衝動。性格偏激、躁動不安；奢侈浪費。

合相：活力充沛、直爽坦率。積極進取、能做出決定。

火星與土星

有利相位：具備耐力，即便遭遇嚴苛處境，也能獲得成功。嚴謹自律、不屈不撓。

不利相位：搖擺不定，內心不斷來回拉扯。暴躁易怒、容易受傷。

合相：脾氣暴躁、桀敖不馴；可能容易發生意外。命主討厭被反對。

火星與天王星

有利相位：聰明務實、足智多謀、精力充沛；可以迅速做出決定。

不利相位：缺乏耐心、倔強易怒。命主或許很好戰、心胸狹窄；容易感到緊張與憤怒。

合相：任性、容易激動。活力充沛，處於緊張狀態。

火星與海王星

有利相位：充滿想像力、情感強烈、有創作衝動；理想化且具備奮鬥精神。

不利相位：往往會借酒澆愁。命主

可能過度敏感；把精力浪費在毫無希望的目標上。

合相：或許會展現出強大的藝術天分，對色彩與設計極為敏感，浪漫且充滿熱情。

火星與冥王星

有利相位：體力旺盛、充滿自信。勇敢、懷抱雄心壯志。

不利相位：具有強迫性格、生性好戰。當被迫接受新情勢時，命主會感到很不開心。

合相：極度情緒化。急躁易怒。

♃ 木星的相位

木星與土星

有利相位：具備耐心與毅力。擁有寬廣的視野，能做出明智的財務判斷。

不利相位：悲觀、內心缺乏滿足感。在成功的路上困難重重，誤判自身財務狀況。

合相：專心致志、野心勃勃，能透過努力工作達成目標。心裡有些不滿。

木星與天王星

有利相位：兼具創新精神與領導能力，富有魅力，崇尚博愛精神。

不利相位：任性、直言不諱。有偏激、好戰的傾向。

合相：熱愛自由、閒不下來、舉止有點古怪。有些人外表特殊，例如特別高或特別矮。

木星與海王星

有利相位：生性博愛、和善，對精神層面的事深感興趣。充滿創造力，能帶來財富。

不利相位：太過情緒化、奢侈浪費。很容易自我欺騙，軟弱且容易被操縱。

合相：細膩敏感、充滿藝術家氣息。對生活充滿幻想，可能擁有強大的第六感；愛護動物。

木星與冥王星

有利相位：聰明伶俐、有很好的組織能力。命主很可能會創造一個新的開始；理想化。

不利相位：心機重、想利用他人；通常有破壞傾向。

合相：能拋棄過去，重新開始；有霸道的傾向。

♄ 土星的相位

土星與天王星

有利相位：具備意志力與企圖心、有很好的管理能力。勇於創新、足智多謀、做事有效率。

不利相位：生性傲慢、專斷獨行。容易感到焦慮與沮喪。

合相：擁有強大的自信與決心。性格獨特、善於交際。

土星與海王星

有利相位：嚴謹自律、有縝密的判斷力。能實際運用想像力與創造力。

不利相位：有離群索居的傾向。疑神疑鬼，甚至近乎偏執狂。人生中充滿失望。

合相：努力工作、值得信賴。這是一種很棒的相位，讓人能將理想與現實結合在一起。

土星與冥王星

有利相位：嚴謹自律、能深度專注。充滿自信、性格高尚。

不利相位：難以捉摸、具有強迫性格；有些人容易罹患罕見疾病。

合相：有難以捉摸的傾向。命主可以好好地面對失望；這種合相每九十二年出現一次，被認為會影響整個世代。

♅ 天王星的相位

天王星與海王星

有利相位：敏感、和善、直覺敏銳。具備音樂才華；對精神層面的事與神祕事物深感興趣。

不利相位：極度情緒化、容易感到沮喪；做事容易徒勞無功。

合相：有很高的創作潛力。往往舉止古怪；這種合相每一百七十一年出現一次，被認為會影響整個世代。

天王星與冥王星

有利相位：抱持崇高的目標、忠心耿耿；能把精力放在很有成效的地方。

不利相位：帶來破壞性影響。代表內心感到緊張；有突然情緒失控的傾向。

合相：有強烈的獨立意識。這種合相每一百一十五年出現一次，被認為會影響整個世代。其能量可以是正面的，也可以是負面的，端看如何運用。

♆♇ 海王星與冥王星的相位

海王星與冥王星

海王星會在每個星座停留十四年，冥王星則會在每個星座停留十三至三十二年。這兩顆行星之間所形成的任何相位都會持續極長的時間；占星學家認為，在一個人的星盤中，只有當海王星或冥王星落在上升點或天頂，或者雙魚座或天蠍座特別突顯時，才具有重要意義。

有利相位：能積極運用自身的神祕特質。

不利相位：有強迫傾向；容易受到誘惑。

合相：具備聰明的頭腦與深刻的洞察力；對神祕學感興趣。

預測的技術

占星學最重要的應用，就是預測的技術。當客戶向占星師諮詢時，通常問的都是關於未來的問題。占星師們會用很多工具來預測未來的狀況。

其中一種方法是畫一張「卜卦盤」（horary chart，是指在某個人提出問題時所畫出的星盤）。卜卦占星學（horary astrology）背後的理論是，宇宙與人類之間存在著某種一致性，當某個人詢問某個問題時，那時的行星位置有助於回答這個問題。易經、塔羅牌、卡牌解讀等預測技術都是這個理論為基礎。

另一種預測方法是檢視「行星過運」（transit，簡稱「行運」）。這時，你（或占星師）會在星曆表（Ephemeris）中查詢，藉此找出未來（如下週或下個月）各個行星的確切位置，然後再將這些位置與你本命星盤裡的行星位置進行比較。假設下週木星會來到天秤座 27 度，而在你的本命星盤中，太陽也落在天秤座 27 度。這種行運（行運木星合相本命太陽）預示了財運旺盛、活力充沛，以及具備充分利用機會的勇氣。

還有一種為了預測而使用的星盤，那就是「太陽回歸圖」（solar return chart，太陽回歸圖是指利用行運太陽回到與出生時刻同一位置的那一刻所繪製的星盤）。在進行分析時，會將太陽回歸圖與你的本命星盤進行比較，並且檢視兩張星盤之間所形成的各種新相位。在了解未來一年的運勢走向時，這是很好用的一項工具。另外，也可以繪製月亮回歸圖（lunar return chart，月亮回歸圖是指利用行運月亮回到與出生時刻同一位置的那一刻所繪製的星盤）。透過月亮回歸圖則能看出未來一個月的運勢走向。

在進行預測時，「推運圖」（progressed horoscope）是最受歡迎的方法之一。推運法有好幾種，但最常使用的是「二次推運法」。這種推運法的理論基礎是，人類心靈和地球自轉與公轉之間存在著某種關係。占星學家也引用聖經來解釋此種推運法。《民數記》（*Numbers*）第 14 章 34 節和《以西結書》

（*Ezekiel*）第 4 章 6 節都提到「一天等同於一年」，《創世紀》（*Genesis*）29 章 27 節則提到，一星期象徵七年。

想繪製推運圖，要先畫出精確的本命星盤（包含星盤中每個宮位宮首的確切度數，以及每顆行星落入哪一個星座的幾度幾分）。接下來，要決定你想看的是未來的哪一年。

舉例來說，若你的生日是 1975 年 5 月 1 日，而你想知道的是 2010 年，這時你就會將你的星盤往後推進三十五年。在使用二次推運法時，你會得出「三十五天」這個數字。1975 年 5 月 1 日（你的生日）往後算三十五天，就是 1975 年 6 月 5 日。這時，你會為 1975 年 6 月 5 日畫出一張全新的星盤。這張星盤就是你的推運圖。

現在，你會比較你的本命星盤與推運圖。你將會算出這張推運圖裡形成的各種新相位，以及你的本命星盤與推運圖之間所形成的相位。比方說，若你的推運火星與本命太陽呈現對分相，代表 2010 年可能會是一段充滿緊張與壓力的時期，同時身體狀況也不佳。若你的推運金星與本命太陽呈現三分相，則代表你有可能會在 2010 年結婚。

無論使用哪一種預測方法，你最好記得，占星學不是一種預言或魔法。占星師並不是在預言什麼，而是預測未來走向，並指出命主可能會在哪些地方成功，或容易犯哪些錯誤。預測的真正價值在於，關注一個人有哪些優勢，讓他得以充分利用。

情侶之間的合盤

在閱讀報章雜誌上的星座專欄時，很多人都會找尋關於愛情的建議。閱讀占星學書籍時，多數人在看完自己的相關部分後，都會接著翻閱關於另一半或潛在伴侶的描述。

但問題在於，多數星座分析都有其侷限，因為它們都只以太陽星座為基礎。就像我之前強調過的，你不單只是你的太陽星座而已，你是由不同星座與行星所組成的獨特混合體。如果你已經畫出自己的星盤（我在第 9 章大致說明過這的部分），會看到其中有許多不同的要素；對每個人來說，都是如此。

在星盤裡，你能找到關於愛情最完整且準確的答案。現在你可以為自己畫一張簡易星盤，這樣你就能比較你和另一個人的星盤，藉此了解你們的契合度。這種將兩人的星盤進行比較，看看他們能否融洽相處的方法稱為「合盤」（synastry）。在進一步閱讀關於合盤的

相隔多遠	影響相位	名稱
兩顆行星落在同一個星座	影響力強大。有利相位。	合相
兩顆行星相隔一個星座	帶來緊張與壓力。缺少共同點[108]。	二分相
兩顆行星相隔兩個星座	代表和諧，帶來有利影響。	六分相
兩顆行星相隔三個星座	帶來緊張，但不一定是無法化解的分歧。這兩個星座之間的能量通常都很強。	四分相
兩顆行星相隔四個星座	非常和諧。兩人的關係愉快、友好，但因為太過平和，有時可能會有些無聊！	三分相
兩顆行星相隔六個星座	這兩個星座互為對宮。兩人之間可能會有很多緊張與衝突，但同時也有很強的吸引力。	對分相

具體內容之前，你必須明白，這樣的星盤比較是以兩張星盤中的行星關係，也就是相位為基礎。（所有和諧與不和諧的影響都完全取決於行星之間的相隔角度。）

這裡有一個簡單的方法，可以計算出兩張星盤之間所形成的相位。你只要計算兩顆行星之間相隔幾個星座即可。

在開始進行星盤比較前，請先畫出你和另一半[109]的簡易星盤。

太陽與月亮

首先要檢視的是兩張星盤中太陽與月亮的位置。在占星學裡，太陽常被稱為「陽性本源」（masculine principle），因為它代表的是一個人的外在表現。月亮則被稱為「陰性本源」（feminine principle），因為它代表的是情感層面。若一個男人的月亮落入他的第一宮，他通常能面對自己的情緒——自在地接受，而不是試圖壓抑。若一個女人的太陽落入她的第一宮，她往往具備強烈的自我意識，或帶有某種端莊、威嚴的氣質。

你通常可以藉由檢視月亮在一個男人星盤中的位置，看出什麼樣的女人會吸引他。這顆月亮落在牡羊座或獅子座嗎？他可能喜歡強勢、自信、不願意任人擺佈的女人。這顆月亮落在處女座

108 相隔一個星座的摩羯座和水瓶座，是這項規則的例外。儘管這兩個星座差異很大（摩羯座很保守，水瓶座則很前衛），它們都強而有力，可以形成一個很好的組合。

109 這裡的「另一半」指的是任何跟你有親密關係的人（無論他只是你幻想中的對象，還是與你共度大半輩子的人）。

嗎？他可能會被務實穩重的女人吸引。這顆月亮落在天秤座或雙魚座嗎？他往往會愛上浪漫、嫵媚的女人。相反地，你通常可以藉由檢視太陽在一個女人星盤中的位置，看出她會被哪種男人吸引。這顆太陽落在金牛座嗎？她或許喜歡堅強、務實，而且很會賺錢的男人。這顆太陽落在雙子座嗎？她往往會被聰明、知性、有文采的男人吸引。

但請記得，人們不一定會跟吸引他們的人在一起（甚至發生關係）。在挑選伴侶時，他們也會下意識地做出選擇。想更深入了解我們選擇伴侶的原因，請檢視你們星盤裡的火星與金星（請參閱 p347 的相關內容）。

在比較你們的星盤時，請先從太陽星座開始。你的太陽星座是什麼？現在請參閱 p345 的相位表。你的太陽是否落在與對方的太陽相容的星座？舉例來說，如果你的太陽星座是牡羊座，對方的太陽星座是否是獅子座或射手座（相隔四個星座），還是雙子座或水瓶座（相隔兩個星座）呢？接下來，請檢視你們的月亮星座。它們是否相容？

若你們的太陽星座或月亮星座並非處於最和諧的相位，也不用擔心。請記得，四分相（相隔三個星座）或對分相（相隔六個星座）可能會為你們的感情增添火花、趣味與刺激。無論如何，這都只是比較的開始；儘管你們星盤裡太陽與月亮的位置是必須考量的因素，那也只是諸多要素中的一項而已。

這裡有一項非常正面的要素——如果你的月亮星座與對方的太陽星座相同（反之亦然），這段感情將會進展得很順利。這不僅代表兩人的關係幸福、長久，也意味著你們對彼此有深刻的了解。

幾個主要的相容位置

1. 若你的太陽星座與對方的上升星座相同，或者你的上升星座與對方的太陽星座相同：這代表你們之間充滿幸福與滿足感。兩人的性格十分契合，因為你們往往會有類似的想法。
2. 若你的太陽星座與對方的上升星座呈現對分相（相隔六個星座），或者你的上升星座與對方的太陽星座呈現對分相：這種相位也具有正面影響力，意味著你們之間的關係將會很和諧。在這樣的情況下，兩人都能提供彼此需要，甚至缺少的東西。比方說，如果她的太陽星座是天秤座、他的上升星座是牡羊座，他也許有辦法督促懶惰的她，而她則能為野蠻的他增添些許浪漫與優雅。
3. 若你的太陽星座與對方第十宮的星座相同，或者你第十宮的星座與對方的太陽星座相同：你們都能將愛情與工作巧妙地結合在一起。在這種情況下，你們的目標相互契合，同時也可以給予彼此力量或啟發。

太陽星座與上升星座

就像你剛才讀到的一樣，當兩張星

盤中的太陽星座與上升星座呈現合相或對分相時，對兩人契合度的影響非常大。

如果都沒有上述情況，還有其他相位可以納入考量。你的太陽星座與對方的上升星座是否呈現四分相（相隔三個星座）？（反之亦然）你們可能會有不少爭執，同時也會互相較量。不過，這些火花至少會讓這段感情變得很有趣。

你的太陽星座與對方的上升星座是否呈現六分相（相隔兩個星座）或三分相（相隔三個星座）？（反之亦然）你們將會對彼此的缺點極度包容。你們通常會相互協調，並一起和睦地工作。

金星與火星

在占星學裡，象徵愛的金星一直都是一顆陰性行星。它代表你迷人、親切、和善、能分享並給予關懷。從你星盤中的金星位置可以看出，你對周遭的人有著什麼樣的影響。在一個女人的星盤裡，金星的位置通常顯示她具備怎樣的戀愛特質。象徵活力與侵略的火星則是一顆陽性行星。它與一個人的性愛特質、激情與性反應特別有關。在一個男人的星盤裡，火星的位置顯示他用何種方式對待身邊的女人。

就像你星盤中的太陽與月亮，在某種程度上代表你會被什麼樣的人吸引一樣，金星與火星則意味著哪種人會激起你的性慾。在一個女人的星盤裡，火星的位置往往可以看出怎樣的男人會挑起她的慾望。（這通常是在不自覺的情況下發生的。也許是某個電影明星點燃了她的想像，或是在聚會上，某個男人立刻迷住了她；她甚至完全沒有思考。）

在一個男人的星盤裡，金星的位置通常意味著他會被什麼樣的女人吸引。比方說，若他的金星在雙子座，他可能會對活潑、機智風趣的女人感興趣。金星代表哪種女人會抓住他的心（不管他有沒有意識到這一點）。占星師總是會檢視星盤中金星與月亮的位置，藉此了解一個人的情感受到怎樣的強烈吸引。

在以下情況下，兩人之間有著強大的性吸引力：

- 你的金星與對方的火星落在同一個星座（反之亦然）：你們都充滿熱情（包含在性愛上）。即便兩人之間存在著性格差異，感情生活將會很刺激。

  你的金星與對方的上升星座落在同一個星座（反之亦然）：你們通常都充滿想像力，知道如何取悅彼此。
- 你的金星落在對方的太陽星座（反之亦然）：這意味著愉快的性生活，也代表你們在其他方面有著共同的興趣。
- 你的火星落在對方的月亮星座（反之亦然）：意味著極度興奮的性生活；因為情感因素的影響，這是一個善變的組合。

我希望我成功引起了你深入了解星盤的興趣，當你檢視的星盤越多，就會變得越熟練。你敏銳的觀察與深刻的理解，將使你的朋友與家人深受吸引。此外，就像我在書裡反覆強調的，你會變得更了解自己，這就是占星學的目的。

第四部

占星學的歷史與傳說

11

占星學的故事

小時候，當你在晴朗的夜晚仰望浩瀚星空，繁星點點閃爍，是否曾經對著第一顆映入眼簾的星星許下願望？很多人也都做過同樣的事。人們經常凝視夜空，尋求各種預兆和指引，賦予生命意義。

在有文字記載以前，關於太陽、月亮、星星、日月蝕與晝夜長短的研究就已經開始了。冰河時期（Ice Age）的馴鹿骨骼和猛獁象牙上，刻劃著月亮的陰晴圓缺。科學家估計，這些骨骼和象牙的年代約在西元前 25000 至 10000 年間，甚至還有某些科學家推斷，它們早在西元前 32000 年就已經存在。

耶穌誕生前六千年，星星運行的軌跡被記錄下來。早在西元前 2767 年的埃及，建造薩卡拉（Saqqarah）階梯金字塔（Step Pyramid）[110] 的建築師印和闐（Imhotep），就畫出了一張星盤，這張星盤至今依然存在！

古代占星學家將行星與恆星的運行繪製成圖表，透過預測日月蝕，預知動亂、飢荒以及世間的吉凶禍福。他們發明曆法，藉此標記並計算時間。時至今日，你仍舊能看到西元前 4200 年，由埃及占星學家製作的星圖（star chart）[111]。

在古代社會，占星學與宗教有著密不可分的關係。大部分的占星學家都是祭司。事實上，蘇美人（Sumerian）的楔形文字就用星星的符號來表示「神明」。他們甚至為天上星體的排列方式命名，同時把它們當作神來崇拜。

110 階梯金字塔又稱為「左塞爾金字塔」，是左塞爾（Zoser）的陵墓，同時也是埃及的第一座金字塔。這座金字塔總共堆疊了六層（高約六十二公尺），外觀呈階梯狀，因而得名。

111 星圖是夜空的地圖，天文學家用網格將其劃分，使它們更容易使用。它們被用來識別、定位恆星、星座和星系。自古以來，人類就運用星圖來導航。

太陽在眾神中擁有最強大的力量，這點並不令人意外。它帶來溫暖與光亮，滋養了草木，讓農作物得以生長。德魯伊（Druid）[112]、埃及人、印加人（Inca）和印度人（Hindu），全都是太陽崇拜者。在古印度信仰裡，毗濕奴（Vishnu）[113]是太陽的化身，象徵生命的活力。

遠古時代的人類建造天文台，以此研究天象；它們有些被保存下來，現在的我們仍舊可以前往朝聖。世界七大奇景之一——著名的埃及吉薩（Giza）金字塔群[114]，是為死去的王族精心打造的陵墓。此外，它們也是巨型指南針，金字塔的四個斜面分別正對東、西、南、北方，至今仍可用來判定方位。古馬雅城市奇琴伊察（Chichen Itza）有一座前哥倫布時期（Pre-Columbian）的石頭建築，這座建築的外觀有點像美國的國會大廈。

它的名字是「卡拉科爾天文台」（Caracol Observatory）。天文台內部的螺旋狀階梯通往塔頂的窗口，透過這些窗口，可以觀測行星一整年的位置移動。

假設有一天你來到布列塔尼（Brittany），這個法國西北部的海濱度假勝地，造訪卡納克（Carnac）的巨石林（Menhir），那裡有一些十六至二十英呎高的巨大花崗岩塊巍然矗立著。它們是由太陽崇拜者所建造的（許多歷史學家認為他們是德魯伊），作為天文運算的用途。

英國南部的平原上也豎立著壯觀的巨石建築，它們被稱為「巨石陣」（Stonehenge）。巨石陣由一連串的石柱組成（有些石柱高達十二英呎），這些石柱被排成圓弧狀，石柱的外圍有一圈溝槽或坑洞。1961 年，波士頓大學（Boston University）的天文學家，傑拉德．霍金斯（Gerald S. Hawkins）教授用一台 IBM 電腦分析巨石陣的排列方式。他發現這些奇怪的石頭和坑洞能用來記錄太陽與月亮的運行，也可以準確預測每一次的日月蝕。很顯然，那些在西元前 2500 年建造巨石陣的人，並非只是用靛青染料塗抹身體的野蠻民族，事實上，他們建造的是一座精密的天文台！

---

112 德魯伊又譯為「督伊德」，原意為「熟悉橡樹的人」，在歷史上，則是指塞爾特民族（Celt）的神職人員。這些神職人員擅長運用草藥進行醫療，橡樹、橡果是他們崇拜的聖物。他們的身分相當多元，不僅擔任神職人員與祭司，同時也是醫生、教師、先知、法官、魔法師、占卜師和詩人。他們擁有權力而備受尊敬，是君王的顧問及百姓的統治者。

113 毗濕奴是印度教的三位主神之一，與梵天（Brahma）、濕婆（Shiva）齊名。梵天主管世界的創造，濕婆主掌世界的毀滅，毗濕奴則負責維護世界的存續。相較於其他兩位主神，毗濕奴性情溫和，不僅常對信徒施予恩惠，也常化身成各種形象、拯救陷於危難的世界，因此在印度教中，被視為眾生的守護神。

114 吉薩金字塔群是指位於埃及開羅郊區吉薩高原內的陵墓群，此一陵墓群建於埃及第四王朝，是世界七大奇景中最古老且唯一尚存的建築物。陵墓群主要由三座金字塔組成，其中最大的是胡夫金字塔（Pyramid of Khufu），次大的是卡夫拉金字塔（Pyramid of Khafre），最小的則是孟卡拉金字塔（Pyramid of Menkaure）。

在美國，有一座名為「卡薩格蘭德」（Casa Grande）的建築，它是亞利桑那州的霍霍坎印地安人（Hohokam Indian）[115] 在約西元 1300 年建造的。這座建築上有八個孔洞，這些孔洞和夏冬至、春秋分（黃道帶上的四個基本點）時，日升日落的位置正好一致。

這些顯然不是新概念；不斷有人對古老的概念進行探索。以下將依照時間順序，簡短介紹遠古的占星傳說。

古印度（西元前 5000 ～ 3000 年）

印度的宗教可以追溯至七位被稱為「仙人」（Rishi）的賢者。「Rishi」這個字有「閃耀」之意，而最早的七仙人即代表大熊座（北斗七星）。也就是說，印度宗教的起源與星星有關。印度教的主神毗濕奴是太陽的化身，對印度教徒而言，他是最神聖的存在。當世界處於紛亂狀態時，毗濕奴會以各種化身來到人間。在他的眾多化身中，有公羊、公牛和獅子，印度人把這些動物雕刻在距今七千年前的神廟牆面上。在現代占星學裡，我們依然沿用這三個圖像——牡羊座（Aries）的公羊、金牛座（Taurus）的公牛，以及獅子座（Leo）的獅子。

印度人將天空分為二十八個區塊，並將它稱為「月亮黃道」（Lunar Mansion）。在月亮二十八天的運行週期中，每天都會行經一個星宿。事實上，東方占星學正奠基於月亮週期，西方占星學則以太陽週期為基礎。因此，占星學家常說，西方世界是「太陽之子」，東方世界是「月亮之子」。

印度占星學的黃道帶有十二宮，這個數字與西方占星學相同。然而，在印度占星學裡，有一個西方占星學沒有的概念，那就是相信業力與輪迴。業力代表靈魂累世輪迴的旅程；以下這三點都會形成一個人的業力：(1) 前世的作為對這一世的影響 (2) 這一世的作為對下一世的影響 (3) 前世未完成的功課。藉由印度占星進行占卜，通常可以看出一個人的靈魂處於哪個階段。

古埃及（西元前 3000 ～ 300 年）

埃及占星學也與他們的宗教密切相關；祭司掌握了天空的奧祕。他們的神明體系很複雜，每位神明都擁有某種力量，並掌管某個領域。舉例來說，歐里西斯（Osiris）是冥王，她的妹妹與妻子伊西斯（Isis）是守護亡靈的女神。托特（Thoth）是智慧之神，他發明了象形文字，同時也是眾神的書記官。很多埃及

115 霍霍坎文化是西元前 300 至 1400 年間的北美印地安人文化，主要分布於現今美國亞利桑那州的中部和南部地區。

文字與神明都重新出現在今日的塔羅牌研究中。

埃及人是人類史上第一支藉由預言死亡日期來描述個人性格的民族。在他們的宗教裡，每一個月，甚至是每一天都由某位神明掌管。

尼羅河是埃及人的生活中心。這條河使他們貧瘠的土地變得肥沃，因此水神的意象反覆出現在他們的神話裡，是再自然不過的事。他們認為，天空是由一位名叫努特（Nut）的女神掌管，她同時也是一條大河；眾神各自駕著船穿過天河。當法老王去世時，人們會幫他準備好所有他需要的東西，讓他得以穿過冥河，轉世重生。

起初，埃及人將天空劃分為三十六個區塊。（後來，希臘人把這些區塊稱為「dekanoi」，意思是「相隔十天」，「區間」〔Decanate 或 Decan〕這個詞即源自於此。）這三十六個區間依然沿用至今（請參閱第 3 章的相關說明）。之後，天空則被劃分成十二個部分，每個部分都有各自的外形與名稱。它們分別隸屬於三顆「旬星」[116]，也各自擁有一艘穿越天空的船。讓我們來看看，這十二位埃及天神與現代的十二星座有多類似：

埃及人也相信，強大的太陽神掌管著尼羅河。太陽使尼羅河進入氾濫期，四周的農村因此獲得灌溉，就連沙漠也變得肥沃。此外，月亮也是很特別的神明。埃及人的月神就有好幾位[117]。著名的「荷魯斯之眼」（Eye of Horus）[118]有

古埃	現代
公羊 Aries	牡羊座（the Ram）
公牛 Taurus	金牛座（the Bull）
兩個牽著手的人 Gemini	雙子座（the Twins）
甲蟲 Cancer	巨蟹座（the Crab）
獅子 Leo	獅子座（the Lion）
少女 Virgo	處女座（the Virgin）
地平線 Libra	天秤座（the Scales）
蠍子 Scorpio	天蠍座（the Scorpion）
射箭的人 Sagittarius	射手座（the Archer）
山羊 Capricorn	摩羯座（the Goat）
挑水人 Aquarius	水瓶座（the Water Bearer）
雙魚 Pisces	雙魚座（ the Fishes）

116 埃及人選定天球赤道附近的三十六組星星，每組都各掌管十天，故稱為「旬星」。當一組旬星在黎明前升起時，代表這一旬的到來（「旬」即埃及曆法中的「星期」）。同時，埃及人也利用這種現象將時間劃分為小時。

時會被當作護身符配戴、用來避邪，它就是月亮的化身。當鷹神荷魯斯的眼睛完全睜開時，正是滿月的時候。

金星在眾神中也享有崇高的地位。這顆行星散發著銀白色光芒、明亮耀眼，有時會在早晨，有時則在夜晚出現。埃及人將她描繪成一位雙面女神，戴著兩個不同的王冠。

在本身就是占星學家的古埃及國王中，最著名的莫過於第十九王朝的拉美西斯二世（Ramses II）。當拉美西斯二世在西元前 1223 年去世時，他的遺體被放在一具佈滿星座圖像的石棺內，然後放進阿布辛貝神殿（Abou Simbel temple）[119] 裡。在這位偉大法老王沉睡的地方，有許多令人嘆為觀止的奇觀，其中有些仍等待我們去發掘。比方說，我們發現，陽光會在每年的某兩天照進拉美西斯二世的陵墓深處 [120]。時至今日，這個現象依舊存在。當拉美西斯六世（Ramses VI）去世時，人們在他的陵墓上繪製了一張星圖（其外形是一個坐著的男人）。現代科學家發現，他們可以用這張星圖畫出星星一整年的運行軌跡（以一小時為單位）。在人類被以巨型電腦主導的文明取代前，我們恐怕都無法算得比它還精準！

中國（西元前2800年～現在）

因為馬可孛羅（Marco Polo）在西元前 1275 年的新奇旅程，歐洲人首次得知中國的富饒美麗與悠久歷史。中國人並未受到外部影響，發展出的占星學系統和埃及人、迦勒底人（Chaldean）[121]、

117 孔蘇（Khonsu）是埃及的月神之一，通常以木乃伊的形象出現；當他以孩子的造型出現時，代表新月，以成年男子的形象出現時，則代表滿月。他的頭部有時會被描繪成與荷魯斯相似的鷹頭，戴著由新月與滿月所組成的王冠。根據埃及神話，孔蘇曾經和智慧之神托特打賭，因為輸了比賽，只有滿月時才能展現所有的光芒。另外，埃及還有月亮女神貝斯特（Bastet）。根據神話，她原本是擁有獅子頭部的女戰神，象徵復仇與毀滅，在逐漸演變成手持叉鈴的貓女神後，則象徵幸福與快樂。在希臘統治的時期，更進一步被轉化成代表月亮的神明。

118 荷魯斯之眼又稱為「真知之眼」，是自古埃及時代流傳至今的符號，指的是鷹神荷魯斯的眼睛。荷魯斯的右眼象徵完整無缺的太陽，根據埃及神話，因為荷魯斯戰勝賽特，右眼有著遠離痛苦，戰勝邪惡的力量。荷魯斯的左眼則象徵有缺損的月亮，據說他後來將左眼獻給冥王歐西里斯，所以它不僅具有分辨善惡、守護健康與幸福的功用，也使古埃及人相信，它能讓死者死而復生。

119 阿布辛貝神殿是拉美西斯二世在世時，為了向埃及南部的努比亞地區（Nubia）宣揚國威，並鞏固埃及的宗教地位而興建的。

120 古埃及人運用天文、星象與地理學知識，設計在拉美西斯二世的生日（2 月 21 日）和登基日（10 月 21 日），讓陽光穿過阿布辛貝神殿六十公尺深的長廊，聚焦在最深處的聖壇，並照耀除了黑暗之神佩特（Ptah）以外的三尊神像。1960 年代為了興建亞斯文水壩，聯合國協助埃及政府將神殿切割成一千多個石塊，遷移後再重新組裝，但因為計算上的誤差，使這個奇觀出現的日期變成 2 月 22 日和 10 月 22 日。

巴比倫人與希臘人有些不同。

中國古代的生活都圍繞著皇帝轉。他們的皇帝又稱為「天子」，握有絕對的統治權。孔子曾經對一國之君有過這樣的描述：「為政以德，譬如北辰，居其所，而眾星共之。」（國君以德行來治理國家，就如同北極星般安坐在自己的位置上，群星自然會圍繞在他周圍，誠心地擁護他。）正是皇帝維繫著人類與上天之間的良好關係。

有些歷史學家認為，中國占星學起源於天皇伏羲在位期間（西元前約 2800 年）。《竹書紀年》（西元前 281 年在某位中國王子的陵寢中發現的手稿）[122] 記載，堯帝為中國的「黃道十二次」命名，並將天空劃分為二十八宿。

中國的黃道十二次與西方的黃道十二宮（黃道十二星座）不同。十二次的週期共有十二年，每一年都以不同的動物為代表（即生肖）。這十二種動物分別是老鼠、牛、老虎、兔子、龍、蛇、馬、羊、猴子、雞、狗和豬。根據傳說，釋迦牟尼在臨終前，要森林裡的動物們來向他告別。這十二種動物是最先抵達的。這些動物中沒有貓，據說是因為當時牠正在打盹，不能被打擾[123]。

中國占星學不僅止於十二生肖，還有「五行」（木、火、土、金、水）。中國的紫微命盤被劃分為十天干與十二地支。此外，在繪製命盤時，也常運用「陰陽」（負面與正面能量）的古老概念。

在中國，占星學已經變成日常生活中不可缺少的一部分。儘管當今的共產政權推崇理性主義與唯物主義，人們仍舊十分相信紫微占卜，就連執政當局也敵不過占星學。

中國人都知道自己的生肖，而且通常會用生肖來表示自己的年紀。他們至今還是會依據占星學來做出人生的重大決定。當他們想知道誰是適合的結婚對象，以及何時適合結婚時更是如此。此外，占星學也可以針對簽署財務協議、旅行、開始建造新房的時機，甚至是埋葬死者的地點提供指引。

某些現代占星學家試圖將西方占星學與中國占星學結合在一起。他們會同時給每個人一個星座與一個生肖。比方說，某個人是「屬虎的雙子座」或「屬龍的天秤座」。如果你對兩種文化的有趣融合感興趣，想進一步了解，有一些不錯的書可以參考。

不過，我們實際運用的占星學其實

121 迦勒底是一個古代地區的名稱，屬巴比倫尼亞南部，即現今伊拉克南部與科威特。西元前約 625 ～ 539 年，開始有部落進入該區居住，這些部落的住民被稱為迦勒底人或新巴比倫人。

122 《竹書紀年》是中國西晉武帝時，在汲郡古墓出土的戰國竹簡「汲冢書」中的一部分，晉人奉命將這些散亂的竹簡排定次序，並用當時通用的文字考訂其中記載夏商周年間的十三篇史書，後人稱它為《竹書紀年》。這部編年體史書記錄了夏朝至魏襄王這段時期的重要歷史事件，成書年限約在西元前 300 年左右，比司馬遷的《史記》早了約兩百年。

123 這只是傳說的其中一個版本。在某些遠東國家（如越南），十二生肖裡的兔子則被貓所取代。

較少受到東方占星學的影響。畢竟，我們是「太陽之子」，依賴以太陽週期為基礎的占星學，多過於東方世界以月亮週期為基礎的占星學。我們的占星學知識可以追溯到蘇美人，以及關於薩爾貢大帝（Sargon the Ancient，薩爾貢大帝曾在西元前約 2800 年統治過巴比倫這個城市）[124] 的占星預測；這些有趣的預測被以文字記錄在石板上。

巴比倫（西元前 4800 ～ 125 年）

在中東底格里斯河（Tigris River）與幼發拉底河（Euphrates River）之間的肥沃平原上，有一個曾經稱作「美索不達米亞」（Mesopotamia）的區域。這個區域的南部稱為「巴比倫尼亞」（Babylonia），北部則稱為「亞述」（Assyria）。

蘇美人（西元前約 4000 ～ 3500 年）是人類歷史上第一支定居在這裡的民族。他們多半是牧羊人與農夫，這些人顯然會花很多時間仰望天空；他們很快就發現天體運行週期和草木生長與糧食生產的關聯。以這樣的觀察為基礎，蘇美人開始崇拜三位非常重要的神明——駕著新月形小船的月神辛（Sin）是最強大的神明；沙瑪什（Shamash）是太陽女神，至於豐饒女神伊絲塔（Ishtar）則住在明亮的金星上。

和多數早期文明一樣，他們的占星學家就是祭司。當時的祭司不僅是宗教領袖，也是政治領袖。每位祭司都有各自的管轄範圍（稱為「城邦」），他們會與追隨者分享自己的神聖智慧。蘇美人為了祭司建造大型天文台或瞭望塔（稱為「塔廟」〔ziggurat〕），使他們得以研究恆星與行星的運行。位於烏爾、烏魯克 [125] 和巴比倫的塔廟都有將近三百英呎高。現在我們還是能造訪由建立蘇美第三王朝（西元前 2079 ～ 1960 年）的烏爾納姆國王（King U-Nammu）所建造的塔廟。人們普遍認為，聖經故事裡的巴別塔（Tower of Babel）就是塔廟建築，它從神祕學的角度告訴我們，想掌握天空的奧祕有多愚蠢。

到了巴比倫文化的全盛時期（西元前 2800 ～ 500 年），占星學變得更加成熟。除了太陽、月亮與金星以外，又有四顆行星（水星、火星、木星與土星）被發現。這些行星都被賦予各自的特性，也有其代表的神明。舉例來說，閃耀著紅色光芒的火星與熱情如火的戰神連結在一起。清晨可以看到的金星在某種程度上，讓新的一天誕生，所以它是一顆陰性行星，和愛與豐饒連結在一起。在今日的現代占星學裡，火星與金星都具有這些特性。

124 薩爾貢大帝是阿卡德帝國的創立者，也是最早統一美索不達米亞（兩河流域）的君主。
125 烏爾和烏魯克皆為美索布達米亞地區的古城，位於現今伊拉克境內。

四季也有各自的象徵圖像——春天是公牛，夏天是小羊，秋天是蠍子，冬天則是烏龜。這種曆法劃分方式可以追溯到西元前十二世紀，其中的公牛與蠍子仍然被現代占星學使用。此外，在今日的占星學裡，公牛（金牛座）是4月底、5月初（春天）的星座，蠍子（天蠍座）則是10月底、11月初（秋天）的星座。

現代占星學所使用的黃道帶是由巴比倫人發明的。西元前一世紀的著名羅馬雄辯家西塞羅（Cicero）曾經解釋，為什麼巴比倫人是如此敏銳的占星學家：「他們居住的平原一望無際，沒有山脈阻擋他們的視野，因此可以專心研究這種稱為占星學的占卜術。」

古巴比倫人的占星學家（祭司）確立了占星學的基本原則，這些原則至今幾乎沒有改變。他們把天空劃分為十二等分；太陽與月亮都會行經這些地方。有一種理論認為，他們是按照巴比倫曆法中的十二個月來劃分這十二個區塊（每個月都是一個月亮週期）。巴比倫人將天空想成一個360度的圓圈，每個區塊都是30度。這就是今天占星學家衡量天空的方法。這十二個區塊（我們稱為「星座」）都被賦予了名字——牡羊座、昴宿星團（Pleiades）[126]、雙子座、鬼宿星團（Praesepe）[127]、獅子座、角宿一（Spica）[128]、天秤座、天蠍座、射手座、摩羯座、水瓶座和雙魚座。後來，希臘人將昴宿星團改為金牛座、鬼宿星團改為巨蟹座、角宿一改為處女座。現在我們依然用這些名字來稱呼黃道十二星座。

每個星座都對地球上發生的事有著確切的影響。它們分別掌管某種植物、動物、寶石與顏色。巴比倫人也為十二個宮位命名；這些宮位各自掌管不同的人生層面。巴比倫人的十二個宮位分別是：(1) 生活 (2) 貧富 (3) 兄弟 (4) 父母 (5) 子女 (6) 健康與疾病 (7) 夫妻 (8) 死亡 (9) 宗教 (10) 尊嚴 (11) 友誼 (12) 敵意。雖然有些出入，但它們與現代占星學裡的宮位管轄範圍多少有雷同之處。

到了亞述巴尼拔國王（King Assurbanipal）在位期間（西元前七世紀中），占星學的基本概念被確立下來。其中一個原因是，我們都知道亞述巴尼拔國王留下了大量藏書，這當中有許多都被保存下來。我們甚至還留有他的御用占星師寫給他的一些報告，其中有一則反映出狹隘的君主主義觀點，內容節錄如下：

---

126 昴宿星團位於金牛座，又稱「七姐妹星團」，古巴比倫人和希臘人都將它視為獨立的星座。希臘神話中，它是擎天神阿特拉斯（Atlas）的七個女兒。在中國古代，昴宿也是二十八宿之一。

127 鬼宿星團位於巨蟹座，又稱為「馬槽星團」或「蜂巢星團」（Beehive Cluster）。古希臘人和羅馬人將鬼宿星團視為兩隻驢子的食槽，鬼宿三和鬼宿四則分別代表這隻驢子，牠們也是戴奧尼索斯與西勒諾斯（Silenus）討伐泰坦巨人族時的坐騎。

128 角宿一位於處女座，是處女座中最亮的一顆恆星。

致萬國之君，我的王——若日月蝕發生了，卻沒有在首都被觀測到，就不能當作它有發生過。首都指的是國王您所在的城市。

占星學被廣泛應用在天氣、洪水、豐收與歉收、日月蝕、戰爭，以及國王的命運等各種預測上。西元前約五世紀時，占星學變得更個人化。我們至今仍保存有西元前 409 年某個巴比倫人的星盤，以及西元前 234 年，為一位名叫阿里斯托克拉特斯（Aristokrates）的人所繪製的星盤。後者翻譯如下：

他星盤中的木星位置意味著他的生活很規律。他會變得富有，而且將會很長壽。金星的位置代表他無論去哪裡，都會很順利。水星落入雙子座則意味著，他將會有兒子與女兒。

在巴比倫占星學裡，仙后座掌管敘利亞（Syria）和巴勒斯坦（Palestine）。這個星座被稱為「有孩子的女人」（Woman with Child），因為它每三百年就會產生一顆特別明亮的星星（超新星）。根據占星學家估算，其中一顆出現在耶穌誕生後，它可能就是引導三位智者來到馬槽旁的那顆「伯利恆之星」。

據我們所知，那個時代的猶太人也已經懂得運用占星學。到了現代，猶太人會在充滿喜悅的時刻，例如生日、婚禮，以及紀念日時說「mazel tov」（意思是「恭喜」或「祝你好運」）。很少人知道這個詞源自於占星學。「mazelot」這個字在聖經所使用的希伯來文中，指的是「黃道帶上的星座」或「星座」。因此，跟任何人說「mazel tov」，其實是在祝他們「有個好星座」。

古希臘（西元前 900 ～西元 150 年）

後來的希臘人不像巴比倫人那麼有耐心地觀察星象。直到西元前九世紀，古希臘人才學會區分恆星與行星。在發現太陽系裡的五顆行星時，他們根據外觀為這些行星命名——金星被稱作「黎明信使」（Herald of the Dawn），因為它在清晨出現（希臘人並未發現，金星有時也會在夜晚出現。他們以為那是另一顆行星，並將它命名為「黃昏之星」〔Vespertine〕）。

水星被稱為「閃爍之星」（Twinkling Star）、火星被稱作「火焰之星」（Fiery Star）、木星被稱為「明亮之星」（Luminous Star），土星則被稱作「璀璨之星」（Brilliant Star）。

西元前六世紀時，哲學家畢達哥拉斯（Pythagoras）寫下了著名的《天體和聲》（*Harmony of the Spheres*）。他主張，宇宙是一個巨大的球體，將地球與周圍的大氣層都包含在內。他的想法充滿了詩意：

太陽、月亮與行星都繞著同心圓軌道運行，它們的軌道都嵌套在一個球體或圓盤上。這些天體的快速轉動會在空氣裡產生一種悅耳的咻咻聲或嗡嗡聲。很顯然，每顆行星所發出的音階高低取決於它們各自的軌道比例，就像音調取決於弦長一樣。因此，這些行星運行的軌道構成了一架巨大的七弦琴，其琴弦被彎曲成圓形。

在畢達哥拉斯兩百年後的西元前四世紀，一位名叫歐多克索斯（Eudoxus）的希臘天文學家與數學家以巴比倫曆法為基礎，制定了一套曆法。歐多克索斯也將天空劃分為十二個大小相同的星座。他是第一個從科學角度來解釋行星運行的希臘天文學家（順帶一提，「planet」這個字源自於希臘文的「planetes」，意思是「漫遊者」。恆星在天空中的位置是固定的，而行星則在各自的軌道上移動，所以它們被視為旅行者；它們會穿越天空，並蒐集靈魂）。歐多克索斯的理論是，這些行星都被球形外殼固定在自己的軌道上。

當亞歷山大大帝（Alexanderthe Great）在西元前 331 年征服巴比倫尼亞時，希臘占星學迎來了轉捩點。據我們所知，亞歷山大會向占星師諮詢。根據傳說，當他即將出生時，一位名叫內克塔內布（Nektanebos）[129] 的占星師就站在床邊。內克塔內布要亞歷山大的母親先忍耐，直到所有的星象呈現吉兆為止。最後，內克塔內布說：「皇后陛下，您現在將會生出一位世界的統治者。」然後，亞歷山大就出生了。

還有一個關於亞歷山大進攻巴比倫的故事。巴比倫占星學家似乎曾經預測，亞歷山大會死在他們城裡。為了避免這樣的命運，他從巴比倫的西門進攻，這種路線顯然不符合預期。這個預測沒有成真，而亞歷山大也繼續攻佔巴比倫尼亞全區、波斯（Persia）和印度。然而，西元前 323 年 6 月，當他以三十三歲的年紀去世時，確實是在巴比倫。

希臘人接收了巴比倫占星學，並將它變成一門自己的學問。他們用希臘神話中眾神的名字來為太陽系裡的五顆行星重新命名。後來，羅馬人又根據他們的神話，為這五顆行星重新命名。我們今天使用的是羅馬人取的名字。說得更精確一點，應該是原本的巴比倫名字接連轉變為希臘文、拉丁文，最後再變成英文的版本。

克勞狄烏斯．托勒密是現代占星學的創始者。西元 140 年時，這位來自亞歷山卓的希臘天文學家完成了長達四卷的完整著作《占星四書》，他在當中寫下自己對宇宙的觀察，同時也確立了相關理論。《占星四書》被認為是第一本占星學教科書。托勒密在書中說明了行星、宮位，以及黃道十二宮（黃道十二星座）的功用。他建構出關於相位的理

129 應為內克塔內布二世（Nectanebo II），即埃及第三十三王朝的最後一任法老王。

論——相位是指一個人星盤中各個行星之間的距離（它們具有正面或負面的影響）。在現代占星學裡，相位研究依然是很重要的一環。

在接下來的一千四百年裡，托勒密的學說都沒有改變。直到西元 1543 年，哥白尼出版他的著作[130]，托勒密「地球中心」的宇宙觀才受到嚴酷的挑戰。

古羅馬（西元前 300 ～西元 476 年）

羅馬人所俘虜的希臘奴隸將占星學帶到了羅馬。這些古代占星學家有時被稱為「競技場的占星師」（astrologer of the circus），因為羅馬人喜歡在戰車比賽下很大的賭注，他們會把這些希臘奴隸（占星師）帶在身邊，幫他們預測誰是贏家。

很快地，羅馬人就開始對占星學極感興趣。到了尤利烏斯．凱薩（Julius Caesar，西元前 102 ～ 44 年）時，幾乎每一位重要的羅馬政治家與軍事家都擁有自己的星盤。尤利烏斯．凱薩的星盤畫得很詳盡，而馬克．安東尼（Mark Antony）[131] 的占星師則是埃及豔后克麗奧佩特拉（Cleopatra）送給他的禮物。事實上，凱薩寫了一本談論各種占卜術的書。曾經有某個精通占星學的人針對他的死提出警告：「必須得特別注意 3 月 15 日。」

凱薩之後的羅馬皇帝也非常認真看待占星學。奧古斯都（Augustus，西元前 27 ～西元 14 年）曾命人鑄造印有他的星座——摩羯座的硬幣。有兩個關於他與占星師之間的故事流傳開來。其中一個故事發生在奧古斯都出生的那一天。那時，他身為元老院議員的父親因為這件喜事，延遲抵達元老院。他向議會解釋，這是因為他的兒子剛出生。此時，一位名叫尼吉迪烏斯（Nigidius）的著名羅馬學者站起身來預測，這個孩子長大後，將成為一位統治者。另一個故事則發生在奧古斯都當上皇帝之前。那時，他去拜訪一位占星師。這位占星師並不知道奧古斯都是誰。在得知奧古斯都的出生日期後，該位占星師突然拜倒在他的面前，同時把他當作羅馬未來的皇帝般崇拜。

在奧古斯都之後即位的提貝里烏斯（Tiberius，西元 14 ～ 37 年）會檢視政敵的星盤。如果他看到任何可能會在將來取得權力的人，會設法把這些人處死。擔任提貝里烏斯的御用占星師一樣很危險。若這位皇帝看到不合他意的星盤，則會將占星師丟進海裡。很顯然，提貝里烏斯認為，占星學這門科學永遠都不該讓他聽到不中聽的話。

惡名昭彰的尼祿皇帝（Emperor

---

130 即《天體運行論》（*De revolutionibus orbium coelestium*）。

131 馬克．安東尼，古羅馬政治家與軍事家，是凱撒最重要的軍隊指揮官與管理人員之一

Nero，西元 54 ～ 68 年）對星象預測深信不疑，以致於他一直等到占星師告知的良辰吉時，才宣佈登基。哈德良皇帝（Emperor Hadrian，西元 117 ～ 138 年）每年元旦都會昭告天下，他的星盤顯示，未來的一年內會發生什麼事；哈德良也準確地預測了自己的去世時間。如果這種事發生在今天，可能會令那些對占星學心存懷疑的人感到極度震驚。

現代（西元 1200 ～ 2000 年）

羅馬帝國滅亡後，占星學也跟著沒落（其實更像是被完全遺忘），直到西元 1200 年才重新復甦。占星學會沒落的其中一個原因是，在羅馬時代，它被與迷信連結在一起。當基督教變得普及時，占星學被視作魔鬼的產物，因此備受打壓。聖奧古斯丁（St. Augustine，西元 354 ～ 430 年）是早期教會裡竭力反對占星學的人之一。

即便此時在歐洲很少人從事占星工作，它並未徹底消失；它只是暫時轉換根據地而已。在阿拉伯世界，占星學仍是一門嚴肅的學問。阿爾布馬薩（Albumassar，西元 805 ～ 886 年）是最著名而偉大的阿拉伯占星學家，他的著作翻譯還是找到了進入歐洲的方法，它們有助於占星學扭轉頹勢。

另一個有力影響是著名神學家聖湯瑪斯．阿奎那（St. Thomas Aquinas，西元 1225 ～ 1274 年）。當他說「星體是世間一切事物的成因」時，他賦予了占星學正當性。

到了文藝復興時，占星學又開始蓬勃發展。這時，天主教教宗將占星學作為常規使用，利奧十世（Leo X，西元 1475 ～ 1521 年）在位時，就有許多占星師在教廷任職。西元約 1400 ～ 1600 年時，主導義大利的望族——梅迪奇家族（the Medici family）對占星學、文學與藝術進行大規模贊助。凱薩琳．德．梅迪奇（Catherine di Medici）深受著名法國占星學家與醫生諾斯特拉達姆斯（Nostradamus）的影響。他在她的丈夫——亨利二世（Henry II）去世四年前，就準確預測出相關細節。

十六世紀時，監獄裡有一位孤單、害怕、可能即將面臨死亡的公主。約翰．迪伊博士（Dr. John Dee）[132] 看了她的星盤，然後告訴她，她會活下來，並且登上王位。伊莉莎白一世（Queen Elizabeth I）在位期間，迪伊也持續為她提供國家與私人事務的相關建議。

當時的占星學界有位名人，那就是英國占星學家威廉．李利（William Lilly，西元 1602 ～ 1681 年）；他準確預測出倫敦大火（Great Fire of London）[133]。因此，他被指控涉嫌縱火，並遭到英國國會傳喚。後來，他獲判無罪。

到了十七世紀末，占星學又再度變得不受歡迎。接下來的那個世紀被稱作「啟蒙時代」（Age of Enlightenment）；此時，占星學被和迷信與神祕主義連結在一起。

在這段充滿懷疑的時期裡，1781年，威廉・赫雪爾爵士發現了一顆新行星；這顆行星起初被稱為「赫雪爾」，之後改名為「烏拉諾斯」（天王星）。這使越來越多人覺得，占星學家畫出來的星盤根本就是錯的。占星學家也必須因著其他兩顆行星的發現而做出相應的調整（海王星在1846年、冥王星在1930年被發現）。這其實不難。就像天文學家一樣，占星學家只是擴大了他們對宇宙的視野。時至今日，這三顆新行星已是現代占星學很重要的一部分。

1875年，海倫娜・布拉瓦茨基夫人（Madame Helena Blavatsky）創立神智學協會（Theosophical Society），開啟占星學的復興之路。這個協會成立的目的在於促進宗教比較的研究，以及對自然奧祕進行鑽研。人們重新對占星學感興趣，神智學協會功不可沒，當今許多著名占星師都曾經是該協會活躍成員。

十九世紀末、二十世紀初，有兩位非常受歡迎的占星師把占星學知識帶給無數人。事實上，他們發現媒體具有龐大的力量，能將想法發揚光大。英國占星師艾倫・李奧（Alan Leo）出版了一本深具影響力、名為《占星家》的雜誌（*The Astrologer's Magazine*）。1914年，他因為作為算命師而被控告。當時，此案遭到駁回。1917年，他再度被告發，這次則被罰了二十五英鎊。艾倫・李奧的雜誌改名為《現代占星學》（*Modern Astrology*），不僅大受歡迎，也讓很多人開始相信占星學。李奧四處演講，同時也寫了幾本占星學教科書，它們仍沿用至今。他的這些著作，是占星師首次向外行人說明占星學的書籍。

著名占星師伊凡潔琳・亞當斯被譽為美國首席占星師。亞當斯小姐第一次造訪紐約時，曾經說她居住的旅館「籠罩在最糟糕的行星組合下，它們的不友善將造成很可怕的狀況」。當晚，這間旅館就被燒毀了，她因此成名。

1914年，亞當斯小姐在美國接受審判。（這一年，艾倫・李奧也在英國受審。）她也被人指控為算命師。在法庭上，她拿到一張不知道姓名的星盤，那其實是法官兒子的星盤。由於亞當斯小姐的解讀極為準確，法官向她祝賀：「被告展現了占星學的崇高地位；這是一門精準的學問。」他駁回了對她的指控。到了1930年，伊凡潔琳・亞當斯在電台裡有一個十分受歡迎的占星學節目，因此贏得無數支持者。

第二次世界大戰期間，納粹領袖把占星學當作宣傳工具。希特勒的宣傳部長約瑟夫・戈培爾（Joseph Goebbels）

132 約翰・迪伊，著名英國數學家、天文學家、占星學家、地理學家與神祕學家，長年擔任伊麗莎白一世的御用顧問。他一生大部分的時間都奉獻給煉金術、占卜術、以諾魔法與赫密斯哲學。

133 1666年發生的倫敦大火，是英國倫敦史上最嚴重的火災，火勢自9月2日開始蔓延，至9月5日才撲滅。當時，整個倫敦有一萬三千多間房屋、八十七個教區的教堂被燒毀，三百公畝的土地化為焦土，同時造成倫敦市內八萬人口中的七萬居民無家可歸。

擁有不少占星師為他效勞。其中一位是卡爾．恩斯特．克拉夫特（Karl Ernst Krafft），負責翻譯並重新詮釋法國占星學家諾斯特拉達姆斯的各種預測，使它們看起來對納粹有利。

在魯道夫．赫斯（Rudolph Hess）[134] 叛逃至英國後，克拉夫特因此失寵。納粹將赫斯的叛逃歸咎於占星學，說他是「被占星學家搞瘋了」。後來，克拉夫特死在某個集中營裡。

1960 年代初期，我們看到人們又重新對占星學感興趣。它不只受到年輕族群，或每天閱讀報紙的人歡迎，同時也是人們認真研究的主題。有越來越多人不停地研究這門最古老的學問。

1988 年，當白宮顧問透露，雷根總統的妻子——第一夫人南西．雷根會定期向私人占星師諮詢時，占星學變成了頭條新聞。很顯然，雷根夫人是根據這位占星師的建議來排定他們夫妻倆的重要會面與活動。可以理解的是，這在媒體與社會上引起軒然大波；大眾普遍認為，占星學不該左右國家政治。雷根夫人為自己辯護說，在 1981 年 3 月 30 日，她的丈夫差點因為暗殺者的子彈而喪命之後，她才開始尋求占星師的建議與支持；該位占星師因此成了她的知心好友。據占星學會了解，早在 1960 年代雷根擔任加州州長時，雷根夫婦就已經開始向占星師諮詢。

對於南西．雷根與這位占星師之間的關係，她的描述很有趣。占星師瓊．奎格麗（Joan Quigley）成為雷根夫人的好友與心靈支柱，同時滿懷同情地聆聽她所面臨的問題與焦慮。當人們在爭論占星學的利弊得失時，常會忽略占星師扮演了顧問與支持者的角色。事實上，對那些尋求占星師建議的人而言，這是非常有幫助的。

占星學已經逐漸成為我們的主流文化。對商業界、銀行界、法律界、政治界與藝術界的人來說，它不再非比尋常。事實上，幾乎所有重要職業都會向私人占星師諮詢。

134 魯道夫．赫斯，納粹黨與納粹德國的副元首，二戰後被判處終身監禁，最後在柏林施潘道戰犯監獄內的小別墅上吊自殺。

AN IMV S.
INCVBVIT,
SVBIMAGINE.
ALTIOR
MVNDI
Astrologia
ptolomeus

12

黃道帶：每個星座背後的傳說

在古代，天空被視為一個巨大的空心半球體，從平坦的地球上方升起，宛如倒放在茶碟裡的茶杯。

後來，人們把天空看成空心的球體，這個球體就像一個巨大的肥皂泡，圓球狀的地球則位於肥皂泡的中央。太陽每年都會在天球邊緣繞行，並且在一年內走完一圈。

這條太陽繞行地球的軌道稱為「黃道」（ecliptic）。黃道帶（zodiac）是環繞在地球周圍的狹長環帶，有 16 度寬（涵蓋黃道上下 8 度的範圍），一整圈則有 360 度。

太陽系裡的所有行星（除了冥王星以外）的軌道都在黃道帶內（冥王星的軌道非常寬）。

此外，在這條環帶裡，也有一些古人依據排列方式命名的星座（星群，constellation）。對這些早期的天文學家而言，這些星座大多看起來像動物的樣子，因此這群星座開始被稱為「黃道帶」（黃道帶源自於希臘文的「zodiakos」，意思是「動物圈」〔circle of animals〕）。

黃道帶被劃分為十二個星座，每個星座都被賦予人或動物的形象，同時也有自己的名字。古代占星學家便用這些星座來為黃道十二宮（黃道十二星座）命名。

黃道帶可能是人們想像出來的（在某種程度上，這是對天空的一種人為劃分），但黃道內的那些星座都真實存在。如果你可以同時站在不同的地方繞著地球轉，就能在天空上同時看到這十二個星座。

在托勒密將這些星座分類之前，人們早就知道這些星座，每個星座都有各自的神話故事流傳下來。這些古老傳說成了我們對十二星座的重要認識。

牡羊座

象徵黃道帶第一個星座的圖像是公羊。在神話裡，公羊一直都是精力充沛、勇猛且衝勁十足、能越過崎嶇阻礙的一種生物。

關於公羊的故事開始於古希臘，當時有一位名叫阿薩瑪斯（Athamus）、負責統治維奧蒂亞州（Boetia）的國王。他娶了一位名叫涅斐勒（Nephele）的女人為妻，兩人生下了兩個漂亮的孩子。他們將兒子取名為弗里克索斯（Phrixus），女兒則取名為赫勒（Helle）。

過了一段時間，阿薩瑪斯逐漸對涅斐勒感到厭倦，並拋棄了她。他娶了第二任妻子伊諾（Ino），他們也生下兩個兒子。伊諾陰險善妒，而且很痛恨她的繼子弗里克索斯與繼女赫勒，於是開始密謀殺害他們。

首先，她說服他們國家的女人在種植穀物前，先將種子烤過。這果然造成那一年的作物歉收。饑荒席捲了全國。國王派遣使者到德爾菲請求神諭，以便了解作物歉收的原因。

很顯然，他不曾想過要詢問那些耕種的女人，但有些現代政治領袖也會犯下這種疏失。

伊諾收買了這位使者，要他從德爾菲回來告訴國王，在將他的孩子弗里克索斯和赫勒獻祭給天神朱庇特之前，穀物都不會再長出來。

輕信此言的國王為了拯救人民，打算殺死他的兒子與女兒。

這時的的弗里克索斯與赫勒正在照料他們的羊群。在這群羊當中，有隻公羊有著一身金色的毛皮。這隻金色的公羊是信使赫密斯（即希臘神話中的墨丘利）送給他們的母親涅斐勒的禮物。涅斐勒得知了伊諾的陰謀，懇求公羊救救她的孩子。

這隻公羊用人的聲音開口說話，牠對弗里克索斯與赫勒發出警告，接著要他們爬到牠的背上。然後，牠就載著他們飛越大海。

不幸的是，正當他們穿越分隔歐洲與亞洲的海峽時，頭暈目眩的赫勒從公羊的背上滑落下來，掉進海裡淹死了。現在這道海峽以她的名字命名，稱為「赫勒斯滂」（Hellespont）[135]。不過，她的哥哥弗里克索斯安全地抵達了科爾基斯

135 赫勒斯滂即現今的達達尼爾海峽（Dardanelles Strait），是連接馬爾馬拉海（Sea of Marmara）與愛琴海的海峽，屬土耳其內海，也是亞洲和歐洲的分界線之一，常和馬爾馬拉海與博斯普魯斯海峽（Bosphorus Strait）並稱土耳其海峽，是連接黑海與地中海的唯一航道。

（Colchis）[136]。伊諾的陰謀就此結束，雖然這並沒有使饑荒得到緩解，也沒有讓阿薩瑪斯國王清醒過來。

弗里克索斯將這隻金色公羊殺死，並將牠獻祭給朱庇特（這看似有些忘恩負義）。為了紀念公羊的英勇，朱庇特把牠放到了星空中。

金牛座

象徵黃道帶第二個星座的圖像是公牛。公牛是一種既溫馴又凶猛的動物，總是象徵強大的力量與性慾。

關於公牛的故事開始於古希臘至高無上的天神朱庇特，他掌管眾神與人類。朱庇特生性極度浪漫，他談過很多戀愛，也有許多妻子與情婦。在這些風流韻事中，有一段與腓尼基（Phoenicia）國王的女兒，美麗的歐羅芭公主（Princess Europa）有關。

歐羅芭在皇宮裡過著備受呵護的生活，完全沒有跟外界接觸。有一天晚上，她做了一個預知夢，夢中有個奇怪的女人向她伸出手，並且對她說：「我會帶你去見朱庇特，因為你注定要成為他的心上人。」

果然，那天當歐羅芭與一群年輕的少女在海邊的草原上採摘玫瑰與風信子時，朱庇特看見了她，並驚為天人，立刻決定要擁有她。

朱庇特明白，如果他以神的樣貌出現，像歐羅芭這樣純真的年輕女孩將會逃離他的身邊。因此，他把自己變成了一隻公牛。那可不是一隻普通的公牛——牠有著一身美麗的白色毛皮，羊角小巧玲瓏，額頭中間還有一個新月形的銀色印記。

歐羅芭被這隻美麗溫馴的公牛深深吸引，並開始撫摸牠。最後，她爬到牠的背上；這正如朱庇特所願。牠跳到空中，然後把她帶到克里特島上。在那裡，他變回原本的樣子，並對歐羅芭表達他的愛意。

在一棵大樹下，他和歐羅芭變成了一對戀人。

不久後，愛神維納斯出現在歐羅芭的面前，向她坦承，她就是那個夢裡的奇怪女人。維納斯告訴她，朱庇特帶她前來的這塊大陸，今後將稱為「歐洲」（Europe）。

這段外遇的故事有一個美好的結局（朱庇特先前已經娶了女神朱諾〔Juno〕

136 科爾基斯位於今喬治亞西部。

為妻）。歐羅芭為朱庇特生下三個孩子，朱庇特則將公牛放到了天上。

雙子座

雙子座是黃道帶上的第三個星座，同時也是第一個具有人類形象，而非動物形象的星座。

雙子座的故事與前一個星座——金牛座一樣，也和朱庇特與其他漂亮女子有關。在這個故事裡，他愛上的是斯巴達（Sparta）國王的美麗妻子勒達（Leda）。好色的天神朱庇特顯然不想再變成一隻公牛（請參閱金牛座的部分），他這次把自己變成了一隻美麗的天鵝。雖然他們相遇的細節略過不談，但在他偽裝成天鵝的這段時間內，他確實成功誘惑了勒達。

在這次美好的結合後，勒達懷了兩顆蛋。據說其中一顆蛋是朱庇特的後代，另一顆蛋則是勒達凡人丈夫的後代。結果這兩顆蛋孵出了四個孩子，他們分別是一對兄弟——卡斯特（Castor）與波樂克斯（Pollux），以及一對姊妹——海倫（Helen of Troy）與克麗泰梅絲特拉（Clytemnestra）。不清楚他們到底誰才是朱庇特的孩子。有些版本說，朱庇特是卡斯特與波樂克斯的父親，其他版本則說，卡斯特和海倫是他的孩子。

無論如何，這對雙胞胎兄弟（卡斯特與波樂克斯）長得十分健壯，兩人總是形影不離。卡斯特成為一位優秀的馴馬師，波樂克斯則成為一位出色的拳擊手。年輕時，他們加入伊阿宋（Jason）與阿爾戈勇士所組成的探險隊，一起去找尋金羊毛（GoldenFleece）。一行人在海上遇到了暴風雨，此時兩顆星星出現在這對雙胞胎的頭上，然後風雨就奇蹟似地停止了。（在暴風雨期間，這兩顆星星一直在桅杆之類的尖狀物上方閃爍。這其實是由一種放電現象[137]所導致。根據傳說，如果看到兩團亮光，風雨將會停歇；若只看到一團亮光，風雨則會加劇。）

這對雙胞胎兄弟非常活潑。但不幸的是，卡斯特卻在一場打鬥中喪失了生命，波樂克斯因此傷心欲絕。最後，他還懇求他的父親朱庇特讓卡斯特能夠死

137 這種放電現象稱為「聖艾爾摩之火」（St. Elmo's Fire），是古代船員經常會看到的一種自然現象——它通常發生於雷雨中，此時在船隻桅杆之類的尖狀物頂端，會產生火焰般的藍白色閃光。這是因為雷雨期間，周遭環境極大的電位差使空氣成為導體（電漿體），並在導電的過程中放出強光。古人認為，這種現象是聖人顯靈保佑所致。

而復生。為此，波樂克斯甚至自願放棄不死之身。

為了感念這對兄弟深厚的感情，朱庇特將他們變成兩顆星星放到天上。它們成了雙子座裡最明亮的兩顆星，世世代代一同閃耀著光芒。

巨蟹座

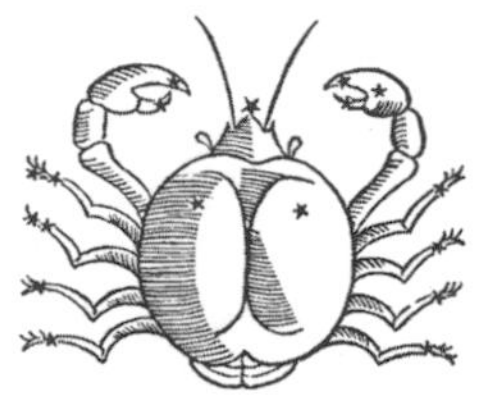

象徵黃道帶第四個星座的圖像是螃蟹。螃蟹是一種也可以在陸地上行走的水中生物。據我們所知，西元前約 500 年時，螃蟹的圖像就已經被放進十二星座裡。迦勒底人將這個星座命名為「螃蟹」（巨蟹座），因為螃蟹倒退或迂迴的移動模式，似乎很適合用來代表太陽進入這個星座的方式。當太陽來到巨蟹座時（約在 6 月 21 日），它有幾天看似處於停滯狀態。太陽在每年的夏至（summer solstice）進入巨蟹座；「solstice」指的就是「太陽靜止不動」。

在埃及，這個星座稱為「水的星座」（Stars of the Water），其象徵圖像是兩隻烏龜（這可能是因為，人們在黎明時分看到它，此時是尼羅河水位最低的時候；在一年中的這個時候，尼羅河裡有很多烏龜）。許多占星學家都認為，巨蟹座是將埃及的烏龜，與巴比倫人稱為「阿璐兒」（Allul）的水中生物（那顯然是一種水龜）融合後的結果。這三種生物——烏龜、水龜與螃蟹之間有很重要的共同點。牠們的外形類似，都有堅硬的外殼，而且移動速度緩慢（就像太陽進入巨蟹座時的移動方式一樣）。

根據希臘神話，當海格力斯在與可怕的九頭蛇海德拉（Hydra）纏鬥時，有一隻巨大的螃蟹攻擊了他的腳；巨蟹座就是這隻螃蟹。

海格力斯是天神朱庇特與凡人女子阿爾克美娜（Alcmena）所生的兒子，他被要求完成十二項艱難任務，這些任務稱為「海格力斯的十二道試煉」（Twelve Labors of Hercules）。其中一道試煉就是殺死邪惡的海德拉。當螃蟹對海格力斯發動攻擊時，他正忙得不可開交，因為每次海格力斯砍下海德拉的一顆頭時，馬上又會長出兩顆新的頭來。

這隻螃蟹是朱庇特善妒的妻子朱諾指使的，她決定要置海格力斯於死地。可惜這隻巨大的螃蟹自取滅亡，因為海格力斯在繼續攻擊海德拉前，就把牠踩得粉碎。

不過，據說朱諾很感謝這隻螃蟹努力執行她的命令。為了報答牠的服從與犧牲，她把牠放到了天上，與那些英勇的星座放在一起。

獅子座

象徵黃道帶第五個星座的圖像是萬獸之王 —— 獅子。在傳統上，獅子的神話都是以海格力斯與尼米亞猛獅（Nemean Lion）的故事為基礎。

海格力斯是偉大的天神朱庇特與凡人女子阿爾克美娜所生的兒子。朱庇特的妻子朱諾對朱庇特的諸多風流韻事感到嫉妒，從海格力斯還是個嬰兒時，就處處跟他作對。在海格力斯年輕時，他被迫完成十二項艱險任務，這些任務稱為「海格力斯的十二道試煉」。

其中第一道試煉，是到尼米亞的山谷殺死凶猛且無所畏懼的尼米亞猛獅。這隻獅子的皮膚不會被人類的武器刺傷，任何武器都只會從牠的身上彈落下來。海格力斯試著用弓箭射死這隻獅子，但那些箭都從牠身上掉了下來；最後，海格力斯只好空手與牠搏鬥。因為力大無窮，他成功抓住這隻獅子的脖子，並將牠勒死。在這段過程中，獅子把海格力斯的手指咬斷，無疑是要表明，牠可以輕易掙脫。

海格力斯殺死這隻野獸後，他剝下牠的那一身神奇毛皮。海格力斯不僅用這身毛皮為自己做了一副護胸甲，還用獅子的下巴做成頭盔。這套新盔甲在接下來的試煉中發揮了非常大的功用。

獅子座據說是為了紀念海格力斯與尼米亞猛獅之間的英勇戰鬥。

處女座

處女座是黃道帶上的第六個星座，同時也是第二個具有人類形象的星座。處女座通常被描繪成一個手持麥穗的年輕少女，因為處女座一直都與收成連結在一起。巴比倫人將這個星座稱為「犁溝」（the Furrow），而它的象徵圖像是一位穀物女神。處女座裡最明亮的一顆星星被命名為「Spica」（即角宿一）意思是「穀穗」。

在希臘神話的創世紀裡可以找到關於處女座的傳說。據說在人類或動物住在地球上以前，統治這個世界的是一支名叫「泰坦」（Titans）的巨人族。其中有一對巨人兄弟——普羅米修斯與埃庇米修斯（Epimetheus）被賦予創造人類與動物的使命。當他們完成了這項任務時，埃庇米修斯開始賜予動物們不同的能力，例如給某種動物翅膀，給另一種動物爪子等。由於他非常慷慨大方，等輪到人類時，他已經沒有任何東西能給他們了。於是，他尋求普羅米修斯的協助。普羅米修斯到天上偷來了神火，這使人類變得比其他物種更優越，因為有了火之後，他們可以保暖、製作工具，最後發展出貿易與科學。

因為人類擁有了神明的祕密之火，眾神之王朱庇特勃然大怒。他將普羅米修斯綁在高加索山（Mount Caucasus）的岩壁上，有隻老鷹一直撕裂、啃食他的肝臟，雖然牠從來不會把它吃完。此外，朱庇特也送給人類第一個女人，她為地球帶來詛咒。她名叫潘朵拉（Pandora），意思是「眾神的禮物」。

潘朵拉帶了一個盒子，宙斯告訴她絕對不可以打開它。有一天，在好奇心的驅使下，她打開了這個盒子。各種可怕的災禍——疾病與死亡、憤怒、嫉妒與報復，都從盒子裡跑了出來，它們將會一直襲擊人類。盒子底部還有一樣東西沒有跑出來，那就是希望。

此後，眾神一個個拋棄了地球，並且回到天上居住。最後一個離開的是純潔女神阿斯特莉亞（Astraea）。在阿斯特莉亞離開地球後，她被放到了星空中，成了處女座。據說，有一天黃金時代（Golden Age）[138] 會再度到來，那時處女座的阿斯特莉亞將會再次回到地球上。

天秤座

天秤座是黃道帶上的第七個星座，也是唯一不具有人類或動物形象的星座。天秤象徵平衡、均衡、和諧與正義。

和前一個星座——處女座一樣，天秤座與收成有關，因為在古代，穀物收成後會被放在天秤上秤重。此外，天秤還有更深奧的意涵。它們是亡靈審判時所使用的工具，用來衡量死者的靈魂。

在埃及宗教裡，審判之秤是由神明阿努比斯（Anubis）所掌管。阿努比

138 希臘神話將人類在地球上的生活劃分為四個時代，分別為黃金、白銀、青銅與黑鐵。其中的黃金時代，是指泰坦巨人族統治的時期。這段期間，人類生活在眾神之間，並與他們隨意來往。這是一個單純的幸福年代，人們不需要辛勤耕種，因為土地會自己長出食物來。此時，人類可以以年輕的面貌度過漫長的歲月，等時間到了，他們會平和地接受死亡，他們的靈魂則會變成精靈圍繞著土地。

斯有著胡狼的頭，他是靈魂的引領者，負責帶領死者來到冥府，並確保他們公正地被衡量。他是掌控平衡（天秤）的能手。有一幅稱為「阿尼的莎草紙」（Papyrus of Ani）[139]的畫作，當中呈現出死後審判的場景（這幅畫可以追溯到西元前1500年）。阿努比斯正蹲在一個大型天秤的旁邊，為死者的心臟秤重。其中一個秤碗中放著心臟，另一個秤碗中則放著象徵真理的羽毛。在這幅畫裡，天秤取得了平衡。在埃及宗教裡，死者的心臟（或靈魂）必須與真理重量相等，才得以轉世。

天秤也一直和正義與法律連結在一起。我們都曾經看過正義女神的雕像，她是一個蒙住雙眼、手中拿著天秤的女人。天秤象徵公正，以及保障每個人應有的權益。

在希臘神話裡，阿斯特莉亞（請參閱「處女座」的部分）的母親泰美斯（Themis）是正義的化身。泰美斯與她的女兒阿斯特莉亞分別是天秤座和處女座，一同在天上閃耀著光芒。根據傳說，人們終於迎來了黃金時代，那時象徵正義的泰美斯與象徵純潔的阿斯特莉亞將會再次回到地球上。

天蠍座

象徵黃道帶第八個星座的圖像是蠍子。蠍子是一種有毒的生物，可以用尾巴上的毒刺使人癱瘓。

天蠍座深受與蠍子的連結所苦，因為這個象徵圖像常令人害怕、厭惡。不過，蠍子並非總是受到謾罵。在古埃及，牠被神化為蠍子女神塞爾凱特（Selket）。塞爾凱特是守護亡靈的女神，在墓室壁畫中常看到她張開翅膀保護人們的模樣。

關於蠍子的經典故事開始於俄里翁的死（俄里翁是一位高大俊美的年輕獵人，他同時也是海神涅普頓的兒子）。根據傳說，俄里翁力充滿男子氣概、英勇且力大無窮。關於他的死，有很多種版本；其中一個版本是黎明女神厄俄斯（Eos）愛上了他，並將他帶走；厄俄斯竟然跟凡人談戀愛，這讓月亮女神黛安娜（Diana）感到嫉妒，於是命令一隻蠍子去殺死俄里翁。另一個版本是俄里翁

139 《阿尼的莎草紙》長約二十四公尺，是目前現存最完整的亡靈書（Book of the Dead），當中圖文並茂地記載著一個人死後必須經歷的各種試煉、死而復生所需要的咒語，以及獲得永生的方法。阿尼是真實存在的人物，他來自西元前十三世紀的埃及底比斯城（Thebes），是一位書記官。

試圖強暴黛安娜，然後她從地底下拿出一隻蠍子，把俄里翁刺死。

在俄里翁死後，朱庇特把俄里翁與蠍子都放到了星空中。他們都變成了一個星座。俄里翁的手裡拿著他的金色盔甲與寶劍，是冬天夜空最明亮壯觀的星座（即獵戶座）。但當天蠍座在夏天的夜晚升起時，獵戶座的光芒就會消失。

射手座

黃道帶上的第九個星座被描繪成一位弓箭手。這位弓箭手並不是一個射箭的普通人；他是一隻半人馬，一種神話中半人半馬的生物。射手座是十二星座中唯一同時具有人類與動物形象的星座。

然而，射手座不只是一隻普通的半人馬。他是巨人神薩圖恩的兒子，偉大睿智的凱龍，凱龍同時是眾神與人類的知心好友。眾神教導凱龍醫療技術、狩獵、騎馬、音樂，以及如何預言。他因此成為一位著名的老師。知名的阿基里斯（Achilles）、伊阿宋、卡斯特、波樂克斯與海格力斯都是他的學生。

有一天，當海格力斯正在獵捕一隻野豬時，不小心用毒箭刺中了凱龍的膝蓋。瀕死的凱龍極為痛苦，但因為他擁有不死之身，所以無法死去。海格力斯答應為他找出解脫的方法。海格力斯在旅途中遇見可憐的普羅米修斯——他被綁在岩壁上，老鷹撕裂、啃食他的肝臟，永世不得解脫。至高無上的天神朱庇特對普羅米修斯下了詛咒，在有人自願代替他受苦之前，他都會一直承受這樣的折磨。垂死的凱龍頂替了普羅米修斯的位置，於是這個詛咒就此結束，而普羅米修斯也被海格力斯救了出來。

在凱龍死後，為了報答他高貴的情操，朱庇特把這隻英勇的半人馬放到星空中，變成了射手座。

摩羯座

象徵黃道帶第十個星座的圖像是山羊。山羊是一種腳步穩健的動物，能以穩當的步伐攀登至高處。

在古代，山羊被描繪成前半部是羊、後半部是魚的一種生物。在許多繪畫與雕刻中，你都會看到一隻有著魚尾巴的山羊，而在某些占星學書籍裡，摩羯座被稱為「海山羊」（Sea-Goat）。

在巴比倫宗教裡，海山羊是備受尊敬的神明伊亞（Ea），他為美索不達米亞的人們帶來知識與文化。在美索不達米亞的山谷中，土地灌溉與穀物生長主要仰賴底格里斯河與幼發拉底河的氾濫。因為如此，這裡的居民擁有豐沛的新鮮地下水。伊亞就住在這片水域裡。他每天都會離開水中，並賜予人們智慧，到了晚上再回到水裡。

在希臘與羅馬文化裡，摩羯座則開始與好色、喜歡運動嬉戲的神明潘（Pan）連結在一起。潘的腰部以上是人，腰部以下是羊，他也有著羊角與羊耳朵。潘掌管森林、田地、羊群與牧羊人。潘很喜歡音樂，他以吹奏笛子聞名。他的牧笛被稱為「席林克斯笛」（Syrinx）；席林克斯其實是一位拒絕他色誘的仙女。潘將她變成了一個樂器，因為他說若無法得到她，就換一種方式擁有她。

最後，潘被稱為「山林之神」。潘的某些特質——粗魯、好色、熱愛大自然，也變成了摩羯座性格中的一部分。

水瓶座

象徵黃道帶上第十一個星座的圖像是挑水人（Water Bearer），這個人拿著一個水瓶，並將瓶中的水到進溪流裡。挑水人的圖像可以追溯到埃及與巴比倫的宗教。在埃及，挑水人是尼羅河神哈普（Hap）。哈普的手裡拿著兩瓶水，分別象徵南、北尼羅河，人們認為他是生命的維繫者；少了哈普手中的水，所有的生物都會死去。

在希臘文學裡，水瓶座被稱為「倒水人」（Water Pourer），它有時被視作天神朱庇特的象徵（朱庇特命人從天上把水倒下來）。它也是為了紀念杜卡利翁（Deucalion），杜卡利翁是唯一在大洪水中唯一平安存活下來的人。

在創世紀的一開始，人類與眾神和睦地生活在一起，那段時期稱為「黃金時代」。土地會自行長出食物，人們無須辛勤工作，河水裡流著的則是美酒與蜜糖。然後，潘朵拉打開了那個充滿各種邪惡的盒子，各種災禍與疾病都被放了出來。

偉大的天神朱庇特望向人間，決定

要摧毀全世界的人類，另外再創造一支新的民族。在他弟弟涅普頓的幫助下，朱庇特讓整個地球都被洪水覆蓋。只有兩個人得救，那就是杜卡利翁與他的妻子皮拉（Pyrrha）。

他們都為人正直，而且一直虔誠地敬拜眾神。他們在帕爾納索斯山（Mount Parnassus）上避難，當朱庇特看到他們時，他想起了他們端正的品格。於是，他令洪水退去，接著神諭命杜卡利翁與皮拉「把自己母親的屍骨丟在身後」。杜卡利翁將「母親的屍骨」解讀成地上的石頭，因此他與皮拉開始撿起石頭，邊走邊將它們丟在身後。這些石頭慢慢地變成了人類；杜卡利翁所丟的那些石頭變成了男人，皮拉丟的那些石頭則變成了女人。如此一來，杜卡利翁就成了這支新民族的祖先。

雙魚座

象徵黃道帶第十二個星座的圖像是兩條魚，牠們相連在一起、分別游往不同的方向。這兩條魚象徵深藏不露，以及內心的情緒相互矛盾。

早在西元前2000年，雙魚座就被稱為「雙魚」（Two Fishes）。巴比倫人將這個星座命名為「昆」（Kun），意思是「（魚的）尾巴」（the Tails）。「昆」也被稱為「束帶」（the Band）或「繩索」（the Leash）（將兩條魚連接在一起的絲帶）。與這條繩子綁在一起的是兩位魚女神——阿蜜妮坦（Anunitum）和希瑪（Simmah），分別象徵底格里斯河與幼發拉底河。

在希臘神話裡，雙魚座和維納斯與丘比特（Cupid）的故事有關。有一隻名叫「提風」（Typhon）的大怪獸，牠有著一百顆龍頭，眼睛會噴火，嘴裡發出的聲音像是蛇的嘶嘶聲與公牛、獅子吼叫聲的結合。

有一天，掌管愛與美的女神維納斯和她的兒子丘比特在幼發拉底河邊散步。突然，提風出現了，牠那一百顆頭吐出深色舌頭，眼睛噴出熊熊火焰，提風想置他們於死地。他們很害怕，卻又無法逃跑，維納斯只好尋求父親朱庇特的協助。朱庇特立刻把維納斯與丘比特變成兩條魚，他們立即跳進河裡逃走了。故事的另一個版本是，有兩條勇敢的魚跳出水面救走了維納斯與丘比特，讓他們坐在背上，並將他們帶到安全的地方。為了報答牠們，處女神密涅瓦[140]把這兩條魚放到了星空中，變成了雙魚座。

140 羅馬神話中的密涅瓦等同於希臘神話中的雅典娜（Athena）。

第五部

現代占星

13

水瓶時代

每個人似乎都聽過「水瓶時代」（Age of Aquarius）。根據不同占星學家的說法，我們已經或即將進入水瓶時代，但到底什麼是水瓶時代？

要回答這個問題，我們必須往前回顧一下。如你所知，從地球上看，太陽每年繞行地球一次。在這段期間，太陽會沿著一條狹長軌道（稱為「黃道」）運行，並且行經黃道帶上的十二個星座。

當占星學這門學問首次在巴比倫時代建立基礎時，黃道十二宮（黃道十二星座）是以實際出現在天上的星座（星群）來命名的。這些早期的天文學家發現，太陽每年都會行經同一個星座。春天時，太陽會經過牡羊座；秋天時，太陽則會經過天秤座。

在占星學裡，一年開始的那一點稱為「春分點」（vernal equinox）。它是太陽軌道穿過天球赤道（celestial equator）時的交點。（天球赤道將天空分為北天與南天。）在這一點上，晝夜長度相等。「equinox」（均分點）這個字源自於拉丁文，意思是「等長的夜晚」（即晝夜等長）。一年中有兩個均分點──春分點與秋分點；春分是春天的開始，秋分則是秋天的開始。此外，春分也是黃道帶第一個星座（牡羊座）與十二星座前半的開始，秋分則是黃道帶第七個星座（天秤座）與十二星座後半的開始。

當占星學正式成為一門學問時，春分點不僅代表太陽開始進入「牡羊座」（the sign of Aries），也表示太陽進入「牡羊星群」（the constellation of Aries）的那個時間點。在當時，人們認為這兩者是完全相同的。但此後，占星學與天文學產生了分歧。黃道十二星座不再對應到天上的同名星座（星群）。因此，今天當一個天文學家說到金牛座時，他指的是實際出現在天上的金牛星群。當一個占星學家說到金牛座時，他則是指黃道帶上的第二個星座，這個星座掌管一連串的特性、象徵意義，以及與其他事物的連結。

西元二世紀時，一位名叫希巴克斯（Hipparchus）的希臘天文學家察覺到一種稱作「均分點歲差」（precession of the equinoxes）的現象。他發現，當地球在太陽系裡旋轉時，會以極為緩慢的速度改變它的位置。有時候，科學家會把這種細微的移動稱為地球的「晃動」，因為當它在旋轉時，有點像是頂端在搖晃一樣。當地球自轉時，它的兩個極點並沒有保持筆直狀態，而是如同傾斜旋轉的陀螺。經過許多年後，地球的這種傾斜狀態改變了天球赤道的位置，因為天球赤道與地球赤道位在同一條軸線上，只不過它是投射在天上而已。所以，當地球的位置移動時，天球赤道的軸線也會跟著移動。

於是，隨著時間過去，春分點（太陽軌道與天球赤道的交點）就會落在完全不同的星座上。地球這種緩慢位移的現象稱為「均分點歲差」，因為更久之後，均分點會緩慢地以反方向通過黃道帶上的十二個星座。

當巴比倫人在進行黃道帶的相關計算時，春分點落在牡羊座上。大約在耶穌誕生時（西元元年），因為地球已經移動得夠多，這時的春分點落在雙魚座上。到了約西元 2000 年，春分點則開始落在水瓶座上。因此，這是「水瓶時代的開端」。

均分點以約每七十二年移動 1 度的極慢速度，緩緩通過整個黃道帶。在約兩千一百五十年裡，均分點會通過一個星座。在約兩萬五千八百二十年內，均分點則會通過黃道帶上的十二個星座。這段為期約兩萬六千年的時間稱為一個「大年」（Great Year）或「時代」；通過一個星座所需的時間（約兩千一百年）則稱為一個「大月」（Great Month）。

過去約兩千年來，人類都生活在雙魚時代；我們現在則進入了水瓶時代。由於牽涉的時間太長，很難用某一年當作一個新時代的開始。比方說，某些占星學家以第二次世界大戰結束作為水瓶時代的開始。備受推崇的占星組織「光之教堂」（Church of Light）[141] 將水瓶時代開始的時間往前推至 1881 年。占星師卡佩爾．麥卡奇昂認為，1970 年代電腦的出現，帶領我們進入這個新時代。心理學家卡爾．榮格與占星學家查爾斯．傑恩都曾預測，新時代會在 1990 年代到來。其他像是愛爾蘭占星學家西里爾．費根（Cyril Fagan），則把水瓶時代開始的時間設定在 2300 ～ 2400 年。然而，占星學界的普遍共識是，我們在 2000 年就已經進入了水瓶時代。

每個時代都具有該星座的特徵。經科學家估算，地球至今有四十六億年的歷史，這意味著它已經走過十七萬七千

141 「光之教堂」是著名美國占星學家沙因（C.C.Zain）所創立的占星團體，大力推廣占星術。

大年。但首次用兩隻腳走路的人類祖先，僅出現在一百一十五大年（三百萬年）前。尼安德塔人也只不過出現在九大年前。占星學家往前追溯人類的歷史紀錄，也只到獅子時代而已。

獅子時代（西元前約10000～8000年）

這個時代的特點在於，精力充沛、充滿創造力的人類學習如何運用周遭的環境。人們居住在洞穴裡，並且學會製作精美的石器。對新石器時代的人來說，太陽（獅子座的守護星）是最重要的，因為此時的人類學會了種植作物（雖然能力有限），而不僅止於狩獵與採集。根據占星學家的說法，這個時代的洞穴壁畫（人類最早的歷史紀錄）展現出顯著的獅子座影響。

巨蟹時代（西元前約8000～6000年）

在這個時代，人類離開了洞穴，然後在地上搭建他們定居的住所（巨蟹座象徵建造自己的家）。人們學會紡織與製作陶器。他們開始種植各種作物，並馴養各種動物。這個時期有很多月亮崇拜與祈求人丁興旺的儀式（fertility rite）。（巨蟹座由月亮守護；這個星座象徵家庭、生殖力與母愛。）

雙子時代（西元前約6000～4000年）

這個時代的特點是文字的發展（雙子座象徵溝通）。人類開始藉由記錄與保存資訊來擴展知識。輪子的發明使簡單的貿易與旅行變得可能（這兩者都由雙子座掌管）。

金牛時代（西元前約4000～2000年）

著重土地耕作與新建築技術（金字塔）的埃及文明，與務實的金牛座相互呼應。金牛座細膩的審美觀與牢靠穩固的特質，都反映在這個時期的美麗藝術與建築上。

牡羊時代（西元前約4000～西元1年）

這個時代被稱為「鐵器時代」，此時人類學會用鐵器製作武器（牡羊座掌管鐵這個金屬）。此外，這個時期的特點在於其戰鬥精神。此時，亞述帝國與希臘城邦興起，亞歷山大大帝也征服了世界。在這個時代的後期，奉行軍國主義的羅馬變成史上最強盛的帝國。

雙魚時代（約西元1～2000年）

在這個時代裡，基督教的巨大影

響改變了整個世界（雙魚座象徵靈性知識）。魚（雙魚座的象徵圖像）也是基督教的象徵。魚的圖案被當成古代基督徒之間的神祕符號。耶穌將他的門徒稱為「得人的漁夫」（fishersof men）[142]。這個時代突顯出人們的犧牲與掙扎（這些都是與雙魚座有關的特質）。

水瓶時代將會是什麼模樣？

想獲得相關線索，我們必須檢視水瓶座這個星座。水瓶座象徵手足之情與博愛精神，以及烏托邦式的理想。在接下來的時代裡，占星學家預期個別國家將會消失，所有人類會結合成同一個民族，而不是分成許多不同的國籍。在往後的兩千年內，我們希望能達成長久以來的理想——世界和平。

然而，這現在似乎仍是不可能實現的夢想。水瓶時代有一個很不好的開始。四處充滿敵對。美國在伊拉克陷入持久戰，伊斯蘭基本教義派變得極度激進；他們對世界進行敵我劃分。在這個世界上，猜疑、貪婪、暴力、恐懼、對人權的傷害，以及種族大屠殺並未減少。事實上，它們變得更加嚴重；財富分配並沒有變得更平均，那些為貧窮、缺乏教育與醫療資源所苦的人，生活也沒有獲得改善。富人與窮人之間變得更懸殊、憤怒且充滿矛盾。

試想一下水瓶座的負面特質。它是固定星座與風象星座，意味著不知變通、固執己見；水瓶座著重社會整體的改進，卻往往忽略個人生活的改善。他們執著於固定的思考模式，以此判斷是非對錯。極端主義、種族主義，以及激進的革命份子都是這個星座的典型。水瓶座深信自己的原則，而且因為它是一個十分理性的星座，很容易就忽視情感層面的事。水瓶座的負面特質是冷漠、居心叵測，其陰暗面則是易怒。從占星學的角度來看，這段水瓶座的旅程是為了不再任性妄為、發掘人性的真諦，並且用崇高的理想創造出更美好的世界。

請記得，我說的不是某個水瓶座的人，而是這個星座的特點，以及這些特點可能會對二十一世紀初的世界局勢造成什麼樣的影響。然而，因為我們即將（或已經）進入水瓶時代，我們或許應該把焦點放在正面的事情上。

水瓶座象徵科學知識與創造發明，同時也掌管電波。實在很難想像，在接下來的兩千年裡，會出現什麼驚人的發明；但占星學家預測，不可思議的太空旅行肯定會是其中之一。

這樣的旅行不僅是在我們自己的太陽系或銀河系，而是到更遙遠的宇宙。

142 在耶穌的十二門徒裡，彼得、安德烈、雅各和約翰原本都是漁夫，耶穌召喚他們跟隨他，是要他們成為「得人的漁夫」。所謂的「得人」，是指把福音傳給人們，讓他們向神認罪、悔改，並從罪惡中獲得救贖。

屆時會有能運送一大群人的太空船、太空殖民地存在，也能從事星際旅行。當一個人覺得太陽系最遠的行星——冥王星只有五光秒時（儘管不包含太陽在內，距離我們最近的恆星也有四點三光年遠），太空旅行就真的可說是成就非凡。

水瓶座象徵心智，因此未來應該會有很多目前仍難以想像的智慧成就出現。人們會更關心環境，同時也會發現可以解決能源與資源短缺問題的新科技。核能、電子與航空都將得到最充分的利用（相關發明都是水瓶座的管轄範圍）；電腦已經改變這個世界，以及我們溝通、從事各種商業活動與保存資料的方式。科學家與心理學家都說，電腦已經開始改變人類大腦的思考模式。水瓶座是一個務實的星座；對他們而言，知識是為了實際運用，而不光只是知道而已。

水瓶座在占星學家心中佔有特殊的地位，因為它是一個與占星學有關的星座。在水瓶時代的開端，我們已經看到人們對占星學興趣大增。就像有人曾經說：「占星學是新世代的宗教。」在接下來的時代裡，占星學不會再被視為迷信，或少數人才懂得的知識。它將會是備受推崇，而且所有人都能明白的一種科學探究。

或許在水瓶時代裡，人類會達到世界大同的境界是一種痴心妄想，但畢竟水瓶座還是象徵希望與願望。我們預測，這個時代將特別注重普通人，名門望族或富豪則不再擁有特權。未來享有崇高地位的，將是那些擁有豐富學識與卓越成就的人。占星學家們希望，在水瓶時代裡，我們會根據過去的知識來發現新的真理（水瓶座喜歡追尋真理）。

當然，這些預測都是以水瓶座的正面特質為基礎。在真實世界裡，我們有許多嚴重的問題必須克服。地球人口過剩，只有世界大戰、疾病與飢荒才能減少人口數量。我們正以驚人的速度將自然資源耗盡；我們砍光樹木、使動物滅絕，並剝奪地球供養萬物的能力；我們已經感受到全球暖化的可怕影響。

不過，水瓶時代還是提供了希望。水瓶座的守護星——天王星象徵未來，因為現代科學、創造發明、電力，以及人道關懷運動都在它的管轄範圍內；此外，天王星也代表意志力與潛在動機。這個時代給了我們希望；我們可以構築美好的新世界，否則我們可能會失去所有。這一切都取決於所有新時代的水瓶座，也就是我們自己。

本書所使用的占星學系統

今日占星學家使用兩套系統。其中一套系統是傳統占星學，有時又稱為「回歸派占星學」（tropical astrology）。這是西方世界最廣泛使用，同時也是本書所介紹的系統。

另一套系統則是恆星派占星學（sidereal astrology）。「sidereal」這個字源自於拉丁文的「sidus」（星星），意思是「由星星決定」。恆星派占星學家認為，占星學必須以天上的實際星座（星群）為基準。我在 p365 已經說明過，因為地球會緩慢地移動位置，天上的星星也會跟著改變它們與我們的相對位置。恆星派占星學的理論基礎是，太陽進入每一個星座的日期應該跟著地球的位置移動而調整。他們主張，這是最科學的方法，因為它是以黃道帶內的實際星座（星群）為基準。

根據恆星派占星學的說法，克勞狄烏斯·托勒密在西元二世紀時所計算出的黃道帶，現在已經位移了約二十五天。恆星派占星學家與傳統占星學家之間的差異在於，太陽進入黃道十二星座的日期。他們認為，因為地球會持續改變它的位置，太陽進入每個星座的日期也會跟著改變。

傳統占星學家則指出，即便在古代，黃道帶也從未精準地對應到天上的實際星座（星群）。古代占星學家知道，十二星座的大小與亮度都不同。（比方說，雙子座很大也很亮，天秤座和雙魚座則很暗。）然而，他們還是將黃道帶劃分成十二等分，黃道十二星座（黃道十二宮）都是 30 度的區塊。數千年來都沒有改變。事實上，這些星座的象徵圖像，以及與其他事物的連結，都已經變成人類集體意識的一部分。傳統占星學家認為，地球在黃道十二宮的緩慢移動與占星年代有關，但與一年一度的黃道週期無關；後者代表四季，並且與個人經驗產生連結。

在傳統（回歸派）占星學裡，春分點代表太陽進入黃道帶第一個星座——牡羊座的那個時間點。這個關鍵點就是黃道週期的開始。（「tropical」這個字源自於希臘文，意思是「轉折點」。無論春分點位於哪個星座（星群），不變的是，春分點都代表太陽開始進入黃道的第 1 度（黃道的第 1 度永遠都是牡羊座的第 1 度）。

在恆星派占星學裡，春分點目前則約位於雙魚座的第五天；因為地球會移動，這個日期也會跟著改變。因此，根據恆星派占星學家的運算，在西元 5000 年 3 月 22 日出生的人將會被界定為摩羯座，而不是牡羊座。

或許這一切感覺像是小題大作。畢竟，占星學雖然看似古老，這門學問頂多也只有三個大月的歷史而已。當身處嶄新水瓶時代的我們對占星學有更多了解時，眼前的巨大爭議一定會迎刃而解。

第六部

占星學術語

名詞解釋

親和力（Affinity）
親和力是指星座之間的相互吸引。

受剋（Affliction）
受剋是指星盤中各個行星之間所形成的不利相位，它代表壓力、困難或不和諧。現代占星學將星盤裡的受剋狀態與心理問題連結在一起，命主必須努力克服這些問題，才能充分發揮潛力。

占星時代（Astrological Age）
占星時代又稱為「大月」（Great Month），是指春分點完全通過黃道帶上的一個星座（共 30 度）所需要的時間（約兩千一百五十年）。地球自轉時緩慢但持續的移動，會導致「均分點歲差」（precession of the equinoxes）的現象。占星學家認為，在二十世紀後期，這個世界離開了「雙魚時代」，並進入一個新的大月——「水瓶時代」。「大年」（Great Year）則是指春分點通過黃道帶上的十二個星座所需要的時間（約兩萬五千八百年）。（請同時參閱「均分點歲差」的部分）。

風元素（Air Element）
風元素是十二星座分類的四大元素之一。這四大元素分別是火、土、風、水。雙子座、天秤座和水瓶座是風象星座。在占星學裡，風元素象徵智力、理性與溝通。

軸點（Angle）
軸點是指星盤中標示出地平線和子午線的四個基本點。這四個軸點分別是上升點、天底、下降點和中天（天頂），它們是星盤裡最重要也最敏感的位置。落在或靠近這四個軸點的行星都對命主的性格或公眾形象有顯著影響。

角宮（Angular House）
角宮是指星盤中緊跟在四個軸點之後的四個宮位，它們分別是第一、四、七、十宮。在一張星盤裡，落入這些宮位的行星都意味著，命主很可能會獲得某種顯著的成就。

水瓶座（Aquarius）♒
水瓶座是黃道帶上的第十一個星座；太陽每年大約從 1 月 20 日至 2 月 18 日行經這個星座。水瓶座是風象星座，同時也是固定星座。其象徵圖像是挑水人，守護星是天王星。水瓶座的人都有這樣的特性：聰明伶俐、勇於創新、理想化、崇尚博愛精神。

牡羊座（Aries）♈
牡羊座是黃道帶上的第一個星座；太陽每年大約從 3 月 21 日至 4 月 19 日行經這個星座。牡羊座是火象星座，同時也是開創星座。其象徵圖像是公羊，守護星是火星。牡羊座的人都有這樣的特性：衝動魯莽、活力充沛、急躁易怒，而且具備領導能力。

上升點（Ascendant）
上升點又稱為「上升星座」（Rising Sign），是指一個人出生時，東分地平線上升起的那個星座。它同時也指當時這個星座上升的確切度數，也就是星盤中標示出第一宮宮首的那一個點。上升點（上升星座）代表一個人的外在生活方式。在一張星盤裡，落在或靠近上升軸線的行星象徵力量與強大的自我。

相位（Aspect）
相位是指星盤裡各個行星之間的幾何關係，代表和諧、挑戰、壓力、舒適感與力量。相位可分為主要相位（合相、三分相、六分相、對分相、四分相）與次要相位（補十二分相、八分相、補八分相、十二分相）。研究星盤裡的相位，是解讀星盤時很重要的一環。

占星學（Astrology）
「Astrology」這個字源自於希臘文，意思是「星星的學問」。這門學問和藝術研究星體與它們的週期運動，並確認它們對人類的性格、行為、人生經驗與各種事件的影響。

出生圖（Birth Chart 或 Natal Chart）
出生圖是指描繪天空樣貌的一種圖表，稱為「星盤」（Horoscope）。這種圖表中標示出各個星體在一個人出生時的位置。「星盤」和「出生圖」這兩個詞通常可以互換使用，雖然精確來說，星盤指的是任何特定時刻所繪製的圖表，出生圖則特別限於出生的那一刻。在一張出生圖裡，上升點（上升星座）是指那個人出生時，東方地平線上升起的那個星座。（太陽圖〔solar chart〕則是將太陽星座視為上升星座。）上升星座同時也是出生圖中的第一宮，因此其中的宮位稱為「出生宮位」（natal house）。出生圖是專屬於個人的星盤，許多占星師都認為，它是命主的真實全貌。

降宮（Cadent House）

「Cadent」這個字源自於拉丁文的「cadere」，意思是「落下」。它們是緊跟在續宮之後的四個宮位，因為從角宮與續宮落下，所以稱為「降宮」。它們分別是第三、六、九、十二宮。在一張星盤裡，落入這些宮位的行星都意味著命主頭腦靈活，能傳達自己的想法。

巨蟹座（Cancer）♋

巨蟹座是黃道帶上的第四個星座；太陽每年大約從 6 月 21 日至 7 月 22 日行經這個星座。巨蟹座是水象星座，同時也是開創星座。其象徵圖像是螃蟹，守護星是月亮。巨蟹座的人都有這樣的特性：情感豐富、細膩敏感、忠誠，而且往往有些喜怒無常。

摩羯座（Capricorn）♑

摩羯座是黃道帶上的第十個星座；太陽每年大約從 12 月 22 日至 1 月 19 日行經這個星座。摩羯座是土象星座，同時也是開創星座。其象徵圖像是山羊（或海山羊），守護星是土星。摩羯座的人都有這樣的特性：嚴謹自律、認真負責、辛勤工作、意志堅定、野心勃勃。

開創（Cardinal）

開創特質是十二星座分類的三大特質之一。這三大特質分別是開創、固定和變動。牡羊座、巨蟹座、天秤座、摩羯座是開創星座。當太陽進入這四個星座時，代表四季（春夏、秋、冬）的開始。在占星學裡，開創特質象徵行動、領導能力與戶外活動。

天球赤道（Celestial Equator）

天球赤道指地球赤道在天球上的投射。

合相（Conjunction）☌

合相是一種影響力最大的主要相位，在這種相位裡，兩顆以上的行星落在同一度數（容許度在 10 度內）。合相會帶來顯著的影響，其確切性質取決於涉及合相的行星是什麼。

星座／星群（Constellation）

星座（星群）是指一群星星依據它們在天上的排列方式命名。對古代人來說，畫出星座的位置對有系統地研究並理解宇宙極有幫助。

交界／宮首（Cusp）

1. 某個星座開始的那一點。當人們的出生時間落在或靠近某個星座的頭尾時，會說他們「出生在交界」。出生在星座交界的人通常會同時展現出其太陽星座以及前、後一個星座的特質。
2. 標示出宮位開始的那個點或那條線。

區間（Decanate 或 Decan）

區間是指將 360 度的黃道帶細分成 10 度的區塊，也就是每個星座都可再分為三個部分，每個部分約有十天。因為每個星座都包含了三個區間，整個黃道帶共有三十六個區間。每個區間都有一顆守護星，稱為「副守護星」，同時也對應到天上的某個星座；這些星座區間會強化並突顯該星座的普遍特點。

下降點（Descendant）
下降點是星盤裡的四個軸點（星盤中最重要的四個點）之一，位於上升點的正對面，它標示出第七宮宮首的位置。下降點象徵透過合作關係與人際關係所產生的力量；落在或靠近下降點的行星代表命主很可能會藉由人脈來獲得名聲。

順行（Direct）
行星在軌道上向前行進，並通過黃道帶上的星座。順行是行星運行的常態，但有時候某顆行星看起來像是在倒退，這種現象稱為「逆行」。逆行是從地球的角度來看所產生的錯覺。（請同時參閱「逆行」〔Retrograde〕的部分）。

支配星（Dispositor）
支配星是指星盤中某顆行星所在星座的守護星。比方說，某張星盤裡的水星落在射手座，守護射手座的木星就稱為這顆水星的「支配星」。

龍頭（Dragon's Head）
請參閱「交點」（Node）。

龍尾（Dragon's Tail）
請參閱「交點」（Node）。

陰陽分類法（Daulity）
陰陽分類法是一種星座分類法，將十二星座依照陰陽屬性分為兩組，其中六個星座（牡羊座、雙子座、獅子座、天秤座、射手座、水瓶座）是陽性星座，其餘六個星座則是陰性星座。在占星學裡，陽性星座精力充沛、外向、行動力強，陰性星座則內斂含蓄、富有魅力、懂得包容。

地球（Earth）♁
地球是指我們所居住的這顆行星。

土元素（Earth Element）
土元素是十二星座分類的四大元素之一（這四大元素分別是火、土、風、水）。金牛座、處女座和摩羯座是土象星座。在占星學裡，土元素象徵務實、保守心態、穩定性與物質主義。

黃道（Ecliptic）
黃道是一個天上的巨大圓圈，這個圓圈代表太陽繞行地球的軌道（從地球上看，太陽每年繞行地球一次，但事實上，是地球繞著太陽轉；黃道其實是地球繞太陽公轉的軌道）。黃道位於一個狹長的環帶中央，這個環帶稱為「黃道帶」。

元素（Element）
將十二星座依照四大物質屬性（火、土、風、水）進行分類。
火象星座活力充沛、充滿熱情；土象星座講求實際、穩重可靠；風象星座聰明伶俐、善於溝通；水象星座則情感豐富、充滿想像力。

星曆表

（Ephemeris，複數：Ephemerides）

星曆表是指列出那一年中每一天太陽、月亮與行星位置的一種年曆。

均分點（Equinox）

「equinox」這個字源自於拉丁文，意思是「等長的夜晚」。均分點是指一年中太陽軌道（黃道）穿過天球赤道時的兩個交點，在這兩個點上，晝夜長度相等。當太陽進入牡羊座時，就進入春分（春天）；太陽中心透過春分點穿過天球赤道，並從南半球進入北半球。當太陽進入天秤座時，則進入秋分（秋天）；太陽中心透過秋分點穿過天球赤道，並從北半球進入南半球。

陰性星座（Feminine Signs）

陰性星座是指土象星座和水象星座，也就是金牛座、巨蟹座、處女座、天蠍座、摩羯座和雙魚座。在占星學裡，陰性星座都有這樣的特性：內斂含蓄、富有魅力、懂得包容。

火元素（Fire Element）

火元素是十二星座分類的四大元素之一（這四大元素分別是火、土、風、水）。牡羊座、獅子座和射手座是火象星座。在占星學裡，火元素象徵活力、熱情、衝動與企圖心。

固定（Fixed）

固定特質是十二星座分類的三大特質之一。這三大特質分別是開創、固定和變動。金牛座、獅子座、天蠍座、水瓶座是固定星座。在占星學裡，固定特質象徵毅力、專一、決心與睿智。

雙子座（Gemini）♊

雙子座是黃道帶上的第三個星座；太陽每年大約從5月21日至6月20日行經這個星座。雙子座是土象星座，同時也是變動星座。其象徵圖像是雙胞胎，守護星是水星。雙子座的人都有這樣的特性：心思敏捷、多才多藝、聰明伶俐，而且天生善於溝通。

地球中心（Geocentric）

「geocentric」這個字源自於希臘文的「ge」和「kentron」，意思分別是「地球」和「中心」。

地球中心是指以地球為中心進行觀看或測量。「地球是宇宙中心」的概念是占星學的傳統觀點，這個概念認為，地球是人類經驗的核心，因此從地球的角度來研究天體的位置與運行。

多數星盤都是以地球為中心，雖然某些現代占星學家也會使用以太陽為中心的星盤（請同時參閱「太陽中心」〔Heliocentric〕的部分）。

專用符號（Glyph）

專用符號是指行星或十二星座的速記符號。這些符號具有象徵意義，比方說，圓圈代表心靈世界、半圓代表靈魂，十字則代表物質世界。

大十字（Grand Cross）
大十字是星盤中最少見的一種圖形相位，在這種相位裡，兩組行星互成對分相，而且四顆行星之間互成四分相。這種相位會在星盤裡形成一個十字。因為大十字是由四組四分相與兩組對分相所組成，它可能是最困難的一種相位，通常代表強迫、適應不良的性格。然而，它也象徵強烈的情感、動能與力量；獨力奮鬥者的星盤中常會出現大十字。

大三角（Grand Trine）
大三角是星盤中的一種獨特圖形相位，在這種相位裡，三顆行星之間互成三分相（也就是相隔 120 度），形成一個大三角。因為大三角會特別突顯某一種元素，例如火元素或水元素，它往往代表星盤裡的不平衡。不過，三分相是非常有利的一種相位；大三角象徵強大的創造力或旺盛的活力，通常代表命主很幸運或能取得成功。

大月（Great Month）
參閱「占星紀元」（Astrological Age）。

大年（Great Year）
參閱「占星紀元」（Astrological Age）。

太陽中心（Heliocentric）
「heliocentric」這個字源自於希臘文的「helios 和「kentron」，意思分別是「太陽」和「中心」。太陽中心是指以太陽為中心進行觀看或測量。自從 1543 年，天文學家尼古拉 ‧ 哥白尼去世後，人類就一直抱持著「太陽中心」的宇宙觀——太陽系是以太陽為中心。在歷史上，占星學的起源更早，數千年來都是以「地球中心」的宇宙觀為基礎。因為占星學中的天體運行是以它們與地球上人類的相對位置為基準，現在占星學仍舊保有地球中心的架構。不過，有很多占星師都會使用以太陽為中心的星盤（通常是與以地球為中心的星盤一併使用），同時也有不少以太陽為中心的星曆表被廣泛使用。

半球重點（Hemisphere Emphasis）
星盤被劃分為四個半球——上半球（南半球）、下半球（北半球）、左半球（東半球）、右半球（西半球）。在星盤裡，多數行星落入上半球突顯命主的外向性格，多數行星落入下半球則突顯命主的內向性格。多數行星落入左半球突顯命主對世界的影響，多數行星落入右半球則突顯世界對命主的影響。

赫密斯理論（Hermetic Theory）
這個理論源自於古埃及人的哲學智慧——人體是宇宙的縮影，自然界的一切都可以在人的身上找到相似之處。「人體內的小宇宙」這樣的理論也衍生出許多關於十二星座的連結——每個星座都掌管身體的某個部位，以及特定的植物、藥草、顏色、寶石、城市與動物等。此外，赫密斯理論也衍生出手相學與面相學等占卜術。

卜卦盤（Horary Chart）

「horary」這個字源自於希臘文的「hora」，意思是「小時」。卜卦盤指的是在某個人提出某個問題時所畫出的特殊星盤，而不是出生圖（根據出生時刻所繪製的星盤）。卜卦占星學背後的理論是，宇宙與人類之間存在著某種一致性，因此當某個人詢問某個問題時，那時的行星位置有助於回答這個問題。

地平線（Horizon）

在星盤裡，地平線是指貫穿東西兩側，並將星盤分成上半球與下半球的那條線。這條線將上升點與下降點連接起來。

星盤（Horoscope）

「horoscope」這個字源自於希臘文的「hora」和「skopos」，意思分別是「小時」和「觀察家」。這是一種描繪天空樣貌（特別是黃道那一部分）的圖表，這種圖表中標示出太陽、月亮與行星在特定時刻與地點的位置。「horoscope」這個字也可以指對星盤的解讀與分析。時日今日，這個字也代表刊登在報章雜誌上的星座預測，例如一個人的「每日星座運勢」。

宮位（Houses）

宮位將星盤劃分為十二個區塊，這些區塊分別代表不同的人生層面或範疇。這十二個宮位分別是：

第一宮（命宮）
第二宮（財帛宮）
第三宮（溝通宮）
第四宮（田宅宮）
第五宮（子女宮）
第六宮（奴僕宮）
第七宮（夫妻宮）
第八宮（疾厄宮）
第九宮（遷移宮）
第十宮（事業宮）
第十一宮（福德宮）
第十二宮（玄祕宮）

現今占星師們有很多關於宮位的討論（特別是「分宮制」〔House Division〕的部分）。儘管占星師對宮位基本概念的看法沒有什麼分歧，他們還是對宮位數目有些爭論。比方說，愛爾蘭恆星派占星學家西里爾・費根支持的宮位數是八個，而不是十二個。但爭論得更激烈的是分宮制的問題；在現代占星學的世界裡，目前使用的至少有二十種分宮法。其中最受歡迎的宮位系統有普氏宮位制（Placidus system）、等宮制（Equal House system）、柯氏宮位制（Kochsystem）、坎氏宮位制（Campanus system）、芮氏宮位制（Regiomontanus system）、莫氏宮位制（Morinus system）和錐心宮位制（Topocentric system）。

天底（Imum Coeli）
拉丁文，意思是「天空的最低點」。請參閱「天底」（Nadir）。

入境（Ingress）
入境是指太陽、月亮或任何行星進入黃道帶上的某個星座。

木星（Jupiter）♃
在占星學裡，木星象徵幸運、擴張、富足與智慧。這顆行星被稱為「大幸運」（金星則稱為「小幸運」）。木星是射手座的守護星，同時也曾經是雙魚座的守護星。（雙魚座現在由海王星守護〔海王星在1846年被發現〕。）當木星在星盤中特別突顯時，命主通常都受人歡迎、樂觀開朗，而且在工作上取得成功。此外，木星的影響也可能使人奢侈浪費、過度自信。

業力（Karma）
「業力」這個哲學概念源自於印度教與佛教——一個人過去和現在的行為，決定了他此生與來世的命運。雖然業力不是占星學術語，但神祕占星學（esoteric astrology）相信業力。（神祕占星學是一種占星學與神學，強調心靈進化，以及靈魂與宇宙的融合。）

緯度（Latitude）
緯度是指從地球的赤道算起，以北或以南的距離，計算單位是「度」。在地圖上，緯度是以平行的水平線來劃分。赤道的緯度是0度，北極的緯度是北緯90度，南極則是南緯90度。為了計算出準確的星盤，占星師必須知道命主出生地的經度與緯度。

獅子座（Leo）♌
獅子座是黃道帶上的第五個星座；太陽每年大約從7月23日至8月22日行經這個星座。獅子座是火象星座，同時也是固定星座。其象徵圖像是獅子，守護星是太陽。獅子座的人都有這樣的特性：熱情洋溢、充滿創造力、自我中心，同時具備強烈的表現慾。

天秤座（Libra）♎
天秤座是黃道帶上的第七個星座；太陽每年大約從9月23日至10月22日行經這個星座。天秤座是風象星座，同時也是開創星座。其象徵圖像是天秤，守護星是金星。天秤座的人都有這樣的特性：平靜祥和、充滿藝術家氣息、善於社交、能剖析問題的正反兩面。

經度（Longitude）
經度是指從地球的本初子午線算起，以東或以西的距離，計算單位是「度」。本初子午線（又稱為「格林威治子午線」）是一條從北極至南極、貫穿英國格林威治的一條垂直線，其經度是0度；紐約市的經度是西經74度，東京的經度則是東經140度。經度也呈現出時間上的差異——每15度代表一小時。當英國格林威治的時間（稱為「格林威治標準時間」）是中午 12 點時，紐約市是早上 7 點，東京則是晚上 9 點。

發光體（Luminary）

發光體是指太陽與月亮。在古典占星學裡，更常用「發光體」這個詞來指太陽或月亮。時至今日，我們則改用「行星」來指太陽與月亮。

月亮黃道（Lunar Mansion）

根據月亮二十八天的運行週期（精確地說，應該是二十七點三二一六六天），將黃道劃分為二十八個區塊（有時是二十七個）。月亮黃道的概念主要出現在東方世界（如古印度、中國、阿拉伯）的占星學裡，西方占星學則以太陽週期為基礎。因此，占星學家常說，西方世界是「太陽之子」，東方世界是「月亮之子」。

月亮回歸圖（Lunar Return Chart）

月亮回歸圖是指利用行運月亮回到與出生時刻同一位置的那一刻所繪製的星盤。月亮回歸圖被用來預測命主的運勢走向，以及未來一個月內會發生的事。

月相循環（Lunation）

月相循環是指太陽與月亮合相的那一刻，也就是新月的時候。此外，月相循環也是指兩次新月之間的那段時間（約二十九天）。現代占星學家通常會用「月相循環」這個詞來指新月；新月在星盤中代表一個新循環的開始。

火星（Mars）♂

在占星學裡，火星象徵力量、活力、性慾與侵略。火星是牡羊座的守護星，同時有些占星學家仍舊認為，它是天蠍座的共同守護星（coruler）——天蠍座曾經完全由火星守護。（天蠍座現在由冥王星守護〔冥王星在 1930 年被發現〕，而火星對這個星座的管轄範圍大幅縮減。）當火星在星盤中特別突顯時，命主通常都積極進取、充滿熱情與勇氣。此外，火星的影響也可能使人缺乏耐心、易怒、容易與人起爭執及發生意外。

陽性星座（Masculine Signs）

陽性星座是指火象星座和風象星座——牡羊座、雙子座、獅子座、天秤座、射手座和水瓶座。在占星學裡，陽性星座都有這樣的特性：精力充沛、外向、行動力強。

醫療占星學（Medical Astrology）

醫療占星學是指應用在健康問題、身心健康、營養攝取上的一種占星學。根據其理論，每個星座都容易罹患不同的疾病。其實，自古以來，占星學就被當作一種醫療工具使用。十二星座與行星都各自對應到身體的不同部位、與這些部位相關的疾病、飲食需求，以及各種腺體與荷爾蒙分泌。儘管現代占星學家不再以此進行醫學治療，但占星學與人體之間的關聯依然是維持身體健康的有效指南。

天頂（Medium Coeli）
拉丁文，意思是「天空的中點」。請參閱「中天」（Midheaven）。

水星（Mercury）☿
在占星學裡，水星象徵溝通、感知、腦力與理解力。水星同時是雙子座和處女座的守護星。當水星在星盤中特別突顯時，命主通常都聰明機靈、口齒伶俐、心思敏捷、容易興奮，而且有很好的記憶力。此外，水星的影響也可能使人喜歡嘲諷及與人爭辯、冷漠、欺騙他人。

子午線（Meridian）
子午線是指貫穿南北兩側，並將星盤分成左半球與右半球的那條線。這條線將天底與中天（天頂）連接起來。

中天（Midheaven）
「Midheaven」又稱為「Medium Coeli」（天空的中點，即天頂），在星盤中縮寫為「M.C.」。中天是星盤裡的四個軸點（星盤中最重要的四個點）之一，位於天底的正對面，它標示出第十宮宮首的位置。中天象徵抱負、理想與公眾形象；落在或靠近中天的行星代表命主很可能會對外界產生深遠的影響。

現代行星（Modern Planets）
天王星、海王星與冥王星被稱為「現代行星」，因為人們直到近代才知道它們的存在。（天王星在 1781 年、海王星在 1846 年、冥王星在 1930 年被發現。）

月亮（Moon）☽
在占星學裡，月亮象徵情感、直覺、潛意識與敏感的心思。它常被稱為「陰性本源」。月亮在一個人出生時所行經的星座，稱為「月亮星座」，它是星盤裡影響最全面的部分，重要性僅次於太陽星座。月亮星座象徵豐富情感、潛意識與直覺反應，它通常都是性格中被隱藏的部分。在十二星座中，月亮是巨蟹座的守護星。

世運占星學（Mundane Astrology）
「mundane」這個字源自於拉丁文的「mundus」，意思是「世界」。這個占星學分支會根據行星運行的週期來預測世界大事、政治運動、國家大事與文化潮流。

變動（Mutable）
變動特質是十二星座分類的三大特質之一。這三大特質分別是開創、固定和變動。雙子座、處女座、射手座、雙魚座是變動星座。在占星學裡，變動特質象徵適應力強、善變、樂於接受改變、懂得變通。

互融（Mutual Reception）
互融是指星盤中某兩顆行星分別落入彼此所守護的星座。比方說，在某張星盤裡，太陽落入天秤座、金星落入射手座，這顆太陽與金星即處於互融狀態；這兩顆行星「造訪對方的家」，強化了彼此的能量，因為它們會相互合作。

天底（Nadir）

天底（Nadir）又稱為「Imum Coeli」，在星盤中縮寫為「I.C.」。天底是星盤裡的四個軸點（星盤中最重要的四個點）之一，位於中天（天頂）的正對面，它標示出第四宮宮首的位置。天底象徵一個人的起點與心理根源——父母、家庭生活，以及他從祖先身上繼承的事物；落在或靠近天底的行星代表命主行為背後的潛在動機。

出生圖（Natal Chart）

請參閱「出生圖」（Birth Chart）。

海王星（Neptune）♆

在占星學裡，海王星象徵祕密、幻想、想像力與神祕主義。海王星在 1846 年被發現，是第二顆被發現的現代行星。海王星是雙魚座的守護星（雙魚座的傳統守護星是木星）。當海王星在星盤中特別突顯時，命主通常都充滿藝術氣息、富有遠見、能洞悉未來，而且對心靈層面的事深感興趣。此外，海王星的影響也可能使人逃避現實、很難分辨幻想與真實，以及容易有心理方面的問題。

交點（Node）☊☋

北交點和南交點是指月亮或其他行星貫穿黃道（地球繞行太陽的軌道）的兩個交點，但通常是指月交點（Lunar Node）。在古典占星學裡，北交點（又叫「升交點」〔Ascending Node〕）被稱為「Caput Draconis」，意思是「龍頭」，南交點（又叫「降交點」〔Descending Node〕）被稱為「Cauda Draconis」意思是「龍尾」。它們指的是天上一隻巨大的龍，這隻龍在月蝕時將月亮吞噬。在星盤中，月交點標示出兩個敏感的位置，目前占星學家對它們的意涵有許多討論。一般而言，北交點代表你此生要發展的正面特質，南交點則代表你必須擺脫的負面行為。有些占星師認為月交點與人際關係有關——北交點代表產生連結，南交點則代表關係終止。

對分相（Opposition）☍

對分相是主要相位之一，在這種相位裡，兩顆以上的行星位於彼此的正對面，也就是相隔 180 度（容許度在前後 9 度內）。傳統觀點認為，對分相是一種不和諧的相位，會導致緊張與衝突。現代觀點則認為，對分相所帶來的挑戰也會使人成長、獲得成就，因為命主必須克服這些問題與衝突，進而變得成熟。

容許度（Orb 或 Orb of Influence）

容許度是指相位在角度上的細微差異，在這個範圍內，該相位都被認定具有影響力。舉例來說，三分相是指行星相隔 120 度。一個精準的三分相是 120 度；三分相的容許度在前後 9 度內。這意味著，若兩顆行星相隔 111 度或 129 度，這個三分相依然具有效力。

軌道（Orbit）

軌道是指任何天體繞行其他天體的路

徑。在太陽系裡，地球與其他行星都繞著太陽轉。其中地球繞太陽公轉的軌道稱為「黃道」。黃道同時也被視作太陽繞行地球的軌道，但那其實是地球繞著太陽轉。

幸運點（Part of Fortune）

幸運點（part of portune）又稱為「Pars Fortuna」（拉丁文），是星盤中的一個點，它是由古阿拉伯的數學公式計算得出。此公式如下：幸運點＝上升點的絕對經度＋月亮的絕對經度－太陽的絕對經度。現代占星學家依舊認為，星盤裡的幸運點意味著幸運與舒適感。幸運點落入的星座與宮位，代表命主能在那些領域獲得成功。

雙魚座（Pisces）♓

雙魚座是黃道帶上的第十二個星座；太陽每年大約從2月19日至3月20日行經這個星座。雙魚座是水象星座，同時也是變動星座。其象徵圖像是兩條魚，守護星是海王星。雙魚座的人都有這樣的特性：情感豐富、直覺極為敏銳、充滿想像力、浪漫、心思細膩敏感，而且適應力很強。

行星（Planet）

「planet」這個字源自於希臘文的「planetes」，意思是「漫遊者」。行星是指繞著太陽公轉的天體（除了彗星與流星以外）。自古以來，人們就注意到，行星在運行時會跨越天上的恆星。在占星學裡，太陽與月亮也被視為行星（傳統上稱為「發光體」）。在古典占星學裡，共有七顆行星——太陽、月亮、水星、金星、木星與土星。現代占星學則又加入過去兩個世界才發現的三顆新行星——天王星、海王星與冥王星。每顆行星都掌管一至兩個星座。占星學這門學問的前提是，行星的運行與人生事件、行為與性格密切相關；星盤描繪的正是行星在特定時刻的位置。

冥王星（Pluto）♇⯓

在占星學裡，冥王星象徵重生的力量，代表破壞、毀滅與轉變。冥王星在1930年被發現，是第三顆被發現的現代行星。冥王星是天蠍座的守護星（天蠍座的傳統守護星是火星）。冥王星會在每個星座停留非常多年，比起對個人的影響，它對一整個世代的影響更顯而易見。然而，當冥王星在星盤中特別突顯時，命主的人生將會出現顯著的改變或翻轉。此外，冥王星的能量也使人想要掌控一切。在優秀的領導者身上可以看到它的正面影響，而在獨裁者、暴徒與殺人犯身上則可以看到它的負面影響。

對宮（Polarity）

十二星座可分成六組，每組各有兩個星座，稱為「對宮」。黃道帶上的每個星座都有各自的對宮，他們位於彼此的正對面，又稱為「對相星座」。比方說，牡羊座和天秤座、水瓶座和獅子座互為對宮。

均分點歲差
（Precession of the Equinoxes）

均分點歲差是指由於地球自轉時的傾斜狀態，導致春分點與秋分點緩慢、持續地以反方向移動的方式通過黃道十二星座。春分點通過一個星座所需要的時間（約兩千一百五十年），稱為一個「占星年代」。太陽進入每一個星座的日期應該跟著地球的位置移動而調整，是恆星派占星學的理論基礎。（請同時參閱「占星年代」〔AstrologicalAge〕和恆星派占星學〔Sidereal Astrology〕的部分）。

推運圖（Progressed Horoscope）

推運圖是指為了未來的某一天所畫出的星盤，在預測未來走向與可能會發生的事時，會與命主的出生圖一併使用。最多人使用的是「二次推運法」；這種方法會利用「出生後的天數等同於年數的方式」來繪製星盤。

象限（Quadrant）

「quadrant」這個字源自拉丁文的「quadrans」，意思是「四分之一」。將星盤的圓圈劃分為四個象限，每個象限都包含三個宮位。在一張星盤裡，多數行星落入任何一個象限都具有特定的意涵。

四正星座（Quadruplicity）

將十二星座依照三種性質分成三組，每組各有四個星座，稱為「四正星座」。這三組星座分別是開創星座（牡羊座、巨蟹座、天秤座、摩羯座），固定星座（金牛座、獅子座、天蠍座、水瓶座），以及變動星座（雙子座、處女座、射手座、雙魚座）。

性質（Qualities）

將十二星座依照三種能量（開創、固定、變動）進行分類。開創星座積極進取、具有開創性；固定星座睿智、意志堅定、鍥而不捨；變動星座則善變、適應力強、懂得變通。

補十二分相（Quincunx）⚻

補十二分相是次要相位之一，在這種相位裡，兩顆以上的行星彼此相隔 150 度（容許度在前後 2 度內）。一開始，補十二分相被歸類為輕微不利的相位；有些現代占星師認為，它的影響力比原本想的更大。

生時校正（Rectification）

生時校正是指用命主人生中的重大事件與顯著性格特質，以及這些事件與特質所對應到的行星相位作為指標，修正不知道或不確定出生時間者的星盤。

逆行（Retrograde）℞

逆行是指行星在黃道帶上的倒退運行。（太陽與月亮永遠都不會逆行。）其實太陽系裡的行星在運行時並不會倒退，只是從地球上觀測時看似如此而已。逆行是一種錯覺，就像從一列移動中的火車望向旁邊另一列移動得較慢的火車。

後者看起來彷彿在倒退，但事實上是向前行進的。古典占星學認為逆行的行星較為弱勢，且會帶來負面影響。現代占星師則認為，星盤中的逆行行星具有正面意義，但它的影響日後才會顯現出來。

上升星座（Rising Sign）
上升星座是指一個人出生時東分地平線上升起的那個星座。上升星座（上升點）代表一個人的外在生活方式（請同時參閱「上升點」〔Ascendant〕的部分）。

守護星（Ruler 或 Ruling Planet）
守護星是指掌管某個星座的行星，比方說，火星是牡羊座的守護星。在古典占星學裡，十二星座共由七顆行星守護。自十八世紀以來，有三個星座改由三顆現代行星守護。十二星座的守護星如下：

牡羊座由火星守護
金牛座由金星守護
雙子座由水星守護
巨蟹座由月亮守護
獅子座由太陽守護
處女座由水星守護
天秤座由金星守護
天蠍座由冥王星守護
　　（其傳統守護星是火星）
射手座由木星守護
摩羯座由土星守護
水瓶座由天王星守護
　　（其傳統守護星是土星）
雙魚座由海王星守護
　　（其傳統守護星是木星）

在一張星盤裡，掌管上升星座（上升點）的那顆行星，稱為「命主星」。

射手座（Sagittarius）♐
射手座是黃道帶上的第九個星座；太陽每年大約從 11 月 22 日至 12 月 21 日行經這個星座。射手座是火象星座，同時也是變動星座。其象徵圖像是弓箭手，守護星是木星。射手座的人都有這樣的特性：熱愛自由、豪爽大方、喜歡追尋新知、樂於接受新觀念、勇於探索。

土星（Saturn）♄
在占星學裡，土星象徵紀律、責任、約束與限制。這顆行星被稱為「嚴格的老師」。土星是摩羯座的守護星，同時也曾經是水瓶座的守護星。（水瓶座現在由天王星守護〔天王星在 1781 年被發現〕。）當土星在星盤中特別突顯時，命主通常都認真勤奮、穩重可靠、意志堅定。此外，土星的影響也可能使人悲觀、自私、不知變通。

天蠍座（Scorpio）♏
天蠍座是黃道帶上的第八個星座；太陽每年大約從 10 月 23 日至 11 月 21 日行經這個星座。天蠍座是水象星座，同時也是固定星座。其象徵圖像是蠍子，守護星是冥王星。（有些占星師仍舊將天蠍座的古典守護星——火星視作它的共同守護星。）天蠍座的人都有這樣的特性：神祕性感、情感極為豐富、充滿想像力，同時具備通靈能力。

十二分相（Semisextile）⊻

十二分相是次要相位之一，在這種相位裡，兩顆以上的行星彼此相隔 30 度（容許度在前後 2 度內）。十二分相被歸類為輕微有利的相位，它的影響力比六分相小得多。

八分相（Semisquare）∠

八分相是次要相位之一，在這種相位裡，兩顆以上的行星彼此相隔 45 度（容許度在前後 2 度內）。八分相被歸類為輕微不利的相位，它的影響力比四分相小。

補八分相（Sesquisquare 或 Sesquiquadrate）⚼

補八分相是次要相位之一，在這種相位裡，兩顆以上的行星彼此相隔 135 度（容許度在前後 2 度內）。補八分相被歸類為輕微不利的相位，其影響與八分相很類似。

六分相（Sextile）⚹

六分相是主要相位之一，在這種相位裡，兩顆以上的行星彼此相隔 60 度（容許度在前後 6 度內）。古代占星學家與現代占星師都將它歸類為和諧且有利的相位，但命主必須自己努力，才能獲得它所帶來的好處。

恆星派占星學（Sidereal Astrology）

「sidereal」這個字源自於拉丁文的「sidus」，意思是「星星」。恆星派占星學是占星學的一個流派，這個流派使用的黃道帶（zodiac）是以黃道（ecliptic）所貫穿的實際星座（星群）為基準。因著地球持續自轉，春分點與秋分點會緩慢地通過黃道十二星座（這種現象稱為「均分點歲差」）。恆星派占星學家認為，太陽進入十二星座的日期必須以均分點歲差為基準，所以他們所使用的黃道帶會跟著地球的位置緩慢地移動。因此，某個傳統占星學（占星學回歸派）所認定的牡羊座，現在會被恆星派占星學家界定為雙魚座。

黃道十二宮／黃道十二星座（Signs of the Zodiac 或 Astrological Signs）

將 360 度的黃道帶劃分為 30 度的區塊，它們分別是牡羊座、金牛座、雙子座、巨蟹座、獅子座、處女座、天秤座、天蠍座、射手座、摩羯座、水瓶座和雙魚座。黃道十二宮是以太陽在一年的運行週期中，行經的一群星座為基礎。
與天上的實際星座（星群）不同的是，這些星座大小相同，而且明確以 30 度作為分界。

太陽圖（Solar Chart）

太陽圖是指太陽也被視為上升星座（上升點）的一種星盤。在不知道出生時間時，會使用這種星盤。在太陽圖裡，太陽星座也變成了第一宮，因此星盤中的宮位稱為「太陽宮位」（solar house）。對很多占星師而言，太陽圖有助於檢視一個人的性格輪廓，並確認大致的運勢走向（特別是與出生圖一併使用時）。

（請同時參閱「出生圖」〔Birth Chart〕的部分）。

太陽回歸圖（Solar Return Chart）
太陽回歸圖是指利用行運太陽回到與出生時刻同一位置的那一刻所繪製的星盤。太陽回歸圖被用來預測命主的運勢走向，以及未來一年內會發生的事。

二至點（Solstice）
「solstice」這個字源自於拉丁文的「sol」和「sistere」，意思分別是「太陽」和「靜止不動」。這兩個點是一年中太陽距離天球赤道最遠的時候。此時，太陽看似靜止不動。太陽在夏至時進入巨蟹座，這時是一年中白天最長的一天。太陽則在冬至時進入摩羯座，這時是一年中白天最短的一天。

四分相（Square）□
四分相是主要相位之一，在這種相位裡，兩顆以上的行星此相隔 90 度（容許度在前後 9 度內）。
一開始，四分相被歸類為凶相，但現代占星師則認為，它所帶來的衝突或挑戰能促使命主變得堅強。

停滯（Stationary）
停滯是指行星在由順行轉為逆行，或由逆行轉為順行前，看似靜止不動的狀態。與逆行一樣，停滯狀態也是從地球的角度來看所產生的一種錯覺。星盤中停滯的行星被認定具有很強大的影響力。

（請同時參閱「順行」〔Direct〕和逆行〔Retrograde〕的部分）。

續宮（Succedent House）
「succedent」這個字源自於拉丁文的「succedere」，意思是「接續」。它們是緊跟在角宮之後的四個宮位，分別是第二、五、八、十一宮。在一張星盤裡，落入這些宮位的行星都意味著命主擁有強大的意志力，而且堅定不移。

太陽（Sun）☉
在占星學裡，太陽象徵個性、強大的自我、自尊、意識與意志。太陽在一個人出生時所行經的星座，稱為「太陽星座」，它是星盤裡影響最全面的部分。太陽星座掌管一個人的獨特風格與實現人生目標的決心；從很多方面來看，太陽星座都決定了外界對命主的看法。在十二星座中，太陽是金牛座的守護星。

太陽星座占星術（Sun Sign Astrology）
太陽星座占星術是指只關注太陽星座的占星學。但這是對占星學的過度簡化。報紙上的每日星座運勢，以及許多被廣泛閱讀的書籍都僅以太陽星座為基礎。

宮位表（Table of Houses）
在繪製星盤時所使用的一種圖表，這種圖表會標明，在不同出生地的緯度與出生時間下，星盤中各個星座所在的位置與各個宮位的度數。不同的宮位系統（分宮制）會採用不同的宮位表。

金牛座（Taurus）

金牛座是黃道帶上的第二個星座；太陽每年大約從 4 月 20 日至 5 月 20 日行經這個星座。金牛座是土象星座，同時也是固定星座。其象徵圖像是公牛，守護星是金星。金牛座的人都有這樣的特性：講求實際、意志堅定、充滿關愛與藝術家氣息、固執且抗拒改變。

過境／行運（Transit）

「transit」這個字源自於拉丁文的「transitus」，意思是「穿過」。

1. 太陽、月亮或行星行經黃道帶上的某個星座，比方說，金星行經牡羊座。
2. 太陽、月亮或行星行經它們或其他行星在星盤中的同一位置。舉例來說，在某張星盤裡，太陽落在牡羊座 15 度，而木星下個月也會來到 15 度，這預示了命主將財運旺盛。

三分相（Trine）△

三分相是主要相位之一，在這種相位裡，兩顆以上的行星彼此相隔 120 度（容許度在前後 9 度內）。三分相是最和諧且有利的一種相位，它會帶來優勢與舒適感。然而，很多占星師都認為，三分相可能會導致自滿或懶惰，因為命主不需要為了成功而付出很大的努力。

三方星座（Triplicity）

將十二星座依照四大元素分成四組，每組各有三個星座，稱為「三方星座」。這四組星座分別是火象星座（牡羊座、獅子座、射手座），土象星座（金牛座、處女座、摩羯座），風象星座（雙子座、天秤座、水瓶座），以及水象星座（巨蟹座、天蠍座、雙魚座）。

T 型三角（T-Square）

T 型三角是一種獨特的圖形相位，這種相位由三顆行星所組成，其中兩顆行星互成對分相，另一顆行星則位於這兩顆行星的中間（因此，它和這兩顆行星互成四分相）。T 型三角是一種困難相位，代表緊張、衝突與阻礙。不過，它會促使命主努力對抗，解決問題。在許多知名人士的星盤裡都可以看到 T 型三角。

天王星（Uranus）♅

在占星學裡，天王星象徵改變、動盪、革新與獨創性。天王星在 1781 年被發現，是第一顆被發現的現代行星。天王星是水瓶座的守護星（水瓶座的傳統守護星是土星）。當天王星在星盤中特別突顯時，命主通常都獨立自主、勇於創新、喜歡打破常規。天王星的影響也可能使人舉止古怪、狂熱、桀敖不馴。

金星（Venus）♀

在占星學裡，金星象徵愛情、感情、美、藝術、審美觀與享受。金星同時是金牛座和天秤座的守護星。當金星在星盤中特別突顯時，命主通常都親切迷人、善於社交，並具備強大的個人魅力。此外，金星的影響也可能使人反覆無常、奢侈浪費、過度放縱、自戀、愛慕虛榮。

處女座（Virgo）♍

處女座是黃道帶上的第六個星座；太陽每年大約從 8 月 23 日至 9 月 22 日行經這個星座。處女座是土象星座，同時也是變動星座。其象徵圖像是處女，守護星是水星。處女座的人都有這樣的特性：勤奮、聰明伶俐、具備很好的鑑別與邏輯分析能力，而且往往有些吹毛求疵。

水元素（Water Element）

水元素是十二星座分類的四大元素之一（這四大元素分別是火、土、風、水）。巨蟹座、天蠍座和雙魚座是水象星座。在占星學裡，水元素象徵情感、想像力、敏感的心思與靈性。

黃道帶（Zodiac）

「zodiac」這個字源自於希臘文的「zodiakos」，意思是「動物圈」。這條環繞在地球周圍的狹長環帶被劃分為十二個星座，它們分別是牡羊座、金牛座、雙子座、巨蟹座、獅子座、處女座、天秤座、天蠍座、射手座、摩羯座、水瓶座和雙魚座。這些星座對應到黃道帶內的十二個同名星座（星群），但兩者其實是不一樣的。雖然這些星座（星群）大小不同，黃道十二星座（黃道十二宮）都是 30 度的區塊（整個黃道帶是一個 360 度的圓圈。黃道帶的中央是太陽在天球上移動的軌道（黃道）。太陽、月亮與所有行星（除了冥王星以外）的軌道都在黃道帶內。

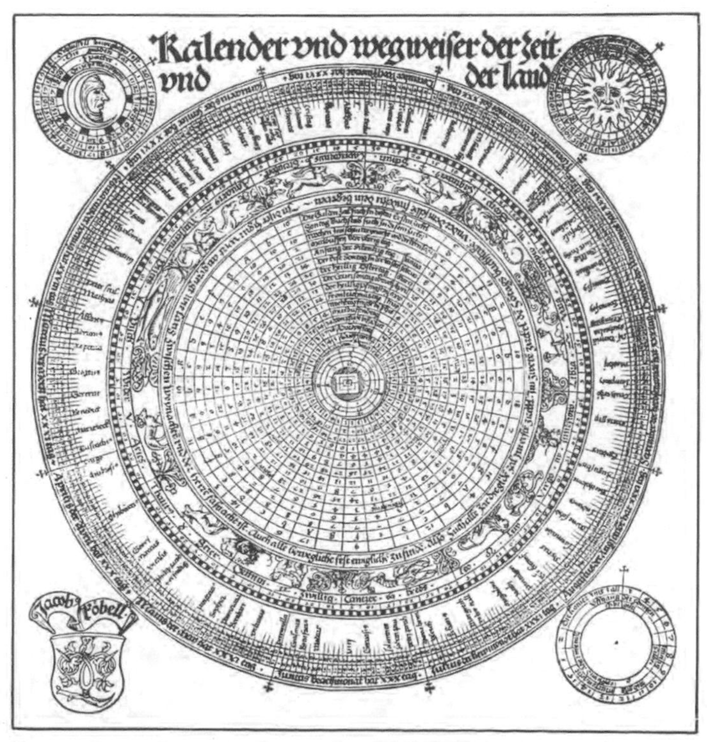

第七部

1900 ～ 2100 年星曆表

你確切的太陽星座是什麼？

太陽每年大約都會在相同的時間行經黃道帶上的十二個星座。太陽進入和離開每個星座的日期，跟你平常在書籍和報紙上讀到的一樣。舉例來說，你可能會看到每年的3月21日至4月19日，太陽會待在牡羊座。

然而，這些日期並不精確。在某些年份，太陽會早或晚一兩天進入或離開一個星座。這是因為太陽每年的運行速度並非完全相同；因著地球的位置，會有些微的改變。此外，在一年中的某些時候，太陽也會走得比較快。（比方說，1月初時，太陽的運行速度每天都會比6月初時快四分鐘。）儘管這樣的變化無關緊要，一兩天的差異還是會令許多生日靠近某個星座頭尾的人感到困惑。

接下來的太陽星座星曆表將會告訴你，你確切的太陽星座是什麼。使用這份表格時，你只要找出你的出生年份與月份即可。你將會看到，太陽究竟在那個月的哪一天進入某個星座。如果你的生日比那一天早，你的太陽星座會在前一個月開始；如果你的生日比太陽進入下一個星座的時間晚，你的太陽星座就是這個星座。

範例1：你的生日是1970年8月4日。請找出「1970」那一欄，然後在「AUG」那一行旁邊放一把尺。你會看到，太陽在那一年的8月23日進入處女座。因為你是8月4日出生的，請往前一個月看。你將會看到太陽在7月23日進入獅子座，直到8月23日才進入處女座。因此，你的太陽星座是獅子座。

範例2：你的生日是1980年10月29日。請找出「1980」那一欄，然後在「OCT」那一行旁邊放一把尺。你會看到，太陽在那一年的10月23日進入天蠍座。因為你是10月29日出生的，所以你的太陽星座是天蠍座。

範例3：你的生日是1963年1月20日。請找出「1963」那一欄，然後在「JAN」那一行旁邊放一把尺。你會看到，太陽在那一年的1月20日進入水瓶座。因此，你的太陽星座是水瓶座。

各星座英文簡稱如下：

牡羊座　ARI
金牛座　TAU
雙子座　GEM
巨蟹座　CAN
獅子座　LEO
處女座　VIR
天秤座　LIB
天蠍座　SCO
射手座　SAG
摩羯座　CAP
水瓶座　AQU
雙魚座　PIS

太陽星座星曆表

	1900	1901	1902	1903	1904	1905	1906	1907	1908	1909	1910	1911	1912	1913	1914
JAN	20 AQU	20 AQU	20 AQU	21 AQU	21 AQU	20 AQU	20 AQU	21 AQU	21 AQU	20 AQU	20 AQU	20 AQU	21 AQU	20 AQU	20 AQU
FEB	18 PIS	19 PIS	19 PIS	19 PIS	19 PIS	19 PIS	19 PIS	19 PIS	19 PIS	19 PIS	19 PIS	19 PIS	19 PIS	19 PIS	19 PIS
MAR	20 ARI	21 ARI	21 ARI	21 ARI	20 ARI	21 ARI	21 ARI	21 ARI	20 ARI	21 ARI	21 ARI	21 ARI	20 ARI	21 ARI	21 ARI
APR	20 TAU	20 TAU	20 TAU	21 TAU	20 TAU	20 TAU	20 TAU	21 TAU	20 TAU	20 TAU	20 TAU	21 TAU	20 TAU	20 TAU	20 TAU
MAY	21 GEM	21 GEM	21 GEM	22 GEM	21 GEM	21 GEM	21 GEM	22 GEM	21 GEM	21 GEM	21 GEM	22 GEM	21 GEM	21 GEM	21 GEM
JUN	21 CAN	21 CAN	22 CAN	22 CAN	21 CAN	21 CAN	22 CAN	22 CAN	21 CAN	21 CAN	22 CAN	22 CAN	21 CAN	21 CAN	22 CAN
JUL	23 LEO	23 LEO	23 LEO	23 LEO	23 LEO	23 LEO	23 LEO	23 LEO	23 LEO	23 LEO	23 LEO	23 LEO	23 LEO	23 LEO	23 LEO
AUG	23 VIR	23 VIR	23 VIR	24 VIR	23 VIR	23 VIR	23 VIR	24 VIR	23 VIR	23 VIR	23 VIR	24 VIR	23 VIR	23 VIR	23 VIR
SEP	23 LIB	23 LIB	23 LIB	24 LIB	23 LIB	23 LIB	23 LIB	24 LIB	23 LIB	23 LIB	23 LIB	24 LIB	23 LIB	23 LIB	23 LIB
OCT	23 SCO	23 SCO	24 SCO	24 SCO	23 SCO	23 SCO	24 SCO	24 SCO	23 SCO	23 SCO	24 SCO	24 SCO	23 SCO	23 SCO	24 SCO
NOV	22 SAG	22 SAG	23 SAG	23 SAG	22 SAG	22 SAG	23 SAG	23 SAG	22 SAG	22 SAG	23 SAG	23 SAG	22 SAG	22 SAG	22 SAG
DEC	22 CAP	22 CAP	22 CAP	22 CAP	22 CAP	22 CAP	22 CAP	22 CAP	22 CAP	22 CAP	22 CAP	22 CAP	22 CAP	22 CAP	22 CAP

	1915	1916	1917	1918	1919	1920	1921	1922	1923	1924	1925	1926	1927	1928	1929
JAN	20 AQU	21 AQU	20 AQU	20 AQU	20 AQU	21 AQU	20 AQU	20 AQU	20 AQU	21 AQU	20 AQU	20 AQU	20 AQU	21 AQU	20 AQU
FEB	19 PIS	19 PIS	19 PIS	19 PIS	19 PIS	19 PIS	19 PIS	19 PIS	19 PIS	19 PIS	18 PIS	19 PIS	19 PIS	19 PIS	18 PIS
MAR	21 ARI	20 ARI	21 ARI	21 ARI	21 ARI	20 ARI	20 ARI	21 ARI	21 ARI	20 ARI	20 ARI	21 ARI	21 ARI	20 ARI	20 ARI
APR	21 TAU	20 TAU	20 TAU	20 TAU	20 TAU	20 TAU	20 TAU	20 TAU	20 TAU	20 TAU	20 TAU	20 TAU	20 TAU	20 TAU	20 TAU
MAY	22 GEM	21 GEM	21 GEM	21 GEM	21 GEM	21 GEM	21 GEM	21 GEM	21 GEM	21 GEM	21 GEM	21 GEM	21 GEM	21 GEM	21 GEM
JUN	22 CAN	21 CAN	21 CAN	22 CAN	22 CAN	21 CAN	21 CAN	22 CAN	22 CAN	21 CAN	21 CAN	22 CAN	22 CAN	21 CAN	21 CAN
JUL	23 LEO	23 LEO	23 LEO	23 LEO	23 LEO	23 LEO	23 LEO	23 LEO	23 LEO	22 LEO	23 LEO	23 LEO	23 LEO	22 LEO	23 LEO
AUG	24 VIR	23 VIR	23 VIR	23 VIR	24 VIR	23 VIR	23 VIR	23 VIR	24 VIR	23 VIR	23 VIR	23 VIR	24 VIR	23 VIR	23 VIR
SEP	23 LIB	23 LIB	23 LIB	23 LIB	23 LIB	23 LIB	23 LIB	23 LIB	23 LIB	23 LIB	23 LIB	23 LIB	23 LIB	23 LIB	23 LIB
OCT	24 SCO	23 SCO	23 SCO	24 SCO	24 SCO	23 SCO	23 SCO	24 SCO	24 SCO	23 SCO	23 SCO	24 SCO	24 SCO	23 SCO	23 SCO
NOV	23 SAG	22 SAG	22 SAG	22 SAG	23 SAG	22 SAG	22 SAG	22 SAG	23 SAG	22 SAG	22 SAG	22 SAG	23 SAG	22 SAG	22 SAG
DEC	22 CAP	21 CAP	22 CAP	22 CAP	22 CAP	21 CAP	22 CAP	22 CAP	22 CAP	21 CAP	22 CAP	22 CAP	22 CAP	21 CAP	22 CAP

	1930	1931	1932	1933	1934	1935	1936	1937	1938	1939	1940	1941	1942	1943	1944
JAN	20 AQU	20 AQU	21 AQU	20 AQU	20 AQU	20 AQU	21 AQU	20 AQU	20 AQU	20 AQU	21 AQU	20 AQU	20 AQU	20 AQU	21 AQU
FEB	19 PIS	19 PIS	19 PIS	18 PIS	19 PIS	19 PIS	19 PIS	18 PIS	19 PIS	19 PIS	19 PIS	18 PIS	19 PIS	19 PIS	19 PIS
MAR	21 ARI	21 ARI	20 ARI	20 ARI	21 ARI	21 ARI	20 ARI	20 ARI	21 ARI	21 ARI	20 ARI	20 ARI	21 ARI	21 ARI	20 ARI
APR	20 TAU	20 TAU	20 TAU	20 TAU	20 TAU	20 TAU	20 TAU	20 TAU	20 TAU	20 TAU	20 TAU	20 TAU	20 TAU	20 TAU	20 TAU
MAY	21 GEM	21 GEM	21 GEM	21 GEM	21 GEM	21 GEM	21 GEM	21 GEM	21 GEM	21 GEM	21 GEM	21 GEM	21 GEM	21 GEM	21 GEM
JUN	21 CAN	22 CAN	21 CAN	21 CAN	21 CAN	22 CAN	21 CAN	21 CAN	21 CAN	22 CAN	21 CAN	21 CAN	21 CAN	22 CAN	21 CAN
JUL	23 LEO	23 LEO	22 LEO	23 LEO	23 LEO	23 LEO	22 LEO	23 LEO	23 LEO	23 LEO	22 LEO	23 LEO	23 LEO	23 LEO	22 LEO
AUG	23 VIR	23 VIR	23 VIR	23 VIR	23 VIR	23 VIR	23 VIR	23 VIR	23 VIR	23 VIR	23 VIR	23 VIR	23 VIR	23 VIR	23 VIR
SEP	23 LIB	23 LIB	23 LIB	23 LIB	23 LIB	23 LIB	23 LIB	23 LIB	23 LIB	23 LIB	23 LIB	23 LIB	23 LIB	23 LIB	23 LIB
OCT	23 SCO	24 SCO	23 SCO	23 SCO	23 SCO	24 SCO	23 SCO	23 SCO	23 SCO	24 SCO	23 SCO	23 SCO	23 SCO	24 SCO	23 SCO
NOV	22 SAG	23 SAG	22 SAG	22 SAG	22 SAG	23 SAG	22 SAG	22 SAG	22 SAG	23 SAG	22 SAG	22 SAG	22 SAG	23 SAG	22 SAG
DEC	22 CAP	22 CAP	21 CAP	22 CAP	22 CAP	22 CAP	21 CAP	22 CAP	22 CAP	22 CAP	21 CAP	22 CAP	22 CAP	22 CAP	21 CAP

	1945	1946	1947	1948	1949	1950	1951	1952	1953	1954	1955	1956	1957	1958	1959
JAN	20 AQU	20 AQU	20 AQU	20 AQU	20 AQU	20 AQU	20 AQU	20 AQU	20 AQU	20 AQU	20 AQU	20 AQU	20 AQU	20 AQU	20 AQU
FEB	18 PIS	19 PIS	19 PIS	19 PIS	18 PIS	19 PIS	19 PIS	19 PIS	18 PIS	19 PIS	19 PIS	19 PIS	18 PIS	18 PIS	19 PIS
MAR	20 ARI	21 ARI	21 ARI	20 ARI	20 ARI	21 ARI	21 ARI	20 ARI	20 ARI	20 ARI	21 ARI	20 ARI	20 ARI	20 ARI	21 ARI
APR	20 TAU	20 TAU	20 TAU	20 TAU	20 TAU	20 TAU	20 TAU	19 TAU	20 TAU	20 TAU	20 TAU	19 TAU	20 TAU	20 TAU	20 TAU
MAY	21 GEM	21 GEM	21 GEM	20 GEM	21 GEM	21 GEM	21 GEM	20 GEM	21 GEM	21 GEM	21 GEM	20 GEM	21 GEM	21 GEM	21 GEM
JUN	21 CAN	21 CAN	22 CAN	21 CAN	21 CAN	21 CAN	22 CAN	21 CAN	21 CAN	21 CAN	22 CAN	21 CAN	21 CAN	21 CAN	21 CAN
JUL	23 LEO	23 LEO	23 LEO	22 LEO	23 LEO	23 LEO	23 LEO	22 LEO	22 LEO	23 LEO	23 LEO	22 LEO	22 LEO	23 LEO	23 LEO
AUG	23 VIR	23 VIR	23 VIR	23 VIR	23 VIR	23 VIR	23 VIR	23 VIR	23 VIR	23 VIR	23 VIR	23 VIR	23 VIR	23 VIR	23 VIR
SEP	23 LIB	23 LIB	23 LIB	22 LIB	23 LIB	23 LIB	23 LIB	22 LIB	23 LIB	23 LIB	23 LIB	22 LIB	23 LIB	23 LIB	23 LIB
OCT	23 SCO	23 SCO	24 SCO	23 SCO	23 SCO	23 SCO	24 SCO	23 SCO	23 SCO	23 SCO	24 SCO	23 SCO	23 SCO	23 SCO	24 SCO
NOV	22 SAG	22 SAG	22 SAG	22 SAG	22 SAG	22 SAG	22 SAG	22 SAG	22 SAG	22 SAG	22 SAG	22 SAG	22 SAG	22 SAG	22 SAG
DEC	22 CAP	22 CAP	22 CAP	21 CAP	22 CAP	22 CAP	22 CAP	21 CAP	21 CAP	22 CAP	22 CAP	21 CAP	21 CAP	22 CAP	22 CAP

	1960	1961	1962	1963	1964	1965	1966	1967	1968	1969	1970	1971	1972	1973	1974
JAN	20 AQU	20 AQU	20 AQU	20 AQU	20 AQU	20 AQU	20 AQU	20 AQU	20 AQU	20 AQU	20 AQU	20 AQU	20 AQU	20 AQU	20 AQU
FEB	19 PIS	18 PIS	18 PIS	19 PIS	19 PIS	18 PIS	18 PIS	19 PIS	19 PIS	18 PIS	18 PIS	19 PIS	19 PIS	18 PIS	18 PIS
MAR	20 ARI	20 ARI	20 ARI	21 ARI	20 ARI	20 ARI	20 ARI	21 ARI	20 ARI	20 ARI	20 ARI	21 ARI	20 ARI	20 ARI	20 ARI
APR	19 TAU	20 TAU	20 TAU	20 TAU	19 TAU	20 TAU	20 TAU	20 TAU	19 TAU	20 TAU	20 TAU	20 TAU	19 TAU	20 TAU	20 TAU
MAY	20 GEM	21 GEM	21 GEM	21 GEM	20 GEM	21 GEM	21 GEM	21 GEM	20 GEM	21 GEM	21 GEM	21 GEM	20 GEM	21 GEM	21 GEM
JUN	21 CAN	21 CAN	21 CAN	21 CAN	21 CAN	21 CAN	21 CAN	21 CAN	21 CAN	21 CAN	21 CAN	21 CAN	21 CAN	21 CAN	21 CAN
JUL	22 LEO	22 LEO	23 LEO	23 LEO	22 LEO	22 LEO	23 LEO	23 LEO	22 LEO	22 LEO	23 LEO	23 LEO	22 LEO	22 LEO	23 LEO
AUG	22 VIR	23 VIR	23 VIR	23 VIR	22 VIR	23 VIR	23 VIR	23 VIR	22 VIR	23 VIR	23 VIR	23 VIR	22 VIR	23 VIR	23 VIR
SEP	22 LIB	23 LIB	23 LIB	23 LIB	22 LIB	23 LIB	23 LIB	23 LIB	22 LIB	23 LIB	23 LIB	23 LIB	22 LIB	23 LIB	23 LIB
OCT	23 SCO	23 SCO	23 SCO	23 SCO	23 SCO	23 SCO	23 SCO	23 SCO	23 SCO	23 SCO	23 SCO	23 SCO	23 SCO	23 SCO	23 SCO
NOV	22 SAG	22 SAG	22 SAG	22 SAG	22 SAG	22 SAG	22 SAG	22 SAG	22 SAG	22 SAG	22 SAG	22 SAG	22 SAG	22 SAG	22 SAG
DEC	21 CAP	21 CAP	22 CAP	22 CAP	21 CAP	21 CAP	22 CAP	22 CAP	21 CAP	21 CAP	22 CAP	22 CAP	21 CAP	21 CAP	22 CAP

	1975	1976	1977	1978	1979	1980	1981	1982	1983	1984	1985	1986	1987	1988	1989
JAN	20 AQU	20 AQU	20 AQU	20 AQU	20 AQU	20 AQU	19 AQU	20 AQU	20 AQU	20 AQU	19 AQU	20 AQU	20 AQU	20 AQU	19 AQU
FEB	19 PIS	19 PIS	18 PIS	18 PIS	19 PIS	19 PIS	18 PIS	18 PIS	19 PIS	19 PIS	18 PIS	18 PIS	19 PIS	19 PIS	18 PIS
MAR	21 ARI	20 ARI	20 ARI	20 ARI	21 ARI	20 ARI	20 ARI	20 ARI	21 ARI	20 ARI	20 ARI	20 ARI	20 ARI	20 ARI	20 ARI
APR	20 TAU	19 TAU	20 TAU	20 TAU	20 TAU	19 TAU	20 TAU	20 TAU	20 TAU	19 TAU	19 TAU	20 TAU	20 TAU	19 TAU	19 TAU
MAY	21 GEM	20 GEM	21 GEM	21 GEM	21 GEM	20 GEM	20 GEM	21 GEM	21 GEM	20 GEM	20 GEM	21 GEM	21 GEM	20 GEM	20 GEM
JUN	21 CAN	21 CAN	21 CAN	21 CAN	21 CAN	21 CAN	21 CAN	21 CAN	21 CAN	21 CAN	21 CAN	21 CAN	21 CAN	20 CAN	21 CAN
JUL	23 LEO	22 LEO	22 LEO	23 LEO	23 LEO	22 LEO	22 LEO	23 LEO	23 LEO	22 LEO	22 LEO	22 LEO	23 LEO	22 LEO	22 LEO
AUG	23 VIR	22 VIR	23 VIR	23 VIR	23 VIR	22 VIR	23 VIR	23 VIR	23 VIR	22 VIR	23 VIR	23 VIR	23 VIR	22 VIR	22 VIR
SEP	23 LIB	22 LIB	22 LIB	23 LIB	23 LIB	22 LIB	22 LIB	23 LIB	23 LIB	22 LIB	22 LIB	23 LIB	23 LIB	22 LIB	22 LIB
OCT	23 SCO	23 SCO	23 SCO	23 SCO	23 SCO	23 SCO	23 SCO	23 SCO	23 SCO	23 SCO	23 SCO	23 SCO	23 SCO	23 SCO	23 SCO
NOV	22 SAG	22 SAG	22 SAG	22 SAG	22 SAG	21 SAG	22 SAG	22 SAG	22 SAG	21 SAG	22 SAG	22 SAG	22 SAG	21 SAG	22 SAG
DEC	22 CAP	21 CAP	21 CAP	22 CAP	22 CAP	21 CAP	21 CAP	22 CAP	22 CAP	21 CAP	21 CAP	22 CAP	22 CAP	21 CAP	21 CAP

	1990	1991	1992	1993	1994	1995	1996	1997	1998	1999	2000	2001	2002	2003	2004
JAN	20 AQU	20 AQU	20 AQU	19 AQU	20 AQU	20 AQU	20 AQU	19 AQU	20 AQU	20 AQU	20 AQU	19 AQU	20 AQU	20 AQU	20 AQU
FEB	18 PIS	18 PIS	19 PIS	18 PIS	18 PIS	18 PIS	19 PIS	18 PIS	18 PIS	18 PIS	19 PIS	18 PIS	18 PIS	18 PIS	19 PIS
MAR	20 ARI	20 ARI	20 ARI	20 ARI	20 ARI	20 ARI	20 ARI	20 ARI	20 ARI	20 ARI	20 ARI	20 ARI	20 ARI	20 ARI	20 ARI
APR	20 TAU	20 TAU	19 TAU	19 TAU	20 TAU	20 TAU	19 TAU	19 TAU	20 TAU	20 TAU	19 TAU	19 TAU	20 TAU	20 TAU	19 TAU
MAY	21 GEM	21 GEM	20 GEM	20 GEM	21 GEM	21 GEM	20 GEM	20 GEM	21 GEM	21 GEM	20 GEM	20 GEM	21 GEM	21 GEM	20 GEM
JUN	21 CAN	21 CAN	20 CAN	21 CAN	21 CAN	21 CAN	20 CAN	21 CAN	21 CAN	21 CAN	20 CAN	21 CAN	21 CAN	21 CAN	20 CAN
JUL	22 LEO	23 LEO	22 LEO	22 LEO	22 LEO	23 LEO	22 LEO	22 LEO	22 LEO	23 LEO	22 LEO	22 LEO	22 LEO	23 LEO	22 LEO
AUG	23 VIR	23 VIR	22 VIR	22 VIR	23 VIR	23 VIR	22 VIR	22 VIR	23 VIR	23 VIR	22 VIR	22 VIR	23 VIR	23 VIR	22 VIR
SEP	23 LIB	23 LIB	22 LIB	22 LIB	23 LIB	23 LIB	22 LIB	22 LIB	23 LIB	23 LIB	22 LIB	22 LIB	23 LIB	23 LIB	22 LIB
OCT	23 SCO	23 SCO	22 SCO	23 SCO	23 SCO	23 SCO	22 SCO	23 SCO	23 SCO	23 SCO	22 SCO	23 SCO	23 SCO	23 SCO	22 SCO
NOV	22 SAG	22 SAG	21 SAG	22 SAG	22 SAG	22 SAG	21 SAG	22 SAG	22 SAG	22 SAG	21 SAG	22 SAG	22 SAG	22 SAG	21 SAG
DEC	21 CAP	22 CAP	21 CAP	21 CAP	21 CAP	22 CAP	21 CAP	21 CAP	21 CAP	22 CAP	21 CAP	21 CAP	21 CAP	22 CAP	21 CAP

	2005	2006	2007	2008	2009	2010	2011	2012	2013	2014	2015	2016	2017	2018	2019
JAN	19 AQU	20 AQU	20 AQU	20 AQU	19 AQU	20 AQU	20 AQU	20 AQU	19 AQU	19 AQU	20 AQU	20 AQU	19 AQU	19 AQU	20 AQU
FEB	18 PIS	18 PIS	18 PIS	19 PIS	18 PIS	18 PIS	18 PIS	19 PIS	18 PIS	18 PIS	18 PIS	19 PIS	18 PIS	18 PIS	18 PIS
MAR	20 ARI	20 ARI	20 ARI	20 ARI	20 ARI	20 ARI	20 ARI	20 ARI	20 ARI	20 ARI	20 ARI	20 ARI	20 ARI	20 ARI	20 ARI
APR	19 TAU	20 TAU	20 TAU	19 TAU	19 TAU	20 TAU	20 TAU	19 TAU	19 TAU	19 TAU	20 TAU	19 TAU	19 TAU	19 TAU	20 TAU
MAY	20 GEM	21 GEM	21 GEM	20 GEM	20 GEM	20 GEM	21 GEM	20 GEM	20 GEM	20 GEM	21 GEM	20 GEM	20 GEM	20 GEM	21 GEM
JUN	21 CAN	21 CAN	21 CAN	20 CAN	21 CAN	21 CAN	21 CAN	20 CAN	21 CAN	21 CAN	21 CAN	20 CAN	21 CAN	21 CAN	21 CAN
JUL	22 LEO	22 LEO	23 LEO	22 LEO	22 LEO	22 LEO	23 LEO	22 LEO	22 LEO	22 LEO	22 LEO	22 LEO	22 LEO	22 LEO	22 LEO
AUG	22 VIR	23 VIR	23 VIR	22 VIR	22 VIR	23 VIR	23 VIR	22 VIR	22 VIR	23 VIR	23 VIR	22 VIR	22 VIR	23 VIR	23 VIR
SEP	22 LIB	23 LIB	23 LIB	22 LIB	22 LIB	22 LIB	23 LIB	22 LIB	22 LIB	22 LIB	23 LIB	22 LIB	22 LIB	22 LIB	23 LIB
OCT	23 SCO	23 SCO	23 SCO	22 SCO	23 SCO	23 SCO	23 SCO	22 SCO	23 SCO	23 SCO	23 SCO	22 SCO	23 SCO	23 SCO	23 SCO
NOV	22 SAG	22 SAG	22 SAG	21 SAG	22 SAG	22 SAG	22 SAG	21 SAG	21 SAG	22 SAG	22 SAG	21 SAG	21 SAG	22 SAG	22 SAG
DEC	21 CAP	21 CAP	22 CAP	21 CAP	21 CAP	21 CAP	22 CAP	21 CAP	21 CAP	21 CAP	22 CAP	21 CAP	21 CAP	21 CAP	22 CAP

	2020	2021	2022	2023	2024	2025	2026	2027	2028	2029	2030	2031	2032	2033	2034
JAN	20 AQU	19 AQU	19 AQU	20 AQU	20 AQU	19 AQU	19 AQU	20 AQU	20 AQU	19 AQU	19 AQU	20 AQU	20 AQU	19 AQU	19 AQU
FEB	19 PIS	18 PIS	18 PIS	18 PIS	19 PIS	18 PIS	18 PIS	18 PIS	18 PIS	18 PIS	18 PIS	18 PIS	18 PIS	18 PIS	18 PIS
MAR	19 ARI	20 ARI	20 ARI	20 ARI	19 ARI	20 ARI	20 ARI	20 ARI	19 ARI	20 ARI	20 ARI	20 ARI	19 ARI	20 ARI	20 ARI
APR	19 TAU	19 TAU	19 TAU	20 TAU	19 TAU	19 TAU	19 TAU	20 TAU	19 TAU	19 TAU	19 TAU	20 TAU	19 TAU	19 TAU	19 TAU
MAY	20 GEM	20 GEM	20 GEM	21 GEM	20 GEM	20 GEM	20 GEM	21 GEM	20 GEM	20 GEM	20 GEM	21 GEM	20 GEM	20 GEM	20 GEM
JUN	20 CAN	20 CAN	21 CAN	21 CAN	20 CAN	20 CAN	21 CAN	21 CAN	20 CAN	20 CAN	21 CAN	21 CAN	20 CAN	20 CAN	21 CAN
JUL	22 LEO	22 LEO	22 LEO	22 LEO	22 LEO	22 LEO	22 LEO	22 LEO	22 LEO	22 LEO	22 LEO	22 LEO	22 LEO	22 LEO	22 LEO
AUG	22 VIR	22 VIR	22 VIR	23 VIR	22 VIR	22 VIR	22 VIR	23 VIR	22 VIR	22 VIR	22 VIR	23 VIR	22 VIR	22 VIR	22 VIR
SEP	22 LIB	22 LIB	22 LIB	23 LIB	22 LIB	22 LIB	22 LIB	23 LIB	22 LIB	22 LIB	22 LIB	23 LIB	22 LIB	22 LIB	22 LIB
OCT	22 SCO	23 SCO	23 SCO	23 SCO	22 SCO	22 SCO	23 SCO	23 SCO	22 SCO	22 SCO	23 SCO	23 SCO	22 SCO	22 SCO	23 SCO
NOV	21 SAG	21 SAG	22 SAG	22 SAG	21 SAG	21 SAG	22 SAG	22 SAG	21 SAG	21 SAG	22 SAG	22 SAG	21 SAG	21 SAG	22 SAG
DEC	21 CAP	21 CAP	21 CAP	21 CAP	21 CAP	21 CAP	21 CAP	21 CAP	21 CAP	21 CAP	21 CAP	21 CAP	21 CAP	21 CAP	21 CAP

	2035	2036	2037	2038	2039	2040	2041	2042	2043	2044	2045	2046	2047	2048	2049
JAN	20 AQU	20 AQU	19 AQU	19 AQU	20 AQU	20 AQU	19 AQU	19 AQU	20 AQU	20 AQU	19 AQU	19 AQU	20 AQU	20 AQU	19 AQU
FEB	18 PIS	18 PIS	18 PIS	18 PIS	18 PIS	18 PIS	18 PIS	18 PIS	18 PIS	18 PIS	18 PIS	18 PIS	18 PIS	18 PIS	18 PIS
MAR	20 ARI	19 ARI	20 ARI	20 ARI	20 ARI	19 ARI	20 ARI	20 ARI	20 ARI	19 ARI	20 ARI	20 ARI	20 ARI	19 ARI	20 ARI
APR	20 TAU	19 TAU	19 TAU	19 TAU	20 TAU	19 TAU	19 TAU	19 TAU	20 TAU	19 TAU	19 TAU	19 TAU	19 TAU	19 TAU	19 TAU
MAY	21 GEM	20 GEM	20 GEM	20 GEM	21 GEM	20 GEM	20 GEM	20 GEM	20 GEM	20 GEM	20 GEM	20 GEM	20 GEM	20 GEM	20 GEM
JUN	21 CAN	20 CAN	20 CAN	21 CAN	21 CAN	20 CAN	20 CAN	21 CAN	21 CAN	20 CAN	20 CAN	21 CAN	21 CAN	20 CAN	20 CAN
JUL	22 LEO	22 LEO	22 LEO	22 LEO	22 LEO	22 LEO	22 LEO	22 LEO	22 LEO	21 LEO	22 LEO	22 LEO	22 LEO	21 LEO	22 LEO
AUG	23 VIR	22 VIR	22 VIR	22 VIR	23 VIR	22 VIR	22 VIR	22 VIR	23 VIR	22 VIR	22 VIR	22 VIR	23 VIR	22 VIR	22 VIR
SEP	23 LIB	22 LIB	22 LIB	22 LIB	22 LIB	22 LIB	22 LIB	22 LIB	22 LIB	22 LIB	22 LIB	22 LIB	22 LIB	22 LIB	22 LIB
OCT	23 SCO	22 SCO	22 SCO	23 SCO	23 SCO	22 SCO	22 SCO	23 SCO	23 SCO	22 SCO	22 SCO	23 SCO	23 SCO	22 SCO	22 SCO
NOV	22 SAG	21 SAG	21 SAG	22 SAG	22 SAG	21 SAG	21 SAG	22 SAG	22 SAG	21 SAG	21 SAG	21 SAG	22 SAG	21 SAG	21 SAG
DEC	21 CAP	21 CAP	21 CAP	21 CAP	21 CAP	21 CAP	21 CAP	21 CAP	21 CAP	21 CAP	21 CAP	21 CAP	21 CAP	21 CAP	21 CAP

	2050	2051	2052	2053	2054	2055	2056	2057	2058	2059	2060	2061	2062	2063	2064
JAN	19 AQU	19 AQU	20 AQU	19 AQU	19 AQU	19 AQU	20 AQU	19 AQU	19 AQU	19 AQU	20 AQU	19 AQU	19 AQU	19 AQU	20 AQU
FEB	18 PIS	18 PIS	18 PIS	18 PIS	18 PIS	18 PIS	18 PIS	18 PIS	18 PIS	18 PIS	18 PIS	17 PIS	18 PIS	18 PIS	18 PIS
MAR	20 ARI	20 ARI	19 ARI	19 ARI	20 ARI	20 ARI	19 ARI	19 ARI	20 ARI	20 ARI	19 ARI	19 ARI	20 ARI	20 ARI	19 ARI
APR	19 TAU	19 TAU	19 TAU	19 TAU	19 TAU	19 TAU	19 TAU	19 TAU	19 TAU	19 TAU	19 TAU	19 TAU	19 TAU	19 TAU	19 TAU
MAY	20 GEM	20 GEM	20 GEM	20 GEM	20 GEM	20 GEM	20 GEM	20 GEM	20 GEM	20 GEM	20 GEM	20 GEM	20 GEM	20 GEM	20 GEM
JUN	20 CAN	21 CAN	20 CAN	20 CAN	20 CAN	21 CAN	20 CAN	20 CAN	20 CAN	21 CAN	20 CAN	20 CAN	20 CAN	21 CAN	20 CAN
JUL	22 LEO	22 LEO	21 LEO	22 LEO	22 LEO	22 LEO	21 LEO	22 LEO	22 LEO	22 LEO	21 LEO	22 LEO	22 LEO	22 LEO	21 LEO
AUG	22 VIR	22 VIR	22 VIR	22 VIR	22 VIR	22 VIR	22 VIR	22 VIR	22 VIR	22 VIR	22 VIR	22 VIR	22 VIR	22 VIR	22 VIR
SEP	22 LIB	22 LIB	22 LIB	22 LIB	22 LIB	22 LIB	22 LIB	22 LIB	22 LIB	22 LIB	22 LIB	22 LIB	22 LIB	22 LIB	22 LIB
OCT	23 SCO	23 SCO	22 SCO	22 SCO	23 SCO	23 SCO	22 SCO	22 SCO	22 SCO	23 SCO	22 SCO	22 SCO	22 SCO	23 SCO	22 SCO
NOV	21 SAG	22 SAG	21 SAG	21 SAG	21 SAG	22 SAG	21 SAG	21 SAG	21 SAG	22 SAG	21 SAG	21 SAG	21 SAG	22 SAG	21 SAG
DEC	21 CAP	21 CAP	21 CAP	21 CAP	21 CAP	21 CAP	20 CAP	21 CAP	21 CAP	21 CAP	20 CAP	21 CAP	21 CAP	21 CAP	20 CAP

	2065	2066	2067	2068	2069	2070	2071	2072	2073	2074	2075	2076	2077	2078	2079
JAN	19 AQU	19 AQU	19 AQU	20 AQU	19 AQU	19 AQU	19 AQU	20 AQU	19 AQU	19 AQU	19 AQU	20 AQU	19 AQU	19 AQU	19 AQU
FEB	17 PIS	18 PIS	18 PIS	18 PIS	17 PIS	18 PIS	18 PIS	18 PIS	17 PIS	18 PIS	18 PIS	18 PIS	17 PIS	18 PIS	18 PIS
MAR	19 ARI	20 ARI	20 ARI	19 ARI	19 ARI	20 ARI	20 ARI	19 ARI	19 ARI	20 ARI	20 ARI	19 ARI	19 ARI	20 ARI	20 ARI
APR	19 TAU	19 TAU	19 TAU	19 TAU	19 TAU	19 TAU	19 TAU	19 TAU	19 TAU	19 TAU	19 TAU	19 TAU	19 TAU	19 TAU	19 TAU
MAY	20 GEM	20 GEM	20 GEM	20 GEM	20 GEM	20 GEM	20 GEM	19 GEM	20 GEM	20 GEM	20 GEM	19 GEM	20 GEM	20 GEM	20 GEM
JUN	20 CAN	20 CAN	21 CAN	20 CAN	20 CAN	20 CAN	21 CAN	20 CAN	20 CAN	20 CAN	21 CAN	20 CAN	20 CAN	20 CAN	20 CAN
JUL	22 LEO	22 LEO	22 LEO	21 LEO	22 LEO	22 LEO	22 LEO	21 LEO	21 LEO	22 LEO	22 LEO	21 LEO	21 LEO	22 LEO	22 LEO
AUG	22 VIR	22 VIR	22 VIR	22 VIR	22 VIR	22 VIR	22 VIR	22 VIR	22 VIR	22 VIR	22 VIR	22 VIR	22 VIR	22 VIR	22 VIR
SEP	22 LIB	22 LIB	22 LIB	22 LIB	22 LIB	22 LIB	22 LIB	21 LIB	22 LIB	22 LIB	22 LIB	21 LIB	22 LIB	22 LIB	22 LIB
OCT	22 SCO	22 SCO	23 SCO	22 SCO	22 SCO	22 SCO	23 SCO	22 SCO	22 SCO	22 SCO	23 SCO	22 SCO	22 SCO	22 SCO	23 SCO
NOV	21 SAG	21 SAG	22 SAG	21 SAG	21 SAG	21 SAG	22 SAG	21 SAG	21 SAG	21 SAG	22 SAG	21 SAG	21 SAG	21 SAG	22 SAG
DEC	21 CAP	21 CAP	21 CAP	20 CAP	21 CAP	21 CAP	21 CAP	20 CAP	21 CAP	21 CAP	21 CAP	20 CAP	21 CAP	21 CAP	21 CAP

	2080	2081	2082	2083	2084	2085	2086	2087	2088	2089	2090	2091	2092	2093	2094
JAN	20 AQU	19 AQU	19 AQU	19 AQU	19 AQU	19 AQU	19 AQU	19 AQU	19 AQU	19 AQU	19 AQU	19 AQU	19 AQU	19 AQU	19 AQU
FEB	18 PIS	17 PIS	18 PIS	18 PIS	18 PIS	17 PIS	18 PIS	18 PIS	18 PIS	17 PIS	18 PIS	18 PIS	18 PIS	17 PIS	17 PIS
MAR	19 ARI	19 ARI	20 ARI	20 ARI	19 ARI	19 ARI	19 ARI	20 ARI	19 ARI	19 ARI	19 ARI	20 ARI	19 ARI	19 ARI	19 ARI
APR	18 TAU	19 TAU	19 TAU	19 TAU	18 TAU	19 TAU	19 TAU	19 TAU	18 TAU	19 TAU	19 TAU	19 TAU	18 TAU	19 TAU	19 TAU
MAY	19 GEM	20 GEM	20 GEM	20 GEM	19 GEM	20 GEM	20 GEM	20 GEM	19 GEM	20 GEM	20 GEM	20 GEM	19 GEM	20 GEM	20 GEM
JUN	20 CAN	20 CAN	20 CAN	20 CAN	20 CAN	20 CAN	20 CAN	20 CAN	20 CAN	20 CAN	20 CAN	20 CAN	20 CAN	20 CAN	20 CAN
JUL	21 LEO	21 LEO	22 LEO	22 LEO	21 LEO	21 LEO	22 LEO	22 LEO	21 LEO	21 LEO	22 LEO	22 LEO	21 LEO	21 LEO	22 LEO
AUG	21 VIR	22 VIR	22 VIR	22 VIR	21 VIR	22 VIR	22 VIR	22 VIR	21 VIR	22 VIR	22 VIR	22 VIR	21 VIR	22 VIR	22 VIR
SEP	21 LIB	22 LIB	22 LIB	22 LIB	21 LIB	22 LIB	22 LIB	22 LIB	21 LIB	22 LIB	22 LIB	22 LIB	21 LIB	22 LIB	22 LIB
OCT	22 SCO	22 SCO	22 SCO	23 SCO	22 SCO	22 SCO	22 SCO	23 SCO	22 SCO	22 SCO	22 SCO	22 SCO	22 SCO	22 SCO	22 SCO
NOV	21 SAG	21 SAG	21 SAG	21 SAG	21 SAG	21 SAG	21 SAG	21 SAG	21 SAG	21 SAG	21 SAG	21 SAG	21 SAG	21 SAG	21 SAG
DEC	20 CAP	21 CAP	21 CAP	21 CAP	20 CAP	21 CAP	21 CAP	21 CAP	20 CAP	20 CAP	21 CAP	21 CAP	20 CAP	20 CAP	21 CAP

	2095	2096	2097	2098	2099	2100
JAN	19 AQU	19 AQU	19 AQU	19 AQU	19 AQU	19 AQU
FEB	18 PIS	18 PIS	17 PIS	17 PIS	18 PIS	18 PIS
MAR	20 ARI	19 ARI	19 ARI	19 ARI	20 ARI	20 ARI
APR	19 TAU	18 TAU	19 TAU	19 TAU	19 TAU	19 TAU
MAY	20 GEM	19 GEM	20 GEM	20 GEM	20 GEM	20 GEM
JUN	20 CAN	20 CAN	20 CAN	20 CAN	20 CAN	21 CAN
JUL	22 LEO	21 LEO	21 LEO	22 LEO	22 LEO	22 LEO
AUG	22 VIR	21 VIR	22 VIR	22 VIR	22 VIR	22 VIR
SEP	22 LIB	21 LIB	22 LIB	22 LIB	22 LIB	22 LIB
OCT	22 SCO	22 SCO	22 SCO	22 SCO	22 SCO	23 SCO
NOV	21 SAG	21 SAG	21 SAG	21 SAG	21 SAG	22 SAG
DEC	21 CAP	20 CAP	20 CAP	21 CAP	21 CAP	21 CAP

你的月亮在什麼星座？

月亮移動的速度非常快，大約每二十九天就會行經十二個星座。這意味著，月亮平均會在每個星座停留兩天半。

接下來的月亮星座星曆表將會幫助你找出你的月亮星座。請找出你的出生年份，再找出你的出生月份。這份表格列出了那個月裡，月亮進入下一個星座的所有日期。

範例：你的生日是1962年9月7日。請找出「1962」那一欄，再找出「SEP」那一行。你會看到，月亮在那一年的9月5日進入射手座，並且在9月8日進入摩羯座。因為你是9月7日出生的，所以你的月亮星座是射手座。

不過，如果你在月亮星座星曆表中發現，你的生日正好落在月亮進入下一個星座的那一天，問題就變成：月亮在那天的幾點鐘改變星座位置。因為月亮移動得很快，若它在你出生的那一天換座，在你出生的那個小時，有可能月亮還在上一個星座。

1900

JAN	FEB	MAR	APR	MAY	JUN	JUL	AUG	SEP	OCT	NOV	DEC
2 AQU	1 PIS	2 ARI	1 TAU	2 CAN	1 LEO	1 VIR	2 SCO	1 SAG	1 CAP	1 PIS	1 ARI
4 PIS	3 ARI	4 TAU	3 GEM	5 LEO	3 VIR	3 LIB	5 SAG	3 CAP	3 AQU	3 ARI	3 TAU
6 ARI	5 TAU	6 GEM	5 CAN	7 VIR	6 LIB	6 SCO	7 CAP	5 AQU	5 PIS	5 TAU	5 GEM
8 TAU	7 GEM	9 CAN	7 LEO	10 LIB	8 SCO	8 SAG	9 AQU	7 PIS	7 ARI	7 GEM	7 CAN
11 GEM	9 CAN	11 LEO	10 VIR	12 SCO	11 SAG	10 CAP	11 PIS	9 ARI	9 TAU	9 CAN	9 LEO
13 CAN	12 LEO	14 VIR	12 LIB	14 SAG	13 CAP	13 AQU	13 ARI	11 TAU	11 GEM	12 LEO	11 VIR
15 LEO	14 VIR	16 LIB	15 SCO	17 CAP	15 AQU	15 PIS	15 TAU	13 GEM	13 CAN	14 VIR	14 LIB
18 VIR	17 LIB	19 SCO	17 SAG	19 AQU	17 PIS	17 ARI	17 GEM	16 CAN	15 LEO	17 LIB	16 SCO
21 LIB	19 SCO	21 SAG	20 CAP	21 PIS	19 ARI	19 TAU	19 CAN	18 LEO	18 VIR	19 SCO	19 SAG
23 SCO	22 SAG	23 CAP	22 AQU	23 ARI	22 TAU	21 GEM	22 LEO	21 VIR	20 LIB	22 SAG	21 CAP
25 SAG	24 CAP	25 AQU	24 PIS	25 TAU	24 GEM	23 CAN	24 VIR	23 LIB	23 SCO	24 CAP	24 AQU
28 CAP	26 AQU	28 PIS	26 ARI	27 GEM	26 CAN	26 LEO	27 LIB	26 SCO	25 SAG	26 AQU	26 PIS
30 AQU	28 PIS	30 ARI	28 TAU	30 CAN	28 LEO	28 VIR	29 SCO	28 SAG	28 CAP	29 PIS	28 ARI
			30 GEM			31 LIB			30 AQU		30 TAU

1901

JAN	FEB	MAR	APR	MAY	JUN	JUL	AUG	SEP	OCT	NOV	DEC
1 GEM	2 LEO	1 LEO	2 LIB	2 SCO	1 SAG	1 CAP	1 PIS	2 TAU	1 GEM	2 LEO	1 VIR
3 CAN	4 VIR	3 VIR	5 SCO	5 SAG	3 CAP	3 AQU	4 ARI	4 GEM	3 CAN	4 VIR	4 LIB
5 LEO	7 LIB	6 LIB	7 SAG	7 CAP	6 AQU	5 PIS	6 TAU	6 CAN	6 LEO	7 LIB	6 SCO
8 VIR	9 SCO	8 SCO	10 CAP	9 AQU	8 PIS	7 ARI	8 GEM	8 LEO	8 VIR	9 SCO	9 SAG
10 LIB	12 SAG	11 SAG	12 AQU	12 PIS	10 ARI	9 TAU	10 CAN	11 VIR	10 LIB	12 SAG	11 CAP
13 SCO	14 CAP	13 CAP	14 PIS	14 ARI	12 TAU	12 GEM	12 LEO	13 LIB	13 SCO	14 CAP	14 AQU
15 SAG	16 AQU	16 AQU	16 ARI	16 TAU	14 GEM	14 CAN	14 VIR	16 SCO	15 SAG	17 AQU	16 PIS
18 CAP	18 PIS	18 PIS	18 TAU	18 GEM	16 CAN	16 LEO	17 LIB	18 SAG	18 CAP	19 PIS	18 ARI
20 AQU	20 ARI	20 ARI	20 GEM	20 CAN	18 LEO	18 VIR	19 SCO	21 CAP	20 AQU	21 ARI	21 TAU
22 PIS	22 TAU	22 TAU	22 CAN	22 LEO	21 VIR	20 LIB	22 SAG	23 AQU	23 PIS	23 TAU	23 GEM
24 ARI	25 GEM	24 GEM	25 LEO	24 VIR	23 LIB	23 SCO	24 CAP	25 PIS	25 ARI	25 GEM	25 CAN
26 TAU	27 CAN	26 CAN	27 VIR	27 LIB	26 SCO	25 SAG	27 AQU	27 ARI	27 TAU	27 CAN	27 LEO
28 GEM		28 LEO	29 LIB	29 SCO	28 SAG	28 CAP	29 PIS	29 TAU	29 GEM	29 LEO	29 VIR
31 CAN		31 VIR				30 AQU	31 ARI		31 CAN		31 LIB

1902

JAN	FEB	MAR	APR	MAY	JUN	JUL	AUG	SEP	OCT	NOV	DEC
3 SCO	1 SAG	1 SAG	2 AQU	2 PIS	3 TAU	2 GEM	2 LEO	1 VIR	3 SCO	2 SAG	1 CAP
5 SAG	4 CAP	3 CAP	4 PIS	4 ARI	5 GEM	4 CAN	4 VIR	3 LIB	5 SAG	4 CAP	4 AQU
8 CAP	6 AQU	6 AQU	7 ARI	6 TAU	7 CAN	6 LEO	7 LIB	5 SCO	8 CAP	7 AQU	6 PIS
10 AQU	9 PIS	8 PIS	9 TAU	8 GEM	9 LEO	8 VIR	9 SCO	8 SAG	10 AQU	9 PIS	9 ARI
12 PIS	11 ARI	10 ARI	11 GEM	10 CAN	11 VIR	10 LIB	12 SAG	10 CAP	13 PIS	11 ARI	11 TAU
15 ARI	13 TAU	12 TAU	13 CAN	12 LEO	13 LIB	13 SCO	14 CAP	13 AQU	15 ARI	13 TAU	13 GEM
17 TAU	15 GEM	14 GEM	15 LEO	14 VIR	15 SCO	15 SAG	17 AQU	15 PIS	17 TAU	16 GEM	15 CAN
19 GEM	17 CAN	17 CAN	17 VIR	17 LIB	18 SAG	18 CAP	19 PIS	18 ARI	19 GEM	18 CAN	17 LEO
21 CAN	19 LEO	19 LEO	20 LIB	19 SCO	20 CAP	20 AQU	21 ARI	20 TAU	21 CAN	20 LEO	19 VIR
23 LEO	22 VIR	21 VIR	22 SCO	22 SAG	23 AQU	23 PIS	23 TAU	22 GEM	23 LEO	22 VIR	21 LIB
25 VIR	24 LIB	23 LIB	24 SAG	24 CAP	25 PIS	25 ARI	26 GEM	24 CAN	25 VIR	24 LIB	24 SCO
27 LIB	26 SCO	26 SCO	27 CAP	27 AQU	28 ARI	27 TAU	28 CAN	26 LEO	28 LIB	26 SCO	26 SAG
30 SCO		28 SAG	29 AQU	29 PIS	30 TAU	29 GEM	30 LEO	28 VIR	30 SCO	29 SAG	29 CAP
		31 CAP		31 ARI		31 CAN		30 LIB			31 AQU

1903

JAN	FEB	MAR	APR	MAY	JUN	JUL	AUG	SEP	OCT	NOV	DEC
3 PIS	1 ARI	3 TAU	1 GEM	1 CAN	1 VIR	1 LIB	1 SAG	3 AQU	3 PIS	1 ARI	1 TAU
5 ARI	4 TAU	5 GEM	3 CAN	3 LEO	3 LIB	3 SCO	4 CAP	5 PIS	5 ARI	4 TAU	3 GEM
7 TAU	6 GEM	7 CAN	5 LEO	5 VIR	6 SCO	5 SAG	6 AQU	8 ARI	7 TAU	6 GEM	5 CAN
9 GEM	8 CAN	9 LEO	8 VIR	7 LIB	8 SAG	8 CAP	9 PIS	10 TAU	10 GEM	8 CAN	7 LEO
11 CAN	10 LEO	11 VIR	10 LIB	9 SCO	10 CAP	10 AQU	11 ARI	12 GEM	12 CAN	10 LEO	9 VIR
13 LEO	12 VIR	13 LIB	12 SCO	12 SAG	13 AQU	13 PIS	14 TAU	15 CAN	14 LEO	12 VIR	12 LIB
15 VIR	14 LIB	16 SCO	14 SAG	14 CAP	15 PIS	15 ARI	16 GEM	17 LEO	16 VIR	14 LIB	14 SCO
18 LIB	16 SCO	18 SAG	17 CAP	17 AQU	18 ARI	18 TAU	18 CAN	19 VIR	18 LIB	17 SCO	16 SAG
20 SCO	19 SAG	20 CAP	19 AQU	19 PIS	20 TAU	20 GEM	20 LEO	21 LIB	20 SCO	19 SAG	19 CAP
22 SAG	21 CAP	23 AQU	22 PIS	22 ARI	22 GEM	22 CAN	22 VIR	23 SCO	22 SAG	21 CAP	21 AQU
25 CAP	24 AQU	25 PIS	24 ARI	24 TAU	24 CAN	24 LEO	24 LIB	25 SAG	25 CAP	24 AQU	24 PIS
27 AQU	26 PIS	28 ARI	26 TAU	26 GEM	26 LEO	26 VIR	26 SCO	27 CAP	27 AQU	26 PIS	26 ARI
30 PIS	28 ARI	30 TAU	29 GEM	28 CAN	28 VIR	28 LIB	29 SAG	30 AQU	30 PIS	29 ARI	28 TAU
				30 LEO		30 SCO	31 CAP				31 GEM

1904

JAN	FEB	MAR	APR	MAY	JUN	JUL	AUG	SEP	OCT	NOV	DEC
2 CAN	2 VIR	1 VIR	1 SCO	1 SAG	2 AQU	2 PIS	3 TAU	2 GEM	1 CAN	2 VIR	1 LIB
4 LEO	4 LIB	3 LIB	3 SAG	3 CAP	4 PIS	4 ARI	5 GEM	4 CAN	3 LEO	4 LIB	3 SCO
6 VIR	6 SCO	5 SCO	6 CAP	5 AQU	7 ARI	7 TAU	8 CAN	6 LEO	5 VIR	6 SCO	5 SAG
8 LIB	9 SAG	7 SAG	8 AQU	8 PIS	9 TAU	9 GEM	10 LEO	8 VIR	7 LIB	8 SAG	8 CAP
10 SCO	11 CAP	9 CAP	11 PIS	10 ARI	12 GEM	11 CAN	12 VIR	10 LIB	9 SCO	10 CAP	10 AQU
12 SAG	14 AQU	12 AQU	13 ARI	13 TAU	14 CAN	13 LEO	14 LIB	12 SCO	12 SAG	12 AQU	12 PIS
15 CAP	16 PIS	14 PIS	16 TAU	15 GEM	16 LEO	15 VIR	16 SCO	14 SAG	14 CAP	15 PIS	15 ARI
17 AQU	19 ARI	17 ARI	18 GEM	17 CAN	18 VIR	17 LIB	18 SAG	16 CAP	16 AQU	18 ARI	17 TAU
20 PIS	21 TAU	19 TAU	20 CAN	20 LEO	20 LIB	19 SCO	20 CAP	19 AQU	19 PIS	20 TAU	20 GEM
22 ARI	23 GEM	22 GEM	22 LEO	22 VIR	22 SCO	22 SAG	23 AQU	21 PIS	21 ARI	22 GEM	22 CAN
25 TAU	26 CAN	24 CAN	24 VIR	24 LIB	24 SAG	24 CAP	25 PIS	24 ARI	24 TAU	25 CAN	24 LEO
27 GEM	28 LEO	26 LEO	27 LIB	26 SCO	27 CAP	26 AQU	28 ARI	26 TAU	26 GEM	27 LEO	26 VIR
29 CAN		28 VIR	29 SCO	28 SAG	29 AQU	29 PIS	30 TAU	29 GEM	28 CAN	29 VIR	28 LIB
31 LEO		30 LIB		30 CAP		31 ARI			31 LEO		31 SCO

1905

JAN	FEB	MAR	APR	MAY	JUN	JUL	AUG	SEP	OCT	NOV	DEC
2 SAG	3 AQU	2 AQU	1 PIS	3 TAU	2 GEM	1 CAN	2 VIR	2 SCO	2 SAG	3 AQU	2 PIS
4 CAP	5 PIS	4 PIS	3 ARI	5 GEM	4 CAN	4 LEO	4 LIB	5 SAG	4 CAP	5 PIS	5 ARI
6 AQU	8 ARI	7 ARI	6 TAU	8 CAN	6 LEO	6 VIR	6 SCO	7 CAP	6 AQU	7 ARI	7 TAU
9 PIS	10 TAU	9 TAU	8 GEM	10 LEO	8 VIR	8 LIB	8 SAG	9 AQU	9 PIS	10 TAU	10 GEM
11 ARI	13 GEM	12 GEM	10 CAN	12 VIR	11 LIB	10 SCO	10 CAP	11 PIS	11 ARI	12 GEM	12 CAN
14 TAU	15 CAN	14 CAN	13 LEO	14 LIB	13 SCO	12 SAG	13 AQU	14 ARI	14 TAU	15 CAN	15 LEO
16 GEM	17 LEO	16 LEO	15 VIR	16 SCO	15 SAG	14 CAP	15 PIS	16 TAU	16 GEM	17 LEO	17 VIR
18 CAN	19 VIR	19 VIR	17 LIB	18 SAG	17 CAP	16 AQU	18 ARI	19 GEM	19 CAN	20 VIR	19 LIB
21 LEO	21 LIB	21 LIB	19 SCO	20 CAP	19 AQU	19 PIS	20 TAU	21 CAN	21 LEO	22 LIB	21 SCO
23 VIR	23 SCO	22 SCO	21 SAG	23 AQU	21 PIS	21 ARI	23 GEM	24 LEO	23 VIR	24 SCO	23 SAG
25 LIB	25 SAG	25 SAG	23 CAP	25 PIS	24 ARI	24 TAU	25 CAN	26 VIR	25 LIB	26 SAG	25 CAP
27 SCO	27 CAP	27 CAP	25 AQU	28 ARI	26 TAU	26 GEM	27 LEO	28 LIB	27 SCO	28 CAP	27 AQU
29 SAG		29 AQU	28 PIS	30 TAU	29 GEM	29 CAN	29 VIR	30 SCO	29 SAG	30 AQU	30 PIS
31 CAP			30 ARI			31 LEO	31 LIB		31 CAP		

1906

JAN	FEB	MAR	APR	MAY	JUN	JUL	AUG	SEP	OCT	NOV	DEC
1 ARI	2 GEM	2 GEM	1 CAN	3 VIR	1 LIB	1 SCO	1 CAP	2 PIS	1 ARI	2 GEM	2 CAN
3 TAU	5 CAN	4 CAN	3 LEO	5 LIB	3 SCO	3 SAG	3 AQU	4 ARI	4 TAU	5 CAN	5 LEO
6 GEM	7 LEO	7 LEO	5 VIR	7 SCO	5 SAG	5 CAP	5 PIS	6 TAU	6 GEM	7 LEO	7 VIR
8 CAN	9 VIR	9 VIR	7 LIB	9 SAG	7 CAP	7 AQU	7 ARI	9 GEM	9 CAN	10 VIR	9 LIB
11 LEO	12 LIB	11 LIB	9 SCO	11 CAP	9 AQU	9 PIS	10 TAU	11 CAN	11 LEO	12 LIB	12 SCO
13 VIR	14 SCO	13 SCO	11 SAG	13 AQU	11 PIS	11 ARI	12 GEM	14 LEO	13 VIR	14 SCO	14 SAG
15 LIB	16 SAG	15 SAG	13 CAP	15 PIS	14 ARI	14 TAU	15 CAN	16 VIR	16 LIB	16 SAG	16 CAP
17 SCO	18 CAP	17 CAP	16 AQU	17 ARI	16 TAU	16 GEM	17 LEO	18 LIB	18 SCO	18 CAP	18 AQU
19 SAG	20 AQU	19 AQU	18 PIS	20 TAU	19 GEM	19 CAN	20 VIR	20 SCO	20 SAG	20 AQU	20 PIS
22 CAP	22 PIS	22 PIS	20 ARI	23 GEM	21 CAN	21 LEO	22 LIB	22 SAG	22 CAP	22 PIS	22 ARI
24 AQU	25 ARI	24 ARI	23 TAU	25 CAN	24 LEO	23 VIR	24 SCO	24 CAP	24 AQU	25 ARI	24 TAU
26 PIS	27 TAU	26 TAU	25 GEM	28 LEO	26 VIR	26 LIB	26 SAG	27 AQU	26 PIS	27 TAU	27 GEM
28 ARI		29 GEM	28 CAN	30 VIR	28 LIB	28 SCO	28 CAP	29 PIS	28 ARI	30 GEM	29 CAN
31 TAU			30 LEO			30 SAG	30 AQU		31 TAU		

1907

JAN	FEB	MAR	APR	MAY	JUN	JUL	AUG	SEP	OCT	NOV	DEC
1 LEO	2 LIB	1 LIB	2 SAG	1 CAP	2 PIS	1 ARI	2 GEM	1 CAN	1 LEO	2 LIB	2 SCO
3 VIR	4 SCO	3 SCO	4 CAP	3 AQU	4 ARI	3 TAU	5 CAN	4 LEO	3 VIR	4 SCO	4 SAG
6 LIB	6 SAG	6 SAG	6 AQU	5 PIS	6 TAU	6 GEM	7 LEO	6 VIR	6 LIB	6 SAG	6 CAP
8 SCO	8 CAP	8 CAP	8 PIS	8 ARI	9 GEM	8 CAN	10 VIR	8 LIB	8 SCO	9 CAP	8 AQU
10 SAG	10 AQU	10 AQU	10 ARI	10 TAU	11 CAN	11 LEO	12 LIB	11 SCO	10 SAG	11 AQU	10 PIS
12 CAP	13 PIS	12 PIS	13 TAU	12 GEM	14 LEO	14 VIR	14 SCO	13 SAG	12 CAP	13 PIS	12 ARI
14 AQU	15 ARI	14 ARI	15 GEM	15 CAN	16 VIR	16 LIB	17 SAG	15 CAP	14 AQU	15 ARI	14 TAU
16 PIS	17 TAU	16 TAU	18 CAN	17 LEO	19 LIB	18 SCO	19 CAP	17 AQU	17 PIS	17 TAU	17 GEM
18 ARI	19 GEM	19 GEM	20 LEO	20 VIR	21 SCO	20 SAG	21 AQU	19 PIS	19 ARI	20 GEM	19 CAN
21 TAU	22 CAN	21 CAN	23 VIR	22 LIB	23 SAG	22 CAP	23 PIS	21 ARI	21 TAU	22 CAN	22 LEO
23 GEM	24 LEO	24 LEO	25 LIB	25 SCO	25 CAP	24 AQU	25 ARI	24 TAU	23 GEM	25 LEO	24 VIR
26 CAN	27 VIR	26 VIR	27 SCO	27 SAG	27 AQU	26 PIS	27 TAU	26 GEM	26 CAN	27 VIR	27 LIB
28 LEO		29 LIB	29 SAG	29 CAP	29 PIS	29 ARI	30 GEM	28 CAN	28 LEO	30 LIB	29 SCO
31 VIR		31 SCO		31 AQU		31 TAU			31 VIR		31 SAG

1908

JAN	FEB	MAR	APR	MAY	JUN	JUL	AUG	SEP	OCT	NOV	DEC
2 CAP	1 AQU	1 PIS	2 TAU	1 GEM	3 LEO	2 VIR	1 LIB	2 SAG	2 CAP	2 PIS	2 ARI
4 AQU	3 PIS	3 ARI	4 GEM	4 CAN	5 VIR	5 LIB	4 SCO	5 CAP	4 AQU	4 ARI	4 TAU
6 PIS	5 ARI	5 TAU	6 CAN	6 LEO	8 LIB	7 SCO	6 SAG	7 AQU	6 PIS	7 TAU	6 GEM
8 ARI	7 TAU	8 GEM	9 LEO	9 VIR	10 SCO	10 SAG	8 CAP	9 PIS	8 ARI	9 GEM	8 CAN
11 TAU	9 GEM	10 CAN	11 VIR	11 LIB	12 SAG	12 CAP	10 AQU	11 ARI	10 TAU	11 CAN	11 LEO
13 GEM	12 CAN	13 LEO	14 LIB	14 SCO	14 CAP	14 AQU	12 PIS	13 TAU	12 GEM	13 LEO	13 VIR
16 CAN	14 LEO	15 VIR	16 SCO	16 SAG	16 AQU	16 PIS	14 ARI	15 GEM	15 CAN	16 VIR	16 LIB
18 LEO	17 VIR	18 LIB	19 SAG	18 CAP	18 PIS	18 ARI	16 TAU	17 CAN	17 LEO	18 LIB	18 SCO
21 VIR	19 LIB	20 SCO	21 CAP	20 AQU	21 ARI	20 TAU	19 GEM	20 LEO	20 VIR	21 SCO	21 SAG
23 LIB	22 SCO	22 SAG	23 AQU	22 PIS	23 TAU	22 GEM	21 CAN	22 VIR	22 LIB	23 SAG	23 CAP
26 SCO	24 SAG	24 CAP	25 PIS	24 ARI	25 GEM	25 CAN	23 LEO	25 LIB	24 SCO	25 CAP	25 AQU
28 SAG	26 CAP	27 AQU	27 ARI	27 TAU	27 CAN	27 LEO	26 VIR	27 SCO	27 SAG	27 AQU	27 PIS
30 CAP	28 AQU	29 PIS	29 TAU	29 GEM	30 LEO	30 VIR	28 LIB	30 SAG	29 CAP	30 PIS	29 ARI
		31 ARI		31 CAN			31 SCO		31 AQU		31 TAU

1909

JAN	FEB	MAR	APR	MAY	JUN	JUL	AUG	SEP	OCT	NOV	DEC
2 GEM	1 CAN	3 LEO	1 VIR	1 LIB	2 SAG	2 CAP	1 AQU	1 ARI	2 GEM	1 CAN	1 LEO
5 CAN	3 LEO	5 VIR	4 LIB	4 SCO	5 CAP	4 AQU	3 PIS	3 TAU	5 CAN	3 LEO	3 VIR
7 LEO	6 VIR	8 LIB	6 SCO	6 SAG	7 AQU	6 PIS	5 ARI	5 GEM	7 LEO	6 VIR	5 LIB
10 VIR	8 LIB	10 SCO	9 SAG	8 CAP	9 PIS	8 ARI	7 TAU	7 CAN	9 VIR	8 LIB	8 SCO
12 LIB	11 SCO	13 SAG	11 CAP	11 AQU	11 ARI	10 TAU	9 GEM	10 LEO	12 LIB	11 SCO	11 SAG
15 SCO	13 SAG	15 CAP	13 AQU	13 PIS	13 TAU	13 GEM	11 CAN	12 VIR	14 SCO	13 SAG	13 CAP
17 SAG	16 CAP	17 AQU	16 PIS	15 ARI	15 GEM	15 CAN	13 LEO	15 LIB	17 SAG	16 CAP	15 AQU
19 CAP	18 AQU	19 PIS	18 ARI	17 TAU	18 CAN	17 LEO	16 VIR	17 SCO	19 CAP	18 AQU	17 PIS
21 AQU	20 PIS	21 ARI	20 TAU	19 GEM	20 LEO	20 VIR	18 LIB	20 SAG	22 AQU	20 PIS	20 ARI
23 PIS	22 ARI	23 TAU	22 GEM	21 CAN	22 VIR	22 LIB	21 SCO	22 CAP	24 PIS	22 ARI	22 TAU
25 ARI	24 TAU	25 GEM	24 CAN	23 LEO	25 LIB	25 SCO	23 SAG	24 AQU	26 ARI	24 TAU	24 GEM
27 TAU	26 GEM	27 CAN	26 LEO	26 VIR	27 SCO	27 SAG	26 CAP	26 PIS	28 TAU	26 GEM	26 CAN
30 GEM	28 CAN	30 LEO	29 VIR	28 LIB	30 SAG	29 CAP	28 AQU	28 ARI	30 GEM	28 CAN	28 LEO
				31 SCO			30 PIS	30 TAU			30 VIR

1910

JAN	FEB	MAR	APR	MAY	JUN	JUL	AUG	SEP	OCT	NOV	DEC
2 LIB	1 SCO	3 SAG	1 CAP	1 AQU	2 ARI	1 TAU	2 CAN	2 VIR	2 LIB	1 SCO	3 CAP
4 SCO	3 SAG	5 CAP	4 AQU	3 PIS	4 TAU	3 GEM	4 LEO	5 LIB	4 SCO	3 SAG	5 AQU
7 SAG	6 CAP	7 AQU	6 PIS	5 ARI	6 GEM	5 CAN	6 VIR	7 SCO	7 SAG	6 CAP	8 PIS
9 CAP	8 AQU	9 PIS	8 ARI	7 TAU	8 CAN	7 LEO	8 LIB	10 SAG	9 CAP	8 AQU	10 ARI
11 AQU	10 PIS	11 ARI	10 TAU	9 GEM	10 LEO	10 VIR	11 SCO	12 CAP	12 AQU	11 PIS	12 TAU
14 PIS	12 ARI	13 TAU	12 GEM	11 CAN	12 VIR	12 LIB	13 SAG	14 AQU	14 PIS	13 ARI	14 GEM
16 ARI	14 TAU	16 GEM	14 CAN	14 LEO	15 LIB	14 SCO	16 CAP	17 PIS	16 ARI	15 TAU	16 CAN
18 TAU	16 GEM	18 CAN	16 LEO	16 VIR	17 SCO	17 SAG	18 AQU	19 ARI	18 TAU	17 GEM	18 LEO
20 GEM	18 CAN	20 LEO	19 VIR	18 LIB	20 SAG	19 CAP	20 PIS	21 TAU	20 GEM	19 CAN	20 VIR
22 CAN	21 LEO	22 VIR	21 LIB	21 SCO	22 CAP	22 AQU	22 ARI	23 GEM	22 CAN	21 LEO	23 LIB
24 LEO	23 VIR	25 LIB	24 SCO	23 SAG	24 AQU	24 PIS	25 TAU	25 CAN	24 LEO	23 VIR	25 SCO
27 VIR	25 LIB	27 SCO	26 SAG	26 CAP	27 PIS	26 ARI	27 GEM	27 LEO	27 VIR	25 LIB	28 SAG
29 LIB	28 SCO	30 SAG	29 CAP	28 AQU	29 ARI	28 TAU	29 CAN	30 VIR	29 LIB	28 SCO	30 CAP
				31 PIS		30 GEM	31 LEO			30 SAG	

1911

JAN	FEB	MAR	APR	MAY	JUN	JUL	AUG	SEP	OCT	NOV	DEC
2 AQU	3 ARI	2 ARI	2 GEM	2 CAN	2 VIR	2 LIB	1 SCO	2 CAP	2 AQU	1 PIS	2 TAU
4 PIS	5 TAU	4 TAU	4 CAN	4 LEO	5 LIB	4 SCO	3 SAG	4 AQU	4 PIS	3 ARI	5 GEM
6 ARI	7 GEM	6 GEM	7 LEO	6 VIR	7 SCO	7 SAG	6 CAP	7 PIS	6 ARI	5 TAU	7 CAN
9 TAU	9 CAN	8 CAN	9 VIR	8 LIB	10 SAG	9 CAP	8 AQU	9 ARI	9 TAU	7 GEM	9 LEO
11 GEM	11 LEO	10 LEO	11 LIB	11 SCO	12 CAP	12 AQU	11 PIS	11 TAU	11 GEM	9 CAN	11 VIR
13 CAN	13 VIR	13 VIR	14 SCO	13 SAG	15 AQU	14 PIS	13 ARI	13 GEM	13 CAN	11 LEO	13 LIB
15 LEO	15 LIB	15 LIB	16 SAG	16 CAP	17 PIS	17 ARI	15 TAU	16 CAN	15 LEO	13 VIR	15 SCO
17 VIR	18 SCO	17 SCO	19 CAP	18 AQU	19 ARI	19 TAU	17 GEM	18 LEO	17 VIR	16 LIB	18 SAG
19 LIB	20 SAG	20 SAG	21 AQU	21 PIS	22 TAU	21 GEM	19 CAN	20 VIR	19 LIB	18 SCO	20 CAP
21 SCO	23 CAP	22 CAP	23 PIS	23 ARI	24 GEM	23 CAN	21 LEO	22 LIB	22 SCO	20 SAG	23 AQU
24 SAG	25 AQU	25 AQU	26 ARI	25 TAU	26 CAN	25 LEO	23 VIR	24 SCO	24 SAG	23 CAP	25 PIS
27 CAP	28 PIS	27 PIS	28 TAU	27 GEM	28 LEO	27 VIR	26 LIB	27 SAG	27 CAP	25 AQU	28 ARI
29 AQU		29 ARI	30 GEM	29 CAN	30 VIR	29 LIB	28 SCO	29 CAP	29 AQU	28 PIS	30 TAU
31 PIS		31 TAU		31 LEO			30 SAG			30 ARI	

1912

JAN	FEB	MAR	APR	MAY	JUN	JUL	AUG	SEP	OCT	NOV	DEC
1 GEM	1 LEO	2 VIR	3 SCO	2 SAG	1 CAP	1 AQU	2 ARI	1 TAU	2 CAN	1 LEO	2 LIB
3 CAN	3 VIR	4 LIB	5 SAG	5 CAP	3 AQU	3 PIS	4 TAU	3 GEM	5 LEO	3 VIR	4 SCO
5 LEO	6 LIB	6 SCO	7 CAP	7 AQU	6 PIS	6 ARI	7 GEM	5 CAN	7 VIR	5 LIB	7 SAG
7 VIR	8 SCO	8 SAG	10 AQU	10 PIS	8 ARI	8 TAU	9 CAN	7 LEO	9 LIB	7 SCO	9 CAP
9 LIB	10 SAG	11 CAP	12 PIS	12 ARI	11 TAU	10 GEM	11 LEO	9 VIR	11 SCO	9 SAG	12 AQU
11 SCO	13 CAP	13 AQU	15 ARI	14 TAU	13 GEM	12 CAN	13 VIR	11 LIB	13 SAG	12 CAP	14 PIS
14 SAG	15 AQU	16 PIS	17 TAU	17 GEM	15 CAN	14 LEO	15 LIB	13 SCO	15 CAP	14 AQU	17 ARI
16 CAP	18 PIS	18 ARI	19 GEM	19 CAN	17 LEO	16 VIR	17 SCO	16 SAG	18 AQU	17 PIS	19 TAU
19 AQU	20 ARI	21 TAU	21 CAN	21 LEO	19 VIR	18 LIB	19 SAG	18 CAP	20 PIS	19 ARI	21 GEM
21 PIS	22 TAU	23 GEM	23 LEO	23 VIR	21 LIB	21 SCO	22 CAP	21 AQU	23 ARI	22 TAU	23 CAN
24 ARI	25 GEM	25 CAN	26 VIR	25 LIB	23 SCO	23 SAG	24 AQU	23 PIS	25 TAU	24 GEM	25 LEO
26 TAU	27 CAN	27 LEO	28 LIB	27 SCO	26 SAG	25 CAP	27 PIS	26 ARI	27 GEM	26 CAN	27 VIR
28 GEM	29 LEO	29 VIR	30 SCO	30 SAG	28 CAP	28 AQU	29 ARI	28 TAU	30 CAN	28 LEO	29 LIB
30 CAN		31 LIB				31 PIS		30 GEM		30 VIR	

1913

JAN	FEB	MAR	APR	MAY	JUN	JUL	AUG	SEP	OCT	NOV	DEC
1 SCO	2 CAP	1 CAP	2 PIS	2 ARI	1 TAU	3 CAN	1 LEO	2 LIB	1 SCO	2 CAP	1 AQU
3 SAG	4 AQU	3 AQU	5 ARI	4 TAU	3 GEM	5 LEO	3 VIR	4 SCO	3 SAG	4 AQU	4 PIS
5 CAP	7 PIS	6 PIS	7 TAU	7 GEM	5 CAN	7 VIR	5 LIB	6 SAG	5 CAP	7 PIS	6 ARI
8 AQU	9 ARI	8 ARI	10 GEM	9 CAN	7 LEO	9 LIB	7 SCO	8 CAP	8 AQU	9 ARI	9 TAU
10 PIS	12 TAU	11 TAU	12 CAN	11 LEO	10 VIR	11 SCO	10 SAG	10 AQU	10 PIS	12 TAU	11 GEM
13 ARI	14 GEM	13 GEM	14 LEO	13 VIR	12 LIB	13 SAG	12 CAP	13 PIS	13 ARI	14 GEM	14 CAN
15 TAU	16 CAN	16 CAN	16 VIR	15 LIB	14 SCO	16 CAP	14 AQU	15 ARI	15 TAU	16 CAN	16 LEO
18 GEM	18 LEO	18 LEO	18 LIB	18 SCO	16 SAG	18 AQU	17 PIS	18 TAU	18 GEM	19 LEO	18 VIR
20 CAN	20 VIR	20 VIR	20 SCO	20 SAG	18 CAP	20 PIS	19 ARI	20 GEM	20 CAN	21 VIR	20 LIB
22 LEO	22 LIB	22 LIB	22 SAG	22 CAP	21 AQU	23 ARI	22 TAU	23 CAN	22 LEO	23 LIB	22 SCO
24 VIR	24 SCO	24 SCO	25 CAP	24 AQU	23 PIS	25 TAU	24 GEM	25 LEO	24 VIR	25 SCO	24 SAG
26 LIB	27 SAG	26 SAG	27 AQU	27 PIS	26 ARI	28 GEM	26 CAN	27 VIR	27 LIB	27 SAG	27 CAP
28 SCO		28 CAP	29 PIS	29 ARI	28 TAU	30 CAN	29 LEO	29 LIB	29 SCO	29 CAP	29 AQU
30 SAG		31 AQU			30 GEM		31 VIR		31 SAG		31 PIS

1914

JAN	FEB	MAR	APR	MAY	JUN	JUL	AUG	SEP	OCT	NOV	DEC
3 ARI	2 TAU	1 TAU	2 CAN	2 LEO	2 LIB	2 SCO	2 CAP	1 AQU	3 ARI	1 TAU	1 GEM
5 TAU	4 GEM	3 GEM	4 LEO	4 VIR	4 SCO	4 SAG	4 AQU	3 PIS	5 TAU	4 GEM	4 CAN
8 GEM	6 CAN	6 CAN	7 VIR	6 LIB	6 SAG	6 CAP	7 PIS	5 ARI	8 GEM	6 CAN	6 LEO
10 CAN	9 LEO	8 LEO	9 LIB	8 SCO	8 CAP	8 AQU	9 ARI	8 TAU	10 CAN	9 LEO	8 VIR
12 LEO	11 VIR	10 VIR	11 SCO	10 SAG	11 AQU	10 PIS	12 TAU	10 GEM	13 LEO	11 VIR	11 LIB
14 VIR	13 LIB	12 LIB	13 SAG	12 CAP	13 PIS	13 ARI	14 GEM	13 CAN	15 VIR	13 LIB	13 SCO
16 LIB	15 SCO	14 SCO	15 CAP	14 AQU	15 ARI	15 TAU	17 CAN	15 LEO	17 LIB	15 SCO	15 SAG
18 SCO	17 SAG	16 SAG	17 AQU	17 PIS	18 TAU	18 GEM	19 LEO	17 VIR	19 SCO	17 SAG	17 CAP
21 SAG	19 CAP	18 CAP	19 PIS	19 ARI	20 GEM	20 CAN	21 VIR	19 LIB	21 SAG	19 CAP	19 AQU
23 CAP	21 AQU	21 AQU	22 ARI	22 TAU	23 CAN	22 LEO	23 LIB	21 SCO	23 CAP	21 AQU	21 PIS
25 AQU	24 PIS	23 PIS	24 TAU	24 GEM	25 LEO	25 VIR	25 SCO	23 SAG	25 AQU	24 PIS	24 ARI
28 PIS	26 ARI	26 ARI	27 GEM	27 CAN	27 VIR	27 LIB	27 SAG	26 CAP	27 PIS	26 ARI	26 TAU
30 ARI		28 TAU	29 CAN	29 LEO	30 LIB	29 SCO	29 CAP	28 AQU	30 ARI	29 TAU	29 GEM
		31 GEM		31 VIR		31 SAG		30 PIS			31 CAN

1915

JAN	FEB	MAR	APR	MAY	JUN	JUL	AUG	SEP	OCT	NOV	DEC
2 LEO	1 VIR	2 LIB	1 SCO	2 CAP	1 AQU	3 ARI	1 TAU	3 CAN	3 LEO	1 VIR	1 LIB
5 VIR	3 LIB	5 SCO	3 SAG	4 AQU	3 PIS	5 TAU	4 GEM	5 LEO	5 VIR	4 LIB	3 SCO
7 LIB	5 SCO	7 SAG	5 CAP	7 PIS	5 ARI	8 GEM	6 CAN	8 VIR	7 LIB	6 SCO	5 SAG
9 SCO	7 SAG	9 CAP	7 AQU	9 ARI	8 TAU	10 CAN	9 LEO	10 LIB	9 SCO	8 SAG	7 CAP
11 SAG	10 CAP	11 AQU	9 PIS	12 TAU	10 GEM	13 LEO	11 VIR	12 SCO	11 SAG	10 CAP	9 AQU
13 CAP	12 AQU	13 PIS	12 ARI	14 GEM	13 CAN	15 VIR	13 LIB	14 SAG	13 CAP	12 AQU	11 PIS
15 AQU	14 PIS	16 ARI	14 TAU	17 CAN	15 LEO	17 LIB	16 SCO	16 CAP	16 AQU	14 PIS	14 ARI
18 PIS	16 ARI	18 TAU	17 GEM	19 LEO	18 VIR	19 SCO	18 SAG	18 AQU	18 PIS	16 ARI	16 TAU
20 ARI	19 TAU	21 GEM	19 CAN	21 VIR	20 LIB	22 SAG	20 CAP	20 PIS	20 ARI	19 TAU	18 GEM
22 TAU	21 GEM	23 CAN	22 LEO	24 LIB	22 SCO	24 CAP	22 AQU	23 ARI	22 TAU	21 GEM	21 CAN
25 GEM	24 CAN	25 LEO	24 VIR	26 SCO	24 SAG	26 AQU	24 PIS	25 TAU	25 GEM	24 CAN	23 LEO
27 CAN	26 LEO	28 VIR	26 LIB	28 SAG	26 CAP	28 PIS	26 ARI	28 GEM	27 CAN	26 LEO	26 VIR
30 LEO	28 VIR	30 LIB	28 SCO	30 CAP	28 AQU	30 ARI	29 TAU	30 CAN	30 LEO	29 VIR	28 LIB
			30 SAG		30 PIS		31 GEM				31 SCO

1916

JAN	FEB	MAR	APR	MAY	JUN	JUL	AUG	SEP	OCT	NOV	DEC
2 SAG	2 AQU	3 PIS	1 ARI	1 TAU	2 CAN	2 LEO	3 LIB	1 SCO	1 SAG	1 AQU	1 PIS
4 CAP	4 PIS	5 ARI	3 TAU	3 GEM	4 LEO	4 VIR	5 SCO	4 SAG	3 CAP	3 PIS	3 ARI
6 AQU	6 ARI	7 TAU	6 GEM	5 CAN	7 VIR	7 LIB	7 SAG	6 CAP	5 AQU	6 ARI	5 TAU
8 PIS	9 TAU	9 GEM	8 CAN	8 LEO	9 LIB	9 SCO	9 CAP	8 AQU	7 PIS	8 TAU	7 GEM
10 ARI	11 GEM	12 CAN	11 LEO	11 VIR	11 SCO	11 SAG	11 AQU	10 PIS	9 ARI	10 GEM	10 CAN
12 TAU	14 CAN	14 LEO	13 VIR	13 LIB	14 SAG	13 CAP	13 PIS	12 ARI	11 TAU	13 CAN	12 LEO
15 GEM	16 LEO	17 VIR	15 LIB	15 SCO	16 CAP	15 AQU	16 ARI	14 TAU	14 GEM	15 LEO	15 VIR
17 CAN	18 VIR	19 LIB	18 SCO	17 SAG	18 AQU	17 PIS	18 TAU	16 GEM	16 CAN	18 VIR	17 LIB
20 LEO	21 LIB	21 SCO	20 SAG	19 CAP	20 PIS	19 ARI	20 GEM	19 CAN	19 LEO	20 LIB	20 SCO
22 VIR	23 SCO	23 SAG	22 CAP	21 AQU	22 ARI	21 TAU	23 CAN	21 LEO	21 VIR	22 SCO	22 SAG
25 LIB	25 SAG	26 CAP	24 AQU	23 PIS	24 TAU	24 GEM	25 LEO	24 VIR	24 LIB	24 SAG	24 CAP
27 SCO	27 CAP	28 AQU	26 PIS	26 ARI	27 GEM	26 CAN	28 VIR	26 LIB	26 SCO	27 CAP	26 AQU
29 SAG	29 AQU	30 PIS	28 ARI	28 TAU	29 CAN	29 LEO	30 LIB	29 SCO	28 SAG	29 AQU	28 PIS
31 CAP				30 GEM		31 VIR			30 CAP		30 ARI

1917

JAN	FEB	MAR	APR	MAY	JUN	JUL	AUG	SEP	OCT	NOV	DEC
1 TAU	2 CAN	2 CAN	3 VIR	3 LIB	2 SCO	1 SAG	2 AQU	2 ARI	2 TAU	2 CAN	2 LEO
4 GEM	5 LEO	4 LEO	5 LIB	5 SCO	4 SAG	3 CAP	4 PIS	4 TAU	4 GEM	5 LEO	5 VIR
6 CAN	7 VIR	7 VIR	8 SCO	7 SAG	6 CAP	5 AQU	6 ARI	6 GEM	6 CAN	7 VIR	7 LIB
9 LEO	10 LIB	9 LIB	10 SAG	10 CAP	8 AQU	7 PIS	8 TAU	9 CAN	9 LEO	10 LIB	10 SCO
11 VIR	12 SCO	12 SCO	12 CAP	12 AQU	10 PIS	9 ARI	10 GEM	11 LEO	11 VIR	12 SCO	12 SAG
14 LIB	15 SAG	14 SAG	15 AQU	14 PIS	12 ARI	12 TAU	13 CAN	14 VIR	14 LIB	15 SAG	14 CAP
16 SCO	17 CAP	16 CAP	17 PIS	16 ARI	14 TAU	14 GEM	15 LEO	16 LIB	16 SCO	17 CAP	16 AQU
18 SAG	19 AQU	18 AQU	19 ARI	18 TAU	17 GEM	16 CAN	18 VIR	19 SCO	18 SAG	19 AQU	19 PIS
20 CAP	21 PIS	20 PIS	21 TAU	20 GEM	19 CAN	19 LEO	20 LIB	21 SAG	21 CAP	21 PIS	21 ARI
22 AQU	23 ARI	22 ARI	23 GEM	23 CAN	21 LEO	21 VIR	23 SCO	23 CAP	23 AQU	23 ARI	23 TAU
24 PIS	25 TAU	24 TAU	25 CAN	25 LEO	24 VIR	24 LIB	25 SAG	26 AQU	25 PIS	25 TAU	25 GEM
26 ARI	27 GEM	27 GEM	28 LEO	28 VIR	27 LIB	26 SCO	27 CAP	28 PIS	27 ARI	28 GEM	27 CAN
29 TAU		29 CAN	30 VIR	30 LIB	29 SCO	29 SAG	29 AQU	30 ARI	29 TAU	30 CAN	30 LEO
31 GEM		31 LEO				31 CAP	31 PIS		31 GEM		

1918

JAN	FEB	MAR	APR	MAY	JUN	JUL	AUG	SEP	OCT	NOV	DEC
1 VIR	2 SCO	2 SCO	3 CAP	2 AQU	1 PIS	2 TAU	1 GEM	1 LEO	1 VIR	2 SCO	2 SAG
4 LIB	5 SAG	4 SAG	5 AQU	4 PIS	3 ARI	4 GEM	3 CAN	4 VIR	3 LIB	5 SAG	4 CAP
6 SCO	7 CAP	7 CAP	7 PIS	7 ARI	5 TAU	6 CAN	5 LEO	6 LIB	6 SCO	7 CAP	7 AQU
8 SAG	9 AQU	9 AQU	9 ARI	9 TAU	7 GEM	9 LEO	7 VIR	9 SCO	9 SAG	10 AQU	9 PIS
11 CAP	11 PIS	11 PIS	11 TAU	11 GEM	9 CAN	11 VIR	10 LIB	11 SAG	11 CAP	12 PIS	11 ARI
13 AQU	13 ARI	13 ARI	13 GEM	13 CAN	11 LEO	14 LIB	12 SCO	14 CAP	13 AQU	14 ARI	13 TAU
15 PIS	15 TAU	15 TAU	15 CAN	15 LEO	14 VIR	16 SCO	15 SAG	16 AQU	15 PIS	16 TAU	15 GEM
17 ARI	17 GEM	17 GEM	18 LEO	17 VIR	16 LIB	19 SAG	17 CAP	18 PIS	18 ARI	18 GEM	17 CAN
19 TAU	20 CAN	19 CAN	20 VIR	20 LIB	19 SCO	21 CAP	20 AQU	20 ARI	19 TAU	20 CAN	20 LEO
21 GEM	22 LEO	21 LEO	23 LIB	22 SCO	21 SAG	23 AQU	22 PIS	22 TAU	21 GEM	22 LEO	22 VIR
24 CAN	25 VIR	24 VIR	25 SCO	25 SAG	24 CAP	25 PIS	24 ARI	24 GEM	24 CAN	25 VIR	24 LIB
26 LEO	27 LIB	26 LIB	28 SAG	27 CAP	26 AQU	27 ARI	26 TAU	26 CAN	26 LEO	27 LIB	27 SCO
28 VIR		29 SCO	30 CAP	30 AQU	28 PIS	29 TAU	28 GEM	29 LEO	28 VIR	30 SCO	29 SAG
31 LIB		31 SAG			30 ARI		30 CAN		31 LIB		

1919

JAN	FEB	MAR	APR	MAY	JUN	JUL	AUG	SEP	OCT	NOV	DEC
1 CAP	2 PIS	1 PIS	1 TAU	1 GEM	1 LEO	1 VIR	2 SCO	1 SAG	1 CAP	2 PIS	2 ARI
3 AQU	4 ARI	3 ARI	3 GEM	3 CAN	4 VIR	3 LIB	5 SAG	4 CAP	3 AQU	4 ARI	4 TAU
5 PIS	6 TAU	5 TAU	6 CAN	5 LEO	6 LIB	6 SCO	7 CAP	6 AQU	6 PIS	6 TAU	6 GEM
7 ARI	8 GEM	7 GEM	8 LEO	7 VIR	9 SCO	8 SAG	10 AQU	8 PIS	8 ARI	8 GEM	8 CAN
10 TAU	10 CAN	9 CAN	10 VIR	10 LIB	11 SAG	11 CAP	12 PIS	10 ARI	10 TAU	10 CAN	10 LEO
12 GEM	12 LEO	12 LEO	13 LIB	12 SCO	14 CAP	13 AQU	14 ARI	12 TAU	12 GEM	12 LEO	12 VIR
14 CAN	15 VIR	14 VIR	15 SCO	15 SAG	16 AQU	16 PIS	16 TAU	15 GEM	14 CAN	15 VIR	14 LIB
16 LEO	17 LIB	16 LIB	18 SAG	17 CAP	18 PIS	18 ARI	18 GEM	17 CAN	16 LEO	17 LIB	17 SCO
18 VIR	20 SCO	19 SCO	20 CAP	20 AQU	21 ARI	20 TAU	20 CAN	19 LEO	18 VIR	19 SCO	19 SAG
21 LIB	22 SAG	21 SAG	23 AQU	22 PIS	23 TAU	22 GEM	23 LEO	21 VIR	21 LIB	22 SAG	22 CAP
23 SCO	25 CAP	24 CAP	25 PIS	24 ARI	25 GEM	24 CAN	25 VIR	23 LIB	23 SCO	25 CAP	24 AQU
26 SAG	27 AQU	26 AQU	27 ARI	26 TAU	27 CAN	26 LEO	27 LIB	26 SCO	26 SAG	27 AQU	27 PIS
28 CAP		28 PIS	29 TAU	28 GEM	29 LEO	28 VIR	30 SCO	28 SAG	28 CAP	29 PIS	29 ARI
30 AQU		30 ARI		30 CAN		31 LIB			31 AQU		31 TAU

1920

JAN	FEB	MAR	APR	MAY	JUN	JUL	AUG	SEP	OCT	NOV	DEC
2 GEM	1 CAN	1 LEO	2 LIB	1 SCO	3 CAP	2 AQU	1 PIS	2 TAU	1 GEM	2 LEO	1 VIR
4 CAN	3 LEO	3 VIR	4 SCO	4 SAG	5 AQU	5 PIS	3 ARI	4 GEM	4 CAN	4 VIR	3 LIB
6 LEO	5 VIR	5 LIB	7 SAG	6 CAP	8 PIS	7 ARI	6 TAU	6 CAN	6 LEO	6 LIB	6 SCO
8 VIR	7 LIB	8 SCO	9 CAP	9 AQU	10 ARI	9 TAU	8 GEM	8 LEO	8 VIR	9 SCO	8 SAG
11 LIB	9 SCO	10 SAG	12 AQU	11 PIS	12 TAU	12 GEM	10 CAN	10 VIR	10 LIB	11 SAG	11 CAP
13 SCO	12 SAG	13 CAP	14 PIS	14 ARI	14 GEM	14 CAN	12 LEO	13 LIB	12 SCO	13 CAP	13 AQU
16 SAG	14 CAP	15 AQU	16 ARI	16 TAU	16 CAN	16 LEO	14 VIR	15 SCO	15 SAG	16 AQU	16 PIS
18 CAP	17 AQU	18 PIS	18 TAU	18 GEM	18 LEO	18 VIR	16 LIB	17 SAG	17 CAP	18 PIS	18 ARI
21 AQU	19 PIS	20 ARI	20 GEM	20 CAN	20 VIR	20 LIB	18 SCO	20 CAP	20 AQU	21 ARI	20 TAU
23 PIS	21 ARI	22 TAU	22 CAN	22 LEO	22 LIB	22 SCO	21 SAG	22 AQU	22 PIS	23 TAU	23 GEM
25 ARI	24 TAU	24 GEM	24 LEO	24 VIR	25 SCO	25 SAG	23 CAP	25 PIS	24 ARI	25 GEM	25 CAN
27 TAU	26 GEM	26 CAN	27 VIR	26 LIB	27 SAG	27 CAP	26 AQU	27 ARI	27 TAU	27 CAN	27 LEO
30 GEM	28 CAN	28 LEO	29 LIB	29 SCO	30 CAP	30 AQU	28 PIS	29 TAU	29 GEM	29 LEO	29 VIR
		30 VIR		31 SAG			31 ARI		31 CAN		31 LIB

1921

JAN	FEB	MAR	APR	MAY	JUN	JUL	AUG	SEP	OCT	NOV	DEC
2 SCO	1 SAG	3 CAP	1 AQU	1 PIS	2 TAU	2 GEM	2 LEO	1 VIR	2 SCO	1 SAG	1 CAP
4 SAG	3 CAP	5 AQU	4 PIS	4 ARI	5 GEM	4 CAN	4 VIR	3 LIB	5 SAG	3 CAP	3 AQU
7 CAP	6 AQU	8 PIS	6 ARI	6 TAU	7 CAN	6 LEO	6 LIB	5 SCO	7 CAP	6 AQU	6 PIS
9 AQU	8 PIS	10 ARI	9 TAU	8 GEM	9 LEO	8 VIR	9 SCO	7 SAG	9 AQU	8 PIS	8 ARI
12 PIS	11 ARI	12 TAU	11 GEM	10 CAN	11 VIR	10 LIB	11 SAG	10 CAP	12 PIS	11 ARI	11 TAU
14 ARI	13 TAU	15 GEM	13 CAN	12 LEO	13 LIB	12 SCO	13 CAP	12 AQU	14 ARI	13 TAU	13 GEM
17 TAU	15 GEM	17 CAN	15 LEO	14 VIR	15 SCO	15 SAG	16 AQU	15 PIS	17 TAU	15 GEM	15 CAN
19 GEM	17 CAN	19 LEO	17 VIR	17 LIB	17 SAG	17 CAP	18 PIS	17 ARI	19 GEM	18 CAN	17 LEO
21 CAN	19 LEO	21 VIR	19 LIB	19 SCO	20 CAP	20 AQU	21 ARI	20 TAU	21 CAN	20 LEO	19 VIR
23 LEO	21 VIR	23 LIB	21 SCO	21 SAG	22 AQU	22 PIS	23 TAU	22 GEM	23 LEO	22 VIR	21 LIB
25 VIR	24 LIB	25 SCO	24 SAG	24 CAP	25 PIS	25 ARI	26 GEM	24 CAN	26 VIR	24 LIB	23 SCO
27 LIB	26 SCO	27 SAG	26 CAP	26 AQU	27 ARI	27 TAU	28 CAN	26 LEO	28 LIB	26 SCO	26 SAG
29 SCO	28 SAG	30 CAP	29 AQU	29 PIS	30 TAU	29 GEM	30 LEO	28 VIR	30 SCO	28 SAG	28 CAP
				31 ARI		31 CAN		30 LIB			30 AQU

1922

JAN	FEB	MAR	APR	MAY	JUN	JUL	AUG	SEP	OCT	NOV	DEC
2 PIS	1 ARI	2 TAU	1 GEM	1 CAN	1 VIR	1 LIB	1 SAG	2 AQU	2 PIS	1 ARI	3 GEM
4 ARI	3 TAU	5 GEM	3 CAN	3 LEO	3 LIB	3 SCO	3 CAP	5 PIS	4 ARI	3 TAU	5 CAN
7 TAU	6 GEM	7 CAN	6 LEO	5 VIR	5 SCO	5 SAG	6 AQU	7 ARI	7 TAU	6 GEM	7 LEO
9 GEM	8 CAN	9 LEO	8 VIR	7 LIB	8 SAG	7 CAP	8 PIS	10 TAU	9 GEM	8 CAN	10 VIR
11 CAN	10 LEO	11 VIR	10 LIB	9 SCO	10 CAP	10 AQU	11 ARI	12 GEM	12 CAN	10 LEO	12 LIB
13 LEO	12 VIR	13 LIB	12 SCO	11 SAG	12 AQU	12 PIS	13 TAU	14 CAN	14 LEO	12 VIR	14 SCO
15 VIR	14 LIB	15 SCO	14 SAG	13 CAP	15 PIS	14 ARI	16 GEM	17 LEO	16 VIR	15 LIB	16 SAG
17 LIB	16 SCO	17 SAG	16 CAP	16 AQU	17 ARI	17 TAU	18 CAN	19 VIR	18 LIB	17 SCO	18 CAP
20 SCO	18 SAG	20 CAP	18 AQU	18 PIS	20 TAU	19 GEM	20 LEO	21 LIB	20 SCO	19 SAG	20 AQU
22 SAG	20 CAP	22 AQU	21 PIS	21 ARI	22 GEM	22 CAN	22 VIR	23 SCO	22 SAG	21 CAP	23 PIS
24 CAP	23 AQU	25 PIS	24 ARI	23 TAU	24 CAN	24 LEO	24 LIB	25 SAG	24 CAP	23 AQU	25 ARI
27 AQU	25 PIS	27 ARI	26 TAU	26 GEM	26 LEO	26 VIR	26 SCO	27 CAP	27 AQU	25 PIS	28 TAU
29 PIS	28 ARI	30 TAU	28 GEM	28 CAN	28 VIR	28 LIB	28 SAG	29 AQU	29 PIS	28 ARI	30 GEM
				30 LEO		30 SCO	31 CAP			30 TAU	

1923

JAN	FEB	MAR	APR	MAY	JUN	JUL	AUG	SEP	OCT	NOV	DEC
2 CAN	2 VIR	2 VIR	2 SCO	2 SAG	2 AQU	2 PIS	1 ARI	2 GEM	2 CAN	1 LEO	2 LIB
4 LEO	4 LIB	4 LIB	4 SAG	4 CAP	4 PIS	4 ARI	3 TAU	4 CAN	4 LEO	3 VIR	4 SCO
6 VIR	6 SCO	6 SCO	6 CAP	6 AQU	7 ARI	7 TAU	6 GEM	7 LEO	6 VIR	5 LIB	6 SAG
8 LIB	8 SAG	8 SAG	8 AQU	8 PIS	9 TAU	9 GEM	8 CAN	9 VIR	8 LIB	7 SCO	8 CAP
10 SCO	11 CAP	10 CAP	11 PIS	11 ARI	12 GEM	12 CAN	10 LEO	11 LIB	10 SCO	9 SAG	10 AQU
12 SAG	13 AQU	12 AQU	13 ARI	13 TAU	14 CAN	14 LEO	13 VIR	13 SCO	12 SAG	11 CAP	13 PIS
14 CAP	15 PIS	15 PIS	16 TAU	16 GEM	17 LEO	16 VIR	15 LIB	15 SAG	15 CAP	13 AQU	15 ARI
17 AQU	18 ARI	17 ARI	18 GEM	18 CAN	19 VIR	18 LIB	17 SCO	17 CAP	17 AQU	15 PIS	18 TAU
19 PIS	20 TAU	20 TAU	21 CAN	21 LEO	21 LIB	21 SCO	19 SAG	19 AQU	19 PIS	18 ARI	20 GEM
22 ARI	23 GEM	22 GEM	23 LEO	23 VIR	23 SCO	23 SAG	21 CAP	22 PIS	22 ARI	20 TAU	23 CAN
24 TAU	25 CAN	25 CAN	25 VIR	25 LIB	25 SAG	25 CAP	23 AQU	24 ARI	24 TAU	23 GEM	25 LEO
27 GEM	28 LEO	27 LEO	28 LIB	27 SCO	27 CAP	27 AQU	26 PIS	27 TAU	27 GEM	25 CAN	27 VIR
29 CAN		29 VIR	30 SCO	29 SAG	30 AQU	29 PIS	28 ARI	29 GEM	29 CAN	28 LEO	30 LIB
31 LEO		31 LIB		31 CAP			30 TAU			30 VIR	

1924

JAN	FEB	MAR	APR	MAY	JUN	JUL	AUG	SEP	OCT	NOV	DEC
1 SCO	1 CAP	2 AQU	2 ARI	2 TAU	1 GEM	1 CAN	2 VIR	3 SCO	2 SAG	2 AQU	2 PIS
3 SAG	3 AQU	4 PIS	5 TAU	5 GEM	3 CAN	3 LEO	4 LIB	5 SAG	4 CAP	5 PIS	4 ARI
5 CAP	5 PIS	6 ARI	7 GEM	7 CAN	6 LEO	6 VIR	6 SCO	7 CAP	6 AQU	7 ARI	7 TAU
7 AQU	8 ARI	9 TAU	10 CAN	10 LEO	8 VIR	8 LIB	8 SAG	9 AQU	8 PIS	9 TAU	9 GEM
9 PIS	10 TAU	11 GEM	12 LEO	12 VIR	11 LIB	10 SCO	11 CAP	11 PIS	11 ARI	12 GEM	12 CAN
11 ARI	13 GEM	14 CAN	15 VIR	14 LIB	13 SCO	12 SAG	13 AQU	13 ARI	13 TAU	14 CAN	14 LEO
14 TAU	15 CAN	16 LEO	17 LIB	16 SCO	15 SAG	14 CAP	15 PIS	16 TAU	15 GEM	17 LEO	17 VIR
16 GEM	18 LEO	18 VIR	19 SCO	18 SAG	17 CAP	16 AQU	17 ARI	18 GEM	18 CAN	19 VIR	19 LIB
19 CAN	20 VIR	20 LIB	21 SAG	20 CAP	19 AQU	18 PIS	19 TAU	21 CAN	20 LEO	22 LIB	21 SCO
21 LEO	22 LIB	23 SCO	23 CAP	22 AQU	21 PIS	21 ARI	22 GEM	23 LEO	23 VIR	24 SCO	23 SAG
24 VIR	24 SCO	25 SAG	25 AQU	25 PIS	23 ARI	23 TAU	24 CAN	26 VIR	25 LIB	26 SAG	25 CAP
26 LIB	26 SAG	27 CAP	27 PIS	27 ARI	26 TAU	25 GEM	27 LEO	28 LIB	27 SCO	28 CAP	27 AQU
28 SCO	28 CAP	29 AQU	30 ARI	29 TAU	28 GEM	28 CAN	29 VIR	30 SCO	29 SAG	30 AQU	29 PIS
30 SAG		31 PIS				30 LEO	31 LIB		31 CAP		31 ARI

1925

JAN	FEB	MAR	APR	MAY	JUN	JUL	AUG	SEP	OCT	NOV	DEC
3 TAU	2 GEM	1 GEM	2 LEO	2 VIR	1 LIB	3 SAG	1 CAP	1 PIS	1 ARI	2 GEM	1 CAN
5 GEM	4 CAN	3 CAN	5 VIR	4 LIB	3 SCO	5 CAP	3 AQU	4 ARI	3 TAU	4 CAN	4 LEO
8 CAN	7 LEO	6 LEO	7 LIB	7 SCO	5 SAG	7 AQU	5 PIS	6 TAU	5 GEM	7 LEO	6 VIR
10 LEO	9 VIR	8 VIR	9 SCO	9 SAG	7 CAP	9 PIS	7 ARI	8 GEM	8 CAN	9 VIR	9 LIB
13 VIR	11 LIB	11 LIB	11 SAG	11 CAP	9 AQU	11 ARI	9 TAU	10 CAN	10 LEO	12 LIB	11 SCO
15 LIB	14 SCO	13 SCO	13 CAP	13 AQU	11 PIS	13 TAU	12 GEM	13 LEO	13 VIR	14 SCO	13 SAG
17 SCO	16 SAG	15 SAG	16 AQU	15 PIS	13 ARI	15 GEM	14 CAN	15 VIR	15 LIB	16 SAG	16 CAP
20 SAG	18 CAP	17 CAP	18 PIS	17 ARI	16 TAU	18 CAN	17 LEO	18 LIB	18 SCO	18 CAP	18 AQU
22 CAP	20 AQU	19 AQU	20 ARI	19 TAU	18 GEM	20 LEO	19 VIR	20 SCO	20 SAG	20 AQU	20 PIS
24 AQU	22 PIS	21 PIS	22 TAU	22 GEM	21 CAN	23 VIR	22 LIB	22 SAG	22 CAP	22 PIS	22 ARI
26 PIS	24 ARI	24 ARI	25 GEM	24 CAN	23 LEO	25 LIB	24 SCO	25 CAP	24 AQU	25 ARI	24 TAU
28 ARI	26 TAU	26 TAU	27 CAN	27 LEO	26 VIR	28 SCO	26 SAG	27 AQU	26 PIS	27 TAU	26 GEM
30 TAU		28 GEM	30 LEO	29 VIR	28 LIB	30 SAG	28 CAP	29 PIS	28 ARI	29 GEM	29 CAN
		31 CAN			30 SCO		30 AQU		30 TAU		31 LEO

1926

JAN	FEB	MAR	APR	MAY	JUN	JUL	AUG	SEP	OCT	NOV	DEC
3 VIR	2 LIB	1 LIB	2 SAG	1 CAP	2 PIS	1 ARI	2 GEM	3 LEO	3 VIR	1 LIB	1 SCO
5 LIB	4 SCO	3 SCO	4 CAP	3 AQU	4 ARI	3 TAU	4 CAN	5 VIR	5 LIB	4 SCO	4 SAG
8 SCO	6 SAG	6 SAG	6 AQU	6 PIS	6 TAU	6 GEM	7 LEO	8 LIB	8 SCO	6 SAG	6 CAP
10 SAG	8 CAP	8 CAP	8 PIS	8 ARI	8 GEM	8 CAN	9 VIR	10 SCO	10 SAG	9 CAP	8 AQU
12 CAP	10 AQU	10 AQU	10 ARI	10 TAU	11 CAN	10 LEO	12 LIB	13 SAG	12 CAP	11 AQU	10 PIS
14 AQU	12 PIS	12 PIS	12 TAU	12 GEM	13 LEO	13 VIR	14 SCO	15 CAP	15 AQU	13 PIS	12 ARI
16 PIS	14 ARI	14 ARI	15 GEM	14 CAN	16 VIR	15 LIB	17 SAG	17 AQU	17 PIS	15 ARI	14 TAU
18 ARI	17 TAU	16 TAU	17 CAN	17 LEO	18 LIB	18 SCO	19 CAP	19 PIS	19 ARI	17 TAU	17 GEM
20 TAU	19 GEM	18 GEM	19 LEO	19 VIR	20 SCO	20 SAG	21 AQU	21 ARI	21 TAU	19 GEM	19 CAN
23 GEM	21 CAN	21 CAN	22 VIR	22 LIB	23 SAG	22 CAP	23 PIS	23 TAU	23 GEM	21 CAN	21 LEO
25 CAN	24 LEO	23 LEO	24 LIB	24 SCO	25 CAP	24 AQU	25 ARI	25 GEM	25 CAN	24 LEO	24 VIR
27 LEO	26 VIR	26 VIR	27 SCO	26 SAG	27 AQU	26 PIS	27 TAU	28 CAN	27 LEO	26 VIR	26 LIB
30 VIR		28 LIB	29 SAG	29 CAP	29 PIS	28 ARI	29 GEM	30 LEO	30 VIR	29 LIB	29 SCO
		30 SCO		31 AQU		31 TAU	31 CAN				31 SAG

1927

JAN	FEB	MAR	APR	MAY	JUN	JUL	AUG	SEP	OCT	NOV	DEC
2 CAP	1 AQU	2 PIS	1 ARI	2 GEM	1 CAN	3 VIR	1 LIB	3 SAG	3 CAP	1 AQU	1 PIS
4 AQU	3 PIS	4 ARI	3 TAU	4 CAN	3 LEO	5 LIB	4 SCO	5 CAP	5 AQU	3 PIS	3 ARI
6 PIS	5 ARI	6 TAU	5 GEM	7 LEO	5 VIR	8 SCO	7 SAG	8 AQU	7 PIS	6 ARI	5 TAU
9 ARI	7 TAU	8 GEM	7 CAN	9 VIR	8 LIB	10 SAG	9 CAP	10 PIS	9 ARI	8 TAU	7 GEM
11 TAU	9 GEM	11 CAN	9 LEO	12 LIB	10 SCO	13 CAP	11 AQU	12 ARI	11 TAU	10 GEM	9 CAN
13 GEM	11 CAN	13 LEO	12 VIR	14 SCO	13 SAG	15 AQU	13 PIS	14 TAU	13 GEM	12 CAN	11 LEO
15 CAN	14 LEO	15 VIR	14 LIB	16 SAG	15 CAP	17 PIS	15 ARI	16 GEM	15 CAN	14 LEO	13 VIR
17 LEO	16 VIR	18 LIB	17 SCO	19 CAP	17 AQU	19 ARI	17 TAU	18 CAN	17 LEO	16 VIR	16 LIB
20 VIR	19 LIB	21 SCO	19 SAG	21 AQU	20 PIS	21 TAU	19 GEM	20 LEO	20 VIR	19 LIB	18 SCO
22 LIB	21 SCO	23 SAG	22 CAP	23 PIS	22 ARI	23 GEM	22 CAN	23 VIR	22 LIB	21 SCO	21 SAG
25 SCO	24 SAG	25 CAP	24 AQU	25 ARI	24 TAU	25 CAN	24 LEO	25 LIB	25 SCO	24 SAG	23 CAP
27 SAG	26 CAP	28 AQU	26 PIS	28 TAU	26 GEM	28 LEO	26 VIR	28 SCO	27 SAG	26 CAP	26 AQU
30 CAP	28 AQU	30 PIS	28 ARI	30 GEM	28 CAN	30 VIR	29 LIB	30 SAG	30 CAP	28 AQU	28 PIS
			30 TAU		30 LEO		31 SCO				30 ARI

1928

JAN	FEB	MAR	APR	MAY	JUN	JUL	AUG	SEP	OCT	NOV	DEC
1 TAU	2 CAN	2 LEO	1 VIR	3 SCO	2 SAG	2 CAP	3 PIS	1 ARI	3 GEM	1 CAN	3 VIR
3 GEM	4 LEO	5 VIR	3 LIB	5 SAG	4 CAP	4 AQU	5 ARI	3 TAU	5 CAN	3 LEO	5 LIB
5 CAN	6 VIR	7 LIB	6 SCO	8 CAP	7 AQU	6 PIS	7 TAU	5 GEM	7 LEO	5 VIR	7 SCO
8 LEO	9 LIB	9 SCO	8 SAG	10 AQU	9 PIS	9 ARI	9 GEM	7 CAN	9 VIR	8 LIB	10 SAG
10 VIR	11 SCO	12 SAG	11 CAP	13 PIS	11 ARI	11 TAU	11 CAN	10 LEO	11 LIB	10 SCO	12 CAP
12 LIB	14 SAG	14 CAP	13 AQU	15 ARI	13 TAU	13 GEM	13 LEO	12 VIR	14 SCO	13 SAG	15 AQU
15 SCO	16 CAP	17 AQU	15 PIS	17 TAU	15 GEM	15 CAN	15 VIR	14 LIB	16 SAG	15 CAP	17 PIS
17 SAG	18 AQU	19 PIS	18 ARI	19 GEM	17 CAN	17 LEO	18 LIB	16 SCO	19 CAP	18 AQU	20 ARI
20 CAP	21 PIS	21 ARI	20 TAU	21 CAN	19 LEO	19 VIR	20 SCO	19 SAG	21 AQU	20 PIS	22 TAU
22 AQU	23 ARI	23 TAU	22 GEM	23 LEO	22 VIR	21 LIB	23 SAG	22 CAP	24 PIS	22 ARI	24 GEM
24 PIS	25 TAU	25 GEM	24 CAN	25 VIR	24 LIB	24 SCO	25 CAP	24 AQU	26 ARI	24 TAU	26 CAN
26 ARI	27 GEM	27 CAN	26 LEO	28 LIB	26 SCO	26 SAG	28 AQU	26 PIS	28 TAU	26 GEM	28 LEO
28 TAU	29 CAN	29 LEO	28 VIR	30 SCO	29 SAG	29 CAP	30 PIS	28 ARI	30 GEM	28 CAN	30 VIR
31 GEM			30 LIB			31 AQU		30 TAU		30 LEO	

1929

JAN	FEB	MAR	APR	MAY	JUN	JUL	AUG	SEP	OCT	NOV	DEC
1 LIB	2 SAG	2 SAG	1 CAP	3 PIS	2 ARI	1 TAU	2 CAN	2 VIR	2 LIB	2 SAG	2 CAP
4 SCO	5 CAP	4 CAP	3 AQU	5 ARI	4 TAU	3 GEM	4 LEO	4 LIB	4 SCO	5 CAP	5 AQU
6 SAG	7 AQU	7 AQU	5 PIS	7 TAU	6 GEM	5 CAN	6 VIR	6 SCO	6 SAG	7 AQU	7 PIS
9 CAP	10 PIS	9 PIS	8 ARI	9 GEM	8 CAN	7 LEO	8 LIB	9 SAG	9 CAP	10 PIS	10 ARI
11 AQU	12 ARI	11 ARI	10 TAU	11 CAN	10 LEO	9 VIR	10 SCO	11 CAP	11 AQU	12 ARI	12 TAU
14 PIS	14 TAU	14 TAU	12 GEM	13 LEO	12 VIR	11 LIB	12 SAG	14 AQU	14 PIS	15 TAU	14 GEM
16 ARI	16 GEM	16 GEM	14 CAN	16 VIR	14 LIB	14 SCO	15 CAP	16 PIS	16 ARI	17 GEM	16 CAN
18 TAU	19 CAN	18 CAN	16 LEO	18 LIB	16 SCO	16 SAG	17 AQU	19 ARI	18 TAU	19 CAN	18 LEO
20 GEM	21 LEO	20 LEO	18 VIR	20 SCO	19 SAG	19 CAP	20 PIS	21 TAU	20 GEM	21 LEO	20 VIR
22 CAN	23 VIR	22 VIR	21 LIB	23 SAG	21 CAP	21 AQU	22 ARI	23 GEM	22 CAN	23 VIR	22 LIB
24 LEO	25 LIB	24 LIB	23 SCO	25 CAP	24 AQU	24 PIS	25 TAU	25 CAN	25 LEO	25 LIB	25 SCO
26 VIR	27 SCO	27 SCO	25 SAG	28 AQU	26 PIS	26 ARI	27 GEM	27 LEO	27 VIR	27 SCO	27 SAG
29 LIB		29 SAG	28 CAP	30 PIS	29 ARI	28 TAU	29 CAN	29 VIR	29 LIB	30 SAG	30 CAP
31 SCO			30 AQU			31 GEM	31 LEO		31 SCO		

1930

JAN	FEB	MAR	APR	MAY	JUN	JUL	AUG	SEP	OCT	NOV	DEC
1 AQU	2 ARI	2 ARI	2 GEM	2 CAN	2 VIR	2 LIB	2 SAG	1 CAP	1 AQU	2 ARI	2 TAU
4 PIS	5 TAU	4 TAU	5 CAN	4 LEO	4 LIB	4 SCO	5 CAP	4 AQU	3 PIS	5 TAU	4 GEM
6 ARI	7 GEM	6 GEM	7 LEO	6 VIR	7 SCO	6 SAG	7 AQU	6 PIS	6 ARI	7 GEM	7 CAN
8 TAU	9 CAN	8 CAN	9 VIR	8 LIB	9 SAG	9 CAP	10 PIS	9 ARI	8 TAU	9 CAN	9 LEO
11 GEM	11 LEO	10 LEO	11 LIB	10 SCO	11 CAP	11 AQU	12 ARI	11 TAU	11 GEM	11 LEO	11 VIR
13 CAN	13 VIR	12 VIR	13 SCO	13 SAG	14 AQU	14 PIS	15 TAU	14 GEM	13 CAN	13 VIR	13 LIB
15 LEO	15 LIB	15 LIB	15 SAG	15 CAP	16 PIS	16 ARI	17 GEM	16 CAN	15 LEO	16 LIB	15 SCO
17 VIR	17 SCO	17 SCO	18 CAP	18 AQU	19 ARI	19 TAU	19 CAN	18 LEO	17 VIR	18 SCO	17 SAG
19 LIB	20 SAG	19 SAG	20 AQU	20 PIS	21 TAU	21 GEM	21 LEO	20 VIR	19 LIB	20 SAG	20 CAP
21 SCO	22 CAP	21 CAP	23 PIS	23 ARI	24 GEM	23 CAN	23 VIR	22 LIB	21 SCO	22 CAP	22 AQU
23 SAG	25 AQU	24 AQU	25 ARI	25 TAU	26 CAN	25 LEO	25 LIB	24 SCO	24 SAG	25 AQU	24 PIS
26 CAP	27 PIS	26 PIS	28 TAU	27 GEM	28 LEO	27 VIR	28 SCO	26 SAG	26 CAP	27 PIS	27 ARI
28 AQU		29 ARI	30 GEM	29 CAN	30 VIR	29 LIB	30 SAG	28 CAP	28 AQU	30 ARI	29 TAU
31 PIS		31 TAU		31 LEO		31 SCO			31 PIS		

1931

JAN	FEB	MAR	APR	MAY	JUN	JUL	AUG	SEP	OCT	NOV	DEC
1 GEM	1 LEO	1 LEO	1 LIB	1 SCO	1 CAP	1 AQU	2 ARI	1 TAU	1 GEM	2 LEO	1 VIR
3 CAN	3 VIR	3 VIR	3 SCO	3 SAG	4 AQU	4 PIS	5 TAU	4 GEM	3 CAN	4 VIR	3 LIB
5 LEO	5 LIB	5 LIB	5 SAG	5 CAP	6 PIS	6 ARI	7 GEM	6 CAN	6 LEO	6 LIB	6 SCO
7 VIR	8 SCO	7 SCO	8 CAP	7 AQU	9 ARI	9 TAU	10 CAN	8 LEO	8 VIR	8 SCO	8 SAG
9 LIB	10 SAG	9 SAG	10 AQU	10 PIS	11 TAU	11 GEM	12 LEO	10 VIR	10 LIB	10 SAG	10 CAP
11 SCO	12 CAP	11 CAP	13 PIS	12 ARI	14 GEM	13 CAN	14 VIR	12 LIB	12 SCO	12 CAP	12 AQU
13 SAG	15 AQU	14 AQU	15 ARI	15 TAU	16 CAN	15 LEO	16 LIB	14 SCO	14 SAG	14 AQU	14 PIS
16 CAP	17 PIS	16 PIS	18 TAU	17 GEM	18 LEO	17 VIR	18 SCO	16 SAG	16 CAP	17 PIS	17 ARI
18 AQU	20 ARI	19 ARI	20 GEM	20 CAN	20 VIR	20 LIB	20 SAG	19 CAP	18 AQU	19 ARI	19 TAU
21 PIS	22 TAU	21 TAU	22 CAN	22 LEO	22 LIB	22 SCO	22 CAP	21 AQU	21 PIS	22 TAU	22 GEM
23 ARI	25 GEM	24 GEM	25 LEO	24 VIR	24 SCO	24 SAG	25 AQU	23 PIS	23 ARI	24 GEM	24 CAN
26 TAU	27 CAN	26 CAN	27 VIR	26 LIB	27 SAG	26 CAP	27 PIS	26 ARI	26 TAU	27 CAN	26 LEO
28 GEM		28 LEO	29 LIB	28 SCO	29 CAP	28 AQU	30 ARI	28 TAU	28 GEM	29 LEO	29 VIR
30 CAN		30 VIR		30 SAG		31 PIS			31 CAN		31 LIB

1932

JAN	FEB	MAR	APR	MAY	JUN	JUL	AUG	SEP	OCT	NOV	DEC
2 SCO	2 CAP	1 CAP	2 PIS	1 ARI	3 GEM	2 CAN	1 LEO	2 LIB	1 SCO	1 CAP	1 AQU
4 SAG	5 AQU	3 AQU	4 ARI	4 TAU	5 CAN	5 LEO	3 VIR	4 SCO	3 SAG	4 AQU	3 PIS
6 CAP	7 PIS	5 PIS	7 TAU	6 GEM	7 LEO	7 VIR	5 LIB	6 SAG	5 CAP	6 PIS	6 ARI
8 AQU	9 ARI	8 ARI	9 GEM	9 CAN	10 VIR	9 LIB	7 SCO	8 CAP	7 AQU	8 ARI	8 TAU
11 PIS	12 TAU	10 TAU	12 CAN	11 LEO	12 LIB	11 SCO	10 SAG	10 AQU	10 PIS	11 TAU	11 GEM
13 ARI	14 GEM	13 GEM	14 LEO	13 VIR	14 SCO	13 SAG	12 CAP	12 PIS	12 ARI	13 GEM	13 CAN
16 TAU	17 CAN	15 CAN	16 VIR	16 LIB	16 SAG	15 CAP	14 AQU	15 ARI	15 TAU	16 CAN	16 LEO
18 GEM	19 LEO	18 LEO	18 LIB	18 SCO	18 CAP	18 AQU	16 PIS	17 TAU	17 GEM	18 LEO	18 VIR
20 CAN	21 VIR	20 VIR	20 SCO	20 SAG	20 AQU	20 PIS	19 ARI	20 GEM	20 CAN	21 VIR	20 LIB
23 LEO	23 LIB	22 LIB	22 SAG	22 CAP	22 PIS	22 ARI	21 TAU	22 CAN	22 LEO	23 LIB	22 SCO
25 VIR	25 SCO	24 SCO	24 CAP	24 AQU	25 ARI	25 TAU	24 GEM	25 LEO	24 VIR	25 SCO	24 SAG
27 LIB	27 SAG	26 SAG	26 AQU	26 PIS	27 TAU	27 GEM	26 CAN	27 VIR	27 LIB	27 SAG	26 CAP
29 SCO		28 CAP	29 PIS	29 ARI	30 GEM	30 CAN	28 LEO	29 LIB	29 SCO	29 CAP	28 AQU
31 SAG		30 AQU		31 TAU			31 VIR		30 SAG		31 PIS

1933

JAN	FEB	MAR	APR	MAY	JUN	JUL	AUG	SEP	OCT	NOV	DEC
2 ARI	1 TAU	3 GEM	1 CAN	1 LEO	2 LIB	2 SCO	2 CAP	1 AQU	2 ARI	1 TAU	1 GEM
4 TAU	3 GEM	5 CAN	4 LEO	4 VIR	4 SCO	4 SAG	4 AQU	3 PIS	5 TAU	3 GEM	3 CAN
7 GEM	6 CAN	8 LEO	6 VIR	6 LIB	6 SAG	6 CAP	6 PIS	5 ARI	7 GEM	6 CAN	6 LEO
9 CAN	8 LEO	10 VIR	8 LIB	8 SCO	8 CAP	8 AQU	8 ARI	7 TAU	9 CAN	8 LEO	8 VIR
12 LEO	10 VIR	12 LIB	11 SCO	10 SAG	10 AQU	10 PIS	11 TAU	10 GEM	12 LEO	11 VIR	11 LIB
14 VIR	13 LIB	14 SCO	13 SAG	12 CAP	12 PIS	12 ARI	13 GEM	12 CAN	14 VIR	13 LIB	13 SCO
16 LIB	15 SCO	16 SAG	15 CAP	14 AQU	15 ARI	14 TAU	16 CAN	15 LEO	17 LIB	15 SCO	15 SAG
19 SCO	17 SAG	18 CAP	17 AQU	16 PIS	17 TAU	17 GEM	18 LEO	17 VIR	19 SCO	17 SAG	17 CAP
21 SAG	19 CAP	20 AQU	19 PIS	19 ARI	20 GEM	20 CAN	21 VIR	19 LIB	21 SAG	19 CAP	19 AQU
23 CAP	21 AQU	23 PIS	21 ARI	21 TAU	22 CAN	22 LEO	23 LIB	21 SCO	23 CAP	21 AQU	21 PIS
25 AQU	23 PIS	25 ARI	24 TAU	23 GEM	25 LEO	24 VIR	25 SCO	24 SAG	25 AQU	23 PIS	23 ARI
27 PIS	26 ARI	27 TAU	26 GEM	26 CAN	27 VIR	27 LIB	27 SAG	26 CAP	27 PIS	26 ARI	25 TAU
29 ARI	28 TAU	30 GEM	29 CAN	29 LEO	30 LIB	29 SCO	29 CAP	28 AQU	30 ARI	28 TAU	28 GEM
				31 VIR		31 SAG		30 PIS			30 CAN

1934

JAN	FEB	MAR	APR	MAY	JUN	JUL	AUG	SEP	OCT	NOV	DEC
2 LEO	1 VIR	2 LIB	1 SCO	2 CAP	1 AQU	2 ARI	1 TAU	2 CAN	2 LEO	1 VIR	3 SCO
4 VIR	3 LIB	5 SCO	3 SAG	5 AQU	3 PIS	5 TAU	3 GEM	4 LEO	4 VIR	3 LIB	5 SAG
7 LIB	5 SCO	7 SAG	5 CAP	7 PIS	5 ARI	7 GEM	6 CAN	7 VIR	7 LIB	5 SCO	7 CAP
9 SCO	8 SAG	9 CAP	7 AQU	9 ARI	7 TAU	9 CAN	8 LEO	9 LIB	9 SCO	8 SAG	9 AQU
11 SAG	10 CAP	11 AQU	9 PIS	11 TAU	10 GEM	12 LEO	11 VIR	12 SCO	11 SAG	10 CAP	11 PIS
13 CAP	12 AQU	13 PIS	12 ARI	13 GEM	12 CAN	15 VIR	13 LIB	14 SAG	14 CAP	12 AQU	13 ARI
15 AQU	14 PIS	15 ARI	14 TAU	16 CAN	15 LEO	17 LIB	16 SCO	16 CAP	16 AQU	14 PIS	16 TAU
17 PIS	16 ARI	17 TAU	16 GEM	18 LEO	17 VIR	19 SCO	18 SAG	18 AQU	18 PIS	16 ARI	18 GEM
19 ARI	18 TAU	20 GEM	19 CAN	21 VIR	20 LIB	22 SAG	20 CAP	20 PIS	20 ARI	18 TAU	20 CAN
22 TAU	20 GEM	22 CAN	21 LEO	23 LIB	22 SCO	24 CAP	22 AQU	23 ARI	22 TAU	21 GEM	23 LEO
24 GEM	23 CAN	25 LEO	24 VIR	26 SCO	24 SAG	26 AQU	24 PIS	25 TAU	24 GEM	23 CAN	25 VIR
27 CAN	25 LEO	27 VIR	26 LIB	28 SAG	26 CAP	28 PIS	26 ARI	27 GEM	27 CAN	25 LEO	28 LIB
29 LEO	28 VIR	30 LIB	28 SCO	30 CAP	28 AQU	30 ARI	28 TAU	29 CAN	29 LEO	28 VIR	30 SCO
			30 SAG		30 PIS		30 GEM			30 LIB	

1935

JAN	FEB	MAR	APR	MAY	JUN	JUL	AUG	SEP	OCT	NOV	DEC
1 SAG	2 AQU	2 AQU	2 ARI	1 TAU	2 CAN	2 LEO	1 VIR	2 SCO	2 SAG	2 AQU	2 PIS
4 CAP	4 PIS	4 PIS	4 TAU	4 GEM	5 LEO	4 VIR	3 LIB	4 SAG	4 CAP	5 PIS	4 ARI
6 AQU	6 ARI	5 ARI	6 GEM	6 CAN	7 VIR	7 LIB	6 SCO	7 CAP	6 AQU	7 ARI	6 TAU
8 PIS	8 TAU	8 TAU	8 CAN	8 LEO	10 LIB	9 SCO	8 SAG	9 AQU	8 PIS	9 TAU	8 GEM
10 ARI	10 GEM	10 GEM	11 LEO	11 VIR	12 SCO	12 SAG	10 CAP	11 PIS	10 ARI	11 GEM	10 CAN
12 TAU	13 CAN	12 CAN	13 VIR	13 LIB	14 SAG	14 CAP	12 AQU	13 ARI	12 TAU	13 CAN	13 LEO
14 GEM	15 LEO	15 LEO	16 LIB	16 SCO	17 CAP	16 AQU	14 PIS	15 TAU	14 GEM	15 LEO	15 VIR
17 CAN	18 VIR	17 VIR	18 SCO	18 SAG	19 AQU	18 PIS	16 ARI	17 GEM	17 CAN	18 VIR	18 LIB
19 LEO	20 LIB	20 LIB	21 SAG	20 CAP	21 PIS	20 ARI	18 TAU	19 CAN	19 LEO	20 LIB	20 SCO
22 VIR	23 SCO	22 SCO	23 CAP	22 AQU	23 ARI	22 TAU	21 GEM	22 LEO	21 VIR	23 SCO	23 SAG
24 LIB	25 SAG	24 SAG	25 AQU	24 PIS	25 TAU	24 GEM	23 CAN	24 VIR	24 LIB	25 SAG	25 CAP
27 SCO	27 CAP	27 CAP	27 PIS	27 ARI	27 GEM	27 CAN	25 LEO	27 LIB	26 SCO	27 CAP	27 AQU
29 SAG		29 AQU	29 ARI	29 TAU	29 CAN	29 LEO	28 VIR	29 SCO	29 SAG	30 AQU	29 PIS
31 CAP		31 PIS		31 GEM			30 LIB		31 CAP		31 ARI

1936

JAN	FEB	MAR	APR	MAY	JUN	JUL	AUG	SEP	OCT	NOV	DEC
2 TAU	1 GEM	1 CAN	2 VIR	2 LIB	1 SCO	1 SAG	2 AQU	2 ARI	2 TAU	2 CAN	2 LEO
5 GEM	3 CAN	4 LEO	5 LIB	5 SCO	3 SAG	3 CAP	4 PIS	4 TAU	4 GEM	4 LEO	4 VIR
7 CAN	5 LEO	6 VIR	7 SCO	7 SAG	6 CAP	5 AQU	6 ARI	6 GEM	6 CAN	7 VIR	6 LIB
9 LEO	8 VIR	9 LIB	10 SAG	9 CAP	8 AQU	8 PIS	8 TAU	9 CAN	8 LEO	9 LIB	9 SCO
11 VIR	10 LIB	11 SCO	12 CAP	12 AQU	10 PIS	10 ARI	10 GEM	11 LEO	10 VIR	12 SCO	11 SAG
14 LIB	13 SCO	14 SAG	15 AQU	14 PIS	12 ARI	12 TAU	12 CAN	13 VIR	13 LIB	14 SAG	14 CAP
16 SCO	15 SAG	16 CAP	17 PIS	16 ARI	14 TAU	14 GEM	15 LEO	16 LIB	15 SCO	17 CAP	16 AQU
19 SAG	18 CAP	18 AQU	19 ARI	18 TAU	17 GEM	16 CAN	17 VIR	18 SCO	18 SAG	19 AQU	19 PIS
21 CAP	20 AQU	20 PIS	21 TAU	20 GEM	19 CAN	18 LEO	19 LIB	21 SAG	20 CAP	21 PIS	21 ARI
23 AQU	22 PIS	22 ARI	23 GEM	22 CAN	21 LEO	21 VIR	22 SCO	23 CAP	23 AQU	24 ARI	23 TAU
25 PIS	24 ARI	24 TAU	25 CAN	24 LEO	23 VIR	23 LIB	24 SAG	25 AQU	25 PIS	26 TAU	25 GEM
27 ARI	26 TAU	26 GEM	27 LEO	27 VIR	26 LIB	26 SCO	27 CAP	28 PIS	27 ARI	28 GEM	27 CAN
30 TAU	28 GEM	28 CAN	30 VIR	29 LIB	28 SCO	28 SAG	29 AQU	30 ARI	29 TAU	30 CAN	29 LEO
		31 LEO				30 CAP	31 PIS		31 GEM		31 VIR

1937

JAN	FEB	MAR	APR	MAY	JUN	JUL	AUG	SEP	OCT	NOV	DEC
3 LIB	2 SCO	1 SCO	2 CAP	2 AQU	1 PIS	2 TAU	1 GEM	1 LEO	1 VIR	2 SCO	1 SAG
5 SCO	4 SAG	3 SAG	5 AQU	4 PIS	3 ARI	4 GEM	3 CAN	3 VIR	3 LIB	4 SAG	4 CAP
8 SAG	7 CAP	6 CAP	7 PIS	7 ARI	5 TAU	6 CAN	5 LEO	6 LIB	5 SCO	7 CAP	6 AQU
10 CAP	9 AQU	8 AQU	9 ARI	9 TAU	7 GEM	8 LEO	7 VIR	8 SCO	8 SAG	9 AQU	9 PIS
13 AQU	11 PIS	11 PIS	11 TAU	11 GEM	9 CAN	11 VIR	9 LIB	10 SAG	10 CAP	12 PIS	11 ARI
15 PIS	13 ARI	13 ARI	13 GEM	13 CAN	11 LEO	13 LIB	12 SCO	13 CAP	13 AQU	14 ARI	13 TAU
17 ARI	15 TAU	15 TAU	15 CAN	15 LEO	13 VIR	15 SCO	14 SAG	15 AQU	15 PIS	16 TAU	15 GEM
19 TAU	18 GEM	17 GEM	17 LEO	17 VIR	16 LIB	18 SAG	17 CAP	18 PIS	17 ARI	18 GEM	17 CAN
21 GEM	20 CAN	19 CAN	20 VIR	19 LIB	18 SCO	20 CAP	19 AQU	20 ARI	19 TAU	20 CAN	19 LEO
23 CAN	22 LEO	21 LEO	22 LIB	22 SCO	21 SAG	23 AQU	21 PIS	22 TAU	21 GEM	22 LEO	21 VIR
26 LEO	24 VIR	23 VIR	25 SCO	24 SAG	23 CAP	25 PIS	24 ARI	24 GEM	24 CAN	24 VIR	24 LIB
28 VIR	26 LIB	26 LIB	27 SAG	27 CAP	26 AQU	27 ARI	26 TAU	26 CAN	26 LEO	26 LIB	26 SCO
30 LIB		28 SCO	30 CAP	29 AQU	28 PIS	30 TAU	28 GEM	28 LEO	28 VIR	29 SCO	29 SAG
		31 SAG			30 ARI		30 CAN		30 LIB		31 CAP

1938

JAN	FEB	MAR	APR	MAY	JUN	JUL	AUG	SEP	OCT	NOV	DEC
3 AQU	1 PIS	1 PIS	1 TAU	1 GEM	1 LEO	1 VIR	2 SCO	3 CAP	3 AQU	2 PIS	1 ARI
5 PIS	4 ARI	3 ARI	4 GEM	3 CAN	3 VIR	3 LIB	4 SAG	5 AQU	5 PIS	4 ARI	4 TAU
7 ARI	6 TAU	5 TAU	6 CAN	5 LEO	6 LIB	5 SCO	7 CAP	8 PIS	8 ARI	6 TAU	6 GEM
10 TAU	8 GEM	7 GEM	8 LEO	7 VIR	8 SCO	8 SAG	9 AQU	10 ARI	10 TAU	8 GEM	8 CAN
12 GEM	10 CAN	9 CAN	10 VIR	9 LIB	10 SAG	10 CAP	12 PIS	12 TAU	12 GEM	10 CAN	10 LEO
14 CAN	12 LEO	12 LEO	12 LIB	12 SCO	13 CAP	13 AQU	14 ARI	15 GEM	14 CAN	12 LEO	12 VIR
16 LEO	14 VIR	14 VIR	15 SCO	14 SAG	16 AQU	15 PIS	16 TAU	17 CAN	16 LEO	15 VIR	14 LIB
18 VIR	16 LIB	16 LIB	17 SAG	17 CAP	18 PIS	18 ARI	18 GEM	19 LEO	18 VIR	17 LIB	16 SCO
20 LIB	19 SCO	18 SCO	19 CAP	19 AQU	20 ARI	20 TAU	21 CAN	21 VIR	20 LIB	19 SCO	19 SAG
22 SCO	21 SAG	21 SAG	22 AQU	22 PIS	23 TAU	22 GEM	23 LEO	23 LIB	23 SCO	21 SAG	21 CAP
25 SAG	24 CAP	23 CAP	24 PIS	24 ARI	25 GEM	24 CAN	25 VIR	25 SCO	25 SAG	24 CAP	24 AQU
27 CAP	26 AQU	26 AQU	27 ARI	26 TAU	27 CAN	26 LEO	27 LIB	28 SAG	27 CAP	26 AQU	26 PIS
30 AQU		28 PIS	29 TAU	28 GEM	29 LEO	28 VIR	29 SCO	30 CAP	30 AQU	29 PIS	29 ARI
		30 ARI		30 CAN		30 LIB	31 SAG				31 TAU

1939

JAN	FEB	MAR	APR	MAY	JUN	JUL	AUG	SEP	OCT	NOV	DEC
2 GEM	1 CAN	2 LEO	3 LIB	2 SCO	1 SAG	3 AQU	1 PIS	3 TAU	2 GEM	1 CAN	2 VIR
4 CAN	3 LEO	4 VIR	5 SCO	4 SAG	3 CAP	5 PIS	4 ARI	5 GEM	5 CAN	3 LEO	5 LIB
6 LEO	5 VIR	6 LIB	7 SAG	7 CAP	5 AQU	8 ARI	6 TAU	7 CAN	7 LEO	5 VIR	7 SCO
8 VIR	7 LIB	8 SCO	9 CAP	9 AQU	8 PIS	10 TAU	9 GEM	9 LEO	9 VIR	7 LIB	9 SAG
10 LIB	9 SCO	10 SAG	12 AQU	12 PIS	10 ARI	12 GEM	11 CAN	11 VIR	11 LIB	9 SCO	11 CAP
12 SCO	11 SAG	13 CAP	14 PIS	14 ARI	13 TAU	15 CAN	13 LEO	13 LIB	13 SCO	11 SAG	13 AQU
15 SAG	14 CAP	15 AQU	17 ARI	16 TAU	15 GEM	17 LEO	15 VIR	15 SCO	15 SAG	14 CAP	16 PIS
17 CAP	16 AQU	18 PIS	19 TAU	19 GEM	17 CAN	19 VIR	17 LIB	18 SAG	17 CAP	16 AQU	19 ARI
20 AQU	19 PIS	20 ARI	21 GEM	21 CAN	19 LEO	21 LIB	19 SCO	20 CAP	20 AQU	19 PIS	21 TAU
22 PIS	21 ARI	23 TAU	24 CAN	23 LEO	21 VIR	23 SCO	21 SAG	22 AQU	22 PIS	21 ARI	23 GEM
25 ARI	24 TAU	25 GEM	26 LEO	25 VIR	23 LIB	25 SAG	24 CAP	25 PIS	25 ARI	24 TAU	26 CAN
27 TAU	26 GEM	27 CAN	28 VIR	27 LIB	26 SCO	27 CAP	26 AQU	28 ARI	27 TAU	26 GEM	28 LEO
30 GEM	28 CAN	29 LEO	30 LIB	29 SCO	28 SAG	30 AQU	29 PIS	30 TAU	30 GEM	28 CAN	30 VIR
		31 VIR			30 CAP		31 ARI			30 LEO	

1940

JAN	FEB	MAR	APR	MAY	JUN	JUL	AUG	SEP	OCT	NOV	DEC
1 LIB	1 SAG	2 CAP	1 AQU	3 ARI	2 TAU	2 GEM	2 LEO	1 VIR	2 SCO	1 SAG	2 AQU
3 SCO	4 CAP	4 AQU	3 PIS	5 TAU	4 GEM	4 CAN	4 VIR	3 LIB	4 SAG	3 CAP	5 PIS
5 SAG	6 AQU	7 PIS	6 ARI	8 GEM	6 CAN	6 LEO	6 LIB	5 SCO	6 CAP	5 AQU	7 ARI
7 CAP	9 PIS	9 ARI	8 TAU	10 CAN	9 LEO	8 VIR	9 SCO	7 SAG	9 AQU	7 PIS	10 TAU
10 AQU	11 ARI	12 TAU	11 GEM	12 LEO	11 VIR	10 LIB	11 SAG	9 CAP	11 PIS	10 ARI	12 GEM
12 PIS	14 TAU	14 GEM	13 CAN	15 VIR	13 LIB	12 SCO	13 CAP	11 AQU	14 ARI	13 TAU	15 CAN
15 ARI	16 GEM	17 CAN	15 LEO	17 LIB	15 SCO	14 SAG	15 AQU	14 PIS	16 TAU	15 GEM	17 LEO
17 TAU	18 CAN	19 LEO	17 VIR	19 SCO	17 SAG	17 CAP	18 PIS	16 ARI	19 GEM	17 CAN	19 VIR
20 GEM	20 LEO	21 VIR	19 LIB	21 SAG	19 CAP	19 AQU	20 ARI	19 TAU	21 CAN	20 LEO	21 LIB
22 CAN	22 VIR	23 LIB	21 SCO	23 CAP	22 AQU	21 PIS	23 TAU	22 GEM	23 LEO	22 VIR	23 SCO
24 LEO	24 LIB	25 SCO	23 SAG	25 AQU	24 PIS	24 ARI	25 GEM	24 CAN	26 VIR	24 LIB	26 SAG
26 VIR	26 SCO	27 SAG	26 CAP	28 PIS	27 ARI	26 TAU	28 CAN	26 LEO	28 LIB	26 SCO	28 CAP
28 LIB	29 SAG	29 CAP	28 AQU	30 ARI	29 TAU	29 GEM	30 LEO	28 VIR	30 SCO	28 SAG	30 AQU
30 SCO			30 PIS			31 CAN		30 LIB		30 CAP	

1941

JAN	FEB	MAR	APR	MAY	JUN	JUL	AUG	SEP	OCT	NOV	DEC
1 PIS	2 TAU	2 TAU	1 GEM	3 LEO	1 VIR	1 LIB	1 SAG	2 AQU	1 PIS	2 TAU	2 GEM
4 ARI	5 GEM	4 GEM	3 CAN	5 VIR	4 LIB	3 SCO	3 CAP	4 PIS	4 ARI	5 GEM	5 CAN
6 TAU	7 CAN	7 CAN	5 LEO	7 LIB	6 SCO	5 SAG	5 AQU	6 ARI	6 TAU	7 CAN	7 LEO
9 GEM	10 LEO	9 LEO	8 VIR	9 SCO	8 SAG	7 CAP	8 PIS	9 TAU	9 GEM	10 LEO	10 VIR
11 CAN	12 VIR	11 VIR	10 LIB	11 SAG	10 CAP	9 AQU	10 ARI	11 GEM	11 CAN	12 VIR	12 LIB
13 LEO	14 LIB	13 LIB	12 SCO	13 CAP	12 AQU	11 PIS	13 TAU	14 CAN	14 LEO	15 LIB	14 SCO
15 VIR	16 SCO	15 SCO	14 SAG	15 AQU	14 PIS	14 ARI	15 GEM	16 LEO	16 VIR	17 SCO	16 SAG
18 LIB	18 SAG	17 SAG	16 CAP	18 PIS	16 ARI	16 TAU	18 CAN	19 VIR	18 LIB	19 SAG	18 CAP
20 SCO	20 CAP	19 CAP	18 AQU	20 ARI	19 TAU	19 GEM	20 LEO	21 LIB	20 SCO	21 CAP	20 AQU
22 SAG	23 AQU	22 AQU	20 PIS	23 TAU	21 GEM	21 CAN	22 VIR	23 SCO	22 SAG	23 AQU	22 PIS
24 CAP	25 PIS	24 PIS	23 ARI	25 GEM	24 CAN	24 LEO	24 LIB	25 SAG	24 CAP	25 PIS	24 ARI
26 AQU	27 ARI	27 ARI	25 TAU	28 CAN	26 LEO	26 VIR	26 SCO	27 CAP	26 AQU	27 ARI	27 TAU
29 PIS		29 TAU	28 GEM	30 LEO	29 VIR	28 LIB	28 SAG	29 AQU	29 PIS	30 TAU	29 GEM
31 ARI			30 CAN			30 SCO	31 CAP		31 ARI		

1942

JAN	FEB	MAR	APR	MAY	JUN	JUL	AUG	SEP	OCT	NOV	DEC
1 CAN	2 VIR	1 VIR	2 SCO	2 SAG	2 AQU	1 PIS	2 TAU	1 GEM	1 CAN	2 VIR	2 LIB
3 LEO	4 LIB	4 LIB	4 SAG	4 CAP	4 PIS	4 ARI	5 GEM	4 CAN	4 LEO	5 LIB	4 SCO
6 VIR	7 SCO	6 SCO	6 CAP	6 AQU	6 ARI	6 TAU	7 CAN	6 LEO	6 VIR	7 SCO	6 SAG
8 LIB	9 SAG	8 SAG	8 AQU	8 PIS	9 TAU	9 GEM	10 LEO	9 VIR	8 LIB	9 SAG	8 CAP
10 SCO	11 CAP	10 CAP	11 PIS	10 ARI	11 GEM	11 CAN	12 VIR	11 LIB	10 SCO	11 CAP	10 AQU
12 SAG	13 AQU	12 AQU	13 ARI	13 TAU	14 CAN	14 LEO	15 LIB	13 SCO	13 SAG	13 AQU	12 PIS
14 CAP	15 PIS	14 PIS	15 TAU	15 GEM	16 LEO	16 VIR	17 SCO	15 SAG	15 CAP	15 PIS	15 ARI
16 AQU	17 ARI	17 ARI	18 GEM	18 CAN	19 VIR	18 LIB	19 SAG	17 CAP	17 AQU	17 ARI	17 TAU
19 PIS	20 TAU	19 TAU	20 CAN	20 LEO	21 LIB	21 SCO	21 CAP	20 AQU	19 PIS	20 TAU	19 GEM
21 ARI	22 GEM	21 GEM	23 LEO	23 VIR	23 SCO	23 SAG	23 AQU	22 PIS	21 ARI	22 GEM	22 CAN
23 TAU	25 CAN	24 CAN	25 VIR	25 LIB	25 SAG	25 CAP	25 PIS	24 ARI	23 TAU	25 CAN	24 LEO
26 GEM	27 LEO	26 LEO	27 LIB	27 SCO	27 CAP	27 AQU	27 ARI	26 TAU	26 GEM	27 LEO	27 VIR
28 CAN		29 VIR	30 SCO	29 SAG	29 AQU	29 PIS	30 TAU	29 GEM	28 CAN	30 VIR	29 LIB
31 LEO		31 LIB		31 CAP		31 ARI			31 LEO		

1943

JAN	FEB	MAR	APR	MAY	JUN	JUL	AUG	SEP	OCT	NOV	DEC
1 SCO	1 CAP	1 CAP	1 PIS	3 TAU	1 GEM	1 CAN	2 VIR	1 LIB	1 SCO	1 CAP	1 AQU
3 SAG	3 AQU	3 AQU	3 ARI	5 GEM	4 CAN	4 LEO	5 LIB	3 SCO	3 SAG	4 AQU	3 PIS
5 CAP	5 PIS	5 PIS	5 TAU	7 CAN	6 LEO	6 VIR	7 SCO	6 SAG	5 CAP	6 PIS	5 ARI
7 AQU	7 ARI	7 ARI	8 GEM	10 LEO	9 VIR	9 LIB	10 SAG	8 CAP	7 AQU	8 ARI	7 TAU
9 PIS	10 TAU	9 TAU	10 CAN	12 VIR	11 LIB	11 SCO	12 CAP	10 AQU	9 PIS	10 TAU	10 GEM
11 ARI	12 GEM	11 GEM	13 LEO	15 LIB	14 SCO	13 SAG	14 AQU	12 PIS	12 ARI	12 GEM	12 CAN
13 TAU	14 CAN	14 CAN	15 VIR	17 SCO	16 SAG	15 CAP	16 PIS	14 ARI	14 TAU	15 CAN	14 LEO
16 GEM	17 LEO	16 LEO	18 LIB	19 SAG	18 CAP	17 AQU	18 ARI	16 TAU	16 GEM	17 LEO	17 VIR
18 CAN	19 VIR	19 VIR	20 SCO	21 CAP	20 AQU	19 PIS	20 TAU	18 GEM	18 CAN	20 VIR	19 LIB
21 LEO	22 LIB	21 LIB	22 SAG	23 AQU	22 PIS	21 ARI	22 GEM	21 CAN	21 LEO	22 LIB	22 SCO
23 VIR	24 SCO	23 SCO	24 CAP	26 PIS	24 ARI	23 TAU	25 CAN	23 LEO	23 VIR	24 SCO	24 SAG
26 LIB	26 SAG	26 SAG	26 AQU	28 ARI	26 TAU	26 GEM	27 LEO	26 VIR	26 LIB	27 SAG	26 CAP
28 SCO		28 CAP	28 PIS	30 TAU	29 GEM	28 CAN	30 VIR	28 LIB	28 SCO	29 CAP	28 AQU
30 SAG		30 AQU	30 ARI			31 LEO			30 SAG		30 PIS

1944

JAN	FEB	MAR	APR	MAY	JUN	JUL	AUG	SEP	OCT	NOV	DEC
1 ARI	2 GEM	3 CAN	1 LEO	1 VIR	3 SCO	2 SAG	1 CAP	1 PIS	1 ARI	1 GEM	1 CAN
3 TAU	4 CAN	5 LEO	4 VIR	4 LIB	5 SAG	4 CAP	3 AQU	3 ARI	3 TAU	4 CAN	3 LEO
6 GEM	7 LEO	8 VIR	6 LIB	6 SCO	7 CAP	7 AQU	5 PIS	5 TAU	5 GEM	6 LEO	6 VIR
8 CAN	9 VIR	10 LIB	9 SCO	9 SAG	9 AQU	9 PIS	7 ARI	8 GEM	7 CAN	8 VIR	8 LIB
11 LEO	12 LIB	13 SCO	11 SAG	11 CAP	11 PIS	11 ARI	9 TAU	10 CAN	10 LEO	11 LIB	11 SCO
13 VIR	14 SCO	15 SAG	14 CAP	13 AQU	13 ARI	13 TAU	11 GEM	12 LEO	12 VIR	13 SCO	13 SAG
16 LIB	17 SAG	17 CAP	16 AQU	15 PIS	16 TAU	15 GEM	14 CAN	15 VIR	15 LIB	16 SAG	15 CAP
18 SCO	19 CAP	19 AQU	18 PIS	17 ARI	18 GEM	17 CAN	16 LEO	17 LIB	17 SCO	18 CAP	18 AQU
20 SAG	21 AQU	22 PIS	20 ARI	19 TAU	20 CAN	20 LEO	19 VIR	20 SCO	19 SAG	20 AQU	20 PIS
23 CAP	23 PIS	24 ARI	22 TAU	21 GEM	22 LEO	22 VIR	21 LIB	22 SAG	22 CAP	23 PIS	22 ARI
25 AQU	25 ARI	26 TAU	24 GEM	24 CAN	25 VIR	25 LIB	24 SCO	25 CAP	24 AQU	25 ARI	24 TAU
27 PIS	27 TAU	28 GEM	26 CAN	26 LEO	27 LIB	27 SCO	26 SAG	27 AQU	26 PIS	27 TAU	26 GEM
29 ARI	29 GEM	30 CAN	29 LEO	29 VIR	30 SCO	30 SAG	28 CAP	29 PIS	28 ARI	29 GEM	28 CAN
31 TAU				31 LIB			30 AQU		30 TAU		31 LEO

1945

JAN	FEB	MAR	APR	MAY	JUN	JUL	AUG	SEP	OCT	NOV	DEC
2 VIR	1 LIB	3 SCO	1 SAG	1 CAP	2 PIS	1 ARI	2 GEM	2 LEO	2 VIR	1 LIB	3 SAG
4 LIB	3 SCO	5 SAG	4 CAP	3 AQU	4 ARI	3 TAU	4 CAN	5 VIR	4 LIB	3 SCO	6 CAP
7 SCO	6 SAG	8 CAP	6 AQU	6 PIS	6 TAU	6 GEM	6 LEO	7 LIB	7 SCO	6 SAG	8 AQU
9 SAG	8 CAP	10 AQU	8 PIS	8 ARI	8 GEM	8 CAN	8 VIR	10 SCO	10 SAG	8 CAP	10 PIS
12 CAP	10 AQU	12 PIS	10 ARI	10 TAU	10 CAN	10 LEO	11 LIB	12 SAG	12 CAP	11 AQU	12 ARI
14 AQU	12 PIS	14 ARI	12 TAU	12 GEM	12 LEO	12 VIR	13 SCO	15 CAP	14 AQU	13 PIS	15 TAU
16 PIS	14 ARI	16 TAU	14 GEM	14 CAN	15 VIR	15 LIB	16 SAG	17 AQU	17 PIS	15 ARI	17 GEM
18 ARI	17 TAU	18 GEM	16 CAN	16 LEO	17 LIB	17 SCO	18 CAP	19 PIS	19 ARI	17 TAU	19 CAN
20 TAU	19 GEM	20 CAN	19 LEO	18 VIR	20 SCO	20 SAG	21 AQU	21 ARI	21 TAU	19 GEM	21 LEO
22 GEM	21 CAN	22 LEO	21 VIR	21 LIB	22 SAG	22 CAP	23 PIS	23 TAU	23 GEM	21 CAN	23 VIR
25 CAN	23 LEO	25 VIR	24 LIB	23 SCO	25 CAP	24 AQU	25 ARI	25 GEM	25 CAN	23 LEO	25 LIB
27 LEO	26 VIR	27 LIB	26 SCO	26 SAG	27 AQU	26 PIS	27 TAU	27 CAN	27 LEO	26 VIR	28 SCO
29 VIR	28 LIB	30 SCO	29 SAG	28 CAP	29 PIS	29 ARI	29 GEM	30 LEO	29 VIR	28 LIB	30 SAG
				31 AQU		31 TAU	31 CAN			30 SCO	

1946

JAN	FEB	MAR	APR	MAY	JUN	JUL	AUG	SEP	OCT	NOV	DEC
2 CAP	1 AQU	2 PIS	1 ARI	2 GEM	1 CAN	2 VIR	1 LIB	2 SAG	2 CAP	1 AQU	3 ARI
4 AQU	3 PIS	4 ARI	3 TAU	4 CAN	3 LEO	4 LIB	3 SCO	5 CAP	4 AQU	3 PIS	5 TAU
6 PIS	5 ARI	6 TAU	5 GEM	6 LEO	5 VIR	7 SCO	6 SAG	7 AQU	7 PIS	5 ARI	7 GEM
9 ARI	7 TAU	8 GEM	7 CAN	8 VIR	7 LIB	9 SAG	8 CAP	9 PIS	9 ARI	7 TAU	9 CAN
11 TAU	9 GEM	11 CAN	9 LEO	11 LIB	10 SCO	12 CAP	11 AQU	12 ARI	11 TAU	10 GEM	11 LEO
13 GEM	11 CAN	13 LEO	11 VIR	13 SCO	12 SAG	14 AQU	13 PIS	14 TAU	13 GEM	12 CAN	13 VIR
15 CAN	13 LEO	15 VIR	14 LIB	16 SAG	15 CAP	17 PIS	15 ARI	16 GEM	15 CAN	14 LEO	15 LIB
17 LEO	16 VIR	17 LIB	16 SCO	18 CAP	17 AQU	19 ARI	17 TAU	18 CAN	17 LEO	16 VIR	18 SCO
19 VIR	18 LIB	20 SCO	19 SAG	21 AQU	20 PIS	21 TAU	20 GEM	20 LEO	20 VIR	18 LIB	20 SAG
22 LIB	20 SCO	22 SAG	21 CAP	23 PIS	22 ARI	23 GEM	22 CAN	22 VIR	22 LIB	20 SCO	23 CAP
24 SCO	23 SAG	25 CAP	24 AQU	26 ARI	24 TAU	25 CAN	24 LEO	25 LIB	24 SCO	23 SAG	25 AQU
27 SAG	26 CAP	27 AQU	26 PIS	28 TAU	26 GEM	27 LEO	26 VIR	27 SCO	27 SAG	25 CAP	28 PIS
29 CAP	28 AQU	30 PIS	28 ARI	30 GEM	28 CAN	30 VIR	28 LIB	29 SAG	29 CAP	28 AQU	30 ARI
			30 TAU		30 LEO		31 SCO			30 PIS	

1947

JAN	FEB	MAR	APR	MAY	JUN	JUL	AUG	SEP	OCT	NOV	DEC
1 TAU	2 CAN	1 CAN	2 VIR	1 LIB	2 SAG	2 CAP	1 AQU	2 ARI	1 TAU	2 CAN	1 LEO
3 GEM	4 LEO	3 LEO	4 LIB	3 SCO	5 CAP	4 AQU	3 PIS	4 TAU	4 GEM	4 LEO	3 VIR
5 CAN	6 VIR	5 VIR	6 SCO	6 SAG	7 AQU	7 PIS	6 ARI	6 GEM	6 CAN	6 VIR	6 LIB
7 LEO	8 LIB	7 LIB	8 SAG	8 CAP	10 PIS	9 ARI	8 TAU	9 CAN	8 LEO	8 LIB	8 SCO
9 VIR	10 SCO	10 SCO	11 CAP	11 AQU	12 ARI	12 TAU	10 GEM	11 LEO	10 VIR	11 SCO	10 SAG
12 LIB	13 SAG	12 SAG	13 AQU	13 PIS	14 TAU	14 GEM	12 CAN	13 VIR	12 LIB	13 SAG	13 CAP
14 SCO	15 CAP	15 CAP	16 PIS	16 ARI	16 GEM	16 CAN	14 LEO	15 LIB	14 SCO	15 CAP	15 AQU
16 SAG	18 AQU	17 AQU	18 ARI	18 TAU	18 CAN	18 LEO	16 VIR	17 SCO	17 SAG	18 AQU	18 PIS
19 CAP	20 PIS	20 PIS	20 TAU	20 GEM	20 LEO	20 VIR	18 LIB	19 SAG	19 CAP	20 PIS	20 ARI
22 AQU	23 ARI	22 ARI	23 GEM	22 CAN	22 VIR	22 LIB	20 SCO	22 CAP	22 AQU	23 ARI	23 TAU
24 PIS	25 TAU	24 TAU	25 CAN	24 LEO	25 LIB	24 SCO	23 SAG	24 AQU	24 PIS	25 TAU	25 GEM
26 ARI	27 GEM	26 GEM	27 LEO	26 VIR	27 SCO	27 SAG	25 CAP	27 PIS	26 ARI	27 GEM	27 CAN
29 TAU		28 CAN	29 VIR	28 LIB	29 SAG	29 CAP	28 AQU	29 ARI	29 TAU	29 CAN	29 LEO
31 GEM		31 LEO		31 SCO			30 PIS		31 GEM		31 VIR

1948

JAN	FEB	MAR	APR	MAY	JUN	JUL	AUG	SEP	OCT	NOV	DEC
2 LIB	3 SAG	1 SAG	2 AQU	2 PIS	1 ARI	1 TAU	2 CAN	2 VIR	1 LIB	2 SAG	2 CAP
4 SCO	5 CAP	3 CAP	5 PIS	5 ARI	3 TAU	3 GEM	4 LEO	4 LIB	3 SCO	4 CAP	4 AQU
6 SAG	8 AQU	6 AQU	7 ARI	7 TAU	6 GEM	5 CAN	6 VIR	6 SCO	6 SAG	7 AQU	6 PIS
9 CAP	10 PIS	8 PIS	10 TAU	9 GEM	8 CAN	7 LEO	8 LIB	8 SAG	8 CAP	9 PIS	9 ARI
11 AQU	13 ARI	11 ARI	12 GEM	11 CAN	10 LEO	9 VIR	10 SCO	11 CAP	10 AQU	12 ARI	12 TAU
14 PIS	15 TAU	13 TAU	14 CAN	14 LEO	12 VIR	11 LIB	12 SAG	13 AQU	13 PIS	14 TAU	14 GEM
16 ARI	17 GEM	16 GEM	16 LEO	16 VIR	14 LIB	13 SCO	14 CAP	16 PIS	15 ARI	17 GEM	16 CAN
19 TAU	20 CAN	18 CAN	18 VIR	18 LIB	16 SCO	16 SAG	17 AQU	18 ARI	18 TAU	19 CAN	18 LEO
21 GEM	22 LEO	20 LEO	21 LIB	20 SCO	18 SAG	18 CAP	19 PIS	21 TAU	20 GEM	21 LEO	20 VIR
23 CAN	24 VIR	22 VIR	23 SCO	22 SAG	21 CAP	21 AQU	22 ARI	23 GEM	23 CAN	23 VIR	22 LIB
25 LEO	26 LIB	24 LIB	25 SAG	25 CAP	23 AQU	23 PIS	24 TAU	25 CAN	25 LEO	25 LIB	25 SCO
27 VIR	28 SCO	26 SCO	27 CAP	27 AQU	26 PIS	26 ARI	27 GEM	27 LEO	27 VIR	27 SCO	27 SAG
29 LIB		28 SAG	30 AQU	29 PIS	28 ARI	28 TAU	29 CAN	29 VIR	29 LIB	29 SAG	29 CAP
31 SCO		31 CAP				30 GEM	31 LEO		31 SCO		31 AQU

1949

JAN	FEB	MAR	APR	MAY	JUN	JUL	AUG	SEP	OCT	NOV	DEC
3 PIS	2 ARI	1 ARI	2 GEM	2 CAN	2 VIR	2 LIB	2 SAG	1 CAP	3 PIS	2 ARI	1 TAU
5 ARI	4 TAU	3 TAU	5 CAN	4 LEO	5 LIB	4 SCO	5 CAP	3 AQU	5 ARI	4 TAU	4 GEM
8 TAU	7 GEM	6 GEM	7 LEO	6 VIR	7 SCO	6 SAG	7 AQU	6 PIS	8 TAU	7 GEM	6 CAN
10 GEM	9 CAN	8 CAN	9 VIR	8 LIB	9 SAG	8 CAP	9 PIS	8 ARI	10 GEM	9 CAN	9 LEO
12 CAN	11 LEO	10 LEO	11 LIB	10 SCO	11 CAP	11 AQU	12 ARI	11 TAU	13 CAN	11 LEO	11 VIR
15 LEO	13 VIR	13 VIR	13 SCO	12 SAG	13 AQU	13 PIS	14 TAU	13 GEM	15 LEO	14 VIR	13 LIB
17 VIR	15 LIB	14 LIB	15 SAG	15 CAP	16 PIS	15 ARI	17 GEM	15 CAN	17 VIR	16 LIB	15 SCO
19 LIB	17 SCO	16 SCO	17 CAP	17 AQU	18 ARI	18 TAU	19 CAN	18 LEO	19 LIB	18 SCO	17 SAG
21 SCO	19 SAG	19 SAG	19 AQU	19 PIS	21 TAU	20 GEM	21 LEO	20 VIR	21 SCO	20 SAG	19 CAP
23 SAG	22 CAP	21 CAP	22 PIS	22 ARI	23 GEM	23 CAN	23 VIR	22 LIB	23 SAG	22 CAP	21 AQU
25 CAP	24 AQU	23 AQU	24 ARI	24 TAU	25 CAN	25 LEO	25 LIB	24 SCO	25 CAP	24 AQU	24 PIS
28 AQU	26 PIS	26 PIS	27 TAU	27 GEM	28 LEO	27 VIR	27 SCO	26 SAG	28 AQU	26 PIS	26 ARI
30 PIS		28 ARI	29 GEM	29 CAN	30 VIR	29 LIB	30 SAG	28 CAP	30 PIS	29 ARI	29 TAU
		31 TAU		31 LEO		31 SCO		30 AQU			31 GEM

1950

JAN	FEB	MAR	APR	MAY	JUN	JUL	AUG	SEP	OCT	NOV	DEC
3 CAN	1 LEO	1 LEO	1 LIB	1 SCO	1 CAP	1 AQU	2 ARI	3 GEM	3 CAN	2 LEO	1 VIR
5 LEO	3 VIR	3 VIR	3 SCO	3 SAG	3 AQU	3 PIS	4 TAU	5 CAN	5 LEO	4 VIR	3 LIB
7 VIR	6 LIB	5 LIB	5 SAG	5 CAP	5 PIS	5 ARI	7 GEM	8 LEO	7 VIR	6 LIB	6 SCO
9 LIB	8 SCO	7 SCO	7 CAP	7 AQU	8 ARI	8 TAU	9 CAN	10 VIR	10 LIB	8 SCO	8 SAG
11 SCO	10 SAG	9 SAG	10 AQU	9 PIS	10 TAU	10 GEM	11 LEO	12 LIB	12 SCO	10 SAG	10 CAP
14 SAG	12 CAP	11 CAP	12 PIS	12 ARI	13 GEM	13 CAN	14 VIR	14 SCO	14 SAG	12 CAP	12 AQU
16 CAP	14 AQU	13 AQU	14 ARI	14 TAU	15 CAN	15 LEO	16 LIB	16 SAG	16 CAP	14 AQU	14 PIS
18 AQU	16 PIS	16 PIS	17 TAU	17 GEM	18 LEO	17 VIR	18 SCO	18 CAP	18 AQU	16 PIS	16 ARI
20 PIS	19 ARI	18 ARI	19 GEM	19 CAN	20 VIR	20 LIB	20 SAG	21 AQU	20 PIS	19 ARI	19 TAU
22 ARI	21 TAU	21 TAU	22 CAN	22 LEO	22 LIB	22 SCO	22 CAP	23 PIS	23 ARI	21 TAU	21 GEM
25 TAU	24 GEM	23 GEM	24 LEO	24 VIR	25 SCO	24 SAG	24 AQU	25 ARI	25 TAU	24 GEM	24 CAN
28 GEM	26 CAN	26 CAN	27 VIR	26 LIB	27 SAG	26 CAP	27 PIS	28 TAU	28 GEM	26 CAN	26 LEO
30 CAN		28 LEO	29 LIB	28 SCO	29 CAP	28 AQU	29 ARI	30 GEM	30 CAN	29 LEO	28 VIR
		30 VIR		30 SAG		30 PIS	31 TAU				31 LIB

1951

JAN	FEB	MAR	APR	MAY	JUN	JUL	AUG	SEP	OCT	NOV	DEC
2 SCO	2 CAP	2 CAP	2 PIS	2 ARI	3 GEM	3 CAN	1 LEO	3 LIB	2 SCO	1 SAG	2 AQU
4 SAG	4 AQU	4 AQU	5 ARI	4 TAU	5 CAN	5 LEO	4 VIR	5 SCO	4 SAG	3 CAP	4 PIS
6 CAP	7 PIS	6 PIS	7 TAU	7 GEM	8 LEO	8 VIR	6 LIB	7 SAG	6 CAP	5 AQU	6 ARI
8 AQU	9 ARI	8 ARI	9 GEM	9 CAN	10 VIR	10 LIB	9 SCO	9 CAP	8 AQU	7 PIS	9 TAU
10 PIS	11 TAU	11 TAU	12 CAN	12 LEO	13 LIB	12 SCO	11 SAG	11 AQU	11 PIS	9 ARI	11 GEM
12 ARI	14 GEM	13 GEM	14 LEO	14 VIR	15 SCO	14 SAG	13 CAP	13 PIS	13 ARI	11 TAU	13 CAN
15 TAU	16 CAN	16 CAN	17 VIR	16 LIB	17 SAG	16 CAP	15 AQU	15 ARI	15 TAU	14 GEM	16 LEO
17 GEM	19 LEO	18 LEO	19 LIB	19 SCO	19 CAP	18 AQU	17 PIS	18 TAU	17 GEM	16 CAN	19 VIR
20 CAN	21 VIR	20 VIR	21 SCO	21 SAG	21 AQU	20 PIS	19 ARI	20 GEM	20 CAN	19 LEO	21 LIB
22 LEO	23 LIB	23 LIB	23 SAG	23 CAP	23 PIS	23 ARI	21 TAU	23 CAN	22 LEO	21 VIR	23 SCO
25 VIR	25 SCO	25 SCO	25 CAP	25 AQU	25 ARI	25 TAU	24 GEM	25 LEO	25 VIR	24 LIB	25 SAG
27 LIB	28 SAG	27 SAG	27 AQU	27 PIS	28 TAU	27 GEM	26 CAN	28 VIR	27 LIB	26 SCO	27 CAP
29 SCO		29 CAP	29 PIS	29 ARI	30 GEM	30 CAN	29 LEO	30 LIB	29 SCO	28 SAG	29 AQU
31 SAG		31 AQU		31 TAU			31 VIR			30 CAP	31 PIS

1952

JAN	FEB	MAR	APR	MAY	JUN	JUL	AUG	SEP	OCT	NOV	DEC
3 ARI	1 TAU	2 GEM	1 CAN	3 VIR	2 LIB	2 SCO	2 CAP	1 AQU	2 ARI	1 TAU	2 CAN
5 TAU	3 GEM	4 CAN	3 LEO	5 LIB	4 SCO	4 SAG	4 AQU	3 PIS	4 TAU	3 GEM	5 LEO
7 GEM	6 CAN	7 LEO	6 VIR	8 SCO	6 SAG	6 CAP	6 PIS	5 ARI	6 GEM	5 CAN	7 VIR
10 CAN	9 LEO	9 VIR	8 LIB	10 SAG	8 CAP	8 AQU	8 ARI	7 TAU	9 CAN	7 LEO	10 LIB
12 LEO	11 VIR	12 LIB	10 SCO	12 CAP	10 AQU	10 PIS	10 TAU	9 GEM	11 LEO	10 VIR	12 SCO
15 VIR	14 LIB	14 SCO	13 SAG	14 AQU	12 PIS	12 ARI	13 GEM	11 CAN	14 VIR	13 LIB	15 SAG
17 LIB	16 SCO	16 SAG	15 CAP	16 PIS	15 ARI	14 TAU	15 CAN	14 LEO	16 LIB	15 SCO	17 CAP
20 SCO	18 SAG	19 CAP	17 AQU	18 ARI	17 TAU	16 GEM	18 LEO	16 VIR	19 SCO	17 SAG	19 AQU
22 SAG	20 CAP	21 AQU	19 PIS	21 TAU	19 GEM	19 CAN	20 VIR	19 LIB	21 SAG	19 CAP	21 PIS
24 CAP	22 AQU	23 PIS	21 ARI	23 GEM	22 CAN	21 LEO	23 LIB	21 SCO	23 CAP	21 AQU	23 ARI
26 AQU	24 PIS	25 ARI	23 TAU	25 CAN	24 LEO	24 VIR	25 SCO	24 SAG	25 AQU	24 PIS	25 TAU
28 PIS	26 ARI	27 TAU	26 GEM	28 LEO	27 VIR	26 LIB	27 SAG	26 CAP	27 PIS	26 ARI	27 GEM
30 ARI	29 TAU	29 GEM	28 CAN	30 VIR	29 LIB	29 SCO	30 CAP	28 AQU	29 ARI	28 TAU	30 CAN
			30 LEO			31 SAG		30 PIS		30 GEM	

1953

JAN	FEB	MAR	APR	MAY	JUN	JUL	AUG	SEP	OCT	NOV	DEC
1 LEO	3 LIB	2 LIB	1 SCO	2 CAP	1 AQU	2 ARI	1 TAU	1 CAN	1 LEO	2 LIB	2 SCO
4 VIR	5 SCO	4 SCO	3 SAG	5 AQU	3 PIS	5 TAU	3 GEM	4 LEO	4 VIR	5 SCO	5 SAG
6 LIB	7 SAG	7 SAG	5 CAP	7 PIS	5 ARI	7 GEM	5 CAN	6 VIR	6 LIB	7 SAG	7 CAP
9 SCO	10 CAP	9 CAP	7 AQU	9 ARI	7 TAU	9 CAN	8 LEO	9 LIB	9 SCO	10 CAP	9 AQU
11 SAG	12 AQU	11 AQU	10 PIS	11 TAU	9 GEM	11 LEO	10 VIR	11 SCO	11 SAG	12 AQU	11 PIS
13 CAP	14 PIS	13 PIS	12 ARI	13 GEM	12 CAN	14 VIR	13 LIB	14 SAG	13 CAP	14 PIS	14 ARI
15 AQU	16 ARI	15 ARI	14 TAU	15 CAN	14 LEO	16 LIB	15 SCO	16 CAP	16 AQU	16 ARI	16 TAU
17 PIS	18 TAU	17 TAU	16 GEM	18 LEO	16 VIR	19 SCO	18 SAG	18 AQU	18 PIS	18 TAU	18 GEM
19 ARI	20 GEM	19 GEM	18 CAN	20 VIR	19 LIB	21 SAG	20 CAP	21 PIS	20 ARI	20 GEM	20 CAN
21 TAU	22 CAN	22 CAN	20 LEO	23 LIB	21 SCO	23 CAP	22 AQU	22 ARI	22 TAU	22 CAN	22 LEO
24 GEM	25 LEO	24 LEO	23 VIR	25 SCO	24 SAG	26 AQU	24 PIS	24 TAU	24 GEM	25 LEO	25 VIR
26 CAN	27 VIR	27 VIR	25 LIB	27 SAG	26 CAP	28 PIS	26 ARI	27 GEM	26 CAN	27 VIR	27 LIB
28 LEO		29 LIB	28 SCO	30 CAP	28 AQU	30 ARI	28 TAU	29 CAN	28 LEO	30 LIB	30 SCO
31 VIR			30 SAG		30 PIS		30 GEM		31 VIR		

1954

JAN	FEB	MAR	APR	MAY	JUN	JUL	AUG	SEP	OCT	NOV	DEC
1 SAG	2 AQU	1 AQU	2 ARI	1 TAU	2 CAN	1 LEO	2 LIB	1 SCO	1 SAG	2 AQU	2 PIS
3 CAP	4 PIS	3 PIS	4 TAU	3 GEM	4 LEO	4 VIR	5 SCO	4 SAG	4 CAP	5 PIS	4 ARI
6 AQU	6 ARI	5 ARI	6 GEM	5 CAN	6 VIR	6 LIB	7 SAG	6 CAP	6 AQU	7 ARI	6 TAU
8 PIS	8 TAU	7 TAU	8 CAN	8 LEO	9 LIB	9 SCO	10 CAP	9 AQU	8 PIS	9 TAU	8 GEM
10 ARI	10 GEM	10 GEM	10 LEO	10 VIR	11 SCO	11 SAG	12 AQU	11 PIS	10 ARI	11 GEM	10 CAN
12 TAU	13 CAN	12 CAN	13 VIR	12 LIB	14 SAG	14 CAP	14 PIS	13 ARI	12 TAU	13 CAN	12 LEO
14 GEM	15 LEO	14 LEO	15 LIB	15 SCO	16 CAP	16 AQU	16 ARI	15 TAU	14 GEM	15 LEO	14 VIR
16 CAN	17 VIR	16 VIR	18 SCO	17 SAG	19 AQU	18 PIS	19 TAU	17 GEM	16 CAN	17 VIR	17 LIB
19 LEO	20 LIB	19 LIB	20 SAG	20 CAP	21 PIS	20 ARI	21 GEM	19 CAN	19 LEO	20 LIB	19 SCO
21 VIR	22 SCO	21 SCO	23 CAP	22 AQU	23 ARI	22 TAU	23 CAN	21 LEO	21 VIR	22 SCO	22 SAG
23 LIB	25 SAG	24 SAG	25 AQU	25 PIS	25 TAU	24 GEM	25 LEO	24 VIR	23 LIB	25 SAG	24 CAP
26 SCO	27 CAP	26 CAP	27 PIS	27 ARI	27 GEM	27 CAN	27 VIR	26 LIB	26 SCO	27 CAP	27 AQU
28 SAG		29 AQU	29 ARI	29 TAU	29 CAN	29 LEO	30 LIB	29 SCO	28 SAG	30 AQU	29 PIS
31 CAP		31 PIS		31 GEM		31 VIR			31 CAP		31 ARI

1955

JAN	FEB	MAR	APR	MAY	JUN	JUL	AUG	SEP	OCT	NOV	DEC
3 TAU	1 GEM	2 CAN	1 LEO	2 LIB	1 SCO	1 SAG	2 AQU	1 PIS	1 ARI	1 GEM	1 CAN
5 GEM	3 CAN	4 LEO	3 VIR	5 SCO	4 SAG	3 CAP	5 PIS	3 ARI	3 TAU	3 CAN	3 LEO
7 CAN	5 LEO	7 VIR	5 LIB	7 SAG	6 CAP	6 AQU	7 ARI	5 TAU	5 GEM	5 LEO	5 VIR
9 LEO	7 VIR	9 LIB	8 SCO	10 CAP	9 AQU	8 PIS	9 TAU	7 GEM	7 CAN	7 VIR	7 LIB
11 VIR	10 LIB	11 SCO	10 SAG	12 AQU	11 PIS	11 ARI	11 GEM	10 CAN	9 LEO	10 LIB	9 SCO
13 LIB	12 SCO	14 SAG	13 CAP	15 PIS	13 ARI	13 TAU	13 CAN	12 LEO	11 VIR	12 SCO	12 SAG
16 SCO	15 SAG	16 CAP	15 AQU	17 ARI	16 TAU	15 GEM	15 LEO	14 VIR	13 LIB	15 SAG	14 CAP
18 SAG	17 CAP	19 AQU	18 PIS	19 TAU	18 GEM	17 CAN	18 VIR	16 LIB	16 SCO	17 CAP	17 AQU
21 CAP	19 AQU	21 PIS	20 ARI	21 GEM	20 CAN	19 LEO	20 LIB	18 SCO	18 SAG	20 AQU	19 PIS
23 AQU	22 PIS	23 ARI	22 TAU	23 CAN	22 LEO	21 VIR	22 SCO	21 SAG	21 CAP	22 PIS	22 ARI
25 PIS	24 ARI	25 TAU	24 GEM	25 LEO	24 VIR	23 LIB	25 SAG	23 CAP	23 AQU	24 ARI	24 TAU
28 ARI	26 TAU	27 GEM	26 CAN	27 VIR	26 LIB	26 SCO	27 CAP	26 AQU	26 PIS	27 TAU	26 GEM
30 TAU	28 GEM	29 CAN	28 LEO	30 LIB	28 SCO	28 SAG	30 AQU	28 PIS	28 ARI	29 GEM	28 CAN
			30 VIR			31 CAP			30 TAU		30 LEO

1956

JAN	FEB	MAR	APR	MAY	JUN	JUL	AUG	SEP	OCT	NOV	DEC
1 VIR	2 SCO	3 SAG	1 CAP	1 AQU	3 ARI	2 TAU	1 GEM	1 LEO	1 VIR	1 SCO	1 SAG
3 LIB	4 SAG	5 CAP	4 AQU	4 PIS	5 TAU	4 GEM	3 CAN	3 VIR	3 LIB	3 SAG	3 CAP
6 SCO	7 CAP	8 AQU	6 PIS	6 ARI	7 GEM	6 CAN	5 LEO	5 LIB	5 SCO	6 CAP	6 AQU
8 SAG	9 AQU	10 PIS	9 ARI	8 TAU	9 CAN	8 LEO	7 VIR	7 SCO	7 SAG	8 AQU	8 PIS
11 CAP	12 PIS	12 ARI	11 TAU	11 GEM	11 LEO	10 VIR	9 LIB	10 SAG	10 CAP	11 PIS	11 ARI
13 AQU	14 ARI	15 TAU	13 GEM	13 CAN	13 VIR	12 LIB	11 SCO	12 CAP	12 AQU	13 ARI	13 TAU
16 PIS	16 TAU	17 GEM	15 CAN	15 LEO	15 LIB	15 SCO	13 SAG	15 AQU	15 PIS	16 TAU	15 GEM
18 ARI	19 GEM	19 CAN	17 LEO	17 VIR	18 SCO	17 SAG	16 CAP	17 PIS	17 ARI	18 GEM	17 CAN
20 TAU	21 CAN	21 LEO	20 VIR	19 LIB	20 SAG	20 CAP	18 AQU	20 ARI	19 TAU	20 CAN	19 LEO
22 GEM	23 LEO	23 VIR	22 LIB	21 SCO	22 CAP	22 AQU	21 PIS	22 TAU	22 GEM	22 LEO	21 VIR
24 CAN	25 VIR	25 LIB	24 SCO	24 SAG	25 AQU	25 PIS	23 ARI	24 GEM	24 CAN	24 VIR	24 LIB
26 LEO	27 LIB	28 SCO	26 SAG	26 CAP	27 PIS	27 ARI	26 TAU	26 CAN	26 LEO	26 LIB	26 SCO
28 VIR	29 SCO	30 SAG	29 CAP	29 AQU	30 ARI	30 TAU	28 GEM	29 LEO	28 VIR	29 SCO	28 SAG
31 LIB				31 PIS			30 CAN		30 LIB		31 CAP

1957

JAN	FEB	MAR	APR	MAY	JUN	JUL	AUG	SEP	OCT	NOV	DEC
2 AQU	1 PIS	3 ARI	1 TAU	1 GEM	1 LEO	1 VIR	1 SCO	2 CAP	2 AQU	1 PIS	1 ARI
5 PIS	3 ARI	5 TAU	4 GEM	3 CAN	4 VIR	3 LIB	4 SAG	5 AQU	4 PIS	3 ARI	3 TAU
7 ARI	6 TAU	7 GEM	6 CAN	5 LEO	6 LIB	5 SCO	6 CAP	7 PIS	7 ARI	6 TAU	5 GEM
9 TAU	8 GEM	10 CAN	8 LEO	7 VIR	8 SCO	7 SAG	8 AQU	10 ARI	9 TAU	8 GEM	8 CAN
12 GEM	10 CAN	12 LEO	10 VIR	9 LIB	10 SAG	10 CAP	11 PIS	12 TAU	12 GEM	10 CAN	10 LEO
14 CAN	12 LEO	14 VIR	12 LIB	12 SCO	12 CAP	12 AQU	13 ARI	15 GEM	14 CAN	13 LEO	12 VIR
16 LEO	14 VIR	16 LIB	14 SCO	14 SAG	15 AQU	15 PIS	16 TAU	17 CAN	16 LEO	15 VIR	14 LIB
18 VIR	16 LIB	18 SCO	16 SAG	16 CAP	17 PIS	17 ARI	18 GEM	19 LEO	18 VIR	17 LIB	16 SCO
20 LIB	18 SCO	20 SAG	19 CAP	18 AQU	20 ARI	20 TAU	21 CAN	21 VIR	21 LIB	19 SCO	18 SAG
22 SCO	21 SAG	22 CAP	21 AQU	21 PIS	22 TAU	22 GEM	23 LEO	23 LIB	23 SCO	21 SAG	21 CAP
24 SAG	23 CAP	25 AQU	24 PIS	23 ARI	25 GEM	24 CAN	25 VIR	25 SCO	25 SAG	23 CAP	23 AQU
27 CAP	26 AQU	27 PIS	26 ARI	26 TAU	27 CAN	26 LEO	27 LIB	27 SAG	27 CAP	26 AQU	25 PIS
29 AQU	28 PIS	30 ARI	29 TAU	28 GEM	29 LEO	28 VIR	29 SCO	29 CAP	29 AQU	28 PIS	28 ARI
				30 CAN		30 LIB	31 SAG				30 TAU

1958

JAN	FEB	MAR	APR	MAY	JUN	JUL	AUG	SEP	OCT	NOV	DEC
2 GEM	3 LEO	2 LEO	1 VIR	2 SCO	3 CAP	2 AQU	1 PIS	2 TAU	2 GEM	1 CAN	3 VIR
4 CAN	5 VIR	4 VIR	3 LIB	4 SAG	5 AQU	4 PIS	3 ARI	5 GEM	4 CAN	3 LEO	5 LIB
6 LEO	7 LIB	6 LIB	5 SCO	6 CAP	7 PIS	7 ARI	6 TAU	7 CAN	7 LEO	5 VIR	7 SCO
8 VIR	9 SCO	8 SCO	7 SAG	8 AQU	10 ARI	9 TAU	8 GEM	9 LEO	9 VIR	7 LIB	9 SAG
10 LIB	11 SAG	10 SAG	9 CAP	11 PIS	12 TAU	12 GEM	11 CAN	11 VIR	11 LIB	9 SCO	11 CAP
12 SCO	13 CAP	12 CAP	11 AQU	13 ARI	15 GEM	14 CAN	13 LEO	13 LIB	13 SCO	11 SAG	13 AQU
15 SAG	16 AQU	15 AQU	13 PIS	16 TAU	17 CAN	17 LEO	15 VIR	15 SCO	15 SAG	13 CAP	15 PIS
17 CAP	18 PIS	17 PIS	16 ARI	18 GEM	19 LEO	19 VIR	17 LIB	18 SAG	17 CAP	16 AQU	18 ARI
19 AQU	21 ARI	20 ARI	19 TAU	21 CAN	21 VIR	21 LIB	19 SCO	20 CAP	19 AQU	18 PIS	20 TAU
22 PIS	23 TAU	22 TAU	21 GEM	23 LEO	24 LIB	23 SCO	21 SAG	22 AQU	22 PIS	20 ARI	23 GEM
24 ARI	26 GEM	25 GEM	23 CAN	25 VIR	26 SCO	25 SAG	23 CAP	24 PIS	24 ARI	23 TAU	25 CAN
27 TAU	28 CAN	27 CAN	26 LEO	27 LIB	28 SAG	27 CAP	26 AQU	27 ARI	27 TAU	25 GEM	27 LEO
29 GEM		29 LEO	28 VIR	29 SCO	30 CAP	29 AQU	28 PIS	29 TAU	29 GEM	28 CAN	30 VIR
31 CAN			30 LIB	31 SAG			31 ARI			30 LEO	

1959

JAN	FEB	MAR	APR	MAY	JUN	JUL	AUG	SEP	OCT	NOV	DEC
1 LIB	1 SAG	1 SAG	1 AQU	1 PIS	2 TAU	2 GEM	1 CAN	2 VIR	1 LIB	2 SAG	1 CAP
3 SCO	4 CAP	3 CAP	4 PIS	3 ARI	5 GEM	4 CAN	3 LEO	4 LIB	3 SCO	4 CAP	3 AQU
5 SAG	6 AQU	5 AQU	6 ARI	6 TAU	7 CAN	7 LEO	5 VIR	6 SCO	5 SAG	6 AQU	5 PIS
7 CAP	8 PIS	7 PIS	8 TAU	8 GEM	9 LEO	9 VIR	8 LIB	8 SAG	7 CAP	8 PIS	8 ARI
9 AQU	10 ARI	10 ARI	11 GEM	11 CAN	12 VIR	11 LIB	10 SCO	10 CAP	10 AQU	10 ARI	10 TAU
12 PIS	13 TAU	12 TAU	14 CAN	13 LEO	14 LIB	13 SCO	12 SAG	12 AQU	12 PIS	13 TAU	13 GEM
14 ARI	15 GEM	15 GEM	16 LEO	16 VIR	16 SCO	16 SAG	14 CAP	15 PIS	14 ARI	15 GEM	15 CAN
17 TAU	18 CAN	17 CAN	18 VIR	18 LIB	18 SAG	18 CAP	16 AQU	17 ARI	17 TAU	18 CAN	18 LEO
19 GEM	20 LEO	20 LEO	20 LIB	20 SCO	20 CAP	20 AQU	18 PIS	19 TAU	19 GEM	20 LEO	20 VIR
21 CAN	22 VIR	22 VIR	22 SCO	22 SAG	22 AQU	22 PIS	20 ARI	22 GEM	22 CAN	23 VIR	22 LIB
24 LEO	24 LIB	24 LIB	24 SAG	24 CAP	24 PIS	24 ARI	23 TAU	24 CAN	24 LEO	25 LIB	25 SCO
26 VIR	27 SCO	26 SCO	26 CAP	26 AQU	27 ARI	27 TAU	25 GEM	27 LEO	26 VIR	27 SCO	27 SAG
28 LIB		28 SAG	28 AQU	28 PIS	29 TAU	29 GEM	28 CAN	29 VIR	29 LIB	29 SAG	29 CAP
30 SCO		30 CAP		30 ARI			30 LEO		31 SCO		31 AQU

1960

JAN	FEB	MAR	APR	MAY	JUN	JUL	AUG	SEP	OCT	NOV	DEC
2 PIS	3 TAU	1 TAU	2 CAN	2 LEO	1 VIR	1 LIB	1 SAG	2 AQU	1 PIS	2 TAU	2 GEM
4 ARI	5 GEM	4 GEM	5 LEO	5 VIR	3 LIB	3 SCO	3 CAP	4 PIS	3 ARI	4 GEM	4 CAN
6 TAU	8 CAN	6 CAN	7 VIR	7 LIB	6 SCO	5 SAG	5 AQU	6 ARI	6 TAU	7 CAN	7 LEO
9 GEM	10 LEO	9 LEO	10 LIB	9 SCO	8 SAG	7 CAP	7 PIS	8 TAU	8 GEM	9 LEO	9 VIR
11 CAN	13 VIR	11 VIR	12 SCO	11 SAG	10 CAP	9 AQU	10 ARI	11 GEM	10 CAN	12 VIR	12 LIB
14 LEO	15 LIB	13 LIB	14 SAG	13 CAP	12 AQU	11 PIS	12 TAU	13 CAN	13 LEO	14 LIB	14 SCO
16 VIR	17 SCO	15 SCO	16 CAP	15 AQU	14 PIS	13 ARI	14 GEM	16 LEO	15 VIR	16 SCO	16 SAG
19 LIB	19 SAG	17 SAG	18 AQU	17 PIS	16 ARI	15 TAU	17 CAN	18 VIR	18 LIB	19 SAG	18 CAP
21 SCO	21 CAP	20 CAP	20 PIS	20 ARI	18 TAU	18 GEM	19 LEO	20 LIB	20 SCO	21 CAP	20 AQU
23 SAG	23 AQU	22 AQU	22 ARI	22 TAU	21 GEM	20 CAN	22 VIR	23 SCO	22 SAG	23 AQU	22 PIS
25 CAP	26 PIS	24 PIS	25 TAU	24 GEM	23 CAN	23 LEO	24 LIB	25 SAG	24 CAP	25 PIS	24 ARI
27 AQU	28 ARI	26 ARI	27 GEM	27 CAN	26 LEO	25 VIR	26 SCO	27 CAP	26 AQU	27 ARI	26 TAU
29 PIS		28 TAU	30 CAN	29 LEO	28 VIR	28 LIB	29 SAG	29 AQU	28 PIS	29 TAU	29 GEM
31 ARI		31 GEM				30 SCO	31 CAP		31 ARI		31 CAN

1961

JAN	FEB	MAR	APR	MAY	JUN	JUL	AUG	SEP	OCT	NOV	DEC
3 LEO	2 VIR	1 VIR	2 SCO	2 SAG	2 AQU	1 PIS	2 TAU	1 GEM	3 LEO	2 VIR	1 LIB
5 VIR	4 LIB	3 LIB	4 SAG	4 CAP	4 PIS	4 ARI	4 GEM	3 CAN	5 VIR	4 LIB	4 SCO
8 LIB	6 SCO	6 SCO	6 CAP	6 AQU	6 ARI	6 TAU	7 CAN	5 LEO	8 LIB	6 SCO	6 SAG
10 SCO	9 SAG	8 SAG	9 AQU	8 PIS	8 TAU	8 GEM	9 LEO	8 VIR	10 SCO	9 SAG	8 CAP
12 SAG	11 CAP	10 CAP	11 PIS	10 ARI	11 GEM	10 CAN	12 VIR	10 LIB	13 SAG	11 CAP	10 AQU
14 CAP	13 AQU	12 AQU	13 ARI	12 TAU	13 CAN	13 LEO	14 LIB	13 SCO	15 CAP	13 AQU	13 PIS
16 AQU	15 PIS	14 PIS	15 TAU	14 GEM	16 LEO	15 VIR	17 SCO	15 SAG	17 AQU	15 PIS	15 ARI
18 PIS	17 ARI	16 ARI	17 GEM	17 CAN	18 VIR	18 LIB	19 SAG	18 CAP	19 PIS	17 ARI	17 TAU
20 ARI	19 TAU	18 TAU	19 CAN	19 LEO	21 LIB	20 SCO	21 CAP	20 AQU	21 ARI	20 TAU	19 GEM
23 TAU	21 GEM	21 GEM	22 LEO	22 VIR	23 SCO	23 SAG	23 AQU	22 PIS	23 TAU	22 GEM	21 CAN
25 GEM	24 CAN	23 CAN	25 VIR	24 LIB	25 SAG	25 CAP	25 PIS	24 ARI	25 GEM	24 CAN	24 LEO
28 CAN	26 LEO	26 LEO	27 LIB	27 SCO	27 CAP	27 AQU	27 ARI	26 TAU	28 CAN	26 LEO	26 VIR
30 LEO		28 VIR	29 SCO	29 SAG	29 AQU	29 PIS	29 TAU	28 GEM	30 LEO	29 VIR	29 LIB
		31 LIB		31 CAP		31 ARI		30 CAN			31 SCO

1962

JAN	FEB	MAR	APR	MAY	JUN	JUL	AUG	SEP	OCT	NOV	DEC
3 SAG	1 CAP	1 CAP	1 PIS	1 ARI	1 GEM	1 CAN	2 VIR	3 SCO	3 SAG	1 CAP	1 AQU
5 CAP	3 AQU	3 AQU	3 ARI	3 TAU	3 CAN	3 LEO	4 LIB	5 SAG	5 CAP	4 AQU	3 PIS
7 AQU	5 PIS	5 PIS	5 TAU	5 GEM	6 LEO	5 VIR	7 SCO	8 CAP	7 AQU	6 PIS	5 ARI
9 PIS	7 ARI	7 ARI	7 GEM	7 CAN	8 VIR	8 LIB	9 SAG	10 AQU	10 PIS	8 ARI	7 TAU
11 ARI	9 TAU	9 TAU	9 CAN	9 LEO	10 LIB	10 SCO	11 CAP	12 PIS	12 ARI	10 TAU	9 GEM
13 TAU	12 GEM	11 GEM	12 LEO	12 VIR	13 SCO	13 SAG	14 AQU	14 ARI	13 TAU	12 GEM	11 CAN
15 GEM	14 CAN	13 CAN	14 VIR	14 LIB	15 SAG	15 CAP	16 PIS	16 TAU	15 GEM	14 CAN	14 LEO
18 CAN	16 LEO	16 LEO	17 LIB	17 SCO	18 CAP	17 AQU	18 ARI	18 GEM	18 CAN	16 LEO	16 VIR
20 LEO	19 VIR	18 VIR	19 SCO	19 SAG	20 AQU	19 PIS	20 TAU	20 CAN	20 LEO	19 VIR	19 LIB
23 VIR	21 LIB	21 LIB	22 SAG	21 CAP	22 PIS	21 ARI	22 GEM	23 LEO	22 VIR	21 LIB	21 SCO
25 LIB	24 SCO	23 SCO	24 CAP	24 AQU	24 ARI	23 TAU	24 CAN	25 VIR	25 LIB	24 SCO	24 SAG
28 SCO	26 SAG	26 SAG	26 AQU	26 PIS	26 TAU	26 GEM	26 LEO	28 LIB	27 SCO	26 SAG	26 CAP
30 SAG		28 CAP	28 PIS	28 ARI	28 GEM	28 CAN	29 VIR	30 SCO	30 SAG	29 CAP	28 AQU
		30 AQU		30 TAU		30 LEO	31 LIB				30 PIS

1963

JAN	FEB	MAR	APR	MAY	JUN	JUL	AUG	SEP	OCT	NOV	DEC
1 ARI	2 GEM	1 GEM	2 LEO	2 VIR	3 SCO	3 SAG	1 CAP	2 PIS	2 ARI	2 GEM	2 CAN
4 TAU	4 CAN	3 CAN	4 VIR	4 LIB	5 SAG	5 CAP	4 AQU	4 ARI	4 TAU	4 CAN	4 LEO
6 GEM	6 LEO	6 LEO	7 LIB	7 SCO	8 CAP	7 AQU	6 PIS	7 TAU	6 GEM	6 LEO	6 VIR
8 CAN	9 VIR	8 VIR	9 SCO	9 SAG	10 AQU	10 PIS	8 ARI	9 GEM	8 CAN	9 VIR	8 LIB
10 LEO	11 LIB	11 LIB	12 SAG	12 CAP	12 PIS	12 ARI	10 TAU	11 CAN	10 LEO	11 LIB	11 SCO
12 VIR	14 SCO	13 SCO	14 CAP	14 AQU	15 ARI	14 TAU	12 GEM	13 LEO	12 VIR	14 SCO	13 SAG
15 LIB	16 SAG	16 SAG	17 AQU	16 PIS	17 TAU	16 GEM	14 CAN	15 VIR	15 LIB	16 SAG	16 CAP
17 SCO	19 CAP	18 CAP	19 PIS	18 ARI	19 GEM	18 CAN	17 LEO	18 LIB	17 SCO	19 CAP	18 AQU
20 SAG	21 AQU	20 AQU	21 ARI	20 TAU	21 CAN	20 LEO	19 VIR	20 SCO	20 SAG	21 AQU	21 PIS
22 CAP	23 PIS	23 PIS	23 TAU	22 GEM	23 LEO	23 VIR	21 LIB	23 SAG	22 CAP	24 PIS	23 ARI
25 AQU	25 ARI	25 ARI	25 GEM	24 CAN	25 VIR	25 LIB	24 SCO	25 CAP	25 AQU	26 ARI	25 TAU
27 PIS	27 TAU	26 TAU	27 CAN	27 LEO	28 LIB	27 SCO	26 SAG	28 AQU	27 PIS	28 TAU	27 GEM
29 ARI		29 GEM	29 LEO	29 VIR	30 SCO	30 SAG	29 CAP	30 PIS	29 ARI	30 GEM	29 CAN
31 TAU		31 CAN		31 LIB			31 AQU		31 TAU		31 LEO

1964

JAN	FEB	MAR	APR	MAY	JUN	JUL	AUG	SEP	OCT	NOV	DEC
2 VIR	1 LIB	2 SCO	1 SAG	1 CAP	2 PIS	1 ARI	2 GEM	2 LEO	2 VIR	3 SCO	2 SAG
5 LIB	4 SCO	4 SAG	3 CAP	3 AQU	4 ARI	4 TAU	4 CAN	5 VIR	4 LIB	5 SAG	5 CAP
7 SCO	6 SAG	7 CAP	6 AQU	5 PIS	6 TAU	6 GEM	6 LEO	7 LIB	6 SCO	8 CAP	7 AQU
10 SAG	9 CAP	9 AQU	8 PIS	8 ARI	8 GEM	8 CAN	8 VIR	9 SCO	9 SAG	10 AQU	10 PIS
12 CAP	11 AQU	12 PIS	10 ARI	10 TAU	10 CAN	10 LEO	10 LIB	11 SAG	11 CAP	13 PIS	12 ARI
15 AQU	13 PIS	14 ARI	12 TAU	12 GEM	12 LEO	12 VIR	13 SCO	14 CAP	14 AQU	15 ARI	15 TAU
17 PIS	16 ARI	16 TAU	14 GEM	14 CAN	14 VIR	14 LIB	15 SAG	16 AQU	16 PIS	17 TAU	17 GEM
19 ARI	18 TAU	18 GEM	16 CAN	16 LEO	17 LIB	16 SCO	18 CAP	19 PIS	19 ARI	19 GEM	19 CAN
21 TAU	20 GEM	20 CAN	19 LEO	18 VIR	19 SCO	19 SAG	20 AQU	21 ARI	21 TAU	21 CAN	21 LEO
24 GEM	22 CAN	22 LEO	21 VIR	20 LIB	22 SAG	21 CAP	23 PIS	23 TAU	23 GEM	23 LEO	23 VIR
26 CAN	24 LEO	25 VIR	23 LIB	23 SCO	24 CAP	24 AQU	25 ARI	25 GEM	25 CAN	25 VIR	25 LIB
28 LEO	26 VIR	27 LIB	26 SCO	25 SAG	27 AQU	26 PIS	27 TAU	28 CAN	27 LEO	28 LIB	27 SCO
30 VIR	28 LIB	29 SCO	28 SAG	28 CAP	29 PIS	29 ARI	29 GEM	30 LEO	29 VIR	30 SCO	30 SAG
				30 AQU		31 TAU	31 CAN		31 LIB		

1965

JAN	FEB	MAR	APR	MAY	JUN	JUL	AUG	SEP	OCT	NOV	DEC
1 CAP	2 PIS	2 PIS	3 TAU	2 GEM	1 CAN	2 VIR	3 SCO	1 SAG	1 CAP	2 PIS	2 ARI
4 AQU	5 ARI	4 ARI	5 GEM	4 CAN	3 LEO	4 LIB	5 SAG	4 CAP	4 AQU	5 ARI	5 TAU
6 PIS	7 TAU	6 TAU	7 CAN	6 LEO	5 VIR	6 SCO	7 CAP	6 AQU	6 PIS	7 TAU	7 GEM
9 ARI	9 GEM	9 GEM	9 LEO	8 VIR	7 LIB	9 SAG	10 AQU	9 PIS	9 ARI	9 GEM	9 CAN
11 TAU	11 CAN	11 CAN	11 VIR	11 LIB	9 SCO	11 CAP	13 PIS	11 ARI	11 TAU	12 CAN	11 LEO
13 GEM	13 LEO	13 LEO	13 LIB	13 SCO	12 SAG	14 AQU	15 ARI	14 TAU	13 GEM	14 LEO	13 VIR
15 CAN	16 VIR	15 VIR	16 SCO	15 SAG	14 CAP	16 PIS	17 TAU	16 GEM	15 CAN	16 VIR	15 LIB
17 LEO	18 LIB	17 LIB	18 SAG	18 CAP	16 AQU	19 ARI	20 GEM	18 CAN	17 LEO	18 LIB	17 SCO
19 VIR	20 SCO	19 SCO	20 CAP	20 AQU	19 PIS	21 TAU	22 CAN	20 LEO	20 VIR	20 SCO	20 SAG
21 LIB	22 SAG	22 SAG	23 AQU	23 PIS	21 ARI	23 GEM	24 LEO	22 VIR	22 LIB	22 SAG	22 CAP
23 SCO	25 CAP	24 CAP	25 PIS	25 ARI	24 TAU	25 CAN	26 VIR	24 LIB	24 SCO	25 CAP	25 AQU
26 SAG	27 AQU	27 AQU	28 ARI	27 TAU	26 GEM	27 LEO	28 LIB	26 SCO	26 SAG	27 AQU	27 PIS
28 CAP		29 PIS	30 TAU	30 GEM	28 CAN	29 VIR	30 SCO	29 SAG	28 CAP	30 PIS	30 ARI
31 AQU		31 ARI			30 LEO	31 LIB			31 AQU		

1966

JAN	FEB	MAR	APR	MAY	JUN	JUL	AUG	SEP	OCT	NOV	DEC
1 TAU	2 CAN	1 CAN	2 VIR	1 LIB	2 SAG	1 CAP	2 PIS	1 ARI	1 TAU	2 CAN	2 LEO
3 GEM	4 LEO	3 LEO	4 LIB	3 SCO	4 CAP	4 AQU	5 ARI	4 TAU	3 GEM	4 LEO	4 VIR
5 CAN	6 VIR	5 VIR	6 SCO	5 SAG	6 AQU	6 PIS	7 TAU	6 GEM	6 CAN	6 VIR	6 LIB
7 LEO	8 LIB	7 LIB	8 SAG	8 CAP	9 PIS	9 ARI	10 GEM	9 CAN	8 LEO	8 LIB	8 SCO
9 VIR	10 SCO	9 SCO	10 CAP	10 AQU	11 ARI	11 TAU	12 CAN	11 LEO	10 VIR	11 SCO	10 SAG
11 LIB	12 SAG	12 SAG	13 AQU	12 PIS	14 TAU	14 GEM	14 LEO	13 VIR	12 LIB	13 SAG	12 CAP
14 SCO	15 CAP	14 CAP	15 PIS	15 ARI	16 GEM	16 CAN	16 VIR	15 LIB	14 SCO	15 CAP	14 AQU
16 SAG	17 AQU	16 AQU	18 ARI	17 TAU	18 CAN	18 LEO	18 LIB	17 SCO	16 SAG	17 AQU	17 PIS
18 CAP	20 PIS	19 PIS	20 TAU	20 GEM	20 LEO	20 VIR	20 SCO	19 SAG	18 CAP	20 PIS	19 ARI
21 AQU	22 ARI	21 ARI	22 GEM	22 CAN	23 VIR	22 LIB	22 SAG	21 CAP	21 AQU	22 ARI	22 TAU
23 PIS	25 TAU	24 TAU	25 CAN	24 LEO	25 LIB	24 SCO	25 CAP	23 AQU	23 PIS	25 TAU	24 GEM
26 ARI	27 GEM	26 GEM	27 LEO	26 VIR	27 SCO	26 SAG	27 AQU	26 PIS	26 ARI	27 GEM	27 CAN
28 TAU		29 CAN	29 VIR	28 LIB	29 SAG	29 CAP	30 PIS	28 ARI	28 TAU	29 CAN	29 LEO
31 GEM		31 LEO		31 SCO		31 AQU			31 GEM		31 VIR

1967

JAN	FEB	MAR	APR	MAY	JUN	JUL	AUG	SEP	OCT	NOV	DEC
2 LIB	3 SAG	2 SAG	3 AQU	2 PIS	1 ARI	1 TAU	2 CAN	1 LEO	2 LIB	1 SCO	2 CAP
4 SCO	5 CAP	4 CAP	5 PIS	5 ARI	4 TAU	3 GEM	4 LEO	3 VIR	4 SCO	3 SAG	4 AQU
6 SAG	7 AQU	6 AQU	8 ARI	7 TAU	6 GEM	6 CAN	7 VIR	5 LIB	6 SAG	5 CAP	7 PIS
9 CAP	10 PIS	9 PIS	10 TAU	10 GEM	9 CAN	8 LEO	9 LIB	7 SCO	9 CAP	7 AQU	9 ARI
11 AQU	12 ARI	11 ARI	13 GEM	12 CAN	11 LEO	10 VIR	11 SCO	9 SAG	11 AQU	9 PIS	12 TAU
13 PIS	15 TAU	14 TAU	15 CAN	15 LEO	13 VIR	12 LIB	13 SAG	11 CAP	13 PIS	12 ARI	14 GEM
16 ARI	17 GEM	16 GEM	17 LEO	17 VIR	15 LIB	15 SCO	15 CAP	14 AQU	16 ARI	14 TAU	17 CAN
18 TAU	19 CAN	19 CAN	20 VIR	19 LIB	17 SCO	17 SAG	17 AQU	16 PIS	18 TAU	17 GEM	19 LEO
21 GEM	22 LEO	21 LEO	22 LIB	21 SCO	19 SAG	19 CAP	20 PIS	18 ARI	21 GEM	19 CAN	21 VIR
23 CAN	24 VIR	23 VIR	24 SCO	23 SAG	21 CAP	21 AQU	22 ARI	21 TAU	23 CAN	22 LEO	24 LIB
25 LEO	26 LIB	25 LIB	26 SAG	25 CAP	24 AQU	23 PIS	25 TAU	23 GEM	26 LEO	24 VIR	26 SCO
27 VIR	28 SCO	27 SCO	28 CAP	27 AQU	26 PIS	26 ARI	27 GEM	26 CAN	28 VIR	26 LIB	28 SAG
29 LIB		29 SAG	30 AQU	30 PIS	28 ARI	28 TAU	30 CAN	28 LEO	30 LIB	28 SCO	30 CAP
31 SCO		31 CAP				31 GEM		30 VIR		30 SAG	

1968

JAN	FEB	MAR	APR	MAY	JUN	JUL	AUG	SEP	OCT	NOV	DEC
1 AQU	2 ARI	3 TAU	2 GEM	1 CAN	2 VIR	2 LIB	3 SAG	1 CAP	2 PIS	1 ARI	1 TAU
3 PIS	4 TAU	5 GEM	4 CAN	4 LEO	5 LIB	4 SCO	5 CAP	3 AQU	5 ARI	3 TAU	3 GEM
6 ARI	7 GEM	8 CAN	7 LEO	6 VIR	7 SCO	6 SAG	7 AQU	5 PIS	7 TAU	6 GEM	6 CAN
8 TAU	9 CAN	10 LEO	9 VIR	8 LIB	9 SAG	8 CAP	9 PIS	7 ARI	10 GEM	8 CAN	8 LEO
11 GEM	12 LEO	12 VIR	11 LIB	10 SCO	11 CAP	10 AQU	11 ARI	10 TAU	12 CAN	11 LEO	11 VIR
13 CAN	14 VIR	14 LIB	13 SCO	12 SAG	13 AQU	12 PIS	13 TAU	12 GEM	15 LEO	13 VIR	13 LIB
15 LEO	16 LIB	17 SCO	15 SAG	14 CAP	15 PIS	15 ARI	16 GEM	15 CAN	17 VIR	16 LIB	15 SCO
18 VIR	18 SCO	19 SAG	17 CAP	16 AQU	17 ARI	17 TAU	18 CAN	17 LEO	19 LIB	18 SCO	17 SAG
20 LIB	20 SAG	21 CAP	19 AQU	19 PIS	20 TAU	20 GEM	21 LEO	20 VIR	21 SCO	20 SAG	19 CAP
22 SCO	22 CAP	23 AQU	21 PIS	21 ARI	22 GEM	22 CAN	23 VIR	22 LIB	23 SAG	22 CAP	21 AQU
24 SAG	25 AQU	25 PIS	24 ARI	24 TAU	25 CAN	25 LEO	25 LIB	24 SCO	25 CAP	24 AQU	23 PIS
26 CAP	27 PIS	28 ARI	26 TAU	26 GEM	27 LEO	27 VIR	28 SCO	26 SAG	27 AQU	26 PIS	26 ARI
28 AQU	29 ARI	30 TAU	29 GEM	29 CAN	30 VIR	29 LIB	30 SAG	28 CAP	30 PIS	28 ARI	28 TAU
31 PIS				31 LEO		31 SCO		30 AQU			30 GEM

1969

JAN	FEB	MAR	APR	MAY	JUN	JUL	AUG	SEP	OCT	NOV	DEC
2 CAN	1 LEO	2 VIR	1 LIB	1 SCO	1 CAP	1 AQU	1 ARI	2 GEM	2 CAN	1 LEO	1 VIR
4 LEO	3 VIR	5 LIB	3 SCO	3 SAG	3 AQU	3 PIS	3 TAU	5 CAN	4 LEO	3 VIR	3 LIB
7 VIR	6 LIB	7 SCO	5 SAG	5 CAP	5 PIS	5 ARI	6 GEM	7 LEO	7 VIR	6 LIB	5 SCO
9 LIB	8 SCO	9 SAG	8 CAP	7 AQU	7 ARI	7 TAU	8 CAN	10 VIR	9 LIB	8 SCO	8 SAG
12 SCO	10 SAG	11 CAP	10 AQU	9 PIS	10 TAU	10 GEM	11 LEO	12 LIB	12 SCO	10 SAG	10 CAP
14 SAG	12 CAP	13 AQU	12 PIS	11 ARI	12 GEM	12 CAN	13 VIR	14 SCO	14 SAG	12 CAP	12 AQU
16 CAP	14 AQU	16 PIS	14 ARI	14 TAU	15 CAN	15 LEO	16 LIB	17 SAG	16 CAP	14 AQU	14 PIS
18 AQU	16 PIS	18 ARI	16 TAU	16 GEM	17 LEO	17 VIR	18 SCO	19 CAP	18 AQU	16 PIS	16 ARI
20 PIS	18 ARI	20 TAU	19 GEM	19 CAN	20 VIR	20 LIB	20 SAG	21 AQU	20 PIS	19 ARI	18 TAU
22 ARI	21 TAU	22 GEM	21 CAN	21 LEO	22 LIB	22 SCO	22 CAP	23 PIS	22 ARI	21 TAU	20 GEM
24 TAU	23 GEM	25 CAN	24 LEO	24 VIR	25 SCO	24 SAG	24 AQU	25 ARI	25 TAU	23 GEM	23 CAN
27 GEM	26 CAN	27 LEO	26 VIR	26 LIB	27 SAG	26 CAP	26 PIS	27 TAU	27 GEM	26 CAN	25 LEO
29 CAN	28 LEO	30 VIR	29 LIB	28 SCO	29 CAP	28 AQU	29 ARI	29 GEM	29 CAN	28 LEO	28 VIR
				30 SAG		30 PIS	31 TAU				30 LIB

1970

JAN	FEB	MAR	APR	MAY	JUN	JUL	AUG	SEP	OCT	NOV	DEC
2 SCO	2 CAP	2 CAP	2 PIS	2 ARI	2 GEM	2 CAN	1 LEO	2 LIB	2 SCO	3 CAP	2 AQU
4 SAG	4 AQU	4 AQU	4 ARI	4 TAU	5 CAN	4 LEO	3 VIR	5 SCO	4 SAG	5 AQU	4 PIS
6 CAP	6 PIS	6 PIS	6 TAU	6 GEM	7 LEO	7 VIR	6 LIB	7 SAG	6 CAP	7 PIS	6 ARI
8 AQU	8 ARI	8 ARI	9 GEM	8 CAN	10 VIR	10 LIB	8 SCO	9 CAP	9 AQU	9 ARI	8 TAU
10 PIS	11 TAU	10 TAU	11 CAN	11 LEO	12 LIB	12 SCO	11 SAG	11 AQU	11 PIS	11 TAU	11 GEM
12 ARI	13 GEM	12 GEM	14 LEO	13 VIR	15 SCO	14 SAG	13 CAP	13 PIS	13 ARI	13 GEM	13 CAN
14 TAU	15 CAN	15 CAN	16 VIR	16 LIB	17 SAG	16 CAP	15 AQU	15 ARI	15 TAU	16 CAN	15 LEO
17 GEM	18 LEO	17 LEO	19 LIB	18 SCO	19 CAP	18 AQU	17 PIS	17 TAU	17 GEM	18 LEO	18 VIR
19 CAN	20 VIR	20 VIR	21 SCO	20 SAG	21 AQU	20 PIS	19 ARI	19 GEM	19 CAN	20 VIR	20 LIB
22 LEO	23 LIB	22 LIB	23 SAG	23 CAP	23 PIS	22 ARI	21 TAU	22 CAN	22 LEO	23 LIB	23 SCO
24 VIR	25 SCO	25 SCO	25 CAP	25 AQU	25 ARI	25 TAU	23 GEM	24 LEO	24 VIR	25 SCO	25 SAG
27 LIB	28 SAG	27 SAG	27 AQU	27 PIS	27 TAU	27 GEM	25 CAN	27 VIR	27 LIB	28 SAG	27 CAP
29 SCO		29 CAP	30 PIS	29 ARI	30 GEM	29 CAN	28 LEO	29 LIB	29 SCO	30 CAP	29 AQU
31 SAG		31 AQU		31 TAU			31 VIR		31 SAG		31 PIS

1971

JAN	FEB	MAR	APR	MAY	JUN	JUL	AUG	SEP	OCT	NOV	DEC
3 ARI	1 TAU	2 GEM	1 CAN	1 LEO	2 LIB	2 SCO	1 SAG	2 AQU	1 PIS	2 TAU	1 GEM
5 TAU	3 GEM	5 CAN	3 LEO	3 VIR	5 SCO	4 SAG	3 CAP	4 PIS	3 ARI	4 GEM	3 CAN
7 GEM	5 CAN	7 LEO	6 VIR	6 LIB	7 SAG	7 CAP	5 AQU	6 ARI	5 TAU	6 CAN	5 LEO
9 CAN	8 LEO	10 VIR	8 LIB	8 SCO	9 CAP	9 AQU	7 PIS	8 TAU	7 GEM	8 LEO	8 VIR
12 LEO	10 VIR	12 LIB	11 SCO	11 SAG	11 AQU	11 PIS	9 ARI	10 GEM	9 CAN	10 VIR	10 LIB
14 VIR	13 LIB	15 SCO	13 SAG	13 CAP	14 PIS	13 ARI	11 TAU	12 CAN	12 LEO	13 LIB	13 SCO
17 LIB	15 SCO	17 SAG	16 CAP	15 AQU	16 ARI	15 TAU	13 GEM	14 LEO	14 VIR	15 SCO	15 SAG
19 SCO	18 SAG	19 CAP	18 AQU	17 PIS	18 TAU	17 GEM	16 CAN	17 VIR	16 LIB	18 SAG	17 CAP
22 SAG	20 CAP	22 AQU	20 PIS	20 ARI	20 GEM	19 CAN	18 LEO	19 LIB	19 SCO	20 CAP	20 AQU
24 CAP	22 AQU	24 PIS	22 ARI	22 TAU	22 CAN	22 LEO	20 VIR	22 SCO	22 SAG	23 AQU	22 PIS
26 AQU	24 PIS	26 ARI	24 TAU	24 GEM	24 LEO	24 VIR	23 LIB	24 SAG	24 CAP	25 PIS	24 ARI
28 PIS	26 ARI	28 TAU	26 GEM	26 CAN	27 VIR	27 LIB	26 SCO	27 CAP	26 AQU	27 ARI	26 TAU
30 ARI	28 TAU	30 GEM	28 CAN	28 LEO	29 LIB	29 SCO	28 SAG	29 AQU	28 PIS	29 TAU	28 GEM
				30 VIR			30 CAP		31 ARI		30 CAN

1972

JAN	FEB	MAR	APR	MAY	JUN	JUL	AUG	SEP	OCT	NOV	DEC
2 LEO	3 LIB	1 LIB	2 SAG	2 CAP	1 AQU	3 ARI	1 TAU	1 CAN	1 LEO	2 LIB	1 SCO
4 VIR	5 SCO	4 SCO	5 CAP	5 AQU	3 PIS	5 TAU	3 GEM	4 LEO	3 VIR	4 SCO	4 SAG
6 LIB	8 SAG	6 SAG	7 AQU	7 PIS	5 ARI	7 GEM	5 CAN	6 VIR	5 LIB	7 SAG	7 CAP
9 SCO	10 CAP	9 CAP	9 PIS	9 ARI	7 TAU	9 CAN	7 LEO	8 LIB	8 SCO	9 CAP	9 AQU
11 SAG	12 AQU	11 AQU	12 ARI	11 TAU	9 GEM	11 LEO	10 VIR	11 SCO	10 SAG	12 AQU	11 PIS
14 CAP	15 PIS	13 PIS	14 TAU	13 GEM	11 CAN	13 VIR	12 LIB	13 SAG	13 CAP	14 PIS	14 ARI
16 AQU	17 ARI	15 ARI	16 GEM	15 CAN	14 LEO	15 LIB	14 SCO	16 CAP	15 AQU	16 ARI	16 TAU
18 PIS	19 TAU	17 TAU	18 CAN	17 LEO	16 VIR	18 SCO	17 SAG	18 AQU	18 PIS	18 TAU	18 GEM
20 ARI	21 GEM	19 GEM	20 LEO	19 VIR	18 LIB	20 SAG	19 CAP	20 PIS	20 ARI	20 GEM	20 CAN
23 TAU	23 CAN	21 CAN	22 VIR	22 LIB	21 SCO	23 CAP	22 AQU	22 ARI	22 TAU	22 CAN	22 LEO
25 GEM	25 LEO	24 LEO	25 LIB	24 SCO	23 SAG	25 AQU	24 PIS	24 TAU	24 GEM	24 LEO	24 VIR
27 CAN	28 VIR	26 VIR	27 SCO	27 SAG	26 CAP	28 PIS	26 ARI	27 GEM	26 CAN	27 VIR	26 LIB
29 LEO		28 LIB	30 SAG	29 CAP	28 AQU	30 ARI	28 TAU	29 CAN	28 LEO	29 LIB	29 SCO
31 VIR		31 SCO			30 PIS		30 GEM		30 VIR		31 SAG

1973

JAN	FEB	MAR	APR	MAY	JUN	JUL	AUG	SEP	OCT	NOV	DEC
3 CAP	2 AQU	1 AQU	2 ARI	1 TAU	2 CAN	1 LEO	2 LIB	1 SCO	3 CAP	2 AQU	1 PIS
5 AQU	4 PIS	3 PIS	4 TAU	3 GEM	4 LEO	3 VIR	4 SCO	3 SAG	5 AQU	4 PIS	4 ARI
8 PIS	6 ARI	5 ARI	6 GEM	5 CAN	6 VIR	5 LIB	7 SAG	5 CAP	8 PIS	6 ARI	6 TAU
10 ARI	8 TAU	8 TAU	8 CAN	7 LEO	8 LIB	8 SCO	9 CAP	8 AQU	10 ARI	9 TAU	8 GEM
12 TAU	10 GEM	10 GEM	10 LEO	10 VIR	11 SCO	10 SAG	12 AQU	10 PIS	12 TAU	11 GEM	10 CAN
14 GEM	13 CAN	12 CAN	12 VIR	12 LIB	13 SAG	13 CAP	14 PIS	13 ARI	14 GEM	13 CAN	12 LEO
16 CAN	15 LEO	14 LEO	15 LIB	14 SCO	16 CAP	15 AQU	16 ARI	15 TAU	16 CAN	15 LEO	14 VIR
18 LEO	17 VIR	16 VIR	17 SCO	17 SAG	18 AQU	18 PIS	19 TAU	17 GEM	19 LEO	17 VIR	16 LIB
20 VIR	19 LIB	18 LIB	20 SAG	19 CAP	21 PIS	20 ARI	21 GEM	19 CAN	21 VIR	19 LIB	19 SCO
23 LIB	21 SCO	21 SCO	22 CAP	22 AQU	23 ARI	22 TAU	23 CAN	21 LEO	23 LIB	22 SCO	21 SAG
25 SCO	24 SAG	23 SAG	25 AQU	24 PIS	25 TAU	25 GEM	25 LEO	23 VIR	25 SCO	24 SAG	24 CAP
28 SAG	26 CAP	26 CAP	27 PIS	27 ARI	27 GEM	27 CAN	27 VIR	26 LIB	28 SAG	26 CAP	26 AQU
30 CAP		28 AQU	29 ARI	29 TAU	29 CAN	29 LEO	29 LIB	28 SCO	30 CAP	29 AQU	29 PIS
		31 PIS		31 GEM		31 VIR		30 SAG			31 ARI

1974

JAN	FEB	MAR	APR	MAY	JUN	JUL	AUG	SEP	OCT	NOV	DEC
2 TAU	1 GEM	2 CAN	1 LEO	2 LIB	1 SCO	3 CAP	2 AQU	3 ARI	2 TAU	1 GEM	1 CAN
5 GEM	3 CAN	4 LEO	3 VIR	4 SCO	3 SAG	5 AQU	4 PIS	5 TAU	5 GEM	3 CAN	3 LEO
7 CAN	5 LEO	7 VIR	5 LIB	7 SAG	6 CAP	8 PIS	7 ARI	8 GEM	7 CAN	5 LEO	5 VIR
9 LEO	7 VIR	9 LIB	7 SCO	9 CAP	8 AQU	10 ARI	9 TAU	10 CAN	9 LEO	8 VIR	7 LIB
11 VIR	9 LIB	11 SCO	9 SAG	12 AQU	11 PIS	13 TAU	11 GEM	12 LEO	11 VIR	10 LIB	9 SCO
13 LIB	11 SCO	13 SAG	12 CAP	14 PIS	13 ARI	15 GEM	13 CAN	14 VIR	13 LIB	12 SCO	11 SAG
15 SCO	14 SAG	16 CAP	14 AQU	17 ARI	15 TAU	17 CAN	15 LEO	16 LIB	15 SCO	14 SAG	14 CAP
17 SAG	16 CAP	18 AQU	17 PIS	19 TAU	18 GEM	19 LEO	17 VIR	18 SCO	18 SAG	16 CAP	16 AQU
20 CAP	19 AQU	21 PIS	19 ARI	21 GEM	20 CAN	21 VIR	19 LIB	20 SAG	20 CAP	19 AQU	19 PIS
22 AQU	21 PIS	23 ARI	22 TAU	23 CAN	22 LEO	23 LIB	22 SCO	23 CAP	22 AQU	21 PIS	21 ARI
25 PIS	24 ARI	25 TAU	24 GEM	25 LEO	24 VIR	25 SCO	24 SAG	25 AQU	25 PIS	24 ARI	24 TAU
27 ARI	26 TAU	27 GEM	26 CAN	27 VIR	26 LIB	28 SAG	26 CAP	28 PIS	27 ARI	26 TAU	26 GEM
30 TAU	28 GEM	30 CAN	28 LEO	30 LIB	28 SCO	30 CAP	29 AQU	30 ARI	30 TAU	28 GEM	28 CAN
			30 VIR		30 SAG		31 PIS				30 LEO

1975

JAN	FEB	MAR	APR	MAY	JUN	JUL	AUG	SEP	OCT	NOV	DEC
1 VIR	2 SCO	1 SCO	2 CAP	2 AQU	3 ARI	3 TAU	1 GEM	2 LEO	2 VIR	2 SCO	2 SAG
3 LIB	4 SAG	3 SAG	4 AQU	4 PIS	5 TAU	5 GEM	4 CAN	4 VIR	4 LIB	4 SAG	4 CAP
5 SCO	6 CAP	5 CAP	7 PIS	7 ARI	8 GEM	7 CAN	6 LEO	6 LIB	6 SCO	6 CAP	6 AQU
8 SAG	9 AQU	8 AQU	9 ARI	9 TAU	10 CAN	9 LEO	8 VIR	8 SCO	8 SAG	9 AQU	8 PIS
10 CAP	11 PIS	10 PIS	12 TAU	11 GEM	12 LEO	11 VIR	10 LIB	10 SAG	10 CAP	11 PIS	11 ARI
12 AQU	14 ARI	13 ARI	14 GEM	14 CAN	14 VIR	14 LIB	12 SCO	13 CAP	12 AQU	14 ARI	13 TAU
15 PIS	16 TAU	15 TAU	16 CAN	16 LEO	16 LIB	16 SCO	14 SAG	15 AQU	15 PIS	16 TAU	16 GEM
17 ARI	19 GEM	18 GEM	19 LEO	18 VIR	18 SCO	18 SAG	16 CAP	18 PIS	17 ARI	19 GEM	18 CAN
20 TAU	21 CAN	20 CAN	21 VIR	20 LIB	21 SAG	20 CAP	19 AQU	20 ARI	20 TAU	21 CAN	20 LEO
22 GEM	23 LEO	22 LEO	23 LIB	22 SCO	23 CAP	23 AQU	21 PIS	23 TAU	22 GEM	23 LEO	23 VIR
24 CAN	25 VIR	24 VIR	25 SCO	24 SAG	25 AQU	25 PIS	24 ARI	25 GEM	25 CAN	25 VIR	25 LIB
26 LEO	27 LIB	26 LIB	27 SAG	27 CAP	28 PIS	28 ARI	26 TAU	27 CAN	27 LEO	27 LIB	27 SCO
28 VIR		28 SCO	29 CAP	29 AQU	30 ARI	30 TAU	29 GEM	30 LEO	29 VIR	30 SCO	29 SAG
30 LIB		30 SAG		31 PIS			31 CAN		31 LIB		31 CAP

1976

JAN	FEB	MAR	APR	MAY	JUN	JUL	AUG	SEP	OCT	NOV	DEC
2 AQU	1 PIS	2 ARI	1 TAU	3 CAN	1 LEO	1 VIR	1 SCO	2 CAP	1 AQU	2 ARI	2 TAU
5 PIS	4 ARI	4 TAU	3 GEM	5 LEO	4 VIR	3 LIB	4 SAG	4 AQU	4 PIS	5 TAU	5 GEM
7 ARI	6 TAU	7 GEM	6 CAN	7 VIR	6 LIB	5 SCO	6 CAP	7 PIS	6 ARI	8 GEM	7 CAN
10 TAU	9 GEM	9 CAN	8 LEO	10 LIB	8 SCO	7 SAG	8 AQU	9 ARI	9 TAU	10 CAN	10 LEO
12 GEM	11 CAN	12 LEO	10 VIR	12 SCO	10 SAG	9 CAP	10 PIS	11 TAU	11 GEM	12 LEO	12 VIR
15 CAN	13 LEO	14 VIR	12 LIB	14 SAG	12 CAP	12 AQU	13 ARI	14 GEM	14 CAN	15 VIR	14 LIB
17 LEO	15 VIR	16 LIB	14 SCO	16 CAP	14 AQU	14 PIS	15 TAU	17 CAN	16 LEO	17 LIB	16 SCO
19 VIR	17 LIB	18 SCO	16 SAG	18 AQU	17 PIS	16 ARI	18 GEM	19 LEO	18 VIR	19 SCO	18 SAG
21 LIB	19 SCO	20 SAG	18 CAP	20 PIS	19 ARI	19 TAU	20 CAN	21 VIR	21 LIB	21 SAG	20 CAP
23 SCO	21 SAG	22 CAP	20 AQU	23 ARI	22 TAU	21 GEM	22 LEO	23 LIB	23 SCO	23 CAP	22 AQU
25 SAG	24 CAP	24 AQU	23 PIS	25 TAU	24 GEM	24 CAN	25 VIR	25 SCO	24 SAG	25 AQU	25 PIS
27 CAP	26 AQU	27 PIS	25 ARI	28 GEM	26 CAN	26 LEO	27 LIB	27 SAG	27 CAP	27 PIS	27 ARI
30 AQU	28 PIS	29 ARI	28 TAU	30 CAN	29 LEO	28 VIR	29 SCO	29 CAP	29 AQU	30 ARI	30 TAU
			30 GEM			30 LIB	31 SAG		31 PIS		

1977

JAN	FEB	MAR	APR	MAY	JUN	JUL	AUG	SEP	OCT	NOV	DEC
1 GEM	2 LEO	2 LEO	2 LIB	2 SCO	2 CAP	2 AQU	3 ARI	1 TAU	1 GEM	3 LEO	2 VIR
4 CAN	5 VIR	4 VIR	5 SCO	4 SAG	4 AQU	4 PIS	5 TAU	4 GEM	4 CAN	5 VIR	5 LIB
6 LEO	7 LIB	6 LIB	7 SAG	6 CAP	7 PIS	6 ARI	7 GEM	6 CAN	6 LEO	7 LIB	7 SCO
8 VIR	9 SCO	8 SCO	9 CAP	8 AQU	9 ARI	9 TAU	10 CAN	9 LEO	9 VIR	9 SCO	9 SAG
10 LIB	11 SAG	10 SAG	11 AQU	10 PIS	11 TAU	11 GEM	12 LEO	11 VIR	11 LIB	11 SAG	11 CAP
13 SCO	13 CAP	12 CAP	13 PIS	13 ARI	14 GEM	14 CAN	15 VIR	13 LIB	13 SCO	13 CAP	13 AQU
15 SAG	15 AQU	15 AQU	15 ARI	15 TAU	16 CAN	16 LEO	17 LIB	16 SCO	15 SAG	15 AQU	15 PIS
17 CAP	17 PIS	17 PIS	18 TAU	18 GEM	19 LEO	19 VIR	19 SCO	18 SAG	17 CAP	18 PIS	17 ARI
19 AQU	20 ARI	19 ARI	20 GEM	20 CAN	21 VIR	21 LIB	21 SAG	20 CAP	19 AQU	20 ARI	19 TAU
21 PIS	22 TAU	22 TAU	23 CAN	23 LEO	24 LIB	23 SCO	24 CAP	22 AQU	21 PIS	22 TAU	22 GEM
23 ARI	25 GEM	24 GEM	25 LEO	25 VIR	26 SCO	25 SAG	26 AQU	24 PIS	24 ARI	25 GEM	25 CAN
26 TAU	27 CAN	27 CAN	28 VIR	27 LIB	28 SAG	27 CAP	28 PIS	26 ARI	26 TAU	27 CAN	27 LEO
28 GEM		29 LEO	30 LIB	29 SCO	30 CAP	29 AQU	30 ARI	29 TAU	28 GEM	30 LEO	30 VIR
31 CAN		31 VIR		31 SAG		31 PIS			31 CAN		

1978

JAN	FEB	MAR	APR	MAY	JUN	JUL	AUG	SEP	OCT	NOV	DEC
1 LIB	2 SAG	1 SAG	1 AQU	1 PIS	1 TAU	1 GEM	2 LEO	1 VIR	1 LIB	2 SAG	1 CAP
3 SCO	4 CAP	3 CAP	3 PIS	3 ARI	4 GEM	4 CAN	5 VIR	4 LIB	3 SCO	4 CAP	3 AQU
5 SAG	6 AQU	5 AQU	6 ARI	5 TAU	6 CAN	6 LEO	7 LIB	6 SCO	5 SAG	6 AQU	5 PIS
7 CAP	8 PIS	7 PIS	8 TAU	8 GEM	9 LEO	9 VIR	10 SCO	8 SAG	8 CAP	8 PIS	7 ARI
9 AQU	10 ARI	9 ARI	10 GEM	10 CAN	11 VIR	11 LIB	12 SAG	10 CAP	10 AQU	10 ARI	10 TAU
11 PIS	12 TAU	12 TAU	13 CAN	13 LEO	14 LIB	13 SCO	14 CAP	12 AQU	12 PIS	12 TAU	12 GEM
13 ARI	15 GEM	14 GEM	15 LEO	15 VIR	16 SCO	16 SAG	16 AQU	14 PIS	14 ARI	15 GEM	14 CAN
16 TAU	17 CAN	16 CAN	18 VIR	17 LIB	18 SAG	18 CAP	18 PIS	17 ARI	16 TAU	17 CAN	17 LEO
18 GEM	20 LEO	19 LEO	20 LIB	20 SCO	20 CAP	20 AQU	20 ARI	19 TAU	18 GEM	20 LEO	19 VIR
21 CAN	22 VIR	21 VIR	22 SCO	22 SAG	22 AQU	22 PIS	22 TAU	21 GEM	21 CAN	22 VIR	22 LIB
23 LEO	24 LIB	24 LIB	24 SAG	24 CAP	24 PIS	24 ARI	25 GEM	23 CAN	23 LEO	25 LIB	24 SCO
26 VIR	27 SCO	26 SCO	26 CAP	26 AQU	26 ARI	26 TAU	27 CAN	26 LEO	26 VIR	27 SCO	27 SAG
28 LIB		28 SAG	29 AQU	28 PIS	29 TAU	28 GEM	30 LEO	28 VIR	28 LIB	29 SAG	29 CAP
30 SCO		30 CAP		30 ARI		31 CAN			31 SCO		31 AQU

1979

JAN	FEB	MAR	APR	MAY	JUN	JUL	AUG	SEP	OCT	NOV	DEC
2 PIS	2 TAU	2 TAU	3 CAN	2 LEO	1 VIR	1 LIB	2 SAG	1 CAP	2 PIS	1 ARI	2 GEM
4 ARI	5 GEM	4 GEM	5 LEO	5 VIR	4 LIB	4 SCO	4 CAP	3 AQU	4 ARI	3 TAU	4 CAN
6 TAU	7 CAN	6 CAN	8 VIR	7 LIB	6 SCO	6 SAG	6 AQU	5 PIS	6 TAU	5 GEM	7 LEO
8 GEM	9 LEO	9 LEO	10 LIB	10 SCO	8 SAG	8 CAP	8 PIS	7 ARI	8 GEM	7 CAN	9 VIR
11 CAN	12 VIR	11 VIR	12 SCO	12 SAG	11 CAP	10 AQU	10 ARI	9 TAU	11 CAN	9 LEO	12 LIB
13 LEO	15 LIB	14 LIB	15 SAG	14 CAP	13 AQU	12 PIS	13 TAU	11 GEM	13 LEO	12 VIR	14 SCO
16 VIR	17 SCO	16 SCO	17 CAP	16 AQU	15 PIS	14 ARI	15 GEM	13 CAN	16 VIR	14 LIB	17 SAG
18 LIB	19 SAG	19 SAG	19 AQU	18 PIS	17 ARI	16 TAU	17 CAN	16 LEO	18 LIB	17 SCO	19 CAP
21 SCO	21 CAP	21 CAP	21 PIS	21 ARI	19 TAU	18 GEM	20 LEO	18 VIR	21 SCO	19 SAG	21 AQU
23 SAG	24 AQU	23 AQU	23 ARI	23 TAU	21 GEM	21 CAN	22 VIR	21 LIB	23 SAG	22 CAP	23 PIS
25 CAP	25 PIS	25 PIS	25 TAU	25 GEM	24 CAN	23 LEO	25 LIB	23 SCO	25 CAP	24 AQU	25 ARI
27 AQU	27 ARI	27 ARI	28 GEM	27 CAN	26 LEO	26 VIR	27 SCO	26 SAG	28 AQU	26 PIS	27 TAU
29 PIS		29 TAU	30 CAN	30 LEO	29 VIR	28 LIB	30 SAG	28 CAP	30 PIS	28 ARI	30 GEM
31 ARI		31 GEM				31 SCO		30 AQU		30 TAU	

1980

JAN	FEB	MAR	APR	MAY	JUN	JUL	AUG	SEP	OCT	NOV	DEC
1 CAN	2 VIR	3 LIB	2 SCO	1 SAG	2 AQU	2 PIS	2 TAU	3 CAN	2 LEO	1 VIR	1 LIB
3 LEO	4 LIB	5 SCO	4 SAG	4 CAP	4 PIS	4 ARI	4 GEM	5 LEO	5 VIR	3 LIB	3 SCO
6 VIR	7 SCO	8 SAG	6 CAP	6 AQU	6 ARI	6 TAU	6 CAN	7 VIR	7 LIB	6 SCO	6 SAG
8 LIB	9 SAG	10 CAP	9 AQU	8 PIS	9 TAU	8 GEM	9 LEO	10 LIB	10 SCO	8 SAG	8 CAP
11 SCO	12 CAP	12 AQU	11 PIS	10 ARI	11 GEM	10 CAN	11 VIR	12 SCO	12 SAG	11 CAP	10 AQU
13 SAG	14 AQU	14 PIS	13 ARI	12 TAU	13 CAN	12 LEO	14 LIB	15 SAG	15 CAP	13 AQU	13 PIS
15 CAP	16 PIS	16 ARI	15 TAU	14 GEM	15 LEO	15 VIR	16 SCO	17 CAP	17 AQU	15 PIS	15 ARI
17 AQU	18 ARI	18 TAU	17 GEM	16 CAN	17 VIR	17 LIB	19 SAG	20 AQU	19 PIS	18 ARI	17 TAU
19 PIS	20 TAU	20 GEM	19 CAN	19 LEO	20 LIB	20 SCO	21 CAP	22 PIS	21 ARI	20 TAU	19 GEM
21 ARI	22 GEM	23 CAN	21 LEO	21 VIR	22 SCO	22 SAG	23 AQU	24 ARI	23 TAU	22 GEM	21 CAN
24 TAU	24 CAN	25 LEO	24 VIR	24 LIB	25 SAG	25 CAP	25 PIS	26 TAU	25 GEM	24 CAN	23 LEO
26 GEM	27 LEO	27 VIR	26 LIB	26 SCO	27 CAP	27 AQU	27 ARI	28 GEM	27 CAN	26 LEO	25 VIR
28 CAN	29 VIR	30 LIB	29 SCO	29 SAG	29 AQU	29 PIS	29 TAU	30 CAN	29 LEO	28 VIR	28 LIB
30 LEO				31 CAP		31 ARI	31 GEM				30 SCO

1981

JAN	FEB	MAR	APR	MAY	JUN	JUL	AUG	SEP	OCT	NOV	DEC
2 SAG	1 CAP	2 AQU	1 PIS	1 ARI	1 GEM	2 LEO	1 VIR	2 SCO	2 SAG	1 CAP	1 AQU
4 CAP	3 AQU	5 PIS	3 ARI	3 TAU	3 CAN	5 VIR	3 LIB	5 SAG	5 CAP	3 AQU	3 PIS
7 AQU	5 PIS	7 ARI	5 TAU	5 GEM	5 LEO	7 LIB	6 SCO	7 CAP	7 AQU	6 PIS	5 ARI
9 PIS	7 ARI	9 TAU	7 GEM	7 CAN	7 VIR	10 SCO	8 SAG	10 AQU	9 PIS	8 ARI	7 TAU
11 ARI	9 TAU	11 GEM	9 CAN	9 LEO	10 LIB	12 SAG	11 CAP	12 PIS	11 ARI	10 TAU	9 GEM
13 TAU	12 GEM	13 CAN	11 LEO	11 VIR	12 SCO	15 CAP	13 AQU	14 ARI	13 TAU	12 GEM	11 CAN
15 GEM	14 CAN	15 LEO	14 VIR	13 LIB	15 SAG	17 AQU	16 PIS	16 TAU	15 GEM	14 CAN	13 LEO
17 CAN	16 LEO	18 VIR	16 LIB	16 SCO	17 CAP	19 PIS	18 ARI	18 GEM	18 CAN	16 LEO	16 VIR
20 LEO	18 VIR	20 LIB	19 SCO	18 SAG	20 AQU	21 ARI	20 TAU	20 CAN	20 LEO	18 VIR	18 LIB
22 VIR	21 LIB	22 SCO	21 SAG	21 CAP	22 PIS	24 TAU	22 GEM	22 LEO	22 VIR	21 LIB	20 SCO
24 LIB	23 SCO	25 SAG	24 CAP	23 AQU	24 ARI	26 GEM	24 CAN	25 VIR	24 LIB	23 SCO	23 SAG
27 SCO	26 SAG	27 CAP	26 AQU	26 PIS	26 TAU	28 CAN	26 LEO	27 LIB	27 SCO	26 SAG	25 CAP
29 SAG	28 CAP	30 AQU	28 PIS	28 ARI	28 GEM	30 LEO	28 VIR	29 SCO	29 SAG	28 CAP	28 AQU
				30 TAU	30 CAN		31 LIB				30 PIS

1982

JAN	FEB	MAR	APR	MAY	JUN	JUL	AUG	SEP	OCT	NOV	DEC
2 ARI	2 GEM	1 GEM	2 LEO	1 VIR	2 SCO	2 SAG	1 CAP	2 PIS	2 ARI	2 GEM	2 CAN
4 TAU	4 CAN	3 CAN	4 VIR	4 LIB	5 SAG	4 CAP	3 AQU	4 ARI	4 TAU	4 CAN	4 LEO
6 GEM	6 LEO	6 LEO	6 LIB	6 SCO	7 CAP	7 AQU	6 PIS	7 TAU	6 GEM	6 LEO	6 VIR
8 CAN	8 VIR	8 VIR	9 SCO	8 SAG	10 AQU	9 PIS	8 ARI	9 GEM	8 CAN	9 VIR	8 LIB
10 LEO	11 LIB	10 LIB	11 SAG	11 CAP	12 PIS	12 ARI	10 TAU	11 CAN	10 LEO	11 LIB	10 SCO
12 VIR	13 SCO	12 SCO	14 CAP	13 AQU	15 ARI	14 TAU	13 GEM	13 LEO	12 VIR	13 SCO	13 SAG
14 LIB	15 SAG	15 SAG	16 AQU	16 PIS	17 TAU	16 GEM	15 CAN	15 VIR	15 LIB	15 SAG	15 CAP
17 SCO	18 CAP	17 CAP	19 PIS	18 ARI	19 GEM	18 CAN	17 LEO	17 LIB	17 SCO	18 CAP	18 AQU
19 SAG	20 AQU	20 AQU	21 ARI	20 TAU	21 CAN	20 LEO	19 VIR	19 SCO	19 SAG	21 AQU	20 PIS
22 CAP	23 PIS	22 PIS	23 TAU	22 GEM	23 LEO	22 VIR	21 LIB	22 SAG	22 CAP	23 PIS	23 ARI
24 AQU	25 ARI	24 ARI	25 GEM	24 CAN	25 VIR	24 LIB	23 SCO	24 CAP	24 AQU	25 ARI	25 TAU
26 PIS	27 TAU	27 TAU	27 CAN	26 LEO	27 LIB	27 SCO	25 SAG	27 AQU	27 PIS	28 TAU	27 GEM
29 ARI		29 GEM	29 LEO	29 VIR	29 SCO	29 SAG	28 CAP	29 PIS	29 ARI	30 GEM	29 CAN
31 TAU		31 CAN		31 LIB			31 AQU		31 TAU		31 LEO

1983

JAN	FEB	MAR	APR	MAY	JUN	JUL	AUG	SEP	OCT	NOV	DEC
2 VIR	1 LIB	2 SCO	1 SAG	1 CAP	2 PIS	2 ARI	1 TAU	1 CAN	1 LEO	1 LIB	1 SCO
4 LIB	3 SCO	5 SAG	3 CAP	3 AQU	5 ARI	4 TAU	3 GEM	3 LEO	3 VIR	3 SCO	3 SAG
7 SCO	5 SAG	7 CAP	6 AQU	6 PIS	7 TAU	7 GEM	5 CAN	5 VIR	5 LIB	6 SAG	5 CAP
9 SAG	8 CAP	10 AQU	8 PIS	8 ARI	9 GEM	9 CAN	7 LEO	7 LIB	7 SCO	8 CAP	8 AQU
12 CAP	10 AQU	12 PIS	11 ARI	11 TAU	11 CAN	11 LEO	9 VIR	10 SCO	9 SAG	10 AQU	10 PIS
14 AQU	13 PIS	15 ARI	13 TAU	13 GEM	13 LEO	13 VIR	11 LIB	12 SAG	11 CAP	13 PIS	13 ARI
17 PIS	15 ARI	17 TAU	15 GEM	15 CAN	15 VIR	15 LIB	13 SCO	14 CAP	14 AQU	15 ARI	15 TAU
19 ARI	18 TAU	19 GEM	18 CAN	17 LEO	17 LIB	17 SCO	15 SAG	17 AQU	16 PIS	18 TAU	17 GEM
21 TAU	20 GEM	21 CAN	20 LEO	19 VIR	20 SCO	19 SAG	18 CAP	19 PIS	19 ARI	20 GEM	20 CAN
24 GEM	22 CAN	23 LEO	22 VIR	21 LIB	22 SAG	22 CAP	20 AQU	22 ARI	21 TAU	22 CAN	22 LEO
26 CAN	24 LEO	26 VIR	24 LIB	23 SCO	24 CAP	24 AQU	23 PIS	24 TAU	24 GEM	24 LEO	24 VIR
28 LEO	26 VIR	28 LIB	26 SCO	26 SAG	27 AQU	27 PIS	25 ARI	26 GEM	26 CAN	26 VIR	26 LIB
30 VIR	28 LIB	30 SCO	28 SAG	28 CAP	29 PIS	29 ARI	28 TAU	29 CAN	28 LEO	29 LIB	28 SCO
				31 AQU			30 GEM		30 VIR		30 SAG

1984

JAN	FEB	MAR	APR	MAY	JUN	JUL	AUG	SEP	OCT	NOV	DEC
2 CAP	3 PIS	1 PIS	2 TAU	2 GEM	1 CAN	2 VIR	3 SCO	1 SAG	1 CAP	2 PIS	1 ARI
4 AQU	5 ARI	4 ARI	5 GEM	4 CAN	3 LEO	4 LIB	5 SAG	3 CAP	3 AQU	4 ARI	4 TAU
6 PIS	8 TAU	6 TAU	7 CAN	6 LEO	5 VIR	6 SCO	7 CAP	6 AQU	5 PIS	7 TAU	6 GEM
9 ARI	10 GEM	8 GEM	9 LEO	9 VIR	7 LIB	9 SAG	9 AQU	8 PIS	8 ARI	9 GEM	9 CAN
11 TAU	12 CAN	11 CAN	11 VIR	11 LIB	9 SCO	11 CAP	12 PIS	11 ARI	10 TAU	12 CAN	11 LEO
14 GEM	15 LEO	13 LEO	13 LIB	13 SCO	11 SAG	13 AQU	14 ARI	13 TAU	13 GEM	14 LEO	13 VIR
16 CAN	16 VIR	15 VIR	15 SCO	15 SAG	13 CAP	16 PIS	17 TAU	16 GEM	15 CAN	16 VIR	15 LIB
18 LEO	18 LIB	17 LIB	17 SAG	17 CAP	16 AQU	18 ARI	19 GEM	18 CAN	18 LEO	18 LIB	17 SCO
20 VIR	20 SCO	19 SCO	20 CAP	19 AQU	18 PIS	21 TAU	22 CAN	20 LEO	20 VIR	20 SCO	20 SAG
22 LIB	23 SAG	21 SAG	22 AQU	22 PIS	21 ARI	23 GEM	24 LEO	22 VIR	22 LIB	22 SAG	22 CAP
24 SCO	25 CAP	23 CAP	25 PIS	24 ARI	23 TAU	25 CAN	26 VIR	24 LIB	24 SCO	24 CAP	24 AQU
26 SAG	28 AQU	26 AQU	27 ARI	27 TAU	26 GEM	27 LEO	28 LIB	26 SCO	26 SAG	27 AQU	26 PIS
29 CAP		28 PIS	30 TAU	29 GEM	28 CAN	29 VIR	30 SCO	28 SAG	28 CAP	29 PIS	29 ARI
31 AQU		31 ARI			30 LEO	31 LIB			30 AQU		31 TAU

1985

JAN	FEB	MAR	APR	MAY	JUN	JUL	AUG	SEP	OCT	NOV	DEC
3 GEM	2 CAN	1 CAN	2 VIR	1 LIB	2 SAG	1 CAP	2 PIS	1 ARI	3 GEM	2 CAN	1 LEO
5 CAN	4 LEO	3 LEO	4 LIB	3 SCO	4 CAP	3 AQU	4 ARI	3 TAU	5 CAN	4 LEO	4 VIR
7 LEO	6 VIR	5 VIR	6 SCO	5 SAG	6 AQU	5 PIS	7 TAU	6 GEM	8 LEO	6 VIR	6 LIB
9 VIR	8 LIB	7 LIB	8 SAG	7 CAP	8 PIS	8 ARI	9 GEM	8 CAN	10 VIR	9 LIB	8 SCO
12 LIB	10 SCO	9 SCO	10 CAP	9 AQU	11 ARI	10 TAU	12 CAN	10 LEO	12 LIB	11 SCO	10 SAG
14 SCO	12 SAG	11 SAG	12 AQU	12 PIS	13 TAU	13 GEM	14 LEO	13 VIR	14 SCO	13 SAG	12 CAP
16 SAG	14 CAP	14 CAP	14 PIS	14 ARI	16 GEM	15 CAN	16 VIR	15 LIB	16 SAG	15 CAP	14 AQU
18 CAP	17 AQU	16 AQU	17 ARI	17 TAU	18 CAN	18 LEO	18 LIB	17 SCO	18 CAP	17 AQU	16 PIS
20 AQU	19 PIS	18 PIS	20 TAU	19 GEM	20 LEO	20 VIR	20 SCO	19 SAG	20 AQU	19 PIS	19 ARI
23 PIS	21 ARI	21 ARI	22 GEM	22 CAN	23 VIR	22 LIB	22 SAG	21 CAP	23 PIS	21 ARI	21 TAU
25 ARI	24 TAU	23 TAU	25 CAN	24 LEO	25 LIB	24 SCO	25 CAP	23 AQU	25 ARI	24 TAU	24 GEM
28 TAU	27 GEM	26 GEM	27 LEO	26 VIR	27 SCO	26 SAG	27 AQU	25 PIS	28 TAU	26 GEM	26 CAN
30 GEM		28 CAN	29 VIR	29 LIB	29 SAG	28 CAP	29 PIS	28 ARI	30 GEM	29 CAN	29 LEO
		31 LEO		31 SCO		31 AQU		30 TAU			31 VIR

1986

JAN	FEB	MAR	APR	MAY	JUN	JUL	AUG	SEP	OCT	NOV	DEC
2 LIB	1 SCO	2 SAG	2 AQU	2 PIS	3 TAU	3 GEM	2 CAN	3 VIR	2 LIB	1 SCO	2 CAP
4 SCO	3 SAG	4 CAP	5 PIS	4 ARI	5 GEM	5 CAN	4 LEO	5 LIB	4 SCO	3 SAG	4 AQU
6 SAG	5 CAP	6 AQU	7 ARI	7 TAU	8 CAN	8 LEO	6 VIR	7 SCO	7 SAG	5 CAP	6 PIS
8 CAP	7 AQU	8 PIS	9 TAU	9 GEM	11 LEO	10 VIR	9 LIB	9 SAG	9 CAP	7 AQU	9 ARI
11 AQU	9 PIS	11 ARI	12 GEM	12 CAN	13 VIR	12 LIB	11 SCO	11 CAP	11 AQU	9 PIS	11 TAU
13 PIS	11 ARI	13 TAU	14 CAN	14 LEO	15 LIB	15 SCO	13 SAG	14 AQU	13 PIS	11 ARI	14 GEM
15 ARI	14 TAU	16 GEM	17 LEO	17 VIR	17 SCO	17 SAG	15 CAP	16 PIS	15 ARI	14 TAU	16 CAN
17 TAU	16 GEM	18 CAN	19 VIR	19 LIB	19 SAG	19 CAP	17 AQU	18 ARI	18 TAU	16 GEM	19 LEO
20 GEM	19 CAN	21 LEO	21 LIB	21 SCO	21 CAP	21 AQU	19 PIS	20 TAU	20 GEM	19 CAN	21 VIR
22 CAN	21 LEO	23 VIR	24 SCO	23 SAG	23 AQU	23 PIS	22 ARI	23 GEM	23 CAN	21 LEO	24 LIB
25 LEO	23 VIR	25 LIB	26 SAG	25 CAP	26 PIS	25 ARI	24 TAU	25 CAN	25 LEO	24 VIR	26 SCO
27 VIR	26 LIB	27 SCO	28 CAP	27 AQU	28 ARI	28 TAU	26 GEM	28 LEO	27 VIR	26 LIB	28 SAG
29 LIB	28 SCO	29 SAG	30 AQU	29 PIS	30 TAU	30 GEM	29 CAN	30 VIR	30 LIB	28 SCO	30 CAP
		31 CAP		31 ARI			31 LEO			30 SAG	

1987

JAN	FEB	MAR	APR	MAY	JUN	JUL	AUG	SEP	OCT	NOV	DEC
1 AQU	1 ARI	1 ARI	2 GEM	2 CAN	3 VIR	3 LIB	1 SCO	2 CAP	1 AQU	2 ARI	1 TAU
3 PIS	4 TAU	3 TAU	4 CAN	4 LEO	5 LIB	5 SCO	4 SAG	4 AQU	3 PIS	4 TAU	4 GEM
5 ARI	6 GEM	5 GEM	7 LEO	7 VIR	8 SCO	7 SAG	6 CAP	6 PIS	6 ARI	6 GEM	6 CAN
7 TAU	9 CAN	8 CAN	9 VIR	9 LIB	10 SAG	9 CAP	8 AQU	8 ARI	8 TAU	9 CAN	8 LEO
10 GEM	11 LEO	10 LEO	12 LIB	11 SCO	12 CAP	11 AQU	10 PIS	10 TAU	10 GEM	11 LEO	11 VIR
12 CAN	14 VIR	13 VIR	14 SCO	13 SAG	14 AQU	13 PIS	12 ARI	13 GEM	12 CAN	14 VIR	14 LIB
15 LEO	16 LIB	15 LIB	16 SAG	15 CAP	16 PIS	15 ARI	14 TAU	15 CAN	15 LEO	16 LIB	16 SCO
17 VIR	18 SCO	18 SCO	18 CAP	17 AQU	18 ARI	18 TAU	16 GEM	17 LEO	17 VIR	18 SCO	18 SAG
20 LIB	21 SAG	20 SAG	20 AQU	20 PIS	20 TAU	20 GEM	19 CAN	20 VIR	20 LIB	21 SAG	20 CAP
22 SCO	23 CAP	22 CAP	22 PIS	22 ARI	23 GEM	22 CAN	21 LEO	22 LIB	22 SCO	23 CAP	22 AQU
24 SAG	25 AQU	24 AQU	25 ARI	24 TAU	25 CAN	25 LEO	24 VIR	25 SCO	24 SAG	25 AQU	24 PIS
26 CAP	27 PIS	26 PIS	27 TAU	26 GEM	28 LEO	27 VIR	26 LIB	27 SAG	26 CAP	27 PIS	26 ARI
28 AQU		28 ARI	29 GEM	29 CAN	30 VIR	30 LIB	29 SCO	29 CAP	29 AQU	29 ARI	29 TAU
30 PIS		30 TAU		31 LEO			31 SAG		31 PIS		31 GEM

1988

JAN	FEB	MAR	APR	MAY	JUN	JUL	AUG	SEP	OCT	NOV	DEC
2 CAN	1 LEO	2 VIR	1 LIB	3 SAG	1 CAP	1 AQU	1 ARI	2 GEM	1 CAN	2 VIR	2 LIB
5 LEO	4 VIR	4 LIB	3 SCO	5 CAP	3 AQU	3 PIS	3 TAU	4 CAN	4 LEO	5 LIB	5 SCO
7 VIR	6 LIB	7 SCO	5 SAG	7 AQU	5 PIS	5 ARI	5 GEM	6 LEO	6 VIR	7 SCO	7 SAG
10 LIB	9 SCO	9 SAG	8 CAP	9 PIS	8 ARI	7 TAU	8 CAN	9 VIR	9 LIB	10 SAG	9 CAP
12 SCO	11 SAG	11 CAP	10 AQU	11 ARI	10 TAU	9 GEM	10 LEO	11 LIB	11 SCO	12 CAP	12 AQU
15 SAG	13 CAP	14 AQU	12 PIS	13 TAU	12 GEM	11 CAN	13 VIR	14 SCO	14 SAG	14 AQU	14 PIS
17 CAP	15 AQU	16 PIS	14 ARI	16 GEM	14 CAN	14 LEO	15 LIB	16 SAG	16 CAP	17 PIS	16 ARI
19 AQU	17 PIS	18 ARI	16 TAU	18 CAN	17 LEO	16 VIR	18 SCO	19 CAP	18 AQU	19 ARI	18 TAU
21 PIS	19 ARI	20 TAU	18 GEM	20 LEO	19 VIR	19 LIB	20 SAG	21 AQU	20 PIS	21 TAU	20 GEM
23 ARI	21 TAU	22 GEM	20 CAN	23 VIR	22 LIB	21 SCO	22 CAP	23 PIS	22 ARI	23 GEM	22 CAN
25 TAU	23 GEM	24 CAN	23 LEO	25 LIB	24 SCO	24 SAG	24 AQU	25 ARI	24 TAU	25 CAN	25 LEO
27 GEM	26 CAN	27 LEO	25 VIR	28 SCO	26 SAG	26 CAP	26 PIS	27 TAU	26 GEM	27 LEO	27 VIR
30 CAN	28 LEO	29 VIR	28 LIB	30 SAG	29 CAP	28 AQU	28 ARI	29 GEM	29 CAN	30 VIR	30 LIB
			30 SCO			30 PIS	30 TAU		31 LEO		

1989

JAN	FEB	MAR	APR	MAY	JUN	JUL	AUG	SEP	OCT	NOV	DEC
1 SCO	2 CAP	2 CAP	2 PIS	2 ARI	2 GEM	2 CAN	3 VIR	1 LIB	1 SCO	2 CAP	2 AQU
4 SAG	4 AQU	4 AQU	4 ARI	4 TAU	4 CAN	4 LEO	5 LIB	4 SCO	4 SAG	5 AQU	4 PIS
6 CAP	6 PIS	6 PIS	6 TAU	6 GEM	7 LEO	6 VIR	8 SCO	6 SAG	6 CAP	7 PIS	7 ARI
8 AQU	8 ARI	8 ARI	8 GEM	8 CAN	9 VIR	9 LIB	10 SAG	9 CAP	9 AQU	9 ARI	9 TAU
10 PIS	11 TAU	10 TAU	10 CAN	10 LEO	11 LIB	11 SCO	12 CAP	11 AQU	11 PIS	11 TAU	11 GEM
12 ARI	13 GEM	12 GEM	13 LEO	13 VIR	14 SCO	14 SAG	15 AQU	13 PIS	13 ARI	13 GEM	13 CAN
14 TAU	15 CAN	14 CAN	15 VIR	15 LIB	16 SAG	16 CAP	17 PIS	15 ARI	15 TAU	15 CAN	15 LEO
16 GEM	17 LEO	17 LEO	18 LIB	18 SCO	19 CAP	18 AQU	19 ARI	17 TAU	17 GEM	17 LEO	17 VIR
19 CAN	20 VIR	19 VIR	20 SCO	20 SAG	21 AQU	20 PIS	21 TAU	19 GEM	19 CAN	20 VIR	19 LIB
21 LEO	22 LIB	22 LIB	23 SAG	22 CAP	23 PIS	23 ARI	23 GEM	21 CAN	21 LEO	22 LIB	22 SCO
23 VIR	25 SCO	24 SCO	25 CAP	25 AQU	25 ARI	25 TAU	25 CAN	24 LEO	23 VIR	25 SCO	24 SAG
26 LIB	27 SAG	27 SAG	28 AQU	27 PIS	27 TAU	27 GEM	28 LEO	26 VIR	26 LIB	27 SAG	27 CAP
29 SCO		29 CAP	30 PIS	29 ARI	30 GEM	29 CAN	30 VIR	29 LIB	28 SCO	30 CAP	29 AQU
31 SAG		31 AQU		31 TAU		31 LEO			31 SAG		

1990

JAN	FEB	MAR	APR	MAY	JUN	JUL	AUG	SEP	OCT	NOV	DEC
1 PIS	1 TAU	2 GEM	1 CAN	3 VIR	1 LIB	1 SCO	2 CAP	1 AQU	1 PIS	2 TAU	1 GEM
3 ARI	3 GEM	5 CAN	3 LEO	5 LIB	4 SCO	4 SAG	5 AQU	3 PIS	3 ARI	4 GEM	3 CAN
5 TAU	5 CAN	7 LEO	5 VIR	8 SCO	6 SAG	6 CAP	7 PIS	6 ARI	5 TAU	6 CAN	5 LEO
7 GEM	8 LEO	9 VIR	8 LIB	10 SAG	9 CAP	9 AQU	9 ARI	8 TAU	7 GEM	8 LEO	7 VIR
9 CAN	10 VIR	12 LIB	10 SCO	13 CAP	11 AQU	11 PIS	11 TAU	10 GEM	9 CAN	10 VIR	9 LIB
11 LEO	12 LIB	14 SCO	13 SAG	15 AQU	14 PIS	13 ARI	14 GEM	12 CAN	11 LEO	12 LIB	12 SCO
13 VIR	15 SCO	16 SAG	15 CAP	17 PIS	16 ARI	15 TAU	16 CAN	14 LEO	14 VIR	15 SCO	14 SAG
16 LIB	17 SAG	19 CAP	18 AQU	20 ARI	18 TAU	17 GEM	18 LEO	16 VIR	16 LIB	17 SAG	17 CAP
18 SCO	20 CAP	21 AQU	20 PIS	22 TAU	20 GEM	19 CAN	20 VIR	19 LIB	18 SCO	20 CAP	19 AQU
21 SAG	22 AQU	24 PIS	22 ARI	24 GEM	22 CAN	21 LEO	22 LIB	21 SCO	21 SAG	22 AQU	22 PIS
23 CAP	24 PIS	26 ARI	24 TAU	26 CAN	24 LEO	24 VIR	25 SCO	24 SAG	23 CAP	25 PIS	24 ARI
26 AQU	26 ARI	28 TAU	26 GEM	28 LEO	26 VIR	26 LIB	27 SAG	26 CAP	26 AQU	27 ARI	26 TAU
28 PIS	28 TAU	30 GEM	28 CAN	30 VIR	29 LIB	28 SCO	30 CAP	29 AQU	28 PIS	29 TAU	28 GEM
30 ARI			30 LEO			31 SAG			30 ARI		30 CAN

1991

JAN	FEB	MAR	APR	MAY	JUN	JUL	AUG	SEP	OCT	NOV	DEC
1 LEO	2 LIB	2 LIB	3 SAG	2 CAP	1 AQU	1 PIS	2 TAU	3 CAN	2 LEO	2 LIB	2 SCO
3 VIR	4 SCO	4 SCO	5 CAP	5 AQU	4 PIS	3 ARI	4 GEM	5 LEO	4 VIR	5 SCO	4 SAG
6 LIB	7 SAG	6 SAG	8 AQU	7 PIS	6 ARI	6 TAU	6 CAN	7 VIR	6 LIB	7 SAG	7 CAP
8 SCO	9 CAP	9 CAP	10 PIS	10 ARI	8 TAU	8 GEM	8 LEO	9 LIB	8 SCO	10 CAP	9 AQU
11 SAG	12 AQU	11 AQU	12 ARI	12 TAU	10 GEM	10 CAN	10 VIR	11 SCO	11 SAG	12 AQU	12 PIS
13 CAP	14 PIS	14 PIS	15 TAU	14 GEM	12 CAN	12 LEO	12 LIB	13 SAG	13 CAP	15 PIS	14 ARI
16 AQU	17 ARI	16 ARI	17 GEM	16 CAN	14 LEO	14 VIR	15 SCO	16 CAP	16 AQU	17 ARI	17 TAU
18 PIS	19 TAU	18 TAU	19 CAN	18 LEO	16 VIR	16 LIB	17 SAG	18 AQU	18 PIS	19 TAU	19 GEM
20 ARI	21 GEM	20 GEM	21 LEO	20 VIR	19 LIB	18 SCO	20 CAP	21 PIS	21 ARI	21 GEM	21 CAN
23 TAU	23 CAN	22 CAN	23 VIR	22 LIB	21 SCO	21 SAG	22 AQU	23 ARI	23 TAU	23 CAN	23 LEO
25 GEM	25 LEO	25 LEO	25 LIB	25 SCO	23 SAG	23 CAP	25 PIS	25 TAU	25 GEM	25 LEO	25 VIR
27 CAN	27 VIR	27 VIR	28 SCO	27 SAG	26 CAP	26 AQU	27 ARI	28 GEM	27 CAN	28 VIR	27 LIB
29 LEO		29 LIB	30 SAG	30 CAP	29 AQU	28 PIS	29 TAU	30 CAN	29 LEO	30 LIB	29 SCO
31 VIR		31 SCO				31 ARI	31 GEM		31 VIR		

1992

JAN	FEB	MAR	APR	MAY	JUN	JUL	AUG	SEP	OCT	NOV	DEC
1 SAG	2 AQU	3 PIS	1 ARI	1 TAU	2 CAN	1 LEO	2 LIB	2 SAG	2 CAP	1 AQU	1 PIS
3 CAP	4 PIS	5 ARI	4 TAU	3 GEM	4 LEO	3 VIR	4 SCO	5 CAP	4 AQU	3 PIS	3 ARI
6 AQU	7 ARI	8 TAU	6 GEM	5 CAN	6 VIR	5 LIB	6 SAG	7 AQU	7 PIS	6 ARI	6 TAU
8 PIS	9 TAU	10 GEM	8 CAN	8 LEO	8 LIB	7 SCO	8 CAP	10 PIS	10 ARI	8 TAU	8 GEM
11 ARI	12 GEM	12 CAN	10 LEO	10 VIR	10 SCO	10 SAG	11 AQU	12 ARI	12 TAU	11 GEM	10 CAN
13 TAU	14 CAN	14 LEO	12 VIR	12 LIB	13 SAG	12 CAP	13 PIS	15 TAU	14 GEM	13 CAN	12 LEO
15 GEM	16 LEO	16 VIR	15 LIB	14 SCO	15 CAP	15 AQU	16 ARI	17 GEM	17 CAN	15 LEO	14 VIR
17 CAN	18 VIR	18 LIB	17 SCO	16 SAG	17 AQU	17 PIS	18 TAU	19 CAN	19 LEO	17 VIR	16 LIB
19 LEO	20 LIB	20 SCO	19 SAG	19 CAP	20 PIS	20 ARI	21 GEM	21 LEO	21 VIR	19 LIB	19 SCO
21 VIR	22 SCO	23 SAG	21 CAP	21 AQU	22 ARI	22 TAU	23 CAN	24 VIR	23 LIB	21 SCO	21 SAG
23 LIB	24 SAG	25 CAP	24 AQU	24 PIS	25 TAU	24 GEM	25 LEO	25 LIB	25 SCO	24 SAG	23 CAP
25 SCO	27 CAP	27 AQU	26 PIS	26 ARI	27 GEM	27 CAN	27 VIR	28 SCO	27 SAG	26 CAP	26 AQU
28 SAG	29 AQU	30 PIS	29 ARI	28 TAU	29 CAN	29 LEO	29 LIB	30 SAG	29 CAP	28 AQU	28 PIS
30 CAP				31 GEM		31 VIR	31 SCO				31 ARI

1993

JAN	FEB	MAR	APR	MAY	JUN	JUL	AUG	SEP	OCT	NOV	DEC
2 TAU	1 GEM	2 CAN	1 LEO	2 LIB	1 SCO	2 CAP	1 AQU	2 ARI	2 TAU	1 GEM	3 LEO
4 GEM	3 CAN	5 LEO	3 VIR	4 SCO	3 SAG	5 AQU	3 PIS	5 TAU	4 GEM	3 CAN	5 VIR
7 CAN	5 LEO	7 VIR	5 LIB	6 SAG	5 CAP	7 PIS	6 ARI	7 GEM	7 CAN	5 LEO	7 LIB
9 LEO	7 VIR	8 LIB	7 SCO	9 CAP	7 AQU	10 ARI	8 TAU	10 CAN	9 LEO	8 VIR	9 SCO
11 VIR	9 LIB	10 SCO	9 SAG	11 AQU	10 PIS	12 TAU	11 GEM	12 LEO	11 VIR	10 LIB	11 SAG
13 LIB	11 SCO	13 SAG	11 CAP	13 PIS	12 ARI	15 GEM	13 CAN	14 VIR	13 LIB	12 SCO	13 CAP
15 SCO	13 SAG	15 CAP	14 AQU	16 ARI	15 TAU	17 CAN	15 LEO	16 LIB	15 SCO	14 SAG	15 AQU
17 SAG	16 CAP	17 AQU	16 PIS	18 TAU	17 GEM	19 LEO	17 VIR	18 SCO	17 SAG	16 CAP	18 PIS
19 CAP	18 AQU	20 PIS	19 ARI	21 GEM	19 CAN	21 VIR	19 LIB	20 SAG	19 CAP	18 AQU	20 ARI
22 AQU	21 PIS	22 ARI	21 TAU	23 CAN	22 LEO	23 LIB	21 SCO	22 CAP	22 AQU	20 PIS	23 TAU
24 PIS	23 ARI	25 TAU	24 GEM	25 LEO	24 VIR	25 SCO	24 SAG	24 AQU	24 PIS	23 ARI	25 GEM
27 ARI	26 TAU	27 GEM	26 CAN	28 VIR	26 LIB	27 SAG	26 CAP	27 PIS	27 ARI	26 TAU	28 CAN
29 TAU	28 GEM	30 CAN	28 LEO	30 LIB	28 SCO	30 CAP	28 AQU	29 ARI	29 TAU	28 GEM	30 LEO
			30 VIR		30 SAG		31 PIS			30 CAN	

1994

JAN	FEB	MAR	APR	MAY	JUN	JUL	AUG	SEP	OCT	NOV	DEC
1 VIR	2 SCO	1 SCO	1 CAP	1 AQU	2 ARI	2 TAU	1 GEM	2 LEO	2 VIR	2 SCO	2 SAG
3 LIB	4 SAG	3 SAG	4 AQU	3 PIS	5 TAU	4 GEM	3 CAN	4 VIR	4 LIB	4 SAG	4 CAP
5 SCO	6 CAP	5 CAP	6 PIS	6 ARI	7 GEM	7 CAN	6 LEO	6 LIB	6 SCO	6 CAP	6 AQU
8 SAG	8 AQU	7 AQU	9 ARI	8 TAU	10 CAN	9 LEO	8 VIR	8 SCO	8 SAG	8 AQU	8 PIS
10 CAP	11 PIS	10 PIS	11 TAU	11 GEM	12 LEO	11 VIR	10 LIB	10 SAG	10 CAP	11 PIS	10 ARI
12 AQU	13 ARI	12 ARI	14 GEM	13 CAN	14 VIR	14 LIB	12 SCO	13 CAP	12 AQU	13 ARI	13 TAU
14 PIS	16 TAU	15 TAU	16 CAN	16 LEO	16 LIB	16 SCO	14 SAG	15 AQU	14 PIS	15 TAU	15 GEM
17 ARI	18 GEM	17 GEM	18 LEO	18 VIR	19 SCO	18 SAG	16 CAP	17 PIS	17 ARI	18 GEM	18 CAN
19 TAU	20 CAN	20 CAN	21 VIR	20 LIB	21 SAG	20 CAP	18 AQU	19 ARI	19 TAU	20 CAN	20 LEO
22 GEM	23 LEO	22 LEO	23 LIB	22 SCO	23 CAP	22 AQU	21 PIS	22 TAU	22 GEM	23 LEO	23 VIR
24 CAN	25 VIR	24 VIR	25 SCO	24 SAG	25 AQU	24 PIS	23 ARI	24 GEM	24 CAN	25 VIR	25 LIB
26 LEO	27 LIB	26 LIB	27 SAG	26 CAP	27 PIS	27 ARI	26 TAU	27 CAN	27 LEO	28 LIB	27 SCO
28 VIR		28 SCO	29 CAP	28 AQU	29 ARI	29 TAU	28 GEM	29 LEO	29 VIR	30 SCO	29 SAG
31 LIB		30 SAG		31 PIS			31 CAN		31 LIB		31 CAP

1995

JAN	FEB	MAR	APR	MAY	JUN	JUL	AUG	SEP	OCT	NOV	DEC
2 AQU	1 PIS	2 ARI	1 TAU	1 GEM	2 LEO	2 VIR	3 SCO	1 SAG	2 AQU	1 PIS	3 TAU
4 PIS	3 ARI	5 TAU	3 GEM	3 CAN	5 VIR	4 LIB	5 SAG	3 CAP	5 PIS	3 ARI	5 GEM
6 ARI	5 TAU	7 GEM	6 CAN	6 LEO	7 LIB	6 SCO	7 CAP	5 AQU	7 ARI	5 TAU	8 CAN
9 TAU	8 GEM	10 CAN	9 LEO	8 VIR	9 SCO	8 SAG	9 AQU	7 PIS	9 TAU	8 GEM	10 LEO
11 GEM	10 CAN	12 LEO	11 VIR	10 LIB	11 SAG	10 CAP	11 PIS	9 ARI	12 GEM	10 CAN	13 VIR
14 CAN	13 LEO	14 VIR	13 LIB	13 SCO	13 CAP	12 AQU	13 ARI	12 TAU	14 CAN	13 LEO	15 LIB
16 LEO	15 VIR	17 LIB	15 SCO	15 SAG	15 AQU	14 PIS	15 TAU	14 GEM	17 LEO	15 VIR	17 SCO
19 VIR	17 LIB	19 SCO	17 SAG	17 CAP	17 PIS	17 ARI	18 GEM	17 CAN	19 VIR	18 LIB	19 SAG
21 LIB	19 SCO	21 SAG	19 CAP	19 AQU	19 ARI	19 TAU	20 CAN	19 LEO	21 LIB	20 SCO	21 CAP
23 SCO	22 SAG	23 CAP	21 AQU	21 PIS	22 TAU	22 GEM	23 LEO	22 VIR	23 SCO	22 SAG	23 AQU
25 SAG	24 CAP	25 AQU	24 PIS	23 ARI	24 GEM	24 CAN	25 VIR	24 LIB	26 SAG	24 CAP	25 PIS
27 CAP	26 AQU	27 PIS	26 ARI	26 TAU	27 CAN	27 LEO	28 LIB	26 SCO	28 CAP	26 AQU	28 ARI
30 AQU	28 PIS	30 ARI	28 TAU	28 GEM	29 LEO	29 VIR	30 SCO	28 SAG	30 AQU	28 PIS	30 TAU
				31 CAN		31 LIB		30 CAP		30 ARI	

1996

JAN	FEB	MAR	APR	MAY	JUN	JUL	AUG	SEP	OCT	NOV	DEC
1 GEM	3 LEO	1 LEO	2 LIB	2 SCO	2 CAP	2 AQU	2 ARI	1 TAU	3 CAN	2 LEO	2 VIR
4 CAN	5 VIR	3 VIR	4 SCO	4 SAG	4 AQU	4 PIS	4 TAU	3 GEM	5 LEO	4 VIR	4 LIB
6 LEO	8 LIB	6 LIB	7 SAG	6 CAP	6 PIS	6 ARI	7 GEM	6 CAN	8 VIR	7 LIB	6 SCO
9 VIR	10 SCO	8 SCO	9 CAP	8 AQU	9 ARI	8 TAU	9 CAN	8 LEO	10 LIB	9 SCO	9 SAG
11 LIB	12 SAG	10 SAG	11 AQU	10 PIS	11 TAU	11 GEM	12 LEO	11 VIR	13 SCO	11 SAG	11 CAP
14 SCO	14 CAP	13 CAP	13 PIS	12 ARI	13 GEM	13 CAN	14 VIR	13 LIB	15 SAG	13 CAP	13 AQU
16 SAG	16 AQU	15 AQU	15 ARI	15 TAU	16 CAN	16 LEO	17 LIB	15 SCO	17 CAP	16 AQU	15 PIS
18 CAP	18 PIS	17 PIS	17 TAU	17 GEM	18 LEO	18 VIR	19 SCO	18 SAG	19 AQU	18 PIS	17 ARI
20 AQU	20 ARI	19 ARI	20 GEM	19 CAN	21 VIR	21 LIB	21 SAG	20 CAP	21 PIS	20 ARI	19 TAU
22 PIS	23 TAU	21 TAU	22 CAN	22 LEO	23 LIB	23 SCO	24 CAP	22 AQU	23 ARI	22 TAU	22 GEM
24 ARI	25 GEM	23 GEM	25 LEO	24 VIR	26 SCO	25 SAG	26 AQU	24 PIS	26 TAU	24 GEM	24 CAN
26 TAU	27 CAN	26 CAN	27 VIR	27 LIB	28 SAG	27 CAP	28 PIS	26 ARI	28 GEM	27 CAN	26 LEO
29 GEM		28 LEO	30 LIB	29 SCO	30 CAP	29 AQU	30 ARI	28 TAU	30 CAN	29 LEO	29 VIR
31 CAN		31 VIR		31 SAG		31 PIS		30 GEM			31 LIB

1997

JAN	FEB	MAR	APR	MAY	JUN	JUL	AUG	SEP	OCT	NOV	DEC
3 SCO	1 SAG	1 SAG	1 AQU	1 PIS	1 TAU	1 GEM	2 LEO	3 LIB	3 SCO	1 SAG	1 CAP
5 SAG	4 CAP	3 CAP	4 PIS	3 ARI	3 GEM	3 CAN	4 VIR	6 SCO	5 SAG	4 CAP	3 AQU
7 CAP	6 AQU	5 AQU	6 ARI	5 TAU	6 CAN	5 LEO	7 LIB	8 SAG	8 CAP	6 AQU	5 PIS
9 AQU	8 PIS	7 PIS	8 TAU	7 GEM	8 LEO	8 VIR	9 SCO	10 CAP	10 AQU	8 PIS	8 ARI
11 PIS	10 ARI	9 ARI	10 GEM	9 CAN	11 VIR	10 LIB	12 SAG	12 AQU	12 PIS	10 ARI	10 TAU
13 ARI	12 TAU	11 TAU	12 CAN	12 LEO	13 LIB	13 SCO	14 CAP	14 PIS	14 ARI	12 TAU	12 GEM
15 TAU	14 GEM	13 GEM	14 LEO	14 VIR	16 SCO	15 SAG	16 AQU	16 ARI	16 TAU	14 GEM	14 CAN
18 GEM	16 CAN	16 CAN	17 VIR	17 LIB	18 SAG	18 CAP	18 PIS	18 TAU	18 GEM	17 CAN	16 LEO
20 CAN	19 LEO	18 LEO	19 LIB	19 SCO	20 CAP	20 AQU	20 ARI	21 GEM	20 CAN	19 LEO	19 VIR
23 LEO	21 VIR	21 VIR	22 SCO	22 SAG	22 AQU	22 PIS	22 TAU	23 CAN	23 LEO	21 VIR	21 LIB
25 VIR	24 LIB	23 LIB	24 SAG	24 CAP	24 PIS	24 ARI	24 GEM	25 LEO	25 VIR	24 LIB	24 SCO
28 LIB	26 SCO	26 SCO	27 CAP	26 AQU	26 ARI	26 TAU	27 CAN	28 VIR	28 LIB	26 SCO	26 SAG
30 SCO		28 SAG	29 AQU	28 PIS	29 TAU	28 GEM	29 LEO	30 LIB	30 SCO	29 SAG	28 CAP
		30 CAP		30 ARI		30 CAN	31 VIR				31 AQU

1998

JAN	FEB	MAR	APR	MAY	JUN	JUL	AUG	SEP	OCT	NOV	DEC
2 PIS	2 TAU	2 TAU	2 CAN	2 LEO	3 LIB	3 SCO	2 SAG	3 AQU	2 PIS	1 ARI	2 GEM
4 ARI	4 GEM	4 GEM	4 LEO	4 VIR	5 SCO	5 SAG	4 CAP	5 PIS	4 ARI	3 TAU	4 CAN
6 TAU	7 CAN	6 CAN	7 VIR	7 LIB	8 SAG	8 CAP	6 AQU	7 ARI	6 TAU	5 GEM	6 LEO
8 GEM	9 LEO	8 LEO	9 LIB	9 SCO	10 CAP	10 AQU	8 PIS	9 TAU	8 GEM	7 CAN	9 VIR
10 CAN	11 VIR	11 VIR	12 SCO	12 SAG	13 AQU	12 PIS	11 ARI	11 GEM	10 CAN	9 LEO	11 LIB
13 LEO	14 LIB	13 LIB	14 SAG	14 CAP	15 PIS	14 ARI	13 TAU	13 CAN	13 LEO	11 VIR	14 SCO
15 VIR	16 SCO	16 SCO	17 CAP	16 AQU	17 ARI	16 TAU	15 GEM	15 LEO	15 VIR	14 LIB	16 SAG
18 LIB	19 SAG	18 SAG	19 AQU	19 PIS	19 TAU	18 GEM	17 CAN	18 VIR	17 LIB	16 SCO	18 CAP
20 SCO	21 CAP	21 CAP	21 PIS	21 ARI	21 GEM	21 CAN	19 LEO	20 LIB	20 SCO	19 SAG	21 AQU
23 SAG	23 AQU	23 AQU	23 ARI	23 TAU	23 CAN	23 LEO	21 VIR	23 SCO	23 SAG	21 CAP	23 PIS
25 CAP	25 PIS	25 PIS	25 TAU	25 GEM	25 LEO	25 VIR	24 LIB	25 SAG	25 CAP	24 AQU	25 ARI
27 AQU	27 ARI	27 ARI	27 GEM	27 CAN	28 VIR	28 LIB	26 SCO	28 CAP	27 AQU	26 PIS	28 TAU
29 PIS		29 TAU	29 CAN	29 LEO	30 LIB	30 SCO	29 SAG	30 AQU	30 PIS	28 ARI	30 GEM
31 ARI		31 GEM		31 VIR			31 CAP			30 TAU	

1999

JAN	FEB	MAR	APR	MAY	JUN	JUL	AUG	SEP	OCT	NOV	DEC
1 CAN	1 VIR	1 VIR	2 SCO	2 SAG	3 AQU	2 PIS	1 ARI	2 GEM	1 CAN	1 VIR	1 LIB
3 LEO	4 LIB	3 LIB	4 SAG	4 CAP	5 PIS	5 ARI	3 TAU	4 CAN	3 LEO	4 LIB	3 SCO
5 VIR	6 SCO	6 SCO	7 CAP	7 AQU	8 ARI	7 TAU	5 GEM	6 LEO	5 VIR	6 SCO	6 SAG
7 LIB	9 SAG	8 SAG	9 AQU	9 PIS	10 TAU	9 GEM	7 CAN	8 VIR	8 LIB	9 SAG	8 CAP
10 SCO	11 CAP	11 CAP	12 PIS	11 ARI	12 GEM	11 CAN	9 LEO	10 LIB	10 SCO	11 CAP	11 AQU
12 SAG	14 AQU	13 AQU	14 ARI	13 TAU	14 CAN	13 LEO	12 VIR	13 SCO	12 SAG	14 AQU	13 PIS
15 CAP	16 PIS	15 PIS	16 TAU	15 GEM	16 LEO	15 VIR	14 LIB	15 SAG	15 CAP	16 PIS	16 ARI
17 AQU	18 ARI	17 ARI	18 GEM	17 CAN	18 VIR	17 LIB	16 SCO	18 CAP	17 AQU	18 ARI	18 TAU
19 PIS	20 TAU	19 TAU	20 CAN	19 LEO	20 LIB	20 SCO	19 SAG	20 AQU	20 PIS	21 TAU	20 GEM
22 ARI	22 GEM	21 GEM	22 LEO	21 VIR	23 SCO	22 SAG	21 CAP	22 PIS	22 ARI	23 GEM	22 CAN
24 TAU	24 CAN	23 CAN	24 VIR	24 LIB	25 SAG	25 CAP	24 AQU	25 ARI	24 TAU	25 CAN	24 LEO
26 GEM	26 LEO	26 LEO	27 LIB	26 SCO	28 CAP	27 AQU	26 PIS	27 TAU	26 GEM	27 LEO	26 VIR
28 CAN		28 VIR	29 SCO	29 SAG	30 AQU	30 PIS	28 ARI	29 GEM	28 CAN	29 VIR	28 LIB
30 LEO		30 LIB		31 CAP			30 TAU		30 LEO		31 SCO

2000

JAN	FEB	MAR	APR	MAY	JUN	JUL	AUG	SEP	OCT	NOV	DEC
2 SAG	1 CAP	2 AQU	1 PIS	2 TAU	1 GEM	2 LEO	1 VIR	2 SCO	1 SAG	3 AQU	2 PIS
5 CAP	4 AQU	4 PIS	3 ARI	5 GEM	3 CAN	4 VIR	3 LIB	4 SAG	4 CAP	5 PIS	5 ARI
7 AQU	6 PIS	7 ARI	5 TAU	7 CAN	5 LEO	7 LIB	5 SCO	6 CAP	6 AQU	8 ARI	7 TAU
10 PIS	8 ARI	9 TAU	7 GEM	9 LEO	7 VIR	9 SCO	8 SAG	9 AQU	9 PIS	10 TAU	9 GEM
12 ARI	11 TAU	11 GEM	9 CAN	11 VIR	9 LIB	11 SAG	10 CAP	11 PIS	11 ARI	12 GEM	11 CAN
14 TAU	13 GEM	13 CAN	11 LEO	13 LIB	12 SCO	14 CAP	13 AQU	14 ARI	13 TAU	14 CAN	13 LEO
16 GEM	15 CAN	15 LEO	14 VIR	15 SCO	14 SAG	16 AQU	15 PIS	16 TAU	16 GEM	16 LEO	15 VIR
18 CAN	17 LEO	17 VIR	16 LIB	18 SAG	17 CAP	19 PIS	18 ARI	18 GEM	18 CAN	18 VIR	18 LIB
20 LEO	19 VIR	19 LIB	18 SCO	20 CAP	19 AQU	21 ARI	20 TAU	20 CAN	20 LEO	20 LIB	20 SCO
23 VIR	21 LIB	22 SCO	20 SAG	23 AQU	22 PIS	24 TAU	22 GEM	23 LEO	22 VIR	23 SCO	22 SAG
25 LIB	23 SCO	24 SAG	23 CAP	25 PIS	24 ARI	26 GEM	24 CAN	25 VIR	24 LIB	25 SAG	25 CAP
27 SCO	26 SAG	27 CAP	26 AQU	28 ARI	26 TAU	28 CAN	26 LEO	27 LIB	26 SCO	27 CAP	27 AQU
29 SAG	28 CAP	29 AQU	28 PIS	30 TAU	28 GEM	30 LEO	28 VIR	29 SCO	29 SAG	30 AQU	30 PIS
			30 ARI		30 CAN		30 LIB		31 CAP		

2001

JAN	FEB	MAR	APR	MAY	JUN	JUL	AUG	SEP	OCT	NOV	DEC
1 ARI	2 GEM	1 GEM	2 LEO	1 VIR	2 SCO	1 SAG	3 AQU	1 PIS	1 ARI	2 GEM	2 CAN
4 TAU	4 CAN	4 CAN	4 VIR	3 LIB	4 SAG	4 CAP	5 PIS	4 ARI	4 TAU	4 CAN	4 LEO
6 GEM	6 LEO	6 LEO	6 LIB	6 SCO	7 CAP	6 AQU	8 ARI	6 TAU	6 GEM	7 LEO	6 VIR
8 CAN	8 VIR	8 VIR	8 SCO	8 SAG	9 AQU	9 PIS	10 TAU	9 GEM	8 CAN	9 VIR	8 LIB
10 LEO	10 LIB	10 LIB	10 SAG	10 CAP	11 PIS	11 ARI	12 GEM	11 CAN	10 LEO	11 LIB	10 SCO
12 VIR	12 SCO	12 SCO	13 CAP	13 AQU	14 ARI	14 TAU	15 CAN	13 LEO	12 VIR	13 SCO	12 SAG
14 LIB	15 SAG	14 SAG	15 AQU	15 PIS	16 TAU	16 GEM	17 LEO	15 VIR	15 LIB	15 SAG	15 CAP
16 SCO	17 CAP	16 CAP	18 PIS	18 ARI	19 GEM	18 CAN	19 VIR	17 LIB	17 SCO	17 CAP	17 AQU
18 SAG	20 AQU	19 AQU	20 ARI	20 TAU	21 CAN	20 LEO	21 LIB	19 SCO	19 SAG	20 AQU	20 PIS
21 CAP	22 PIS	22 PIS	23 TAU	22 GEM	23 LEO	22 VIR	23 SCO	21 SAG	21 CAP	22 PIS	22 ARI
23 AQU	25 ARI	24 ARI	25 GEM	24 CAN	25 VIR	24 LIB	25 SAG	24 CAP	23 AQU	25 ARI	25 TAU
26 PIS	27 TAU	26 TAU	27 CAN	27 LEO	27 LIB	26 SCO	27 CAP	26 AQU	26 PIS	27 TAU	27 GEM
28 ARI		29 GEM	29 LEO	29 VIR	29 SCO	29 SAG	30 AQU	29 PIS	28 ARI	30 GEM	29 CAN
31 TAU		31 CAN		31 LIB		31 CAP			31 TAU		31 LEO

2002

JAN	FEB	MAR	APR	MAY	JUN	JUL	AUG	SEP	OCT	NOV	DEC
2 VIR	1 LIB	2 SCO	1 SAG	2 AQU	1 PIS	1 ARI	2 GEM	1 CAN	1 LEO	1 LIB	1 SCO
4 LIB	3 SCO	4 SAG	3 CAP	5 PIS	4 ARI	4 TAU	5 CAN	3 LEO	3 VIR	3 SCO	3 SAG
6 SCO	5 SAG	6 CAP	5 AQU	7 ARI	6 TAU	6 GEM	7 LEO	5 VIR	5 LIB	5 SAG	5 CAP
9 SAG	7 CAP	9 AQU	8 PIS	10 TAU	9 GEM	8 CAN	9 VIR	7 LIB	7 SCO	7 CAP	7 AQU
11 CAP	10 AQU	11 PIS	10 ARI	12 GEM	11 CAN	11 LEO	11 LIB	9 SCO	9 SAG	10 AQU	9 PIS
13 AQU	12 PIS	14 ARI	13 TAU	15 CAN	13 LEO	13 VIR	13 SCO	12 SAG	11 CAP	12 PIS	12 ARI
16 PIS	15 ARI	16 TAU	15 GEM	17 LEO	15 VIR	15 LIB	15 SAG	14 CAP	13 AQU	15 ARI	14 TAU
18 ARI	17 TAU	19 GEM	18 CAN	19 VIR	18 LIB	17 SCO	18 CAP	16 AQU	16 PIS	17 TAU	17 GEM
21 TAU	20 GEM	21 CAN	20 LEO	21 LIB	20 SCO	19 SAG	20 AQU	19 PIS	18 ARI	20 GEM	19 CAN
23 GEM	22 CAN	24 LEO	22 VIR	23 SCO	22 SAG	21 CAP	22 PIS	21 ARI	21 TAU	22 CAN	22 LEO
26 CAN	24 LEO	26 VIR	24 LIB	25 SAG	24 CAP	24 AQU	25 ARI	24 TAU	23 GEM	24 LEO	24 VIR
28 LEO	26 VIR	28 LIB	26 SCO	28 CAP	26 AQU	26 PIS	27 TAU	26 GEM	26 CAN	27 VIR	26 LIB
30 VIR	28 LIB	30 SCO	28 SAG	30 AQU	29 PIS	28 ARI	30 GEM	29 CAN	28 LEO	29 LIB	28 SCO
			30 CAP			31 TAU			30 VIR		30 SAG

2003

JAN	FEB	MAR	APR	MAY	JUN	JUL	AUG	SEP	OCT	NOV	DEC
1 CAP	2 PIS	1 PIS	3 TAU	2 GEM	1 CAN	1 LEO	2 LIB	2 SAG	1 CAP	2 PIS	2 ARI
3 AQU	5 ARI	4 ARI	5 GEM	5 CAN	4 LEO	3 VIR	4 SCO	4 CAP	4 AQU	5 ARI	4 TAU
6 PIS	7 TAU	6 TAU	8 CAN	7 LEO	6 VIR	5 LIB	6 SAG	6 AQU	6 PIS	7 TAU	7 GEM
8 ARI	10 GEM	9 GEM	10 LEO	10 VIR	8 LIB	7 SCO	8 CAP	9 PIS	8 ARI	10 GEM	9 CAN
11 TAU	12 CAN	11 CAN	12 VIR	12 LIB	10 SCO	10 SAG	10 AQU	11 ARI	11 TAU	12 CAN	12 LEO
13 GEM	14 LEO	14 LEO	14 LIB	14 SCO	12 SAG	12 CAP	12 PIS	13 TAU	13 GEM	15 LEO	14 VIR
16 CAN	16 VIR	16 VIR	16 SCO	16 SAG	14 CAP	14 AQU	15 ARI	16 GEM	16 CAN	17 VIR	16 LIB
18 LEO	18 LIB	18 LIB	18 SAG	18 CAP	16 AQU	16 PIS	17 TAU	18 CAN	18 LEO	19 LIB	19 SCO
20 VIR	21 SCO	20 SCO	20 CAP	20 AQU	19 PIS	18 ARI	20 GEM	21 LEO	21 VIR	21 SCO	21 SAG
22 LIB	23 SAG	22 SAG	23 AQU	22 PIS	21 ARI	21 TAU	22 CAN	23 VIR	23 LIB	23 SAG	23 CAP
24 SCO	25 CAP	24 CAP	25 PIS	25 ARI	23 TAU	23 GEM	24 LEO	25 LIB	25 SCO	25 CAP	25 AQU
26 SAG	27 AQU	26 AQU	27 ARI	27 TAU	26 GEM	26 CAN	27 VIR	27 SCO	27 SAG	27 AQU	27 PIS
29 CAP		29 PIS	30 TAU	30 GEM	28 CAN	28 LEO	29 LIB	29 SAG	29 CAP	29 PIS	29 ARI
31 AQU		31 ARI				30 VIR	31 SCO		31 AQU		

2004

JAN	FEB	MAR	APR	MAY	JUN	JUL	AUG	SEP	OCT	NOV	DEC
1 TAU	2 CAN	3 LEO	1 VIR	1 LIB	2 SAG	1 CAP	1 PIS	2 TAU	2 GEM	1 CAN	1 LEO
3 GEM	4 LEO	5 VIR	4 LIB	3 SCO	4 CAP	3 AQU	4 ARI	5 GEM	5 CAN	3 LEO	3 VIR
6 CAN	7 VIR	7 LIB	6 SCO	5 SAG	6 AQU	5 PIS	6 TAU	7 CAN	7 LEO	6 VIR	6 LIB
8 LEO	9 LIB	9 SCO	8 SAG	7 CAP	8 PIS	7 ARI	8 GEM	10 LEO	10 VIR	8 LIB	8 SCO
10 VIR	11 SCO	11 SAG	10 CAP	9 AQU	10 ARI	10 TAU	11 CAN	12 VIR	12 LIB	10 SCO	10 SAG
13 LIB	13 SAG	14 CAP	12 AQU	11 PIS	12 TAU	12 GEM	13 LEO	14 LIB	14 SCO	13 SAG	12 CAP
15 SCO	15 CAP	16 AQU	14 PIS	14 ARI	15 GEM	15 CAN	16 VIR	17 SCO	16 SAG	15 CAP	14 AQU
17 SAG	17 AQU	18 PIS	16 ARI	16 TAU	17 CAN	17 LEO	18 LIB	19 SAG	18 CAP	17 AQU	16 PIS
19 CAP	20 PIS	20 ARI	19 TAU	19 GEM	20 LEO	20 VIR	20 SCO	21 CAP	20 AQU	19 PIS	18 ARI
21 AQU	22 ARI	23 TAU	21 GEM	21 CAN	22 VIR	22 LIB	23 SAG	23 AQU	23 PIS	21 ARI	21 TAU
23 PIS	24 TAU	25 GEM	24 CAN	24 LEO	25 LIB	24 SCO	25 CAP	25 PIS	25 ARI	23 TAU	23 GEM
25 ARI	27 GEM	28 CAN	26 LEO	26 VIR	27 SCO	26 SAG	27 AQU	27 ARI	27 TAU	26 GEM	25 CAN
28 TAU	29 CAN	30 LEO	29 VIR	28 LIB	29 SAG	28 CAP	29 PIS	30 TAU	29 GEM	28 CAN	28 LEO
30 GEM				31 SCO		30 AQU	31 ARI				31 VIR

2005

JAN	FEB	MAR	APR	MAY	JUN	JUL	AUG	SEP	OCT	NOV	DEC
2 LIB	1 SCO	2 SAG	3 AQU	2 PIS	3 TAU	2 GEM	1 CAN	2 VIR	2 LIB	1 SCO	2 CAP
4 SCO	3 SAG	4 CAP	5 PIS	4 ARI	5 GEM	5 CAN	3 LEO	5 LIB	4 SCO	3 SAG	4 AQU
6 SAG	5 CAP	6 AQU	7 ARI	6 TAU	7 CAN	7 LEO	6 VIR	7 SCO	7 SAG	5 CAP	7 PIS
8 CAP	7 AQU	8 PIS	9 TAU	9 GEM	10 LEO	10 VIR	8 LIB	9 SAG	9 CAP	7 AQU	9 ARI
10 AQU	9 PIS	10 ARI	11 GEM	11 CAN	12 VIR	12 LIB	11 SCO	12 CAP	11 AQU	9 PIS	11 TAU
12 PIS	11 ARI	13 TAU	14 CAN	14 LEO	15 LIB	15 SCO	13 SAG	14 AQU	13 PIS	11 ARI	13 GEM
15 ARI	13 TAU	15 GEM	16 LEO	16 VIR	17 SCO	17 SAG	15 CAP	16 PIS	15 ARI	14 TAU	15 CAN
17 TAU	16 GEM	17 CAN	19 VIR	18 LIB	19 SAG	19 CAP	17 AQU	18 ARI	17 TAU	16 GEM	18 LEO
19 GEM	18 CAN	20 LEO	21 LIB	21 SCO	21 CAP	21 AQU	19 PIS	20 TAU	19 GEM	18 CAN	20 VIR
22 CAN	21 LEO	22 VIR	23 SCO	23 SAG	23 AQU	23 PIS	21 ARI	22 GEM	22 CAN	21 LEO	23 LIB
24 LEO	23 VIR	25 LIB	26 SAG	25 CAP	25 PIS	25 ARI	23 TAU	24 CAN	24 LEO	23 VIR	25 SCO
27 VIR	25 LIB	27 SCO	28 CAP	27 AQU	28 ARI	27 TAU	26 GEM	27 LEO	27 VIR	26 LIB	28 SAG
29 LIB	28 SCO	29 SAG	30 AQU	29 PIS	30 TAU	29 GEM	28 CAN	29 VIR	29 LIB	28 SCO	30 CAP
		31 CAP		31 ARI			31 LEO			30 SAG	

2006

JAN	FEB	MAR	APR	MAY	JUN	JUL	AUG	SEP	OCT	NOV	DEC
1 AQU	1 ARI	1 ARI	1 GEM	1 CAN	2 VIR	2 LIB	1 SCO	2 CAP	1 AQU	2 ARI	1 TAU
3 PIS	3 TAU	3 TAU	4 CAN	3 LEO	5 LIB	5 SCO	3 SAG	4 AQU	4 PIS	4 TAU	3 GEM
5 ARI	6 GEM	5 GEM	6 LEO	6 VIR	7 SCO	7 SAG	6 CAP	6 PIS	6 ARI	6 GEM	6 CAN
7 TAU	8 CAN	7 CAN	8 VIR	8 LIB	10 SAG	9 CAP	8 AQU	8 ARI	8 TAU	8 CAN	8 LEO
9 GEM	10 LEO	10 LEO	11 LIB	11 SCO	12 CAP	11 AQU	10 PIS	10 TAU	10 GEM	10 LEO	10 VIR
12 CAN	13 VIR	12 VIR	14 SCO	13 SAG	14 AQU	13 PIS	12 ARI	12 GEM	12 CAN	13 VIR	13 LIB
14 LEO	16 LIB	15 LIB	16 SAG	15 CAP	16 PIS	15 ARI	14 TAU	14 CAN	14 LEO	15 LIB	15 SCO
17 VIR	18 SCO	17 SCO	18 CAP	18 AQU	18 ARI	17 TAU	16 GEM	17 LEO	17 VIR	18 SCO	18 SAG
19 LIB	20 SAG	20 SAG	20 AQU	20 PIS	20 TAU	20 GEM	18 CAN	19 VIR	19 LIB	20 SAG	20 CAP
22 SCO	23 CAP	22 CAP	22 PIS	22 ARI	22 GEM	22 CAN	21 LEO	22 LIB	22 SCO	23 CAP	22 AQU
24 SAG	25 AQU	24 AQU	25 ARI	24 TAU	25 CAN	24 LEO	23 VIR	24 SCO	24 SAG	25 AQU	24 PIS
26 CAP	27 PIS	26 PIS	27 TAU	26 GEM	27 LEO	27 VIR	26 LIB	27 SAG	26 CAP	27 PIS	27 ARI
28 AQU		28 ARI	29 GEM	28 CAN	29 VIR	29 LIB	28 SCO	29 CAP	29 AQU	29 ARI	29 TAU
30 PIS		30 TAU		31 LEO			31 SAG		31 PIS		31 GEM

2007

JAN	FEB	MAR	APR	MAY	JUN	JUL	AUG	SEP	OCT	NOV	DEC
2 CAN	1 LEO	2 VIR	1 LIB	1 SCO	2 CAP	2 AQU	2 ARI	1 TAU	2 CAN	3 VIR	3 LIB
4 LEO	3 VIR	5 LIB	3 SCO	3 SAG	4 AQU	4 PIS	4 TAU	3 GEM	4 LEO	5 LIB	5 SCO
7 VIR	5 LIB	7 SCO	6 SAG	6 CAP	7 PIS	6 ARI	6 GEM	5 CAN	7 VIR	8 SCO	8 SAG
9 LIB	8 SCO	10 SAG	8 CAP	8 AQU	9 ARI	8 TAU	9 CAN	7 LEO	9 LIB	10 SAG	10 CAP
12 SCO	10 SAG	12 CAP	11 AQU	10 PIS	11 TAU	10 GEM	11 LEO	9 VIR	12 SCO	13 CAP	13 AQU
14 SAG	13 CAP	14 AQU	13 PIS	12 ARI	13 GEM	12 CAN	13 VIR	12 LIB	14 SAG	15 AQU	15 PIS
16 CAP	15 AQU	17 PIS	15 ARI	14 TAU	15 CAN	14 LEO	15 LIB	14 SCO	17 CAP	18 PIS	17 ARI
19 AQU	17 PIS	19 ARI	17 TAU	16 GEM	17 LEO	17 VIR	18 SCO	17 SAG	19 AQU	20 ARI	19 TAU
21 PIS	19 ARI	21 TAU	19 GEM	18 CAN	19 VIR	19 LIB	20 SAG	19 CAP	21 PIS	22 TAU	21 GEM
23 ARI	21 TAU	23 GEM	21 CAN	21 LEO	22 LIB	22 SCO	23 CAP	22 AQU	23 ARI	24 GEM	23 CAN
25 TAU	23 GEM	25 CAN	23 LEO	23 VIR	24 SCO	24 SAG	25 AQU	24 PIS	25 TAU	26 CAN	25 LEO
27 GEM	25 CAN	27 LEO	26 VIR	25 LIB	27 SAG	27 CAP	27 PIS	26 ARI	27 GEM	28 LEO	27 VIR
29 CAN	28 LEO	29 VIR	28 LIB	28 SCO	29 CAP	29 AQU	29 ARI	28 TAU	29 CAN	30 VIR	30 LIB
				31 SAG		31 PIS		30 GEM	31 LEO		

2008

JAN	FEB	MAR	APR	MAY	JUN	JUL	AUG	SEP	OCT	NOV	DEC
1 SCO	3 CAP	1 CAP	2 PIS	2 ARI	2 GEM	2 CAN	2 VIR	1 LIB	3 SAG	2 CAP	2 AQU
4 SAG	5 AQU	3 AQU	4 ARI	4 TAU	4 CAN	4 LEO	4 LIB	3 SCO	5 CAP	4 AQU	4 PIS
6 CAP	7 PIS	6 PIS	6 TAU	6 GEM	6 LEO	6 VIR	7 SCO	6 SAG	8 AQU	7 PIS	6 ARI
9 AQU	10 ARI	8 ARI	8 GEM	8 CAN	8 VIR	8 LIB	9 SAG	8 CAP	10 PIS	9 ARI	9 TAU
11 PIS	12 TAU	10 TAU	10 CAN	10 LEO	11 LIB	10 SCO	12 CAP	11 AQU	13 ARI	11 TAU	11 GEM
13 ARI	14 GEM	12 GEM	13 LEO	12 VIR	13 SCO	13 SAG	14 AQU	13 PIS	15 TAU	13 GEM	13 CAN
15 TAU	16 CAN	14 CAN	15 VIR	14 LIB	16 SAG	15 CAP	17 PIS	15 ARI	17 GEM	15 CAN	15 LEO
18 GEM	18 LEO	16 LEO	17 LIB	17 SCO	18 CAP	18 AQU	19 ARI	17 TAU	19 CAN	17 LEO	17 VIR
20 CAN	20 VIR	19 VIR	20 SCO	19 SAG	21 AQU	20 PIS	21 TAU	19 GEM	21 LEO	19 VIR	19 LIB
22 LEO	23 LIB	21 LIB	22 SAG	22 CAP	23 PIS	23 ARI	23 GEM	22 CAN	23 VIR	22 LIB	21 SCO
24 VIR	25 SCO	23 SCO	25 CAP	24 AQU	25 ARI	25 TAU	25 CAN	24 LEO	25 LIB	24 SCO	24 SAG
26 LIB	28 SAG	26 SAG	27 AQU	27 PIS	28 TAU	27 GEM	27 LEO	26 VIR	28 SCO	27 SAG	26 CAP
29 SCO		28 CAP	30 PIS	29 ARI	30 GEM	29 CAN	30 VIR	28 LIB	30 SAG	29 CAP	29 AQU
31 SAG		31 AQU		31 TAU		31 LEO		30 SCO			31 PIS

2009

JAN	FEB	MAR	APR	MAY	JUN	JUL	AUG	SEP	OCT	NOV	DEC
3 ARI	1 TAU	3 GEM	1 CAN	2 VIR	1 LIB	3 SAG	2 CAP	3 PIS	3 ARI	1 TAU	1 GEM
5 TAU	3 GEM	5 CAN	3 LEO	5 LIB	3 SCO	5 CAP	4 AQU	5 ARI	5 TAU	3 GEM	3 CAN
7 GEM	5 CAN	7 LEO	5 VIR	7 SCO	6 SAG	8 AQU	7 PIS	8 TAU	7 GEM	6 CAN	5 LEO
9 CAN	7 LEO	9 VIR	7 LIB	9 SAG	8 CAP	10 PIS	9 ARI	10 GEM	9 CAN	8 LEO	7 VIR
11 LEO	10 VIR	11 LIB	10 SCO	12 CAP	11 AQU	13 ARI	11 TAU	12 CAN	12 LEO	10 VIR	9 LIB
13 VIR	12 LIB	13 SCO	12 SAG	14 AQU	13 PIS	15 TAU	14 GEM	14 LEO	14 VIR	12 LIB	11 SCO
15 LIB	14 SCO	16 SAG	15 CAP	17 PIS	16 ARI	17 GEM	16 CAN	16 VIR	16 LIB	14 SCO	14 SAG
18 SCO	16 SAG	18 CAP	17 AQU	19 ARI	18 TAU	19 CAN	18 LEO	18 LIB	18 SCO	17 SAG	16 CAP
20 SAG	19 CAP	21 AQU	20 PIS	21 TAU	20 GEM	21 LEO	20 VIR	20 SCO	20 SAG	19 CAP	19 AQU
23 CAP	21 AQU	23 PIS	22 ARI	24 GEM	22 CAN	23 VIR	22 LIB	23 SAG	23 CAP	21 AQU	21 PIS
25 AQU	24 PIS	26 ARI	24 TAU	26 CAN	24 LEO	26 LIB	24 SCO	25 CAP	25 AQU	24 PIS	24 ARI
28 PIS	26 ARI	28 TAU	26 GEM	28 LEO	26 VIR	28 SCO	26 SAG	28 AQU	28 PIS	26 ARI	26 TAU
30 ARI	28 TAU	30 GEM	28 CAN	30 VIR	28 LIB	30 SAG	29 CAP	30 PIS	30 ARI	29 TAU	28 GEM
			30 LEO		30 SCO		31 AQU				30 CAN

2010

JAN	FEB	MAR	APR	MAY	JUN	JUL	AUG	SEP	OCT	NOV	DEC
1 LEO	2 LIB	1 LIB	2 SAG	2 CAP	1 AQU	3 ARI	2 TAU	3 CAN	2 LEO	3 LIB	2 SCO
3 VIR	4 SCO	3 SCO	4 CAP	4 AQU	3 PIS	5 TAU	4 GEM	5 LEO	4 VIR	5 SCO	4 SAG
5 LIB	6 SAG	6 SAG	7 AQU	7 PIS	6 ARI	8 GEM	6 CAN	7 VIR	6 LIB	7 SAG	6 CAP
8 SCO	9 CAP	8 CAP	9 PIS	9 ARI	8 TAU	10 CAN	8 LEO	9 LIB	8 SCO	9 CAP	9 AQU
10 SAG	11 AQU	11 AQU	12 ARI	12 TAU	10 GEM	12 LEO	10 VIR	11 SCO	10 SAG	11 AQU	11 PIS
12 CAP	14 PIS	13 PIS	14 TAU	14 GEM	12 CAN	14 VIR	12 LIB	13 SAG	12 CAP	14 PIS	14 ARI
15 AQU	16 ARI	16 ARI	17 GEM	16 CAN	14 LEO	16 LIB	14 SCO	15 CAP	15 AQU	16 ARI	16 TAU
18 PIS	19 TAU	18 TAU	19 CAN	18 LEO	17 VIR	18 SCO	17 SAG	18 AQU	17 PIS	19 TAU	18 GEM
20 ARI	21 GEM	20 GEM	21 LEO	20 VIR	19 LIB	20 SAG	19 CAP	20 PIS	20 ARI	21 GEM	21 CAN
22 TAU	23 CAN	23 CAN	23 VIR	22 LIB	21 SCO	23 CAP	21 AQU	23 ARI	22 TAU	23 CAN	23 LEO
25 GEM	25 LEO	25 LEO	25 LIB	25 SCO	23 SAG	25 AQU	24 PIS	25 TAU	25 GEM	26 LEO	25 VIR
27 CAN	27 VIR	27 VIR	27 SCO	27 SAG	25 CAP	28 PIS	26 ARI	28 GEM	27 CAN	28 VIR	27 LIB
29 LEO		29 LIB	29 SAG	29 CAP	28 AQU	30 ARI	29 TAU	30 CAN	29 LEO	30 LIB	29 SCO
31 VIR		31 SCO			30 PIS		31 GEM		31 VIR		31 SAG

2011

JAN	FEB	MAR	APR	MAY	JUN	JUL	AUG	SEP	OCT	NOV	DEC
3 CAP	1 AQU	1 AQU	2 ARI	2 TAU	3 CAN	2 LEO	1 VIR	1 SCO	3 CAP	1 AQU	1 PIS
5 AQU	4 PIS	3 PIS	4 TAU	4 GEM	5 LEO	4 VIR	3 LIB	3 SAG	5 AQU	4 PIS	3 ARI
7 PIS	6 ARI	6 ARI	7 GEM	6 CAN	7 VIR	6 LIB	5 SCO	5 CAP	7 PIS	6 ARI	6 TAU
10 ARI	9 TAU	8 TAU	9 CAN	9 LEO	9 LIB	9 SCO	7 SAG	8 AQU	10 ARI	9 TAU	8 GEM
12 TAU	11 GEM	11 GEM	11 LEO	11 VIR	11 SCO	11 SAG	9 CAP	10 PIS	12 TAU	11 GEM	11 CAN
15 GEM	14 CAN	13 CAN	14 VIR	13 LIB	13 SAG	13 CAP	11 AQU	13 ARI	15 GEM	14 CAN	13 LEO
17 CAN	16 LEO	15 LEO	16 LIB	15 SCO	16 CAP	15 AQU	14 PIS	15 TAU	17 CAN	16 LEO	15 VIR
19 LEO	18 VIR	17 VIR	18 SCO	17 SAG	18 AQU	18 PIS	16 ARI	18 GEM	20 LEO	18 VIR	18 LIB
21 VIR	20 LIB	19 LIB	20 SAG	19 CAP	20 PIS	20 ARI	19 TAU	20 CAN	22 VIR	20 LIB	20 SCO
23 LIB	22 SCO	21 SCO	22 CAP	21 AQU	23 ARI	22 TAU	21 GEM	22 LEO	24 LIB	22 SCO	22 SAG
25 SCO	24 SAG	23 SAG	24 AQU	24 PIS	25 TAU	25 GEM	24 CAN	24 VIR	26 SCO	24 SAG	24 CAP
28 SAG	26 CAP	25 CAP	26 PIS	26 ARI	28 GEM	27 CAN	26 LEO	26 LIB	28 SAG	26 CAP	26 AQU
30 CAP		28 AQU	29 ARI	29 TAU	30 CAN	30 LEO	28 VIR	28 SCO	30 CAP	29 AQU	28 PIS
		30 PIS		31 GEM			30 LIB	30 SAG			31 ARI

2012

JAN	FEB	MAR	APR	MAY	JUN	JUL	AUG	SEP	OCT	NOV	DEC
2 TAU	1 GEM	2 CAN	1 LEO	2 LIB	1 SCO	2 CAP	1 AQU	2 ARI	1 TAU	3 CAN	2 LEO
5 GEM	4 CAN	4 LEO	3 VIR	4 SCO	3 SAG	4 AQU	3 PIS	4 TAU	4 GEM	5 LEO	5 VIR
7 CAN	6 LEO	6 VIR	5 LIB	6 SAG	5 CAP	6 PIS	5 ARI	6 GEM	6 CAN	7 VIR	7 LIB
9 LEO	8 VIR	8 LIB	7 SCO	8 CAP	7 AQU	9 ARI	8 TAU	9 CAN	9 LEO	10 LIB	9 SCO
12 VIR	10 LIB	11 SCO	9 SAG	11 AQU	9 PIS	11 TAU	10 GEM	11 LEO	11 VIR	12 SCO	11 SAG
14 LIB	12 SCO	13 SAG	11 CAP	13 PIS	11 ARI	14 GEM	13 CAN	14 VIR	13 LIB	14 SAG	13 CAP
16 SCO	14 SAG	15 CAP	13 AQU	15 ARI	14 TAU	16 CAN	15 LEO	16 LIB	15 SCO	16 CAP	15 AQU
18 SAG	17 CAP	17 AQU	16 PIS	18 TAU	17 GEM	19 LEO	17 VIR	18 SCO	17 SAG	18 AQU	17 PIS
20 CAP	19 AQU	19 PIS	18 ARI	20 GEM	19 CAN	21 VIR	19 LIB	20 SAG	19 CAP	20 PIS	20 ARI
22 AQU	21 PIS	22 ARI	20 TAU	23 CAN	21 LEO	23 LIB	22 SCO	22 CAP	22 AQU	22 ARI	22 TAU
25 PIS	23 ARI	24 TAU	23 GEM	25 LEO	24 VIR	25 SCO	24 SAG	24 AQU	24 PIS	25 TAU	25 GEM
27 ARI	26 TAU	27 GEM	26 CAN	28 VIR	26 LIB	28 SAG	26 CAP	27 PIS	26 ARI	27 GEM	27 CAN
30 TAU	28 GEM	29 CAN	28 LEO	30 LIB	28 SCO	30 CAP	28 AQU	29 ARI	29 TAU	30 CAN	30 LEO
			30 VIR		30 SAG		30 PIS		31 GEM		

2013

JAN	FEB	MAR	APR	MAY	JUN	JUL	AUG	SEP	OCT	NOV	DEC
1 VIR	2 SCO	1 SCO	2 CAP	1 AQU	2 ARI	1 TAU	2 CAN	1 LEO	1 VIR	2 SCO	2 SAG
3 LIB	4 SAG	3 SAG	4 AQU	3 PIS	4 TAU	4 GEM	5 LEO	4 VIR	3 LIB	4 SAG	4 CAP
6 SCO	6 CAP	5 CAP	6 PIS	5 ARI	6 GEM	6 CAN	7 VIR	6 LIB	6 SCO	6 CAP	6 AQU
8 SAG	8 AQU	7 AQU	8 ARI	8 TAU	9 CAN	9 LEO	10 LIB	8 SCO	8 SAG	8 AQU	8 PIS
10 CAP	10 PIS	10 PIS	10 TAU	10 GEM	11 LEO	11 VIR	12 SCO	11 SAG	10 CAP	10 PIS	10 ARI
12 AQU	12 ARI	12 ARI	13 GEM	13 CAN	14 VIR	14 LIB	14 SAG	13 CAP	12 AQU	13 ARI	12 TAU
14 PIS	15 TAU	14 TAU	15 CAN	15 LEO	16 LIB	16 SCO	16 CAP	15 AQU	14 PIS	15 TAU	15 GEM
16 ARI	17 GEM	17 GEM	18 LEO	18 VIR	19 SCO	18 SAG	18 AQU	17 PIS	16 ARI	17 GEM	17 CAN
18 TAU	20 CAN	19 CAN	20 VIR	20 LIB	21 SAG	20 CAP	20 PIS	19 ARI	19 TAU	20 CAN	20 LEO
21 GEM	22 LEO	22 LEO	23 LIB	22 SCO	23 CAP	22 AQU	23 ARI	21 TAU	21 GEM	22 LEO	22 VIR
23 CAN	25 VIR	24 VIR	25 SCO	24 SAG	25 AQU	24 PIS	25 TAU	24 GEM	23 CAN	25 VIR	25 LIB
26 LEO	27 LIB	26 LIB	27 SAG	26 CAP	27 PIS	26 ARI	27 GEM	26 CAN	26 LEO	27 LIB	27 SCO
28 VIR		28 SCO	29 CAP	28 AQU	29 ARI	28 TAU	30 CAN	29 LEO	28 VIR	29 SCO	29 SAG
31 LIB		30 SAG		30 PIS		31 GEM			31 LIB		31 CAP

2014

JAN	FEB	MAR	APR	MAY	JUN	JUL	AUG	SEP	OCT	NOV	DEC
2 AQU	2 ARI	2 ARI	1 TAU	3 CAN	1 LEO	1 VIR	2 SCO	1 SAG	3 AQU	1 PIS	3 TAU
4 PIS	5 TAU	4 TAU	3 GEM	5 LEO	4 VIR	4 LIB	5 SAG	3 CAP	5 PIS	3 ARI	5 GEM
6 ARI	7 GEM	6 GEM	5 CAN	8 VIR	6 LIB	6 SCO	7 CAP	5 AQU	7 ARI	5 TAU	7 CAN
8 TAU	10 CAN	9 CAN	8 LEO	10 LIB	9 SCO	8 SAG	9 AQU	7 PIS	9 TAU	7 GEM	9 LEO
11 GEM	12 LEO	11 LEO	10 VIR	12 SCO	11 SAG	10 CAP	11 PIS	9 ARI	11 GEM	10 CAN	12 VIR
13 CAN	15 VIR	14 VIR	13 LIB	15 SAG	13 CAP	12 AQU	13 ARI	11 TAU	13 CAN	12 LEO	14 LIB
16 LEO	17 LIB	16 LIB	15 SCO	17 CAP	15 AQU	14 PIS	15 TAU	14 GEM	16 LEO	15 VIR	17 SCO
18 VIR	19 SCO	19 SCO	17 SAG	19 AQU	17 PIS	16 ARI	17 GEM	16 CAN	18 VIR	17 LIB	19 SAG
21 LIB	22 SAG	21 SAG	19 CAP	21 PIS	19 ARI	19 TAU	20 CAN	18 LEO	21 LIB	20 SCO	21 CAP
23 SCO	24 CAP	23 CAP	21 AQU	23 ARI	21 TAU	21 GEM	22 LEO	21 VIR	23 SCO	22 SAG	23 AQU
25 SAG	26 AQU	25 AQU	24 PIS	25 TAU	24 GEM	23 CAN	25 VIR	23 LIB	25 SAG	24 CAP	25 PIS
28 CAP	28 PIS	27 PIS	26 ARI	27 GEM	26 CAN	26 LEO	27 LIB	26 SCO	28 CAP	26 AQU	28 ARI
29 AQU		29 ARI	28 TAU	30 CAN	29 LEO	28 VIR	30 SCO	28 SAG	30 AQU	28 PIS	30 TAU
31 PIS			30 GEM			31 LIB		30 CAP		30 ARI	

2015

JAN	FEB	MAR	APR	MAY	JUN	JUL	AUG	SEP	OCT	NOV	DEC
1 GEM	2 LEO	1 LEO	3 LIB	2 SCO	1 SAG	1 CAP	1 PIS	2 TAU	1 GEM	2 LEO	2 VIR
3 CAN	5 VIR	4 VIR	5 SCO	5 SAG	3 CAP	3 AQU	3 ARI	4 GEM	3 CAN	4 VIR	4 LIB
6 LEO	7 LIB	6 LIB	8 SAG	7 CAP	6 AQU	5 PIS	5 TAU	6 CAN	6 LEO	7 LIB	7 SCO
8 VIR	10 SCO	9 SCO	10 CAP	9 AQU	8 PIS	7 ARI	8 GEM	8 LEO	8 VIR	9 SCO	9 SAG
11 LIB	12 SAG	11 SAG	12 AQU	11 PIS	10 ARI	9 TAU	10 CAN	11 VIR	11 LIB	12 SAG	12 CAP
13 SCO	14 CAP	14 CAP	14 PIS	14 ARI	12 TAU	11 GEM	12 LEO	13 LIB	13 SCO	14 CAP	14 AQU
16 SAG	16 AQU	16 AQU	16 ARI	16 TAU	14 GEM	14 CAN	15 VIR	16 SCO	16 SAG	17 AQU	16 PIS
18 CAP	18 PIS	18 PIS	18 TAU	18 GEM	16 CAN	16 LEO	17 LIB	18 SAG	18 CAP	19 PIS	18 ARI
20 AQU	20 ARI	20 ARI	20 GEM	20 CAN	19 LEO	18 VIR	20 SCO	21 CAP	20 AQU	21 ARI	20 TAU
22 PIS	22 TAU	22 TAU	22 CAN	22 LEO	21 VIR	21 LIB	22 SAG	23 AQU	23 PIS	23 TAU	22 GEM
24 ARI	24 GEM	24 GEM	25 LEO	25 VIR	24 LIB	23 SCO	24 CAP	25 PIS	25 ARI	25 GEM	25 CAN
26 TAU	27 CAN	26 CAN	27 VIR	27 LIB	26 SCO	26 SAG	27 AQU	27 ARI	27 TAU	27 CAN	27 LEO
28 GEM		29 LEO	30 LIB	30 SCO	28 SAG	28 CAP	29 PIS	29 TAU	29 GEM	29 LEO	29 VIR
31 CAN		31 VIR				30 AQU	31 ARI		31 CAN		

2016

JAN	FEB	MAR	APR	MAY	JUN	JUL	AUG	SEP	OCT	NOV	DEC
1 LIB	2 SAG	3 CAP	1 AQU	1 PIS	1 TAU	1 GEM	1 LEO	2 LIB	2 SCO	1 SAG	1 CAP
3 SCO	4 CAP	5 AQU	4 PIS	3 ARI	3 GEM	3 CAN	4 VIR	5 SCO	5 SAG	3 CAP	3 AQU
6 SAG	7 AQU	7 PIS	6 ARI	5 TAU	5 CAN	5 LEO	6 LIB	7 SAG	7 CAP	6 AQU	5 PIS
8 CAP	9 PIS	9 ARI	8 TAU	7 GEM	8 LEO	7 VIR	8 SCO	10 CAP	10 AQU	8 PIS	8 ARI
10 AQU	11 ARI	11 TAU	10 GEM	9 CAN	10 VIR	10 LIB	11 SAG	12 AQU	12 PIS	10 ARI	10 TAU
12 PIS	13 TAU	13 GEM	12 CAN	11 LEO	12 LIB	12 SCO	13 CAP	14 PIS	14 ARI	12 TAU	12 GEM
14 ARI	15 GEM	15 CAN	14 LEO	14 VIR	15 SCO	15 SAG	16 AQU	16 ARI	16 TAU	14 GEM	14 CAN
17 TAU	17 CAN	18 LEO	16 VIR	16 LIB	17 SAG	17 CAP	18 PIS	18 TAU	18 GEM	16 CAN	16 LEO
19 GEM	19 LEO	20 VIR	19 LIB	19 SCO	20 CAP	19 AQU	20 ARI	21 GEM	20 CAN	18 LEO	18 VIR
21 CAN	22 VIR	23 LIB	21 SCO	21 SAG	22 AQU	22 PIS	22 TAU	23 CAN	22 LEO	21 VIR	20 LIB
23 LEO	24 LIB	25 SCO	24 SAG	24 CAP	24 PIS	24 ARI	24 GEM	25 LEO	24 VIR	23 LIB	23 SCO
25 VIR	27 SCO	28 SAG	26 CAP	26 AQU	27 ARI	26 TAU	26 CAN	27 VIR	27 LIB	26 SCO	25 SAG
28 LIB	29 SAG	30 CAP	29 AQU	28 PIS	29 TAU	28 GEM	29 LEO	30 LIB	29 SCO	28 SAG	28 CAP
30 SCO				30 ARI		30 CAN	31 VIR				30 AQU

2017

JAN	FEB	MAR	APR	MAY	JUN	JUL	AUG	SEP	OCT	NOV	DEC
2 PIS	2 TAU	2 TAU	2 CAN	1 LEO	2 LIB	2 SCO	1 SAG	2 AQU	2 PIS	1 ARI	2 GEM
4 ARI	4 GEM	4 GEM	4 LEO	4 VIR	5 SCO	5 SAG	3 CAP	5 PIS	4 ARI	3 TAU	4 CAN
6 TAU	7 CAN	6 CAN	6 VIR	6 LIB	7 SAG	7 CAP	6 AQU	7 ARI	6 TAU	5 GEM	6 LEO
8 GEM	9 LEO	8 LEO	9 LIB	9 SCO	10 CAP	10 AQU	8 PIS	9 TAU	8 GEM	7 CAN	8 VIR
10 CAN	11 VIR	10 VIR	11 SCO	11 SAG	12 AQU	12 PIS	11 ARI	11 GEM	10 CAN	9 LEO	11 LIB
12 LEO	13 LIB	13 LIB	14 SAG	14 CAP	15 PIS	14 ARI	13 TAU	13 CAN	13 LEO	11 VIR	13 SCO
14 VIR	16 SCO	15 SCO	16 CAP	16 AQU	17 ARI	17 TAU	15 GEM	15 LEO	15 VIR	13 LIB	15 SAG
17 LIB	18 SAG	17 SAG	19 AQU	18 PIS	19 TAU	19 GEM	17 CAN	17 VIR	17 LIB	16 SCO	18 CAP
19 SCO	21 CAP	20 CAP	21 PIS	21 ARI	21 GEM	21 CAN	19 LEO	20 LIB	19 SCO	18 SAG	20 AQU
22 SAG	23 AQU	22 AQU	23 ARI	23 TAU	23 CAN	23 LEO	21 VIR	22 SCO	22 SAG	21 CAP	23 PIS
24 CAP	25 PIS	25 PIS	25 TAU	25 GEM	25 LEO	25 VIR	23 LIB	24 SAG	24 CAP	23 AQU	25 ARI
27 AQU	27 ARI	27 ARI	27 GEM	27 CAN	27 VIR	27 LIB	26 SCO	27 CAP	27 AQU	26 PIS	28 TAU
29 PIS		29 TAU	29 CAN	29 LEO	30 LIB	29 SCO	28 SAG	29 AQU	29 PIS	28 ARI	30 GEM
31 ARI		31 GEM		31 VIR			31 CAP			30 TAU	

2018

JAN	FEB	MAR	APR	MAY	JUN	JUL	AUG	SEP	OCT	NOV	DEC
1 CAN	1 VIR	1 VIR	1 SCO	1 SAG	2 AQU	2 PIS	1 ARI	2 GEM	1 CAN	2 VIR	1 LIB
3 LEO	3 LIB	3 LIB	4 SAG	3 CAP	5 PIS	4 ARI	3 TAU	4 CAN	3 LEO	4 LIB	3 SCO
5 VIR	5 SCO	5 SCO	6 CAP	6 AQU	7 ARI	7 TAU	5 GEM	6 LEO	5 VIR	6 SCO	5 SAG
7 LIB	8 SAG	7 SAG	9 AQU	8 PIS	9 TAU	9 GEM	7 CAN	8 VIR	7 LIB	8 SAG	8 CAP
9 SCO	10 CAP	10 CAP	11 PIS	11 ARI	12 GEM	11 CAN	9 LEO	10 LIB	9 SCO	10 CAP	10 AQU
12 SAG	13 AQU	12 AQU	13 ARI	13 TAU	14 CAN	13 LEO	11 VIR	12 SCO	12 SAG	13 AQU	13 PIS
14 CAP	15 PIS	15 PIS	16 TAU	15 GEM	16 LEO	15 VIR	13 LIB	14 SAG	14 CAP	15 PIS	15 ARI
17 AQU	18 ARI	17 ARI	18 GEM	17 CAN	18 VIR	17 LIB	16 SCO	17 CAP	17 AQU	18 ARI	18 TAU
19 PIS	20 TAU	19 TAU	20 CAN	19 LEO	20 LIB	19 SCO	18 SAG	19 AQU	19 PIS	20 TAU	20 GEM
22 ARI	22 GEM	22 GEM	22 LEO	21 VIR	22 SCO	22 SAG	20 CAP	22 PIS	22 ARI	22 GEM	22 CAN
24 TAU	24 CAN	24 CAN	24 VIR	24 LIB	24 SAG	24 CAP	23 AQU	24 ARI	24 TAU	25 CAN	24 LEO
26 GEM	26 LEO	26 LEO	26 LIB	26 SCO	27 CAP	27 AQU	26 PIS	27 TAU	26 GEM	27 LEO	26 VIR
28 CAN		28 VIR	29 SCO	28 SAG	29 AQU	29 PIS	28 ARI	29 GEM	28 CAN	29 VIR	28 LIB
30 LEO		30 LIB		31 CAP			30 TAU		30 LEO		30 SCO

2019

JAN	FEB	MAR	APR	MAY	JUN	JUL	AUG	SEP	OCT	NOV	DEC
2 SAG	3 AQU	2 AQU	1 PIS	1 ARI	2 GEM	1 CAN	2 VIR	2 SCO	2 SAG	3 AQU	3 PIS
4 CAP	5 PIS	5 PIS	3 ARI	3 TAU	4 CAN	3 LEO	4 LIB	4 SAG	4 CAP	5 PIS	5 ARI
7 AQU	8 ARI	7 ARI	6 TAU	5 GEM	6 LEO	5 VIR	6 SCO	7 CAP	6 AQU	8 ARI	8 TAU
9 PIS	10 TAU	10 TAU	8 GEM	8 CAN	8 VIR	8 LIB	8 SAG	9 AQU	9 PIS	10 TAU	10 GEM
12 ARI	13 GEM	12 GEM	10 CAN	10 LEO	10 LIB	10 SCO	10 CAP	12 PIS	11 ARI	13 GEM	12 CAN
14 TAU	15 CAN	14 CAN	13 LEO	12 VIR	12 SCO	12 SAG	13 AQU	14 ARI	14 TAU	15 CAN	14 LEO
16 GEM	17 LEO	16 LEO	15 VIR	14 LIB	15 SAG	14 CAP	15 PIS	17 TAU	16 GEM	17 LEO	17 VIR
18 CAN	19 VIR	18 VIR	17 LIB	16 SCO	17 CAP	17 AQU	18 ARI	19 GEM	19 CAN	19 VIR	19 LIB
20 LEO	21 LIB	20 LIB	19 SCO	18 SAG	19 AQU	19 PIS	20 TAU	21 CAN	21 LEO	21 LIB	21 SCO
22 VIR	23 SCO	22 SCO	21 SAG	21 CAP	22 PIS	22 ARI	23 GEM	24 LEO	23 VIR	24 SCO	23 SAG
24 LIB	25 SAG	25 SAG	23 CAP	23 AQU	24 ARI	24 TAU	25 CAN	26 VIR	25 LIB	26 SAG	25 CAP
27 SCO	28 CAP	27 CAP	26 AQU	26 PIS	27 TAU	27 GEM	27 LEO	28 LIB	27 SCO	28 CAP	28 AQU
29 SAG		29 AQU	28 PIS	28 ARI	29 GEM	29 CAN	29 VIR	30 SCO	29 SAG	30 AQU	30 PIS
31 CAP				30 TAU		31 LEO	31 LIB		31 CAP		

2020

JAN	FEB	MAR	APR	MAY	JUN	JUL	AUG	SEP	OCT	NOV	DEC
1 ARI	3 GEM	1 GEM	2 LEO	2 VIR	2 SCO	1 SAG	2 AQU	1 PIS	3 TAU	2 GEM	1 CAN
4 TAU	5 CAN	3 CAN	4 VIR	4 LIB	4 SAG	3 CAP	4 PIS	3 ARI	5 GEM	4 CAN	4 LEO
6 GEM	7 LEO	6 LEO	6 LIB	6 SCO	6 CAP	6 AQU	7 ARI	6 TAU	8 CAN	7 LEO	6 VIR
9 CAN	9 VIR	8 VIR	8 SCO	8 SAG	8 AQU	8 PIS	9 TAU	8 GEM	10 LEO	9 VIR	8 LIB
11 LEO	11 LIB	10 LIB	10 SAG	10 CAP	11 PIS	11 ARI	12 GEM	11 CAN	12 VIR	11 LIB	10 SCO
13 VIR	13 SCO	12 SCO	12 CAP	12 AQU	13 ARI	13 TAU	14 CAN	13 LEO	15 LIB	13 SCO	12 SAG
15 LIB	15 SAG	14 SAG	15 AQU	14 PIS	16 TAU	16 GEM	17 LEO	15 VIR	17 SCO	15 SAG	14 CAP
17 SCO	18 CAP	16 CAP	17 PIS	17 ARI	18 GEM	18 CAN	19 VIR	17 LIB	18 SAG	17 CAP	17 AQU
19 SAG	20 AQU	18 AQU	20 ARI	19 TAU	21 CAN	20 LEO	21 LIB	19 SCO	21 CAP	19 AQU	19 PIS
22 CAP	23 PIS	21 PIS	22 TAU	22 GEM	23 LEO	22 VIR	23 SCO	21 SAG	23 AQU	21 PIS	21 ARI
24 AQU	25 ARI	23 ARI	25 GEM	24 CAN	25 VIR	24 LIB	25 SAG	23 CAP	25 PIS	24 ARI	24 TAU
26 PIS	28 TAU	26 TAU	27 CAN	27 LEO	27 LIB	26 SCO	27 CAP	26 AQU	28 ARI	26 TAU	26 GEM
29 ARI		28 GEM	29 LEO	29 VIR	29 SCO	29 SAG	29 AQU	28 PIS	30 TAU	29 GEM	29 CAN
31 TAU		31 CAN		31 LIB		31 CAP		30 ARI			31 LEO

2021

JAN	FEB	MAR	APR	MAY	JUN	JUL	AUG	SEP	OCT	NOV	DEC
2 VIR	1 LIB	2 SCO	1 SAG	2 AQU	1 PIS	3 TAU	2 GEM	1 CAN	3 VIR	1 LIB	1 SCO
5 LIB	3 SCO	4 SAG	3 CAP	4 PIS	3 ARI	5 GEM	4 CAN	3 LEO	5 LIB	3 SCO	3 SAG
7 SCO	5 SAG	6 CAP	5 AQU	7 ARI	6 TAU	8 CAN	7 LEO	5 VIR	7 SCO	5 SAG	5 CAP
9 SAG	7 CAP	9 AQU	7 PIS	9 TAU	8 GEM	10 LEO	9 VIR	7 LIB	9 SAG	7 CAP	7 AQU
11 CAP	9 AQU	11 PIS	10 ARI	12 GEM	11 CAN	13 VIR	11 LIB	10 SCO	11 CAP	9 AQU	9 PIS
13 AQU	12 PIS	13 ARI	12 TAU	14 CAN	13 LEO	15 LIB	13 SCO	12 SAG	13 AQU	12 PIS	11 ARI
15 PIS	14 ARI	16 TAU	15 GEM	17 LEO	15 VIR	17 SCO	15 SAG	14 CAP	15 PIS	14 ARI	14 TAU
18 ARI	16 TAU	18 GEM	17 CAN	19 VIR	18 LIB	19 SAG	18 CAP	16 AQU	18 ARI	16 TAU	16 GEM
20 TAU	19 GEM	21 CAN	20 LEO	21 LIB	20 SCO	21 CAP	20 AQU	18 PIS	20 TAU	19 GEM	19 CAN
23 GEM	21 CAN	23 LEO	22 VIR	23 SCO	22 SAG	23 AQU	22 PIS	20 ARI	23 GEM	21 CAN	21 LEO
25 CAN	24 LEO	25 VIR	24 LIB	25 SAG	24 CAP	25 PIS	24 ARI	23 TAU	25 CAN	24 LEO	24 VIR
27 LEO	26 VIR	28 LIB	26 SCO	27 CAP	26 AQU	28 ARI	26 TAU	25 GEM	28 LEO	26 VIR	26 LIB
30 VIR	28 LIB	30 SCO	28 SAG	29 AQU	28 PIS	30 TAU	29 GEM	28 CAN	30 VIR	29 LIB	28 SCO
			30 CAP		30 ARI			30 LEO			30 SAG

2022

JAN	FEB	MAR	APR	MAY	JUN	JUL	AUG	SEP	OCT	NOV	DEC
1 CAP	2 PIS	1 PIS	2 TAU	2 GEM	1 CAN	3 VIR	1 LIB	2 SAG	2 CAP	2 PIS	1 ARI
3 AQU	4 ARI	3 ARI	4 GEM	4 CAN	3 LEO	5 LIB	4 SCO	4 CAP	4 AQU	4 ARI	4 TAU
5 PIS	6 TAU	6 TAU	7 CAN	7 LEO	6 VIR	8 SCO	6 SAG	6 AQU	6 PIS	7 TAU	6 GEM
8 ARI	9 GEM	8 GEM	9 LEO	9 VIR	8 LIB	10 SAG	8 CAP	8 PIS	8 ARI	9 GEM	9 CAN
10 TAU	11 CAN	11 CAN	12 VIR	12 LIB	10 SCO	12 CAP	10 AQU	11 ARI	10 TAU	11 CAN	11 LEO
12 GEM	14 LEO	13 LEO	14 LIB	14 SCO	12 SAG	14 AQU	12 PIS	13 TAU	13 GEM	14 LEO	14 VIR
15 CAN	16 VIR	15 VIR	16 SCO	16 SAG	14 CAP	16 PIS	14 ARI	15 GEM	15 CAN	16 VIR	16 LIB
17 LEO	18 LIB	18 LIB	18 SAG	18 CAP	16 AQU	18 ARI	16 TAU	18 CAN	17 LEO	19 LIB	18 SCO
20 VIR	21 SCO	20 SCO	20 CAP	20 AQU	18 PIS	20 TAU	19 GEM	20 LEO	20 VIR	21 SCO	21 SAG
22 LIB	23 SAG	22 SAG	23 AQU	22 PIS	20 ARI	23 GEM	21 CAN	23 VIR	22 LIB	23 SAG	23 CAP
24 SCO	25 CAP	24 CAP	25 PIS	24 ARI	23 TAU	25 CAN	24 LEO	25 LIB	25 SCO	25 CAP	25 AQU
27 SAG	27 AQU	26 AQU	27 ARI	27 TAU	25 GEM	28 LEO	26 VIR	27 SCO	27 SAG	27 AQU	27 PIS
29 CAP		28 PIS	29 TAU	29 GEM	28 CAN	30 VIR	29 LIB	29 SAG	29 CAP	29 PIS	29 ARI
31 AQU		31 ARI			30 LEO		31 SCO		31 AQU		31 TAU

2023

JAN	FEB	MAR	APR	MAY	JUN	JUL	AUG	SEP	OCT	NOV	DEC
2 GEM	1 CAN	3 LEO	2 VIR	2 LIB	3 SAG	2 CAP	2 PIS	1 ARI	3 GEM	1 CAN	1 LEO
5 CAN	4 LEO	5 VIR	4 LIB	4 SCO	5 CAP	4 AQU	4 ARI	3 TAU	5 CAN	4 LEO	3 VIR
7 LEO	6 VIR	8 LIB	7 SCO	6 SAG	7 AQU	6 PIS	7 TAU	5 GEM	7 LEO	6 VIR	6 LIB
10 VIR	9 LIB	10 SCO	9 SAG	8 CAP	9 PIS	8 ARI	9 GEM	8 CAN	10 VIR	9 LIB	8 SCO
12 LIB	11 SCO	13 SAG	11 CAP	10 AQU	11 ARI	10 TAU	11 CAN	10 LEO	12 LIB	11 SCO	11 SAG
15 SCO	13 SAG	15 CAP	13 AQU	12 PIS	13 TAU	13 GEM	14 LEO	13 VIR	15 SCO	13 SAG	13 CAP
17 SAG	16 CAP	17 AQU	15 PIS	15 ARI	15 GEM	15 CAN	16 VIR	15 LIB	17 SAG	16 CAP	15 AQU
19 CAP	18 AQU	19 PIS	17 ARI	17 TAU	18 CAN	17 LEO	19 LIB	17 SCO	19 CAP	18 AQU	17 PIS
21 AQU	19 PIS	21 ARI	19 TAU	19 GEM	20 LEO	20 VIR	21 SCO	20 SAG	22 AQU	20 PIS	19 ARI
23 PIS	22 ARI	23 TAU	22 GEM	21 CAN	23 VIR	23 LIB	24 SAG	22 CAP	24 PIS	22 ARI	21 TAU
25 ARI	24 TAU	25 GEM	24 CAN	24 LEO	25 LIB	25 SCO	26 CAP	24 AQU	26 ARI	24 TAU	24 GEM
27 TAU	26 GEM	28 CAN	27 LEO	26 VIR	28 SCO	27 SAG	28 AQU	26 PIS	28 TAU	26 GEM	26 CAN
30 GEM	28 CAN	30 LEO	29 VIR	29 LIB	30 SAG	29 CAP	30 PIS	28 ARI	30 GEM	29 CAN	28 LEO
				31 SCO		31 AQU		30 TAU			31 VIR

2024

JAN	FEB	MAR	APR	MAY	JUN	JUL	AUG	SEP	OCT	NOV	DEC
2 LIB	1 SCO	2 SAG	3 AQU	2 PIS	3 TAU	2 GEM	3 LEO	1 VIR	1 LIB	3 SAG	2 CAP
5 SCO	4 SAG	4 CAP	5 PIS	4 ARI	5 GEM	4 CAN	5 VIR	4 LIB	4 SCO	5 CAP	4 AQU
7 SAG	6 CAP	6 AQU	7 ARI	6 TAU	7 CAN	6 LEO	8 LIB	7 SCO	6 SAG	7 AQU	7 PIS
9 CAP	8 AQU	8 PIS	9 TAU	8 GEM	9 LEO	9 VIR	10 SCO	9 SAG	9 CAP	9 PIS	9 ARI
11 AQU	10 PIS	10 ARI	11 GEM	10 CAN	12 VIR	11 LIB	13 SAG	11 CAP	11 AQU	12 ARI	11 TAU
13 PIS	12 ARI	12 TAU	13 CAN	13 LEO	14 LIB	14 SCO	15 CAP	14 AQU	13 PIS	14 TAU	13 GEM
15 ARI	14 TAU	14 GEM	15 LEO	15 VIR	17 SCO	16 SAG	17 AQU	16 PIS	15 ARI	16 GEM	15 CAN
18 TAU	16 GEM	17 CAN	18 VIR	18 LIB	19 SAG	19 CAP	19 PIS	18 ARI	17 TAU	18 CAN	17 LEO
20 GEM	18 CAN	19 LEO	20 LIB	20 SCO	21 CAP	21 AQU	21 ARI	20 TAU	19 GEM	20 LEO	20 VIR
22 CAN	21 LEO	22 VIR	23 SCO	23 SAG	23 AQU	23 PIS	23 TAU	22 GEM	21 CAN	22 VIR	22 LIB
25 LEO	23 VIR	24 LIB	25 SAG	25 CAP	26 PIS	25 ARI	25 GEM	24 CAN	24 LEO	25 LIB	25 SCO
27 VIR	26 LIB	27 SCO	28 CAP	27 AQU	28 ARI	27 TAU	28 CAN	26 LEO	26 VIR	27 SCO	27 SAG
30 LIB	28 SCO	29 SAG	30 AQU	29 PIS	30 TAU	29 GEM	30 LEO	29 VIR	28 LIB	30 SAG	29 CAP
		31 CAP		31 ARI		31 CAN			31 SCO		

2025

JAN	FEB	MAR	APR	MAY	JUN	JUL	AUG	SEP	OCT	NOV	DEC
1 AQU	1 ARI	1 ARI	1 GEM	1 CAN	1 VIR	1 LIB	3 SAG	1 CAP	1 AQU	2 ARI	1 TAU
3 PIS	3 TAU	3 TAU	3 CAN	3 LEO	4 LIB	4 SCO	5 CAP	4 AQU	3 PIS	4 TAU	3 GEM
5 ARI	6 GEM	5 GEM	5 LEO	5 VIR	6 SCO	6 SAG	7 AQU	6 PIS	5 ARI	6 GEM	5 CAN
7 TAU	8 CAN	7 CAN	8 VIR	8 LIB	9 SAG	9 CAP	10 PIS	8 ARI	8 TAU	8 CAN	7 LEO
9 GEM	10 LEO	9 LEO	10 LIB	10 SCO	11 CAP	11 AQU	12 ARI	10 TAU	10 GEM	10 LEO	10 VIR
11 CAN	12 VIR	12 VIR	13 SCO	13 SAG	14 AQU	13 PIS	14 TAU	12 GEM	12 CAN	12 VIR	12 LIB
14 LEO	15 LIB	14 LIB	15 SAG	15 CAP	16 PIS	15 ARI	16 GEM	14 CAN	14 LEO	15 LIB	14 SCO
16 VIR	17 SCO	17 SCO	18 CAP	18 AQU	18 ARI	18 TAU	18 CAN	17 LEO	16 VIR	17 SCO	17 SAG
18 LIB	20 SAG	19 SAG	20 AQU	20 PIS	20 TAU	20 GEM	20 LEO	19 VIR	18 LIB	20 SAG	19 CAP
21 SCO	22 CAP	22 CAP	23 PIS	22 ARI	22 GEM	22 CAN	23 VIR	21 LIB	21 SCO	22 CAP	22 AQU
23 SAG	25 AQU	24 AQU	25 ARI	24 TAU	24 CAN	24 LEO	25 LIB	24 SCO	23 SAG	25 AQU	24 PIS
26 CAP	27 PIS	26 PIS	27 TAU	26 GEM	27 LEO	26 VIR	27 SCO	26 SAG	26 CAP	27 PIS	27 ARI
28 AQU		28 ARI	29 GEM	28 CAN	29 VIR	29 LIB	30 SAG	29 CAP	28 AQU	29 ARI	29 TAU
30 PIS		30 TAU		30 LEO		31 SCO			31 PIS		31 GEM

2026

JAN	FEB	MAR	APR	MAY	JUN	JUL	AUG	SEP	OCT	NOV	DEC
2 CAN	2 VIR	2 VIR	3 SCO	3 SAG	1 CAP	1 AQU	2 ARI	1 TAU	2 CAN	3 VIR	2 LIB
4 LEO	5 LIB	4 LIB	5 SAG	5 CAP	4 AQU	4 PIS	4 TAU	3 GEM	4 LEO	5 LIB	4 SCO
6 VIR	7 SCO	6 SCO	8 CAP	8 AQU	6 PIS	6 ARI	7 GEM	5 CAN	6 VIR	7 SCO	7 SAG
8 LIB	10 SAG	9 SAG	10 AQU	10 PIS	9 ARI	8 TAU	9 CAN	7 LEO	9 LIB	10 SAG	9 CAP
11 SCO	12 CAP	11 CAP	13 PIS	12 ARI	11 TAU	10 GEM	11 LEO	9 VIR	11 SCO	12 CAP	12 AQU
13 SAG	15 AQU	14 AQU	15 ARI	14 TAU	13 GEM	12 CAN	13 VIR	11 LIB	13 SAG	15 AQU	14 PIS
16 CAP	17 PIS	16 PIS	17 TAU	16 GEM	15 CAN	14 LEO	15 LIB	14 SCO	16 CAP	17 PIS	17 ARI
18 AQU	19 ARI	18 ARI	19 GEM	18 CAN	17 LEO	16 VIR	17 SCO	16 SAG	18 AQU	20 ARI	19 TAU
21 PIS	21 TAU	21 TAU	21 CAN	20 LEO	19 VIR	18 LIB	20 SAG	18 CAP	21 PIS	22 TAU	21 GEM
23 ARI	23 GEM	23 GEM	23 LEO	23 VIR	21 LIB	21 SCO	22 CAP	21 AQU	23 ARI	24 GEM	23 CAN
25 TAU	26 CAN	25 CAN	25 VIR	25 LIB	24 SCO	23 SAG	25 AQU	23 PIS	25 TAU	26 CAN	25 LEO
27 GEM	28 LEO	27 LEO	28 LIB	27 SCO	26 SAG	26 CAP	27 PIS	26 ARI	27 GEM	28 LEO	27 VIR
29 CAN		29 VIR	30 SCO	30 SAG	29 CAP	28 AQU	29 ARI	28 TAU	29 CAN	30 VIR	29 LIB
31 LEO		31 LIB				31 PIS		30 GEM	31 LEO		

2027

JAN	FEB	MAR	APR	MAY	JUN	JUL	AUG	SEP	OCT	NOV	DEC
1 SCO	2 CAP	1 CAP	3 PIS	2 ARI	1 TAU	1 GEM	1 LEO	2 LIB	1 SCO	2 CAP	2 AQU
3 SAG	4 AQU	4 AQU	5 ARI	5 TAU	3 GEM	3 CAN	3 VIR	4 SCO	3 SAG	4 AQU	4 PIS
6 CAP	7 PIS	6 PIS	7 TAU	7 GEM	5 CAN	5 LEO	5 LIB	6 SAG	6 CAP	7 PIS	7 ARI
8 AQU	9 ARI	9 ARI	9 GEM	9 CAN	7 LEO	7 VIR	7 SCO	8 CAP	8 AQU	9 ARI	9 TAU
11 PIS	12 TAU	11 TAU	12 CAN	11 LEO	9 VIR	9 LIB	10 SAG	11 AQU	11 PIS	12 TAU	11 GEM
13 ARI	14 GEM	13 GEM	14 LEO	13 VIR	11 LIB	11 SCO	12 CAP	13 PIS	13 ARI	14 GEM	14 CAN
15 TAU	16 CAN	15 CAN	16 VIR	15 LIB	14 SCO	13 SAG	15 AQU	16 ARI	15 TAU	16 CAN	16 LEO
18 GEM	18 LEO	17 LEO	18 LIB	17 SCO	16 SAG	16 CAP	17 PIS	18 TAU	18 GEM	18 LEO	18 VIR
20 CAN	20 VIR	20 VIR	20 SCO	20 SAG	19 CAP	18 AQU	20 ARI	21 GEM	20 CAN	20 VIR	20 LIB
22 LEO	22 LIB	22 LIB	22 SAG	22 CAP	21 AQU	21 PIS	22 TAU	23 CAN	22 LEO	23 LIB	22 SCO
24 VIR	24 SCO	24 SCO	25 CAP	25 AQU	24 PIS	23 ARI	24 GEM	25 LEO	24 VIR	25 SCO	24 SAG
26 LIB	27 SAG	26 SAG	27 AQU	27 PIS	26 ARI	26 TAU	26 CAN	27 VIR	26 LIB	27 SAG	27 CAP
28 SCO		29 CAP	30 PIS	30 ARI	28 TAU	28 GEM	28 LEO	29 LIB	28 SCO	29 CAP	29 AQU
30 SAG		31 AQU				30 CAN	30 VIR		31 SAG		

2028

JAN	FEB	MAR	APR	MAY	JUN	JUL	AUG	SEP	OCT	NOV	DEC
1 PIS	2 TAU	3 GEM	1 CAN	1 LEO	1 LIB	3 SAG	1 CAP	2 PIS	2 ARI	1 TAU	1 GEM
3 ARI	4 GEM	5 CAN	3 LEO	3 VIR	3 SCO	5 CAP	4 AQU	5 ARI	5 TAU	3 GEM	3 CAN
6 TAU	6 CAN	7 LEO	5 VIR	5 LIB	5 SAG	7 AQU	6 PIS	7 TAU	7 GEM	6 CAN	5 LEO
8 GEM	9 LEO	9 VIR	7 LIB	7 SCO	8 CAP	10 PIS	9 ARI	10 GEM	9 CAN	8 LEO	7 VIR
10 CAN	10 VIR	11 LIB	9 SCO	9 SAG	10 AQU	12 ARI	11 TAU	12 CAN	12 LEO	10 VIR	9 LIB
12 LEO	12 LIB	13 SCO	12 SAG	11 CAP	12 PIS	15 TAU	13 GEM	14 LEO	14 VIR	12 LIB	11 SCO
14 VIR	15 SCO	15 SAG	14 CAP	14 AQU	15 ARI	17 GEM	16 CAN	16 VIR	16 LIB	14 SCO	14 SAG
16 LIB	17 SAG	17 CAP	16 AQU	16 PIS	17 TAU	19 CAN	18 LEO	18 LIB	18 SCO	16 SAG	16 CAP
18 SCO	19 CAP	20 AQU	19 PIS	19 ARI	20 GEM	21 LEO	20 VIR	20 SCO	20 SAG	18 CAP	18 AQU
21 SAG	22 AQU	22 PIS	21 ARI	21 TAU	22 CAN	23 VIR	22 LIB	22 SAG	22 CAP	21 AQU	20 PIS
23 CAP	24 PIS	25 ARI	24 TAU	23 GEM	24 LEO	25 LIB	24 SCO	25 CAP	24 AQU	23 PIS	23 ARI
25 AQU	27 ARI	27 TAU	26 GEM	26 CAN	26 VIR	28 SCO	26 SAG	27 AQU	27 PIS	26 ARI	25 TAU
28 PIS	29 TAU	30 GEM	28 CAN	28 LEO	28 LIB	30 SAG	28 CAP	30 PIS	29 ARI	28 TAU	28 GEM
30 ARI				30 VIR	30 SCO		31 AQU				30 CAN

2029

JAN	FEB	MAR	APR	MAY	JUN	JUL	AUG	SEP	OCT	NOV	DEC
1 LEO	2 LIB	1 LIB	2 SAG	1 CAP	2 PIS	2 ARI	1 TAU	2 CAN	2 LEO	3 LIB	2 SCO
4 VIR	4 SCO	3 SCO	4 CAP	4 AQU	5 ARI	5 TAU	3 GEM	4 LEO	4 VIR	5 SCO	4 SAG
6 LIB	6 SAG	5 SAG	6 AQU	6 PIS	7 TAU	7 GEM	6 CAN	7 VIR	6 LIB	7 SAG	6 CAP
8 SCO	8 CAP	8 CAP	9 PIS	8 ARI	10 GEM	9 CAN	8 LEO	9 LIB	8 SCO	9 CAP	8 AQU
10 SAG	11 AQU	10 AQU	11 ARI	11 TAU	12 CAN	12 LEO	10 VIR	11 SCO	10 SAG	11 AQU	10 PIS
12 CAP	13 PIS	12 PIS	14 TAU	13 GEM	14 LEO	14 VIR	12 LIB	13 SAG	12 CAP	13 PIS	13 ARI
14 AQU	16 ARI	15 ARI	16 GEM	16 CAN	17 VIR	16 LIB	14 SCO	15 CAP	14 AQU	15 ARI	15 TAU
17 PIS	18 TAU	17 TAU	19 CAN	18 LEO	19 LIB	18 SCO	16 SAG	17 AQU	17 PIS	18 TAU	18 GEM
19 ARI	21 GEM	20 GEM	21 LEO	20 VIR	21 SCO	20 SAG	19 CAP	20 PIS	19 ARI	21 GEM	20 CAN
22 TAU	23 CAN	22 CAN	23 VIR	23 LIB	23 SAG	22 CAP	21 AQU	22 ARI	22 TAU	23 CAN	23 LEO
24 GEM	25 LEO	25 LEO	25 LIB	25 SCO	25 CAP	25 AQU	23 PIS	24 TAU	24 GEM	25 LEO	25 VIR
27 CAN	27 VIR	27 VIR	27 SCO	27 SAG	27 AQU	27 PIS	26 ARI	27 GEM	27 CAN	28 VIR	27 LIB
29 LEO		29 LIB	29 SAG	29 CAP	30 PIS	29 ARI	28 TAU	30 CAN	29 LEO	30 LIB	29 SCO
31 VIR		31 SCO		31 AQU			31 GEM		31 VIR		31 SAG

2030

JAN	FEB	MAR	APR	MAY	JUN	JUL	AUG	SEP	OCT	NOV	DEC
2 CAP	1 AQU	3 PIS	1 ARI	1 TAU	2 CAN	2 LEO	1 VIR	1 SCO	1 SAG	1 AQU	1 PIS
5 AQU	3 PIS	5 ARI	4 TAU	3 GEM	5 LEO	4 VIR	3 LIB	3 SAG	3 CAP	3 PIS	3 ARI
7 PIS	5 ARI	7 TAU	6 GEM	6 CAN	7 VIR	7 LIB	5 SCO	5 CAP	5 AQU	6 ARI	5 TAU
9 ARI	8 TAU	10 GEM	9 CAN	8 LEO	9 LIB	9 SCO	7 SAG	8 AQU	7 PIS	8 TAU	8 GEM
12 TAU	10 GEM	12 CAN	11 LEO	11 VIR	11 SCO	11 SAG	9 CAP	10 PIS	9 ARI	10 GEM	10 CAN
14 GEM	13 CAN	15 LEO	13 VIR	13 LIB	13 SAG	13 CAP	11 AQU	12 ARI	12 TAU	13 CAN	13 LEO
17 CAN	15 LEO	17 VIR	16 LIB	15 SCO	15 CAP	15 AQU	13 PIS	14 TAU	14 GEM	16 LEO	15 VIR
19 LEO	18 VIR	19 LIB	18 SCO	17 SAG	17 AQU	17 PIS	16 ARI	17 GEM	17 CAN	18 VIR	18 LIB
21 VIR	20 LIB	21 SCO	20 SAG	19 CAP	20 PIS	19 ARI	18 TAU	19 CAN	19 LEO	20 LIB	20 SCO
23 LIB	22 SCO	23 SAG	22 CAP	21 AQU	22 ARI	22 TAU	21 GEM	22 LEO	22 VIR	22 SCO	22 SAG
26 SCO	24 SAG	25 CAP	24 AQU	23 PIS	24 TAU	24 GEM	23 CAN	24 VIR	24 LIB	24 SAG	24 CAP
28 SAG	26 CAP	27 AQU	26 PIS	26 ARI	27 GEM	27 CAN	25 LEO	26 LIB	26 SCO	26 CAP	26 AQU
30 CAP	28 AQU	30 PIS	28 ARI	28 TAU	29 CAN	29 LEO	28 VIR	28 SCO	28 SAG	28 AQU	28 PIS
				31 GEM			30 LIB		30 CAP		30 ARI

2031

JAN	FEB	MAR	APR	MAY	JUN	JUL	AUG	SEP	OCT	NOV	DEC
1 TAU	3 CAN	2 CAN	1 LEO	1 VIR	2 SCO	1 SAG	2 AQU	2 ARI	2 TAU	3 CAN	3 LEO
4 GEM	5 LEO	5 LEO	3 VIR	3 LIB	4 SAG	3 CAP	4 PIS	4 TAU	4 GEM	5 LEO	5 VIR
7 CAN	8 VIR	7 VIR	6 LIB	5 SCO	6 CAP	5 AQU	6 ARI	7 GEM	6 CAN	8 VIR	8 LIB
9 LEO	10 LIB	9 LIB	8 SCO	7 SAG	8 AQU	7 PIS	8 TAU	9 CAN	9 LEO	10 LIB	10 SCO
11 VIR	12 SCO	12 SCO	10 SAG	9 CAP	10 PIS	9 ARI	10 GEM	12 LEO	12 VIR	13 SCO	12 SAG
14 LIB	15 SAG	14 SAG	12 CAP	11 AQU	12 ARI	12 TAU	13 CAN	14 VIR	14 LIB	15 SAG	14 CAP
16 SCO	17 CAP	16 CAP	14 AQU	14 PIS	14 TAU	14 GEM	15 LEO	17 LIB	16 SCO	17 CAP	16 AQU
18 SAG	19 AQU	18 AQU	16 PIS	16 ARI	17 GEM	17 CAN	18 VIR	19 SCO	18 SAG	19 AQU	18 PIS
20 CAP	21 PIS	20 PIS	19 ARI	18 TAU	19 CAN	19 LEO	20 LIB	21 SAG	21 CAP	21 PIS	20 ARI
22 AQU	23 ARI	22 ARI	21 TAU	21 GEM	22 LEO	22 VIR	23 SCO	23 CAP	23 AQU	23 ARI	23 TAU
24 PIS	25 TAU	25 TAU	23 GEM	23 CAN	24 VIR	24 LIB	25 SAG	25 AQU	25 PIS	25 TAU	25 GEM
26 ARI	28 GEM	27 GEM	26 CAN	26 LEO	27 LIB	26 SCO	27 CAP	27 PIS	27 ARI	28 GEM	27 CAN
29 TAU		29 CAN	28 LEO	28 VIR	29 SCO	29 SAG	29 AQU	30 ARI	29 TAU	30 CAN	30 LEO
31 GEM				31 LIB		31 CAP	31 PIS		31 GEM		

2032

JAN	FEB	MAR	APR	MAY	JUN	JUL	AUG	SEP	OCT	NOV	DEC
1 VIR	3 SCO	1 SCO	2 CAP	1 AQU	2 ARI	1 TAU	2 CAN	1 LEO	3 LIB	2 SCO	1 SAG
4 LIB	5 SAG	3 SAG	4 AQU	3 PIS	4 TAU	3 GEM	4 LEO	3 VIR	5 SCO	4 SAG	4 CAP
6 SCO	7 CAP	5 CAP	6 PIS	5 ARI	6 GEM	6 CAN	7 VIR	6 LIB	8 SAG	6 CAP	6 AQU
9 SAG	9 AQU	8 AQU	8 ARI	7 TAU	8 CAN	8 LEO	9 LIB	8 SCO	10 CAP	8 AQU	8 PIS
11 CAP	11 PIS	10 PIS	10 TAU	10 GEM	11 LEO	11 VIR	12 SCO	11 SAG	12 AQU	11 PIS	10 ARI
13 AQU	13 ARI	12 ARI	12 GEM	12 CAN	13 VIR	13 LIB	14 SAG	13 CAP	14 PIS	13 ARI	12 TAU
15 PIS	15 TAU	14 TAU	15 CAN	14 LEO	16 LIB	16 SCO	16 CAP	15 AQU	16 ARI	15 TAU	14 GEM
17 ARI	18 GEM	16 GEM	17 LEO	17 VIR	18 SCO	18 SAG	18 AQU	17 PIS	18 TAU	17 GEM	17 CAN
19 TAU	20 CAN	18 CAN	20 VIR	19 LIB	20 SAG	20 CAP	20 PIS	19 ARI	20 GEM	19 CAN	19 LEO
21 GEM	22 LEO	21 LEO	22 LIB	22 SCO	23 CAP	22 AQU	22 ARI	21 TAU	23 CAN	21 LEO	21 VIR
24 CAN	25 VIR	23 VIR	24 SCO	24 SAG	25 AQU	24 PIS	25 TAU	23 GEM	25 LEO	24 VIR	24 LIB
26 LEO	27 LIB	26 LIB	27 SAG	26 CAP	27 PIS	26 ARI	27 GEM	25 CAN	28 VIR	27 LIB	26 SCO
29 VIR		28 SCO	29 CAP	28 AQU	29 ARI	28 TAU	29 CAN	28 LEO	30 LIB	29 SCO	29 SAG
31 LIB		30 SAG		30 PIS		30 GEM		30 VIR			31 CAP

2033

JAN	FEB	MAR	APR	MAY	JUN	JUL	AUG	SEP	OCT	NOV	DEC
2 AQU	2 ARI	2 ARI	2 GEM	2 CAN	1 LEO	3 LIB	2 SCO	1 SAG	3 AQU	1 PIS	1 ARI
4 PIS	5 TAU	4 TAU	5 CAN	4 LEO	3 VIR	5 SCO	4 SAG	3 CAP	5 PIS	3 ARI	3 TAU
6 ARI	7 GEM	6 GEM	7 LEO	7 VIR	6 LIB	8 SAG	7 CAP	5 AQU	7 ARI	5 TAU	5 GEM
8 TAU	9 CAN	8 CAN	9 VIR	9 LIB	8 SCO	10 CAP	9 AQU	7 PIS	9 TAU	7 GEM	7 CAN
11 GEM	11 LEO	11 LEO	12 LIB	12 SCO	11 SAG	12 AQU	11 PIS	9 ARI	11 GEM	9 CAN	9 LEO
13 CAN	14 VIR	13 VIR	15 SCO	14 SAG	13 CAP	14 PIS	13 ARI	11 TAU	13 CAN	11 LEO	11 VIR
15 LEO	16 LIB	16 LIB	17 SAG	17 CAP	15 AQU	17 ARI	15 TAU	13 GEM	15 LEO	14 VIR	14 LIB
18 VIR	19 SCO	18 SCO	19 CAP	19 AQU	17 PIS	19 TAU	17 GEM	16 CAN	18 VIR	16 LIB	16 SCO
20 LIB	21 SAG	21 SAG	22 AQU	21 PIS	19 ARI	21 GEM	19 CAN	18 LEO	20 LIB	19 SCO	19 SAG
23 SCO	24 CAP	23 CAP	24 PIS	23 ARI	21 TAU	23 CAN	22 LEO	20 VIR	23 SCO	21 SAG	21 CAP
25 SAG	26 AQU	25 AQU	26 ARI	25 TAU	24 GEM	25 LEO	24 VIR	23 LIB	25 SAG	24 CAP	23 AQU
27 CAP	28 PIS	27 PIS	28 TAU	27 GEM	26 CAN	28 VIR	27 LIB	25 SCO	28 CAP	26 AQU	26 PIS
29 AQU		29 ARI	30 GEM	29 CAN	28 LEO	30 LIB	29 SCO	28 SAG	30 AQU	28 PIS	28 ARI
31 PIS		31 TAU			30 VIR			30 CAP			30 TAU

2034

JAN	FEB	MAR	APR	MAY	JUN	JUL	AUG	SEP	OCT	NOV	DEC
1 GEM	2 LEO	1 LEO	2 LIB	2 SCO	3 CAP	3 AQU	1 PIS	2 TAU	1 GEM	2 LEO	1 VIR
3 CAN	4 VIR	3 VIR	4 SCO	4 SAG	5 AQU	5 PIS	3 ARI	4 GEM	3 CAN	4 VIR	4 LIB
5 LEO	6 LIB	6 LIB	7 SAG	7 CAP	8 PIS	7 ARI	6 TAU	6 CAN	5 LEO	6 LIB	6 SCO
8 VIR	9 SCO	8 SCO	9 CAP	9 AQU	10 ARI	9 TAU	8 GEM	8 LEO	8 VIR	9 SCO	9 SAG
10 LIB	11 SAG	11 SAG	12 AQU	11 PIS	12 TAU	11 GEM	10 CAN	10 VIR	10 LIB	11 SAG	11 CAP
12 SCO	14 CAP	13 CAP	14 PIS	14 ARI	14 GEM	13 CAN	12 LEO	13 LIB	13 SCO	14 CAP	14 AQU
15 SAG	16 AQU	15 AQU	16 ARI	16 TAU	16 CAN	16 LEO	14 VIR	15 SCO	15 SAG	16 AQU	16 PIS
17 CAP	18 PIS	18 PIS	18 TAU	18 GEM	18 LEO	18 VIR	16 LIB	18 SAG	18 CAP	19 PIS	18 ARI
20 AQU	20 ARI	20 ARI	20 GEM	20 CAN	20 VIR	20 LIB	19 SCO	20 CAP	20 AQU	21 ARI	20 TAU
22 PIS	22 TAU	22 TAU	22 CAN	22 LEO	23 LIB	23 SCO	21 SAG	23 AQU	22 PIS	23 TAU	22 GEM
24 ARI	24 GEM	24 GEM	24 LEO	24 VIR	25 SCO	25 SAG	24 CAP	25 PIS	25 ARI	25 GEM	24 CAN
26 TAU	27 CAN	26 CAN	27 VIR	26 LIB	28 SAG	28 CAP	26 AQU	27 ARI	27 TAU	27 CAN	26 LEO
28 GEM		28 LEO	29 LIB	29 SCO	30 CAP	30 AQU	29 PIS	29 TAU	29 GEM	29 LEO	29 VIR
30 CAN		30 VIR		31 SAG			31 ARI		31 CAN		31 LIB

2035

JAN	FEB	MAR	APR	MAY	JUN	JUL	AUG	SEP	OCT	NOV	DEC
2 SCO	1 SAG	3 CAP	2 AQU	2 PIS	2 TAU	2 GEM	2 LEO	1 VIR	2 SCO	1 SAG	1 CAP
5 SAG	4 CAP	5 AQU	4 PIS	4 ARI	4 GEM	4 CAN	4 VIR	3 LIB	5 SAG	4 CAP	4 AQU
7 CAP	6 AQU	8 PIS	6 ARI	6 TAU	6 CAN	6 LEO	6 LIB	5 SCO	7 CAP	6 AQU	6 PIS
10 AQU	8 PIS	10 ARI	9 TAU	8 GEM	8 LEO	8 VIR	9 SCO	8 SAG	10 AQU	9 PIS	8 ARI
12 PIS	11 ARI	12 TAU	11 GEM	10 CAN	10 VIR	10 LIB	11 SAG	10 CAP	12 PIS	11 ARI	11 TAU
15 ARI	13 TAU	14 GEM	13 CAN	12 LEO	13 LIB	12 SCO	14 CAP	13 AQU	15 ARI	13 TAU	13 GEM
17 TAU	15 GEM	16 CAN	15 LEO	14 VIR	15 SCO	15 SAG	16 AQU	15 PIS	17 TAU	15 GEM	15 CAN
19 GEM	17 CAN	19 LEO	17 VIR	17 LIB	18 SAG	17 CAP	19 PIS	17 ARI	19 GEM	17 CAN	17 LEO
21 CAN	19 LEO	21 VIR	19 LIB	19 SCO	20 CAP	20 AQU	21 ARI	20 TAU	21 CAN	19 LEO	19 VIR
23 LEO	21 VIR	23 LIB	22 SCO	21 SAG	23 AQU	22 PIS	23 TAU	22 GEM	23 LEO	22 VIR	21 LIB
25 VIR	24 LIB	25 SCO	24 SAG	24 CAP	25 PIS	25 ARI	25 GEM	24 CAN	25 VIR	24 LIB	23 SCO
27 LIB	26 SCO	28 SAG	27 CAP	26 AQU	28 ARI	27 TAU	28 CAN	26 LEO	28 LIB	26 SCO	26 SAG
30 SCO	28 SAG	30 CAP	29 AQU	29 PIS	30 TAU	29 GEM	30 LEO	28 VIR	30 SCO	29 SAG	28 CAP
				31 ARI		31 CAN		30 LIB			31 AQU

2036

JAN	FEB	MAR	APR	MAY	JUN	JUL	AUG	SEP	OCT	NOV	DEC
2 PIS	1 ARI	2 TAU	2 CAN	2 LEO	2 LIB	2 SCO	3 CAP	1 AQU	1 PIS	2 TAU	2 GEM
5 ARI	3 TAU	4 GEM	4 LEO	4 VIR	4 SCO	4 SAG	5 AQU	4 PIS	4 ARI	5 GEM	4 CAN
7 TAU	6 GEM	6 CAN	6 VIR	6 LIB	7 SAG	6 CAP	8 PIS	6 ARI	6 TAU	7 CAN	6 LEO
9 GEM	8 CAN	8 LEO	9 LIB	8 SCO	9 CAP	9 AQU	10 ARI	9 TAU	8 GEM	9 LEO	8 VIR
11 CAN	10 LEO	10 VIR	11 SCO	10 SAG	12 AQU	11 PIS	13 TAU	11 GEM	11 CAN	11 VIR	10 LIB
13 LEO	12 VIR	12 LIB	13 SAG	13 CAP	14 PIS	14 ARI	15 GEM	13 CAN	13 LEO	13 LIB	13 SCO
15 VIR	14 LIB	14 SCO	15 CAP	15 AQU	17 ARI	16 TAU	17 CAN	15 LEO	15 VIR	15 SCO	15 SAG
17 LIB	16 SCO	17 SAG	18 AQU	18 PIS	19 TAU	19 GEM	19 LEO	18 VIR	17 LIB	18 SAG	17 CAP
20 SCO	18 SAG	19 CAP	20 PIS	20 ARI	21 GEM	21 CAN	21 VIR	20 LIB	19 SCO	20 CAP	20 AQU
22 SAG	21 CAP	22 AQU	23 ARI	23 TAU	23 CAN	23 LEO	23 LIB	22 SCO	21 SAG	22 AQU	22 PIS
25 CAP	23 AQU	24 PIS	25 TAU	25 GEM	25 LEO	25 VIR	25 SCO	24 SAG	24 CAP	25 PIS	25 ARI
27 AQU	26 PIS	27 ARI	27 GEM	27 CAN	27 VIR	27 LIB	27 SAG	26 CAP	26 AQU	27 ARI	27 TAU
30 PIS	28 ARI	29 TAU	29 CAN	29 LEO	29 LIB	29 SCO	30 CAP	29 AQU	29 PIS	30 TAU	29 GEM
		31 GEM		31 VIR		31 SAG			31 ARI		

2037

JAN	FEB	MAR	APR	MAY	JUN	JUL	AUG	SEP	OCT	NOV	DEC
1 CAN	1 VIR	1 VIR	1 SCO	3 CAP	1 AQU	1 PIS	3 TAU	1 GEM	1 CAN	2 VIR	1 LIB
3 LEO	3 LIB	3 LIB	3 SAG	5 AQU	4 PIS	4 ARI	5 GEM	4 CAN	3 LEO	4 LIB	3 SCO
5 VIR	5 SCO	5 SCO	5 CAP	8 PIS	6 ARI	6 TAU	7 CAN	6 LEO	5 VIR	6 SCO	5 SAG
7 LIB	7 SAG	7 SAG	8 AQU	10 ARI	9 TAU	9 GEM	9 LEO	8 VIR	7 LIB	8 SAG	7 CAP
9 SCO	10 CAP	9 CAP	10 PIS	13 TAU	11 GEM	11 CAN	11 VIR	10 LIB	9 SCO	10 CAP	10 AQU
11 SAG	12 AQU	11 AQU	13 ARI	15 GEM	14 CAN	13 LEO	13 LIB	12 SCO	11 SAG	12 AQU	12 PIS
14 CAP	15 PIS	14 PIS	15 TAU	17 CAN	16 LEO	15 VIR	16 SCO	14 SAG	14 CAP	15 PIS	14 ARI
16 AQU	17 ARI	17 ARI	18 GEM	19 LEO	18 VIR	17 LIB	18 SAG	16 CAP	16 AQU	17 ARI	17 TAU
18 PIS	20 TAU	19 TAU	20 CAN	22 VIR	20 LIB	19 SCO	20 CAP	19 AQU	18 PIS	20 TAU	19 GEM
21 ARI	22 GEM	21 GEM	22 LEO	24 LIB	22 SCO	21 SAG	22 AQU	21 PIS	21 ARI	22 GEM	22 CAN
24 TAU	24 CAN	24 CAN	24 VIR	26 SCO	24 SAG	24 CAP	25 PIS	24 ARI	23 TAU	24 CAN	24 LEO
26 GEM	27 LEO	26 LEO	26 LIB	28 SAG	26 CAP	26 AQU	27 ARI	26 TAU	26 GEM	27 LEO	26 VIR
28 CAN		28 VIR	28 SCO	30 CAP	29 AQU	29 PIS	30 TAU	29 GEM	28 CAN	29 VIR	28 LIB
30 LEO		30 LIB	30 SAG			31 ARI			31 LEO		30 SCO

2038

JAN	FEB	MAR	APR	MAY	JUN	JUL	AUG	SEP	OCT	NOV	DEC
2 SAG	2 AQU	2 AQU	3 ARI	3 TAU	1 GEM	1 CAN	2 VIR	2 SCO	2 SAG	2 AQU	2 PIS
4 CAP	5 PIS	4 PIS	5 TAU	5 GEM	4 CAN	3 LEO	4 LIB	4 SAG	4 CAP	5 PIS	4 ARI
6 AQU	7 ARI	6 ARI	8 GEM	7 CAN	6 LEO	6 VIR	6 SCO	7 CAP	6 AQU	7 ARI	7 TAU
8 PIS	10 TAU	9 TAU	10 CAN	10 LEO	8 VIR	8 LIB	8 SAG	9 AQU	8 PIS	10 TAU	9 GEM
11 ARI	12 GEM	12 GEM	13 LEO	12 VIR	10 LIB	10 SCO	10 CAP	11 PIS	11 ARI	12 GEM	12 CAN
13 TAU	15 CAN	14 CAN	15 VIR	14 LIB	13 SCO	12 SAG	13 AQU	14 ARI	13 TAU	15 CAN	14 LEO
16 GEM	17 LEO	16 LEO	17 LIB	16 SCO	15 SAG	14 CAP	15 PIS	16 TAU	16 GEM	17 LEO	17 VIR
18 CAN	19 VIR	18 VIR	19 SCO	18 SAG	17 CAP	16 AQU	17 ARI	19 GEM	18 CAN	19 VIR	19 LIB
20 LEO	21 LIB	20 LIB	21 SAG	20 CAP	19 AQU	19 PIS	20 TAU	21 CAN	21 LEO	22 LIB	21 SCO
22 VIR	23 SCO	22 SCO	23 CAP	22 AQU	21 PIS	21 ARI	22 GEM	23 LEO	23 VIR	24 SCO	23 SAG
25 LIB	25 SAG	24 SAG	25 AQU	25 PIS	24 ARI	23 TAU	25 CAN	26 VIR	25 LIB	26 SAG	25 CAP
27 SCO	27 CAP	26 CAP	27 PIS	27 ARI	26 TAU	26 GEM	27 LEO	28 LIB	27 SCO	28 CAP	27 AQU
29 SAG		29 AQU	30 ARI	30 TAU	29 GEM	28 CAN	29 VIR	30 SCO	29 SAG	30 AQU	29 PIS
31 CAP		31 PIS				31 LEO	31 LIB		31 CAP		

2039

JAN	FEB	MAR	APR	MAY	JUN	JUL	AUG	SEP	OCT	NOV	DEC
1 ARI	2 GEM	1 GEM	3 LEO	2 VIR	1 LIB	2 SAG	1 CAP	1 PIS	1 ARI	2 GEM	2 CAN
3 TAU	5 CAN	4 CAN	5 VIR	5 LIB	3 SCO	4 CAP	3 AQU	4 ARI	3 TAU	5 CAN	4 LEO
6 GEM	7 LEO	6 LEO	7 LIB	7 SCO	5 SAG	6 AQU	5 PIS	6 TAU	6 GEM	7 LEO	7 VIR
8 CAN	9 VIR	9 VIR	9 SCO	9 SAG	7 CAP	9 PIS	7 ARI	8 GEM	8 CAN	10 VIR	9 LIB
11 LEO	11 LIB	11 LIB	11 SAG	11 CAP	9 AQU	11 ARI	10 TAU	11 CAN	11 LEO	12 LIB	11 SCO
13 VIR	13 SCO	13 SCO	13 CAP	13 AQU	11 PIS	13 TAU	12 GEM	13 LEO	13 VIR	14 SCO	13 SAG
15 LIB	16 SAG	15 SAG	15 AQU	15 PIS	13 ARI	16 GEM	15 CAN	16 VIR	15 LIB	16 SAG	15 CAP
17 SCO	18 CAP	17 CAP	18 PIS	17 ARI	16 TAU	18 CAN	17 LEO	18 LIB	17 SCO	18 CAP	17 AQU
19 SAG	20 AQU	19 AQU	20 ARI	20 TAU	18 GEM	21 LEO	19 VIR	20 SCO	20 SAG	20 AQU	19 PIS
21 CAP	22 PIS	21 PIS	22 TAU	22 GEM	21 CAN	23 VIR	22 LIB	22 SAG	22 CAP	22 PIS	22 ARI
24 AQU	24 ARI	24 ARI	25 GEM	25 CAN	23 LEO	25 LIB	24 SCO	24 CAP	24 AQU	24 ARI	24 TAU
26 PIS	27 TAU	26 TAU	27 CAN	27 LEO	26 VIR	28 SCO	26 SAG	26 AQU	26 PIS	27 TAU	27 GEM
28 ARI		29 GEM	30 LEO	30 VIR	28 LIB	30 SAG	28 CAP	29 PIS	28 ARI	29 GEM	29 CAN
30 TAU		31 CAN			30 SCO		30 AQU		31 TAU		

2040

JAN	FEB	MAR	APR	MAY	JUN	JUL	AUG	SEP	OCT	NOV	DEC
1 LEO	2 LIB	2 SCO	1 SAG	2 AQU	1 PIS	2 TAU	1 GEM	2 LEO	2 VIR	1 LIB	1 SCO
3 VIR	4 SCO	4 SAG	3 CAP	4 PIS	3 ARI	5 GEM	3 CAN	5 VIR	4 LIB	3 SCO	3 SAG
5 LIB	6 SAG	7 CAP	5 AQU	6 ARI	5 TAU	7 CAN	6 LEO	7 LIB	7 SCO	5 SAG	5 CAP
8 SCO	8 CAP	9 AQU	7 PIS	9 TAU	7 GEM	10 LEO	8 VIR	10 SCO	9 SAG	7 CAP	7 AQU
10 SAG	10 AQU	11 PIS	9 ARI	11 GEM	10 CAN	12 VIR	11 LIB	12 SAG	11 CAP	10 AQU	9 PIS
12 CAP	12 PIS	13 ARI	11 TAU	14 CAN	12 LEO	15 LIB	13 SCO	14 CAP	13 AQU	12 PIS	11 ARI
14 AQU	14 ARI	15 TAU	14 GEM	16 LEO	15 VIR	17 SCO	16 SAG	16 AQU	15 PIS	14 ARI	13 TAU
16 PIS	17 TAU	17 GEM	16 CAN	19 VIR	17 LIB	19 SAG	18 CAP	18 PIS	18 ARI	16 TAU	16 GEM
18 ARI	19 GEM	20 CAN	19 LEO	21 LIB	20 SCO	21 CAP	20 AQU	20 ARI	20 TAU	18 GEM	18 CAN
20 TAU	22 CAN	23 LEO	21 VIR	23 SCO	22 SAG	23 AQU	22 PIS	22 TAU	22 GEM	21 CAN	21 LEO
23 GEM	24 LEO	25 VIR	24 LIB	25 SAG	24 CAP	25 PIS	24 ARI	25 GEM	24 CAN	23 LEO	23 VIR
25 CAN	27 VIR	27 LIB	26 SCO	27 CAP	26 AQU	27 ARI	26 TAU	27 CAN	27 LEO	26 VIR	26 LIB
28 LEO	29 LIB	30 SCO	28 SAG	29 AQU	28 PIS	30 TAU	28 GEM	30 LEO	29 VIR	28 LIB	28 SCO
30 VIR			30 CAP		30 ARI		31 CAN				30 SAG

2041

JAN	FEB	MAR	APR	MAY	JUN	JUL	AUG	SEP	OCT	NOV	DEC
1 CAP	2 PIS	1 PIS	2 TAU	1 GEM	2 LEO	2 VIR	1 LIB	2 SAG	2 CAP	2 PIS	2 ARI
3 AQU	4 ARI	3 ARI	4 GEM	4 CAN	5 VIR	5 LIB	3 SCO	4 CAP	4 AQU	4 ARI	4 TAU
5 PIS	6 TAU	5 TAU	6 CAN	6 LEO	7 LIB	7 SCO	6 SAG	7 AQU	6 PIS	6 TAU	6 GEM
7 ARI	8 GEM	7 GEM	9 LEO	8 VIR	10 SCO	9 SAG	8 CAP	9 PIS	8 ARI	8 GEM	8 CAN
10 TAU	11 CAN	10 CAN	11 VIR	11 LIB	12 SAG	12 CAP	10 AQU	10 ARI	10 TAU	11 CAN	10 LEO
12 GEM	13 LEO	12 LEO	14 LIB	13 SCO	14 CAP	14 AQU	12 PIS	12 TAU	12 GEM	13 LEO	13 VIR
14 CAN	16 VIR	15 VIR	16 SCO	16 SAG	16 AQU	16 PIS	14 ARI	15 GEM	14 CAN	15 VIR	15 LIB
17 LEO	18 LIB	17 LIB	18 SAG	18 CAP	18 PIS	18 ARI	16 TAU	17 CAN	17 LEO	18 LIB	18 SCO
19 VIR	21 SCO	20 SCO	21 CAP	20 AQU	20 ARI	20 TAU	18 GEM	19 LEO	19 VIR	21 SCO	20 SAG
22 LIB	23 SAG	22 SAG	23 AQU	22 PIS	23 TAU	22 GEM	21 CAN	22 VIR	22 LIB	23 SAG	22 CAP
24 SCO	25 CAP	24 CAP	25 PIS	24 ARI	25 GEM	24 CAN	23 LEO	24 LIB	24 SCO	25 CAP	25 AQU
27 SAG	27 AQU	26 AQU	27 ARI	26 TAU	27 CAN	27 LEO	26 VIR	27 SCO	27 SAG	27 AQU	27 PIS
29 CAP		29 PIS	29 TAU	29 GEM	30 LEO	29 VIR	28 LIB	29 SAG	29 CAP	29 PIS	29 ARI
31 AQU		31 ARI		31 CAN			31 SCO		31 AQU		31 TAU

2042

JAN	FEB	MAR	APR	MAY	JUN	JUL	AUG	SEP	OCT	NOV	DEC
2 GEM	1 CAN	2 LEO	1 VIR	1 LIB	2 SAG	2 CAP	2 PIS	1 ARI	2 GEM	1 CAN	3 VIR
4 CAN	3 LEO	5 VIR	4 LIB	3 SCO	4 CAP	4 AQU	5 ARI	3 TAU	4 CAN	3 LEO	5 LIB
7 LEO	5 VIR	7 LIB	6 SCO	6 SAG	7 AQU	6 PIS	7 TAU	5 GEM	7 LEO	5 VIR	8 SCO
9 VIR	8 LIB	10 SCO	9 SAG	8 CAP	9 PIS	8 ARI	9 GEM	7 CAN	9 VIR	8 LIB	10 SAG
12 LIB	11 SCO	12 SAG	11 CAP	10 AQU	11 ARI	10 TAU	11 CAN	9 LEO	12 LIB	10 SCO	13 CAP
14 SCO	13 SAG	15 CAP	13 AQU	13 PIS	13 TAU	13 GEM	13 LEO	12 VIR	14 SCO	13 SAG	15 AQU
17 SAG	15 CAP	17 AQU	15 PIS	15 ARI	15 GEM	15 CAN	16 VIR	14 LIB	17 SAG	15 CAP	17 PIS
19 CAP	17 AQU	19 PIS	17 ARI	17 TAU	17 CAN	17 LEO	18 LIB	17 SCO	19 CAP	18 AQU	19 ARI
21 AQU	19 PIS	21 ARI	19 TAU	19 GEM	20 LEO	19 VIR	21 SCO	19 SAG	22 AQU	20 PIS	22 TAU
23 PIS	21 ARI	23 TAU	21 GEM	21 CAN	22 VIR	22 LIB	23 SAG	22 CAP	24 PIS	22 ARI	24 GEM
25 ARI	24 TAU	25 GEM	24 CAN	23 LEO	24 LIB	24 SCO	26 CAP	24 AQU	26 ARI	24 TAU	26 CAN
27 TAU	26 GEM	27 CAN	26 LEO	26 VIR	27 SCO	27 SAG	28 AQU	26 PIS	28 TAU	26 GEM	28 LEO
29 GEM	28 CAN	30 LEO	28 VIR	28 LIB	29 SAG	29 CAP	30 PIS	28 ARI	30 GEM	28 CAN	30 VIR
				31 SCO		31 AQU		30 TAU		30 LEO	

2043

JAN	FEB	MAR	APR	MAY	JUN	JUL	AUG	SEP	OCT	NOV	DEC
1 LIB	3 SAG	2 SAG	1 CAP	1 AQU	2 ARI	1 TAU	1 CAN	2 VIR	2 LIB	3 SAG	3 CAP
4 SCO	5 CAP	5 CAP	3 AQU	3 PIS	4 TAU	3 GEM	3 LEO	4 LIB	4 SCO	5 CAP	5 AQU
7 SAG	8 AQU	7 AQU	6 PIS	5 ARI	6 GEM	5 CAN	6 VIR	7 SCO	7 SAG	8 AQU	8 PIS
9 CAP	10 PIS	9 PIS	8 ARI	7 TAU	8 CAN	7 LEO	8 LIB	9 SAG	9 CAP	10 PIS	10 ARI
11 AQU	12 ARI	11 ARI	10 TAU	9 GEM	10 LEO	9 VIR	10 SCO	12 CAP	12 AQU	13 ARI	12 TAU
13 PIS	14 TAU	13 TAU	12 GEM	11 CAN	12 VIR	12 LIB	13 SAG	14 AQU	14 PIS	15 TAU	14 GEM
16 ARI	16 GEM	15 GEM	14 CAN	13 LEO	14 LIB	14 SCO	15 CAP	16 PIS	16 ARI	17 GEM	16 CAN
18 TAU	18 CAN	18 CAN	16 LEO	16 VIR	17 SCO	17 SAG	18 AQU	19 ARI	18 TAU	19 CAN	18 LEO
20 GEM	21 LEO	20 LEO	18 VIR	18 LIB	19 SAG	19 CAP	20 PIS	21 TAU	20 GEM	21 LEO	20 VIR
22 CAN	23 VIR	22 VIR	21 LIB	21 SCO	22 CAP	21 AQU	22 ARI	23 GEM	22 CAN	23 VIR	22 LIB
24 LEO	25 LIB	24 LIB	23 SCO	23 SAG	24 AQU	24 PIS	24 TAU	25 CAN	24 LEO	25 LIB	25 SCO
26 VIR	28 SCO	27 SCO	26 SAG	26 CAP	27 PIS	26 ARI	27 GEM	27 LEO	27 VIR	28 SCO	27 SAG
29 LIB		30 SAG	28 CAP	28 AQU	29 ARI	28 TAU	29 CAN	29 VIR	29 LIB	30 SAG	30 CAP
31 SCO				30 PIS		30 GEM	31 LEO		31 SCO		

2044

JAN	FEB	MAR	APR	MAY	JUN	JUL	AUG	SEP	OCT	NOV	DEC
1 AQU	2 ARI	1 ARI	1 GEM	1 CAN	1 VIR	1 LIB	2 SAG	1 CAP	3 PIS	2 ARI	1 TAU
4 PIS	5 TAU	3 TAU	3 CAN	3 LEO	3 LIB	3 SCO	4 CAP	3 AQU	5 ARI	4 TAU	3 GEM
6 ARI	7 GEM	5 GEM	5 LEO	5 VIR	6 SCO	5 SAG	7 AQU	6 PIS	7 TAU	6 GEM	5 CAN
8 TAU	9 CAN	7 CAN	8 VIR	7 LIB	8 SAG	8 CAP	9 PIS	8 ARI	10 GEM	8 CAN	7 LEO
10 GEM	11 LEO	9 LEO	10 LIB	10 SCO	11 CAP	11 AQU	12 ARI	10 TAU	12 CAN	10 LEO	9 VIR
12 CAN	13 VIR	11 VIR	12 SCO	12 SAG	13 AQU	13 PIS	14 TAU	12 GEM	14 LEO	12 VIR	12 LIB
14 LEO	15 LIB	14 LIB	15 SAG	14 CAP	16 PIS	15 ARI	16 GEM	14 CAN	16 VIR	14 LIB	14 SCO
17 VIR	18 SCO	16 SCO	17 CAP	17 AQU	18 ARI	18 TAU	18 CAN	17 LEO	18 LIB	17 SCO	16 SAG
19 LIB	20 SAG	18 SAG	20 AQU	19 PIS	20 TAU	20 GEM	20 LEO	19 VIR	20 SCO	19 SAG	19 CAP
21 SCO	23 CAP	21 CAP	22 PIS	22 ARI	22 GEM	22 CAN	22 VIR	21 LIB	23 SAG	22 CAP	21 AQU
24 SAG	25 AQU	23 AQU	24 ARI	24 TAU	24 CAN	24 LEO	24 LIB	23 SCO	25 CAP	24 AQU	24 PIS
26 CAP	27 PIS	26 PIS	27 TAU	26 GEM	26 LEO	26 VIR	27 SCO	25 SAG	28 AQU	27 PIS	26 ARI
29 AQU		28 ARI	29 GEM	28 CAN	28 VIR	28 LIB	29 SAG	28 CAP	30 PIS	29 ARI	29 TAU
31 PIS		30 TAU		30 LEO		30 SCO		30 AQU			31 GEM

2045

JAN	FEB	MAR	APR	MAY	JUN	JUL	AUG	SEP	OCT	NOV	DEC
2 CAN	2 VIR	2 VIR	2 SCO	2 SAG	1 CAP	3 PIS	2 ARI	3 GEM	2 CAN	1 LEO	2 LIB
4 LEO	4 LIB	4 LIB	5 SAG	4 CAP	3 AQU	5 ARI	4 TAU	5 CAN	4 LEO	3 VIR	4 SCO
6 VIR	7 SCO	6 SCO	7 CAP	7 AQU	6 PIS	8 TAU	7 GEM	7 LEO	7 VIR	5 LIB	7 SAG
8 LIB	9 SAG	8 SAG	9 AQU	9 PIS	8 ARI	10 GEM	9 CAN	9 VIR	9 LIB	7 SCO	9 CAP
10 SCO	11 CAP	11 CAP	12 PIS	12 ARI	11 TAU	12 CAN	11 LEO	11 LIB	11 SCO	9 SAG	11 AQU
13 SAG	14 AQU	13 AQU	14 ARI	14 TAU	13 GEM	14 LEO	13 VIR	13 SCO	13 SAG	11 CAP	14 PIS
15 CAP	16 PIS	16 PIS	17 TAU	16 GEM	15 CAN	16 VIR	15 LIB	15 SAG	15 CAP	14 AQU	16 ARI
18 AQU	19 ARI	18 ARI	19 GEM	18 CAN	17 LEO	18 LIB	17 SCO	18 CAP	18 AQU	16 PIS	19 TAU
20 PIS	21 TAU	20 TAU	21 CAN	21 LEO	19 VIR	20 SCO	19 SAG	20 AQU	20 PIS	19 ARI	21 GEM
23 ARI	24 GEM	23 GEM	23 LEO	23 VIR	21 LIB	23 SAG	21 CAP	23 PIS	23 ARI	21 TAU	23 CAN
25 TAU	26 CAN	25 CAN	25 VIR	25 LIB	23 SCO	25 CAP	24 AQU	25 ARI	25 TAU	24 GEM	25 LEO
27 GEM	28 LEO	27 LEO	28 LIB	27 SCO	26 SAG	28 AQU	26 PIS	28 TAU	27 GEM	26 CAN	27 VIR
29 CAN		29 VIR	30 SCO	29 SAG	28 CAP	30 PIS	29 ARI	30 GEM	29 CAN	28 LEO	29 LIB
31 LEO		31 LIB			30 AQU		31 TAU			30 VIR	

2046

JAN	FEB	MAR	APR	MAY	JUN	JUL	AUG	SEP	OCT	NOV	DEC
1 SCO	1 CAP	1 CAP	2 PIS	2 ARI	3 GEM	2 CAN	1 LEO	1 LIB	1 SCO	1 CAP	1 AQU
3 SAG	4 AQU	3 AQU	4 ARI	4 TAU	5 CAN	5 LEO	3 VIR	3 SCO	3 SAG	4 AQU	4 PIS
5 CAP	6 PIS	6 PIS	7 TAU	7 GEM	7 LEO	7 VIR	5 LIB	6 SAG	5 CAP	6 PIS	6 ARI
8 AQU	9 ARI	8 ARI	9 GEM	9 CAN	9 VIR	9 LIB	7 SCO	8 CAP	7 AQU	9 ARI	9 TAU
10 PIS	11 TAU	11 TAU	12 CAN	11 LEO	12 LIB	11 SCO	9 SAG	10 AQU	10 PIS	11 TAU	11 GEM
13 ARI	14 GEM	13 GEM	14 LEO	13 VIR	14 SCO	13 SAG	12 CAP	13 PIS	12 ARI	14 GEM	13 CAN
15 TAU	16 CAN	15 CAN	16 VIR	15 LIB	16 SAG	15 CAP	14 AQU	15 ARI	15 TAU	16 CAN	16 LEO
17 GEM	18 LEO	18 LEO	18 LIB	17 SCO	18 CAP	18 AQU	16 PIS	18 TAU	17 GEM	18 LEO	18 VIR
20 CAN	20 VIR	20 VIR	20 SCO	19 SAG	20 AQU	20 PIS	19 ARI	20 GEM	20 CAN	21 VIR	20 LIB
22 LEO	22 LIB	22 LIB	22 SAG	22 CAP	23 PIS	23 ARI	21 TAU	23 CAN	22 LEO	23 LIB	22 SCO
24 VIR	24 SCO	24 SCO	24 CAP	24 AQU	25 ARI	25 TAU	24 GEM	25 LEO	24 VIR	25 SCO	24 SAG
26 LIB	26 SAG	26 SAG	27 AQU	26 PIS	28 TAU	28 GEM	26 CAN	27 VIR	26 LIB	27 SAG	26 CAP
28 SCO		28 CAP	29 PIS	29 ARI	30 GEM	30 CAN	28 LEO	29 LIB	28 SCO	29 CAP	29 AQU
30 SAG		30 AQU		31 TAU			30 VIR		30 SAG		31 PIS

2047

JAN	FEB	MAR	APR	MAY	JUN	JUL	AUG	SEP	OCT	NOV	DEC
2 ARI	1 TAU	1 TAU	2 CAN	1 LEO	2 LIB	2 SCO	2 CAP	3 PIS	2 ARI	1 TAU	1 GEM
5 TAU	4 GEM	3 GEM	4 LEO	4 VIR	4 SCO	4 SAG	4 AQU	5 ARI	5 TAU	4 GEM	3 CAN
7 GEM	6 CAN	6 CAN	6 VIR	6 LIB	6 SAG	6 CAP	6 PIS	8 TAU	7 GEM	6 CAN	6 LEO
10 CAN	8 LEO	8 LEO	8 LIB	8 SCO	8 CAP	8 AQU	9 ARI	10 GEM	10 CAN	9 LEO	8 VIR
12 LEO	10 VIR	10 VIR	10 SCO	10 SAG	10 AQU	10 PIS	11 TAU	13 CAN	12 LEO	11 VIR	11 LIB
14 VIR	13 LIB	12 LIB	12 SAG	12 CAP	13 PIS	12 ARI	14 GEM	15 LEO	15 VIR	13 LIB	13 SCO
16 LIB	15 SCO	14 SCO	14 CAP	14 AQU	15 ARI	15 TAU	16 CAN	17 VIR	17 LIB	15 SCO	15 SAG
18 SCO	17 SAG	16 SAG	17 AQU	16 PIS	18 TAU	17 GEM	19 LEO	19 LIB	19 SCO	17 SAG	17 CAP
20 SAG	19 CAP	18 CAP	19 PIS	19 ARI	20 GEM	20 CAN	21 VIR	21 SCO	21 SAG	19 CAP	19 AQU
23 CAP	21 AQU	20 AQU	22 ARI	21 TAU	23 CAN	22 LEO	23 LIB	23 SAG	23 CAP	21 AQU	21 PIS
25 AQU	24 PIS	23 PIS	24 TAU	24 GEM	25 LEO	24 VIR	25 SCO	25 CAP	25 AQU	23 PIS	23 ARI
27 PIS	26 ARI	25 ARI	27 GEM	26 CAN	27 VIR	27 LIB	27 SAG	28 AQU	27 PIS	26 ARI	26 TAU
30 ARI		28 TAU	29 CAN	29 LEO	29 LIB	29 SCO	29 CAP	30 PIS	30 ARI	28 TAU	28 GEM
		30 GEM		31 VIR		31 SAG	31 AQU				31 CAN

2048

JAN	FEB	MAR	APR	MAY	JUN	JUL	AUG	SEP	OCT	NOV	DEC
2 LEO	1 VIR	1 LIB	2 SAG	1 CAP	2 PIS	1 ARI	3 GEM	1 CAN	1 LEO	2 LIB	2 SCO
5 VIR	3 LIB	3 SCO	4 CAP	3 AQU	4 ARI	4 TAU	5 CAN	4 LEO	4 VIR	4 SCO	4 SAG
7 LIB	5 SCO	6 SAG	6 AQU	5 PIS	7 TAU	6 GEM	8 LEO	6 VIR	6 LIB	7 SAG	6 CAP
9 SCO	7 SAG	8 CAP	8 PIS	8 ARI	9 GEM	9 CAN	10 VIR	9 LIB	8 SCO	9 CAP	8 AQU
11 SAG	9 CAP	10 AQU	11 ARI	10 TAU	12 CAN	11 LEO	12 LIB	11 SCO	10 SAG	11 AQU	10 PIS
13 CAP	12 AQU	12 PIS	13 TAU	13 GEM	14 LEO	14 VIR	15 SCO	13 SAG	12 CAP	13 PIS	12 ARI
15 AQU	14 PIS	14 ARI	16 GEM	15 CAN	17 VIR	16 LIB	17 SAG	15 CAP	14 AQU	15 ARI	15 TAU
17 PIS	16 ARI	17 TAU	18 CAN	18 LEO	19 LIB	18 SCO	19 CAP	17 AQU	17 PIS	17 TAU	17 GEM
20 ARI	18 TAU	19 GEM	21 LEO	20 VIR	21 SCO	20 SAG	21 AQU	19 PIS	19 ARI	20 GEM	20 CAN
22 TAU	21 GEM	22 CAN	23 VIR	23 LIB	23 SAG	22 CAP	23 PIS	22 ARI	21 TAU	22 CAN	22 LEO
25 GEM	23 CAN	24 LEO	25 LIB	25 SCO	25 CAP	24 AQU	25 ARI	24 TAU	24 GEM	25 LEO	25 VIR
27 CAN	26 LEO	27 VIR	27 SCO	27 SAG	27 AQU	27 PIS	27 TAU	26 GEM	26 CAN	27 VIR	27 LIB
29 LEO	28 VIR	29 LIB	29 SAG	29 CAP	29 PIS	29 ARI	30 GEM	29 CAN	29 LEO	30 LIB	29 SCO
		31 SCO		31 AQU		31 TAU			31 VIR		31 SAG

2049

JAN	FEB	MAR	APR	MAY	JUN	JUL	AUG	SEP	OCT	NOV	DEC
2 CAP	1 AQU	2 PIS	1 ARI	3 GEM	1 CAN	1 LEO	3 LIB	1 SCO	1 SAG	1 AQU	1 PIS
4 AQU	3 PIS	4 ARI	3 TAU	5 CAN	4 LEO	4 VIR	5 SCO	3 SAG	3 CAP	3 PIS	3 ARI
6 PIS	5 ARI	7 TAU	5 GEM	8 LEO	7 VIR	6 LIB	7 SAG	6 CAP	5 AQU	5 ARI	5 TAU
9 ARI	7 TAU	9 GEM	8 CAN	10 VIR	9 LIB	9 SCO	9 CAP	8 AQU	7 PIS	8 TAU	7 GEM
11 TAU	10 GEM	12 CAN	10 LEO	13 LIB	11 SCO	11 SAG	11 AQU	10 PIS	9 ARI	10 GEM	10 CAN
13 GEM	12 CAN	14 LEO	13 VIR	15 SCO	13 SAG	13 CAP	13 PIS	12 ARI	11 TAU	12 CAN	12 LEO
16 CAN	15 LEO	17 VIR	15 LIB	17 SAG	15 CAP	15 AQU	15 ARI	14 TAU	13 GEM	15 LEO	15 VIR
18 LEO	17 VIR	19 LIB	17 SCO	19 CAP	17 AQU	17 PIS	17 TAU	16 GEM	16 CAN	17 VIR	17 LIB
21 VIR	20 LIB	21 SCO	20 SAG	21 AQU	19 PIS	19 ARI	20 GEM	19 CAN	18 LEO	20 LIB	19 SCO
23 LIB	22 SCO	23 SAG	22 CAP	23 PIS	22 ARI	21 TAU	22 CAN	21 LEO	21 VIR	22 SCO	22 SAG
26 SCO	24 SAG	25 CAP	24 AQU	25 ARI	24 TAU	23 GEM	25 LEO	24 VIR	23 LIB	24 SAG	24 CAP
28 SAG	26 CAP	28 AQU	26 PIS	28 TAU	26 GEM	26 CAN	27 VIR	26 LIB	26 SCO	26 CAP	26 AQU
30 CAP	28 AQU	30 PIS	28 ARI	30 GEM	29 CAN	29 LEO	30 LIB	28 SCO	28 SAG	28 AQU	28 PIS
			30 TAU			31 VIR			30 CAP		30 ARI

2050

JAN	FEB	MAR	APR	MAY	JUN	JUL	AUG	SEP	OCT	NOV	DEC
1 TAU	2 CAN	1 CAN	3 VIR	3 LIB	1 SCO	1 SAG	2 AQU	2 ARI	2 TAU	2 CAN	2 LEO
3 GEM	5 LEO	4 LEO	5 LIB	5 SCO	4 SAG	3 CAP	4 PIS	4 TAU	4 GEM	5 LEO	4 VIR
6 CAN	7 VIR	6 VIR	8 SCO	7 SAG	6 CAP	5 AQU	6 ARI	6 GEM	6 CAN	7 VIR	7 LIB
8 LEO	10 LIB	9 LIB	10 SAG	9 CAP	8 AQU	7 PIS	8 TAU	9 CAN	8 LEO	10 LIB	9 SCO
11 VIR	12 SCO	11 SCO	12 CAP	12 AQU	10 PIS	9 ARI	10 GEM	11 LEO	11 VIR	12 SCO	12 SAG
13 LIB	14 SAG	14 SAG	14 AQU	14 PIS	12 ARI	11 TAU	12 CAN	13 VIR	13 LIB	14 SAG	14 CAP
16 SCO	17 CAP	16 CAP	17 PIS	16 ARI	14 TAU	14 GEM	15 LEO	16 LIB	16 SCO	17 CAP	16 AQU
18 SAG	19 AQU	18 AQU	19 ARI	18 TAU	16 GEM	16 CAN	17 VIR	19 SCO	18 SAG	19 AQU	18 PIS
20 CAP	21 PIS	20 PIS	21 TAU	20 GEM	19 CAN	18 LEO	20 LIB	21 SAG	21 CAP	21 PIS	21 ARI
22 AQU	23 ARI	22 ARI	23 GEM	22 CAN	21 LEO	21 VIR	22 SCO	23 CAP	23 AQU	23 ARI	23 TAU
24 PIS	25 TAU	24 TAU	25 CAN	25 LEO	24 VIR	23 LIB	25 SAG	25 AQU	25 PIS	25 TAU	25 GEM
26 ARI	27 GEM	26 GEM	27 LEO	27 VIR	26 LIB	26 SCO	27 CAP	28 PIS	27 ARI	27 GEM	27 CAN
28 TAU		29 CAN	30 VIR	30 LIB	29 SCO	28 SAG	29 AQU	30 ARI	29 TAU	30 CAN	29 LEO
31 GEM		31 LEO				31 CAP	31 PIS		31 GEM		

2051

JAN	FEB	MAR	APR	MAY	JUN	JUL	AUG	SEP	OCT	NOV	DEC
1 VIR	2 SCO	1 SCO	3 CAP	2 AQU	1 PIS	2 TAU	3 CAN	1 LEO	1 VIR	2 SCO	2 SAG
3 LIB	5 SAG	4 SAG	5 AQU	4 PIS	3 ARI	4 GEM	5 LEO	3 VIR	3 LIB	5 SAG	4 CAP
6 SCO	7 CAP	6 CAP	7 PIS	6 ARI	5 TAU	6 CAN	7 VIR	6 LIB	6 SCO	7 CAP	7 AQU
8 SAG	9 AQU	8 AQU	9 ARI	8 TAU	7 GEM	9 LEO	10 LIB	8 SCO	8 SAG	9 AQU	9 PIS
10 CAP	11 PIS	11 PIS	11 TAU	10 GEM	9 CAN	11 VIR	12 SCO	11 SAG	11 CAP	12 PIS	11 ARI
13 AQU	13 ARI	13 ARI	13 GEM	13 CAN	11 LEO	13 LIB	15 SAG	13 CAP	13 AQU	14 ARI	13 TAU
15 PIS	15 TAU	15 TAU	15 CAN	15 LEO	13 VIR	16 SCO	17 CAP	16 AQU	15 PIS	16 TAU	15 GEM
17 ARI	17 GEM	17 GEM	17 LEO	17 VIR	16 LIB	18 SAG	19 AQU	18 PIS	17 ARI	18 GEM	17 CAN
19 TAU	20 CAN	19 CAN	20 VIR	20 LIB	18 SCO	21 CAP	21 PIS	20 ARI	19 TAU	20 CAN	19 LEO
21 GEM	22 LEO	21 LEO	22 LIB	22 SCO	21 SAG	23 AQU	23 ARI	22 TAU	21 GEM	22 LEO	22 VIR
23 CAN	24 VIR	24 VIR	25 SCO	25 SAG	23 CAP	25 PIS	26 TAU	24 GEM	23 CAN	24 VIR	24 LIB
26 LEO	27 LIB	26 LIB	27 SAG	27 CAP	26 AQU	27 ARI	28 GEM	26 CAN	26 LEO	27 LIB	27 SCO
28 VIR		29 SCO	30 CAP	29 AQU	28 PIS	29 TAU	30 CAN	28 LEO	28 VIR	29 SCO	29 SAG
31 LIB		31 SAG			30 ARI	31 GEM			30 LIB		

2052

JAN	FEB	MAR	APR	MAY	JUN	JUL	AUG	SEP	OCT	NOV	DEC
1 CAP	1 PIS	2 ARI	2 GEM	2 CAN	2 VIR	2 LIB	1 SCO	2 CAP	2 AQU	1 PIS	3 TAU
3 AQU	4 ARI	4 TAU	4 CAN	4 LEO	5 LIB	5 SCO	3 SAG	5 AQU	4 PIS	3 ARI	5 GEM
5 PIS	6 TAU	6 GEM	7 LEO	6 VIR	7 SCO	7 SAG	6 CAP	7 PIS	7 ARI	5 TAU	7 CAN
7 ARI	8 GEM	8 CAN	9 VIR	9 LIB	10 SAG	10 CAP	8 AQU	9 ARI	9 TAU	7 GEM	9 LEO
9 TAU	10 CAN	10 LEO	11 LIB	11 SCO	12 CAP	12 AQU	11 PIS	11 TAU	11 GEM	9 CAN	11 VIR
12 GEM	12 LEO	13 VIR	14 SCO	14 SAG	15 AQU	14 PIS	13 ARI	13 GEM	13 CAN	11 LEO	13 LIB
14 CAN	14 VIR	15 LIB	16 SAG	16 CAP	17 PIS	17 ARI	15 TAU	16 CAN	15 LEO	13 VIR	15 SCO
16 LEO	17 LIB	18 SCO	19 CAP	19 AQU	19 ARI	19 TAU	17 GEM	18 LEO	17 VIR	16 LIB	18 SAG
18 VIR	19 SCO	20 SAG	21 AQU	21 PIS	22 TAU	21 GEM	19 CAN	20 VIR	20 LIB	18 SCO	20 CAP
20 LIB	22 SAG	23 CAP	24 PIS	23 ARI	24 GEM	23 CAN	21 LEO	22 LIB	22 SCO	21 SAG	23 AQU
23 SCO	24 CAP	25 AQU	26 ARI	25 TAU	26 CAN	25 LEO	24 VIR	25 SCO	24 SAG	23 CAP	25 PIS
25 SAG	27 AQU	27 PIS	28 TAU	27 GEM	28 LEO	27 VIR	26 LIB	27 SAG	27 CAP	26 AQU	28 ARI
28 CAP	29 PIS	29 ARI	30 GEM	29 CAN	30 VIR	30 LIB	28 SCO	30 CAP	29 AQU	28 PIS	30 TAU
30 AQU		31 TAU		31 LEO			31 SAG			30 ARI	

2053

JAN	FEB	MAR	APR	MAY	JUN	JUL	AUG	SEP	OCT	NOV	DEC
1 GEM	1 LEO	1 LEO	1 LIB	1 SCO	2 CAP	2 AQU	1 PIS	2 TAU	1 GEM	2 LEO	1 VIR
3 CAN	4 VIR	3 VIR	4 SCO	4 SAG	5 AQU	5 PIS	3 ARI	4 GEM	3 CAN	4 VIR	3 LIB
5 LEO	6 LIB	5 LIB	6 SAG	6 CAP	7 PIS	7 ARI	6 TAU	6 CAN	6 LEO	6 LIB	6 SCO
7 VIR	8 SCO	7 SCO	9 CAP	9 AQU	10 ARI	9 TAU	8 GEM	8 LEO	8 VIR	8 SCO	8 SAG
9 LIB	11 SAG	10 SAG	11 AQU	11 PIS	12 TAU	11 GEM	10 CAN	10 VIR	10 LIB	11 SAG	10 CAP
12 SCO	13 CAP	12 CAP	14 PIS	13 ARI	14 GEM	13 CAN	12 LEO	12 LIB	12 SCO	13 CAP	13 AQU
14 SAG	16 AQU	15 AQU	16 ARI	16 TAU	16 CAN	15 LEO	14 VIR	15 SCO	14 SAG	16 AQU	15 PIS
17 CAP	18 PIS	17 PIS	18 TAU	18 GEM	18 LEO	17 VIR	16 LIB	17 SAG	17 CAP	18 PIS	18 ARI
19 AQU	20 ARI	20 ARI	20 GEM	20 CAN	20 VIR	20 LIB	18 SCO	19 CAP	19 AQU	21 ARI	20 TAU
22 PIS	22 TAU	22 TAU	22 CAN	22 LEO	22 LIB	22 SCO	21 SAG	22 AQU	22 PIS	23 TAU	22 GEM
24 ARI	25 GEM	24 GEM	24 LEO	24 VIR	25 SCO	24 SAG	23 CAP	24 PIS	24 ARI	25 GEM	24 CAN
26 TAU	27 CAN	26 CAN	27 VIR	26 LIB	27 SAG	27 CAP	26 AQU	27 ARI	26 TAU	27 CAN	26 LEO
28 GEM		28 LEO	29 LIB	28 SCO	30 CAP	29 AQU	28 PIS	29 TAU	29 GEM	29 LEO	28 VIR
30 CAN		30 VIR		31 SAG			30 ARI		31 CAN		31 LIB

2054

JAN	FEB	MAR	APR	MAY	JUN	JUL	AUG	SEP	OCT	NOV	DEC
2 SCO	3 CAP	2 CAP	1 AQU	1 PIS	2 TAU	2 GEM	2 LEO	1 VIR	2 SCO	1 SAG	3 AQU
4 SAG	5 AQU	5 AQU	4 PIS	3 ARI	4 GEM	4 CAN	4 VIR	3 LIB	4 SAG	3 CAP	5 PIS
7 CAP	8 PIS	7 PIS	6 ARI	6 TAU	6 CAN	6 LEO	6 LIB	5 SCO	7 CAP	5 AQU	8 ARI
9 AQU	10 ARI	10 ARI	8 TAU	8 GEM	8 LEO	8 VIR	8 SCO	7 SAG	9 AQU	8 PIS	10 TAU
12 PIS	13 TAU	12 TAU	11 GEM	10 CAN	11 VIR	10 LIB	11 SAG	9 CAP	12 PIS	10 ARI	13 GEM
14 ARI	15 GEM	14 GEM	13 CAN	12 LEO	13 LIB	12 SCO	13 CAP	12 AQU	14 ARI	13 TAU	15 CAN
17 TAU	17 CAN	17 CAN	15 LEO	14 VIR	15 SCO	14 SAG	16 AQU	14 PIS	17 TAU	15 GEM	17 LEO
19 GEM	19 LEO	19 LEO	17 VIR	16 LIB	17 SAG	17 CAP	18 PIS	17 ARI	19 GEM	17 CAN	19 VIR
21 CAN	21 VIR	21 VIR	19 LIB	19 SCO	20 CAP	19 AQU	21 ARI	19 TAU	21 CAN	20 LEO	21 LIB
23 LEO	23 LIB	23 LIB	21 SCO	21 SAG	22 AQU	22 PIS	23 TAU	22 GEM	23 LEO	22 VIR	23 SCO
25 VIR	25 SCO	25 SCO	24 SAG	23 CAP	25 PIS	24 ARI	25 GEM	24 CAN	25 VIR	24 LIB	25 SAG
27 LIB	28 SAG	27 SAG	26 CAP	26 AQU	27 ARI	27 TAU	28 CAN	26 LEO	28 LIB	26 SCO	28 CAP
29 SCO		29 CAP	28 AQU	28 PIS	29 TAU	29 GEM	30 LEO	28 VIR	30 SCO	28 SAG	30 AQU
31 SAG				31 ARI		31 CAN		30 LIB		30 CAP	

2055

JAN	FEB	MAR	APR	MAY	JUN	JUL	AUG	SEP	OCT	NOV	DEC
2 PIS	3 TAU	2 TAU	1 GEM	3 LEO	1 VIR	3 SCO	1 SAG	2 AQU	1 PIS	3 TAU	3 GEM
4 ARI	5 GEM	5 GEM	3 CAN	5 VIR	3 LIB	5 SAG	3 CAP	4 PIS	4 ARI	5 GEM	5 CAN
7 TAU	8 CAN	7 CAN	5 LEO	7 LIB	5 SCO	7 CAP	6 AQU	7 ARI	7 TAU	8 CAN	7 LEO
9 GEM	10 LEO	9 LEO	8 VIR	9 SCO	7 SAG	9 AQU	8 PIS	9 TAU	9 GEM	10 LEO	10 VIR
11 CAN	12 VIR	11 VIR	10 LIB	11 SAG	10 CAP	12 PIS	10 ARI	12 GEM	11 CAN	12 VIR	12 LIB
13 LEO	14 LIB	13 LIB	12 SCO	13 CAP	12 AQU	14 ARI	13 TAU	14 CAN	14 LEO	14 LIB	14 SCO
15 VIR	16 SCO	15 SCO	14 SAG	16 AQU	14 PIS	17 TAU	15 GEM	16 LEO	16 VIR	16 SCO	16 SAG
17 LIB	18 SAG	17 SAG	16 CAP	18 PIS	17 ARI	19 GEM	18 CAN	19 VIR	18 LIB	18 SAG	18 CAP
19 SCO	20 CAP	19 CAP	18 AQU	21 ARI	19 TAU	21 CAN	20 LEO	21 LIB	20 SCO	20 CAP	20 AQU
22 SAG	23 AQU	22 AQU	21 PIS	23 TAU	22 GEM	24 LEO	22 VIR	22 SCO	22 SAG	23 AQU	22 PIS
24 CAP	25 PIS	24 PIS	23 ARI	25 GEM	24 CAN	26 VIR	24 LIB	25 SAG	24 CAP	25 PIS	25 ARI
26 AQU	28 ARI	27 ARI	26 TAU	28 CAN	26 LEO	28 LIB	26 SCO	27 CAP	26 AQU	28 ARI	27 TAU
29 PIS		29 TAU	28 GEM	30 LEO	28 VIR	30 SCO	28 SAG	29 AQU	29 PIS	30 TAU	30 GEM
31 ARI			30 CAN		30 LIB		30 CAP		31 ARI		

2056

JAN	FEB	MAR	APR	MAY	JUN	JUL	AUG	SEP	OCT	NOV	DEC
1 CAN	2 VIR	3 LIB	1 SCO	2 CAP	1 AQU	1 PIS	2 TAU	1 GEM	3 LEO	2 VIR	1 LIB
4 LEO	4 LIB	5 SCO	3 SAG	5 AQU	3 PIS	3 ARI	4 GEM	3 CAN	5 VIR	4 LIB	3 SCO
6 VIR	6 SCO	7 SAG	5 CAP	7 PIS	6 ARI	5 TAU	7 CAN	6 LEO	7 LIB	6 SCO	5 SAG
8 LIB	8 SAG	9 CAP	7 AQU	9 ARI	8 TAU	8 GEM	9 LEO	8 VIR	9 SCO	8 SAG	7 CAP
10 SCO	11 CAP	11 AQU	10 PIS	12 TAU	11 GEM	10 CAN	11 VIR	10 LIB	11 SAG	10 CAP	9 AQU
12 SAG	13 AQU	13 PIS	12 ARI	14 GEM	13 CAN	13 LEO	14 LIB	12 SCO	13 CAP	12 AQU	11 PIS
14 CAP	15 PIS	16 ARI	15 TAU	17 CAN	16 LEO	15 VIR	16 SCO	14 SAG	16 AQU	14 PIS	14 ARI
16 AQU	18 ARI	18 TAU	17 GEM	19 LEO	18 VIR	17 LIB	18 SAG	16 CAP	18 PIS	16 ARI	16 TAU
19 PIS	20 TAU	21 GEM	20 CAN	22 VIR	20 LIB	19 SCO	20 CAP	18 AQU	20 ARI	19 TAU	19 GEM
21 ARI	23 GEM	23 CAN	22 LEO	24 LIB	22 SCO	22 SAG	22 AQU	21 PIS	23 TAU	21 GEM	21 CAN
24 TAU	25 CAN	26 LEO	24 VIR	26 SCO	24 SAG	24 CAP	24 PIS	23 ARI	25 GEM	24 CAN	24 LEO
26 GEM	27 LEO	28 VIR	26 LIB	28 SAG	26 CAP	26 AQU	27 ARI	25 TAU	28 CAN	27 LEO	26 VIR
29 CAN	29 VIR	30 LIB	28 SCO	30 CAP	28 AQU	28 PIS	29 TAU	28 GEM	30 LEO	29 VIR	28 LIB
31 LEO			30 SAG			30 ARI		30 CAN			31 SCO

2057

JAN	FEB	MAR	APR	MAY	JUN	JUL	AUG	SEP	OCT	NOV	DEC
2 SAG	2 AQU	1 AQU	2 ARI	2 TAU	1 GEM	3 LEO	2 VIR	2 SCO	2 SAG	2 AQU	2 PIS
4 CAP	4 PIS	4 PIS	5 TAU	4 GEM	3 CAN	5 VIR	4 LIB	5 SAG	4 CAP	4 PIS	4 ARI
6 AQU	6 ARI	6 ARI	7 GEM	7 CAN	6 LEO	8 LIB	6 SCO	7 CAP	6 AQU	7 ARI	6 TAU
8 PIS	9 TAU	8 TAU	10 CAN	9 LEO	8 VIR	10 SCO	8 SAG	9 AQU	8 PIS	9 TAU	9 GEM
10 ARI	11 GEM	11 GEM	12 LEO	12 VIR	10 LIB	12 SAG	10 CAP	11 PIS	10 ARI	11 GEM	11 CAN
13 TAU	14 CAN	13 CAN	14 VIR	14 LIB	13 SCO	14 CAP	12 AQU	13 ARI	13 TAU	14 CAN	14 LEO
15 GEM	16 LEO	16 LEO	17 LIB	16 SCO	15 SAG	16 AQU	15 PIS	15 TAU	15 GEM	16 LEO	16 VIR
18 CAN	19 VIR	18 VIR	19 SCO	18 SAG	17 CAP	18 PIS	17 ARI	18 GEM	18 CAN	19 VIR	19 LIB
20 LEO	21 LIB	20 LIB	21 SAG	20 CAP	19 AQU	20 ARI	19 TAU	20 CAN	20 LEO	21 LIB	21 SCO
22 VIR	23 SCO	22 SCO	23 CAP	22 AQU	21 PIS	23 TAU	21 GEM	23 LEO	23 VIR	24 SCO	23 SAG
25 LIB	25 SAG	24 SAG	25 AQU	24 PIS	23 ARI	25 GEM	24 CAN	25 VIR	25 LIB	26 SAG	25 CAP
27 SCO	27 CAP	27 CAP	27 PIS	27 ARI	25 TAU	28 CAN	26 LEO	28 LIB	27 SCO	28 CAP	27 AQU
29 SAG		29 AQU	29 ARI	29 TAU	28 GEM	30 LEO	29 VIR	30 SCO	29 SAG	30 AQU	29 PIS
31 CAP		31 PIS			30 CAN		31 LIB		31 CAP		31 ARI

2058

JAN	FEB	MAR	APR	MAY	JUN	JUL	AUG	SEP	OCT	NOV	DEC
3 TAU	1 GEM	1 GEM	2 LEO	2 VIR	1 LIB	2 SAG	1 CAP	1 PIS	1 ARI	1 GEM	1 CAN
5 GEM	4 CAN	3 CAN	4 VIR	4 LIB	3 SCO	4 CAP	3 AQU	3 ARI	3 TAU	4 CAN	4 LEO
7 CAN	6 LEO	6 LEO	7 LIB	6 SCO	5 SAG	6 AQU	5 PIS	5 TAU	5 GEM	6 LEO	6 VIR
10 LEO	9 VIR	8 VIR	9 SCO	9 SAG	7 CAP	8 PIS	7 ARI	8 GEM	7 CAN	9 VIR	9 LIB
13 VIR	11 LIB	10 LIB	11 SAG	11 CAP	9 AQU	11 ARI	9 TAU	10 CAN	10 LEO	11 LIB	11 SCO
15 LIB	14 SCO	13 SCO	13 CAP	13 AQU	11 PIS	13 TAU	11 GEM	13 LEO	12 VIR	14 SCO	13 SAG
17 SCO	16 SAG	15 SAG	15 AQU	15 PIS	13 ARI	15 GEM	14 CAN	15 VIR	15 LIB	16 SAG	15 CAP
19 SAG	18 CAP	17 CAP	18 PIS	17 ARI	15 TAU	18 CAN	16 LEO	18 LIB	17 SCO	18 CAP	17 AQU
22 CAP	20 AQU	19 AQU	20 ARI	19 TAU	18 GEM	20 LEO	19 VIR	20 SCO	20 SAG	20 AQU	19 PIS
23 AQU	22 PIS	21 PIS	22 TAU	22 GEM	20 CAN	23 VIR	21 LIB	22 SAG	22 CAP	22 PIS	22 ARI
25 PIS	24 ARI	23 ARI	24 GEM	24 CAN	23 LEO	25 LIB	24 SCO	25 CAP	24 AQU	24 ARI	24 TAU
28 ARI	26 TAU	26 TAU	27 CAN	27 LEO	25 VIR	28 SCO	26 SAG	27 AQU	26 PIS	27 TAU	26 GEM
30 TAU		28 GEM	29 LEO	29 VIR	28 LIB	30 SAG	28 CAP	29 PIS	28 ARI	29 GEM	28 CAN
		30 CAN			30 SCO		30 AQU		30 TAU		31 LEO

2059

JAN	FEB	MAR	APR	MAY	JUN	JUL	AUG	SEP	OCT	NOV	DEC
2 VIR	1 LIB	3 SCO	2 SAG	1 CAP	2 PIS	1 ARI	2 GEM	3 LEO	2 VIR	1 LIB	1 SCO
5 LIB	4 SCO	5 SAG	4 CAP	3 AQU	4 ARI	3 TAU	4 CAN	5 VIR	5 LIB	4 SCO	3 SAG
7 SCO	6 SAG	8 CAP	6 AQU	5 PIS	6 TAU	5 GEM	6 LEO	8 LIB	7 SCO	6 SAG	6 CAP
10 SAG	8 CAP	10 AQU	8 PIS	8 ARI	8 GEM	8 CAN	9 VIR	10 SCO	10 SAG	8 CAP	8 AQU
12 CAP	10 AQU	12 PIS	10 ARI	10 TAU	10 CAN	10 LEO	11 LIB	13 SAG	12 CAP	11 AQU	10 PIS
14 AQU	12 PIS	14 ARI	12 TAU	12 GEM	13 LEO	13 VIR	14 SCO	15 CAP	14 AQU	13 PIS	12 ARI
16 PIS	14 ARI	16 TAU	14 GEM	14 CAN	15 VIR	15 LIB	16 SAG	17 AQU	17 PIS	15 ARI	14 TAU
18 ARI	16 TAU	18 GEM	17 CAN	16 LEO	18 LIB	18 SCO	19 CAP	19 PIS	19 ARI	17 TAU	16 GEM
20 TAU	19 GEM	20 CAN	19 LEO	19 VIR	20 SCO	20 SAG	21 AQU	21 ARI	21 TAU	19 GEM	19 CAN
22 GEM	21 CAN	23 LEO	22 VIR	21 LIB	23 SAG	22 CAP	23 PIS	23 TAU	23 GEM	21 CAN	21 LEO
25 CAN	23 LEO	25 VIR	24 LIB	24 SCO	25 CAP	24 AQU	25 ARI	25 GEM	25 CAN	23 LEO	23 VIR
27 LEO	26 VIR	28 LIB	26 SCO	26 SAG	27 AQU	26 PIS	27 TAU	27 CAN	27 LEO	26 VIR	26 LIB
30 VIR	28 LIB	30 SCO	29 SAG	28 CAP	29 PIS	28 ARI	29 GEM	30 LEO	30 VIR	28 LIB	28 SCO
				31 AQU		30 TAU	31 CAN				31 SAG

2060

JAN	FEB	MAR	APR	MAY	JUN	JUL	AUG	SEP	OCT	NOV	DEC
2 CAP	1 AQU	1 PIS	2 TAU	1 GEM	2 LEO	1 VIR	3 SCO	2 SAG	1 CAP	2 PIS	2 ARI
4 AQU	3 PIS	3 ARI	4 GEM	3 CAN	4 VIR	4 LIB	5 SAG	4 CAP	4 AQU	4 ARI	4 TAU
6 PIS	5 ARI	5 TAU	6 CAN	5 LEO	6 LIB	6 SCO	8 CAP	6 AQU	6 PIS	6 TAU	6 GEM
8 ARI	7 TAU	7 GEM	8 LEO	8 VIR	9 SCO	9 SAG	10 AQU	8 PIS	8 ARI	8 GEM	8 CAN
11 TAU	9 GEM	9 CAN	10 VIR	10 LIB	12 SAG	11 CAP	12 PIS	10 ARI	10 TAU	10 CAN	10 LEO
13 GEM	11 CAN	12 LEO	13 LIB	13 SCO	14 CAP	14 AQU	14 ARI	12 TAU	12 GEM	13 LEO	12 VIR
15 CAN	14 LEO	14 VIR	15 SCO	15 SAG	16 AQU	16 PIS	16 TAU	15 GEM	14 CAN	15 VIR	15 LIB
17 LEO	16 VIR	17 LIB	18 SAG	18 CAP	18 PIS	18 ARI	18 GEM	17 CAN	16 LEO	17 LIB	17 SCO
20 VIR	18 LIB	19 SCO	20 CAP	20 AQU	21 ARI	20 TAU	20 CAN	19 LEO	19 VIR	20 SCO	20 SAG
22 LIB	21 SCO	22 SAG	23 AQU	22 PIS	23 TAU	22 GEM	23 LEO	21 VIR	21 LIB	22 SAG	22 CAP
25 SCO	23 SAG	24 CAP	25 PIS	24 ARI	25 GEM	24 CAN	25 VIR	24 LIB	24 SCO	25 CAP	24 AQU
27 SAG	26 CAP	26 AQU	27 ARI	26 TAU	27 CAN	26 LEO	27 LIB	26 SCO	26 SAG	27 AQU	27 PIS
29 CAP	28 AQU	29 PIS	29 TAU	28 GEM	29 LEO	29 VIR	30 SCO	29 SAG	29 CAP	30 PIS	29 ARI
		31 ARI		31 CAN		31 LIB			31 AQU		31 TAU

2061

JAN	FEB	MAR	APR	MAY	JUN	JUL	AUG	SEP	OCT	NOV	DEC
2 GEM	1 CAN	2 LEO	1 VIR	3 SCO	1 SAG	1 CAP	2 PIS	1 ARI	2 GEM	1 CAN	2 VIR
4 CAN	3 LEO	4 VIR	3 LIB	5 SAG	4 CAP	4 AQU	5 ARI	3 TAU	4 CAN	3 LEO	5 LIB
6 LEO	5 VIR	7 LIB	5 SCO	8 CAP	6 AQU	6 PIS	7 TAU	5 GEM	7 LEO	5 VIR	7 SCO
9 VIR	7 LIB	9 SCO	8 SAG	10 AQU	9 PIS	8 ARI	9 GEM	7 CAN	9 VIR	7 LIB	10 SAG
11 LIB	10 SCO	12 SAG	10 CAP	13 PIS	11 ARI	11 TAU	11 CAN	9 LEO	11 LIB	10 SCO	12 CAP
13 SCO	12 SAG	14 CAP	13 AQU	15 ARI	13 TAU	13 GEM	13 LEO	12 VIR	13 SCO	12 SAG	15 AQU
16 SAG	15 CAP	17 AQU	15 PIS	17 TAU	15 GEM	15 CAN	15 VIR	14 LIB	16 SAG	15 CAP	17 PIS
18 CAP	17 AQU	19 PIS	17 ARI	19 GEM	17 CAN	17 LEO	17 LIB	16 SCO	18 CAP	17 AQU	19 ARI
21 AQU	19 PIS	21 ARI	19 TAU	21 CAN	19 LEO	19 VIR	20 SCO	19 SAG	21 AQU	20 PIS	22 TAU
23 PIS	22 ARI	23 TAU	21 GEM	23 LEO	21 VIR	21 LIB	22 SAG	21 CAP	23 PIS	22 ARI	24 GEM
25 ARI	24 TAU	25 GEM	23 CAN	25 VIR	24 LIB	23 SCO	25 CAP	24 AQU	26 ARI	24 TAU	26 CAN
27 TAU	26 GEM	27 CAN	26 LEO	27 LIB	26 SCO	26 SAG	27 AQU	26 PIS	28 TAU	26 GEM	28 LEO
30 GEM	28 CAN	29 LEO	28 VIR	30 SCO	29 SAG	29 CAP	30 PIS	28 ARI	30 GEM	28 CAN	30 VIR
			30 LIB			31 AQU		30 TAU		30 LEO	

2062

JAN	FEB	MAR	APR	MAY	JUN	JUL	AUG	SEP	OCT	NOV	DEC
1 LIB	2 SAG	1 SAG	3 AQU	3 PIS	1 ARI	1 TAU	1 CAN	2 VIR	1 LIB	2 SAG	2 CAP
3 SCO	5 CAP	4 CAP	5 PIS	5 ARI	4 TAU	3 GEM	3 LEO	4 LIB	4 SCO	5 CAP	4 AQU
6 SAG	7 AQU	6 AQU	8 ARI	7 TAU	6 GEM	5 CAN	5 VIR	6 SCO	6 SAG	7 AQU	7 PIS
8 CAP	10 PIS	9 PIS	10 TAU	9 GEM	8 CAN	7 LEO	8 LIB	8 SAG	8 CAP	10 PIS	9 ARI
11 AQU	12 ARI	11 ARI	12 GEM	11 CAN	10 LEO	9 VIR	10 SCO	11 CAP	11 AQU	12 ARI	12 TAU
13 PIS	14 TAU	13 TAU	14 CAN	13 LEO	12 VIR	11 LIB	12 SAG	13 AQU	13 PIS	14 TAU	14 GEM
16 ARI	16 GEM	16 GEM	16 LEO	15 VIR	14 LIB	13 SCO	15 CAP	16 PIS	16 ARI	17 GEM	16 CAN
18 TAU	18 CAN	18 CAN	18 VIR	18 LIB	16 SCO	16 SAG	17 AQU	18 ARI	18 TAU	19 CAN	18 LEO
20 GEM	20 LEO	20 LEO	20 LIB	20 SCO	19 SAG	18 CAP	20 PIS	21 TAU	20 GEM	21 LEO	20 VIR
22 CAN	23 VIR	22 VIR	23 SCO	22 SAG	21 CAP	21 AQU	22 ARI	23 GEM	22 CAN	23 VIR	22 LIB
24 LEO	25 LIB	24 LIB	25 SAG	25 CAP	24 AQU	23 PIS	24 TAU	25 CAN	24 LEO	25 LIB	24 SCO
26 VIR	27 SCO	26 SCO	28 CAP	27 AQU	26 PIS	26 ARI	27 GEM	27 LEO	27 VIR	27 SCO	27 SAG
28 LIB		29 SAG	30 AQU	30 PIS	29 ARI	28 TAU	29 CAN	29 VIR	29 LIB	30 SAG	29 CAP
31 SCO		31 CAP				30 GEM	31 LEO		31 SCO		

2063

JAN	FEB	MAR	APR	MAY	JUN	JUL	AUG	SEP	OCT	NOV	DEC
1 AQU	2 ARI	1 ARI	2 GEM	2 CAN	2 VIR	2 LIB	2 SAG	1 CAP	1 AQU	2 ARI	2 TAU
3 PIS	4 TAU	4 TAU	4 CAN	4 LEO	4 LIB	4 SCO	5 CAP	3 AQU	3 PIS	4 TAU	4 GEM
6 ARI	7 GEM	6 GEM	7 LEO	6 VIR	7 SCO	6 SAG	7 AQU	6 PIS	6 ARI	7 GEM	6 CAN
8 TAU	9 CAN	8 CAN	9 VIR	8 LIB	9 SAG	8 CAP	10 PIS	8 ARI	8 TAU	9 CAN	8 LEO
10 GEM	11 LEO	10 LEO	11 LIB	10 SCO	11 CAP	11 AQU	12 ARI	11 TAU	11 GEM	11 LEO	11 VIR
12 CAN	13 VIR	12 VIR	13 SCO	12 SAG	14 AQU	13 PIS	15 TAU	13 GEM	13 CAN	13 VIR	13 LIB
14 LEO	15 LIB	14 LIB	15 SAG	15 CAP	16 PIS	16 ARI	17 GEM	16 CAN	15 LEO	15 LIB	15 SCO
16 VIR	17 SCO	16 SCO	17 CAP	17 AQU	19 ARI	18 TAU	19 CAN	18 LEO	17 VIR	18 SCO	17 SAG
18 LIB	19 SAG	19 SAG	20 AQU	20 PIS	21 TAU	21 GEM	21 LEO	20 VIR	19 LIB	20 SAG	19 CAP
21 SCO	22 CAP	21 CAP	22 PIS	22 ARI	23 GEM	23 CAN	23 VIR	22 LIB	21 SCO	22 CAP	22 AQU
23 SAG	24 AQU	24 AQU	25 ARI	25 TAU	25 CAN	25 LEO	25 LIB	24 SCO	23 SAG	24 AQU	24 PIS
25 CAP	27 PIS	26 PIS	27 TAU	27 GEM	27 LEO	27 VIR	27 SCO	26 SAG	26 CAP	27 PIS	27 ARI
28 AQU		29 ARI	30 GEM	29 CAN	29 VIR	29 LIB	30 SAG	28 CAP	28 AQU	29 ARI	29 TAU
31 PIS		31 TAU		31 LEO		31 SCO			30 PIS		

2064

JAN	FEB	MAR	APR	MAY	JUN	JUL	AUG	SEP	OCT	NOV	DEC
1 GEM	1 LEO	2 VIR	2 SCO	2 SAG	2 AQU	2 PIS	1 ARI	2 GEM	2 CAN	1 LEO	2 LIB
3 CAN	3 VIR	4 LIB	4 SAG	4 CAP	5 PIS	5 ARI	4 TAU	5 CAN	4 LEO	3 VIR	4 SCO
5 LEO	5 LIB	6 SCO	6 CAP	6 AQU	7 ARI	7 TAU	6 GEM	7 LEO	7 VIR	5 LIB	6 SAG
7 VIR	7 SCO	8 SAG	9 AQU	9 PIS	10 TAU	10 GEM	8 CAN	9 VIR	9 LIB	7 SCO	8 CAP
9 LIB	10 SAG	10 CAP	11 PIS	11 ARI	12 GEM	12 CAN	11 LEO	11 LIB	11 SCO	9 SAG	11 AQU
11 SCO	12 CAP	12 AQU	14 ARI	14 TAU	15 CAN	14 LEO	13 VIR	13 SCO	13 SAG	11 CAP	13 PIS
13 SAG	14 AQU	15 PIS	16 TAU	16 GEM	17 LEO	16 VIR	15 LIB	15 SAG	15 CAP	13 AQU	15 ARI
16 CAP	17 PIS	18 ARI	19 GEM	18 CAN	19 VIR	18 LIB	17 SCO	17 CAP	17 AQU	16 PIS	18 TAU
18 AQU	19 ARI	20 TAU	21 CAN	21 LEO	21 LIB	20 SCO	19 SAG	20 AQU	19 PIS	18 ARI	20 GEM
20 PIS	22 TAU	23 GEM	23 LEO	23 VIR	23 SCO	23 SAG	21 CAP	22 PIS	22 ARI	21 TAU	23 CAN
23 ARI	24 GEM	25 CAN	26 VIR	25 LIB	25 SAG	25 CAP	23 AQU	25 ARI	24 TAU	23 GEM	25 LEO
25 TAU	27 CAN	27 LEO	28 LIB	27 SCO	28 CAP	27 AQU	26 PIS	27 TAU	27 GEM	26 CAN	27 VIR
28 GEM	29 LEO	29 VIR	30 SCO	29 SAG	30 AQU	30 PIS	28 ARI	30 GEM	29 CAN	28 LEO	30 LIB
30 CAN		31 LIB		31 CAP			31 TAU			30 VIR	

2065

JAN	FEB	MAR	APR	MAY	JUN	JUL	AUG	SEP	OCT	NOV	DEC
1 SCO	1 CAP	3 AQU	1 PIS	1 ARI	2 GEM	2 CAN	1 LEO	1 LIB	1 SCO	1 CAP	1 AQU
3 SAG	3 AQU	5 PIS	4 ARI	3 TAU	5 CAN	4 LEO	3 VIR	4 SCO	3 SAG	3 AQU	3 PIS
5 CAP	6 PIS	7 ARI	6 TAU	6 GEM	7 LEO	7 VIR	5 LIB	6 SAG	5 CAP	6 PIS	5 ARI
7 AQU	8 ARI	10 TAU	9 GEM	8 CAN	10 VIR	9 LIB	7 SCO	8 CAP	7 AQU	8 ARI	8 TAU
9 PIS	11 TAU	12 GEM	11 CAN	11 LEO	12 LIB	11 SCO	9 SAG	10 AQU	9 PIS	11 TAU	10 GEM
12 ARI	13 GEM	15 CAN	14 LEO	13 VIR	14 SCO	13 SAG	12 CAP	12 PIS	12 ARI	13 GEM	13 CAN
14 TAU	16 CAN	17 LEO	16 VIR	15 LIB	16 SAG	15 CAP	14 AQU	15 ARI	14 TAU	16 CAN	15 LEO
17 GEM	18 LEO	19 VIR	18 LIB	17 SCO	18 CAP	17 AQU	16 PIS	17 TAU	17 GEM	18 LEO	18 VIR
19 CAN	20 VIR	22 LIB	20 SCO	19 SAG	20 AQU	20 PIS	18 ARI	19 GEM	19 CAN	21 VIR	20 LIB
21 LEO	22 LIB	24 SCO	22 SAG	21 CAP	22 PIS	22 ARI	21 TAU	22 CAN	22 LEO	23 LIB	22 SCO
24 VIR	24 SCO	26 SAG	24 CAP	24 AQU	25 ARI	24 TAU	23 GEM	24 LEO	24 VIR	25 SCO	24 SAG
26 LIB	26 SAG	28 CAP	26 AQU	26 PIS	27 TAU	27 GEM	26 CAN	27 VIR	26 LIB	27 SAG	26 CAP
28 SCO	28 CAP	30 AQU	28 PIS	28 ARI	30 GEM	29 CAN	28 LEO	29 LIB	28 SCO	29 CAP	28 AQU
30 SAG				31 TAU			30 VIR		30 SAG		30 PIS

2066

JAN	FEB	MAR	APR	MAY	JUN	JUL	AUG	SEP	OCT	NOV	DEC
2 ARI	3 GEM	2 GEM	1 CAN	1 LEO	2 LIB	2 SCO	2 CAP	3 PIS	2 ARI	1 TAU	3 CAN
4 TAU	5 CAN	5 CAN	4 LEO	3 VIR	4 SCO	4 SAG	4 AQU	5 ARI	4 TAU	3 GEM	5 LEO
7 GEM	8 LEO	7 LEO	6 VIR	6 LIB	6 SAG	6 CAP	6 PIS	7 TAU	7 GEM	5 CAN	8 VIR
9 CAN	10 VIR	10 VIR	8 LIB	8 SCO	8 CAP	8 AQU	8 ARI	9 GEM	9 CAN	8 LEO	10 LIB
12 LEO	13 LIB	12 LIB	10 SCO	10 SAG	10 AQU	10 PIS	11 TAU	12 CAN	12 LEO	11 VIR	13 SCO
14 VIR	15 SCO	14 SCO	12 SAG	12 CAP	12 PIS	12 ARI	13 GEM	14 LEO	14 VIR	13 LIB	15 SAG
16 LIB	17 SAG	16 SAG	14 CAP	14 AQU	15 ARI	14 TAU	15 CAN	17 VIR	16 LIB	15 SCO	17 CAP
18 SCO	19 CAP	18 CAP	17 AQU	16 PIS	17 TAU	17 GEM	18 LEO	19 LIB	19 SCO	17 SAG	19 AQU
21 SAG	21 AQU	20 AQU	19 PIS	18 ARI	19 GEM	19 CAN	20 VIR	21 SCO	21 SAG	19 CAP	21 PIS
23 CAP	23 PIS	23 PIS	21 ARI	21 TAU	22 CAN	22 LEO	23 LIB	23 SAG	23 CAP	21 AQU	23 ARI
25 AQU	25 ARI	25 ARI	23 TAU	23 GEM	24 LEO	24 VIR	25 SCO	26 CAP	25 AQU	23 PIS	25 TAU
27 PIS	28 TAU	27 TAU	26 GEM	26 CAN	27 VIR	27 LIB	27 SAG	28 AQU	27 PIS	26 ARI	28 GEM
29 ARI		30 GEM	28 CAN	28 LEO	29 LIB	29 SCO	29 CAP	30 PIS	29 ARI	28 TAU	30 CAN
31 TAU				31 VIR		31 SAG	31 AQU			30 GEM	

2067

JAN	FEB	MAR	APR	MAY	JUN	JUL	AUG	SEP	OCT	NOV	DEC
2 LEO	3 LIB	2 LIB	1 SCO	2 CAP	1 AQU	2 ARI	1 TAU	2 CAN	1 LEO	3 LIB	3 SCO
4 VIR	5 SCO	4 SCO	3 SAG	4 AQU	3 PIS	4 TAU	3 GEM	4 LEO	4 VIR	5 SCO	5 SAG
7 LIB	7 SAG	7 SAG	5 CAP	7 PIS	5 ARI	7 GEM	5 CAN	7 VIR	6 LIB	7 SAG	7 CAP
9 SCO	10 CAP	9 CAP	7 AQU	9 ARI	7 TAU	9 CAN	8 LEO	9 LIB	9 SCO	10 CAP	9 AQU
11 SAG	12 AQU	11 AQU	9 PIS	11 TAU	9 GEM	12 LEO	10 VIR	12 SCO	11 SAG	12 AQU	11 PIS
13 CAP	14 PIS	13 PIS	11 ARI	13 GEM	12 CAN	14 VIR	13 LIB	14 SAG	13 CAP	14 PIS	13 ARI
15 AQU	16 ARI	15 ARI	14 TAU	16 CAN	14 LEO	17 LIB	15 SCO	16 CAP	16 AQU	16 ARI	15 TAU
17 PIS	18 TAU	17 TAU	16 GEM	18 LEO	17 VIR	19 SCO	18 SAG	18 AQU	18 PIS	18 TAU	18 GEM
19 ARI	20 GEM	19 GEM	18 CAN	21 VIR	19 LIB	21 SAG	20 CAP	20 PIS	20 ARI	20 GEM	20 CAN
21 TAU	23 CAN	22 CAN	21 LEO	23 LIB	22 SCO	23 CAP	22 AQU	22 ARI	22 TAU	23 CAN	22 LEO
24 GEM	25 LEO	24 LEO	23 VIR	25 SCO	24 SAG	25 AQU	24 PIS	24 TAU	24 GEM	25 LEO	25 VIR
26 CAN	28 VIR	27 VIR	26 LIB	28 SAG	26 CAP	27 PIS	26 ARI	27 GEM	26 CAN	28 VIR	28 LIB
29 LEO		29 LIB	28 SCO	30 CAP	28 AQU	29 ARI	28 TAU	29 CAN	29 LEO	30 LIB	30 SCO
31 VIR			30 SAG		30 PIS		30 GEM		31 VIR		

2068

JAN	FEB	MAR	APR	MAY	JUN	JUL	AUG	SEP	OCT	NOV	DEC
1 SAG	2 AQU	2 PIS	1 ARI	2 GEM	1 CAN	1 LEO	2 LIB	1 SCO	3 CAP	1 AQU	1 PIS
3 CAP	4 PIS	4 ARI	3 TAU	5 CAN	3 LEO	3 VIR	4 SCO	3 SAG	5 AQU	3 PIS	3 ARI
5 AQU	6 ARI	6 TAU	5 GEM	7 LEO	6 VIR	6 LIB	7 SAG	6 CAP	7 PIS	6 ARI	5 TAU
7 PIS	8 TAU	8 GEM	7 CAN	9 VIR	8 LIB	8 SCO	9 CAP	8 AQU	9 ARI	8 TAU	7 GEM
10 ARI	10 GEM	11 CAN	10 LEO	12 LIB	11 SCO	10 SAG	11 AQU	10 PIS	11 TAU	10 GEM	9 CAN
12 TAU	13 CAN	13 LEO	12 VIR	14 SCO	13 SAG	13 CAP	13 PIS	12 ARI	13 GEM	12 CAN	11 LEO
14 GEM	15 LEO	16 VIR	15 LIB	17 SAG	15 CAP	15 AQU	15 ARI	14 TAU	15 CAN	14 LEO	14 VIR
16 CAN	18 VIR	18 LIB	17 SCO	19 CAP	17 AQU	17 PIS	17 TAU	16 GEM	18 LEO	16 VIR	16 LIB
19 LEO	20 LIB	21 SCO	19 SAG	21 AQU	20 PIS	19 ARI	19 GEM	18 CAN	20 VIR	19 LIB	19 SCO
21 VIR	23 SCO	23 SAG	22 CAP	23 PIS	22 ARI	21 TAU	22 CAN	20 LEO	23 LIB	21 SCO	21 SAG
24 LIB	25 SAG	26 CAP	24 AQU	25 ARI	24 TAU	23 GEM	24 LEO	23 VIR	25 SCO	24 SAG	24 CAP
26 SCO	27 CAP	28 AQU	26 PIS	28 TAU	26 GEM	26 CAN	27 VIR	25 LIB	28 SAG	26 CAP	26 AQU
29 SAG	29 AQU	30 PIS	28 ARI	30 GEM	28 CAN	28 LEO	29 LIB	28 SCO	30 CAP	29 AQU	28 PIS
31 CAP			30 TAU			30 VIR		30 SAG			30 ARI

2069

JAN	FEB	MAR	APR	MAY	JUN	JUL	AUG	SEP	OCT	NOV	DEC
1 TAU	2 CAN	1 CAN	2 VIR	2 LIB	1 SCO	3 CAP	1 AQU	2 ARI	2 TAU	2 CAN	1 LEO
3 GEM	4 LEO	3 LEO	4 LIB	4 SCO	3 SAG	5 AQU	4 PIS	4 TAU	4 GEM	4 LEO	4 VIR
6 CAN	6 VIR	6 VIR	7 SCO	7 SAG	6 CAP	7 PIS	6 ARI	6 GEM	6 CAN	6 VIR	6 LIB
8 LEO	9 LIB	8 LIB	10 SAG	9 CAP	8 AQU	10 ARI	8 TAU	8 CAN	8 LEO	9 LIB	9 SCO
10 VIR	11 SCO	11 SCO	12 CAP	12 AQU	10 PIS	12 TAU	10 GEM	11 LEO	10 VIR	11 SCO	11 SAG
13 LIB	14 SAG	13 SAG	14 AQU	14 PIS	12 ARI	14 GEM	12 CAN	13 VIR	13 LIB	14 SAG	14 CAP
15 SCO	16 CAP	16 CAP	17 PIS	16 ARI	14 TAU	16 CAN	14 LEO	15 LIB	15 SCO	16 CAP	16 AQU
18 SAG	19 AQU	18 AQU	19 ARI	18 TAU	16 GEM	18 LEO	17 VIR	18 SCO	18 SAG	19 AQU	18 PIS
20 CAP	21 PIS	20 PIS	21 TAU	20 GEM	18 CAN	20 VIR	19 LIB	20 SAG	20 CAP	21 PIS	21 ARI
22 AQU	23 ARI	22 ARI	23 GEM	22 CAN	21 LEO	23 LIB	22 SCO	23 CAP	23 AQU	23 ARI	23 TAU
24 PIS	25 TAU	24 TAU	25 CAN	24 LEO	23 VIR	25 SCO	24 SAG	25 AQU	25 PIS	25 TAU	25 GEM
26 ARI	27 GEM	26 GEM	27 LEO	27 VIR	25 LIB	28 SAG	27 CAP	27 PIS	27 ARI	27 GEM	27 CAN
28 TAU		28 CAN	29 VIR	29 LIB	28 SCO	30 CAP	29 AQU	30 ARI	29 TAU	29 CAN	29 LEO
31 GEM		31 LEO			30 SAG		31 PIS		31 GEM		31 VIR

2070

JAN	FEB	MAR	APR	MAY	JUN	JUL	AUG	SEP	OCT	NOV	DEC
2 LIB	1 SCO	1 SCO	2 CAP	2 AQU	3 ARI	2 TAU	1 GEM	1 LEO	3 LIB	1 SCO	1 SAG
5 SCO	4 SAG	3 SAG	4 AQU	4 PIS	5 TAU	4 GEM	3 CAN	3 VIR	5 SCO	4 SAG	4 CAP
7 SAG	6 CAP	6 CAP	7 PIS	6 ARI	7 GEM	6 CAN	5 LEO	5 LIB	8 SAG	6 CAP	6 AQU
10 CAP	9 AQU	8 AQU	9 ARI	8 TAU	9 CAN	8 LEO	7 VIR	8 SCO	10 CAP	9 AQU	9 PIS
12 AQU	11 PIS	10 PIS	11 TAU	10 GEM	11 LEO	10 VIR	9 LIB	10 SAG	13 AQU	11 PIS	11 ARI
15 PIS	13 ARI	12 ARI	13 GEM	12 CAN	13 VIR	13 LIB	11 SCO	13 CAP	15 PIS	14 ARI	13 TAU
17 ARI	15 TAU	15 TAU	15 CAN	14 LEO	15 LIB	15 SCO	14 SAG	15 AQU	17 ARI	16 TAU	15 GEM
19 TAU	17 GEM	17 GEM	17 LEO	17 VIR	18 SCO	18 SAG	16 CAP	18 PIS	19 TAU	18 GEM	17 CAN
21 GEM	20 CAN	19 CAN	19 VIR	19 LIB	20 SAG	20 CAP	19 AQU	20 ARI	21 GEM	20 CAN	19 LEO
23 CAN	22 LEO	21 LEO	22 LIB	21 SCO	23 CAP	23 AQU	21 PIS	22 TAU	23 CAN	22 LEO	21 VIR
25 LEO	24 VIR	23 VIR	24 SCO	24 SAG	25 AQU	25 PIS	23 ARI	24 GEM	26 LEO	24 VIR	23 LIB
28 VIR	26 LIB	26 LIB	27 SAG	27 CAP	28 PIS	27 ARI	26 TAU	26 CAN	28 VIR	26 LIB	26 SCO
30 LIB		28 SCO	29 CAP	29 AQU	30 ARI	29 TAU	28 GEM	28 LEO	30 LIB	29 SCO	28 SAG
		30 SAG		31 PIS			30 CAN	30 VIR			31 CAP

2071

JAN	FEB	MAR	APR	MAY	JUN	JUL	AUG	SEP	OCT	NOV	DEC
2 AQU	1 PIS	3 ARI	1 TAU	1 GEM	1 LEO	1 VIR	1 SCO	2 CAP	2 AQU	1 PIS	1 ARI
5 PIS	4 ARI	5 TAU	3 GEM	3 CAN	3 VIR	3 LIB	4 SAG	5 AQU	5 PIS	4 ARI	3 TAU
7 ARI	6 TAU	7 GEM	6 CAN	5 LEO	6 LIB	5 SCO	6 CAP	8 PIS	7 ARI	6 TAU	6 GEM
10 TAU	8 GEM	9 CAN	8 LEO	7 VIR	8 SCO	7 SAG	9 AQU	10 ARI	10 TAU	8 GEM	8 CAN
12 GEM	10 CAN	11 LEO	10 VIR	9 LIB	10 SAG	10 CAP	11 PIS	12 TAU	12 GEM	10 CAN	10 LEO
14 CAN	12 LEO	14 VIR	12 LIB	12 SCO	13 CAP	12 AQU	14 ARI	15 GEM	14 CAN	12 LEO	12 VIR
16 LEO	14 VIR	16 LIB	14 SCO	14 SAG	15 AQU	15 PIS	16 TAU	17 CAN	16 LEO	14 VIR	14 LIB
18 VIR	16 LIB	18 SCO	17 SAG	16 CAP	18 PIS	17 ARI	18 GEM	19 LEO	18 VIR	17 LIB	16 SCO
20 LIB	18 SCO	20 SAG	19 CAP	19 AQU	20 ARI	20 TAU	20 CAN	21 VIR	20 LIB	19 SCO	18 SAG
22 SCO	21 SAG	23 CAP	22 AQU	21 PIS	23 TAU	22 GEM	22 LEO	23 LIB	23 SCO	21 SAG	21 CAP
25 SAG	23 CAP	25 AQU	24 PIS	24 ARI	25 GEM	24 CAN	24 VIR	25 SCO	25 SAG	24 CAP	23 AQU
27 CAP	26 AQU	28 PIS	26 ARI	26 TAU	27 CAN	26 LEO	27 LIB	27 SAG	27 CAP	26 AQU	26 PIS
30 AQU	28 PIS	30 ARI	29 TAU	28 GEM	29 LEO	28 VIR	29 SCO	30 CAP	30 AQU	29 PIS	28 ARI
				30 CAN		30 LIB	31 SAG				31 TAU

2072

JAN	FEB	MAR	APR	MAY	JUN	JUL	AUG	SEP	OCT	NOV	DEC
2 GEM	3 LEO	1 LEO	1 LIB	1 SCO	2 CAP	1 AQU	3 ARI	1 TAU	1 GEM	2 LEO	1 VIR
4 CAN	4 VIR	3 VIR	3 SCO	3 SAG	4 AQU	4 PIS	5 TAU	4 GEM	3 CAN	4 VIR	3 LIB
6 LEO	6 LIB	5 LIB	6 SAG	5 CAP	7 PIS	6 ARI	8 GEM	6 CAN	6 LEO	6 LIB	6 SCO
8 VIR	9 SCO	7 SCO	8 CAP	8 AQU	9 ARI	9 TAU	10 CAN	8 LEO	8 VIR	8 SCO	8 SAG
10 LIB	11 SAG	9 SAG	10 AQU	10 PIS	12 TAU	11 GEM	12 LEO	10 VIR	10 LIB	10 SAG	10 CAP
12 SCO	13 CAP	12 CAP	13 PIS	13 ARI	14 GEM	13 CAN	14 VIR	12 LIB	12 SCO	12 CAP	12 AQU
15 SAG	16 AQU	14 AQU	15 ARI	15 TAU	16 CAN	15 LEO	16 LIB	14 SCO	14 SAG	15 AQU	15 PIS
17 CAP	18 PIS	17 PIS	18 TAU	17 GEM	18 LEO	17 VIR	18 SCO	16 SAG	16 CAP	17 PIS	17 ARI
20 AQU	21 ARI	19 ARI	20 GEM	20 CAN	20 VIR	20 LIB	20 SAG	19 CAP	18 AQU	20 ARI	20 TAU
22 PIS	23 TAU	22 TAU	22 CAN	22 LEO	22 LIB	22 SCO	22 CAP	21 AQU	21 PIS	22 TAU	22 GEM
25 ARI	26 GEM	24 GEM	25 LEO	24 VIR	24 SCO	24 SAG	25 AQU	24 PIS	24 ARI	25 GEM	24 CAN
27 TAU	28 CAN	26 CAN	27 VIR	26 LIB	27 SAG	26 CAP	27 PIS	26 ARI	26 TAU	27 CAN	26 LEO
29 GEM		28 LEO	29 LIB	28 SCO	29 CAP	29 AQU	30 ARI	29 TAU	28 GEM	29 LEO	29 VIR
31 CAN		30 VIR		30 SAG		31 PIS			31 CAN		31 LIB

2073

JAN	FEB	MAR	APR	MAY	JUN	JUL	AUG	SEP	OCT	NOV	DEC
2 SCO	2 CAP	2 CAP	3 PIS	3 ARI	1 TAU	1 GEM	2 LEO	1 VIR	2 SCO	1 SAG	2 AQU
4 SAG	5 AQU	4 AQU	5 ARI	5 TAU	4 GEM	4 CAN	4 VIR	3 LIB	4 SAG	3 CAP	4 PIS
6 CAP	7 PIS	7 PIS	8 TAU	8 GEM	6 CAN	6 LEO	6 LIB	5 SCO	6 CAP	5 AQU	7 ARI
9 AQU	10 ARI	9 ARI	10 GEM	10 CAN	8 LEO	8 VIR	8 SCO	7 SAG	8 AQU	7 PIS	9 TAU
11 PIS	12 TAU	12 TAU	13 CAN	12 LEO	11 VIR	10 LIB	11 SAG	9 CAP	11 PIS	10 ARI	12 GEM
14 ARI	15 GEM	14 GEM	15 LEO	14 VIR	13 LIB	12 SCO	13 CAP	11 AQU	13 ARI	12 TAU	14 CAN
16 TAU	17 CAN	16 CAN	17 VIR	17 LIB	15 SCO	14 SAG	15 AQU	14 PIS	16 TAU	15 GEM	17 LEO
18 GEM	19 LEO	19 LEO	19 LIB	19 SCO	17 SAG	16 CAP	17 PIS	16 ARI	18 GEM	17 CAN	19 VIR
21 CAN	21 VIR	21 VIR	21 SCO	21 SAG	19 CAP	19 AQU	20 ARI	19 TAU	21 CAN	20 LEO	21 LIB
23 LEO	23 LIB	23 LIB	23 SAG	23 CAP	21 AQU	21 PIS	22 TAU	21 GEM	23 LEO	22 VIR	23 SCO
25 VIR	25 SCO	25 SCO	25 CAP	25 AQU	24 PIS	24 ARI	25 GEM	24 CAN	26 VIR	24 LIB	25 SAG
27 LIB	27 SAG	27 SAG	28 AQU	27 PIS	26 ARI	26 TAU	27 CAN	26 LEO	28 LIB	26 SCO	27 CAP
29 SCO		29 CAP	30 PIS	30 ARI	29 TAU	29 GEM	30 LEO	28 VIR	30 SCO	28 SAG	30 AQU
31 SAG		31 AQU				31 CAN		30 LIB		30 CAP	

2074

JAN	FEB	MAR	APR	MAY	JUN	JUL	AUG	SEP	OCT	NOV	DEC
1 PIS	2 TAU	1 TAU	3 CAN	3 LEO	1 VIR	1 LIB	1 SAG	2 AQU	1 PIS	2 TAU	2 GEM
3 ARI	5 GEM	4 GEM	5 LEO	5 VIR	3 LIB	3 SCO	3 CAP	4 PIS	3 ARI	5 GEM	4 CAN
6 TAU	7 CAN	6 CAN	7 VIR	7 LIB	5 SCO	5 SAG	5 AQU	6 ARI	6 TAU	7 CAN	7 LEO
8 GEM	9 LEO	9 LEO	10 LIB	9 SCO	7 SAG	7 CAP	7 PIS	9 TAU	8 GEM	10 LEO	9 VIR
11 CAN	12 VIR	11 VIR	12 SCO	11 SAG	9 CAP	9 AQU	10 ARI	11 GEM	11 CAN	12 VIR	12 LIB
13 LEO	14 LIB	13 LIB	14 SAG	13 CAP	11 AQU	11 PIS	12 TAU	14 CAN	13 LEO	14 LIB	14 SCO
15 VIR	16 SCO	15 SCO	16 CAP	15 AQU	14 PIS	13 ARI	15 GEM	16 LEO	16 VIR	16 SCO	16 SAG
17 LIB	18 SAG	17 SAG	18 AQU	17 PIS	16 ARI	16 TAU	17 CAN	18 VIR	18 LIB	18 SAG	18 CAP
20 SCO	20 CAP	19 CAP	20 PIS	20 ARI	19 TAU	18 GEM	20 LEO	20 LIB	20 SCO	20 CAP	20 AQU
22 SAG	22 AQU	22 AQU	23 ARI	22 TAU	21 GEM	21 CAN	22 VIR	23 SCO	22 SAG	22 AQU	22 PIS
24 CAP	25 PIS	24 PIS	25 TAU	25 GEM	24 CAN	23 LEO	24 LIB	25 SAG	24 CAP	25 PIS	24 ARI
26 AQU	27 ARI	26 ARI	28 GEM	27 CAN	26 LEO	26 VIR	26 SCO	27 CAP	26 AQU	27 ARI	27 TAU
28 PIS		29 TAU	30 CAN	30 LEO	28 VIR	28 LIB	28 SAG	29 AQU	28 PIS	29 TAU	29 GEM
31 ARI		31 GEM				30 SCO	30 CAP		31 ARI		

2075

JAN	FEB	MAR	APR	MAY	JUN	JUL	AUG	SEP	OCT	NOV	DEC
1 CAN	2 VIR	1 VIR	2 SCO	1 SAG	2 AQU	1 PIS	2 TAU	1 GEM	1 CAN	2 VIR	2 LIB
3 LEO	4 LIB	3 LIB	4 SAG	3 CAP	4 PIS	3 ARI	5 GEM	3 CAN	3 LEO	4 LIB	4 SCO
6 VIR	6 SCO	6 SCO	6 CAP	5 AQU	6 ARI	6 TAU	7 CAN	6 LEO	6 VIR	7 SCO	6 SAG
8 LIB	9 SAG	8 SAG	8 AQU	8 PIS	9 TAU	8 GEM	10 LEO	8 VIR	8 LIB	9 SAG	8 CAP
10 SCO	11 CAP	10 CAP	10 PIS	10 ARI	11 GEM	11 CAN	12 VIR	11 LIB	10 SCO	11 CAP	10 AQU
12 SAG	13 AQU	12 AQU	13 ARI	12 TAU	14 CAN	13 LEO	14 LIB	13 SCO	12 SAG	13 AQU	12 PIS
14 CAP	15 PIS	14 PIS	15 TAU	15 GEM	16 LEO	16 VIR	17 SCO	15 SAG	15 CAP	15 PIS	14 ARI
16 AQU	17 ARI	16 ARI	17 GEM	17 CAN	19 VIR	18 LIB	19 SAG	17 CAP	17 AQU	17 ARI	17 TAU
18 PIS	19 TAU	19 TAU	20 CAN	20 LEO	21 LIB	20 SCO	21 CAP	19 AQU	19 PIS	19 TAU	19 GEM
21 ARI	22 GEM	21 GEM	22 LEO	22 VIR	23 SCO	23 SAG	23 AQU	22 PIS	21 ARI	22 GEM	22 CAN
23 TAU	24 CAN	24 CAN	25 VIR	25 LIB	25 SAG	25 CAP	25 PIS	24 ARI	23 TAU	24 CAN	24 LEO
25 GEM	27 LEO	26 LEO	27 LIB	27 SCO	27 CAP	27 AQU	27 ARI	26 TAU	26 GEM	27 LEO	27 VIR
28 CAN		29 VIR	29 SCO	29 SAG	29 AQU	29 PIS	29 TAU	28 GEM	28 CAN	29 VIR	29 LIB
30 LEO		31 LIB		31 CAP		31 ARI			31 LEO		31 SCO

2076

JAN	FEB	MAR	APR	MAY	JUN	JUL	AUG	SEP	OCT	NOV	DEC
3 SAG	1 CAP	2 AQU	2 ARI	1 TAU	2 CAN	2 LEO	1 VIR	2 SCO	2 SAG	2 AQU	2 PIS
5 CAP	3 AQU	4 PIS	4 TAU	4 GEM	5 LEO	5 VIR	4 LIB	5 SAG	4 CAP	5 PIS	4 ARI
7 AQU	5 PIS	6 ARI	6 GEM	6 CAN	7 VIR	7 LIB	6 SCO	7 CAP	6 AQU	7 ARI	6 TAU
9 PIS	7 ARI	8 TAU	9 CAN	9 LEO	10 LIB	10 SCO	8 SAG	9 AQU	8 PIS	9 TAU	8 GEM
11 ARI	9 TAU	10 GEM	11 LEO	11 VIR	12 SCO	12 SAG	10 CAP	11 PIS	10 ARI	11 GEM	11 CAN
13 TAU	12 GEM	12 CAN	14 VIR	14 LIB	15 SAG	14 CAP	13 AQU	13 ARI	12 TAU	13 CAN	13 LEO
15 GEM	14 CAN	15 LEO	16 LIB	16 SCO	17 CAP	16 AQU	14 PIS	15 TAU	15 GEM	16 LEO	16 VIR
18 CAN	17 LEO	17 VIR	19 SCO	18 SAG	19 AQU	18 PIS	16 ARI	17 GEM	17 CAN	18 VIR	18 LIB
20 LEO	19 VIR	20 LIB	21 SAG	20 CAP	21 PIS	20 ARI	19 TAU	20 CAN	19 LEO	21 LIB	20 SCO
23 VIR	22 LIB	22 SCO	23 CAP	22 AQU	23 ARI	22 TAU	21 GEM	22 LEO	22 VIR	23 SCO	23 SAG
25 LIB	24 SCO	25 SAG	25 AQU	24 PIS	25 TAU	25 GEM	23 CAN	25 VIR	24 LIB	25 SAG	25 CAP
28 SCO	26 SAG	27 CAP	27 PIS	27 ARI	27 GEM	27 CAN	26 LEO	27 LIB	27 SCO	28 CAP	27 AQU
30 SAG	28 CAP	29 AQU	29 ARI	29 TAU	30 CAN	29 LEO	28 VIR	29 SCO	29 SAG	30 AQU	29 PIS
		31 PIS		31 GEM			31 LIB		31 CAP		31 ARI

2077

JAN	FEB	MAR	APR	MAY	JUN	JUL	AUG	SEP	OCT	NOV	DEC
2 TAU	1 GEM	2 CAN	1 LEO	1 VIR	2 SCO	2 SAG	1 CAP	1 PIS	1 ARI	1 GEM	1 CAN
5 GEM	3 CAN	5 LEO	4 VIR	3 LIB	5 SAG	4 CAP	3 AQU	3 ARI	3 TAU	3 CAN	3 LEO
7 CAN	6 LEO	7 VIR	6 LIB	6 SCO	7 CAP	6 AQU	5 PIS	5 TAU	5 GEM	6 LEO	5 VIR
9 LEO	8 VIR	10 LIB	9 SCO	8 SAG	9 AQU	9 PIS	7 ARI	7 GEM	7 CAN	8 VIR	8 LIB
12 VIR	11 LIB	12 SCO	11 SAG	11 CAP	11 PIS	11 ARI	9 TAU	10 CAN	9 LEO	10 LIB	10 SCO
14 LIB	13 SCO	15 SAG	13 CAP	13 AQU	13 ARI	13 TAU	11 GEM	12 LEO	12 VIR	13 SCO	13 SAG
17 SCO	16 SAG	17 CAP	16 AQU	15 PIS	15 TAU	15 GEM	13 CAN	14 VIR	14 LIB	15 SAG	15 CAP
19 SAG	18 CAP	19 AQU	18 PIS	17 ARI	18 GEM	17 CAN	16 LEO	17 LIB	17 SCO	18 CAP	17 AQU
21 CAP	20 AQU	21 PIS	20 ARI	19 TAU	20 CAN	19 LEO	18 VIR	19 SCO	19 SAG	20 AQU	20 PIS
23 AQU	22 PIS	23 ARI	22 TAU	21 GEM	22 LEO	22 VIR	21 LIB	22 SAG	22 CAP	22 PIS	22 ARI
25 PIS	24 ARI	25 TAU	24 GEM	23 CAN	25 VIR	24 LIB	23 SCO	24 CAP	24 AQU	25 ARI	24 TAU
27 ARI	26 TAU	27 GEM	26 CAN	26 LEO	27 LIB	27 SCO	26 SAG	27 AQU	26 PIS	27 TAU	26 GEM
30 TAU	28 GEM	30 CAN	28 LEO	28 VIR	30 SCO	29 SAG	28 CAP	29 PIS	28 ARI	29 GEM	28 CAN
				31 LIB			30 AQU		30 TAU		30 LEO

2078

JAN	FEB	MAR	APR	MAY	JUN	JUL	AUG	SEP	OCT	NOV	DEC
2 VIR	3 SCO	2 SCO	1 SAG	1 CAP	2 PIS	1 ARI	2 GEM	2 LEO	2 VIR	3 SCO	3 SAG
4 LIB	6 SAG	5 SAG	4 CAP	3 AQU	4 ARI	3 TAU	4 CAN	5 VIR	4 LIB	5 SAG	5 CAP
7 SCO	8 CAP	7 CAP	6 AQU	5 PIS	6 TAU	5 GEM	6 LEO	7 LIB	7 SCO	8 CAP	8 AQU
9 SAG	10 AQU	10 AQU	8 PIS	8 ARI	8 GEM	7 CAN	8 VIR	9 SCO	9 SAG	10 AQU	10 PIS
12 CAP	12 PIS	12 PIS	10 ARI	10 TAU	10 CAN	10 LEO	11 LIB	12 SAG	12 CAP	13 PIS	12 ARI
14 AQU	14 ARI	14 ARI	12 TAU	12 GEM	12 LEO	12 VIR	13 SCO	14 CAP	14 AQU	15 ARI	14 TAU
16 PIS	16 TAU	16 TAU	14 GEM	14 CAN	14 VIR	14 LIB	16 SAG	17 AQU	16 PIS	17 TAU	16 GEM
18 ARI	18 GEM	18 GEM	16 CAN	16 LEO	17 LIB	17 SCO	18 CAP	19 PIS	19 ARI	19 GEM	18 CAN
20 TAU	21 CAN	20 CAN	18 LEO	18 VIR	19 SCO	19 SAG	20 AQU	21 ARI	21 TAU	21 CAN	20 LEO
22 GEM	23 LEO	22 LEO	21 VIR	21 LIB	22 SAG	22 CAP	23 PIS	23 TAU	23 GEM	23 LEO	23 VIR
24 CAN	25 VIR	25 VIR	23 LIB	23 SCO	24 CAP	24 AQU	25 ARI	25 GEM	25 CAN	25 VIR	25 LIB
27 LEO	28 LIB	27 LIB	26 SCO	26 SAG	27 AQU	26 PIS	27 TAU	27 CAN	27 LEO	28 LIB	27 SCO
29 VIR		30 SCO	28 SAG	28 CAP	29 PIS	28 ARI	29 GEM	29 LEO	29 VIR	30 SCO	30 SAG
31 LIB				30 AQU		31 TAU	31 CAN		31 LIB		

2079

JAN	FEB	MAR	APR	MAY	JUN	JUL	AUG	SEP	OCT	NOV	DEC
2 CAP	3 PIS	2 PIS	3 TAU	2 GEM	2 LEO	2 VIR	1 LIB	2 SAG	2 CAP	3 PIS	3 ARI
4 AQU	5 ARI	4 ARI	5 GEM	4 CAN	5 VIR	4 LIB	3 SCO	4 CAP	4 AQU	5 ARI	5 TAU
6 PIS	7 TAU	6 TAU	7 CAN	6 LEO	7 LIB	7 SCO	5 SAG	7 AQU	6 PIS	7 TAU	7 GEM
9 ARI	9 GEM	8 GEM	9 LEO	8 VIR	9 SCO	9 SAG	8 CAP	9 PIS	9 ARI	9 GEM	9 CAN
11 TAU	11 CAN	10 CAN	11 VIR	11 LIB	12 SAG	12 CAP	10 AQU	11 ARI	11 TAU	11 CAN	11 LEO
13 GEM	13 LEO	13 LEO	13 LIB	13 SCO	14 CAP	14 AQU	13 PIS	14 TAU	13 GEM	13 LEO	13 VIR
15 CAN	15 VIR	15 VIR	16 SCO	16 SAG	17 AQU	17 PIS	15 ARI	16 GEM	15 CAN	16 VIR	15 LIB
17 LEO	18 LIB	17 LIB	18 SAG	18 CAP	19 PIS	19 ARI	17 TAU	18 CAN	17 LEO	18 LIB	17 SCO
19 VIR	20 SCO	19 SCO	21 CAP	21 AQU	22 ARI	21 TAU	19 GEM	20 LEO	19 VIR	20 SCO	20 SAG
21 LIB	23 SAG	22 SAG	23 AQU	23 PIS	24 TAU	23 GEM	22 CAN	22 VIR	22 LIB	23 SAG	22 CAP
24 SCO	25 CAP	25 CAP	26 PIS	25 ARI	26 GEM	25 CAN	24 LEO	24 LIB	24 SCO	25 CAP	25 AQU
26 SAG	28 AQU	27 AQU	28 ARI	27 TAU	28 CAN	27 LEO	26 VIR	27 SCO	26 SAG	28 AQU	27 PIS
29 CAP		29 PIS	30 TAU	29 GEM	30 LEO	29 VIR	28 LIB	29 SAG	29 CAP	30 PIS	30 ARI
31 AQU		31 ARI		31 CAN			30 SCO		31 AQU		

2080

JAN	FEB	MAR	APR	MAY	JUN	JUL	AUG	SEP	OCT	NOV	DEC
1 TAU	2 CAN	2 LEO	3 LIB	2 SCO	1 SAG	1 CAP	2 PIS	1 ARI	2 GEM	1 CAN	2 VIR
3 GEM	4 LEO	4 VIR	5 SCO	5 SAG	3 CAP	3 AQU	4 ARI	3 TAU	5 CAN	3 LEO	4 LIB
5 CAN	6 VIR	6 LIB	7 SAG	7 CAP	6 AQU	6 PIS	7 TAU	5 GEM	7 LEO	5 VIR	7 SCO
7 LEO	8 LIB	8 SCO	10 CAP	9 AQU	8 PIS	8 ARI	9 GEM	7 CAN	9 VIR	7 LIB	9 SAG
9 VIR	10 SCO	11 SAG	12 AQU	12 PIS	11 ARI	10 TAU	11 CAN	9 LEO	11 LIB	9 SCO	11 CAP
11 LIB	12 SAG	13 CAP	15 PIS	14 ARI	13 TAU	13 GEM	13 LEO	12 VIR	13 SCO	12 SAG	14 AQU
14 SCO	15 CAP	16 AQU	17 ARI	17 TAU	15 GEM	15 CAN	15 VIR	14 LIB	15 SAG	14 CAP	16 PIS
16 SAG	17 AQU	18 PIS	19 TAU	19 GEM	17 CAN	17 LEO	17 LIB	16 SCO	18 CAP	17 AQU	19 ARI
19 CAP	20 PIS	21 ARI	21 GEM	21 CAN	19 LEO	19 VIR	19 SCO	18 SAG	20 AQU	19 PIS	21 TAU
21 AQU	22 ARI	23 TAU	24 CAN	23 LEO	21 VIR	21 LIB	22 SAG	20 CAP	23 PIS	22 ARI	24 GEM
24 PIS	25 TAU	25 GEM	26 LEO	25 VIR	23 LIB	23 SCO	24 CAP	23 AQU	25 ARI	24 TAU	26 CAN
26 ARI	27 GEM	27 CAN	28 VIR	27 LIB	26 SCO	25 SAG	27 AQU	25 PIS	28 TAU	26 GEM	28 LEO
28 TAU	29 CAN	29 LEO	30 LIB	29 SCO	28 SAG	28 CAP	29 PIS	28 ARI	30 GEM	28 CAN	30 VIR
31 GEM		31 VIR				30 AQU		30 TAU		30 LEO	

2081

JAN	FEB	MAR	APR	MAY	JUN	JUL	AUG	SEP	OCT	NOV	DEC
1 LIB	1 SAG	1 SAG	2 AQU	2 PIS	1 ARI	3 GEM	1 CAN	2 VIR	1 LIB	2 SAG	1 CAP
3 SCO	4 CAP	3 CAP	4 PIS	4 ARI	3 TAU	5 CAN	3 LEO	4 LIB	3 SCO	4 CAP	4 AQU
5 SAG	6 AQU	6 AQU	7 ARI	7 TAU	5 GEM	7 LEO	5 VIR	6 SCO	5 SAG	6 AQU	6 PIS
8 CAP	9 PIS	8 PIS	9 TAU	9 GEM	8 CAN	9 VIR	7 LIB	8 SAG	8 CAP	9 PIS	9 ARI
10 AQU	11 ARI	11 ARI	12 GEM	11 CAN	10 LEO	11 LIB	10 SCO	10 CAP	10 AQU	11 ARI	11 TAU
13 PIS	14 TAU	13 TAU	14 CAN	13 LEO	12 VIR	13 SCO	12 SAG	13 AQU	13 PIS	14 TAU	14 GEM
15 ARI	16 GEM	16 GEM	16 LEO	16 VIR	14 LIB	16 SAG	14 CAP	15 PIS	15 ARI	16 GEM	16 CAN
18 TAU	18 CAN	18 CAN	18 VIR	18 LIB	16 SCO	18 CAP	16 AQU	18 ARI	18 TAU	19 CAN	18 LEO
20 GEM	21 LEO	20 LEO	20 LIB	20 SCO	18 SAG	20 AQU	19 PIS	20 TAU	20 GEM	21 LEO	20 VIR
22 CAN	23 VIR	22 VIR	22 SCO	22 SAG	21 CAP	23 PIS	22 ARI	23 GEM	22 CAN	23 VIR	22 LIB
24 LEO	25 LIB	24 LIB	25 SAG	24 CAP	23 AQU	25 ARI	24 TAU	25 CAN	25 LEO	25 LIB	24 SCO
26 VIR	27 SCO	26 SCO	27 CAP	27 AQU	25 PIS	28 TAU	26 GEM	27 LEO	27 VIR	27 SCO	27 SAG
28 LIB		28 SAG	29 AQU	29 PIS	28 ARI	30 GEM	29 CAN	29 VIR	29 LIB	29 SAG	29 CAP
30 SCO		30 CAP			30 TAU		31 LEO		31 SCO		31 AQU

2082

JAN	FEB	MAR	APR	MAY	JUN	JUL	AUG	SEP	OCT	NOV	DEC
3 PIS	1 ARI	1 ARI	2 GEM	2 CAN	2 VIR	2 LIB	2 SAG	1 CAP	3 PIS	1 ARI	1 TAU
5 ARI	4 TAU	3 TAU	4 CAN	4 LEO	5 LIB	4 SCO	4 CAP	3 AQU	5 ARI	4 TAU	4 GEM
8 TAU	6 GEM	6 GEM	7 LEO	6 VIR	7 SCO	6 SAG	7 AQU	5 PIS	8 TAU	6 GEM	6 CAN
10 GEM	9 CAN	8 CAN	9 VIR	8 LIB	9 SAG	8 CAP	9 PIS	8 ARI	10 GEM	9 CAN	8 LEO
12 CAN	11 LEO	10 LEO	11 LIB	10 SCO	11 CAP	10 AQU	11 ARI	10 TAU	13 CAN	11 LEO	11 VIR
14 LEO	13 VIR	12 VIR	13 SCO	12 SAG	13 AQU	13 PIS	14 TAU	13 GEM	15 LEO	13 VIR	13 LIB
16 VIR	15 LIB	14 LIB	15 SAG	14 CAP	15 PIS	15 ARI	16 GEM	15 CAN	17 VIR	16 LIB	15 SCO
19 LIB	17 SCO	16 SCO	17 CAP	17 AQU	18 ARI	18 TAU	19 CAN	18 LEO	19 LIB	18 SCO	17 SAG
21 SCO	19 SAG	18 SAG	19 AQU	19 PIS	20 TAU	20 GEM	21 LEO	20 VIR	21 SCO	20 SAG	19 CAP
23 SAG	21 CAP	21 CAP	22 PIS	21 ARI	23 GEM	22 CAN	23 VIR	22 LIB	23 SAG	22 CAP	21 AQU
25 CAP	24 AQU	23 AQU	24 ARI	24 TAU	25 CAN	25 LEO	25 LIB	24 SCO	25 CAP	24 AQU	23 PIS
27 AQU	26 PIS	25 PIS	27 TAU	26 GEM	27 LEO	27 VIR	27 SCO	26 SAG	27 AQU	26 PIS	26 ARI
30 PIS		28 ARI	29 GEM	29 CAN	30 VIR	29 LIB	29 SAG	28 CAP	30 PIS	28 ARI	28 TAU
		30 TAU		31 LEO		31 SCO		30 AQU			31 GEM

2083

JAN	FEB	MAR	APR	MAY	JUN	JUL	AUG	SEP	OCT	NOV	DEC
2 CAN	1 LEO	3 VIR	1 LIB	1 SCO	1 CAP	3 PIS	1 ARI	3 GEM	2 CAN	1 LEO	1 VIR
5 LEO	3 VIR	5 LIB	3 SCO	3 SAG	3 AQU	5 ARI	4 TAU	5 CAN	5 LEO	4 VIR	3 LIB
7 VIR	5 LIB	7 SCO	5 SAG	5 CAP	5 PIS	7 TAU	6 GEM	8 LEO	7 VIR	6 LIB	5 SCO
9 LIB	8 SCO	9 SAG	7 CAP	7 AQU	8 ARI	10 GEM	9 CAN	10 VIR	9 LIB	8 SCO	7 SAG
11 SCO	10 SAG	11 CAP	9 AQU	9 PIS	10 TAU	12 CAN	11 LEO	12 LIB	12 SCO	10 SAG	9 CAP
13 SAG	12 CAP	13 AQU	12 PIS	11 ARI	13 GEM	15 LEO	14 VIR	14 SCO	14 SAG	12 CAP	11 AQU
15 CAP	14 AQU	15 PIS	14 ARI	14 TAU	15 CAN	17 VIR	16 LIB	16 SAG	16 CAP	14 AQU	14 PIS
18 AQU	16 PIS	18 ARI	17 TAU	16 GEM	18 LEO	20 LIB	18 SCO	18 CAP	18 AQU	16 PIS	16 ARI
20 PIS	19 ARI	20 TAU	19 GEM	19 CAN	20 VIR	22 SCO	20 SAG	21 AQU	20 PIS	19 ARI	18 TAU
22 ARI	21 TAU	23 GEM	22 CAN	21 LEO	22 LIB	24 SAG	22 CAP	23 PIS	22 ARI	21 TAU	21 GEM
25 TAU	24 GEM	25 CAN	24 LEO	24 VIR	24 SCO	26 CAP	24 AQU	25 ARI	25 TAU	23 GEM	23 CAN
27 GEM	26 CAN	28 LEO	26 VIR	26 LIB	26 SAG	28 AQU	26 PIS	27 TAU	27 GEM	26 CAN	26 LEO
30 CAN	28 LEO	30 VIR	29 LIB	28 SCO	28 CAP	30 PIS	29 ARI	30 GEM	30 CAN	29 LEO	28 VIR
				30 SAG	30 AQU		31 TAU				31 LIB

2084

JAN	FEB	MAR	APR	MAY	JUN	JUL	AUG	SEP	OCT	NOV	DEC
2 SCO	2 CAP	1 CAP	1 PIS	1 ARI	2 GEM	1 CAN	3 VIR	1 LIB	1 SCO	1 CAP	1 AQU
4 SAG	4 AQU	3 AQU	3 ARI	3 TAU	4 CAN	4 LEO	5 LIB	4 SCO	3 SAG	4 AQU	3 PIS
6 CAP	6 PIS	5 PIS	6 TAU	5 GEM	7 LEO	6 VIR	7 SCO	6 SAG	5 CAP	6 PIS	5 ARI
8 AQU	9 ARI	7 ARI	8 GEM	8 CAN	9 VIR	9 LIB	10 SAG	8 CAP	7 AQU	8 ARI	7 TAU
10 PIS	11 TAU	9 TAU	10 CAN	10 LEO	12 LIB	11 SCO	12 CAP	10 AQU	9 PIS	10 TAU	10 GEM
12 ARI	13 GEM	12 GEM	13 LEO	13 VIR	14 SCO	13 SAG	14 AQU	12 PIS	12 ARI	12 GEM	12 CAN
14 TAU	16 CAN	14 CAN	15 VIR	15 LIB	16 SAG	15 CAP	16 PIS	14 ARI	14 TAU	15 CAN	15 LEO
17 GEM	18 LEO	17 LEO	18 LIB	17 SCO	18 CAP	17 AQU	18 ARI	16 TAU	16 GEM	17 LEO	17 VIR
20 CAN	21 VIR	19 VIR	20 SCO	19 SAG	20 AQU	19 PIS	20 TAU	19 GEM	19 CAN	20 VIR	20 LIB
22 LEO	23 LIB	21 LIB	22 SAG	21 CAP	22 PIS	21 ARI	22 GEM	21 CAN	21 LEO	22 LIB	22 SCO
24 VIR	25 SCO	24 SCO	24 CAP	23 AQU	24 ARI	24 TAU	25 CAN	24 LEO	24 VIR	25 SCO	24 SAG
27 LIB	27 SAG	26 SAG	26 AQU	26 PIS	26 TAU	26 GEM	27 LEO	26 VIR	26 LIB	27 SAG	26 CAP
29 SCO		28 CAP	28 PIS	28 ARI	29 GEM	29 CAN	30 VIR	29 LIB	28 SCO	29 CAP	28 AQU
31 SAG		30 AQU		30 TAU		31 LEO			30 SAG		30 PIS

2085

JAN	FEB	MAR	APR	MAY	JUN	JUL	AUG	SEP	OCT	NOV	DEC
1 ARI	2 GEM	2 GEM	3 LEO	3 VIR	1 LIB	1 SCO	2 CAP	1 AQU	2 ARI	3 GEM	2 CAN
4 TAU	5 CAN	4 CAN	5 VIR	5 LIB	4 SCO	4 SAG	4 AQU	3 PIS	4 TAU	5 CAN	5 LEO
6 GEM	7 LEO	6 LEO	8 LIB	7 SCO	6 SAG	6 CAP	6 PIS	4 ARI	6 GEM	7 LEO	7 VIR
8 CAN	10 VIR	9 VIR	10 SCO	10 SAG	8 CAP	8 AQU	8 ARI	7 TAU	8 CAN	10 VIR	10 LIB
11 LEO	12 LIB	11 LIB	12 SAG	12 CAP	10 AQU	10 PIS	10 TAU	9 GEM	11 LEO	12 LIB	12 SCO
14 VIR	15 SCO	14 SCO	15 CAP	14 AQU	12 PIS	12 ARI	12 GEM	11 CAN	13 VIR	15 SCO	14 SAG
16 LIB	17 SAG	16 SAG	17 AQU	16 PIS	14 ARI	14 TAU	15 CAN	14 LEO	16 LIB	17 SAG	17 CAP
18 SCO	19 CAP	18 CAP	19 PIS	18 ARI	17 TAU	16 GEM	17 LEO	16 VIR	18 SCO	19 CAP	19 AQU
21 SAG	21 AQU	21 AQU	21 ARI	20 TAU	19 GEM	19 CAN	20 VIR	19 LIB	21 SAG	21 AQU	21 PIS
23 CAP	23 PIS	23 PIS	23 TAU	23 GEM	21 CAN	21 LEO	22 LIB	21 SCO	23 CAP	24 PIS	23 ARI
25 AQU	25 ARI	25 ARI	25 GEM	25 CAN	24 LEO	24 VIR	25 SCO	23 SAG	25 AQU	26 ARI	25 TAU
27 PIS	27 TAU	27 TAU	28 CAN	27 LEO	26 VIR	26 LIB	27 SAG	26 CAP	27 PIS	28 TAU	27 GEM
29 ARI		29 GEM	30 LEO	30 VIR	29 LIB	29 SCO	29 CAP	28 AQU	29 ARI	30 GEM	30 CAN
31 TAU		31 CAN				31 SAG		30 PIS	31 TAU		

2086

JAN	FEB	MAR	APR	MAY	JUN	JUL	AUG	SEP	OCT	NOV	DEC
1 LEO	2 LIB	1 LIB	3 SAG	2 CAP	1 AQU	2 ARI	1 TAU	1 CAN	1 LEO	2 LIB	2 SCO
3 VIR	5 SCO	4 SCO	5 CAP	5 AQU	3 PIS	4 TAU	3 GEM	4 LEO	3 VIR	5 SCO	4 SAG
6 LIB	7 SAG	6 SAG	7 AQU	7 PIS	5 ARI	7 GEM	5 CAN	6 VIR	6 LIB	7 SAG	7 CAP
8 SCO	9 CAP	9 CAP	9 PIS	9 ARI	7 TAU	9 CAN	7 LEO	9 LIB	8 SCO	10 CAP	9 AQU
11 SAG	12 AQU	11 AQU	11 ARI	11 TAU	9 GEM	11 LEO	10 VIR	11 SCO	11 SAG	12 AQU	11 PIS
13 CAP	14 PIS	13 PIS	13 TAU	13 GEM	11 CAN	13 VIR	12 LIB	14 SAG	13 CAP	14 PIS	13 ARI
15 AQU	15 ARI	15 ARI	15 GEM	15 CAN	14 LEO	16 LIB	15 SCO	16 CAP	16 AQU	16 ARI	16 TAU
17 PIS	18 TAU	17 TAU	18 CAN	17 LEO	16 VIR	18 SCO	17 SAG	18 AQU	18 PIS	18 TAU	18 GEM
19 ARI	20 GEM	19 GEM	20 LEO	20 VIR	19 LIB	21 SAG	20 CAP	20 PIS	20 ARI	20 GEM	20 CAN
21 TAU	22 CAN	21 CAN	22 VIR	22 LIB	21 SCO	23 CAP	22 AQU	22 ARI	22 TAU	22 CAN	22 LEO
23 GEM	24 LEO	24 LEO	25 LIB	25 SCO	24 SAG	25 AQU	24 PIS	24 TAU	24 GEM	24 LEO	24 VIR
26 CAN	27 VIR	26 VIR	27 SCO	27 SAG	26 CAP	27 PIS	26 ARI	26 GEM	26 CAN	27 VIR	27 LIB
28 LEO		29 LIB	30 SAG	30 CAP	28 AQU	30 ARI	28 TAU	29 CAN	28 LEO	29 LIB	29 SCO
31 VIR		31 SCO			30 PIS		30 GEM		31 VIR		

2087

JAN	FEB	MAR	APR	MAY	JUN	JUL	AUG	SEP	OCT	NOV	DEC
1 SAG	2 AQU	1 AQU	2 ARI	1 TAU	2 CAN	1 LEO	2 LIB	1 SCO	1 SAG	2 AQU	2 PIS
3 CAP	4 PIS	3 PIS	4 TAU	3 GEM	4 LEO	3 VIR	5 SCO	3 SAG	3 CAP	4 PIS	4 ARI
5 AQU	6 ARI	5 ARI	6 GEM	5 CAN	6 VIR	6 LIB	7 SAG	6 CAP	6 AQU	7 ARI	6 TAU
8 PIS	8 TAU	7 TAU	8 CAN	7 LEO	8 LIB	8 SCO	10 CAP	8 AQU	8 PIS	9 TAU	8 GEM
10 ARI	10 GEM	9 GEM	10 LEO	10 VIR	11 SCO	11 SAG	12 AQU	11 PIS	10 ARI	11 GEM	10 CAN
12 TAU	12 CAN	12 CAN	12 VIR	12 LIB	13 SAG	13 CAP	14 PIS	13 ARI	12 TAU	13 CAN	12 LEO
14 GEM	15 LEO	14 LEO	15 LIB	15 SCO	16 CAP	16 AQU	16 ARI	15 TAU	14 GEM	15 LEO	14 VIR
16 CAN	17 VIR	16 VIR	17 SCO	17 SAG	18 AQU	18 PIS	18 TAU	17 GEM	16 CAN	17 VIR	17 LIB
18 LEO	19 LIB	19 LIB	20 SAG	20 CAP	21 PIS	20 ARI	21 GEM	19 CAN	18 LEO	19 LIB	19 SCO
21 VIR	22 SCO	21 SCO	22 CAP	22 AQU	23 ARI	22 TAU	23 CAN	21 LEO	21 VIR	22 SCO	22 SAG
23 LIB	24 SAG	24 SAG	25 AQU	24 PIS	25 TAU	24 GEM	25 LEO	23 VIR	23 LIB	24 SAG	24 CAP
26 SCO	27 CAP	26 CAP	27 PIS	27 ARI	27 GEM	26 CAN	27 VIR	26 LIB	25 SCO	27 CAP	27 AQU
28 SAG		29 AQU	29 ARI	29 TAU	29 CAN	29 LEO	29 LIB	28 SCO	28 SAG	29 AQU	29 PIS
30 CAP		31 PIS		31 GEM		31 VIR			31 CAP		31 ARI

2088

JAN	FEB	MAR	APR	MAY	JUN	JUL	AUG	SEP	OCT	NOV	DEC
2 TAU	1 GEM	1 CAN	2 VIR	1 LIB	2 SAG	2 CAP	1 AQU	2 ARI	2 TAU	2 CAN	1 LEO
4 GEM	3 CAN	3 LEO	4 LIB	4 SCO	5 CAP	5 AQU	3 PIS	4 TAU	4 GEM	4 LEO	3 VIR
6 CAN	5 LEO	5 VIR	6 SCO	6 SAG	7 AQU	7 PIS	6 ARI	6 GEM	6 CAN	6 VIR	6 LIB
9 LEO	7 VIR	8 LIB	9 SAG	9 CAP	10 PIS	9 ARI	8 TAU	9 CAN	8 LEO	8 LIB	8 SCO
11 VIR	9 LIB	10 SCO	11 CAP	11 AQU	12 ARI	12 TAU	10 GEM	11 LEO	10 VIR	11 SCO	10 SAG
13 LIB	12 SCO	13 SAG	14 AQU	14 PIS	14 TAU	14 GEM	12 CAN	13 VIR	12 LIB	13 SAG	13 CAP
15 SCO	14 SAG	15 CAP	16 PIS	16 ARI	16 GEM	16 CAN	14 LEO	15 LIB	15 SCO	16 CAP	16 AQU
18 SAG	17 CAP	18 AQU	18 ARI	18 TAU	18 CAN	18 LEO	16 VIR	17 SCO	17 SAG	18 AQU	18 PIS
20 CAP	19 AQU	20 PIS	21 TAU	20 GEM	20 LEO	20 VIR	18 LIB	20 SAG	19 CAP	21 PIS	20 ARI
23 AQU	21 PIS	22 ARI	23 GEM	22 CAN	23 VIR	22 LIB	21 SCO	22 CAP	22 AQU	23 ARI	23 TAU
25 PIS	24 ARI	24 TAU	25 CAN	24 LEO	25 LIB	24 SCO	23 SAG	25 AQU	24 PIS	25 TAU	25 GEM
27 ARI	26 TAU	26 GEM	27 LEO	26 VIR	27 SCO	27 SAG	26 CAP	27 PIS	27 ARI	27 GEM	27 CAN
30 TAU	28 GEM	28 CAN	29 VIR	28 LIB	30 SAG	29 CAP	28 AQU	29 ARI	29 TAU	29 CAN	29 LEO
		30 LEO		31 SCO			31 PIS		31 GEM		31 VIR

2089

JAN	FEB	MAR	APR	MAY	JUN	JUL	AUG	SEP	OCT	NOV	DEC
2 LIB	1 SCO	2 SAG	1 CAP	1 AQU	2 ARI	2 TAU	1 GEM	1 LEO	3 LIB	1 SCO	1 SAG
4 SCO	3 SAG	5 CAP	4 AQU	4 PIS	5 TAU	4 GEM	3 CAN	3 VIR	5 SCO	3 SAG	3 CAP
7 SAG	6 CAP	7 AQU	6 PIS	6 ARI	7 GEM	6 CAN	5 LEO	5 LIB	7 SAG	6 CAP	5 AQU
9 CAP	8 AQU	10 PIS	9 ARI	8 TAU	9 CAN	8 LEO	7 VIR	7 SCO	9 CAP	8 AQU	8 PIS
12 AQU	11 PIS	12 ARI	11 TAU	10 GEM	11 LEO	10 VIR	9 LIB	9 SAG	12 AQU	11 PIS	10 ARI
14 PIS	13 ARI	15 TAU	13 GEM	12 CAN	13 VIR	12 LIB	11 SCO	12 CAP	14 PIS	13 ARI	13 TAU
17 ARI	15 TAU	17 GEM	15 CAN	15 LEO	15 LIB	15 SCO	13 SAG	14 AQU	17 ARI	15 TAU	15 GEM
19 TAU	18 GEM	19 CAN	17 LEO	17 VIR	17 SCO	17 SAG	16 CAP	17 PIS	19 TAU	18 GEM	17 CAN
21 GEM	20 CAN	21 LEO	19 VIR	19 LIB	20 SAG	19 CAP	18 AQU	19 ARI	21 GEM	20 CAN	19 LEO
23 CAN	22 LEO	23 VIR	22 LIB	21 SCO	22 CAP	22 AQU	21 PIS	22 TAU	24 CAN	22 LEO	21 VIR
25 LEO	24 VIR	25 LIB	24 SCO	23 SAG	25 AQU	24 PIS	23 ARI	24 GEM	26 LEO	24 VIR	23 LIB
27 VIR	26 LIB	27 SCO	26 SAG	26 CAP	27 PIS	27 ARI	26 TAU	26 CAN	28 VIR	26 LIB	26 SCO
29 LIB	28 SCO	30 SAG	28 CAP	28 AQU	30 ARI	29 TAU	28 GEM	28 LEO	30 LIB	28 SCO	28 SAG
				31 PIS			30 CAN	30 VIR			30 CAP

2090

JAN	FEB	MAR	APR	MAY	JUN	JUL	AUG	SEP	OCT	NOV	DEC
2 AQU	3 ARI	2 ARI	1 TAU	1 GEM	1 LEO	1 VIR	1 SCO	2 CAP	2 AQU	3 ARI	3 TAU
4 PIS	6 TAU	5 TAU	3 GEM	3 CAN	3 VIR	3 LIB	3 SAG	4 AQU	4 PIS	5 TAU	5 GEM
7 ARI	8 GEM	7 GEM	6 CAN	5 LEO	6 LIB	5 SCO	6 CAP	7 PIS	7 ARI	8 GEM	7 CAN
9 TAU	10 CAN	9 CAN	8 LEO	7 VIR	8 SCO	7 SAG	8 AQU	9 ARI	9 TAU	10 CAN	10 LEO
12 GEM	12 LEO	12 LEO	10 VIR	9 LIB	10 SAG	9 CAP	11 PIS	12 TAU	12 GEM	12 LEO	12 VIR
14 CAN	14 VIR	14 VIR	12 LIB	11 SCO	12 CAP	12 AQU	13 ARI	14 GEM	14 CAN	15 VIR	14 LIB
16 LEO	16 LIB	16 LIB	14 SCO	14 SAG	14 AQU	14 PIS	16 TAU	17 CAN	16 LEO	17 LIB	16 SCO
18 VIR	18 SCO	18 SCO	16 SAG	16 CAP	17 PIS	17 ARI	18 GEM	19 LEO	18 VIR	19 SCO	18 SAG
20 LIB	20 SAG	20 SAG	18 CAP	18 AQU	19 ARI	19 TAU	20 CAN	21 VIR	20 LIB	21 SAG	20 CAP
22 SCO	23 CAP	22 CAP	21 AQU	21 PIS	22 TAU	22 GEM	22 LEO	23 LIB	22 SCO	23 CAP	23 AQU
24 SAG	25 AQU	24 AQU	23 PIS	23 ARI	24 GEM	24 CAN	24 VIR	25 SCO	24 SAG	25 AQU	25 PIS
26 CAP	28 PIS	27 PIS	26 ARI	26 TAU	27 CAN	26 LEO	26 LIB	27 SAG	27 CAP	28 PIS	28 ARI
29 AQU		30 ARI	28 TAU	28 GEM	29 LEO	28 VIR	29 SCO	29 CAP	29 AQU	30 ARI	30 TAU
31 PIS				30 CAN		30 LIB	31 SAG		31 PIS		

2091

JAN	FEB	MAR	APR	MAY	JUN	JUL	AUG	SEP	OCT	NOV	DEC
2 GEM	2 LEO	2 LEO	2 LIB	2 SCO	2 CAP	2 AQU	1 PIS	2 TAU	2 GEM	3 LEO	2 VIR
4 CAN	4 VIR	4 VIR	4 SCO	4 SAG	4 AQU	4 PIS	3 ARI	4 GEM	4 CAN	5 VIR	5 LIB
6 LEO	7 LIB	6 LIB	6 SAG	6 CAP	7 PIS	7 ARI	5 TAU	7 CAN	6 LEO	7 LIB	7 SCO
8 VIR	9 SCO	8 SCO	8 CAP	8 AQU	9 ARI	9 TAU	8 GEM	9 LEO	9 VIR	9 SCO	9 SAG
10 LIB	11 SAG	10 SAG	11 AQU	10 PIS	12 TAU	12 GEM	10 CAN	11 VIR	11 LIB	11 SAG	11 CAP
12 SCO	13 CAP	12 CAP	13 PIS	13 ARI	14 GEM	14 CAN	13 LEO	13 LIB	13 SCO	13 CAP	13 AQU
15 SAG	15 AQU	15 AQU	16 ARI	16 TAU	17 CAN	16 LEO	15 VIR	15 SCO	15 SAG	15 AQU	15 PIS
17 CAP	18 PIS	17 PIS	18 TAU	18 GEM	19 LEO	19 VIR	17 LIB	17 SAG	17 CAP	18 PIS	17 ARI
19 AQU	20 ARI	19 ARI	21 GEM	20 CAN	21 VIR	21 LIB	19 SCO	19 CAP	19 AQU	20 ARI	20 TAU
21 PIS	23 TAU	22 TAU	23 CAN	23 LEO	23 LIB	23 SCO	21 SAG	22 AQU	21 PIS	23 TAU	22 GEM
24 ARI	25 GEM	25 GEM	26 LEO	25 VIR	26 SCO	25 SAG	23 CAP	24 PIS	24 ARI	25 GEM	25 CAN
26 TAU	28 CAN	27 CAN	28 VIR	27 LIB	28 SAG	27 CAP	26 AQU	27 ARI	26 TAU	28 CAN	27 LEO
29 GEM		29 LEO	30 LIB	29 SCO	30 CAP	29 AQU	28 PIS	29 TAU	29 GEM	30 LEO	30 VIR
31 CAN		31 VIR		31 SAG			30 ARI		31 CAN		

2092

JAN	FEB	MAR	APR	MAY	JUN	JUL	AUG	SEP	OCT	NOV	DEC
1 LIB	1 SAG	2 CAP	2 PIS	2 ARI	1 TAU	3 CAN	2 LEO	3 LIB	2 SCO	1 SAG	2 AQU
3 SCO	3 CAP	4 AQU	5 ARI	4 TAU	3 GEM	5 LEO	4 VIR	5 SCO	4 SAG	3 CAP	4 PIS
5 SAG	6 AQU	6 PIS	7 TAU	7 GEM	6 CAN	8 VIR	6 LIB	7 SAG	6 CAP	5 AQU	6 ARI
7 CAP	8 PIS	8 ARI	10 GEM	9 CAN	8 LEO	10 LIB	9 SCO	9 CAP	8 AQU	7 PIS	9 TAU
9 AQU	10 ARI	11 TAU	12 CAN	12 LEO	11 VIR	12 SCO	11 SAG	11 AQU	11 PIS	9 ARI	11 GEM
11 PIS	13 TAU	13 GEM	15 LEO	14 VIR	13 LIB	14 SAG	13 CAP	13 PIS	13 ARI	12 TAU	14 CAN
14 ARI	15 GEM	16 CAN	17 VIR	17 LIB	15 SCO	16 CAP	15 AQU	16 ARI	15 TAU	14 GEM	16 LEO
16 TAU	18 CAN	18 LEO	19 LIB	19 SCO	17 SAG	18 AQU	17 PIS	18 TAU	18 GEM	17 CAN	19 VIR
19 GEM	20 LEO	21 VIR	21 SCO	21 SAG	19 CAP	21 PIS	19 ARI	20 GEM	20 CAN	19 LEO	21 LIB
21 CAN	22 VIR	23 LIB	23 SAG	23 CAP	21 AQU	23 ARI	22 TAU	23 CAN	23 LEO	22 VIR	23 SCO
24 LEO	24 LIB	25 SCO	25 CAP	25 AQU	23 PIS	25 TAU	24 GEM	25 LEO	25 VIR	24 LIB	25 SAG
26 VIR	26 SCO	27 SAG	27 AQU	27 PIS	25 ARI	28 GEM	27 CAN	28 VIR	27 LIB	26 SCO	27 CAP
28 LIB	29 SAG	29 CAP	30 PIS	29 ARI	28 TAU	30 CAN	29 LEO	30 LIB	30 SCO	28 SAG	29 AQU
30 SCO		31 AQU			30 GEM		31 VIR			30 CAP	31 PIS

2093

JAN	FEB	MAR	APR	MAY	JUN	JUL	AUG	SEP	OCT	NOV	DEC
3 ARI	1 TAU	1 TAU	2 CAN	2 LEO	1 VIR	3 SCO	1 SAG	2 AQU	1 PIS	2 TAU	1 GEM
5 TAU	4 GEM	3 GEM	5 LEO	4 VIR	3 LIB	5 SAG	3 CAP	4 PIS	3 ARI	4 GEM	4 CAN
8 GEM	6 CAN	6 CAN	7 VIR	7 LIB	5 SCO	7 CAP	5 AQU	6 ARI	5 TAU	6 CAN	6 LEO
10 CAN	9 LEO	8 LEO	9 LIB	9 SCO	7 SAG	9 AQU	7 PIS	8 TAU	8 GEM	9 LEO	9 VIR
13 LEO	11 VIR	11 VIR	12 SCO	11 SAG	9 CAP	11 PIS	9 ARI	10 GEM	10 CAN	11 VIR	11 LIB
15 VIR	14 LIB	13 LIB	14 SAG	13 CAP	11 AQU	13 ARI	12 TAU	13 CAN	13 LEO	14 LIB	14 SCO
17 LIB	16 SCO	15 SCO	16 CAP	15 AQU	13 PIS	15 TAU	14 GEM	15 LEO	15 VIR	16 SCO	16 SAG
20 SCO	18 SAG	17 SAG	18 AQU	17 PIS	16 ARI	18 GEM	16 CAN	18 VIR	18 LIB	18 SAG	18 CAP
22 SAG	20 CAP	19 CAP	20 PIS	19 ARI	18 TAU	20 CAN	19 LEO	20 LIB	20 SCO	20 CAP	20 AQU
24 CAP	22 AQU	22 AQU	22 ARI	22 TAU	20 GEM	23 LEO	21 VIR	22 SCO	22 SAG	22 AQU	22 PIS
26 AQU	24 PIS	24 PIS	24 TAU	24 GEM	23 CAN	25 VIR	24 LIB	25 SAG	24 CAP	25 PIS	24 ARI
28 PIS	27 ARI	26 ARI	27 GEM	27 CAN	25 LEO	28 LIB	26 SCO	27 CAP	26 AQU	27 ARI	26 TAU
30 ARI		28 TAU	29 CAN	29 LEO	28 VIR	30 SCO	28 SAG	29 AQU	28 PIS	29 TAU	29 GEM
		31 GEM			30 LIB		31 CAP		31 ARI		31 CAN

2094

JAN	FEB	MAR	APR	MAY	JUN	JUL	AUG	SEP	OCT	NOV	DEC
3 LEO	1 VIR	1 VIR	2 SCO	1 SAG	2 AQU	1 PIS	2 TAU	3 CAN	2 LEO	1 VIR	1 LIB
5 VIR	4 LIB	3 LIB	4 SAG	4 CAP	4 PIS	3 ARI	4 GEM	5 LEO	5 VIR	4 LIB	4 SCO
8 LIB	6 SCO	5 SCO	6 CAP	6 AQU	6 ARI	6 TAU	6 CAN	8 VIR	7 LIB	6 SCO	6 SAG
10 SCO	9 SAG	8 SAG	8 AQU	8 PIS	8 TAU	8 GEM	9 LEO	10 LIB	10 SCO	9 SAG	8 CAP
12 SAG	11 CAP	10 CAP	11 PIS	10 ARI	11 GEM	10 CAN	11 VIR	13 SCO	12 SAG	11 CAP	10 AQU
14 CAP	13 AQU	12 AQU	13 ARI	12 TAU	13 CAN	13 LEO	14 LIB	15 SAG	15 CAP	13 AQU	12 PIS
16 AQU	15 PIS	14 PIS	15 TAU	14 GEM	15 LEO	15 VIR	16 SCO	17 CAP	17 AQU	15 PIS	15 ARI
18 PIS	17 ARI	16 ARI	17 GEM	17 CAN	18 VIR	18 LIB	19 SAG	20 AQU	19 PIS	17 ARI	17 TAU
20 ARI	19 TAU	18 TAU	19 CAN	19 LEO	20 LIB	20 SCO	21 CAP	22 PIS	21 ARI	19 TAU	19 GEM
22 TAU	21 GEM	20 GEM	22 LEO	22 VIR	23 SCO	22 SAG	23 AQU	24 ARI	23 TAU	21 GEM	21 CAN
25 GEM	24 CAN	23 CAN	24 VIR	24 LIB	25 SAG	25 CAP	25 PIS	26 TAU	25 GEM	24 CAN	23 LEO
27 CAN	26 LEO	25 LEO	27 LIB	26 SCO	27 CAP	27 AQU	27 ARI	28 GEM	27 CAN	26 LEO	26 VIR
30 LEO		28 VIR	29 SCO	29 SAG	29 AQU	29 PIS	29 TAU	30 CAN	30 LEO	29 VIR	28 LIB
		30 LIB		31 CAP		31 ARI	31 GEM				31 SCO

2095

JAN	FEB	MAR	APR	MAY	JUN	JUL	AUG	SEP	OCT	NOV	DEC
2 SAG	1 CAP	3 AQU	1 PIS	2 TAU	1 GEM	3 LEO	1 VIR	3 SCO	2 SAG	1 CAP	1 AQU
5 CAP	3 AQU	5 PIS	3 ARI	4 GEM	3 CAN	5 VIR	4 LIB	5 SAG	5 CAP	3 AQU	3 PIS
7 AQU	5 PIS	7 ARI	5 TAU	7 CAN	5 LEO	7 LIB	6 SCO	8 CAP	7 AQU	6 PIS	5 ARI
9 PIS	7 ARI	9 TAU	7 GEM	9 LEO	8 VIR	10 SCO	9 SAG	10 AQU	9 PIS	8 ARI	7 TAU
11 ARI	9 TAU	11 GEM	9 CAN	11 VIR	10 LIB	12 SAG	11 CAP	12 PIS	11 ARI	10 TAU	9 GEM
13 TAU	11 GEM	13 CAN	12 LEO	14 LIB	13 SCO	15 CAP	13 AQU	14 ARI	13 TAU	12 GEM	11 CAN
15 GEM	14 CAN	15 LEO	14 VIR	16 SCO	15 SAG	17 AQU	15 PIS	16 TAU	15 GEM	14 CAN	13 LEO
17 CAN	16 LEO	18 VIR	17 LIB	19 SAG	17 CAP	19 PIS	17 ARI	18 GEM	17 CAN	16 LEO	16 VIR
20 LEO	19 VIR	20 LIB	19 SCO	21 CAP	20 AQU	21 ARI	20 TAU	20 CAN	20 LEO	18 VIR	18 LIB
22 VIR	21 LIB	23 SCO	22 SAG	23 AQU	22 PIS	23 TAU	22 GEM	22 LEO	22 VIR	21 LIB	21 SCO
25 LIB	24 SCO	25 SAG	24 CAP	26 PIS	24 ARI	25 GEM	24 CAN	25 VIR	25 LIB	23 SCO	23 SAG
27 SCO	26 SAG	28 CAP	26 AQU	28 ARI	26 TAU	28 CAN	26 LEO	27 LIB	27 SCO	26 SAG	26 CAP
30 SAG	28 CAP	30 AQU	28 PIS	30 TAU	28 GEM	30 LEO	29 VIR	30 SCO	30 SAG	28 CAP	28 AQU
			30 ARI		30 CAN		31 LIB				30 PIS

2096

JAN	FEB	MAR	APR	MAY	JUN	JUL	AUG	SEP	OCT	NOV	DEC
1 ARI	2 GEM	2 CAN	1 LEO	3 LIB	1 SCO	1 SAG	3 AQU	1 PIS	1 ARI	1 GEM	1 CAN
3 TAU	4 CAN	4 LEO	3 VIR	5 SCO	4 SAG	4 CAP	5 PIS	3 ARI	3 TAU	3 CAN	3 LEO
6 GEM	6 LEO	7 VIR	5 LIB	8 SAG	7 CAP	6 AQU	7 ARI	5 TAU	5 GEM	5 LEO	5 VIR
8 CAN	9 VIR	9 LIB	8 SCO	10 CAP	9 AQU	9 PIS	9 TAU	7 GEM	7 CAN	7 VIR	7 LIB
10 LEO	11 LIB	12 SCO	11 SAG	13 AQU	11 PIS	11 ARI	11 GEM	10 CAN	9 LEO	10 LIB	10 SCO
12 VIR	13 SCO	14 SAG	13 CAP	15 PIS	13 ARI	13 TAU	13 CAN	12 LEO	11 VIR	12 SCO	12 SAG
15 LIB	16 SAG	17 CAP	15 AQU	17 ARI	16 TAU	15 GEM	16 LEO	14 VIR	14 LIB	15 SAG	15 CAP
17 SCO	18 CAP	19 AQU	18 PIS	19 TAU	18 GEM	17 CAN	18 VIR	16 LIB	16 SCO	17 CAP	17 AQU
20 SAG	21 AQU	21 PIS	20 ARI	21 GEM	20 CAN	19 LEO	20 LIB	19 SCO	19 SAG	20 AQU	20 PIS
22 CAP	23 PIS	23 ARI	22 TAU	23 CAN	22 LEO	21 VIR	22 SCO	21 SAG	21 CAP	22 PIS	22 ARI
24 AQU	25 ARI	25 TAU	24 GEM	25 LEO	24 VIR	24 LIB	25 SAG	24 CAP	24 AQU	25 ARI	24 TAU
26 PIS	27 TAU	27 GEM	26 CAN	28 VIR	26 LIB	26 SCO	27 CAP	26 AQU	26 PIS	27 TAU	26 GEM
29 ARI	29 GEM	29 CAN	28 LEO	30 LIB	29 SCO	29 SAG	30 AQU	29 PIS	28 ARI	29 GEM	28 CAN
31 TAU			30 VIR			31 CAP			30 TAU		30 LEO

2097

JAN	FEB	MAR	APR	MAY	JUN	JUL	AUG	SEP	OCT	NOV	DEC
1 VIR	2 SCO	2 SCO	3 CAP	3 AQU	1 PIS	1 ARI	2 GEM	2 LEO	2 VIR	2 SCO	2 SAG
3 LIB	5 SAG	4 SAG	5 AQU	5 PIS	4 ARI	3 TAU	4 CAN	4 VIR	4 LIB	5 SAG	5 CAP
6 SCO	7 CAP	7 CAP	8 PIS	7 ARI	6 TAU	5 GEM	6 LEO	6 LIB	6 SCO	7 CAP	7 AQU
8 SAG	10 AQU	9 AQU	10 ARI	10 TAU	8 GEM	7 CAN	8 VIR	9 SCO	8 SAG	10 AQU	10 PIS
11 CAP	12 PIS	11 PIS	12 TAU	12 GEM	10 CAN	9 LEO	10 LIB	11 SAG	11 CAP	12 PIS	12 ARI
13 AQU	14 ARI	14 ARI	14 GEM	14 CAN	12 LEO	11 VIR	12 SCO	14 CAP	13 AQU	15 ARI	14 TAU
16 PIS	17 TAU	16 TAU	16 CAN	16 LEO	14 VIR	14 LIB	15 SAG	16 AQU	16 PIS	17 TAU	16 GEM
18 ARI	19 GEM	18 GEM	18 LEO	18 VIR	16 LIB	16 SCO	17 CAP	19 PIS	18 ARI	19 GEM	18 CAN
20 TAU	21 CAN	20 CAN	21 VIR	20 LIB	19 SCO	18 SAG	20 AQU	21 ARI	20 TAU	21 CAN	20 LEO
22 GEM	23 LEO	22 LEO	23 LIB	22 SCO	21 SAG	21 CAP	22 PIS	23 TAU	23 GEM	23 LEO	22 VIR
24 CAN	25 VIR	24 VIR	25 SCO	25 SAG	24 CAP	24 AQU	25 ARI	25 GEM	25 CAN	25 VIR	25 LIB
27 LEO	27 LIB	27 LIB	28 SAG	27 CAP	26 AQU	26 PIS	27 TAU	27 CAN	27 LEO	27 LIB	27 SCO
29 VIR		29 SCO	30 CAP	30 AQU	29 PIS	28 ARI	29 GEM	30 LEO	29 VIR	30 SCO	29 SAG
31 LIB		31 SAG				31 TAU	31 CAN		31 LIB		

2098

JAN	FEB	MAR	APR	MAY	JUN	JUL	AUG	SEP	OCT	NOV	DEC
1 CAP	2 PIS	1 PIS	2 TAU	2 GEM	2 LEO	2 VIR	2 SCO	1 SAG	1 CAP	2 PIS	2 ARI
3 AQU	5 ARI	4 ARI	5 GEM	4 CAN	5 VIR	4 LIB	5 SAG	3 CAP	3 AQU	5 ARI	4 TAU
6 PIS	7 TAU	6 TAU	7 CAN	6 LEO	7 LIB	6 SCO	7 CAP	6 AQU	6 PIS	7 TAU	7 GEM
8 ARI	9 GEM	8 GEM	9 LEO	8 VIR	9 SCO	9 SAG	10 AQU	8 PIS	8 ARI	9 GEM	9 CAN
11 TAU	11 CAN	11 CAN	11 VIR	10 LIB	11 SAG	11 CAP	12 PIS	11 ARI	11 TAU	11 CAN	11 LEO
13 GEM	13 LEO	13 LEO	13 LIB	13 SCO	14 CAP	13 AQU	15 ARI	13 TAU	13 GEM	14 LEO	13 VIR
15 CAN	15 VIR	15 VIR	15 SCO	15 SAG	16 AQU	16 PIS	17 TAU	16 GEM	15 CAN	16 VIR	15 LIB
17 LEO	17 LIB	17 LIB	18 SAG	17 CAP	19 PIS	18 ARI	20 GEM	18 CAN	17 LEO	18 LIB	17 SCO
19 VIR	20 SCO	19 SCO	20 CAP	20 AQU	21 ARI	21 TAU	22 CAN	20 LEO	19 VIR	20 SCO	20 SAG
21 LIB	22 SAG	21 SAG	23 AQU	22 PIS	24 TAU	23 GEM	24 LEO	22 VIR	22 LIB	22 SAG	22 CAP
23 SCO	24 CAP	24 CAP	25 PIS	25 ARI	26 GEM	25 CAN	26 VIR	24 LIB	24 SCO	24 CAP	24 AQU
26 SAG	27 AQU	26 AQU	27 ARI	27 TAU	28 CAN	27 LEO	28 LIB	26 SCO	26 SAG	27 AQU	27 PIS
28 CAP		29 PIS	30 TAU	29 GEM	30 LEO	29 VIR	30 SCO	28 SAG	28 CAP	29 PIS	29 ARI
31 AQU		31 ARI		31 CAN		31 LIB			31 AQU		

2099

JAN	FEB	MAR	APR	MAY	JUN	JUL	AUG	SEP	OCT	NOV	DEC
1 TAU	2 CAN	1 CAN	2 VIR	1 LIB	2 SAG	1 CAP	2 PIS	1 ARI	1 TAU	2 CAN	1 LEO
3 GEM	4 LEO	3 LEO	4 LIB	3 SCO	4 CAP	3 AQU	5 ARI	3 TAU	3 GEM	4 LEO	4 VIR
5 CAN	6 VIR	5 VIR	6 SCO	5 SAG	6 AQU	6 PIS	7 TAU	6 GEM	6 CAN	6 VIR	6 LIB
7 LEO	8 LIB	7 LIB	8 SAG	7 CAP	8 PIS	8 ARI	10 GEM	8 CAN	8 LEO	8 LIB	8 SCO
9 VIR	10 SCO	9 SCO	10 CAP	10 AQU	11 ARI	11 TAU	12 CAN	10 LEO	10 VIR	10 SCO	10 SAG
11 LIB	12 SAG	11 SAG	12 AQU	12 PIS	14 TAU	13 GEM	14 LEO	13 VIR	12 LIB	12 SAG	12 CAP
13 SCO	14 CAP	14 CAP	15 PIS	15 ARI	16 GEM	16 CAN	16 VIR	15 LIB	14 SCO	15 CAP	14 AQU
16 SAG	17 AQU	16 AQU	17 ARI	17 TAU	18 CAN	18 LEO	18 LIB	17 SCO	16 SAG	17 AQU	17 PIS
18 CAP	19 PIS	19 PIS	20 TAU	20 GEM	20 LEO	20 VIR	20 SCO	19 SAG	18 CAP	19 PIS	19 ARI
21 AQU	22 ARI	21 ARI	22 GEM	22 CAN	22 VIR	22 LIB	22 SAG	21 CAP	20 AQU	22 ARI	22 TAU
23 PIS	24 TAU	24 TAU	25 CAN	24 LEO	24 LIB	24 SCO	25 CAP	23 AQU	23 PIS	24 TAU	24 GEM
26 ARI	27 GEM	26 GEM	27 LEO	26 VIR	27 SCO	26 SAG	27 AQU	26 PIS	25 ARI	27 GEM	26 CAN
28 TAU		28 CAN	29 VIR	28 LIB	29 SAG	28 CAP	29 PIS	28 ARI	28 TAU	29 CAN	29 LEO
30 GEM		31 LEO		30 SCO		31 AQU			30 GEM		31 VIR

2100

JAN	FEB	MAR	APR	MAY	JUN	JUL	AUG	SEP	OCT	NOV	DEC
2 LIB	2 SAG	2 SAG	2 AQU	2 PIS	1 ARI	1 TAU	2 CAN	1 LEO	2 LIB	1 SCO	2 CAP
4 SCO	5 CAP	4 CAP	5 PIS	5 ARI	3 TAU	3 GEM	4 LEO	3 VIR	4 SCO	3 SAG	4 AQU
6 SAG	7 AQU	6 AQU	7 ARI	7 TAU	6 GEM	6 CAN	6 VIR	5 LIB	6 SAG	5 CAP	7 PIS
8 CAP	9 PIS	9 PIS	10 TAU	10 GEM	8 CAN	8 LEO	9 LIB	7 SCO	8 CAP	7 AQU	9 ARI
11 AQU	12 ARI	11 ARI	12 GEM	12 CAN	11 LEO	10 VIR	11 SCO	9 SAG	11 AQU	9 PIS	11 TAU
13 PIS	14 TAU	14 TAU	15 CAN	14 LEO	13 VIR	12 LIB	13 SAG	11 CAP	13 PIS	12 ARI	14 GEM
15 ARI	17 GEM	16 GEM	17 LEO	17 VIR	15 LIB	14 SCO	15 CAP	13 AQU	15 ARI	14 TAU	16 CAN
18 TAU	19 CAN	19 CAN	19 VIR	19 LIB	17 SCO	17 SAG	17 AQU	16 PIS	18 TAU	17 GEM	19 LEO
20 GEM	21 LEO	21 LEO	21 LIB	21 SCO	19 SAG	19 CAP	19 PIS	18 ARI	20 GEM	19 CAN	21 VIR
23 CAN	24 VIR	23 VIR	23 SCO	23 SAG	21 CAP	21 AQU	22 ARI	21 TAU	23 CAN	22 LEO	23 LIB
25 LEO	26 LIB	25 LIB	25 SAG	25 CAP	23 AQU	23 PIS	24 TAU	23 GEM	25 LEO	24 VIR	26 SCO
27 VIR	28 SCO	27 SCO	27 CAP	27 AQU	26 PIS	25 ARI	27 GEM	26 CAN	28 VIR	26 LIB	28 SAG
29 LIB		29 SAG	30 AQU	29 PIS	28 ARI	28 TAU	29 CAN	28 LEO	30 LIB	28 SCO	30 CAP
31 SCO		31 CAP				30 GEM		30 VIR		30 SAG	

2101

JAN	FEB	MAR	APR	MAY	JUN	JUL	AUG	SEP	OCT	NOV	DEC
1 AQU	2 ARI	1 ARI	2 GEM	2 CAN	1 LEO	3 LIB	1 SCO	2 CAP	1 AQU	2 ARI	1 TAU
3 PIS	4 TAU	3 TAU	5 CAN	5 LEO	3 VIR	5 SCO	3 SAG	4 AQU	3 PIS	4 TAU	4 GEM
5 ARI	7 GEM	6 GEM	7 LEO	7 VIR	6 LIB	7 SAG	5 CAP	6 PIS	6 ARI	7 GEM	6 CAN
8 TAU	9 CAN	8 CAN	10 VIR	9 LIB	8 SCO	9 CAP	7 AQU	8 ARI	8 TAU	9 CAN	9 LEO
10 GEM	11 LEO	11 LEO	12 LIB	11 SCO	10 SAG	11 AQU	10 PIS	10 TAU	10 GEM	12 LEO	11 VIR
13 CAN	14 VIR	13 VIR	14 SCO	13 SAG	12 CAP	13 PIS	12 ARI	13 GEM	13 CAN	14 VIR	14 LIB
15 LEO	16 LIB	15 LIB	16 SAG	15 CAP	14 AQU	15 ARI	14 TAU	15 CAN	15 LEO	16 LIB	16 SCO
17 VIR	18 SCO	17 SCO	18 CAP	17 AQU	16 PIS	18 TAU	17 GEM	18 LEO	18 VIR	19 SCO	18 SAG
20 LIB	20 SAG	19 SAG	20 AQU	19 PIS	18 ARI	20 GEM	19 CAN	20 VIR	20 LIB	21 SAG	20 CAP
22 SCO	22 CAP	22 CAP	22 PIS	22 ARI	21 TAU	23 CAN	22 LEO	23 LIB	22 SCO	23 CAP	22 AQU
24 SAG	24 AQU	24 AQU	25 ARI	24 TAU	23 GEM	25 LEO	24 VIR	25 SCO	24 SAG	25 AQU	24 PIS
26 CAP	27 PIS	26 PIS	27 TAU	27 GEM	26 CAN	28 VIR	26 LIB	27 SAG	26 CAP	27 PIS	26 ARI
28 AQU		28 ARI	30 GEM	29 CAN	28 LEO	30 LIB	28 SCO	29 CAP	28 AQU	29 ARI	29 TAU
30 PIS		31 TAU			30 VIR		31 SAG		31 PIS		

你的上升星座是什麼？

占星師卡佩爾·麥卡奇昂特別為本書設計的上升星座星曆表，讓你只要放兩把尺，就能相當精準地確認你的上升度數。

你會看到兩張圖表，其中一張是北緯 30 度，另一張則是北緯 40 度。這兩張圖表都橫跨了十個緯度，因此後者可供出生地緯度介於北緯 35 ～ 45 度的人使用。這些緯度大致涵蓋美國的上半部，其中包含紐約、舊金山、華盛頓特區、芝加哥、丹佛（Denver）、費城（Philadelphia）、聖路易、明尼阿波利斯（Minneapolis）、西雅圖（Seattle）等城市。前者則可供出生地緯度介於北緯 25 ～ 35 度的人使用；這些緯度大致涵蓋美國的下半部。這個區域包含洛杉磯（Los Angeles）、邁阿密（Miami）、紐澳良、休士頓（Houston）、達拉斯（Dallas）、曼菲斯（Memphis）、亞特蘭大（Atlanta）、聖地牙哥等城市。（如果你不確定你的出生地在哪一個區域，請查閱地圖集。）

當然，你可能出生在英國倫敦、巴西里約熱內盧（Rio de Janeiro）或泰國曼谷（Bangkok）；這些地方並沒有囊括在這兩個區域裡。若你不是出生在美國，讓電腦幫你計算，是找出上升星座最簡單的方法。很快地，你就會知道你的上升星座與上升度數。你也可以在網路上搜尋能免費取得星盤的網站。

此外，我也在 p451 提供了約略估算上升星座的快速方法。如果你在美國以外的地方出生，無法使用這兩張上升星座星曆表，又沒有電腦，這個方法將

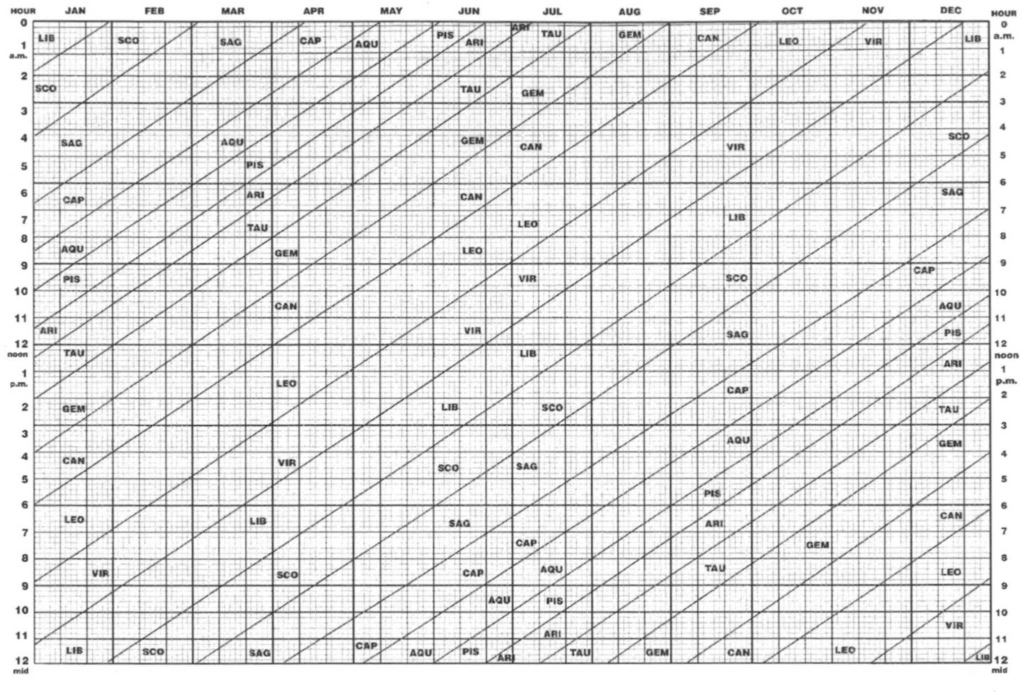
HOUR
JAN FEB MAR APR MAY JUN JUL AUG SEP OCT NOV DEC
0 1 a.m. 2 3 4 5 6 7 8 9 10 11 12 noon 1 p.m. 2 3 4 5 6 7 8 9 10 11 12 mid

30度北緯

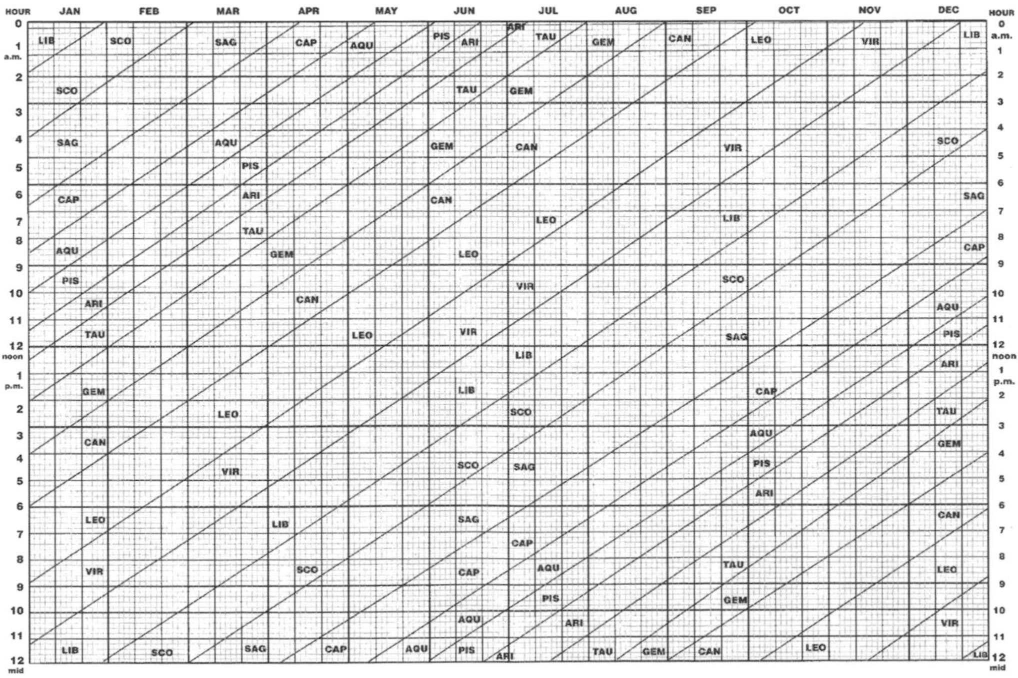
HOUR
JAN FEB MAR APR MAY JUN JUL AUG SEP OCT NOV DEC
0 1 a.m. 2 3 4 5 6 7 8 9 10 11 12 noon 1 p.m. 2 3 4 5 6 7 8 9 10 11 12 mid

40度北緯

使你找出約略的上升星座。但請記得，這只是「約略」而已。

如何使用接下來的上升星座星曆表？

為了幫助你找出自己的上升星座，讓我們來看看歐普拉·溫弗蕾的上升星座是什麼。（我在星盤解讀的部分，用她的星盤當作範例說明，請參閱 p283 以後的內容。）歐普拉在 1954 年 1 月 29 日上午 4 點 30 分，出生於密西西比州柯希亞斯柯。

1. 首先，請確認你的出生地是否包含在這兩張圖表中。歐普拉·溫弗蕾出生於密西西比州，是北緯 30 度那張表的適用範圍。
2. 現在，在最靠近你出生時間（在頁面左側）的位置放一把尺。你會發現，每個小時內都有五個方格。也就是說，每個方格都代表十二分鐘。歐普拉是上午 4 點 30 分出生的；她應該要在上午 4 點以後的第三格中間放一把尺。
3. 下一個步驟，是在最靠近你出生月份（在頁面上方）的位置放第二把尺。你會發現，每個月內都有十五個方格。也就是說，每個方格都代表兩天。歐普拉是在 1 月 29 日出生的；她應該要在 1 月的第十五格（最後一格）。
4. 最後一個步驟，是找出這兩把尺的交會點。這一點將會落在這張表上的某個對角帶內，該處會清楚標示出某個星座的名字。那個星座就是你的上升星座。
5. 根據歐普拉·溫弗蕾的出生時間和出生日期，這兩把尺的交會點位於標示著「射手座」的對角帶內。因此，歐普拉的上升星座是射手座。

略算上升星座的快速方法

以下方法可以讓你輕鬆找出你的上升星座。請記得，這種估算方法不容許出生地的緯度差異、出生時間的更改等。你也無法因此得知你的上升度數。

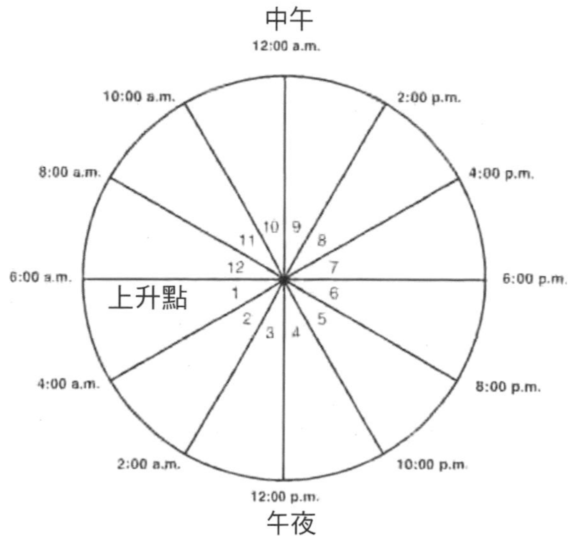

快速方法

1. 你是在幾點出生的？在上面這個圓盤中找出包含你出生時間的那個區塊。
2. 在那個區塊內寫下你的太陽星座。

3. 在圓盤上以逆時針方向依序寫下它後面的星座（請參看以下範例）。
4. 你在第1區寫下的星座，就是你約略的上升星座。

範例：某個人在晚上7點56分出生，她的太陽在雙魚座。

1. 出生時間為晚上7點56分，可以放進第6區。
2. 在第六區內雙魚座（太陽星座）。
3. 依照十二星座的順序，分別在圓盤的第7、8、9、10、11、12區內寫下牡羊座、金牛座、雙子座、獅子座、處女座和天秤座。
4. 出現在第1區內的星座是天秤座；這個人的上升星座就是天秤座。

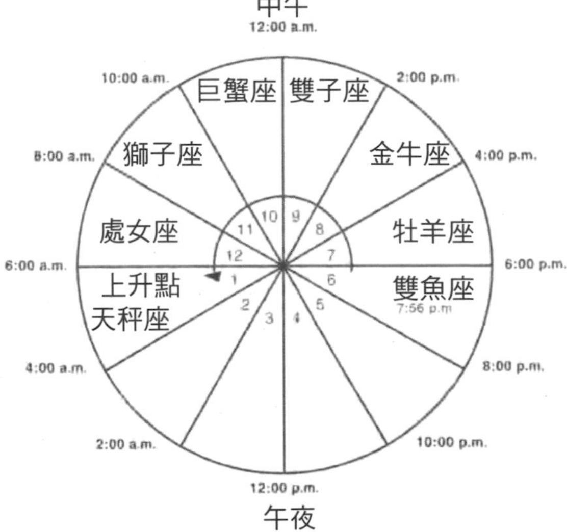

你的水星在什麼星座？

接下來的水星星曆表會告訴你，你出生時水星在什麼星座。請找出你的出生年份，再找出你的出生月份（在頁面左側）。然後，在你的出生月份下方放一把尺。這份表格列出了那個月裡，水星進入下一個星座的所有日期。你可以迅速確認自己出生時的水星位置。

範例1：你的生日是1970年6月1日。請找出「1970」那一行，再找出「JUN」那一列。你會看到，水星在那一年的6月13日進入雙子座。因為你是6月1日出生的，請往前一個月看。你將會看到，水星整個5月都待在金牛座，直到6月13日才進入雙子座。因此，在你出生的6月1日，水星在金牛座。

範例2：你的生日是1962年8月15日。請找出「1962」那一行，再找出「AUG」那一列。你會看到，水星在那一年的8月10日進入處女座，並且在8月29日進入天秤座。因此，在你出生的8月15日，水星在處女座。

補充說明：如果你仔細檢視這份水星星曆表，你會發現有時水星在進入下一個星座後，又重新回到前一個星座。比方說，1984年，水星在3月14日進入牡羊座、3月31日進入金牛座，然後又在4月25日進入牡羊座、5月15日進入金牛座。這樣的行星倒退稱為「逆行」（關於逆行的詳細說明，請參閱p374）。因為所有的行星（除了太陽與月亮以外）都會在某段時間逆行，你會在所有的星曆表中看到這種現象。

水星星曆表

	1900	1901	1902	1903	1904	1905	1906	1907	1908	1909	1910	1911	1912	1913	1914
JAN	8 CAP 28 AQU	2 CAP 21 AQU	13 AQU	6 AQU	2 AQU 13 CAP	CAP	12 CAP	6 CAP 26 AQU	18 AQU	10 AQU	3 AQU 30 CAP	CAP	15 CAP	10 CAP 29 AQU	3 CAP 22 AQU
FEB	14 PIS	7 PIS	1 PIS 18 AQU	AQU	15 AQU	9 AQU 27 PIS	2 AQU 19 PIS	12 PIS	4 PIS	AQU	15 AQU	12 AQU	6 AQU 25 PIS	16 PIS	8 PIS
MAR	3 ARI 29 PIS	PIS	18 PIS	14 PIS	7 PIS 23 ARI	15 ARI	7 ARI	3 ARI 13 PIS	PIS	17 PIS	11 PIS 29 ARI	4 PIS 20 ARI	11 ARI	4 ARI	PIS
APR	16 ARI	15 ARI	9 ARI 25 TAU	1 ARI 16 TAU	7 TAU	1 TAU 28 ARI	ARI	18 ARI	12 ARI 29 TAU	5 ARI 21 TAU	12 TAU 30 GEM	5 TAU	ARI	7 PIS 13 ARI	16 ARI
MAY	10 TAU 26 GEM	3 TAU 17 GEM	9 GEM 29 CAN	2 GEM	TAU	15 TAU	14 TAU 31 GEM	8 TAU 23 GEM	13 GEM 29 CAN	5 GEM	GEM	TAU	16 TAU	12 TAU 27 GEM	4 TAU 19 GEM
JUN	9 CAN 27 LEO	1 CAN	26 GEM	GEM	14 GEM	8 GEM 23 CAN	14 CAN 30 LEO	6 CAN 27 LEO	CAN	GEM	1 TAU 11 GEM	12 GEM 28 CAN	5 GEM 19 CAN	10 CAN 28 LEO	3 CAN
JUL	LEO	CAN	13 CAN	10 CAN 25 LEO	1 CAN 15 LEO	7 LEO 27 VIR	LEO	26 CAN	CAN	13 CAN 29 LEO	6 CAN 21 LEO	12 LEO 30 VIR	4 LEO 26 VIR	LEO	CAN
AUG	LEO	9 LEO 25 VIR	2 LEO 17 VIR	9 VIR 29 LIB	1 VIR 28 LIB	VIR	LEO	12 LEO 31 VIR	6 LEO 21 VIR	13 VIR 31 LIB	5 VIR 27 LIB	VIR	20 LEO	LEO	11 LEO 27 VIR
SEP	2 VIR 18 LIB	11 LIB 30 SCO	3 LIB 28 SCO	LIB	7 VIR	VIR	7 VIR 23 LIB	16 LIB	7 LIB 28 SCO	LIB	28 VIR	VIR	10 VIR 28 LIB	4 VIR 20 LIB	12 LIB
OCT	7 SCO 30 SAG	SCO	15 LIB	LIB	8 LIB 26 SCO	1 LIB 19 SCO	11 SCO	4 SCO	SCO	LIB	11 LIB 31 SCO	6 LIB 24 SCO	15 SCO	8 SCO 30 SAG	2 SCO
NOV	18 SCO	SCO	10 SCO 29 SAG	3 SCO 22 SAG	14 SAG	7 SAG	1 SAG	SCO	1 LIB 11 SCO	7 SCO 26 SAG	19 SAG	11 SAG	4 SAG	23 SCO	SCO
DEC	12 SAG	6 SAG 26 CAP	18 CAP	11 CAP	4 CAP	1 CAP 9 SAG	6 SCO 12 SAG	10 SAG 30 CAP	3 SAG 22 CAP	15 CAP	8 CAP	2 CAP 27 SAG	SAG	13 SAG	7 SAG 27 CAP

	1915	1916	1917	1918	1919	1920	1921	1922	1923	1924	1925	1926	1927	1928	1929
JAN	14 AQU	7 AQU	1 AQU 17 CAP	CAP	13 CAP	8 CAP 27 AQU	18 AQU	11 AQU	4 AQU	CAP	14 CAP	11 CAP 31 AQU	4 CAP 23 AQU	16 AQU	8 AQU
FEB	2 PIS 23 AQU	AQU	14 AQU	10 AQU	3 AQU 21 PIS	13 PIS	5 PIS	1 PIS 8 AQU	6 CAP 13 AQU	13 AQU	7 AQU 25 PIS	17 PIS	9 PIS	3 PIS 29 AQU	AQU
MAR	19 PIS	14 PIS	8 PIS 25 ARI	1 PIS 17 ARI	9 ARI	2 ARI 19 PIS	PIS	18 PIS	12 PIS 30 ARI	5 PIS 21 ARI	13 ARI	5 ARI	PIS	17 PIS	15 PIS
APR	10 ARI 26 TAU	2 ARI 17 TAU	9 TAU	2 TAU	ARI	17 ARI	13 ARI	7 ARI 22 TAU	14 TAU	5 TAU	1 TAU 15 ARI	ARI	17 ARI	10 ARI 27 TAU	3 ARI 18 TAU
MAY	10 GEM 29 CAN	2 GEM	TAU	TAU	15 TAU	8 TAU 23 GEM	1 TAU 15 GEM 31 CAN	7 GEM 31 CAN	1 GEM	TAU	16 TAU	13 TAU 29 GEM	6 TAU 20 GEM	11 GEM 28 CAN	3 GEM
JUN	CAN	GEM	14 GEM	9 GEM 24 CAN	2 GEM 16 CAN	6 CAN 26 LEO	CAN	10 GEM	GEM	12 GEM 29 CAN	6 GEM 20 CAN	12 CAN 29 LEO	4 CAN 28 LEO	CAN	GEM
JUL	CAN	10 CAN 25 LEO	3 CAN 17 LEO	9 LEO 27 VIR	1 LEO	LEO	CAN	13 CAN 31 LEO	8 CAN 22 LEO	13 LEO 30 VIR	5 LEO 26 VIR	LEO	13 CAN	CAN	11 CAN 27 LEO
AUG	4 LEO 18 VIR	9 VIR 28 LIB	2 VIR 26 LIB	VIR	LEO	2 CAN 10 LEO 31 VIR	8 LEO 23 VIR	15 VIR	7 VIR 27 LIB	VIR	27 LEO	LEO	11 LEO 28 VIR	4 LEO 19 VIR	11 VIR 30 LIB
SEP	5 LIB 28 SCO	LIB	14 VIR	VIR	8 VIR 25 LIB	16 LIB	8 LIB 29 SCO	1 LIB	LIB	VIR	11 VIR 29 LIB	5 VIR 21 LIB	13 LIB	5 LIB 27 SCO	LIB
OCT	20 LIB	LIB	9 LIB 28 SCO	3 LIB 20 SCO	13 SCO	5 SCO 30 SAG	SCO	1 SCO 4 LIB	4 VIR 11 LIB	6 LIB 24 SCO	16 SCO	9 SCO 31 SAG	3 SCO	24 LIB	LIB
NOV	11 SCO	4 SCO 22 SAG	15 SAG	8 SAG	2 SAG	10 SCO	SCO	8 SCO 27 SAG	1 SCO 20 SAG	12 SAG	5 SAG	28 SCO	SCO	11 SCO	5 SCO 24 SAG
DEC	1 SAG 20 CAP	12 CAP	5 CAP	1 CAP 15 SAG	SAG	10 SAG 31 CAP	4 SAG 24 CAP	16 CAP	9 CAP	2 CAP 31 SAG	SAG	13 SAG	9 SAG 28 CAP	1 SAG 20 CAP	13 CAP

	1930	1931	1932	1933	1934	1935	1936	1937	1938	1939	1940	1941	1942	1943	1944
JAN	2 AQU 22 CAP	CAP	14 CAP	8 CAP 27 AQU	1 CAP 20 AQU	12 AQU	5 AQU	1 AQU 9 CAP	6 SAG 12 CAP	12 CAP	6 CAP 25 AQU	16 AQU	9 AQU	3 AQU 27 CAP	CAP
FEB	15 AQU	11 AQU	4 AQU 22 PIS	14 PIS	6 PIS	1 PIS 14 AQU	AQU	13 AQU	8 AQU 26 PIS	1 AQU 19 PIS	11 PIS	3 PIS	AQU	15 AQU	12 AQU
MAR	9 PIS 26 ARI	2 PIS 18 ARI	9 ARI	3 ARI 25 PIS	PIS	18 PIS	13 PIS 31 ARI	6 PIS 22 ARI	14 ARI	7 ARI	4 ARI 7 PIS	6 AQU 16 PIS	16 PIS	11 PIS 28 ARI	2 PIS 19 ARI
APR	10 TAU	3 TAU	ARI	17 ARI	14 ARI	8 ARI 24 TAU	14 TAU 30 GEM	6 TAU	1 TAU 23 ARI	ARI	16 ARI	12 ARI 28 TAU	5 ARI 20 TAU	11 TAU 30 GEM	3 TAU
MAY	1 GEM 17 TAU	TAU	15 TAU	10 TAU 25 GEM	2 TAU 16 GEM	8 GEM 29 CAN	GEM	TAU	16 TAU	14 TAU 30 GEM	6 TAU 21 GEM	12 GEM 29 CAN	4 GEM	26 TAU	TAU
JUN	14 GEM	11 GEM 26 CAN	2 GEM 16 CAN	8 CAN 26 LEO	1 CAN	20 GEM	GEM	13 GEM 30 CAN	7 GEM 22 CAN	13 CAN 30 LEO	4 CAN 26 LEO	CAN	GEM	13 GEM	11 GEM 26 CAN
JUL	4 CAN 18 LEO	10 LEO 28 VIR	2 LEO 27 VIR	LEO	CAN	13 CAN	8 CAN 23 LEO	14 LEO 31 VIR	6 LEO 26 VIR	LEO	20 CAN	CAN	12 CAN 28 LEO	6 CAN 20 LEO	11 LEO 28 VIR
AUG	3 VIR 26 LIB	VIR	10 LEO	LEO	9 LEO 24 VIR	1 LEO 16 VIR	7 VIR 27 LIB	VIR	VIR	LEO	11 LEO 29 VIR	6 LEO 21 VIR	12 VIR 31 LIB	5 VIR 26 LIB	VIR
SEP	19 VIR	VIR	9 VIR 25 LIB	2 VIR 17 LIB	10 LIB 30 SCO	3 LIB 28 SCO	LIB	VIR	2 LEO 10 VIR 30 LIB	6 VIR 23 LIB	14 LIB	6 LIB 28 SCO	LIB	25 VIR	VIR
OCT	10 LIB 29 SCO	4 LIB 21 SCO	13 SCO	6 SCO 29 SAG	SCO	12 LIB	LIB	8 LIB 25 SCO	18 SCO	11 SCO	3 SCO	29 LIB	LIB	11 LIB 30 SCO	4 LIB 22 SCO
NOV	17 SAG	9 SAG	2 SAG	15 SCO	SCO	9 SCO 29 SAG	2 SCO 20 SAG	13 SAG	6 SAG	1 SAG	SCO	11 SCO	6 SCO 25 SAG	18 SAG	10 SAG
DEC	6 CAP	1 CAP 20 SAG	SAG	11 SAG	6 SAG 25 CAP	18 CAP	10 CAP	3 CAP	SAG	3 SCO 13 SAG	9 SAG 29 CAP	2 SAG 21 CAP	14 CAP	7 CAP	1 CAP 23 SAG

	1945	1946	1947	1948	1949	1950	1951	1952	1953	1954	1955	1956	1957	1958	1959
JAN	13 CAP	9 CAP 29 AQU	2 CAP 21 AQU	14 AQU	6 AQU	1 AQU 15 CAP	CAP	13 CAP	6 CAP 25 AQU	18 AQU	10 AQU	4 AQU	CAP	14 CAP	10 CAP 30 AQU
FEB	5 AQU 23 PIS	15 PIS	7 PIS	1 PIS 20 AQU	AQU	14 AQU	9 AQU 28 PIS	2 AQU 20 PIS	11 PIS	4 PIS	AQU	2 CAP 15 AQU	12 AQU	6 AQU 24 PIS	16 PIS
MAR	11 ARI	4 ARI	PIS	18 PIS	14 PIS	7 PIS 24 ARI	16 ARI	7 ARI	2 ARI 15 PIS	PIS	17 PIS	11 PIS 28 ARI	4 PIS 20 ARI	12 ARI	5 ARI
APR	ARI	1 PIS 16 ARI	15 ARI	8 ARI 24 TAU	1 ARI 16 TAU	8 TAU	1 TAU	ARI	17 ARI	13 ARI 30 TAU	6 ARI 21 TAU	12 TAU 29 GEM	4 TAU	2 TAU 10 ARI	ARI
MAY	16 TAU	11 TAU 26 GEM	4 TAU 18 GEM	8 GEM 28 CAN	1 GEM	TAU	1 ARI 14 TAU	14 TAU 31 GEM	8 TAU 22 GEM	14 GEM 30 CAN	6 GEM	GEM	TAU	16 TAU	12 TAU 28 GEM
JUN	4 GEM 18 CAN	9 CAN 27 LEO	2 CAN	28 GEM	GEM	14 GEM	9 GEM 23 CAN	14 CAN 30 LEO	6 CAN 26 LEO	CAN	GEM	GEM	12 GEM 28 CAN	5 GEM 19 CAN	11 CAN 28 LEO
JUL	3 LEO 26 VIR	LEO	CAN	11 CAN	9 CAN 25 LEO	2 CAN 16 LEO	8 LEO 27 VIR	LEO	28 CAN	CAN	13 CAN 30 LEO	6 CAN 21 LEO	12 LEO 29 VIR	4 LEO 26 VIR	LEO
AUG	17 LEO	LEO	10 LEO 26 VIR	2 LEO 17 VIR	9 VIR 28 LIB	1 VIR 27 LIB	VIR	LEO	11 LEO 30 VIR	7 LEO 22 VIR	14 VIR	5 VIR 26 LIB	VIR	23 LEO	LEO
SEP	10 VIR 27 LIB	3 VIR 19 LIB	11 LIB	3 LIB 27 SCO	LIB	10 VIR	VIR	7 VIR 23 LIB	15 LIB	8 LIB 28 SCO	1 LIB	29 VIR	VIR	10 VIR 28 LIB	4 VIR 20 LIB
OCT	14 SCO	7 SCO 30 SAG	1 SCO	16 LIB	LIB	9 LIB 27 SCO	2 LIB 19 SCO	11 SCO	4 SCO 31 SAG	SCO	LIB	11 LIB 31 SCO	6 LIB 23 SCO	16 SCO	8 SCO 30 SAG
NOV	3 SAG	20 SCO	SCO	9 SCO 29 SAG	3 SCO 22 SAG	14 SAG	7 SAG	1 SAG	6 SCO	4 LIB 11 SCO	8 SCO 26 SAG	18 SAG	11 SAG	4 SAG	25 SCO
DEC	SAG	12 SAG	7 SAG 26 CAP	18 CAP	11 CAP	4 CAP	1 CAP 12 SAG	SAG	10 SAG 30 CAP	4 SAG 23 CAP	16 CAP	8 CAP	2 CAP 28 SAG	SAG	13 SAG

	1960	1961	1962	1963	1964	1965	1966	1967	1968	1969	1970	1971	1972	1973	1974
JAN	4 CAP 23 AQU	14 AQU	7 AQU	1 AQU 20 CAP	CAP	12 CAP	7 CAP 26 AQU	19 AQU	12 AQU	4 AQU	3 AQU 4 CAP	2 SAG 13 CAP	11 CAP 31 AQU	4 CAP 23 AQU	15 AQU
FEB	9 PIS	1 PIS 24 AQU	AQU	15 AQU	10 AQU 29 PIS	3 AQU 21 PIS	13 PIS	5 PIS	1 PIS 11 AQU	AQU	13 AQU	7 AQU 26 PIS	18 PIS	9 PIS	2 PIS
MAR	PIS	18 PIS	15 PIS	9 PIS 25 ARI	16 ARI	8 ARI	2 ARI 21 PIS	PIS	17 PIS	12 PIS 30 ARI	5 PIS 22 ARI	13 ARI	5 ARI	PIS	2 AQU 17 PIS
APR	15 ARI	10 ARI 26 TAU	2 ARI 17 TAU	9 TAU	1 TAU	ARI	17 ARI	14 ARI	6 ARI 22 TAU	14 TAU 30 GEM	6 TAU	1 TAU 18 ARI	ARI	16 ARI	11 ARI 27 TAU
MAY	4 TAU 18 GEM	10 GEM 28 CAN	3 GEM	2 GEM 10 TAU	TAU	15 TAU	9 TAU 24 GEM	1 TAU 15 GEM 31 CAN	6 GEM 29 CAN	GEM	TAU	16 TAU	12 TAU 29 GEM	5 TAU 20 GEM	11 GEM 29 CAN
JUN	2 CAN 30 LEO	CAN	GEM	14 GEM	9 GEM 24 CAN	1 GEM 15 CAN	7 CAN 26 LEO	CAN	13 GEM	GEM	13 GEM 30 CAN	7 GEM 21 CAN	11 CAN 28 LEO	3 CAN 27 LEO	CAN
JUL	5 CAN	CAN	11 CAN 26 LEO	3 CAN 18 LEO	8 LEO 27 VIR	1 LEO 31 VIR	LEO	CAN	12 CAN 31 LEO	7 CAN 22 LEO	14 LEO 31 VIR	6 LEO 26 VIR	LEO	16 CAN	CAN
AUG	10 LEO 26 VIR	3 LEO 18 VIR	10 VIR 29 LIB	3 VIR 26 LIB	VIR	3 LEO	LEO	8 LEO 24 VIR	14 VIR	6 VIR 27 LIB	VIR	29 LEO	LEO	11 LEO 28 VIR	5 LEO 20 VIR
SEP	12 LIB	4 LIB 27 SCO	LIB	16 VIR	VIR	8 VIR 25 LIB	1 VIR 17 LIB	9 LIB 29 SCO	1 LIB 28 SCO	LIB	VIR	11 VIR 30 LIB	5 VIR 21 LIB	13 LIB	6 LIB 27 SCO
OCT	1 SCO	21 LIB	LIB	10 LIB 28 SCO	2 LIB 20 SCO	12 SCO	5 SCO 30 SAG	SCO	7 LIB	6 VIR 9 LIB	7 LIB 25 SCO	17 SCO	9 SCO 30 SAG	2 SCO	26 LIB
NOV	SCO	10 SCO 30 SAG	4 SCO 23 SAG	16 SAG	8 SAG 30 CAP	2 SAG	12 SCO	SCO	8 SCO 27 SAG	1 SCO 20 SAG	12 SAG	6 SAG	29 SCO	SCO	11 SCO
DEC	7 SAG 27 CAP	19 CAP	12 CAP	6 CAP	16 SAG	SAG	11 SAG 31 CAP	5 SAG 24 CAP	16 CAP	9 CAP	3 CAP	SAG	12 SAG	8 SAG 28 CAP	2 SAG 21 CAP

	1975	1976	1977	1978	1979	1980	1981	1982	1983	1984	1985	1986	1987	1988	1989
JAN	8 AQU	2 AQU 24 CAP	CAP	13 CAP	8 CAP 28 AQU	2 CAP 20 AQU	12 AQU 31 PIS	5 AQU	1 AQU 12 CAP	CAP	11 CAP	5 CAP 24 AQU	17 AQU	10 AQU	2 AQU 28 CAP
FEB	AQU	15 AQU	10 AQU	4 AQU 22 PIS	14 PIS	7 PIS	16 AQU	AQU	14 AQU	8 AQU 27 PIS	1 AQU 18 PIS	11 PIS	3 PIS	AQU	14 AQU
MAR	16 PIS	9 PIS 26 ARI	2 PIS 18 ARI	10 ARI	3 ARI 28 PIS	PIS	17 PIS	13 PIS 31 ARI	6 PIS 23 ARI	14 ARI 31 TAU	6 ARI	3 ARI 11 PIS	11 AQU 13 PIS	16 PIS	10 PIS 27 ARI
APR	4 ARI 19 TAU	10 TAU 29 GEM	2 TAU	ARI	17 ARI	14 ARI	8 ARI 24 TAU	15 TAU	7 TAU	25 ARI	ARI	17 ARI	12 ARI 29 TAU	4 ARI 20 TAU	11 TAU 29 GEM
MAY	4 GEM	19 TAU	TAU	16 TAU	10 TAU 26 GEM	2 TAU 16 GEM 31 CAN	8 GEM 28 CAN	1 GEM	TAU	15 TAU	13 TAU 30 GEM	7 TAU 22 GEM	13 GEM 29 CAN	4 GEM	28 TAU
JUN	GEM	13 GEM	10 GEM 26 CAN	3 GEM 17 CAN	9 CAN 27 LEO	CAN	22 GEM	GEM	14 GEM	7 GEM 22 CAN	13 CAN 29 LEO	5 CAN 26 LEO	CAN	GEM	12 GEM
JUL	12 CAN 28 LEO	4 CAN 18 LEO	10 LEO 28 VIR	2 LEO 27 VIR	LEO	CAN	12 CAN	9 CAN 24 LEO	1 CAN 15 LEO	6 LEO 26 VIR	LEO	23 CAN	CAN	12 CAN 28 LEO	5 CAN 20 LEO
AUG	12 VIR 30 LIB	3 VIR 25 LIB	VIR	13 LEO	LEO	8 LEO 24 VIR	1 LEO 16 VIR	8 VIR 27 LIB	1 VIR 29 LIB	VIR	LEO	11 LEO 29 VIR	6 LEO 21 VIR	12 VIR 30 LIB	4 VIR 26 LIB
SEP	LIB	21 VIR	VIR	9 VIR 26 LIB	2 VIR 18 LIB	9 LIB 29 SCO	2 LIB 27 SCO	LIB	5 VIR	30 LIB	6 VIR 22 LIB	14 LIB	7 LIB 28 SCO	LIB	26 VIR
OCT	LIB	10 LIB 28 SCO	4 LIB 21 SCO	14 SCO	6 SCO 30 SAG	SCO	13 LIB	LIB	8 LIB 26 SCO	17 SCO	10 SCO 31 SAG	3 SCO	31 LIB	LIB	11 LIB 30 SCO
NOV	6 SCO 24 SAG	16 SAG	9 SAG	3 SAG	17 SCO	SCO	9 SCO 28 SAG	2 SCO 21 SAG	14 SAG	6 SAG	SAG	SCO	11 SCO	6 SCO 25 SAG	17 SAG
DEC	13 CAP	6 CAP	1 CAP 21 SAG	SAG	12 SAG	5 SAG 24 CAP	17 CAP	10 CAP	4 CAP	1 CAP 7 SAG	4 SCO 12 SAG	9 SAG 29 CAP	3 SAG 22 CAP	14 CAP	7 CAP

	1990	1991	1992	1993	1994	1995	1996	1997	1998	1999	2000	2001	2002	2003	2004
JAN	CAP	14 CAP	9 CAP 29 AQU	2 CAP 21 AQU	13 AQU	6 AQU	1 AQU 17 CAP	CAP	12 CAP	6 CAP 26 AQU	18 AQU	10 AQU	3 AQU	CAP	14 CAP
FEB	11 AQU	5 AQU 23 PIS	16 PIS	7 PIS	1 PIS 21 AQU	AQU	14 AQU	9 AQU 27 PIS	2 AQU 20 PIS	12 PIS	5 PIS	1 PIS 6 AQU	3 CAP 13 AQU	12 AQU	6 AQU 25 PIS
MAR	3 PIS 19 ARI	11 ARI	3 ARI	PIS	18 PIS	14 PIS	7 PIS 24 ARI	15 ARI	8 ARI	2 ARI 18 PIS	PIS	17 PIS	11 PIS 29 ARI	4 PIS 21 ARI	12 ARI 31 TAU
APR	4 TAU	ARI	3 PIS 14 ARI	15 ARI	9 ARI 25 TAU	2 ARI 17 TAU	7 TAU	1 TAU	ARI	17 ARI	12 ARI 29 TAU	6 ARI 21 TAU	13 TAU 30 GEM	5 TAU	12 ARI
MAY	TAU	16 TAU	10 TAU 26 GEM	3 TAU 18 GEM	9 GEM 28 CAN	2 GEM	TAU	4 ARI 12 TAU	14 TAU	8 TAU 23 GEM	14 GEM 29 CAN	5 GEM	GEM	TAU	16 TAU
JUN	11 GEM 27 CAN	4 GEM 19 CAN	9 CAN 27 LEO	1 CAN	CAN	GEM	13 GEM	8 GEM 23 CAN	1 GEM 15 CAN 30 LEO	6 CAN 26 LEO	CAN	GEM	GEM	12 GEM 29 CAN	5 GEM 19 CAN
JUL	11 LEO 29 VIR	4 LEO 26 VIR	LEO	CAN	2 GEM 10 CAN	10 CAN 25 LEO	2 CAN 16 LEO	8 LEO 26 VIR	LEO	31 CAN	CAN	12 CAN 30 LEO	7 CAN 21 LEO	13 LEO 30 VIR	4 LEO 25 VIR
AUG	VIR	19 LEO	LEO	10 LEO 26 VIR	3 LEO 17 VIR	9 VIR 28 LIB	1 VIR 26 LIB	VIR	LEO	10 LEO 31 VIR	7 LEO 22 VIR	14 VIR 31 LIB	6 VIR 26 LIB	VIR	24 LEO
SEP	VIR	10 VIR 27 LIB	3 VIR 19 LIB	11 LIB 30 SCO	3 LIB 27 SCO	LIB	12 VIR	VIR	7 VIR 24 LIB	16 LIB	7 LIB 28 SCO	LIB	LIB	VIR	10 VIR 28 LIB
OCT	5 LIB 22 SCO	15 SCO	7 SCO 29 SAG	SCO	19 LIB	LIB	8 LIB 26 SCO	2 LIB 19 SCO	11 SCO	5 SCO 30 SAG	SCO	LIB	2 VIR 11 LIB 31 SCO	6 LIB 24 SCO	15 SCO
NOV	10 SAG	4 SAG	21 SCO	SCO	10 SCO 29 SAG	4 SCO 22 SAG	14 SAG	7 SAG 30 CAP	1 SAG	9 SCO	7 LIB 8 SCO	7 SCO 26 SAG	19 SAG	12 SAG	4 SAG
DEC	1 CAP 25 SAG	SAG	12 SAG	6 SAG 26 CAP	19 CAP	11 CAP	4 CAP	13 SAG	SAG	10 SAG 31 CAP	3 SAG 22 CAP	15 CAP	8 CAP	2 CAP 30 SAG	SAG

	2005	2006	2007	2008	2009	2010	2011	2012	2013	2014	2015	2016	2017	2018	2019
JAN	9 CAP 30 AQU	3 CAP 22 AQU	15 AQU	7 AQU	1 AQU 21 CAP	CAP	13 CAP	8 CAP 27 AQU	19 AQU	11 AQU 31 PIS	4 AQU	1 AQU 8 CAP	4 SAG 12 CAP	11 CAP 31 AQU	4 CAP 24 AQU
FEB	16 PIS	8 PIS	2 PIS 26 AQU	AQU	14 AQU	10 AQU	3 AQU 21 PIS	13 PIS	5 PIS	12 AQU	AQU	13 AQU	7 AQU 25 PIS	17 PIS	10 PIS
MAR	4 ARI	PIS	18 PIS	14 PIS	8 PIS 25 ARI	1 PIS 17 ARI	9 ARI	2 ARI 23 PIS	PIS	17 PIS	12 PIS 30 ARI	5 PIS 21 ARI	13 ARI 31 TAU	6 ARI	PIS
APR	ARI	16 ARI	10 ARI 27 TAU	2 ARI 17 TAU	9 TAU 30 GEM	2 TAU	ARI	16 ARI	13 ARI	7 ARI 23 TAU	14 TAU 30 GEM	5 TAU	20 ARI	ARI	17 ARI
MAY	12 TAU 28 GEM	5 TAU 19 GEM	11 GEM 28 CAN	2 GEM	13 TAU	TAU	15 TAU	9 TAU 24 GEM	1 TAU 15 GEM 31 CAN	7 GEM 29 CAN	GEM	TAU	15 TAU	13 TAU 29 GEM	6 TAU 21 GEM
JUN	11 CAN 27 LEO	3 CAN 28 LEO	CAN	GEM	13 GEM	10 GEM 25 CAN	2 GEM 16 CAN	7 CAN 25 LEO	CAN	17 GEM	GEM	12 GEM 29 CAN	6 GEM 21 CAN	12 CAN 29 LEO	4 CAN 26 LEO
JUL	LEO	10 CAN	CAN	10 CAN 26 LEO	3 CAN 17 LEO	9 LEO 27 VIR	2 LEO 28 VIR	LEO	CAN	12 CAN 31 LEO	8 CAN 23 LEO	13 LEO 30 VIR	5 LEO 25 VIR	LEO	19 CAN
AUG	LEO	10 LEO 27 VIR	4 LEO 19 VIR	10 VIR 28 LIB	2 VIR 25 LIB	VIR	8 LEO	31 VIR	8 LEO 23 VIR	15 VIR	7 VIR 27 LIB	VIR	31 LEO	LEO	11 LEO 29 VIR
SEP	4 VIR 20 LIB	12 LIB	5 LIB 27 SCO	LIB	17 VIR	VIR	9 VIR 25 LIB	16 LIB	9 LIB 29 SCO	2 LIB 27 SCO	LIB	VIR	9 VIR 29 LIB	5 VIR 21 LIB	14 LIB
OCT	8 SCO 30 SAG	1 SCO	23 LIB	LIB	9 LIB 28 SCO	3 LIB 20 SCO	13 SCO	5 SCO 29 SAG	SCO	10 LIB	LIB	7 LIB 24 SCO	17 SCO	9 SCO 30 SAG	3 SCO
NOV	26 SCO	SCO	11 SCO	4 SCO 23 SAG	15 SAG	8 SAG 30 CAP	2 SAG	14 SCO	SCO	8 SCO 27 SAG	2 SCO 20 SAG	12 SAG	5 SAG	SAG	SCO
DEC	12 SAG	8 SAG 27 CAP	1 SAG 20 CAP	12 CAP	5 CAP	18 SAG	SAG	10 SAG 31 CAP	4 SAG 24 CAP	16 CAP	9 CAP	2 CAP	SAG	1 SCO 12 SAG	9 SAG 28 CAP

	2020	2021	2022	2023	2024	2025	2026	2027	2028	2029	2030	2031	2032	2033	2034
JAN	16 AQU	8 AQU	2 AQU 25 CAP	CAP	13 CAP	8 CAP 27 AQU	1 CAP 20 AQU	13 AQU 31 PIS	6 AQU	13 CAP	CAP	11 CAP	6 CAP 25 AQU	16 AQU	9 AQU
FEB	3 PIS	AQU	14 AQU	11 AQU	5 AQU 23 PIS	14 PIS	6 PIS	18 AQU	AQU	13 AQU	8 AQU 27 PIS	1 AQU 19 PIS	11 PIS	3 PIS	AQU
MAR	4 AQU 16 PIS	15 PIS	9 PIS 27 ARI	2 PIS 18 ARI	9 ARI	3 ARI 29 PIS	PIS	18 PIS	13 PIS 31 ARI	6 PIS 23 ARI	15 ARI 31 TAU	7 ARI	1 ARI 13 PIS	PIS	16 PIS
APR	10 ARI 27 TAU	3 ARI 19 TAU	10 TAU 29 GEM	3 TAU	ARI	16 ARI	14 ARI	8 ARI 24 TAU	15 TAU 30 GEM	7 TAU	28 ARI	ARI	16 ARI	12 ARI 29 TAU	5 ARI 20 TAU
MAY	11 GEM 28 CAN	3 GEM	22 TAU	TAU	15 TAU	10 TAU 25 GEM	2 TAU 17 GEM	8 GEM 28 CAN	GEM	TAU	14 TAU	14 TAU 31 GEM	6 TAU 21 GEM	13 GEM 29 CAN	5 GEM
JUN	CAN	GEM	13 GEM	11 GEM 26 CAN	3 GEM 17 CAN	8 CAN 26 LEO	1 CAN	26 GEM	GEM	13 GEM	8 GEM 22 CAN	14 CAN 30 LEO	5 CAN 25 LEO	CAN	GEM
JUL	CAN	11 CAN 27 LEO	5 CAN 19 LEO	10 LEO 28 VIR	2 LEO 25 VIR	LEO	CAN	12 CAN	8 CAN 23 LEO	1 CAN 15 LEO 31 VIR	7 LEO 26 VIR	LEO	25 CAN	CAN	12 CAN 29 LEO
AUG	4 LEO 19 VIR	11 VIR 30 LIB	4 VIR 25 LIB	VIR	14 LEO	LEO	9 LEO 25 VIR	2 LEO 16 VIR	8 VIR 27 LIB	26 LIB	VIR	LEO	10 LEO 29 VIR	6 LEO 21 VIR	13 VIR 31 LIB
SEP	5 LIB 27 SCO	LIB	23 VIR	VIR	9 VIR 26 LIB	2 VIR 18 LIB	10 LIB 30 SCO	3 LIB 27 SCO	LIB	8 VIR	VIR	7 VIR 23 LIB	14 LIB	6 LIB 27 SCO	LIB
OCT	27 LIB	LIB	10 LIB 29 SCO	4 LIB 22 SCO	13 SCO	6 SCO 29 SAG	SCO	16 LIB	LIB	8 LIB 26 SCO	1 LIB 18 SCO	11 SCO 31 SAG	3 SCO 31 SAG	SCO	LIB
NOV	10 SCO	5 SCO 24 SAG	17 SAG	10 SAG	2 SAG	18 SCO	SCO	9 SCO 29 SAG	2 SCO 20 SAG	13 SAG	6 SAG 30 CAP	SAG	3 SCO	2 LIB 10 SCO	6 SCO 25 SAG
DEC	1 SAG 20 CAP	13 CAP	6 CAP	1 CAP 23 SAG	SAG	11 SAG	6 SAG 25 CAP	18 CAP	10 CAP 31 AQU	3 CAP	10 SAG	8 SCO 10 SAG	9 SAG 29 CAP	2 SAG 22 CAP	14 CAP

	2035	2036	2037	2038	2039	2040	2041	2042	2043	2044	2045	2046	2047	2048	2049
JAN	3 AQU 31 CAP	CAP	13 CAP	9 CAP 29 AQU	2 CAP 21 AQU	14 AQU	6 AQU	18 CAP	CAP	12 CAP	6 CAP 25 AQU	18 AQU	10 AQU 31 PIS	4 AQU	CAP
FEB	14 AQU	12 AQU	5 AQU 23 PIS	15 PIS	8 PIS	1 PIS 23 AQU	AQU	14 AQU	9 AQU 28 PIS	2 AQU 20 PIS	12 PIS	4 PIS	9 AQU	7 CAP 12 AQU	12 AQU
MAR	11 PIS 28 ARI	3 PIS 19 ARI	11 ARI	4 ARI	PIS	17 PIS	14 PIS	7 PIS 24 ARI	16 ARI	7 ARI	1 ARI 19 PIS	PIS	17 PIS	11 PIS 29 ARI	4 PIS 20 ARI
APR	12 TAU 29 GEM	3 TAU	3 TAU 6 ARI	8 PIS 12 ARI	15 ARI	9 ARI 25 TAU	1 ARI 16 TAU	8 TAU	1 TAU	ARI	16 ARI	13 ARI 30 TAU	6 ARI 22 TAU	12 TAU 29 GEM	5 TAU
MAY	GEM	TAU	16 TAU	11 TAU 27 GEM	4 TAU 18 GEM	9 GEM 27 CAN	1 GEM	TAU	TAU	14 TAU 31 GEM	8 TAU 23 GEM	14 GEM 30 CAN	6 GEM 30 CAN	GEM	TAU
JUN	1 TAU 10 GEM	11 GEM 27 CAN	4 GEM 18 CAN	10 CAN 27 LEO	2 CAN	CAN	GEM	13 GEM	9 GEM 24 CAN	14 CAN 30 LEO	6 CAN 25 LEO	CAN	10 GEM	GEM	12 GEM 28 CAN
JUL	6 CAN 20 LEO	11 LEO 28 VIR	3 LEO 25 VIR	LEO	CAN	CAN	10 CAN 25 LEO	2 CAN 16 LEO	8 LEO 27 VIR	LEO	LEO	CAN	12 CAN 30 LEO	6 CAN 21 LEO	12 LEO 29 VIR
AUG	5 VIR 26 LIB	VIR	21 LEO	LEO	10 LEO 26 VIR	2 LEO 17 VIR	9 VIR 28 LIB	2 VIR 25 LIB	VIR	LEO	3 CAN 8 LEO 31 VIR	7 LEO 22 VIR	14 VIR	5 VIR 26 LIB	VIR
SEP	28 VIR	VIR	9 VIR 27 LIB	3 VIR 19 LIB	11 LIB	3 LIB 26 SCO	LIB	14 VIR	VIR	7 VIR 23 LIB	15 LIB	8 LIB 28 SCO	1 LIB 29 SCO	LIB	VIR
OCT	11 LIB 30 SCO	5 LIB 22 SCO	14 SCO	7 SCO 29 SAG	1 SCO	20 LIB	LIB	9 LIB 27 SCO	2 LIB 19 SCO	11 SCO 31 SAG	4 SCO 29 SAG	SCO	6 LIB	4 VIR 9 LIB 31 SCO	6 LIB 23 SCO
NOV	18 SAG	10 SAG	3 SAG	23 SCO	SCO	9 SCO 29 SAG	3 SCO 22 SAG	15 SAG	8 SAG 30 CAP	SAG	11 SCO	SCO	8 SCO 27 SAG	18 SAG	11 SAG
DEC	7 CAP	1 CAP 26 SAG	SAG	12 SAG	7 SAG 26 CAP	18 CAP	11 CAP 31 AQU	4 CAP	15 SAG	SAG	10 SAG 30 CAP	4 SAG 23 CAP	16 CAP	8 CAP	2 CAP 31 SAG

	2050	2051	2052	2053	2054	2055	2056	2057	2058	2059	2060	2061	2062	2063	2064
JAN	13 CAP	10 CAP 30 AQU	4 CAP 23 AQU	14 AQU	7 AQU	1 AQU 23 CAP	CAP	12 CAP	7 CAP 27 AQU	19 AQU	12 AQU 31 PIS	4 AQU	10 CAP	8 SAG 10 CAP	11 CAP 31 AQU
FEB	6 AQU 24 PIS	17 PIS	9 PIS	1 PIS 28 AQU	AQU	14 AQU	10 AQU 29 PIS	3 AQU 21 PIS	13 PIS	6 PIS	15 AQU	AQU	13 AQU	7 AQU 26 PIS	18 PIS
MAR	12 ARI 31 TAU	5 ARI	PIS	17 PIS	15 PIS	9 PIS 26 ARI	17 ARI	9 ARI	2 ARI 25 PIS	PIS	17 PIS	12 PIS 30 ARI	5 PIS 22 ARI	14 ARI 31 TAU	5 ARI
APR	15 ARI	ARI	15 ARI	10 ARI 26 TAU	3 ARI 18 TAU	10 TAU 30 GEM	1 TAU	ARI	16 ARI	14 ARI	7 ARI 22 TAU	14 TAU 30 GEM	6 TAU	23 ARI	ARI
MAY	16 TAU	12 TAU 28 GEM	4 TAU 19 GEM	10 GEM 28 CAN	3 GEM	17 TAU	TAU	15 TAU	9 TAU 24 GEM	2 TAU 16 GEM 31 CAN	7 GEM 27 CAN	GEM	TAU	15 TAU	12 TAU 29 GEM
JUN	5 GEM 20 CAN	11 CAN 28 LEO	2 CAN 26 LEO	CAN	GEM	13 GEM	9 GEM 24 CAN	2 GEM 16 CAN	7 CAN 26 LEO	CAN	19 GEM	GEM	13 GEM 30 CAN	7 GEM 21 CAN	12 CAN 28 LEO
JUL	5 LEO 25 VIR	LEO	13 CAN	CAN	11 CAN 26 LEO	4 CAN 18 LEO	9 LEO 27 VIR	1 LEO 26 VIR	LEO	CAN	12 CAN 31 LEO	8 CAN 23 LEO	14 LEO 31 VIR	6 LEO 26 VIR	LEO
AUG	27 LEO	LEO	10 LEO 27 VIR	4 LEO 19 VIR	10 VIR 29 LIB	3 VIR 25 LIB	VIR	10 LEO	LEO	8 LEO 24 VIR	15 VIR	7 VIR 26 LIB	29 LIB	VIR	LEO
SEP	10 VIR 29 LIB	5 VIR 21 LIB	12 LIB	4 LIB 26 SCO	LIB	20 VIR	VIR	8 VIR 25 LIB	1 VIR 17 LIB	9 LIB 29 SCO	1 LIB 26 SCO	LIB	2 VIR	3 LEO 9 VIR 30 LIB	5 VIR 21 LIB
OCT	16 SCO	9 SCO 30 SAG	1 SCO	24 LIB	LIB	10 LIB 28 SCO	3 LIB 20 SCO	12 SCO	5 SCO 29 SAG	SCO	11 LIB	LIB	7 LIB 25 SCO	17 SCO	9 SCO 30 SAG
NOV	4 SAG	28 SCO	SCO	10 SCO 30 SAG	5 SCO 23 SAG	16 SAG	8 SAG 30 CAP	1 SAG	16 SCO	SCO	8 SCO 27 SAG	1 SCO 20 SAG	12 SAG	6 SAG	SAG
DEC	SAG	12 SAG	7 SAG 27 CAP	19 CAP	12 CAP	6 CAP	19 SAG	SAG	11 SAG 31 CAP	5 SAG 24 CAP	16 CAP	9 CAP 31 AQU	3 CAP	2 CAP 6 SAG	2 SCO 11 SAG

	2065	2066	2067	2068	2069	2070	2071	2072	2073	2074	2075	2076	2077	2078	2079
JAN	4 CAP 23 AQU	16 AQU	8 AQU	2 AQU 28 CAP	CAP	13 CAP	8 CAP 28 AQU	2 CAP 21 AQU	12 AQU 31 PIS	5 AQU	15 CAP	CAP	11 CAP	5 CAP 25 AQU	17 AQU
FEB	9 PIS	2 PIS	AQU	14 AQU	10 AQU	4 AQU 22 PIS	14 PIS	7 PIS	19 AQU	AQU	13 AQU	8 AQU 27 PIS	1 AQU 19 PIS	11 PIS	4 PIS
MAR	2 ARI 8 PIS	7 AQU 14 PIS	16 PIS	9 PIS 26 ARI	2 PIS 18 ARI	10 ARI	3 ARI	PIS	17 PIS	13 PIS 31 ARI	7 PIS 23 ARI	14 ARI 31 TAU	7 ARI	1 ARI 15 PIS	PIS
APR	16 ARI	11 ARI 28 TAU	4 ARI 19 TAU	10 TAU 28 GEM	3 TAU	ARI	1 PIS 15 ARI	14 ARI	8 ARI 24 TAU	15 TAU	7 TAU	30 ARI	ARI	16 ARI	12 ARI 29 TAU
MAY	6 TAU 20 GEM	12 GEM 28 CAN	4 GEM	25 TAU	TAU	15 TAU	10 TAU 26 GEM	2 TAU 16 GEM 31 CAN	8 GEM 27 CAN	1 GEM	TAU	13 TAU	13 TAU 31 GEM	7 TAU 22 GEM	13 GEM 29 CAN
JUN	4 CAN 25 LEO	CAN	GEM	12 GEM	10 GEM 26 CAN	3 GEM 17 CAN	9 CAN 27 LEO	CAN	28 GEM	GEM	13 GEM	7 GEM 22 CAN	13 CAN 29 LEO	5 CAN 25 LEO	CAN
JUL	20 CAN	CAN	12 CAN 28 LEO	4 CAN 19 LEO	10 LEO 28 VIR	2 LEO 25 VIR	LEO	CAN	10 CAN	9 CAN 24 LEO	1 CAN 16 LEO	6 LEO 25 VIR	LEO	28 CAN	CAN
AUG	10 LEO 28 VIR	5 LEO 20 VIR	12 VIR 30 LIB	3 VIR 25 LIB	VIR	17 LEO	LEO	9 LEO 24 VIR	1 LEO 16 VIR	8 VIR 27 LIB	1 VIR 26 LIB	VIR	LEO	10 LEO 30 VIR	6 LEO 22 VIR
SEP	13 LIB	6 LIB 27 SCO	LIB	24 VIR	VIR	9 VIR 26 LIB	3 VIR 18 LIB	10 LIB 29 SCO	2 LIB 26 SCO	LIB	11 VIR	30 LIB	6 VIR 23 LIB	15 LIB	7 LIB 28 SCO
OCT	2 SCO	30 LIB	LIB	10 LIB 29 SCO	4 LIB 21 SCO	14 SCO	7 SCO 29 SAG	SCO	17 LIB	LIB	8 LIB 26 SCO	18 SCO	10 SCO 31 SAG	3 SCO 30 SAG	SCO
NOV	SCO	10 SCO	6 SCO 25 SAG	16 SAG	9 SAG 30 CAP	3 SAG	20 SCO	SCO	9 SCO 28 SAG	3 SCO 21 SAG	14 SAG	6 SAG 29 CAP	SAG	7 SCO	5 LIB 9 SCO
DEC	8 SAG 28 CAP	2 SAG 21 CAP	14 CAP	6 CAP	24 SAG	SAG	12 SAG	5 SAG 25 CAP	17 CAP	10 CAP 31 AQU	4 CAP	11 SAG	SAG	9 SAG 29 CAP	3 SAG 22 CAP

	2080	2081	2082	2083	2084	2085	2086	2087	2088	2089	2090	2091	2092	2093	2094
JAN	10 AQU	2 AQU	CAP	13 CAP	9 CAP 29 AQU	2 CAP 21 AQU	14 AQU	6 AQU	1 AQU 20 CAP	CAP	12 CAP	6 CAP 26 AQU	18 AQU	10 AQU 30 PIS	3 AQU
FEB	2 PIS 4 AQU	1 CAP 13 AQU	11 AQU	5 AQU 24 PIS	16 PIS	7 PIS	1 PIS 24 AQU	AQU	14 AQU	9 AQU 28 PIS	2 AQU 20 PIS	12 PIS	5 PIS	10 AQU	AQU
MAR	16 PIS	10 PIS 28 ARI	3 PIS 20 ARI	12 ARI	3 ARI	PIS	17 PIS	14 PIS	7 PIS 24 ARI	16 ARI	8 ARI	2 ARI 22 PIS	PIS	16 PIS	11 PIS 29 ARI
APR	4 ARI 20 TAU	12 TAU 29 GEM	4 TAU	1 TAU 10 ARI	ARI	15 ARI	9 ARI 25 TAU	2 ARI 17 TAU	8 TAU 30 GEM	1 TAU	ARI	16 ARI	12 ARI 30 TAU	6 ARI 22 TAU	13 TAU 29 GEM
MAY	4 GEM	GEM	TAU	16 TAU	11 TAU 27 GEM	4 TAU 18 GEM	10 GEM 27 CAN	2 GEM	9 TAU	TAU	14 TAU	8 TAU 24 GEM	14 GEM 30 CAN	6 GEM 28 CAN	GEM
JUN	GEM	GEM	11 GEM 28 CAN	5 GEM 19 CAN	9 CAN 26 LEO	2 CAN 29 LEO	CAN	GEM	13 GEM	8 GEM 24 CAN	1 GEM 15 CAN 30 LEO	7 CAN 25 LEO	CAN	13 GEM	GEM
JUL	11 CAN 29 LEO	6 CAN 20 LEO	12 LEO 29 VIR	4 LEO 25 VIR	LEO	6 CAN	CAN	10 CAN 26 LEO	2 CAN 16 LEO	8 LEO 26 VIR	29 VIR	LEO	CAN	12 CAN 30 LEO	7 CAN 22 LEO
AUG	12 VIR 30 LIB	5 VIR 25 LIB	VIR	23 LEO	LEO	9 LEO 26 VIR	3 LEO 18 VIR	10 VIR 28 LIB	1 VIR 24 LIB	VIR	4 LEO	31 VIR	7 LEO 22 VIR	14 VIR 31 LIB	6 VIR 26 LIB
SEP	LIB	30 VIR	VIR	10 VIR 28 LIB	3 VIR 19 LIB	11 LIB 30 SCO	4 LIB 26 SCO	LIB	15 VIR	VIR	7 VIR 24 LIB	16 LIB	7 LIB 28 SCO	27 SCO	LIB
OCT	LIB	10 LIB 30 SCO	5 LIB 23 SCO	15 SCO	7 SCO 29 SAG	SCO	22 LIB	LIB	8 LIB 27 SCO	2 LIB 19 SCO	12 SCO	5 SCO 29 SAG	SCO	8 LIB	31 SCO
NOV	6 SCO 25 SAG	18 SAG	10 SAG	4 SAG	24 SCO	SCO	10 SCO 30 SAG	4 SCO 22 SAG	14 SAG	7 SAG 29 CAP	1 SAG	13 SCO	SCO	7 SCO 26 SAG	19 SAG
DEC	14 CAP	7 CAP	1 CAP 28 SAG	SAG	11 SAG	6 SAG 26 CAP	19 CAP	12 CAP	4 CAP	16 SAG	SAG	10 SAG 31 CAP	3 SAG 23 CAP	15 CAP	8 CAP

	2095	2096	2097	2098	2099	2100
JAN	1 AQU 6 CAP	3 SAG 12 CAP	9 CAP 30 AQU	3 CAP 22 AQU	15 AQU	8 AQU
FEB	12 AQU	7 AQU 25 PIS	16 PIS	9 PIS	2 PIS	AQU
MAR	5 PIS 21 ARI	12 ARI 30 TAU	5 ARI	PIS	2 AQU 16 PIS	15 PIS
APR	5 TAU	17 ARI	ARI	16 ARI	10 ARI 27 TAU	3 ARI 19 TAU
MAY	TAU	15 TAU	12 TAU 28 GEM	5 TAU 20 GEM	11 GEM 28 CAN	3 GEM
JUN	12 GEM 29 CAN	5 GEM 20 CAN	11 CAN 27 LEO	3 CAN 26 LEO	CAN	GEM
JUL	13 LEO 30 VIR	4 LEO 24 VIR	LEO	16 CAN	CAN	11 CAN 27 LEO
AUG	VIR	29 LEO	LEO	10 LEO 27 VIR	4 LEO 19 VIR	11 VIR 29 LIB
SEP	VIR	9 VIR 28 LIB	4 VIR 20 LIB	12 LIB	5 LIB 27 SCO	LIB
OCT	7 LIB 24 SCO	15 SCO	8 SCO 29 SAG	1 SCO	27 LIB	LIB
NOV	12 SAG	4 SAG	29 SCO	SCO	10 SCO	5 SCO 24 SCO
DEC	2 CAP	SAG	11 SAG	8 SAG 27 CAP	1 SAG 20 CAP	13 CAP

你的金星在什麼星座？

接下來的金星星曆表會告訴你，你出生時金星在什麼星座。請找出你的出生年份，再找出你的出生月份（在頁面左側）。然後，在你的出生月份下方放一把尺。這份表格列出了那個月裡，金星進入下一個星座的所有日期。如果那個月沒有日期，只列出某個星座，代表金星整個月都待在那個星座。

範例1：你的生日是1980年1月25日。請找出「1980」那一行，再找出「JAN」那一列。你會看到，金星在那一年的1月15日進入雙魚座，直到2月9日才進入下一個星座。因此，在你出生的 1 月 25 日，金星在雙魚座。

範例 2：你的生日是 1964 年 7 月 12 日。請找出「1964」那一行，再找出「JUL」那一列。你會看到，金星在那一年的 7 月都待在雙子座。因此，你的金星在雙子座。

	1900	1901	1902	1903	1904	1905	1906	1907	1908	1909	1910	1911	1912	1913	1914
JAN	19 PIS	16 CAP	11 PIS	10 AQU	4 SAG 30 CAP	7 PIS	1 CAP 25 AQU	SAG	20 PIS	15 CAP	15 PIS 29 AQU	10 AQU	4 SAG 29 CAP	7 PIS	1 CAP 24 AQU
FEB	13 ARI	9 AQU	6 AQU	3 PIS 27 ARI	23 AQU	2 ARI	18 PIS	6 CAP	13 ARI	8 AQU	AQU	3 PIS 27 ARI	23 AQU	2 ARI	17 PIS
MAR	10 TAU	5 PIS 29 ARI	AQU	24 TAU	19 PIS	6 TAU	14 ARI	6 AQU	10 TAU	4 PIS 29 ARI	AQU	23 TAU	18 PIS	6 TAU	13 ARI
APR	5 GEM	22 TAU	4 PIS	18 GEM	12 ARI	TAU	7 TAU	1 PIS 27 ARI	5 GEM	22 TAU	5 PIS	17 GEM	12 ARI	TAU	6 TAU
MAY	5 CAN	17 GEM	7 ARI	13 CAN	7 TAU 31 GEM	9 ARI 28 TAU	1 GEM 26 CAN	22 TAU	5 CAN	16 GEM	6 ARI	13 CAN	6 TAU 31 GEM	2 ARI 31 TAU	1 GEM 26 CAN
JUN	CAN	10 CAN	3 TAU 30 GEM	8 LEO	25 CAN	TAU	20 LEO	16 GEM	CAN	9 CAN	3 TAU 29 GEM	8 LEO	24 CAN	TAU	19 LEO
JUL	CAN	5 LEO 29 VIR	25 CAN	7 VIR	19 LEO	8 GEM	15 VIR	11 CAN	CAN	4 LEO 29 VIR	25 CAN	7 VIR	19 LEO	8 GEM	15 VIR
AUG	CAN	23 LIB	19 LEO	17 LIB	13 VIR	6 CAN	10 LIB	4 LEO 28 VIR	CAN	22 LIB	19 LEO	VIR	12 VIR	5 CAN	10 LIB
SEP	8 LEO	17 SCO	13 VIR	5 VIR	6 LIB 30 SCO	1 LEO 26 VIR	7 SCO	22 LIB	8 LEO	16 SCO	12 VIR	VIR	5 LIB 30 SCO	1 LEO 26 VIR	7 SCO
OCT	8 VIR	12 SAG	7 LIB 31 SCO	VIR	25 SAG	21 LIB	9 SAG	16 SCO	8 VIR	12 SAG	6 LIB 30 SCO	VIR	24 SAG	21 LIB	9 SAG
NOV	3 LIB 28 SCO	7 CAP	24 SAG	8 LIB	18 CAP	14 SCO	SAG	9 SAG	3 LIB 28 SCO	7 CAP	23 SAG	8 LIB	18 CAP	14 SCO	SAG
DEC	23 SAG	5 AQU	18 CAP	9 SCO	13 AQU	8 SAG	15 SCO 25 SAG	3 CAP 27 AQU	22 SAG	5 AQU	17 CAP	9 SCO	12 AQU	8 SAG	5 SCO 30 SAG

	1915	1916	1917	1918	1919	1920	1921	1922	1923	1924	1925	1926	1927	1928	1929
JAN	SAG	19 PIS	15 CAP	AQU	9 AQU	4 SAG 29 CAP	6 PIS	24 AQU	2 SAG	19 PIS	14 CAP	AQU	9 AQU	3 SAG 28 CAP	6 PIS
FEB	6 CAP	13 ARI	8 AQU	AQU	2 PIS 26 ARI	22 AQU	2 ARI	17 PIS	6 CAP	12 ARI	7 AQU	AQU	2 PIS 26 ARI	22 AQU	2 ARI
MAR	6 AQU	9 TAU	4 PIS 28 ARI	AQU	23 TAU	18 PIS	7 TAU	13 ARI	6 AQU	9 TAU	3 PIS 27 ARI	AQU	22 TAU	17 PIS	8 TAU
APR	1 PIS 26 ARI	5 GEM	21 TAU	5 PIS	17 GEM	11 ARI	25 ARI	6 TAU 30 GEM	1 PIS 26 ARI	5 GEM	21 TAU	5 PIS	16 GEM	11 ARI	19 ARI
MAY	21 TAU	5 CAN	16 GEM	6 ARI	12 CAN	6 TAU 30 GEM	ARI	25 CAN	21 TAU	5 CAN	15 GEM	6 ARI	12 CAN	5 TAU 30 GEM	ARI
JUN	15 GEM	CAN	9 CAN	3 TAU 29 GEM	8 LEO	24 CAN	1 TAU	19 LEO	15 GEM	CAN	8 CAN	2 TAU 28 GEM	7 LEO	23 CAN	3 TAU
JUL	10 CAN	CAN	3 LEO 28 VIR	24 CAN	7 VIR	18 LEO	8 GEM	14 VIR	9 CAN	CAN	3 LEO 28 VIR	24 CAN	7 VIR	18 LEO	7 GEM
AUG	4 LEO 28 VIR	CAN	22 LIB	18 LEO	VIR	11 VIR	5 CAN 31 LEO	10 LIB	3 LEO 27 VIR	CAN	21 LIB	17 LEO	VIR	11 VIR	5 CAN 31 LEO
SEP	21 LIB	8 LEO	16 SCO	12 VIR	VIR	5 LIB 29 SCO	25 VIR	7 SCO	20 LIB	8 LEO	15 SCO	11 VIR	VIR	4 LIB 29 SCO	25 VIR
OCT	15 SCO	7 VIR	11 SAG	6 LIB 30 SCO	VIR	24 SAG	20 LIB	10 SAG	14 SCO	7 VIR	11 SAG	5 LIB 29 SCO	VIR	23 SAG	20 LIB
NOV	8 SAG	2 LIB 27 SCO	7 CAP	23 SAG	9 LIB	17 CAP	13 SCO	28 SCO	8 SAG	2 LIB 27 SCO	6 CAP	22 SAG	9 LIB	17 CAP	13 SCO
DEC	2 CAP 26 AQU	22 SAG	5 AQU	16 CAP	8 SCO	12 AQU	7 SAG 31 CAP	SCO	2 CAP 26 AQU	21 SAG	5 AQU	16 CAP	8 SCO	11 AQU	7 SAG 30 CAP

	1930	1931	1932	1933	1934	1935	1936	1937	1938	1939	1940	1941	1942	1943	1944
JAN	23 AQU	3 SAG	18 PIS	14 CAP	AQU	8 AQU	3 SAG 28 CAP	5 PIS	23 AQU	4 SAG	18 PIS	13 CAP	AQU	8 AQU	2 SAG 27 CAP
FEB	16 PIS	6 CAP	12 ARI	7 AQU	AQU	1 PIS 25 ARI	21 AQU	2 ARI	16 PIS	6 CAP	12 ARI	6 AQU	AQU	1 PIS 25 ARI	21 AQU
MAR	12 ARI	5 AQU 31 PIS	8 TAU	3 PIS 27 ARI	AQU	22 TAU	17 PIS	9 TAU	12 ARI	5 AQU 31 PIS	8 TAU	2 PIS 26 ARI	AQU	21 TAU	16 PIS
APR	5 TAU 30 GEM	25 ARI	4 GEM	20 TAU	6 PIS	16 GEM	10 ARI	13 ARI	5 TAU 29 GEM	25 ARI	4 GEM	20 TAU	6 PIS	15 GEM	10 ARI
MAY	24 CAN	20 TAU	6 CAN	14 GEM	6 ARI	11 CAN	5 TAU 29 GEM	ARI	24 CAN	20 TAU	6 CAN	14 GEM	5 ARI	11 CAN	4 TAU 29 GEM
JUN	18 LEO	14 GEM	CAN	8 CAN	2 TAU 28 GEM	7 LEO	23 CAN	4 TAU	18 LEO	14 GEM	CAN	7 CAN	1 TAU 27 GEM	7 LEO	22 CAN
JUL	14 VIR	9 CAN	13 GEM 28 CAN	2 LEO 27 VIR	23 CAN	7 VIR	17 LEO	7 GEM	14 VIR	8 CAN	5 GEM 31 CAN	2 LEO 26 VIR	23 CAN	7 VIR	16 LEO
AUG	9 LIB	2 LEO 27 VIR	CAN	21 LIB	17 LEO	VIR	10 VIR	4 CAN 30 LEO	9 LIB	2 LEO 26 VIR	CAN	20 LIB	16 LEO	VIR	10 VIR
SEP	6 SCO	20 LIB	8 LEO	15 SCO	10 VIR	VIR	4 LIB 28 SCO	24 VIR	6 SCO	19 LIB	8 LEO	14 SCO	10 VIR	VIR	3 LIB 28 SCO
OCT	11 SAG	14 SCO	7 VIR	10 SAG	5 LIB 29 SCO	VIR	23 SAG	19 LIB	13 SAG	13 SCO	6 VIR	10 SAG	4 LIB 28 SCO	VIR	22 SAG
NOV	22 SCO	7 SAG	1 LIB 26 SCO	6 CAP	21 SAG	9 LIB	16 CAP	12 SCO	15 SCO	6 SAG 30 CAP	1 LIB 26 SCO	6 CAP	21 SAG	9 LIB	16 CAP
DEC	SCO	1 CAP 25 AQU	21 SAG	5 AQU	15 CAP	8 SCO	11 AQU	6 SAG 30 CAP	SCO	25 AQU	20 SAG	5 AQU	15 CAP	8 SCO	10 AQU

	1945	1946	1947	1948	1949	1950	1951	1952	1953	1954	1955	1956	1957	1958	1959
JAN	5 PIS	22 AQU	5 SAG	17 PIS	13 CAP	AQU	7 AQU 31 PIS	2 SAG 27 CAP	5 PIS	22 AQU	6 SAG	17 PIS	12 CAP	AQU	7 AQU 31 PIS
FEB	2 ARI	15 PIS	6 CAP	11 ARI	6 AQU	AQU	24 ARI	20 AQU	2 ARI	15 PIS	5 CAP	11 ARI	5 AQU	AQU	24 ARI
MAR	11 TAU	11 ARI	5 AQU 30 PIS	8 TAU	2 PIS 26 ARI	AQU	21 TAU	16 PIS	14 TAU 31 ARI	11 ARI	4 AQU 30 PIS	7 TAU	1 PIS 25 ARI	AQU	20 TAU
APR	7 ARI	4 TAU 29 GEM	24 ARI	4 GEM	19 TAU	6 PIS	15 GEM	9 ARI	ARI	4 TAU 28 GEM	24 ARI	4 GEM	18 TAU	6 PIS	14 GEM
MAY	ARI	23 CAN	19 TAU	7 CAN	13 GEM	5 ARI	10 CAN	4 TAU 28 GEM	ARI	23 CAN	19 TAU	7 CAN	13 GEM	5 ARI 31 TAU	10 CAN
JUN	4 TAU	18 LEO	13 GEM	29 GEM	7 CAN	1 TAU 27 GEM	7 LEO	22 CAN	5 TAU	17 LEO	13 GEM	23 GEM	6 CAN	26 GEM	6 LEO
JUL	7 GEM	13 VIR	8 CAN	GEM	1 LEO 26 VIR	22 CAN	7 VIR	16 LEO	7 GEM	13 VIR	7 CAN	GEM	1 LEO 25 VIR	22 CAN	8 VIR
AUG	4 CAN 30 LEO	9 LIB	1 LEO 26 VIR	2 CAN	20 LIB	16 LEO	VIR	9 VIR	3 CAN 29 LEO	8 LIB	1 LEO 25 VIR	4 CAN	19 LIB	15 LEO	VIR
SEP	24 VIR	6 SCO	19 LIB	8 LEO	14 SCO	9 VIR	VIR	3 LIB 27 SCO	23 VIR	6 SCO	18 LIB	8 LEO	14 SCO	9 VIR	19 LEO 25 VIR
OCT	18 LIB	16 SAG	13 SCO	6 VIR	10 SAG	4 LIB 28 SCO	VIR	22 SAG	18 LIB	23 SAG 27 SCO	12 SCO	5 VIR 31 LIB	9 SAG	3 LIB 27 SCO	VIR
NOV	12 SCO	8 SCO	6 SAG 30 CAP	1 LIB 25 SCO	5 CAP	20 SAG	9 LIB	15 CAP	11 SCO	SCO	5 SAG 29 CAP	25 SCO	5 CAP	20 SAG	9 LIB
DEC	6 SAG 29 CAP	SCO	24 AQU	20 SAG	6 AQU	14 CAP	7 SCO	10 AQU	5 SAG 29 CAP	SCO	24 AQU	19 SAG	6 AQU	14 CAP	7 SCO

	1960	1961	1962	1963	1964	1965	1966	1967	1968	1969	1970	1971	1972	1973	1974
JAN	2 SAG 26 CAP	4 PIS	21 AQU	6 SAG	16 PIS	12 CAP	AQU	6 AQU 30 PIS	1 SAG 26 CAP	4 PIS	21 AQU	6 SAG	16 PIS	11 CAP	29 CAP
FEB	20 AQU	1 ARI	14 PIS	5 CAP	10 ARI	5 AQU	6 CAP 25 AQU	23 ARI	19 AQU	1 ARI	14 PIS	5 CAP	10 ARI	4 AQU 28 PIS	28 AQU
MAR	15 PIS	ARI	10 ARI	4 AQU 29 PIS	7 TAU	1 PIS 25 ARI	AQU	20 TAU	15 PIS	ARI	10 ARI	3 AQU 29 PIS	6 TAU	24 ARI	AQU
APR	9 ARI	ARI	3 TAU 28 GEM	23 ARI	3 GEM	18 TAU	6 PIS	14 GEM	8 ARI	ARI	3 TAU 27 GEM	23 ARI	3 GEM	17 TAU	6 PIS
MAY	3 TAU 28 GEM	ARI	22 CAN	18 TAU	8 CAN	12 GEM	4 ARI 31 TAU	10 CAN	3 TAU 27 GEM	ARI	22 CAN	18 TAU	10 CAN	12 GEM	4 ARI 31 TAU
JUN	21 CAN	5 TAU	17 LEO	12 GEM	17 GEM	6 CAN 30 LEO	26 GEM	6 LEO	20 CAN	5 TAU	16 LEO	12 GEM	11 GEM	5 CAN 30 LEO	25 GEM
JUL	15 LEO	6 GEM	12 VIR	7 CAN 31 LEO	GEM	25 VIR	21 CAN	8 VIR	15 LEO	6 GEM	12 VIR	6 CAN 31 LEO	GEM	24 VIR	20 CAN
AUG	9 VIR	3 CAN 29 LEO	8 LIB	25 VIR	5 CAN	19 LIB	15 LEO	VIR	8 VIR	3 CAN 28 LEO	8 LIB	24 VIR	5 CAN	18 LIB	14 LEO
SEP	2 LIB 27 SCO	23 VIR	6 SCO	18 LIB	7 LEO	13 SCO	8 VIR	9 LEO	2 LIB 26 SCO	22 VIR	6 SCO	17 LIB	7 LEO	13 SCO	8 VIR
OCT	21 SAG	17 LIB	SCO	12 SCO	5 VIR 31 LIB	9 SAG	2 LIB 26 SCO	1 VIR	21 SAG	17 LIB	SCO	11 SCO	5 VIR 30 LIB	9 SAG	2 LIB 26 SCO
NOV	15 CAP	11 SCO	SCO	5 SAG 29 CAP	24 SCO	5 CAP	19 SAG	9 LIB	14 CAP	10 SCO	SCO	4 SAG 28 CAP	24 SCO	5 CAP	19 SAG
DEC	10 AQU	4 SAG 28 CAP	SCO	23 AQU	19 SAG	6 AQU	13 CAP	7 SCO	9 AQU	4 SAG 28 CAP	SCO	23 AQU	18 SAG	7 AQU	13 CAP

	1975	1976	1977	1978	1979	1980	1981	1982	1983	1984	1985	1986	1987	1988	1989
JAN	6 AQU 30 PIS	1 SAG 26 CAP	4 PIS	20 AQU	7 SAG	15 PIS	11 CAP	22 CAP	5 AQU 29 PIS	25 CAP	4 PIS	20 AQU	7 SAG	15 PIS	10 CAP
FEB	23 ARI	19 AQU	2 ARI	13 PIS	5 CAP	9 ARI	4 AQU 28 PIS	CAP	22 ARI	18 AQU	2 ARI	12 PIS	4 CAP	9 ARI	3 AQU 27 PIS
MAR	19 TAU	14 PIS	ARI	9 ARI	3 AQU 28 PIS	6 TAU	24 ARI	2 AQU	19 TAU	14 PIS	ARI	8 ARI	3 AQU 28 PIS	6 TAU	23 ARI
APR	13 GEM	8 ARI	ARI	2 TAU 27 GEM	22 ARI	3 GEM	17 TAU	6 PIS	13 GEM	7 ARI	ARI	2 TAU 26 GEM	22 ARI	3 GEM	16 TAU
MAY	9 CAN	2 TAU 26 GEM	ARI	21 CAN	17 TAU	12 CAN	11 GEM	4 ARI 30 TAU	9 CAN	1 TAU 26 GEM	ARI	21 CAN	17 TAU	17 CAN 27 GEM	11 GEM
JUN	6 LEO	20 CAN	6 TAU	16 LEO	11 GEM	5 GEM	5 CAN 29 LEO	25 GEM	6 LEO	19 CAN	6 TAU	15 LEO	11 GEM	GEM	4 CAN 29 LEO
JUL	9 VIR	14 LEO	6 GEM	11 VIR	6 CAN 30 LEO	GEM	24 VIR	20 CAN	10 VIR	14 LEO	6 GEM	11 VIR	5 CAN 30 LEO	GEM	23 VIR
AUG	VIR	8 VIR	2 CAN 28 LEO	7 LIB	23 VIR	6 CAN	18 LIB	14 LEO	27 LEO	7 VIR	2 CAN 27 LEO	7 LIB	23 VIR	6 CAN	17 LIB
SEP	2 LEO	1 LIB 25 SCO	22 VIR	7 SCO	17 LIB	7 LEO	12 SCO	7 VIR	LEO	1 LIB 25 SCO	21 VIR	7 SCO	16 LIB	7 LEO	12 SCO
OCT	4 VIR	20 SAG	16 LIB	SCO	11 SCO	4 VIR 30 LIB	8 SAG	1 LIB 25 SCO	5 VIR	20 SAG	16 LIB	SCO	10 SCO	4 VIR 29 LIB	8 SAG
NOV	9 LIB	14 CAP	9 SCO	SCO	4 SAG 28 CAP	23 SCO	5 CAP	18 SAG	9 LIB	13 CAP	9 SCO	SCO	3 SAG 27 CAP	23 SCO	5 CAP
DEC	6 SCO	9 AQU	3 SAG 27 CAP	SCO	22 AQU	18 SAG	8 AQU	12 CAP	6 SCO 31 SAG	8 AQU	3 SAG 27 CAP	SCO	22 AQU	17 SAG	9 AQU

	1990	1991	1992	1993	1994	1995	1996	1997	1998	1999	2000	2001	2002	2003	2004
JAN	16 CAP	5 AQU 28 PIS	25 CAP	3 PIS	19 AQU	7 SAG	14 PIS	10 CAP	9 CAP	4 AQU 28 PIS	24 CAP	3 PIS	18 AQU	7 SAG	14 PIS
FEB	CAP	22 ARI	18 AQU	2 ARI	12 PIS	4 CAP	8 ARI	2 AQU 26 PIS	CAP	21 ARI	17 AQU	2 ARI	11 PIS	4 CAP	8 ARI
MAR	3 AQU	18 TAU	13 PIS	ARI	8 ARI	2 AQU 28 PIS	5 TAU	23 ARI	4 AQU	18 TAU	13 PIS	ARI	7 ARI	2 AQU 27 PIS	5 TAU
APR	6 PIS	12 GEM	7 ARI	ARI	1 TAU 26 GEM	21 ARI	3 GEM	16 TAU	6 PIS	12 GEM	6 ARI 30 TAU	ARI	1 TAU 25 GEM	21 ARI	3 GEM
MAY	3 ARI 30 TAU	8 CAN	1 TAU 25 GEM	ARI	20 CAN	16 TAU	GEM	10 GEM	3 ARI 29 TAU	8 CAN	25 GEM	ARI	20 CAN	16 TAU	GEM
JUN	24 GEM	5 LEO	19 CAN	6 TAU	15 LEO	10 GEM	GEM	3 CAN 28 LEO	24 GEM	5 LEO	18 CAN	6 TAU	14 LEO	9 GEM	GEM
JUL	19 CAN	11 VIR	13 LEO	5 GEM	11 VIR	5 CAN 29 LEO	GEM	23 VIR	19 CAN	12 VIR	13 LEO	5 GEM	10 VIR	4 CAN 28 LEO	GEM
AUG	13 LEO	21 LEO	7 VIR 31 LIB	1 CAN 27 LEO	7 LIB	22 VIR	7 CAN	17 LIB	13 LEO	15 LEO	6 VIR 30 LIB	1 CAN 26 LEO	7 LIB	22 VIR	7 CAN
SEP	7 VIR	LEO	24 SCO	21 VIR	7 SCO	16 LIB	7 LEO	11 SCO	6 VIR 30 LIB	LEO	24 SCO	20 VIR	7 SCO	15 LIB	6 LEO
OCT	1 LIB 25 SCO	6 VIR	19 SAG	15 LIB	SCO	10 SCO	3 VIR 29 LIB	8 SAG	24 SCO	7 VIR	19 SAG	15 LIB	SCO	9 SCO	3 VIR 28 LIB
NOV	18 SAG	9 LIB	13 CAP	8 SCO	SCO	3 SAG 27 CAP	22 SCO	5 CAP	17 SAG	8 LIB	12 CAP	8 SCO	SCO	2 SAG 26 CAP	22 SCO
DEC	12 CAP	6 SCO 31 SAG	8 AQU	2 SAG 26 CAP	SCO	21 AQU	17 SAG	11 AQU	11 CAP	5 SCO 30 SAG	8 AQU	2 SAG 26 CAP	SCO	21 AQU	16 SAG

	2005	2006	2007	2008	2009	2010	2011	2012	2013	2014	2015	2016	2017	2018	2019
JAN	9 CAP	1 CAP	3 AQU 27 PIS	24 CAP	3 PIS	18 AQU	7 SAG	14 PIS	8 CAP	CAP	3 AQU 27 PIS	23 CAP	3 PIS	17 AQU	7 SAG
FEB	2 AQU 26 PIS	CAP	21 ARI	17 AQU	2 ARI	11 PIS	4 CAP	8 ARI	1 AQU 25 PIS	CAP	20 ARI	16 AQU	3 ARI	10 PIS	3 CAP
MAR	22 ARI	5 AQU	17 TAU	12 PIS	ARI	7 ARI 31 TAU	1 AQU 27 PIS	5 TAU	21 ARI	5 AQU	17 TAU	12 PIS	ARI	6 ARI 30 TAU	1 AQU 26 PIS
APR	15 TAU	5 PIS	11 GEM	6 ARI 30 TAU	11 ARI 24 ARI	25 GEM	20 ARI	3 GEM	15 TAU	5 PIS	11 GEM	5 ARI 29 TAU	2 ARI 28 ARI	24 GEM	20 ARI
MAY	9 GEM	3 ARI 29 TAU	8 CAN	24 GEM	ARI	19 CAN	15 TAU	GEM	9 GEM	2 ARI 28 TAU	7 CAN	24 GEM	ARI	19 CAN	15 TAU
JUN	3 CAN 28 LEO	23 GEM	5 LEO	18 CAN	6 TAU	14 LEO	9 GEM	GEM	2 CAN 27 LEO	23 GEM	5 LEO	17 CAN	6 TAU	13 LEO	8 GEM
JUL	22 VIR	18 CAN	14 VIR	12 LEO	5 GEM 31 CAN	10 VIR	3 CAN 28 LEO	GEM	22 VIR	18 CAN	18 VIR 31 LEO	12 LEO	4 GEM 31 CAN	9 VIR	3 CAN 27 LEO
AUG	16 LIB	12 LEO	8 LEO	5 VIR 30 LIB	26 LEO	6 LIB	21 VIR	7 CAN	16 LIB	12 LEO	LEO	5 VIR 29 LIB	25 LEO	6 LIB	21 VIR
SEP	11 SCO	6 VIR 30 LIB	LEO	23 SCO	20 VIR	8 SCO	14 LIB	6 LEO	11 SCO	5 VIR 29 LIB	LEO	23 SCO	19 VIR	9 SCO	14 LIB
OCT	7 SAG	24 SCO	8 VIR	18 SAG	14 LIB	SCO	9 SCO	3 VIR 28 LIB	7 SAG	23 SCO	8 VIR	18 SAG	14 LIB	31 LIB	8 SCO
NOV	5 CAP	17 SAG	8 LIB	12 CAP	7 SCO	7 LIB 29 SCO	2 SAG 26 CAP	21 SCO	5 CAP	16 SAG	8 LIB	11 CAP	7 SCO	LIB	1 SAG 25 CAP
DEC	15 AQU	11 CAP	5 SCO 30 SAG	7 AQU	1 SAG 25 CAP	SCO	20 AQU	15 SAG	CAP	10 CAP	4 SCO 30 SAG	7 AQU	1 SAG 25 CAP	2 SCO	20 AQU

	2020	2021	2022	2023	2024	2025	2026	2027	2028	2029	2030	2031	2032	2033	2034
JAN	13 PIS	8 CAP	CAP	2 AQU 26 PIS	23 CAP	2 PIS	17 AQU	7 SAG	13 PIS	7 CAP 31 AQU	CAP	2 AQU 26 PIS	22 CAP	2 PIS	16 AQU
FEB	7 ARI	1 AQU 25 PIS	CAP	20 ARI	16 AQU	4 ARI	10 PIS	3 CAP	7 ARI	24 PIS	CAP	19 ARI	15 AQU	5 ARI	9 PIS
MAR	4 TAU	21 ARI	6 AQU	16 TAU	11 PIS	27 PIS	6 ARI 30 TAU	1 AQU 26 PIS	4 TAU	20 ARI	6 AQU	16 TAU	11 PIS	21 ARI	5 ARI 29 TAU
APR	3 GEM	14 TAU	5 PIS	10 GEM	4 ARI 29 TAU	30 ARI	23 GEM	19 ARI	3 GEM	14 TAU	5 PIS	10 GEM	4 ARI 28 TAU	ARI	23 GEM
MAY	GEM	8 GEM	2 ARI 28 TAU	7 CAN	23 GEM	ARI	18 CAN	14 TAU	GEM	8 GEM	2 ARI 27 TAU	7 CAN	23 GEM	1 ARI	18 CAN
JUN	GEM	2 CAN 26 LEO	22 GEM	5 LEO	17 CAN	5 TAU	13 LEO	8 GEM	GEM	1 CAN 26 LEO	22 GEM	5 LEO	16 CAN	5 TAU	12 LEO
JUL	GEM	21 VIR	17 CAN	LEO	11 LEO	4 GEM 30 CAN	9 VIR	2 CAN 27 LEO	GEM	21 VIR	17 CAN	LEO	10 LEO	4 GEM 30 CAN	9 VIR
AUG	7 CAN	15 LIB	11 LEO	LEO	4 VIR 29 LIB	25 LEO	6 LIB	20 VIR	7 CAN	15 LIB	11 LEO	LEO	4 VIR 28 LIB	24 LEO	6 LIB
SEP	6 LEO	10 SCO	4 VIR 29 LIB	LEO	22 SCO	19 VIR	10 SCO	13 LIB	5 LEO	10 SCO	4 VIR 28 LIB	LEO	22 SCO	18 VIR	11 SCO
OCT	2 VIR 27 LIB	7 SAG	23 SCO	8 VIR	17 SAG	13 LIB	25 LIB	7 SCO	2 VIR 27 LIB	6 SAG	22 SCO	9 VIR	17 SAG	13 LIB	18 LIB
NOV	21 SCO	5 CAP	16 SAG	8 LIB	11 CAP	6 SCO 30 SAG	LIB	1 SAG 25 CAP	20 SCO	5 CAP	15 SAG	7 LIB	11 CAP	6 SCO 30 SAG	LIB
DEC	15 SAG	CAP	9 CAP	4 SCO 29 SAG	7 AQU	24 CAP	4 SCO	19 AQU	14 SAG	CAP	9 CAP	4 SCO 29 SAG	6 AQU	23 CAP	5 SCO

	2035	2036	2037	2038	2039	2040	2041	2042	2043	2044	2045	2046	2047	2048	2049
JAN	7 SAG	12 PIS	7 CAP 31 AQU	CAP	1 AQU 25 PIS	22 CAP	2 PIS	16 AQU	6 SAG	12 PIS	6 CAP 30 AQU	CAP	1 AQU 25 PIS	21 CAP	2 PIS
FEB	3 CAP 28 AQU	6 ARI	24 PIS	CAP	19 ARI	15 AQU	6 ARI	9 PIS	2 CAP 28 AQU	6 ARI	23 PIS	CAP	18 ARI	14 AQU	8 ARI
MAR	25 PIS	4 TAU	20 ARI	6 AQU	15 TAU	10 PIS	14 ARI	5 ARI 29 TAU	25 PIS	4 TAU	19 ARI	6 AQU	15 TAU	10 PIS	8 ARI
APR	19 ARI	3 GEM	13 TAU	4 PIS	10 GEM	3 ARI 28 TAU	ARI	22 GEM	18 ARI	4 GEM	12 TAU	4 PIS	9 GEM	3 ARI 27 TAU	ARI
MAY	14 TAU	GEM	7 GEM	1 ARI 27 TAU	6 CAN	22 GEM	2 ARI	17 CAN	13 TAU	GEM	7 GEM 31 CAN	1 ARI 27 TAU	6 CAN	21 GEM	3 ARI
JUN	7 GEM	GEM	1 CAN 25 LEO	21 GEM	5 LEO	15 CAN	5 TAU	12 LEO	7 GEM	10 TAU 25 GEM	25 LEO	21 GEM	5 LEO	15 CAN	5 TAU
JUL	2 CAN 26 LEO	GEM	20 VIR	16 CAN	LEO	10 LEO	3 GEM 30 CAN	8 VIR	1 CAN 26 LEO	GEM	20 VIR	16 CAN	LEO	9 LEO	3 GEM 29 CAN
AUG	20 VIR	7 CAN	15 LIB	10 LEO	LEO	3 VIR 28 LIB	24 LEO	6 LIB	19 VIR	7 CAN	14 LIB	9 LEO	LEO	3 VIR 27 LIB	23 LEO
SEP	13 LIB	5 LEO	9 SCO	3 VIR 28 LIB	LEO	21 SCO	18 VIR	13 SCO	12 LIB	5 LEO	9 SCO	3 VIR 27 LIB	LEO	21 SCO	17 VIR
OCT	7 SCO 31 SAG	1 VIR 26 LIB	6 SAG	22 SCO	9 VIR	16 SAG	12 LIB	12 LIB	6 SCO 31 SAG	1 VIR 26 LIB	6 SAG	21 SCO	9 VIR	16 SAG	12 LIB
NOV	24 CAP	20 SCO	5 CAP	14 SAG	7 LIB	10 CAP	5 SCO 29 SAG	LIB	24 CAP	19 SCO	5 CAP	14 SAG	7 LIB	10 CAP	5 SCO 29 SAG
DEC	19 AQU	14 SAG	CAP	8 CAP	3 SCO 28 SAG	6 AQU	23 CAP	6 SCO	18 AQU	13 SAG	CAP	8 CAP	3 SCO 28 SAG	6 AQU	22 CAP

	2050	2051	2052	2053	2054	2055	2056	2057	2058	2059	2060	2061	2062	2063	2064
JAN	15 AQU	6 SAG	11 PIS	6 CAP 30 AQU	CAP	24 PIS	21 CAP	2 PIS	15 AQU	6 SAG	11 PIS	5 CAP 29 AQU	8 SAG 24 CAP	24 PIS	20 CAP
FEB	8 PIS	2 CAP 27 AQU	6 ARI	23 PIS	CAP	18 ARI	14 AQU	11 ARI 28 PIS	8 PIS	1 CAP 27 AQU	5 ARI	22 PIS	CAP	17 ARI	13 AQU
MAR	4 ARI 28 TAU	24 PIS	3 TAU	19 ARI	6 AQU	14 TAU	9 PIS	PIS	4 ARI 28 TAU	24 PIS	3 TAU	18 ARI	6 AQU	14 TAU	9 PIS
APR	22 GEM	18 ARI	4 GEM	12 TAU	4 PIS 30 ARI	9 GEM	2 ARI 27 TAU	PIS	21 GEM	17 ARI	5 GEM	11 TAU	4 PIS 30 ARI	8 GEM	2 ARI 26 TAU
MAY	17 CAN	13 TAU	GEM	6 GEM 31 CAN	26 TAU	6 CAN	21 GEM	4 ARI	16 CAN	12 TAU	27 TAU	6 GEM 30 CAN	26 TAU	5 CAN	20 GEM
JUN	11 LEO	6 GEM	2 TAU 29 GEM	24 LEO	20 GEM	5 LEO	14 CAN	5 TAU	11 LEO	6 GEM 30 CAN	TAU	24 LEO	20 GEM	5 LEO	14 CAN
JUL	8 VIR	1 CAN 25 LEO	GEM	19 VIR	15 CAN	LEO	9 LEO	2 GEM 29 CAN	8 VIR	25 LEO	1 GEM	19 VIR	15 CAN	LEO	8 LEO
AUG	6 LIB	18 VIR	7 CAN	14 LIB	9 LEO	LEO	2 VIR 27 LIB	23 LEO	6 LIB	18 VIR	7 CAN	13 LIB	8 LEO	LEO	2 VIR 26 LIB
SEP	16 SCO	12 LIB	4 LEO 30 VIR	9 SCO	2 VIR 26 LIB	LEO	20 SCO	17 VIR	LIB	11 LIB	4 LEO 30 VIR	8 SCO	2 VIR 26 LIB	LEO	20 SCO
OCT	4 LIB	6 SCO 30 SAG	25 LIB	6 SAG	20 SCO	9 VIR	15 SAG	11 LIB	LIB	5 SCO 30 SAG	25 LIB	6 SAG	20 SCO	9 VIR	15 SAG
NOV	LIB	23 CAP	19 SCO	6 CAP	13 SAG	7 LIB	9 CAP	4 SCO 28 SAG	LIB	23 CAP	18 SCO	6 CAP	13 SAG	6 LIB	9 CAP
DEC	6 SCO	18 AQU	13 SAG	CAP	7 CAP 31 AQU	2 SCO 27 SAG	5 AQU	22 CAP	7 SCO	17 AQU	12 SAG	CAP	7 CAP 31 AQU	2 SCO 27 SAG	5 AQU

	2065	2066	2067	2068	2069	2070	2071	2072	2073	2074	2075	2076	2077	2078	2079
JAN	2 PIS	14 AQU	6 SAG	10 PIS	5 CAP 29 AQU	28 CAP	23 PIS	20 CAP	2 PIS	14 AQU	6 SAG	10 PIS	4 CAP 28 AQU	30 CAP	23 PIS
FEB	PIS	7 PIS	1 CAP 26 AQU	5 ARI	22 PIS	CAP	17 ARI	13 AQU	PIS	6 PIS	1 CAP 26 AQU	4 ARI	21 PIS	CAP	16 ARI
MAR	PIS	3 ARI 27 TAU	23 PIS	3 TAU	18 ARI	6 AQU	13 TAU	8 PIS	PIS	3 ARI 27 TAU	23 PIS	3 TAU	17 ARI	6 AQU	13 TAU
APR	PIS	21 GEM	17 ARI	5 GEM	11 TAU	3 PIS 30 ARI	8 GEM	1 ARI 25 TAU	PIS	20 GEM	16 ARI	7 GEM	10 TAU	3 PIS 29 ARI	8 GEM
MAY	4 ARI	16 CAN	12 TAU	21 TAU	5 GEM 30 CAN	25 TAU	5 CAN	20 GEM	5 ARI	15 CAN	11 TAU	15 TAU	5 GEM 29 CAN	25 TAU	5 CAN
JUN	5 TAU	11 LEO	5 GEM 30 CAN	TAU	23 LEO	19 GEM	6 LEO	13 CAN	4 TAU	10 LEO	5 GEM 29 CAN	TAU	23 LEO	19 GEM	6 LEO
JUL	2 GEM 28 CAN	7 VIR	24 LEO	2 GEM	18 VIR	14 CAN	LEO	8 LEO	2 GEM 28 CAN	7 VIR	24 LEO	3 GEM	18 VIR	14 CAN	LEO
AUG	22 LEO	6 LIB	17 VIR	6 CAN	13 LIB	8 LEO	14 CAN 27 LEO	1 VIR 26 LIB	22 LEO	6 LIB	17 VIR	6 CAN	12 LIB	7 LEO	6 CAN 31 LEO
SEP	16 VIR	LIB	11 LIB	3 LEO 29 VIR	8 SCO	1 VIR 25 LIB	LEO	19 SCO	16 VIR	LIB	10 LIB	3 LEO 29 VIR	8 SCO	1 VIR 25 LIB	LEO
OCT	11 LIB	LIB	5 SCO 29 SAG	24 LIB	5 SAG	19 SCO	9 VIR	14 SAG	10 LIB	LIB	4 SCO 28 SAG	24 LIB	5 SAG	19 SCO	9 VIR
NOV	4 SCO 27 SAG	LIB	22 CAP	18 SCO	7 CAP	12 SAG	6 LIB	9 CAP	3 SCO 27 SAG	LIB	22 CAP	17 SCO	8 CAP	12 SAG	6 LIB
DEC	21 CAP	7 SCO	17 AQU	12 SAG	31 SAG	6 CAP 30 AQU	2 SCO 26 SAG	5 AQU	21 CAP	7 SCO	16 AQU	11 SAG	24 SAG	6 CAP 30 AQU	1 SCO 26 SAG

	2080	2081	2082	2083	2084	2085	2086	2087	2088	2089	2090	2091	2092	2093	2094
JAN	19 CAP	2 PIS	13 AQU	5 SAG 31 CAP	9 PIS	4 CAP 28 AQU	SAG	22 PIS	19 CAP	2 PIS	13 AQU	5 SAG 31 CAP	9 PIS	3 CAP 27 AQU	SAG
FEB	12 AQU	PIS	6 PIS	25 AQU	4 ARI	21 PIS	1 CAP	16 ARI	12 AQU	PIS	5 PIS	25 AQU	4 ARI	20 PIS	2 CAP
MAR	8 PIS	PIS	2 ARI 26 TAU	22 PIS	3 TAU	17 ARI	6 AQU	12 TAU	7 PIS 31 ARI	PIS	1 ARI 26 TAU	22 PIS	2 TAU	16 ARI	6 AQU
APR	1 ARI 25 TAU	PIS	20 GEM	16 ARI	8 GEM	10 TAU	3 PIS 29 ARI	7 GEM	24 TAU	PIS	19 GEM	15 ARI	11 GEM	9 TAU	2 PIS 28 ARI
MAY	19 GEM	5 ARI	15 CAN	10 TAU	9 TAU	4 GEM 29 CAN	24 TAU	5 CAN	19 GEM	5 ARI	14 CAN	10 TAU	3 TAU	3 GEM 28 CAN	24 TAU
JUN	13 CAN	4 TAU	10 LEO	4 GEM 29 CAN	TAU	22 LEO	18 GEM	7 LEO	12 CAN	4 TAU	9 LEO	3 GEM 28 CAN	TAU	22 LEO	18 GEM
JUL	7 LEO	1 GEM 27 CAN	7 VIR	23 LEO	4 GEM	17 VIR	13 CAN	30 CAN	7 LEO 31 VIR	1 GEM 27 CAN	6 VIR	22 LEO	4 GEM	17 VIR	13 CAN
AUG	1 VIR 25 LIB	21 LEO	6 LIB	16 VIR	6 CAN	12 LIB	7 LEO 31 VIR	CAN	25 LIB	21 LEO	6 LIB	16 VIR	6 CAN	11 LIB	6 LEO 31 VIR
SEP	19 SCO	15 VIR	LIB	9 LIB	3 LEO 29 VIR	7 SCO	24 LIB	2 LEO	18 SCO	15 VIR	LIB	9 LIB	2 LEO 28 VIR	7 SCO	24 LIB
OCT	14 SAG	9 LIB	LIB	4 SCO 28 SAG	23 LIB	5 SAG	18 SCO	8 VIR	13 SAG	9 LIB	LIB	3 SCO 27 SAG	23 LIB	5 SAG	18 SCO
NOV	8 CAP	2 SCO 26 SAG	LIB	21 CAP	17 SCO	9 CAP	11 SAG	5 LIB	8 CAP	2 SCO 26 SAG	LIB	21 CAP	16 SCO	11 CAP	11 SAG
DEC	4 AQU	20 CAP	7 SCO	16 AQU	11 SAG	18 SAG	5 CAP 29 AQU	1 SCO 25 SAG	4 AQU	20 CAP	8 SCO	15 AQU	10 SAG	11 SAG	5 CAP 29 AQU

	2095	2096	2097	2098	2099	2100
JAN	22 PIS	18 CAP	2 PIS	12 AQU	5 SAG 31 CAP	9 PIS
FEB	15 ARI	11 AQU	PIS	5 PIS	25 AQU	3 ARI
MAR	12 TAU	6 PIS 31 ARI	PIS	1 ARI 25 TAU	21 PIS	3 TAU
APR	7 GEM	24 TAU	PIS	19 GEM	15 ARI	18 GEM 23 TAU
MAY	4 CAN	18 GEM	5 ARI	14 CAN	9 TAU	TAU
JUN	7 LEO	12 CAN	3 TAU 30 GEM	9 LEO	3 GEM 27 CAN	TAU
JUL	24 CAN	6 LEO 31 VIR	26 CAN	6 VIR	22 LEO	6 GEM
AUG	CAN	24 LIB	20 LEO	6 LIB	15 VIR	6 CAN
SEP	4 LEO	18 SCO	14 VIR	LIB	8 LIB	3 LEO 29 VIR
OCT	8 VIR	13 SAG	8 LIB	LIB	3 SCO 27 SAG	23 LIB
NOV	5 LIB 30 SCO	7 CAP	1 SCO 25 SAG	LIB	20 CAP	17 SCO
DEC	25 SAG	4 AQU	19 CAP	8 SCO	15 AQU	11 SAG

你的火星在什麼星座？

接下來的火星星曆表會告訴你，你出生時火星在什麼星座。請找出你的出生年份，再找出你的出生月份（在頁面左側）。然後，在你的出生月份下方放一把尺。這份表格列出了那個月裡，火星進入下一個星座的日期。如果那個月沒有日期，只列出某個星座，代表火星整個月都待在那個星座。

範例 1：你的生日是 1975 年 5 月 10 日。請找出「1975」那一行，再找出「MAY」那一列。你會看到，火星在那一年的 5 月 21 日進入牡羊座。因為你是 5 月 10 日出生的，請往前一個月看。你將會看到火星 4 在 11 月日進入雙魚座，直到 5 月 21 日才進入牡羊座。因此，在你出生的 5 月 10 日，火星在雙魚座。

範例 2：你的生日是 1960 年 7 月 4 日。請找出「1960」那一行，再找出「JUL」那一列。你會看到，火星在那一年的 7 月都待在金牛座。因此，你的火星在金牛座。

	1900	1901	1902	1903	1904	1905	1906	1907	1908	1909	1910	1911	1912	1913	1914
JAN	21 AQU	VIR	1 AQU	LIB	19 PIS	13 SCO	PIS	SCO	10 ARI	9 SAG	22 TAU	31 CAP	30 GEM	10 CAP	CAN
FEB	28 PIS	VIR	8 PIS	LIB	26 ARI	SCO	4 ARI	5 SAG	22 TAU	23 CAP	TAU	CAP	GEM	19 AQU	CAN
MAR	PIS	1 LEO	18 ARI	LIB	ARI	SCO	17 TAU	SAG	TAU	CAP	14 GEM	13 AQU	GEM	30 PIS	CAN
APR	7 ARI	LEO	27 TAU	19 VIR	6 TAU	SCO	28 GEM	1 CAP	6 GEM	9 AQU	GEM	23 PIS	5 CAN	PIS	CAN
MAY	17 TAU	11 VIR	TAU	30 LIB	17 GEM	SCO	GEM	CAP	22 CAN	25 PIS	1 CAN	PIS	28 LEO	7 ARI	1 LEO
JUN	27 GEM	VIR	7 GEM	LIB	30 CAN	SCO	11 CAN	CAP	CAN	PIS	18 LEO	2 ARI	LEO	16 TAU	25 VIR
JUL	GEM	13 LIB	20 CAN	LIB	CAN	SCO	27 LEO	CAP	7 LEO	21 ARI	LEO	15 TAU	16 VIR	29 GEM	VIR
AUG	9 CAN	31 SCO	CAN	6 SCO	14 LEO	21 SAG	LEO	CAP	24 VIR	ARI	5 VIR	TAU	VIR	GEM	14 LIB
SEP	26 LEO	SCO	4 LEO	22 SAG	LEO	SAG	12 VIR	CAP	VIR	26 PIS	21 LIB	5 GEM	2 LIB	15 CAN	29 SCO
OCT	LEO	14 SAG	23 VIR	SAG	1 VIR	7 CAP	29 LIB	13 AQU	10 LIB	PIS	LIB	GEM	17 SCO	CAN	SCO
NOV	23 VIR	23 CAP	VIR	3 CAP	20 LIB	17 AQU	LIB	28 PIS	25 SCO	20 ARI	6 SCO	29 TAU	30 SAG	CAN	11 SAG
DEC	VIR	CAP	19 LIB	12 AQU	LIB	27 PIS	17 SCO	PIS	SCO	ARI	20 SAG	TAU	SAG	CAN	21 CAP

	1915	1916	1917	1918	1919	1920	1921	1922	1923	1924	1925	1926	1927	1928	1929
JAN	30 AQU	LEO	9 AQU	11 LIB	27 PIS	31 SCO	5 PIS	SCO	21 ARI	19 SAG	ARI	SAG	TAU	18 CAP	GEM
FEB	AQU	LEO	16 PIS	25 VIR	PIS	SCO	13 ARI	18 SAG	ARI	SAG	5 TAU	8 CAP	21 GEM	28 AQU	GEM
MAR	9 PIS	LEO	26 ARI	VIR	6 ARI	SCO	25 TAU	SAG	3 TAU	6 CAP	23 GEM	22 AQU	GEM	AQU	10 CAN
APR	16 ARI	LEO	ARI	VIR	15 TAU	23 LIB	TAU	SAG	15 GEM	24 AQU	GEM	AQU	16 CAN	7 PIS	CAN
MAY	25 TAU	28 VIR	4 TAU	VIR	26 GEM	LIB	5 GEM	SAG	30 CAN	AQU	9 CAN	3 PIS	CAN	16 ARI	12 LEO
JUN	TAU	VIR	14 GEM	23 LIB	GEM	LIB	18 CAN	SAG	CAN	24 PIS	26 LEO	14 ARI	6 LEO	26 TAU	LEO
JUL	6 GEM	23 LIB	27 CAN	LIB	8 CAN	10 SCO	CAN	SAG	15 LEO	PIS	LEO	ARI	25 VIR	TAU	4 VIR
AUG	19 CAN	LIB	CAN	16 SCO	23 LEO	SCO	3 LEO	SAG	31 VIR	24 AQU	12 VIR	1 TAU	VIR	8 GEM	21 LIB
SEP	CAN	8 SCO	12 LEO	SCO	LEO	4 SAG	19 VIR	13 CAP	VIR	AQU	28 LIB	TAU	10 LIB	GEM	LIB
OCT	7 LEO	21 SAG	LEO	1 SAG	9 VIR	18 CAP	VIR	30 AQU	17 LIB	19 PIS	LIB	TAU	25 SCO	2 CAN	6 SCO
NOV	LEO	SAG	2 VIR	11 CAP	30 LIB	27 AQU	6 LIB	AQU	LIB	PIS	13 SCO	TAU	SCO	CAN	18 SAG
DEC	LEO	1 CAP	VIR	20 AQU	LIB	AQU	26 SCO	11 PIS	3 SCO	19 ARI	27 SAG	TAU	8 SAG	20 GEM	29 CAP

	1930	1931	1932	1933	1934	1935	1936	1937	1938	1939	1940	1941	1942	1943	1944
JAN	CAP	LEO	17 AQU	VIR	AQU	LIB	14 PIS	5 SCO	30 ARI	29 SAG	3 ARI	4 SAG	11 TAU	26 CAP	GEM
FEB	6 AQU	16 CAN	24 PIS	VIR	3 PIS	LIB	21 ARI	SCO	ARI	SAG	16 TAU	17 CAP	TAU	CAP	GEM
MAR	17 PIS	29 LEO	PIS	VIR	14 ARI	LIB	ARI	12 SAG	12 TAU	21 CAP	TAU	CAP	7 GEM	8 AQU	28 CAN
APR	24 ARI	LEO	3 ARI	VIR	22 TAU	LIB	1 TAU	SAG	23 GEM	CAP	1 GEM	2 AQU	26 CAN	17 PIS	CAN
MAY	ARI	LEO	12 TAU	VIR	TAU	LIB	13 GEM	14 SCO	GEM	24 AQU	17 CAN	16 PIS	CAN	27 ARI	22 LEO
JUN	2 TAU	10 VIR	22 GEM	VIR	2 GEM	LIB	25 CAN	SCO	6 CAN	AQU	CAN	PIS	13 LEO	ARI	LEO
JUL	14 GEM	VIR	GEM	6 LIB	15 CAN	29 SCO	CAN	SCO	22 LEO	21 CAP	3 LEO	2 ARI	LEO	7 TAU	11 VIR
AUG	28 CAN	1 LIB	4 CAN	26 SCO	30 LEO	SCO	10 LEO	8 SAG	LEO	CAP	19 VIR	ARI	1 VIR	23 GEM	28 LIB
SEP	CAN	17 SCO	20 LEO	SCO	LEO	16 SAG	26 VIR	30 CAP	7 VIR	23 AQU	VIR	ARI	17 LIB	GEM	LIB
OCT	20 LEO	30 SAG	LEO	9 SAG	17 VIR	28 CAP	VIR	CAP	25 LIB	AQU	5 LIB	ARI	LIB	GEM	13 SCO
NOV	LEO	SAG	13 VIR	19 CAP	VIR	CAP	14 LIB	11 AQU	LIB	19 PIS	20 SCO	ARI	1 SCO	GEM	25 SAG
DEC	LEO	9 CAP	VIR	27 AQU	11 LIB	6 AQU	LIB	21 PIS	11 SCO	PIS	SCO	ARI	15 SAG	GEM	SAG

	1945	1946	1947	1948	1949	1950	1951	1952	1953	1954	1955	1956	1957	1958	1959
JAN	5 CAP	CAN	25 AQU	VIR	4 AQU	LIB	22 PIS	19 SCO	PIS	SCO	14 ARI	13 SAG	28 TAU	SAG	TAU
FEB	14 AQU	CAN	AQU	12 LEO	11 PIS	LIB	PIS	SCO	7 ARI	9 SAG	26 TAU	28 CAP	TAU	3 CAP	10 GEM
MAR	24 PIS	CAN	4 PIS	LEO	21 ARI	28 VIR	1 ARI	SCO	20 TAU	SAG	TAU	CAP	17 GEM	17 AQU	GEM
APR	PIS	22 LEO	11 ARI	LEO	29 TAU	VIR	10 TAU	SCO	TAU	12 CAP	10 GEM	14 AQU	GEM	26 PIS	10 CAN
MAY	2 ARI	LEO	20 TAU	18 VIR	TAU	VIR	21 GEM	SCO	1 GEM	CAP	25 CAN	AQU	4 CAN	PIS	31 LEO
JUN	11 TAU	20 VIR	30 GEM	VIR	9 GEM	11 LIB	GEM	SCO	13 CAN	CAP	CAN	3 PIS	21 LEO	7 ARI	LEO
JUL	23 GEM	VIR	GEM	17 LIB	23 CAN	LIB	3 CAN	SCO	29 LEO	3 SAG	11 LEO	PIS	LEO	21 TAU	20 VIR
AUG	GEM	9 LIB	13 CAN	LIB	CAN	10 SCO	18 LEO	27 SAG	LEO	24 CAP	27 VIR	PIS	8 VIR	TAU	VIR
SEP	7 CAN	24 SCO	30 LEO	3 SCO	6 LEO	25 SAG	LEO	SAG	14 VIR	CAP	VIR	PIS	23 LIB	21 GEM	5 LIB
OCT	CAN	SCO	LEO	17 SAG	26 VIR	SAG	4 VIR	11 CAP	VIR	21 AQU	13 LIB	PIS	LIB	28 TAU	21 SCO
NOV	11 LEO	6 SAG	LEO	26 CAP	VIR	6 CAP	24 LIB	21 AQU	1 LIB	AQU	28 SCO	PIS	8 SCO	TAU	SCO
DEC	26 CAN	17 CAP	1 VIR	CAP	26 LIB	15 AQU	LIB	30 PIS	20 SCO	4 PIS	SCO	6 ARI	22 SAG	TAU	3 SAG

	1960	1961	1962	1963	1964	1965	1966	1967	1968	1969	1970	1971	1972	1973	1974
JAN	14 CAP	CAN	CAP	LEO	13 AQU	VIR	30 PIS	LIB	9 PIS	SCO	24 ARI	22 SAG	ARI	SAG	TAU
FEB	22 AQU	4 GEM 7 CAN	1 AQU	LEO	20 PIS	VIR	PIS	12 SCO	16 ARI	25 SAG	ARI	SAG	10 TAU	12 CAP	27 GEM
MAR	AQU	CAN	12 PIS	LEO	29 ARI	VIR	9 ARI	31 LIB	27 TAU	SAG	6 TAU	12 CAP	26 GEM	26 AQU	GEM
APR	2 PIS	CAN	19 ARI	LEO	ARI	VIR	17 TAU	LIB	TAU	SAG	18 GEM	CAP	GEM	AQU	20 CAN
MAY	11 ARI	5 LEO	28 TAU	LEO	7 TAU	VIR	28 GEM	LIB	8 GEM	SAG	GEM	3 AQU	12 CAN	7 PIS	CAN
JUN	20 TAU	28 VIR	TAU	3 VIR	17 GEM	28 LIB	GEM	LIB	21 CAN	SAG	2 CAN	AQU	28 LEO	20 ARI	8 LEO
JUL	TAU	VIR	8 GEM	26 LIB	30 CAN	LIB	10 CAN	19 SCO	CAN	SAG	18 LEO	AQU	LEO	ARI	27 VIR
AUG	1 GEM	16 LIB	22 CAN	LIB	CAN	20 SCO	25 LEO	SCO	5 LEO	SAG	LEO	AQU	14 VIR	12 TAU	VIR
SEP	20 CAN	LIB	CAN	12 SCO	15 LEO	SCO	LEO	9 SAG	21 VIR	21 CAP	2 VIR	AQU	30 LIB	TAU	12 LIB
OCT	CAN	1 SCO	11 LEO	25 SAG	LEO	4 SAG	12 VIR	22 CAP	VIR	CAP	20 LIB	AQU	LIB	29 ARI	28 SCO
NOV	CAN	13 SAG	LEO	SAG	5 VIR	14 CAP	VIR	CAP	9 LIB	4 AQU	LIB	6 PIS	15 SCO	ARI	SCO
DEC	CAN	24 CAP	LEO	5 CAP	VIR	23 AQU	3 LIB	1 AQU	29 SCO	15 PIS	6 SCO	26 ARI	30 SAG	24 TAU	10 SAG

	1975	1976	1977	1978	1979	1980	1981	1982	1983	1984	1985	1986	1987	1988	1989
JAN	21 CAP	GEM	CAP	25 CAN	20 AQU	VIR	AQU	LIB	17 PIS	10 SCO	PIS	SCO	8 ARI	8 SAG	19 TAU
FEB	CAP	GEM	9 AQU	CAN	27 PIS	VIR	6 PIS	LIB	24 ARI	SCO	2 ARI	2 SAG	20 TAU	22 CAP	TAU
MAR	3 AQU	18 CAN	19 PIS	CAN	PIS	11 LEO	16 ARI	LIB	ARI	SCO	15 TAU	27 CAP	TAU	CAP	11 GEM
APR	11 PIS	CAN	27 ARI	10 LEO	6 ARI	LEO	25 TAU	LIB	5 TAU	SCO	26 GEM	CAP	5 GEM	6 AQU	28 CAN
MAY	21 ARI	16 LEO	ARI	LEO	15 TAU	3 VIR	TAU	LIB	16 GEM	SCO	GEM	CAP	20 CAN	22 PIS	CAN
JUN	30 TAU	LEO	5 TAU	13 VIR	25 GEM	VIR	5 GEM	LIB	29 CAN	SCO	9 CAN	CAP	CAN	PIS	16 LEO
JUL	TAU	6 VIR	17 GEM	VIR	GEM	10 LIB	18 CAN	LIB	CAN	SCO	24 LEO	CAP	6 LEO	13 ARI	LEO
AUG	14 GEM	24 LIB	31 CAN	4 LIB	8 CAN	29 SCO	CAN	3 SCO	13 LEO	17 SAG	LEO	CAP	22 VIR	ARI	3 VIR
SEP	GEM	LIB	CAN	19 SCO	24 LEO	SCO	1 LEO	19 SAG	29 VIR	SAG	9 VIR	CAP	VIR	ARI	19 LIB
OCT	17 CAN	8 SCO	26 LEO	SCO	LEO	12 SAG	20 VIR	31 CAP	VIR	5 CAP	27 LIB	8 AQU	8 LIB	23 PIS	LIB
NOV	25 GEM	20 SAG	LEO	1 SAG	19 VIR	21 CAP	VIR	CAP	18 LIB	15 AQU	LIB	25 PIS	23 SCO	1 ARI	4 SCO
DEC	GEM	31 CAP	LEO	12 CAP	VIR	30 AQU	15 LIB	10 AQU	LIB	25 PIS	14 SCO	PIS	SCO	ARI	17 SAG

	1990	1991	1992	1993	1994	1995	1996	1997	1998	1999	2000	2001	2002	2003	2004
JAN	29 CAP	20 GEM	9 CAP	CAN	27 AQU	22 LEO	8 AQU	3 LIB	25 PIS	26 SCO	3 PIS	SCO	18 ARI	16 SAG	ARI
FEB	CAP	GEM	17 AQU	CAN	AQU	LEO	15 PIS	LIB	PIS	SCO	11 ARI	14 SAG	ARI	SAG	3 TAU
MAR	11 AQU	GEM	27 PIS	CAN	7 PIS	LEO	24 ARI	8 VIR	4 ARI	SCO	22 TAU	SAG	1 TAU	4 CAP	21 GEM
APR	20 PIS	2 CAN	PIS	27 LEO	14 ARI	LEO	ARI	VIR	12 TAU	SCO	TAU	SAG	13 GEM	21 AQU	GEM
MAY	31 ARI	26 LEO	5 ARI	LEO	23 TAU	25 VIR	2 TAU	VIR	23 GEM	5 LIB	3 GEM	SAG	28 CAN	AQU	7 CAN
JUN	ARI	LEO	14 TAU	23 VIR	TAU	VIR	12 GEM	19 LIB	GEM	LIB	16 CAN	SAG	CAN	16 PIS	23 LEO
JUL	12 TAU	15 VIR	26 GEM	VIR	3 GEM	21 LIB	25 CAN	LIB	6 CAN	4 SCO	31 LEO	SAG	13 LEO	PIS	LEO
AUG	31 GEM	VIR	GEM	11 LIB	16 CAN	LIB	CAN	14 SCO	20 LEO	SCO	LEO	SAG	29 VIR	PIS	10 VIR
SEP	GEM	1 LIB	12 CAN	26 SCO	CAN	7 SCO	9 LEO	28 SAG	LEO	2 SAG	16 VIR	8 CAP	VIR	PIS	26 LIB
OCT	GEM	16 SCO	CAN	SCO	4 LEO	20 SAG	30 VIR	SAG	7 VIR	16 CAP	VIR	27 AQU	15 LIB	PIS	LIB
NOV	GEM	28 SAG	CAN	9 SAG	LEO	30 CAP	VIR	9 CAP	27 LIB	26 AQU	3 LIB	AQU	LIB	PIS	11 SCO
DEC	14 TAU	SAG	CAN	19 CAP	12 VIR	CAP	VIR	18 AQU	LIB	AQU	23 SCO	8 PIS	1 SCO	16 ARI	25 SAG

	2005	2006	2007	2008	2009	2010	2011	2012	2013	2014	2015	2016	2017	2018	2019
JAN	SAG	TAU	16 CAP	GEM	CAP	LEO	15 AQU	VIR	AQU	LIB	12 PIS	3 SCO	28 ARI	26 SAG	ARI
FEB	6 CAP	17 GEM	25 AQU	GEM	4 AQU	LEO	22 PIS	VIR	1 PIS	LIB	19 ARI	SCO	ARI	SAG	14 TAU
MAR	20 AQU	GEM	AQU	4 CAN	14 PIS	LEO	PIS	VIR	12 ARI	LIB	31 TAU	5 SAG	9 TAU	17 CAP	31 GEM
APR	30 PIS	13 CAN	6 PIS	CAN	22 ARI	LEO	1 ARI	VIR	20 TAU	LIB	TAU	SAG	21 GEM	CAP	GEM
MAY	PIS	CAN	15 ARI	9 LEO	31 TAU	LEO	11 TAU	VIR	31 GEM	LIB	11 GEM	27 SCO	GEM	15 AQU	15 CAN
JUN	11 ARI	3 LEO	24 TAU	LEO	TAU	7 VIR	20 GEM	VIR	GEM	LIB	24 CAN	SCO	4 CAN	AQU	CAN
JUL	28 TAU	22 VIR	TAU	1 VIR	11 GEM	29 LIB	GEM	3 LIB	13 CAN	25 SCO	CAN	SCO	20 LEO	AQU	1 LEO
AUG	TAU	VIR	7 GEM	19 LIB	25 CAN	LIB	3 CAN	23 SCO	27 LEO	SCO	8 LEO	2 SAG	LEO	12 CAP	18 VIR
SEP	TAU	7 LIB	28 CAN	LIB	CAN	14 SCO	18 LEO	SCO	LEO	13 SAG	24 VIR	27 CAP	5 VIR	10 AQU	VIR
OCT	TAU	23 SCO	CAN	3 SCO	16 LEO	28 SAG	LEO	6 SAG	15 VIR	26 CAP	VIR	CAP	22 LIB	AQU	3 LIB
NOV	TAU	SCO	CAN	16 SAG	LEO	SAG	10 VIR	16 CAP	VIR	CAP	12 LIB	9 AQU	LIB	15 PIS	19 SCO
DEC	TAU	5 SAG	31 GEM	27 CAP	LEO	7 CAP	VIR	25 AQU	7 LIB	4 AQU	LIB	19 PIS	9 SCO	31 ARI	SCO

	2020	2021	2022	2023	2024	2025	2026	2027	2028	2029	2030	2031	2032	2033	2034
JAN	3 SAG	6 TAU	24 CAP	GEM	4 CAP	6 CAN	23 AQU	VIR	3 AQU	LIB	20 PIS	15 SCO	PIS	SCO	12 ARI
FEB	16 CAP	TAU	CAP	GEM	13 AQU	CAN	AQU	21 LEO	10 PIS	LIB	27 ARI	SCO	6 ARI	6 SAG	23 TAU
MAR	30 AQU	3 GEM	6 AQU	25 CAN	22 PIS	CAN	2 PIS	LEO	19 ARI	LIB	ARI	SCO	17 TAU	SAG	TAU
APR	AQU	23 CAN	14 PIS	CAN	30 ARI	17 LEO	9 ARI	LEO	27 TAU	7 VIR	8 TAU	SCO	28 GEM	6 CAP	8 GEM
MAY	12 PIS	CAN	24 ARI	20 LEO	ARI	LEO	18 TAU	14 VIR	TAU	VIR	19 GEM	SCO	GEM	CAP	23 CAN
JUN	27 ARI	11 LEO	ARI	LEO	8 TAU	17 VIR	28 GEM	VIR	7 GEM	4 LIB	GEM	SCO	11 CAN	CAP	CAN
JUL	ARI	29 VIR	5 TAU	10 VIR	20 GEM	VIR	GEM	15 LIB	20 CAN	LIB	1 CAN	SCO	27 LEO	26 SAG	8 LEO
AUG	ARI	VIR	20 GEM	27 LIB	GEM	6 LIB	11 CAN	LIB	CAN	7 SCO	15 LEO	25 SAG	LEO	6 CAP	24 VIR
SEP	ARI	14 LIB	GEM	LIB	4 CAN	22 SCO	27 LEO	1 SCO	4 LEO	23 SAG	LEO	SAG	12 VIR	CAP	VIR
OCT	ARI	30 SCO	GEM	11 SCO	CAN	SCO	LEO	15 SAG	23 VIR	SAG	2 VIR	10 CAP	29 LIB	17 AQU	10 LIB
NOV	ARI	SCO	GEM	24 SAG	3 LEO	4 SAG	25 VIR	25 CAP	VIR	3 CAP	21 LIB	20 AQU	LIB	AQU	26 SCO
DEC	ARI	13 SAG	GEM	SAG	LEO	15 CAP	VIR	CAP	21 LIB	13 AQU	LIB	29 PIS	17 SCO	1 PIS	SCO

	2035	2036	2037	2038	2039	2040	2041	2042	2043	2044	2045	2046	2047	2048	2049
JAN	11 SAG	26 TAU	SAG	TAU	11 CAP	CAN	30 AQU	LEO	10 AQU	19 LIB	27 PIS	LIB	7 PIS	SCO	22 ARI
FEB	25 CAP	TAU	1 CAP	4 GEM	20 AQU	CAN	AQU	LEO	18 PIS	12 VIR	PIS	4 SCO	14 ARI	21 SAG	ARI
MAR	CAP	14 GEM	14 AQU	GEM	31 PIS	CAN	10 PIS	LEO	28 ARI	VIR	7 ARI	SCO	26 TAU	SAG	4 TAU
APR	12 AQU	GEM	24 PIS	6 CAN	PIS	CAN	17 ARI	LEO	ARI	VIR	15 TAU	11 LIB	TAU	SAG	16 GEM
MAY	30 PIS	1 CAN	PIS	29 LEO	9 ARI	2 LEO	26 TAU	30 VIR	6 TAU	VIR	26 GEM	LIB	7 GEM	SAG	30 CAN
JUN	PIS	18 LEO	4 ARI	LEO	18 TAU	25 VIR	TAU	VIR	16 GEM	24 LIB	GEM	LIB	19 CAN	SAG	CAN
JUL	PIS	LEO	17 TAU	17 VIR	31 GEM	VIR	6 GEM	24 LIB	29 CAN	LIB	8 CAN	15 SCO	CAN	SAG	15 LEO
AUG	PIS	5 VIR	TAU	VIR	GEM	14 LIB	19 CAN	LIB	CAN	17 SCO	22 LEO	SCO	4 LEO	SAG	31 VIR
SEP	PIS	21 LIB	11 GEM	3 LIB	18 CAN	29 SCO	CAN	9 SCO	13 LEO	SCO	LEO	7 SAG	20 VIR	17 CAP	VIR
OCT	PIS	LIB	GEM	18 SCO	CAN	SCO	8 LEO	23 SAG	LEO	1 SAG	9 VIR	20 CAP	VIR	CAP	17 LIB
NOV	PIS	6 SCO	12 TAU	SCO	CAN	11 SAG	LEO	SAG	3 VIR	11 CAP	30 LIB	29 AQU	7 LIB	1 AQU	LIB
DEC	1 ARI	20 SAG	TAU	1 SAG	CAN	22 CAP	LEO	3 CAP	VIR	20 AQU	LIB	AQU	27 SCO	12 PIS	3 SCO

	2050	2051	2052	2053	2054	2055	2056	2057	2058	2059	2060	2061	2062	2063	2064
JAN	20 SAG	ARI	SAG	TAU	19 CAP	GEM	CAP	LEO	18 AQU	VIR	AQU	LIB	15 PIS	7 SCO	PIS
FEB	SAG	7 TAU	10 CAP	23 GEM	28 AQU	GEM	8 AQU	4 CAN	25 PIS	VIR	5 PIS	LIB	22 ARI	SCO	1 ARI
MAR	9 CAP	25 GEM	24 AQU	GEM	AQU	14 CAN	17 PIS	CAN	PIS	25 LEO	14 ARI	LIB	ARI	23 SAG	12 TAU
APR	29 AQU	GEM	AQU	17 CAN	9 PIS	CAN	25 ARI	3 LEO	4 ARI	24 VIR	22 TAU	LIB	3 TAU	25 SCO	23 GEM
MAY	AQU	10 CAN	5 PIS	CAN	18 ARI	14 LEO	ARI	LEO	13 TAU	VIR	TAU	LIB	14 GEM	SCO	GEM
JUN	AQU	26 LEO	17 ARI	6 LEO	28 TAU	LEO	3 TAU	10 VIR	23 GEM	VIR	2 GEM	LIB	26 CAN	SCO	6 CAN
JUL	AQU	LEO	ARI	24 VIR	TAU	5 VIR	14 GEM	VIR	GEM	8 LIB	15 CAN	30 SCO	CAN	SCO	22 LEO
AUG	AQU	13 VIR	6 TAU	VIR	11 GEM	22 LIB	28 CAN	1 LIB	5 CAN	27 SCO	30 LEO	SCO	11 LEO	14 SAG	LEO
SEP	AQU	29 LIB	TAU	10 LIB	GEM	LIB	CAN	17 SCO	21 LEO	SCO	LEO	17 SAG	27 VIR	SAG	7 VIR
OCT	31 PIS	LIB	TAU	25 SCO	8 CAN	7 SCO	21 LEO	30 SAG	LEO	10 SAG	18 VIR	29 CAP	VIR	3 CAP	24 LIB
NOV	PIS	14 SCO	18 ARI	SCO	CAN	19 SAG	LEO	SAG	15 VIR	20 CAP	VIR	CAP	15 LIB	14 AQU	LIB
DEC	23 ARI	29 SAG	10 TAU	8 SAG	7 GEM	30 CAP	LEO	10 CAP	VIR	29 AQU	11 LIB	7 AQU	LIB	23 PIS	11 SCO

	2065	2066	2067	2068	2069	2070	2071	2072	2073	2074	2075	2076	2077	2078	2079
JAN	30 SAG	5 ARI	5 SAG	16 TAU	27 CAP	GEM	7 CAP	CAN	25 AQU	VIR	6 AQU	LIB	23 PIS	21 SCO	1 PIS
FEB	SAG	17 TAU	19 CAP	TAU	CAP	GEM	15 AQU	CAN	AQU	2 LEO	13 PIS	LIB	PIS	SCO	9 ARI
MAR	23 CAP	TAU	CAP	8 GEM	9 AQU	30 CAN	26 PIS	CAN	5 PIS	LEO	23 ARI	18 VIR	2 ARI	SCO	21 TAU
APR	CAP	2 GEM	4 AQU	26 CAN	18 PIS	CAN	PIS	23 LEO	12 ARI	LEO	ARI	VIR	10 TAU	SCO	TAU
MAY	CAP	18 CAN	19 PIS	CAN	28 ARI	23 LEO	4 ARI	LEO	21 TAU	21 VIR	1 TAU	VIR	21 GEM	18 LIB	2 GEM
JUN	CAP	CAN	PIS	13 LEO	ARI	LEO	13 TAU	20 VIR	TAU	VIR	11 GEM	14 LIB	GEM	25 SCO	14 CAN
JUL	CAP	4 LEO	8 ARI	31 VIR	9 TAU	12 VIR	25 GEM	VIR	1 GEM	18 LIB	24 CAN	LIB	3 CAN	SCO	30 LEO
AUG	CAP	20 VIR	ARI	VIR	26 GEM	29 LIB	GEM	9 LIB	14 CAN	LIB	CAN	11 SCO	18 LEO	30 SAG	LEO
SEP	CAP	VIR	ARI	16 LIB	GEM	LIB	9 CAN	24 SCO	CAN	4 SCO	8 LEO	26 SAG	LEO	SAG	15 VIR
OCT	3 AQU	6 LIB	ARI	LIB	GEM	14 SCO	CAN	SCO	1 LEO	18 SAG	28 VIR	SAG	4 VIR	14 CAP	VIR
NOV	22 PIS	21 SCO	ARI	1 SCO	GEM	26 SAG	22 LEO	6 SAG	LEO	28 CAP	VIR	6 CAP	24 LIB	23 AQU	2 LIB
DEC	PIS	SCO	ARI	15 SAG	GEM	SAG	11 CAN	17 CAP	4 VIR	CAP	28 LIB	15 AQU	LIB	AQU	21 SCO

	2080	2081	2082	2083	2084	2085	2086	2087	2088	2089	2090	2091	2092	2093	2094
JAN	SCO	16 ARI	14 SAG	31 TAU	SAG	TAU	14 CAP	12 GEM	CAP	LEO	13 AQU	VIR	31 PIS	LIB	10 PIS
FEB	11 SAG	27 TAU	SAG	TAU	5 CAP	13 GEM	23 AQU	24 CAN	3 AQU	LEO	20 PIS	VIR	PIS	22 SCO	17 ARI
MAR	SAG	TAU	1 CAP	19 GEM	18 AQU	GEM	AQU	CAN	12 PIS	LEO	30 ARI	VIR	9 ARI	12 LIB	29 TAU
APR	22 CAP	11 GEM	18 AQU	GEM	28 PIS	10 CAN	3 PIS	CAN	20 ARI	LEO	ARI	VIR	18 TAU	LIB	TAU
MAY	CAP	25 CAN	AQU	5 CAN	PIS	31 LEO	13 ARI	7 LEO	29 TAU	LEO	8 TAU	VIR	28 GEM	LIB	9 GEM
JUN	5 SAG	CAN	10 PIS	22 LEO	8 ARI	LEO	22 TAU	29 VIR	TAU	3 VIR	18 GEM	30 LIB	GEM	LIB	22 CAN
JUL	SAG	10 LEO	PIS	LEO	24 TAU	20 VIR	TAU	VIR	9 GEM	27 LIB	31 CAN	LIB	11 CAN	21 SCO	CAN
AUG	SAG	26 VIR	PIS	8 VIR	TAU	VIR	4 GEM	17 LIB	22 CAN	LIB	CAN	21 SCO	25 LEO	SCO	6 LEO
SEP	3 CAP	VIR	PIS	24 LIB	TAU	5 LIB	24 CAN	LIB	CAN	12 SCO	16 LEO	SCO	LEO	10 SAG	22 VIR
OCT	24 AQU	13 LIB	PIS	LIB	TAU	21 SCO	CAN	2 SCO	12 LEO	25 SAG	LEO	5 SAG	12 VIR	23 CAP	VIR
NOV	AQU	28 SCO	PIS	9 SCO	TAU	SCO	CAN	14 SAG	LEO	SAG	7 VIR	15 CAP	VIR	CAP	10 LIB
DEC	6 PIS	SCO	12 ARI	24 SAG	TAU	3 SAG	CAN	25 CAP	LEO	5 CAP	VIR	24 AQU	4 LIB	2 AQU	31 SCO

	2095	2096	2097	2098	2099	2100
JAN	SCO	26 ARI	23 SAG	ARI	SAG	1 TAU
FEB	SCO	ARI	SAG	11 TAU	13 CAP	TAU
MAR	1 SAG	7 TAU	14 CAP	28 GEM	28 AQU	1 GEM
APR	SAG	18 GEM	CAP	GEM	AQU	21 CAN
MAY	SAG	GEM	9 AQU	13 CAN	11 PIS	CAN
JUN	11 SCO	2 CAN	AQU	29 LEO	25 ARI	9 LEO
JUL	25 SAG	17 LEO	AQU	LEO	ARI	28 VIR
AUG	SAG	LEO	AQU	15 VIR	25 TAU	VIR
SEP	24 CAP	2 VIR	AQU	VIR	TAU	13 LIB
OCT	CAP	20 LIB	AQU	1 LIB	2 ARI	29 SCO
NOV	7 AQU	LIB	11 PIS	16 SCO	ARI	SCO
DEC	17 PIS	6 SCO	28 ARI	31 SAG	ARI	11 SAG

你的木星在什麼星座？

接下來的木星星曆表會告訴你，你出生時木星在什麼星座。因為木星行經黃道的速度比水星、金星或火星慢很多，這份木星星曆表比前幾顆行星的星曆表短很多。

想使用這份表格，只要找出你的出生年份即可。你一看就會知道，那一年木星在什麼星座。如果某一年僅列出某個星座，代表木星整年都待在那個星座。

1900		**SAG**
1901	JAN 1 –JAN 18	SAG
	JAN 19–DEC 31	CAP
1902	JAN 1 –FEB 5	CAP
	FEB 6 –DEC 31	AQU
1903	JAN 1 –FEB 19	AQU
	FEB 20–DEC 31	PIS
1904	JAN 1 –FEB 28	PIS
	FEB 29–AUG 7	ARI
	AUG 8 –AUG 30	TAU
	AUG 31–DEC 31	ARI
1905	JAN 1 –MAR 6	ARI
	MAR 7 –JUL 19	TAU
	JUL 20–DEC 3	GEM
	DEC 4 –DEC 31	TAU
1906	JAN 1 –MAR 8	TAU
	MAR 9 –JUL 29	GEM
	JUL 30–DEC 31	CAN
1907	JAN 1 –AUG 17	CAN
	AUG 18–DEC 31	LEO
1908	JAN 1 –SEP 11	LEO
	SEP 12–DEC 31	VIR
1909	JAN 1 –OCT 10	VIR
	OCT 11–DEC 31	LIB
1910	JAN 1 –NOV 10	LIB
	NOV 11–DEC 31	SCO
1911	JAN 1 –DEC 9	SCO
	DEC 10–DEC 31	SAG
1912		**SAG**
1913	JAN 1 –JAN 1	SAG
	JAN 2 –DEC 31	CAP
1914	JAN 1 –JAN 20	CAP
	JAN 21–DEC 31	AQU
1915	JAN 1 –FEB 2	AQU
	FEB 3 –DEC 31	PIS
1916	JAN 1 –FEB 11	PIS
	FEB 12–JUN 24	ARI
	JUN 25–OCT 25	TAU
	OCT 26–DEC 31	ARI
1917	JAN 1 –FEB 11	ARI
	FEB 12–JUN 28	TAU
	JUN 29–DEC 31	GEM
1918	JAN 1 –JUL 12	GEM
	JUL 13–DEC 31	CAN
1919	JAN 1 –AUG 1	CAN
	AUG 2 –DEC 31	LEO
1920	JAN 1 –AUG 26	LEO
	AUG 27–DEC 31	VIR
1921	JAN 1 –SEP 24	VIR
	SEP 25–DEC 31	LIB
1922	JAN 1 –OCT 25	LIB
	OCT 26–DEC 31	SCO
1923	JAN 1 –NOV 23	SCO
	NOV 24–DEC 31	SAG
1924	JAN 1 –DEC 17	SAG
	DEC 18–DEC 31	CAP
1925		**CAP**
1926	JAN 1 –JAN 4	CAP
	JAN 5 –DEC 31	AQU
1927	JAN 1 –JAN 17	AQU
	JAN 18–JUN 5	PIS
	JUN 6 –SEP 9	ARI
	SEP 10–DEC 31	ARI
1928	JAN 1 –JAN 21	ARI
	JAN 22–JUN 2	ARI
	JUN 3 –DEC 31	TAU
1929	JAN 1 –JUN 11	TAU
	JUN 12–DEC 31	GEM
1930	JAN 1 –JUN 25	GEM
	JUN 26–DEC 31	CAN
1931	JAN 1 –JUL 16	CAN
	JUL 17–DEC 31	LEO
1932	JAN 1 –AUG 10	LEO
	AUG 11–DEC 31	VIR
1933	JAN 1 –SEP 9	VIR
	SEP 10–DEC 31	LIB
1934	JAN 1 –OCT 9	LIB
	OCT 10–DEC 31	SCO
1935	JAN 1 –NOV 7	SCO
	NOV 8 –DEC 31	SAG
1936	JAN 1 –DEC 1	SAG
	DEC 2 –DEC 31	CAP
1937	JAN 1 –DEC 18	CAP
	DEC 19–DEC 31	AQU
1938	JAN 1 –MAY 13	AQU
	MAY 14–JUL 28	PIS
	JUL 29–DEC 28	AQU
	DEC 29–DEC 31	PIS
1939	JAN 1 –MAY 10	PIS
	MAY 11–OCT 28	ARI
	OCT 29–DEC 19	PIS
	DEC 20–DEC 31	ARI
1940	JAN 1 –MAY 15	ARI
	MAY 16–DEC 31	TAU
1941	JAN 1 –MAY 25	TAU
	MAY 26–DEC 31	GEM
1942	JAN 1 –JUN 9	GEM
	JUN 10–DEC 31	CAN
1943	JAN 1 –JUN 29	CAN
	JUN 30–DEC 31	LEO
1944	JAN 1 –JUL 24	LEO
	JUL 25–DEC 31	VIR
1945	JAN 1 –AUG 24	VIR
	AUG 25–DEC 31	LIB
1946	JAN 1 –SEP 24	LIB
	SEP 25–DEC 31	SCO
1947	JAN 1 –OCT 22	SCO
	OCT 23–DEC 31	SAG
1948	JAN 1 –NOV 14	SAG
	NOV 15–DEC 31	CAP
1949	JAN 1 –APR 11	CAP
	APR 12–JUN 26	AQU
	JUN 27–NOV 29	CAP
	NOV 30–DEC 31	AQU
1950	JAN 1 –APR 14	AQU
	APR 15–SEP 13	PIS
	SEP 14–NOV 30	AQU
	DEC 1 –DEC 31	PIS
1951	JAN 1 –APR 20	PIS
	APR 21–DEC 31	ARI
1952	JAN 1 –APR 27	ARI
	APR 28–DEC 31	TAU
1953	JAN 1 –MAY 8	TAU
	MAY 9 –DEC 31	GEM
1954	JAN 1 –MAY 22	GEM
	MAY 23–DEC 31	CAN
1955	JAN 1 –JUN 11	CAN
	JUN 12–NOV 15	LEO
	NOV 16–DEC 31	VIR
1956	JAN 1 –JAN 16	VIR
	JAN 17–JUL 6	LEO
	JUL 7 –DEC 11	VIR
	DEC 12–DEC 31	LIB
1957	JAN 1 –FEB 18	LIB
	FEB 19–AUG 5	VIR
	AUG 6 –DEC 31	LIB
1958	JAN 1 –JAN 12	LIB
	JAN 13–MAR 19	SCO
	MAR 20–SEP 6	LIB
	SEP 7 –DEC 31	SCO
1959	JAN 1 –FEB 9	SCO
	FEB 10–APR 23	SAG
	APR 24–OCT 4	SCO
	OCT 5 –DEC 31	SAG
1960	JAN 1 –FEB 28	SAG
	MAR 1 –JUN 8	CAP
	JUN 9 –OCT 24	SAG
	OCT 25–DEC 31	CAP
1961	JAN 1 –MAR 14	CAP
	MAR 15–AUG 11	AQU
	AUG 12–NOV 2	CAP
	NOV 3 –DEC 31	AQU
1962	JAN 1 –MAR 24	AQU
	MAR 25–DEC 31	PIS
1963	JAN 1 –APR 2	PIS
	APR 3 –DEC 31	ARI
1964	JAN 1 –APR 11	ARI
	APR 12–DEC 31	TAU

1965	JAN 1 –APR 21	TAU
	APR 22–SEP 19	GEM
	SEP 20–NOV 15	CAN
	NOV 16–DEC 31	GEM
1966	JAN 1 –MAY 4	GEM
	MAY 5 –SEP 26	CAN
	SEP 27–DEC 31	LEO
1967	JAN 1 –JAN 14	LEO
	JAN 15–MAY 22	CAN
	MAY 23–OCT 18	LEO
	OCT 19–DEC 31	VIR
1968	JAN 1 –FEB 25	VIR
	FEB 26–JUN 14	LEO
	JUN 15–NOV 14	VIR
	NOV 15–DEC 31	LIB
1969	JAN 1 –MAR 29	LIB
	MAR 30–JUL 14	VIR
	JUL 15–DEC 15	LIB
	DEC 16–DEC 31	SCO
1970	JAN 1 –APR 29	SCO
	APR 30–AUG 14	LIB
	AUG 15–DEC 31	SCO
1971	JAN 1 –JAN 13	SCO
	JAN 14–JUN 3	SAG
	JUN 4 –SEP 10	SCO
	SEP 11–DEC 31	SAG
1972	JAN 1 –FEB 5	SAG
	FEB 6 –JUL 23	CAP
	JUL 24–SEP 24	SAG
	SEP 25–DEC 31	CAP
1973	JAN 1 –FEB 22	CAP
	FEB 23–DEC 31	AQU
1974	JAN 1 –MAR 7	AQU
	MAR 8 –DEC 31	PIS
1975	JAN 1 –MAR 17	PIS
	MAR 18–DEC 31	ARI
1976	JAN 1 –MAR 25	ARI
	MAR 26–AUG 22	TAU
	AUG 23–OCT 15	GEM
	OCT 16–DEC 31	TAU
1977	JAN 1 –APR 2	TAU
	APR 3 –AUG 19	GEM
	AUG 20–DEC 29	CAN
	DEC 30–DEC 31	GEM
1978	JAN 1 –APR 10	GEM
	APR 11–SEP 4	CAN
	SEP 5 –DEC 31	LEO
1979	JAN 1 –FEB 27	LEO
	FEB 28–APR 19	CAN
	APR 20–SEP 28	LEO
	SEP 29–DEC 31	VIR
1980	JAN 1 –OCT 26	VIR
	OCT 27–DEC 31	LIB
1981	JAN 1 –NOV 25	LIB
	NOV 26–DEC 31	SCO
1982	JAN 1 –DEC 24	SCO
	DEC 25–DEC 31	SAG
1983		**SAG**
1984	JAN 1 –JAN 18	SAG
	JAN 19–DEC 31	CAP
1985	JAN 1 –FEB 5	CAP
	FEB 6 –DEC 31	AQU
1986	JAN 1 –FEB 19	AQU
	FEB 20–DEC 31	PIS
1987	JAN 1 –MAR 1	PIS
	MAR 2 –DEC 31	ARI
1988	JAN 1 –MAR 7	ARI
	MAR 8 –JUL 20	TAU
	JUL 21–NOV 29	GEM
	NOV 30–DEC 31	TAU
1989	JAN 1 –MAR 9	TAU
	MAR 10–JUL 29	GEM
	JUL 30–DEC 31	CAN
1990	JAN 1 –AUG 17	CAN
	AUG 18–DEC 31	LEO
1991	JAN 1 –SEP 11	LEO
	SEP 12–DEC 31	VIR
1992	JAN 1 –OCT 9	VIR
	OCT 10–DEC 31	LIB
1993	JAN 1 –NOV 9	LIB
	NOV 10–DEC 31	SCO
1994	JAN 1 –DEC 8	SCO
	DEC 9 –DEC 31	SAG
1995		**SAG**
1996	JAN 1 –JAN 2	SAG
	JAN 3 –DEC 31	CAP
1997	JAN 1 –JAN 20	CAP
	JAN 21–DEC 31	AQU
1998	JAN 1 –FEB 3	AQU
	FEB 4 –DEC 31	PIS
1999	JAN 1 –FEB 11	PIS
	FEB 12–JUN 27	ARI
	JUN 28–OCT 22	TAU
	OCT 23–DEC 31	ARI
2000	JAN 1 –FEB 13	ARI
	FEB 14–JUN 29	TAU
	JUN 30–DEC 31	GEM
2001	JAN 1 –JUL 11	GEM
	JUL 12–DEC 31	CAN
2002	JAN 1 –JUL 31	CAN
	AUG 1 –DEC 31	LEO
2003	JAN 1 –AUG 26	LEO
	AUG 27–DEC 31	VIR
2004	JAN 1 –SEP 23	VIR
	SEP 24–DEC 31	LIB
2005	JAN 1 –OCT 24	LIB
	OCT 25–DEC 31	SCO
2006	JAN 1 –NOV 22	SCO
	NOV 23–DEC 31	SAG
2007	JAN 1 –DEC 17	SAG
	DEC 18–DEC 31	CAP
2008		**CAP**
2009	JAN 1 –JAN 4	CAP
	JAN 5 –DEC 31	AQU
2010	JAN 1 –JAN 16	AQU
	JAN 17–JUN 5	PIS
	JUN 6 –SEP 7	ARI
	SEP 8 –DEC 31	PIS
2011	JAN 1 –JAN 21	PIS
	JAN 22–JUN 3	ARI
	JUN 4 –DEC 31	TAU
2012	JAN 1 –JUN 10	TAU
	JUN 11–DEC 31	GEM
2013	JAN 1 –JUN 24	GEM
	JUN 25–DEC 31	CAN
2014	JAN 1 –JUL 15	CAN
	JUL 16–DEC 31	LEO
2015	JAN 1 –AUG 10	LEO
	AUG 11–DEC 31	VIR
2016	JAN 1 –SEP 8	VIR
	SEP 9 –DEC 31	LIB
2017	JAN 1 –OCT 9	LIB
	OCT 10–DEC 31	SCO
2018	JAN 1 –NOV 7	SCO
	NOV 8 –DEC 31	SAG
2019	JAN 1 –DEC 1	SAG
	DEC 2 –DEC 31	CAP
2020	JAN 1 –DEC 18	CAP
	DEC 19–DEC 31	AQU
2021	JAN 1 –MAY 12	AQU
	MAY 13–JUL 27	PIS
	JUL 28–DEC 27	AQU
	DEC 28–DEC 31	PIS
2022	JAN 1 –MAY 9	PIS
	MAY 10–OCT 27	ARI
	OCT 28–DEC 19	PIS
	DEC 20–DEC 31	ARI
2023	JAN 1 –MAY 15	ARI
	MAY 16–DEC 31	TAU
2024	JAN 1 –MAY 24	TAU
	MAY 25–DEC 31	GEM
2025	JAN 1 –JUN 8	GEM
	JUN 9 –DEC 31	CAN
2026	JAN 1 –JUN 29	CAN
	JUN 30–DEC 31	LEO

2027	JAN 1 –JUL 24	LEO
	JUL 25–DEC 31	VIR
2028	JAN 1 –AUG 23	VIR
	AUG 24–DEC 31	LIB
2029	JAN 1 –SEP 23	LIB
	SEP 24–DEC 31	SCO
2030	JAN 1 –OCT 21	SCO
	OCT 22–DEC 31	SAG
2031	JAN 1 –NOV 14	SAG
	NOV 15–DEC 31	CAP
2032	JAN 1 –APR 10	CAP
	APR 11–JUN 25	AQU
	JUN 26–NOV 28	CAP
	NOV 29–DEC 31	AQU
2033	JAN 1 –APR 13	AQU
	APR 14–SEP 11	PIS
	SEP 12–NOV 30	AQU
	DEC 1 –DEC 31	PIS
2034	JAN 1 –APR 20	PIS
	APR 21–DEC 31	ARI
2035	JAN 1 –APR 28	ARI
	APR 29–DEC 31	TAU
2036	JAN 1 –MAY 8	TAU
	MAY 9 –DEC 31	GEM
2037	JAN 1 –MAY 22	GEM
	MAY 23–DEC 31	CAN
2038	JAN 1 –JUN 11	CAN
	JUN 12–NOV 15	LEO
	NOV 16–DEC 31	VIR
2039	JAN 1 –JAN 15	VIR
	JAN 16–JUL 6	LEO
	JUL 7 –DEC 11	VIR
	DEC 12–DEC 31	LIB
2040	JAN 1 –FEB 19	LIB
	FEB 20–AUG 4	VIR
	AUG 5 –DEC 31	LIB
2041	JAN 1 –JAN 10	LIB
	JAN 11–MAR 19	SCO
	MAR 20–SEP 4	LIB
	SEP 5 –DEC 31	SCO
2042	JAN 1 –FEB 7	SCO
	FEB 8 –APR 23	SAG
	APR 24–OCT 3	SCO
	OCT 4 –DEC 31	SAG
2043	JAN 1 –FEB 28	SAG
	MAR 1 –JUN 8	CAP
	JUN 9 –OCT 25	SAG
	OCT 26–DEC 31	CAP
2044	JAN 1 –MAR 13	CAP
	MAR 14–AUG 8	AQU
	AUG 9 –NOV 3	CAP
	NOV 4 –DEC 31	AQU
2045	JAN 1 –MAR 25	AQU
	MAR 26–DEC 31	PIS
2046	JAN 1 –APR 3	PIS
	APR 4 –DEC 31	ARI
2047	JAN 1 –APR 12	ARI
	APR 13–DEC 31	TAU
2048	JAN 1 –APR 21	TAU
	APR 22–SEP 22	GEM
	SEP 23–NOV 11	CAN
	NOV 12–DEC 31	GEM
2049	JAN 1 –MAY 4	GEM
	MAY 5 –SEP 26	CAN
	SEP 27–DEC 31	LEO
2050	JAN 1 –JAN 13	LEO
	JAN 14–MAY 21	CAN
	MAY 22–OCT 17	LEO
	OCT 18–DEC 31	VIR
2051	JAN 1 –FEB 25	VIR
	FEB 26–JUN 14	LEO
	JUN 15–NOV 14	VIR
	NOV 15–DEC 31	LIB
2052	JAN 1 –MAR 29	LIB
	MAR 30–JUL 12	VIR
	JUL 13–DEC 14	LIB
	DEC 15–DEC 31	SCO
2053	JAN 1 –APR 28	SCO
	APR 29–AUG 13	LIB
	AUG 14–DEC 31	SCO
2054	JAN 1 –JAN 12	SCO
	JAN 13–JUN 3	SAG
	JUN 4 –SEP 9	SCO
	SEP 10–DEC 31	SAG
2055	JAN 1 –FEB 5	SAG
	FEB 6 –JUL 21	CAP
	JUL 22–SEP 26	SAG
	SEP 27–DEC 31	CAP
2056	JAN 1 –FEB 23	CAP
	FEB 24–DEC 31	AQU
2057	JAN 1 –MAR 7	AQU
	MAR 8 –DEC 31	PIS
2058	JAN 1 –MAR 18	PIS
	MAR 19–DEC 31	ARI
2059	JAN 1 –MAR 26	ARI
	MAR 27–AUG 26	TAU
	AUG 27–OCT 10	GEM
	OCT 11–DEC 31	TAU
2060	JAN 1 –APR 2	TAU
	APR 3 –AUG 19	GEM
	AUG 20–DEC 27	CAN
	DEC 28–DEC 31	GEM
2061	JAN 1 –APR 11	GEM
	APR 12–SEP 3	CAN
	SEP 4 –DEC 31	LEO
2062	JAN 1 –FEB 25	LEO
	FEB 26–APR 19	CAN
	APR 20–SEP 27	LEO
	SEP 28–DEC 31	VIR
2063	JAN 1 –OCT 26	VIR
	OCT 27–DEC 31	LIB
2064	JAN 1 –NOV 25	LIB
	NOV 26–DEC 31	SCO
2065	JAN 1 –DEC 24	SCO
	DEC 25–DEC 31	SAG
2066		**SAG**
2067	JAN 1 –JAN 18	SAG
	JAN 19–DEC 31	CAP
2068	JAN 1 –FEB 6	CAP
	FEB 7 –DEC 31	AQU
2069	JAN 1 –FEB 19	AQU
	FEB 20–DEC 31	PIS
2070	JAN 1 –MAR 1	PIS
	MAR 2 –DEC 31	ARI
2071	JAN 1 –MAR 7	ARI
	MAR 8 –JUL 21	TAU
	JUL 22–NOV 29	GEM
	NOV 30–DEC 31	TAU
2072	JAN 1 –MAR 9	TAU
	MAR 10–JUL 28	GEM
	JUL 29–DEC 31	CAN
2073	JAN 1 –AUG 16	CAN
	AUG 17–DEC 31	LEO
2074	JAN 1 –SEP 10	LEO
	SEP 11–DEC 31	VIR
2075	JAN 1 –OCT 9	VIR
	OCT 10–DEC 31	LIB
2076	JAN 1 –NOV 8	LIB
	NOV 9 –DEC 31	SCO
2077	JAN 1 –DEC 7	SCO
	DEC 8 –DEC 31	SAG
2078		SAG
2079	JAN 1 –JAN 1	SAG
	JAN 2 –DEC 31	CAP
2080	JAN 1 –JAN 20	CAP
	JAN 21–DEC 31	AQU
2081	JAN 1 –FEB 2	AQU
	FEB 3 –DEC 31	PIS
2082	JAN 1 –FEB 11	PIS
	FEB 12–JUN 26	ARI
	JUN 27–OCT 20	TAU
	OCT 21–DEC 31	ARI
2083	JAN 1 –FEB 13	ARI
	FEB 14–JUN 29	TAU
	JUN 30–DEC 31	GEM
2084	JAN 1 –JUL 11	GEM
	JUL 12–DEC 31	CAN
2085	JAN 1 –JUL 30	CAN
	JUL 31–DEC 31	LEO
2086	JAN 1 –AUG 25	LEO
	AUG 26–DEC 31	VIR
2087	JAN 1 –SEP 23	VIR
	SEP 24–DEC 31	LIB

2088	JAN 1 -OCT 23	LIB
	OCT 24-DEC 31	SCO
2089	JAN 1 -NOV 21	SCO
	NOV 22-DEC 31	SAG
2090	JAN 1 -DEC 16	SAG
	DEC 17-DEC 31	CAP
2091		**CAP**
2092	JAN 1 -JAN 4	CAP
	JAN 5 -DEC 31	AQU
2093	JAN 1 -JAN 16	AQU
	JAN 17-JUN 5	PIS
	JUN 6 -SEP 5	ARI
	SEP 6 -DEC 31	ARI
2094	JAN 1 -JAN 21	ARI
	JAN 22-JUN 3	ARI
	JUN 4 -DEC 31	TAU
2095	JAN 1 -JUN 11	TAU
	JUN 12-DEC 31	GEM
2096	JAN 1 -JUN 24	GEM
	JUN 25-DEC 31	CAN
2097	JAN 1 -JUL 14	CAN
	JUL 15-DEC 31	LEO
2098	JAN 1 -AUG 9	LEO
	AUG 10-DEC 31	VIR
2099	JAN 1 -SEP 8	VIR
	SEP 9 -DEC 31	LIB
2100	JAN 1 -OCT 9	LIB
	OCT 10-DEC 31	SCO
2101		**SCO**

你的土星在什麼星座？

想使用這份表格，只要找出你的出生年份即可。你一看就會知道，那一年土星在什麼星座。如果某一年僅列出某個星座，代表土星整年都待在那個星座。土星有時會在某個星座停留兩年。比方說，1986～1987年，土星都在射手座。

1900	JAN 1 –JAN 20	SAG
	JAN 21–JUL 17	CAP
	JUL 18–OCT 16	SAG
	OCT 17–DEC 31	CAP
1901–1902		**CAP**
1903	JAN 1 –JAN 18	CAP
	JAN 19–DEC 31	AQU
1904		**AQU**
1905	JAN 1 –APR 12	AQU
	APR 13–AUG 15	PIS
	AUG 16–DEC 31	AQU
1906	JAN 1 –JAN 7	AQU
	JAN 8 –DEC 31	PIS
1907		**PIS**
1908	JAN 1 –MAR 18	PIS
	MAR 19–DEC 31	ARI
1909		**ARI**
1910	JAN 1 –MAY 16	ARI
	MAY 17–DEC 13	TAU
	DEC 14–DEC 31	ARI
1911	JAN 1 –JAN 19	ARI
	JAN 20–DEC 31	TAU
1912	JAN 1 –JUL 6	TAU
	JUL 7 –NOV 29	GEM
	NOV 30–DEC 31	TAU
1913	JAN 1 –MAR 25	TAU
	MAR 26–DEC 31	GEM
1914	JAN 1 –AUG 23	GEM
	AUG 24–DEC 6	CAN
	DEC 7 –DEC 31	GEM
1915	JAN 1 –MAY 10	GEM
	MAY 11–DEC 31	CAN
1916	JAN 1 –OCT 16	CAN
	OCT 17–DEC 6	LEO
	DEC 7 –DEC 31	CAN
1917	JAN 1 –JUN 23	CAN
	JUN 24–DEC 31	LEO
1918		**LEO**
1919	JAN 1 –AUG 11	LEO
	AUG 12–DEC 31	VIR
1920		**VIR**
1921	JAN 1 –OCT 6	VIR
	OCT 7 –DEC 31	LIB
1922		**LIB**
1923	JAN 1 –DEC 18	LIB
	DEC 19–DEC 31	SCO
1924	JAN 1 –APR 5	SCO
	APR 6 –SEP 12	LIB
	SEP 13–DEC 31	SCO
1925		**SCO**
1926	JAN 1 –DEC 1	SCO
	DEC 2 –DEC 31	SAG
1927–1928		**SAG**
1929	JAN 1 –MAR 14	SAG
	MAR 15–MAY 3	CAP
	MAY 4 –NOV 28	SAG
	NOV 29–DEC 31	CAP
1930–1931		**CAP**
1932	JAN 1 –FEB 22	CAP
	FEB 23–AUG 12	AQU
	AUG 13–NOV 18	CAP
	NOV 19–DEC 31	AQU
1933–1934		**AQU**
1935	JAN 1 –FEB 13	AQU
	FEB 14–DEC 31	PIS
1936		**PIS**
1937	JAN 1 –APR 24	PIS
	APR 25–OCT 16	ARI
	OCT 17–DEC 31	ARI
1938	JAN 1 –JAN 13	ARI
	JAN 14–DEC 31	ARI
1939	JAN 1 –JUL 5	ARI
	JUL 6 –SEP 21	TAU
	SEP 22–DEC 31	ARI
1940	JAN 1 –MAR 19	ARI
	MAR 20–DEC 31	TAU
1941		**TAU**
1942	JAN 1 –MAY 7	TAU
	MAY 8 –DEC 31	GEM
1943		**GEM**
1944	JAN 1 –JUN 19	GEM
	JUN 20–DEC 31	CAN
1945		**CAN**
1946	JAN 1 –AUG 1	CAN
	AUG 2 –DEC 31	LEO
1947		**LEO**
1948	JAN 1 –SEP 17	LEO
	SEP 18–DEC 31	VIR
1949	JAN 1 –APR 1	VIR
	APR 2 –MAY 28	LEO
	MAY 29–DEC 31	VIR
1950	JAN 1 –NOV 19	VIR
	NOV 20–DEC 31	LIB
1951	JAN 1 –MAR 6	LIB
	MAR 7 –AUG 12	VIR
	AUG 13–DEC 31	LIB
1952		**LIB**
1953	JAN 1 –OCT 21	LIB
	OCT 22–DEC 31	SCO
1954–1955		**SCO**
1956	JAN 1 –JAN 11	SCO
	JAN 12–MAY 12	SAG
	MAY 13–OCT 9	SCO
	OCT 10–DEC 31	SAG
1957–1958		**SAG**
1959	JAN 1 –JAN 4	SAG
	JAN 5 –DEC 31	CAP
1960–1961		**CAP**
1962	JAN 1 –JAN 2	CAP
	JAN 3 –DEC 31	AQU
1963		**AQU**
1964	JAN 1 –MAR 22	AQU
	MAR 23–SEP 15	PIS
	SEP 16–DEC 15	AQU
	DEC 16–DEC 31	PIS
1965–1966		**PIS**
1967	JAN 1 –MAR 2	PIS
	MAR 3 –DEC 31	ARI
1968		**ARI**
1969	JAN 1 –APR 28	ARI
	APR 29–DEC 31	TAU
1970		**TAU**
1971	JAN 1 –JUN 17	TAU
	JUN 18–DEC 31	GEM
1972	JAN 1 –JAN 8	GEM
	JAN 9 –FEB 20	TAU
	FEB 21–DEC 31	GEM

1973	JAN 1 –JUL 31	GEM
	AUG 1 –DEC 31	CAN
1974	JAN 1 –JAN 6	CAN
	JAN 7 –APR 17	GEM
	APR 18–DEC 31	CAN
1975	JAN 1 –SEP 15	CAN
	SEP 16–DEC 31	LEO
1976	JAN 1 –JAN 13	LEO
	JAN 14–JUN 4	CAN
	JUN 5 –DEC 31	LEO
1977	JAN 1 –NOV 15	LEO
	NOV 16–DEC 31	VIR
1978	JAN 1 –JAN 3	VIR
	JAN 4 –JUL 25	LEO
	JUL 26–DEC 31	VIR
1979		**VIR**
1980	JAN 1 –SEP 20	VIR
	SEP 21–DEC 31	LIB
1981		**LIB**
1982	JAN 1 –NOV 28	LIB
	NOV 29–DEC 31	SCO
1983	JAN 1 –MAY 5	SCO
	MAY 6 –AUG 23	LIB
	AUG 24–DEC 31	SCO
1984		**SCO**
1985	JAN 1 –NOV 15	SCO
	NOV 16–DEC 31	SAG
1986–1987		**SAG**
1988	JAN 1 –FEB 12	SAG
	FEB 13–JUN 9	CAP
	JUN 10–NOV 11	SAG
	NOV 12–DEC 31	CAP
1989–1990		**CAP**
1991	JAN 1 –FEB 5	CAP
	FEB 6 –DEC 31	AQU
1992		**AQU**
1993	JAN 1 –MAY 19	AQU
	MAY 20–JUN 29	PIS
	JUN 30–DEC 31	AQU
1994	JAN 1 –JAN 27	AQU
	JAN 28–DEC 31	PIS
1995		**PIS**
1996	JAN 1 –APR 6	PIS
	APR 7 –DEC 31	ARI
1997		**ARI**
1998	JAN 1 –JUN 8	ARI
	JUN 9 –OCT 24	TAU
	OCT 25–DEC 31	ARI
1999	JAN 1 –FEB 27	ARI
	FEB 28–DEC 31	TAU
2000	JAN 1 –AUG 8	TAU
	AUG 9 –OCT 14	GEM
	OCT 15–DEC 31	TAU
2001	JAN 1 –APR 19	TAU
	APR 20–DEC 31	GEM
2002		**GEM**
2003	JAN 1 –JUN 2	GEM
	JUN 3 –DEC 31	CAN
2004		**CAN**
2005	JAN 1 –JUL 15	CAN
	JUL 16–DEC 31	LEO
2006		**LEO**
2007	JAN 1 –SEP 1	LEO
	SEP 2 –DEC 31	VIR
2008		**VIR**
2009	JAN 1 –OCT 28	VIR
	OCT 29–DEC 31	LIB
2010	JAN 1 –APR 6	LIB
	APR 7 –JUL 20	VIR
	JUL 21–DEC 31	LIB
2011		**LIB**
2012	JAN 1 –OCT 4	LIB
	OCT 5 –DEC 31	SCO
2013		**SCO**
2014	JAN 1 –DEC 22	SCO
	DEC 23–DEC 31	SAG
2015	JAN 1 –JUN 13	SAG
	JUN 14–SEP 16	SCO
	SEP 17–DEC 31	SAG
2016		**SAG**
2017	JAN 1 –DEC 18	SAG
	DEC 19–DEC 31	CAP
2018–2019		**CAP**
2020	JAN 1 –MAR 20	CAP
	MAR 21–JUN 30	AQU
	JUL 1 –DEC 16	CAP
	DEC 17–DEC 31	AQU
2021–2022		**AQU**
2023	JAN 1 –MAR 6	AQU
	MAR 7 –DEC 31	PIS
2024		**PIS**
2025	JAN 1 –MAY 23	PIS
	MAY 24–AUG 31	ARI
	SEP 1 –DEC 31	ARI
2026	JAN 1 –FEB 12	ARI
	FEB 13–DEC 31	ARI
2027		**ARI**
2028	JAN 1 –APR 11	ARI
	APR 12–DEC 31	TAU
2029		**TAU**
2030	JAN 1 –MAY 30	TAU
	MAY 31–DEC 31	GEM
2031		**GEM**
2032	JAN 1 –JUL 12	GEM
	JUL 13–DEC 31	CAN
2033		**CAN**
2034	JAN 1 –AUG 25	CAN
	AUG 26–DEC 31	LEO
2035	JAN 1 –FEB 14	LEO
	FEB 15–MAY 10	CAN
	MAY 11–DEC 31	LEO
2036	JAN 1 –OCT 15	LEO
	OCT 16–DEC 31	VIR
2037	JAN 1 –FEB 10	VIR
	FEB 11–JUL 5	LEO
	JUL 6 –DEC 31	VIR
2038		**VIR**
2039	JAN 1 –SEP 4	VIR
	SEP 5 –DEC 31	LIB
2040		**LIB**
2041	JAN 1 –NOV 10	LIB
	NOV 11–DEC 31	SCO

2042	JAN 1 –JUN 20	SCO
	JUN 21–JUL 13	LIB
	JUL 14–DEC 31	SCO
2043		**SCO**
2044	JAN 1 –FEB 20	SCO
	FEB 21–MAR 24	SAG
	MAR 25–OCT 30	SCO
	OCT 31–DEC 31	SAG
2045–2046		**SAG**
2047	JAN 1 –JAN 23	SAG
	JAN 24–JUL 9	CAP
	JUL 10–OCT 21	SAG
	OCT 22–DEC 31	CAP
2048–2049		**CAP**
2050	JAN 1 –JAN 20	CAP
	JAN 21–DEC 31	AQU
2051		**AQU**
2052	JAN 1 –APR 15	AQU
	APR 16–AUG 7	PIS
	AUG 8 –DEC 31	AQU
2053	JAN 1 –JAN 9	AQU
	JAN 10–DEC 31	PIS
2054		**PIS**
2055	JAN 1 –MAR 21	PIS
	MAR 22–DEC 31	ARI
2056		**ARI**
2057	JAN 1 –MAY 19	ARI
	MAY 20–NOV 28	TAU
	NOV 29–DEC 31	ARI
2058	JAN 1 –JAN 30	ARI
	JAN 31–DEC 31	TAU
2059	JAN 1 –JUL 11	TAU
	JUL 12–NOV 20	GEM
	NOV 21–DEC 31	TAU
2060	JAN 1 –MAR 30	TAU
	MAR 31–DEC 31	GEM
2061	JAN 1 –AUG 31	GEM
	SEP 1 –NOV 23	CAN
	NOV 24–DEC 31	GEM
2062	JAN 1 –MAY 15	GEM
	MAY 16–DEC 31	CAN
2063		**CAN**
2064	JAN 1 –JUN 27	CAN
	JUN 28–DEC 31	LEO
2065		**LEO**
2066	JAN 1 –AUG 15	LEO
	AUG 16–DEC 31	VIR
2067		**VIR**
2068	JAN 1 –OCT 9	VIR
	OCT 10–DEC 31	LIB
2069		**LIB**
2070	JAN 1 –DEC 24	LIB
	DEC 25–DEC 31	SCO
2071	JAN 1 –MAR 26	SCO
	MAR 27–SEP 17	LIB
	SEP 18–DEC 31	SCO
2072		**SCO**
2073	JAN 1 –DEC 4	SCO
	DEC 5 –DEC 31	SAG
2074–2075		**SAG**
2076	JAN 1 –DEC 2	SAG
	DEC 3 –DEC 31	CAP
2077–2078		**CAP**
2079	JAN 1 –FEB 27	CAP
	FEB 28–AUG 1	AQU
	AUG 2 –NOV 26	CAP
	NOV 27–DEC 31	AQU
2080–2081		**AQU**
2082	JAN 1 –FEB 17	AQU
	FEB 18–DEC 31	PIS
2083		**PIS**
2084	JAN 1 –APR 30	PIS
	MAY 1 –OCT 1	ARI
	OCT 2 –DEC 31	PIS
2085	JAN 1 –JAN 22	PIS
	JAN 23–DEC 31	ARI
2086	JAN 1 –JUL 26	ARI
	JUL 27–AUG 24	TAU
	AUG 25–DEC 31	ARI
2087	JAN 1 –MAR 27	ARI
	MAR 28–DEC 31	TAU
2088		**TAU**
2089	JAN 1 –MAY 14	TAU
	MAY 15–DEC 31	GEM
2090		**GEM**
2091	JAN 1 –JUN 26	GEM
	JUN 27–DEC 31	CAN
2092		**CAN**
2093	JAN 1 –AUG 7	CAN
	AUG 8 –DEC 31	LEO
2094		**LEO**
2095	JAN 1 –SEP 25	LEO
	SEP 26–DEC 31	VIR
2096	JAN 1 –MAR 13	VIR
	MAR 14–JUN 11	LEO
	JUN 12–DEC 31	VIR
2097	JAN 1 –NOV 27	VIR
	NOV 28–DEC 31	LIB
2098	JAN 1 –FEB 20	LIB
	FEB 21–AUG 17	VIR
	AUG 18–DEC 31	LIB
2099		**LIB**
2100	JAN 1 –OCT 25	LIB
	OCT 26–DEC 31	SCO
2101		**SCO**

你的天王星在什麼星座？

想使用這份表格，只要找出你的出生年份即可。你一看就會知道，那一年天王星在什麼星座。因為天王星在黃道帶上移動的速度非常緩慢，它可能會在一個星座停留好幾年。比方說，1905～1911年，天王星都在摩羯座。

1900–1903 SAG

1904
JAN 1 –DEC 19 SAG
DEC 20–DEC 31 CAP

1905–1911 CAP

1912
JAN 1 –JAN 29 CAP
JAN 30–SEP 3 AQU
SEP 4 –NOV 11 CAP
NOV 12–DEC 31 AQU

1913–1918 AQU

1919
JAN 1 –MAR 30 AQU
MAR 31–AUG 15 PIS
AUG 16–DEC 31 AQU

1920
JAN 1 –JAN 21 AQU
JAN 22–DEC 31 PIS

1921–1926 PIS

1927
JAN 1 –MAR 30 PIS
MAR 31–NOV 3 ARI
NOV 4 –DEC 31 PIS

1928
JAN 1 –JAN 12 PIS
JAN 13–DEC 31 ARI

1929–1933 ARI

1934
JAN 1 –JUN 5 ARI
JUN 6 –OCT 8 TAU
OCT 9 –DEC 31 ARI

1935
JAN 1 –MAR 26 ARI
MAR 27–DEC 31 TAU

1936–1940 TAU

1941
JAN 1 –AUG 6 TAU
AUG 7 –OCT 3 GEM
OCT 4 –DEC 31 TAU

1942
JAN 1 –MAY 13 TAU
MAY 14–DEC 31 GEM

1943–1947 GEM

1948
JAN 1 –AUG 29 GEM
AUG 30–NOV 11 CAN
NOV 12–DEC 31 GEM

1949
JAN 1 –JUN 8 GEM
JUN 9 –DEC 31 CAN

1950–1954 CAN

1955
JAN 1 –AUG 23 CAN
AUG 24–DEC 31 LEO

1956
JAN 1 –JAN 26 LEO
JAN 27–JUN 8 CAN
JUN 9 –DEC 31 LEO

1957–1960 LEO

1961
JAN 1 –OCT 31 LEO
NOV 1 –DEC 31 VIR

1962
JAN 1 –JAN 9 VIR
JAN 10–AUG 8 LEO
AUG 9 –DEC 31 VIR

1963–1967 VIR

1968
JAN 1 –SEP 27 VIR
SEP 28–DEC 31 LIB

1969
JAN 1 –MAY 19 LIB
MAY 20–JUN 23 VIR
JUN 24–DEC 31 LIB

1970–1973 LIB

1974
JAN 1 –NOV 20 LIB
NOV 21–DEC 31 SCO

1975
JAN 1 –APR 30 SCO
MAY 1 –SEP 7 LIB
SEP 8 –DEC 31 SCO

1976–1980 SCO

1981
JAN 1 –FEB 16 SCO
FEB 17–MAR 19 SAG
MAR 20–NOV 15 SCO
NOV 16–DEC 31 SAG

1982–1987 SAG

1988
JAN 1 –FEB 13 SAG
FEB 14–MAY 25 CAP
MAY 26–DEC 1 SAG
DEC 2 –DEC 31 CAP

1989–1994 CAP

1995
JAN 1 –MAR 31 CAP
APR 1 –JUN 7 AQU
JUN 8 –DEC 31 CAP

1996
JAN 1 –JAN 11 CAP
JAN 12–DEC 31 AQU

1997–2002 AQU

2003
JAN 1 –MAR 9 AQU
MAR 10–SEP 13 PIS
SEP 14–DEC 29 AQU
DEC 30–DEC 31 PIS

2004–2009 PIS

2010
JAN 1 –MAY 26 PIS
MAY 27–AUG 12 ARI
AUG 13–DEC 31 PIS

2011
JAN 1 –MAR 10 PIS
MAR 11–DEC 31 ARI

2012–2017 ARI

2018
JAN 1 –MAY 14 ARI
MAY 15–NOV 5 TAU
NOV 6 –DEC 31 ARI

2019
JAN 1 –MAR 5 ARI
MAR 6 –DEC 31 TAU

2020–2024 TAU

2025
JAN 1 –JUL 6 TAU
JUL 7 –NOV 6 GEM
NOV 7 –DEC 31 TAU

2026
JAN 1 –APR 24 TAU
APR 25–DEC 31 GEM

2027–2031 GEM

2032
JAN 1 –AUG 2 GEM
AUG 3 –DEC 11 CAN
DEC 12–DEC 31 GEM

2033
JAN 1 –MAY 21 GEM
MAY 22–DEC 31 CAN

2034–2038 CAN

2039
JAN 1 –AUG 5 CAN
AUG 6 –DEC 31 LEO

2040
JAN 1 –FEB 24 LEO
FEB 25–MAY 14 CAN
MAY 15–DEC 31 LEO

2041–2044 LEO

2045
JAN 1 –OCT 5 LEO
OCT 6 –DEC 31 VIR

2046
JAN 1 –FEB 7 VIR
FEB 8 –JUL 21 LEO
JUL 22–DEC 31 VIR

2047–2050 VIR

2051
JAN 1 –DEC 7 VIR
DEC 8 –DEC 31 LIB

2052
JAN 1 –JAN 30 LIB
JAN 31–SEP 10 VIR
SEP 11–DEC 31 LIB

2053–2057 LIB

2058
JAN 1 –NOV 2 LIB
NOV 3 –DEC 31 SCO

2059
JAN 1 –MAY 31 SCO
JUN 1 –AUG 10 LIB
AUG 11–DEC 31 SCO

2060–2064 SCO

2065
JAN 1 –JAN 9 SCO
JAN 10–APR 30 SAG
MAY 1 –OCT 27 SCO
OCT 28–DEC 31 SAG

2066–2071 SAG

2072
JAN 1 –JAN 21 SAG
JAN 22–JUN 24 CAP
JUN 25–NOV 10 SAG
NOV 11–DEC 31 CAP

2073–2078 CAP

2079
JAN 1 –MAR 1 CAP
MAR 2 –JUL 12 AQU
JUL 13–DEC 22 CAP
DEC 23–DEC 31 AQU

2080–2086 AQU

2087
JAN 1 –FEB 17 AQU
FEB 18–DEC 31 PIS

2088–2093 PIS

2094
JAN 1 –APR 27 PIS
APR 28–SEP 15 ARI
SEP 16–DEC 31 ARI

2095
JAN 1 –FEB 17 ARI
FEB 18–DEC 31 ARI

2096–2101 ARI

你的海王星在什麼星座？

接下來的海王星星曆表會告訴你，你出生時海王星在什麼星座。你將會發現，海王星通常會在每個星座停留很多年，這是因為它在黃道帶上移動的速度非常緩慢。此外，海王星也有很長的逆行期。

1900		**GEM**
1901	JAN 1 –JUL 18	GEM
	JUL 19–DEC 24	CAN
	DEC 25–DEC 31	GEM
1902	JAN 1 –MAY 20	GEM
	MAY 21–DEC 31	CAN
1903–1913		**CAN**
1914	JAN 1 –SEP 22	CAN
	SEP 23–DEC 13	LEO
	DEC 14–DEC 31	CAN
1915	JAN 1 –JUL 18	CAN
	JUL 19–DEC 31	LEO
1916	JAN 1 –MAR 18	LEO
	MAR 19–MAY 1	CAN
	MAY 2 –DEC 31	LEO
1917–1927		**LEO**
1928	JAN 1 –SEP 20	LEO
	SEP 21–DEC 31	VIR
1929	JAN 1 –FEB 18	VIR
	FEB 19–JUL 23	LEO
	JUL 24–DEC 31	VIR
1930–1941		**VIR**
1942	JAN 1 –OCT 2	VIR
	OCT 3 –DEC 31	LIB
1943	JAN 1 –APR 16	LIB
	APR 17–AUG 1	VIR
	AUG 2 –DEC 31	LIB
1944–1954		**LIB**
1955	JAN 1 –DEC 23	LIB
	DEC 24–DEC 31	SCO
1956	JAN 1 –MAR 10	SCO
	MAR 11–OCT 18	LIB
	OCT 19–DEC 31	SCO
1957	JAN 1 –JUN 14	SCO
	JUN 15–AUG 5	LIB
	AUG 6 –DEC 31	SCO
1958–1969		**SCO**
1970	JAN 1 –JAN 3	SCO
	JAN 4 –MAY 1	SAG
	MAY 2 –NOV 5	SCO
	NOV 6 –DEC 31	SAG
1971–1983		**SAG**
1984	JAN 1 –JAN 17	SAG
	JAN 18–JUN 21	CAP
	JUN 22–NOV 20	SAG
	NOV 21–DEC 31	CAP
1985–1997		**CAP**
1998	JAN 1 –JAN 27	CAP
	JAN 28–AUG 21	AQU
	AUG 22–NOV 26	CAP
	NOV 27–DEC 31	AQU
1999–2010		**AQU**
2011	JAN 1 –APR 3	AQU
	APR 4 –AUG 3	PIS
	AUG 4 –DEC 31	AQU
2012	JAN 1 –FEB 2	AQU
	FEB 3 –DEC 31	PIS
2013–2024		**PIS**
2025	JAN 1 –MAR 29	PIS
	MAR 30–OCT 21	ARI
	OCT 22–DEC 31	ARI
2026	JAN 1 –JAN 25	ARI
	JAN 26–DEC 31	ARI
2027–2037		**ARI**
2038	JAN 1 –MAY 20	ARI
	MAY 21–OCT 20	TAU
	OCT 21–DEC 31	ARI
2039	JAN 1 –MAR 22	ARI
	MAR 23–DEC 31	TAU
2040–2050		**TAU**
2051	JAN 1 –JUL 15	TAU
	JUL 16–OCT 21	GEM
	OCT 22–DEC 31	TAU
2052	JAN 1 –MAY 11	TAU
	MAY 12–DEC 31	GEM
2053–2064		**GEM**
2065	JAN 1 –JUL 2	GEM
	JUL 3 –DEC 31	CAN
2066	JAN 1 –JAN 13	CAN
	JAN 14–APR 30	GEM
	MAY 1 –DEC 31	CAN
2067–2077		**CAN**
2078	JAN 1 –AUG 31	CAN
	SEP 1 –DEC 31	LEO
2079	JAN 1 –JAN 5	LEO
	JAN 6 –JUL 2	CAN
	JUL 3 –DEC 31	LEO
2080–2091		**LEO**
2092	JAN 1 –SEP 3	LEO
	SEP 4 –DEC 31	VIR
2093	JAN 1 –MAR 10	VIR
	MAR 11–JUL 4	LEO
2093	JUL 5 –DEC 31	VIR
2094–2101		**VIR**

你的冥王星在什麼星座？

接下來的冥王星星曆表會告訴你，你出生時冥王星在什麼星座。你將會發現，冥王星會在每個星座停留非常多年。

1900–1911		**GEM**
1912	JAN 1 –SEP 9	GEM
	SEP 10–OCT 19	CAN
	OCT 20–DEC 31	GEM
1913	JAN 1 –JUL 8	GEM
	JUL 9 –DEC 26	CAN
	DEC 27–DEC 31	GEM
1914	JAN 1 –MAY 25	GEM
	MAY 26–DEC 31	CAN
1915–1936		**CAN**
1937	JAN 1 –OCT 6	CAN
	OCT 7 –NOV 24	LEO
	NOV 25–DEC 31	CAN
1938	JAN 1 –AUG 2	CAN
	AUG 3 –DEC 31	LEO
1939	JAN 1 –FEB 6	LEO
	FEB 7 –JUN 12	CAN
	JUN 13–DEC 31	LEO
1940–1955		**LEO**
1956	JAN 1 –OCT 19	LEO
	OCT 20–DEC 31	VIR
1957	JAN 1 –JAN 13	VIR
	JAN 14–AUG 17	LEO
	AUG 18–DEC 31	VIR
1958	JAN 1 –APR 10	VIR
	APR 11–JUN 9	LEO
	JUN 10–DEC 31	VIR
1959–1970		**VIR**
1971	JAN 1 –OCT 4	VIR
	OCT 5 –DEC 31	LIB
1972	JAN 1 –APR 16	LIB
	APR 17–JUL 29	VIR
	JUL 30–DEC 31	LIB
1973–1982		**LIB**
1983	JAN 1 –NOV 4	LIB
	NOV 5 –DEC 31	SCO
1984	JAN 1 –MAY 17	SCO
	MAY 18–AUG 27	LIB
	AUG 28–DEC 31	SCO
1985–1994		**SCO**
1995	JAN 1 –JAN 16	SCO
	JAN 17–APR 19	SAG
	APR 20–NOV 9	SCO
	NOV 10–DEC 31	SAG
1996–2007		**SAG**
2008	JAN 1 –JAN 24	SAG
	JAN 25–JUN 12	CAP
	JUN 13–NOV 25	SAG
	NOV 26–DEC 31	CAP
2009–2022		**CAP**
2023	JAN 1 –MAR 22	CAP
	MAR 23–JUN 9	AQU
	JUN 10–DEC 31	CAP
2024	JAN 1 –JAN 19	CAP
	JAN 20–AUG 31	AQU
	SEP 1 –NOV 18	CAP
	NOV 19–DEC 31	AQU
2025–2042		**AQU**
2043	JAN 1 –MAR 7	AQU
	MAR 8 –AUG 30	PIS
	AUG 31–DEC 31	AQU
2044	JAN 1 –JAN 18	AQU
	JAN 19–DEC 31	PIS
2045–2065		**PIS**
2066	JAN 1 –JUN 17	PIS
	JUN 18–JUL 9	ARI
	JUL 10–DEC 31	PIS
2067	JAN 1 –APR 7	PIS
	APR 8 –SEP 26	ARI
	SEP 27–DEC 31	PIS
2068	JAN 1 –FEB 22	PIS
	FEB 23–DEC 31	ARI
2069–2094		**ARI**
2095	JAN 1 –JUN 8	ARI
	JUN 9 –SEP 19	TAU
	SEP 20–DEC 31	ARI
2096	JAN 1 –APR 22	ARI
	APR 23–NOV 13	TAU
	NOV 14–DEC 31	ARI
2097	JAN 1 –MAR 9	ARI
	MAR 10–DEC 31	TAU
2098–2101		**TAU**

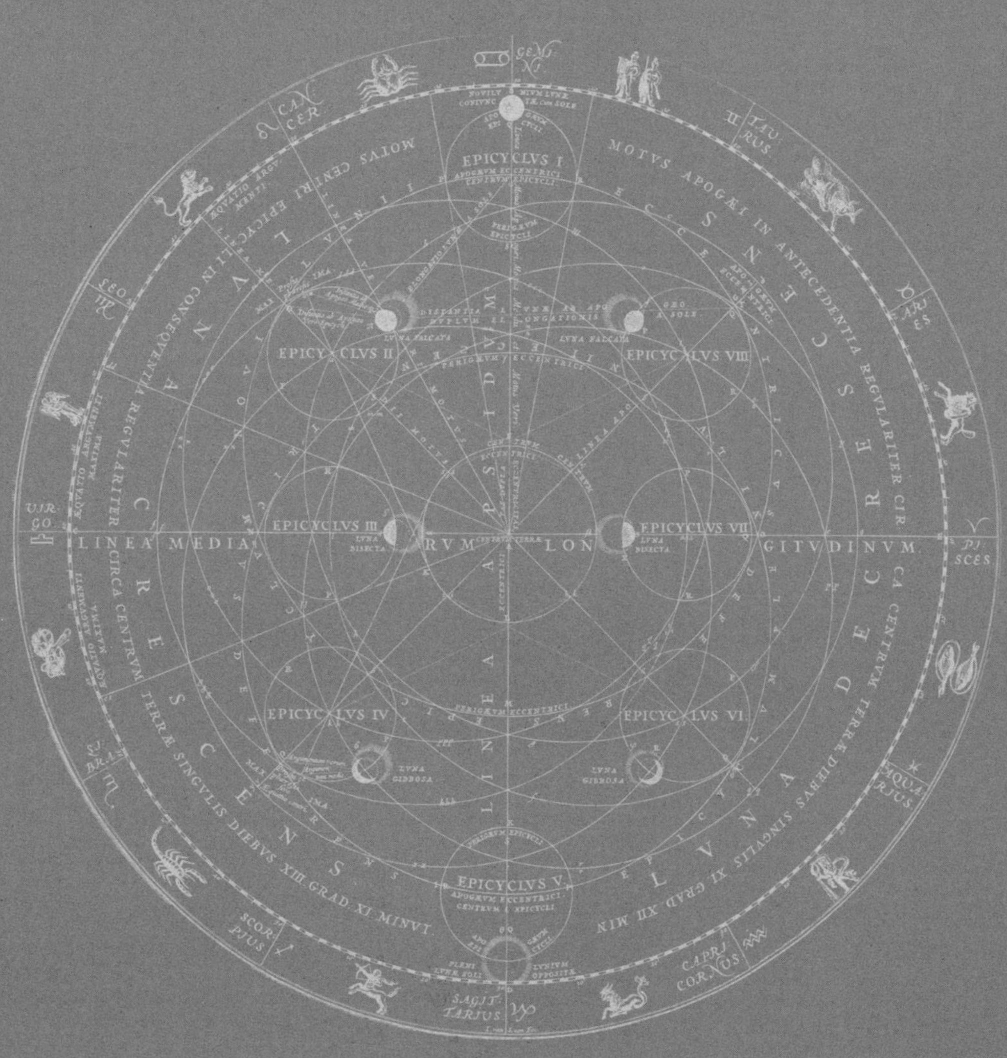

EPICYCLVS I
EPICYCLVS II
EPICYCLVS III
EPICYCLVS IV
EPICYCLVS V
EPICYCLVS VI
EPICYCLVS VII
EPICYCLVS VIII
LINEA MEDIA RVM LON GITVDINVM
LINEA APSIDVM
MOTVS APOGAEI IN ANTECEDENTIA REGVLARITER CIRCA CENTRVM TERRAE DIEBVS SINGVLIS XI GRAD XII MIN
MOTVS CENTRI EPICYCLI IN CONSEQVENTIA REGVLARITER CIRCA CENTRVM TERRAE SINGVLIS DIEBVS XIII GRAD XI MINVT
LVNA CRESCENS
LVNA DECRESCENS
LVNA FALCATA
LVNA DIMIDIATA
LVNA GIBBOSA
CANCER
GEMINI
TAVRVS
ARIES
PISCES
AQVARIVS
CAPRICORNVS
SAGITTARIVS
SCORPIVS
LIBRA
VIRGO
LEO

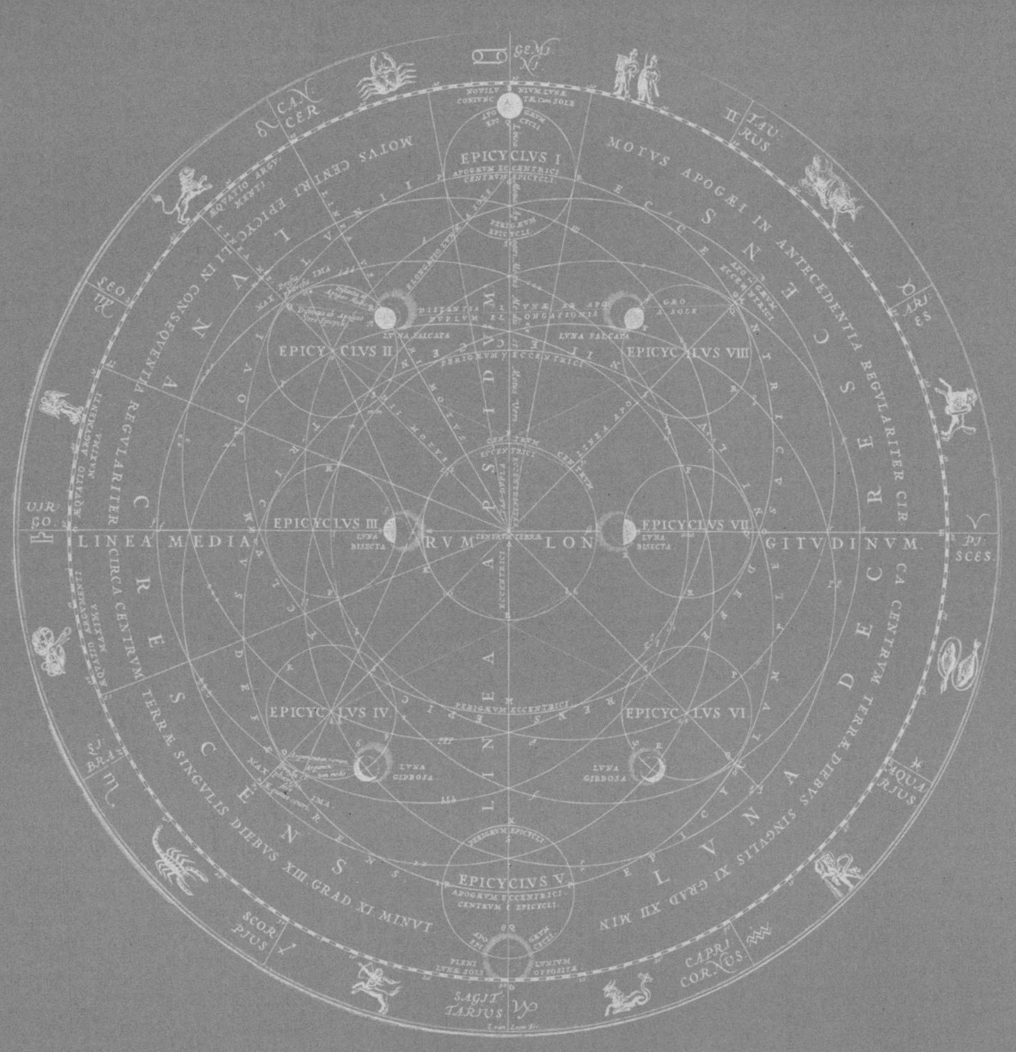

GEMINI
CANCER
TAVRVS
ARIES
VIRGO
PISCES
LIBRA
AQVARIVS
SCORPIVS
CAPRICORNVS
SAGITTARIVS
MOTVS APOGÆI IN ANTECEDENTIA REGVLARITER CIRCA CENTRVM TERRÆ DIEBVS SINGVLIS XI GRAD XII MIN
MOTVS CENTRI EPICYCLI IN CONSEQVENTIA REGVLARITER CIRCA CENTRVM TERRÆ SINGVLIS DIEBVS XIII GRAD XI MINVT
LVNA CRESCENS
LVNA DECRESCENS
LINEA MEDIARVM LONGITVDINVM
LINEA APSIDVM
EPICYCLVS I
EPICYCLVS II
EPICYCLVS III
EPICYCLVS IV
EPICYCLVS V
EPICYCLVS VI
EPICYCLVS VII
EPICYCLVS VIII
APOGÆVM ECCENTRICI CENTRVM EPICYCLI
PERIGÆVM ECCENTRICI
LVNA FALCATA
LVNA BISECTA
LVNA GIBBOSA
DISTANTIA LVNÆ AB APOGÆO DVPLVM ELONGATIONIS

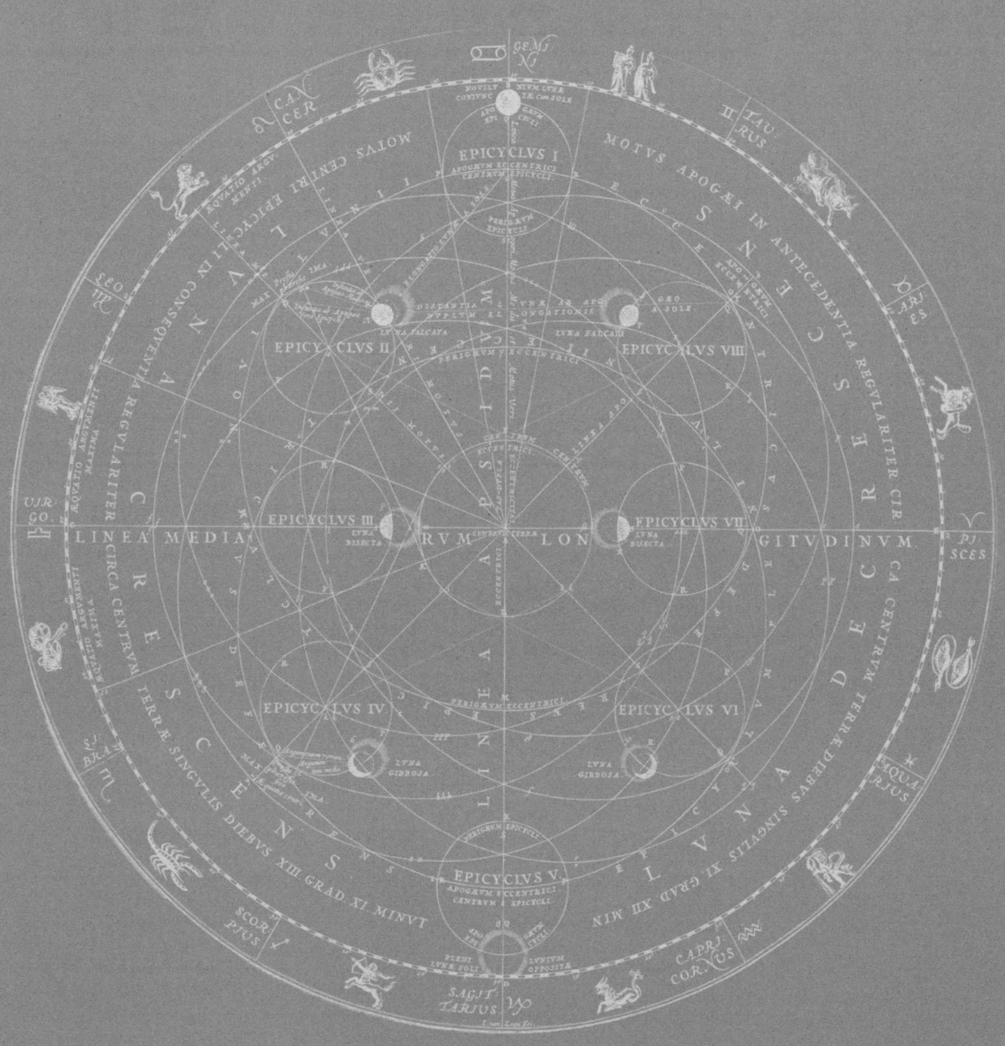

EPICYCLVS I
EPICYCLVS II
EPICYCLVS III
EPICYCLVS IV
EPICYCLVS V
EPICYCLVS VI
EPICYCLVS VII
EPICYCLVS VIII
LINEA MEDIA RVM LON GITVDINVM
LINEA APSIDVM
MOTVS APOGÆI IN ANTECEDENTIA REGVLARITER CIRCA CENTRVM TERRÆ DIEBVS SINGVLIS XI GRAD XIII MIN
TERRÆ SINGVLIS DIEBVS XIII GRAD XI MINVT
CIRCA CENTRVM
LVNA GIBBOSA
LVNA FALCATA
LVNA BISECTA
CAN CER
GEMI NI
TAV RVS
ARI ES
PI SCES
AQVA RIVS
CAPRI COR NVS
SAGIT TARIVS
SCOR PIVS
LI BRA
VIR GO

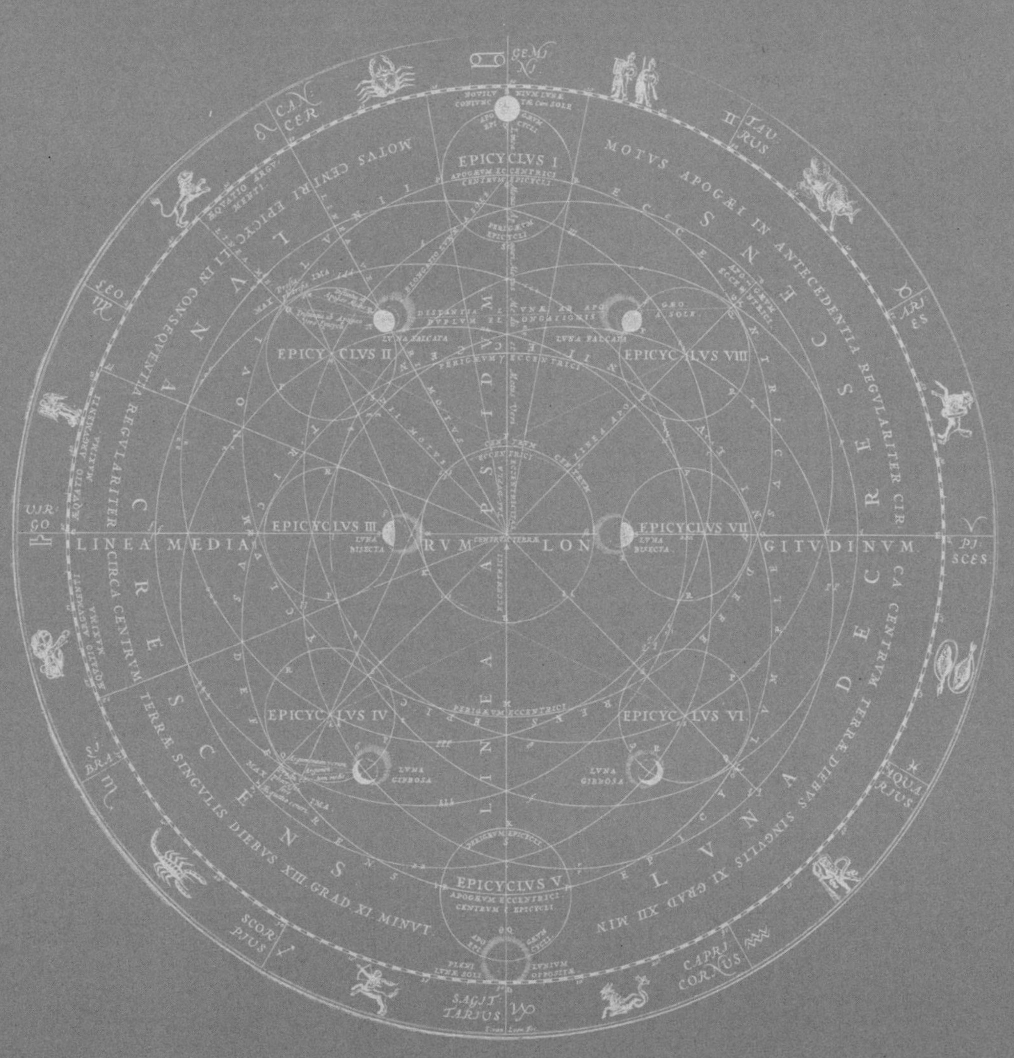